Annual Report of Overseas Humanities and Social Sciences, 2009

海外人文社会科学发展
年度报告

2009

▨ 武汉大学中国高校哲学社会科学发展与评价研究中心 组编

▨ 顾海良　主编

WUHAN UNIVERSITY PRESS
武汉大学出版社

图书在版编目(CIP)数据

海外人文社会科学发展年度报告.2009/武汉大学中国高校哲学社会科学发展与评价研究中心组编.—武汉:武汉大学出版社,2010.1
 ISBN 978-7-307-07532-0

 Ⅰ.海⋯ Ⅱ.武⋯ Ⅲ.社会科学—研究报告—外国—2009
Ⅳ.C11

中国版本图书馆 CIP 数据核字(2009)第 232681 号

责任编辑:周 昀 责任校对:刘 欣 版式设计:支 笛

出版发行:**武汉大学出版社** (430072 武昌 珞珈山)
     (电子邮件:cbs22@ whu. edu. cn 网址:www. wdp. com. cn)
印刷:武汉中科兴业印务有限公司
开本:720×1000 1/16 印张:40.75 字数:584 千字 插页:2
版次:2010 年 1 月第 1 版 2010 年 1 月第 1 次印刷
ISBN 978-7-307-07532-0/C · 252 定价:75.00 元

编 委 会

序　言

顾海良

　　考察近现代世界上许多国家人文社会科学发展的基本历史过程,我们可以得出的重要结论之一就是,各个国家人文社会科学的发展与异域人文社会科学的交流、交往、交融是密切地联系在一起的。对于当代中国人文社会科学界来讲,高度关注海外人文社会科学的发展状况和基本趋势,吸纳海外人文社会科学发展的优秀成果和成就,应该是繁荣和发展我国人文社会科学的重要的、也是必要的前提之一。

　　我们现在强调创立有中国特色、中国风格、中国气派的人文社会科学。其实,一个国家人文社会科学的"特色"、"风格"和"气派",往往体现在这个国家人文社会科学的"精品"、"上品"上。"精品"、"上品"是一个国家人文社会科学发展水平的象征,是一个社会文化上综合国力的集中体现,是一个民族文化积累的基石,同样也是人类文明与进步发展的瑰宝。对于我国人文社会科学界来讲,以树立"精品"、"上品"为提升人文社会科学研究水平的极为有效的切入点本身,已经包含了对海外人文社会科学发展优秀成果和成就的借鉴、吸收和吸纳。

　　"精品"、"上品"的产生,同学习和借鉴世界各国优秀的、有价值的、相应的人文社会科学成果和成就是密不可分的。在经济思想史上,18 世纪中叶有过法国重农学派,这一学派的思想不仅源于法国经济文化的发展,也源于其他国家经济思想的发展,特别是对中国重农思想和制度的吸纳和吸收。有些西方学者把法国重农学派的代表人物魁奈誉为"欧洲的孔子",认为他的重农思想在很大程度上吸纳和吸收了中国古代的理学思想。米拉波是法国重农学派的成员,他在魁奈去世时发表的演说中明确提到:"孔子的整个教义,在于恢复人受之于天,而为无知和私欲所掩蔽的本性的光辉和美丽。因此他劝国人信事上帝,存敬奉戒惧之心,爱邻如己,克己复礼,以理制欲。非理勿为,非理勿念,非理勿言。对这种宗教道德的伟大教言,似乎不可能再有所增补;但最主要的部分还未做到,即行之于大地;这就是我们老师的工作,他以特别聪睿的耳朵,亲从我们共同的大自然母亲的口中,听到了'纯产品''秘理'。"我国有的学者在评论这一演说时认为:"这段演说词与其说是为魁奈而作,倒不如说更像是在颂扬一位中国理学大师。惟其如此,以承继孔子事业作为魁奈的盖棺之论,确是反映了魁奈学说的重要特征。"①这说明我们只有站在世界各国人文社会科学发展的成果和成就的基础上,透彻理解与深入了解世界各国的成果和成就,才能有中国自己的"精品"、"上品"的产生。

经济上的开放和文化上的交流是并行不悖的。记得改革开放之初,邓小平同志在强烈批评有些人盲目接受西方社会腐朽思想文化时,十分敏锐地指出:"西方如今仍然有不少正直进步的学者、作家、艺术家在进行各种严肃的有价值的著作和创作,他们的作品我们当然要着重介绍。"②实际上,现在我们对国外包括西方的这些"正直进步的学者"思想的介绍是很不够的,更不用说"着重介绍"了。

我们现在也强调人文社会科学研究的创新。其实,人文社会科学的创新集中体现于学术观点创新、学科体系创新和研究方法创新这三个主要方面。研究方法的创新具有首位重要的意义,没有研究方法的创新就不可能有学术观点的创新,更不可能有学科体系的创新。研究方法的创新是学术观点和学科体系创新的前提,更是人文社会科学理论创新体系的基础。我认为,马克思主义历时一个半世

---

① 谈敏. 法国重农学派学说的中国渊源. 上海:上海人民出版社,1992:73-74.

② 邓小平. 邓小平文选(第3卷). 北京:人民出版社,1993:44.

纪仍然具有强大的生命力,就在于它拥有这种独特的理论创新品质。

　　例如,马克思经济学理论体系的创立就是以方法论的创新为基础的。马克思的经济学方法自然源于德国黑格尔的辩证法,正如马克思自己在《资本论》第一卷"第二版跋"中所说:"我要公开承认我是这位大思想家的学生……有些地方我甚至卖弄起黑格尔特有的表达方式。"但是,马克思也明确地告诉人们:"我的辩证方法,从根本上来说,不仅和黑格尔的辩证方法不同,而且和它截然相反。"① 马克思经济学的方法创新并不限于此,它也是对英国经济学方法的吸收与吸纳,特别是对英国古典政治经济学家大卫·李嘉图经济学方法的吸收与吸纳。19 世纪 40 年代初,与恩格斯一样,马克思对李嘉图研究劳动价值论的抽象分析方法持否定观点,从而否定了劳动价值论,所以无法实现经济学理论上的创新。后来,随着对经济学研究的深入,特别是随着唯物史观的创立,马克思对李嘉图的抽象方法作了扬弃,充分肯定了这一方法的科学价值,由此在许多理论观点上实现了对李嘉图理论的超越。经济学研究方法的创新,不仅使马克思由劳动价值论的异议者转向了赞成者,而且还使他实现了劳动价值论上的科学革命。

　　马克思在进行经济学说观点和理论体系创新时,适逢西方主流经济学变革时期。马克思批判地继承了当时欧洲主要国家,特别是英国、法国等国家的经济学发展的思想精华。马克思是德国人,他对德意志民族文化极其崇敬,以至他在为《资本论》第一卷做最后润色时,不无自豪地对恩格斯讲过这样一些动情的话:"你明白,在像我这样的著作中细节上的缺点是难免的。但是结构、整个的内部联系是德国科学的辉煌成就。"② 但是,马克思从来不拒绝对德国之外文化的吸收。他在经济学的研究中,高度评价了英国和法国在这些方面取得的巨大成就,甚至调侃和讽喻德国政治经济学

---

　　① 马克思,恩格斯. 马克思恩格斯全集(第 23 卷). 北京:人民出版社,1972:24.

　　② 马克思,恩格斯. 马克思恩格斯全集(第 31 卷). 北京:人民出版社,1972:185.

在这些方面的无能。在《资本论》第一卷"第二版跋"中，马克思认为，对德国来说，政治经济学一直是外来的科学，是作为成品从英国和法国输入的。他说："当他们能够公正无私地研究政治经济学时，在德国的现实中没有现代的经济关系。而当这种关系出现时，他们所处的境况已经不再容许他们在资产阶级的视野之内进行公正无私的研究了。"① 马克思以开放的学术视野，实现了经济科学上的一系列重大发现。

我们现在还强调人文社会科学发展中的"百花齐放"和"百家争鸣"。其实，"百花齐放"和"百家争鸣"的实质就是在人文社会科学研究中形成不同学术流派、学术观点和理论体系共同发展的良好氛围。中华民族的优秀文化之所以传承不息、延续世代，我认为其中的重要原因之一就是不同学术流派、学术观点和理论体系能并存于文化发展的整体历史过程之中。不同学术流派、学术观点和理论体系的形成和发展，是我们推进中国特色、中国风格、中国气派的人文社会科学建设的基本前提。不同学术流派、学术观点和理论体系的百家争鸣、同时并存与共同发展，曾创造了中华民族文化发展的华彩乐段、辉煌时代。

当前，需要我们努力践行的是，尊重不同的学术流派、学术观点和理论体系的形成和发展。没有不同的学术流派、学术观点和理论体系，就不会有人文社会科学研究的真正的创新，也不会有反映时代特色、挺进学术高峰的"精品"、"上品"的产生。这里讲的不同的学术流派、学术观点和理论体系并不限于中国国内，而应是世界的。我们还应努力增强人文社会科学学人之间在学术研究中的尊重、互助和协作。现时代的人文社会科学发展，正经历着重大的变化，假如说18、19世纪人文社会科学的发展是以学科的分解为特征的，那么半个多世纪以来，人文社会科学的发展则以学科的融合、学科的交叉为特征，这就是我们现在看到的边缘学科、交叉学科、新兴学科不断出现的现象。这也就从根本上要求不同学科的教

---

① 马克思，恩格斯．马克思恩格斯全集（第23卷）．北京：人民出版社，1972：16.

师，能够相互尊重，共同协作来研究一些重大的理论问题和实际问题。实际上，按人文社会科学的学科划分进行的研究，是有其先天不足的。人文社会科学的任何一门专门学科，都是对整体世界的局部现象的研究，都是对这些局部现象本质和规律的研究。对局部现象的研究固然可以形成一门一门单独的学科；但反过来，从单一的学科来看整体世界，就会产生单一学科的片面性。所以，要研究整体世界，要研究综合性的、重大的实践和理论问题，就需要多个学科研究的合作，形成较好的协作气氛。需要建立比较良好的学术环境和学术条件，特别需要有一种尊重学术、尊重学者、积极向上、团结奋进的学术氛围。这里所讲的人文社会科学学人之间在学术研究中的尊重、互助和协作，不仅就国内而言，也是就世界而言的。对海外各国各地的学人，我们不仅要尊重他们，而且还要充分理解和了解他们的学术观点与学术取向，加强与他们之间在学术研究中的协作与交流。

　　"海纳百川，有容乃大。"我们先哲的这一至理名言，不仅是千百年来中国人为人处事的圭臬，是道德修养的基本原则，而且也是学人治学、著书立说的基本要求。我们应该明白的道理是：人文社会科学的任何一门学科的发展，不只是一个国家或一个民族范围内学科和学术的传承和积累、发展和创新的结果，而且是世界范围内多个国家和多个民族之间学科和学术碰撞、借鉴和吸纳的结果。

　　以上所说的这些话题，就是为了说明我们编写出版《海外人文社会科学发展年度报告》的初衷。通过"年度报告"的方式，我们力图把海外年内的人文社会科学发展的最新动态和最新发展趋势作简要评介，我们希望能够涉及人文社会科学的主要学科和一些交叉学科的内容，因此，有的直接以学科发展的方式编写，有的则以综合性问题的方式编写。

　　现在奉献给读者的是本年度的《海外人文社会科学发展年度报告》，各专题的作者基本是武汉大学的学者，涉及的问题可能不够广泛。实际上，要能写出高质量、高水平的年度报告，只靠一校学者的力量是远远不够的。我们希望以后能有更多的海内外的学者来参与年度报告的编写工作，增强年度报告的权威性和全面性。

目　录

序言 ……………………………………………………… 顾海良（1）

西方国家马克思主义经济学对全球化和

　　金融危机的研究 ……………………… 顾海良　常庆欣（1）

经济学若干理论前沿问题追踪 …………………… 邹　薇（84）

当代西方主流经济学的新思潮：从新古典

　　传统到复杂性科学思路 …………………… 文建东（141）

发展经济学研究的最新进展 …………… 郭熙保　习明明（179）

亲贫式增长：海外发展经济学研究的

　　一种新视角 …………………… 叶初升　张凤华（204）

公司金融理论前沿追踪 ………… 潘　敏　谢　龙　范玲玲（253）

国际技术扩散理论前沿 …………………………… 庄子银（310）

全球人权与发展研究最新动态述评 ……………… 汪习根（355）

外国宪法学研究综述

　　………………… 江国华　谭义军　朱道坤（393）

海外环境法前沿问题研究 …………… 秦天宝　赵小波（430）

欧美国际公法前沿问题研究

　　——当代国际法面临的新挑战与时代使命 …… 杨泽伟（465）

国际民事诉讼法学的热点与前沿 ………… 何其生　孙　慧（495）

1

西方武装冲突法研究前沿追踪…… 黄德明 朱 路 郝发辉（539）

欧美国际税法研究前沿问题追踪 ……………………… 熊 伟（576）

国际海洋法海外研究热点综述

　　——以联合国海洋法公约为中心 ……………… 孔令杰（602）

西方国家马克思主义经济学对全球化和金融危机的研究[*]

顾海良　常庆欣[**]

（武汉大学经济与管理学院，武汉，430072）

一、导　言

全球化已成为近年社会科学中讨论最多的主题之一。关于全球化的讨论，尝试罗列出一系列说明它确实发生的经验证据也好，系统地通过知识的推演形成理论论述也罢，目的不外乎是企图去弄清楚这个世界究竟发生了怎样的变化，以及我们如何去描述、阐释和应对它。

一般说来，从经济角度看，全球化被视为经济活动在世界范围内的相互依赖，特别是形成了世界性的市场。这种经济全球化，是自由主义经济学家心目中经济发展的最终的理想状态，也是跨国公司希望看到的结果；从体制角度看，全球化被视为资本主义的全球化或全球资本主义的扩张；从制度角度看，全球化被理解为现代性的各项制度在全球的扩展。

讨论马克思主义的全球化研究，需要确定已有研究中存在的主要问题，需要确立研究的基本方法。"大量的论述经济全球化的文

　　[*] 本文受到武汉大学"海外人文社会科学研究前沿追踪计划"资助。
　　[**] 顾海良，武汉大学校长，武汉大学经济与管理学院经济系教授，博士生导师；常庆欣，武汉大学经济与管理学院经济系讲师，经济学博士。

章中，有多少是以马克思主义理论为指导的，有多少是在全面理解了全球化后的马克思主义观点，是很值得我们反思的。"① 这是全球化研究中存在的一个典型问题。对全球化的研究，"必须从'当前的经济事实出发'，从社会的和历史的整体关系上理解国际生产关系研究在经济全球化研究中的特殊地位。一方面，对经济全球化的研究，必须把国际生产关系作为研究对象来研究经济全球化的本质，从根本上把握经济全球化的概念、基本特征、影响和作用。另一方面，还必须从生产关系与生产力、生产方式与社会关系、理论、观念的相互联系上确立经济全球化对国际生产关系的研究，把对国际经济关系的研究放在"世界生产力发展——国际生产关系（国际经济基础）和国际上层建筑"为主要序列的社会结构当中，形成经济全球化下国际社会和世界经济发展中现实和历史相统一的整体观念"。② 这是研究全球化问题的一个基本指南。

作为西方马克思主义经济学全球化研究的前沿追踪，上述判断和研究指南成为我们研究工作的出发点。我们把更多的注意力放在使用马克思主义的分析概念和理论方法对全球化进行总体研究的文献上。本前沿追踪共分两个部分：第一部分重点讨论全球化是否意味着资本主义进入了一个新的发展阶段。此部分首先概述西方马克思主义者有关全球化的主要观点，并基于主要文献，对西方马克思主义经济学家分析资本主义发展阶段的主要理论视角进行归纳。在全球化时代他们是如何基于这些视角判断资本主义的发展状态的？这是马克思主义分析方法是否适用于当代资本主义的基本问题。第二部分，讨论西方马克思主义者对当前金融危机的理解和判断，作为全球化深入发展时期第一次大规模的金融危机，马克思主义者对它的研究能够充分反映西方马克思主义经济学的理论主张及其发展趋势；此部分主要涉及对全球化、新自由主义、金融化之间关系的

---

① 顾海良，张雷声. 20 世纪国外马克思主义经济思想史. 北京：经济科学出版社，2006：14.

② 顾海良. 马克思主义经济学的当代视界. 北京：经济科学出版社，2005.

分析，以及一部分马克思主义者基于马克思主义的金融理论对危机进行的思考和一部分异端学者通过沟通马克思和凯恩斯对资本主义长期发展作出的分析。

二、全球化：资本主义发展新的历史阶段

全球化既被视为一种状态，也被看做一个过程。不同的学术传统理解全球化的视角存在重大差异。马克思主义者首先关心的是马克思主义的理论和方法是否适用于分析全球化现实。马克思主义者把全球化视为资本主义发展的一个阶段，用从马克思主义中衍生出来的概念、方法理解全球化阶段资本主义的本质特征。较多的文献涉及了对资本主义发展时期划分标准的讨论，部分马克思主义者从资本积累的角度认识全球化，并重新复兴了帝国主义概念。

（一）全球化：复杂的状态和过程

一般认为全球化是一个长期的历史过程。基于这种判断，有学者认为马克思是最早关注和研究全球化的思想家（Hobden and Jones in Baylis and Smith，2005）。Kesselman（2007）在《全球化政治读本》一书中，把马克思和恩格斯的《共产党宣言》选为第一篇文献。Katz（2001）提出"《共产党宣言》预测到了现在的全球化进程，后来的帝国主义理论为理解全球化提供了直接的理论基础"。①

在全球化既是一种状态又是一个过程方面，学者们较多地达成了共识。沃勒斯坦指出："不管我们使用何种词语，让我们切记后缀'-ization（化）'在英语中是自相矛盾的。不仅指某事物的状态，而且也指形成该事物的过程。"② Friedman（2000）用"全球化革命"（globalution）和"全球化体系"（globalization system）分别

---

① Katz, Claudio. The Manifesto and Globalization. Latin American Perspective, 2001, 28 (121): 5-16.

② 沃勒斯坦. 沃勒斯坦精粹. 黄光耀，洪霞，译. 南京：南京大学出版社，2003.

表述了全球化的过程和状态。Steger（2002）提出"全球化"、"全球性"（globality）和"全球主义"（globalism）三个概念来表述全球整合的过程、状态和价值观。在作为状态讨论全球化时，学者们既把它作为一种对已经出现的社会经济特征的描述，也把它作为对未来状况进行预估的前提；既把它视为一种可能的政策选择，也把它视为制度改革的基础。

虽然大多数学者更为关注经济全球化，但没有人否认全球化是一个涵盖社会生活诸多方面的过程。一般认为，全球化不能被视为单一过程和单一效应，而必须和各种本土反应一并理解，基于不同社会经验基础上的文化全球化因而呈现多样性格，所以全球化必须以复数形式来表现（Berger and Huntington，2002）。Robertson 试图提出一个分析全球化的框架，他认为全球化不是一个划一的现象，而是一个复杂的社会现象，他称之为全球人类环境，其中存在着四个层级次序：个体（selves）、民族社会（national societies）、社会组成的世界体系以及总体意义上的人类（mankind or humankind）。全球化意味着各层次互动增加，其间的冲突与调适也不断变迁。Held 等人（2001）认为全球化"既不是一种单一的状态也不是一种线性的进程"，它是包含"不同领域的活动和互动的高度差异的现象"，这些不同的领域包括"政治、军事、经济、文化、迁移和环境"。[1]

有人热情地为全球化欢呼，有人积极地反对全球化。Held 与 McGrew 区别了参与全球化论战的两个主要阵营：全球主义者（globalists）与怀疑论者（sceptics）。他们认为，全球论者相信"全球化是一个真实且重大的历史发展"[2] ——此结果乃是延续了过去几个世纪以来实质性的结构变化。另一方面，怀疑论者则主

---

[1] Held, David, Anthony McGrew, David Goldblatt, Jonathan Perraton. Global Transformation：Politics, Economics, and Culture Stanford：Stanford University Press, 1999：23.

[2] Held, David, Anthony McGrew, David Goldblatt, Jonathan Perraton. Global Transformation：Politics, Economics, and Culture Stanford：Stanford University Press, 1999：25.

张，此刻我们所经历的，不过是欧洲殖民扩张时期趋势的延续，这种趋势的高峰期是在 1870 年至 1914 年之间，后因 20 世纪的两次世界大战与"冷战"而中断。对怀疑论者而言，全球化主要体现在意识型态的层次，存在于论述中，甚于存在于真实中。

全球主义者认为全球化标志着人类社会已经进入一个新的历史阶段。全球化是迈向更加统一的世界的一种跨国趋势，一个地区发生的事件影响了其他地区的发展（Giddens，1990）。全球化产生了时空压缩（time-space compression），本质上是一种空间和地区之间关系的变化的概念，意味着世界的收缩形式（Harvey，1990）。全球化时代存在着大规模的、迅速的和史无前例的资本、资产和商品在全球范围的流动，这种流动的根源在于市场的解放和边界的开放（Dichen，1998）。这种流动的后果一方面造成了全球劳动分工，另一方面是国家主权的丧失和超国家组织和多层次全球治理的产生。考虑到国家治理是嵌入在全球治理的体系中的，国家的角色受到经济全球化动机的根本性限制（Rosenau，1997；Sassen，1996）。开放的市场，以及与之相联系的资本在全球范围内自由地流动，迫使各国政府采取类似的新自由主义政策以吸引外资（Hoogvelt，1997；Shaw，1997）。全球竞争的加剧使得各国政府因为担心危及他们国家经济的竞争能力开始放弃社会保护项目和福利国家制度（Sakellaropoulos，2009）。随着全球化的深入，意识形态和文化愈来愈丧失民族特色，转向更具全球性和广泛的世界范围内的思考和行为方式。逐渐取得支配地位的是世界性的全球文化对国家认同的超越。

伴随着全球化展开的是反全球化运动，如果把对全球化进行讨论的各个流派放在意识形态的谱系中，那么可以清晰地梳理出从右向左过渡的过程。许多左派学者对主流以政府政策为载体而推动的全球化越来越表示怀疑，并提出了猛烈的批判。比如，认为不存在什么真正全球性的东西（Hirst，1997）。认为甚至是在金融领域，经济一体化的程度也是非常有限的（Zevin，1992）。在 19 世纪有着比今天更高的移民率（O'Rourke and Williamson，1999）。民族国家仍然是非常重要的，远没有达到采取共同的全球政策的程度，民族国家保持着特定的国家政治传统，以自己的方式制定政策并确定国家主权的内容。至于文化层面，事实上根本没有发生什么重要的变化，国家的大众媒体和与它们相联系的机构仍然在民族认同方面扮演着重要的角色。因为不存在全球文化或全球历史，也就不存在共同的记忆产生全球思维方式。

一般说来，批判的流派多是在借鉴了马克思主义观点的基础上产生的。Held 和 McGrew 认为各种不同版本的"全球化怀疑主义"的特质是他们的马克思主义倾向。他们认为，对马克思主义者而言："现代世界秩序的历史，也就是西方资本主义势力将世界分割、再分割为数个独占经济区的历史。今天的帝国主义有了一个新的形式，即新的多边控制与监管机制，例如七大工业国（G7）与世界银行，取代了先前的帝国。因此，许多马克思主义者在描述当前这个时代时，不是从全球化这个方面来看，而是将之视为一种新型态的西方帝国主义，它受全球主要资本主义国家及其金融资本的需求和要求所支配。"① 一些马克思主义者认为全球化已经成为一种现实（Burbach and Robinson，1999；Robinson，2001；Robinson and Harris，2003），全球化使得跨国资产阶级得以形成；一些马克思主义者坚持帝国主义在概念和分析方面的重要性（Harvey，2003；Panitch and Gindin，2004；Went，2002，2003；Wood，2003）。Sakellaropoulos（2009）指出，对全球化的分析可以从马克思主义的思想中寻求帮助，真正的问题不是"经验数据的缺乏，而是全球化概念的引入掩盖了诸如资本主义体系中剥削关系的历史发展、以及帝国主义作为一个理论和历史参数在解释当前的发展中所具有的特定作用"。② 马克思主义者从全球化的不平衡发展中寻找证据支持自己的观点。比如，全球化"精英阶层"的形成，富国与穷国、富人与穷人贫富差距拉大，证明了马克思阶级分析的有

---

① Held, David, Anthony McGrew, David Goldblatt, Jonathan Perraton. Global Transformation: Politics, Economics, and Culture Stanford: Stanford University Press, 1999: 23.

② Spyros Sakellaropoulos. The Issue of Globalization through the Theory of Imperialism and the Periodization of Modes of Production. Critical Sociology, 35 (1): 57-78.

效性（Murphy，2000）。资本渗透到全球的每个角落，印证了列宁的帝国主义理论（Katz，2001）。他们中的许多人反对全球主义者提出的各种观点，比如全球化前所未有的本质、国家经济一体化为单一的世界经济，全球文化、国家权力的丧失（Ruccio，2003）等。

在马克思主义者内部对全球化的认识也存在很多争议。在有些学者看来，帝国主义和全球化都是合理和切实可行的概念。全球化可能是帝国主义的一种新形式，或者说是帝国主义的内在因素，或者是某种和帝国主义并行的东西。也有学者认为全球化和帝国主义这个术语之间存在冲突，同时只承认国家的重要性，并把目前的全球化当成帝国主义的发展阶段加以认识。事实上，抛开具体证据的争论，马克思主义者对全球化的研究或明显或隐含地包含着对一个重大问题的思考：全球化是否意味着资本主义发生了质的变化？资本主义发展的阶段性特征对马克思主义理论提出了什么样的挑战？

（二）全球化时代马克思主义分析方法的适用性

近年来学界对马克思的兴趣再度复兴（Wolff，2002）。一般认为，马克思著作中所描述的世界看起来和今天的"新世界秩序"（Derrida，1994）存在着根本的不同，因此马克思主义经济学分析与当今世界的关联性值得怀疑。但是《资本论》中包含的对资本主义的批判在今天仍值得关注（Wolff，2007）。《资本论》不仅提供给人们有关资本主义精彩的批判，而且仍是理解和发展抵抗新自由主义的重要源泉（Mooney and Law，2007）。因为资本主义仍然是"损害人们身心的剥削性的经济体制"[①]。

对全球化时代马克思主义有效性的思考，多是从质疑马克思主义出发的。主张马克思主义在理论和实践层面都丧失了有效性的观点错综复杂，相互关联。第一，苏联的解体和柏林墙的倒塌不仅意味着把自己称为社会主义的国家的死亡，而且也是马克思主义智力

---

① Paul Michael Garrett. Marx and "Modernization": Reading Capital as Social Critique and Inspiration for Social Work Resistance to Neoliberalization. Journal of Social Work, 2009, 9 (2): 199-221.

破产的明证。这种观点因一些先前的社会主义国家随后迅速地走向资本主义而得以加强，比如认为中国正在走向新自由主义（Harvey, 2005; Walker and Buck, 2007）。但实际上，这种质疑马克思主义的观点虽然极具代表性，但却存在着明显的问题：（1）这些国家是否是真正意义上马克思所设想的社会主义国家？（2）在迈向资本主义的过程中，原来存在的社会主义国家的转型是否带来了真正的福利，如果不是，又是什么原因造成的？联合国的报告指出，"在不存在战争、饥荒和传染病的情况下，在俄罗斯联邦发生了史无前例的大规模损失"。[1] 第二种观点更具理论性，马克思的理论已经无法把握当今日趋复杂的资本主义生活的现实，因为它把分析的重点放在生产和分配中的阶级关系中，具有太强的还原性，或者说太过简化。比如在今天，主体的身份以及和种族与性别相联系的结构性问题和从经济角度区分的阶级同样地重要。这一点批判又伴随着许多可以替代马克思的概念的多样化概念的出现，比如"风险社会"（Beck, 1998）、"生活政治"（Giddens, 1991）等，而得以加强。对于这一点，必须承认的是，《资本论》的确不能提供所有现代问题的现成答案，它毕竟是一本写于 140 多年前的著作，机械地把马克思的著作应用于不同的时代和环境，是十分错误的，因时代的变化而完全否认马克思主义的价值也是十分错误的。进一步讲，即使是出现了很多替代性概念，但围绕这些概念展开的分析很有可能仍然是沿着马克思的冲突，而不是斯密的和谐思路进行的。"在我们所处的特定的时代、地区和专业领域必须思考在 19 世纪晚期由马克思所提出的思想在新自由现代性中是否仍存在着当代的回响和重大的意义"[2]，这才是真正的马克思主义者应当思考的核心问题，时代发展和理论之间密切吻合的匮乏是理论创新的出发点，不是怀疑和否定传统理论的证据。

---

[1] United Nations Development Programme, 2005: 23.

[2] Paul Michael Garrett. Marx and "Modernization": Reading Capital as Social Critique and Inspiration for Social Work Resistance to Neoliberalization. Journal of Social Work, 2009, 9: 203.

　　2006年召开的"当代资本主义研究国际学术研讨会"上，与会学者大多认为，"马克思主义对资本主义的研究和批判，对当代资本主义研究具有方法论上的指导意义，梳理和反思'马克思主义如何理解资本主义'是当代资本主义研究必须先做的基础性工作"。① 麦克伊弗认为，当代资本主义的发展并未发生本质的改变，他更倾向于用"全球化资本主义"指称当代资本主义的新形态。内奥克雷斯针对"9·11事件"之后西方学界流行的"我们进入了紧急状态"的理论喧嚣，提出了"资本主义是永恒的紧急状态"的相反观点。在2007年"第二届当代资本主义研究国际学术研讨会"上，与会学者认为，马克思主义的资本主义理解区别于非马克思主义的本质特征，就在于它从特定的生产方式入手剖析资本主义社会的内在矛盾。尽管当代欧洲资本主义发生了巨大的变化，但是马克思主义的历史唯物主义的方法论仍然是理解当代资本主义最科学的武器。有学者认为尽管当代资本主义在政治和民主方面都取得了重大的进步，但是这没有从根本上改变资本主义国家的职能，它仍然是统治阶级进行统治的工具，在这样一种国家，"民主"是不可能真正解决资本主义所固有的生产社会化与资本主义私人占有之间的矛盾的。②

　　在2008年的一篇文章中，Sewell指出资本主义外在表现为持续不断的改变，但是资本主义变化的过程总是会一再出现某些情况。比如，虽然从17世纪开始，经济和社会生活发生了巨大的变化，但1635—1636年的"郁金香泡沫"和世纪之交的".com泡沫"是同种类型的东西——投机泡沫。"这是一种在17世纪早期之前不存在，但在那之后却成为经济生活的一个持续特征的现

---

　　①　夏凡，周嘉昕."当代资本主义研究国际学术研讨会"综述. 国外理论动态，2007（2）：59.

　　②　孙乐强."第二届当代资本主义研究国际学术研讨会"综述. 国外理论动态，2008（2）：87-88.

象"。① 在 19 世纪之前，建立在天气好坏基础之上的好的收成或坏的收成产生了繁荣和困难时期的交替出现。在整个 18 世纪，纯粹内在于资本主义经济的波动开始发展起来，直到 19 世纪中期，商业周期取代收成成为就业和生产波动的源泉。最初，商业周期主要是库存周期，在存在对销售有利的条件下，产生了商品的过剩，价格下降，信贷紧缩、破产风险和失业增加，直到存货出清，需求再次上升。在 19 世纪中期，工业生产变得更加重要，存货周期慢慢地被投资周期取代。投资周期有着和存货周期相同的逻辑。但是因为投资于生产能力的投资和存货投资相比有着更大的规模和更缓慢的实现问题，投资周期的波动需要更长的时间。"这表明，尽管公司和产业仍在出现或者死亡，技术仍在变迁，更加成熟的金融工具仍在发展，政府的能力和经济政策体制的转变得到很大程度的提高，但在过去的一个多世纪里，资本主义和一些核心机制仍然没有发生本质的变化"。②

马克思主义在分析当代资本主义的现实问题时仍然是一种强有力的分析工具。但马克思的某些具体概念和理论判断需要结合新的实际加以发展。从理论层面看，如果试图对当代资本主义进行深入的理解，那么通过何种视角认识资本主义的长期变化将是一个基础性的工作。

（三）资本主义发展时期划分的标准

"资本主义这个名目，在不同作家笔下会有不同解释。一个历史学家看到的资本主义，可能与一位经济学家所看到的资本主义迥然不同。资本主义生理家与病理家的观感比较，一定也有很大区别。"③ 对众多文献中涉及的各种资本主义称谓进行一下简单的归

---

① William H. Sewell, Jr. The temporalities of capitalism. Socio-Economic Review, 2008 (6)：517-537.

② William H. Sewell, Jr. The temporalities of capitalism. Socio-Economic Review, 2008 (6)：517-537.

③ 黄仁宇. 资本主义与二十一世纪. 北京：生活·读书·新知三联书店，2002：492.

纳，就知道对资本主义发展的阶段做出划分是多么地困难了。①
"资本主义分期（periodization）的一个主要困难在于存在着可以相
互替代的划分标准（criteria）：增长、危机、竞争、国家关系、技
术和分配、政策和制度等。"②

从政策的角度出发划分资本主义发展阶段。塞金认为"通过
经济政策把外部性内部化③，使得那些因素受制于资本主义的市场
规则，是摆在资产阶级国家面前的重要任务。从历史的角度看，资
产阶级国家在资本主义的三个发展阶段中，先后借助于重商主义、
自由主义和帝国主义的政策，把外部性内部化"。④ 这是一种从政
策的角度出发，考察资产阶级国家如何把外部性内部化，从而对资
本主义的发展阶段做出判断。

从积累周期的角度划分资本主义发展阶段。摩尔认为"把积
累周期看做是资本主义发展的不同阶段的观点，是建立在两点之上
的。第一种已经得到普遍认同的观点，就是 20 世纪初期和末期资
本主义发展具有惊人的相似性。其中的关键是这两个时期内"金
融资本"所起的中心作用。在 20 世纪初期，金融资本的中心性导
致了自由主义和马克思主义的金融资本和帝国主义理论的兴起，他

---

① "赌场资本主义（casino capitalism）"、"保守资本主义（conservative capi-
talism）"、"股票市场资本主义（stock market capitalism）"、"全球资本主义（glob-
al capitalism）"、"帝国主义（Imperialism）"、"国家资本主义（State capitalism）"、
"垄断资本主义（Monopoly capitalism）"、"国家垄断资本主义（State monopoly
capitalism）"、"管理资本主义（Managerial capitalism）"、"福利资本主义（welfare
capitalism）"、"福特制资本主义（Fordism）"、"新自由主义资本主义（Neoliberal-
ism）"，等等。

② Gérard Duménil, Dominique Lévy. Periodizing capitalism Technology, insti-
tutions, and relations of production, Version：May 10, 2005. This is a contribution to
the volume Phases of Capitalist Development, edited by Robert Albritton. p. 1.

③ 外部性内部化指的是，可以完全商品化的理想的使用价值空间，适合于
资本的控制，不能够完全被资本控制的使用价值空间，就是具有外部性的使用价
值空间。所以外部性内部化实际上是一个资本控制空间扩大的过程。

④ 罗伯特·阿尔布里坦，等．资本主义的发展阶段．北京：经济科学出版
社，2003：46.

们都认为资本主义已经发展到新的阶段。在 20 世纪末期，这种中心性同样地与资本的金融化和全球化联系起来，标志着资本主义进入了又一个新的发展阶段。尽管概念和表达的语言发生了变化，但是金融资本构成了资本主义发展的最新和最高阶段的思想，与一个世纪之前并没有多少区别"。①

　　根据在资本主义历史时期生产关系与生产力之间的矛盾运动，资本主义的发展可明显划分为产业革命阶段、自由竞争阶段、私人垄断阶段、国家垄断阶段，从 20 世纪 90 年代开始进入以经济全球化为特征的国际垄断资本主义阶段。从竞争和论断的角度出发，一种观点认为，当代资本主义的最重大的变化在于一般性垄断演化为国家垄断——国际垄断。从生产关系的变化上看，当代资本主义有时候被称为晚期资本主义。其特点是资本主义生产关系出现了新的质的变化。

　　McDonough（2003）应用长波理论，讨论了资本主义的发展阶段问题。长波理论认为资本主义历史可以划分为交替出现的相对成功的扩张期和相对停滞的危机时期。长波理论通常认为资本主义及其再投资与增长过程具有内在的不稳定性。危机的趋势包括消费不足、阶级冲突加剧、不稳定竞争、资本成本长期上升、比例失调、金融脆弱、生产过剩、市场饱和等。危机还可能产生于政治与意识形态制度之中。当资本主义内在的不稳定被暂时克服，就会出现经济的扩张。随后，经过较长阶段的经济扩张，危机的倾向将会再次强制地表现出来。McDonough（2003）认为自 20 世纪 70 年代末以来，世界经济制度确实发生了质变，质变后产生的这种新制度是持续而稳定的，其基本特征都和全球化相关，因此称这时期为全球化阶段是适当的。由于全球化和新自由主义深刻地相互关联，这一阶段应更准确地称为新自由主义全球化或全球新自由主义阶段。②

---

　　① 罗伯特·阿尔布里坦，等. 资本主义的发展阶段. 北京：经济科学出版社，2003：65.

　　② Terrence McDonough. What Does Long Wave Theory Have to Contribute to the Debate on Globalization. Review of Radical Political Economics，2003，35：280-286.

Kotz（2008）等主张从积累的社会结构的角度理解资本主义的发展阶段。资本主义几个世纪之前出现以后，它特定的制度形式就在发生周期性的变化。新自由主义可以被理解为资本主义的最新的制度形式。积累的社会结构理论（The Social Structure of Accumulation，简称 SSA）为资本主义制度结构的周期性变化提供了一种分析方法（Kotz, McDonough and Reich, 1994）。积累的社会结构被解释为一种前后一致的、长期存在的提升利润生产并形成资本积累框架的资本主义制度结构。根据 SSA 理论，每一种 SSA 都能在几十年间有效地提高利润，但在某些时候它却无法达到这个目的。这带来了危机时期，危机使得旧的 SSA 让位于新的 SSA。每一种 SSA 都存在于全球资本主义层面和个体国家内部，虽然在不同国家会有一些制度方面的差异。

"分期可以建立在多种不同的基础上，采取的标准因为目的的差异也将有所不同。例如，为了确立资本主义作为一种纯粹的生产方式的内在一致性、国家垄断资本主义作为资本主义发展的一个阶段、福特主义①作为一种积累制度、德国'灵活—福特主义'作为一种增长模式、战后英国凯恩斯主义福利国家政府作为一种管制模

---

① 福特主义被很多学者认为是战后资本主义黄金发展阶段的发展模式。福特主义建立在以下三个基础之上：第一，特殊的劳动组织形式——泰勒主义——导致了从 20 世纪初开始的劳动生产率持续和快速的提高；第二，宏观经济结构。福特主义条件下劳动生产率提高带来的收益向所有的社会阶级重新分配，特别是向全体工人的再分配，结果是购买力的提高；第三，福特主义的调节模式导致了对劳动生产率提高的收益进行重新分配的集中管理制度，并通过集体谈判、社会立法和福利国家等方法来稳定这种制度。Lipietz, A. 1997b, The post-Fordist world: Labour relations, international hierarchy and global ecology. Review of International Political Economy, 4（1）. Bauman 对福特主义进行了全面的批判："正是福特主义的工厂（Fordist factory），将人类简化为简单的、固定的动作，而且这些动作总地说来是预先设计好了的，它意味着人们只有机械地服从它，没有任何智力技能的发挥，所有的自发性和个人创造性都被禁止进入；正是至少在内在倾向上与韦伯的理念型近似的科层体制（bureaucracy）……正是全景监狱（Panopticon）……正是老大哥（Big Brother）……正是古拉格（Gulag）"齐格蒙特·鲍曼. 流动的现代性. 欧阳景根，译. 上海：上海三联书店，2002：38-39.

式的危机、或者撒切尔主义出现并巩固的一系列步骤作为对该危机的一种新自由主义反应，等等，需要极为具体、复杂的标准"。①杰索普指出："商品既是交换价值又是使用价值；工人既是可以被其他抽象的单位（或者，而且实际上就是如此，其他生产要素）所代替的劳动力单位，又是具有特殊技巧、知识和创造性的具体的个体工人；工资既是生产成本又是需求的源泉；货币既作为国际货币又作为国家货币起作用；生产资本既是运动中的抽象价值（特别是以投资可以实现利润的形式），又是一定时空条件下稳定的生产过程中的具体资产的储备，等等。……区分资本主义（或者积累制度和规制方式）阶段的一种方法是以这些不同矛盾的相对重要性为依据。"②

西方马克思主义经济学中存在很多种解释和划分资本主义发展阶段的方法。大量的分析全球化或新自由主义的西方马克思主义经济学文献没有脱离上面概括的方法。只是在具体证据或使用的概念方面存在某些细微的差别。下面我们重点分析几篇较新的文献。

（四）马克思主义经济学全球化问题研究

Foster（2002）认为，"到20世纪30年代，可以说，马克思主义经济学存在三条线索：（1）资本积累和危机理论；（2）垄断资本主义理论的开始（基于马克思的资本积聚和资本集中概念）；（3）帝国主义理论"。③ 大量分析全球化的马克思主义经济学文献与这三条线索相关。有学者突出"跨国资本主义"或"全球资本主义"，质疑帝国主义概念的有效性，也有人反对这种观点，认为全球化和帝国主义概念无法融合，而只把全球化作为帝国主义发展的某个阶段的典型特征来认识，有学者从资本积累的角度出发研究资本主义全球化，强调原始积累在全球化时代的有效性。

---

① 罗伯特·阿尔布里坦，等. 资本主义的发展阶段. 北京：经济科学出版社，2003：330.

② 罗伯特·阿尔布里坦，等. 资本主义的发展阶段. 北京：经济科学出版社，2003：334.

③ John Bellamy Foster. Monopoly Capital and the New Globalization. Monthly Review,（53）：8.

1. 关于帝国主义的争论

Hardt 和 Negri（2000）的《帝国》引起了许多争论。① Hardt
和 Negri（2000）强调了帝国主义作为描述资本主义的一个阶段和
一个特定概念时存在的局限，认为需要超越古典帝国主义理论
（Green，2002）。他们把信息技术革命和全球化的加速发展联系起
来，并把全球化视为对资本主义危机的一种反应。他们深入地分析
了"国家和资本之间的辩证法"，② 这种辩证法考察了国家和资本
之间相互支持的关系，强调国家在调节个体资本家的集体利益方面
的作用。他们反对具主导地位的有关以国家为中心的观点，分析国
家主权力量的逐渐削弱，并为无产阶级团结寻求世界性的基础。他
们认为在过去几十年中资本主义的根本性重建意味着资本主义发生
了划时代的转变。他们突出阶级斗争，并区分了反帝国主义和反资
本主义的斗争，他们也分析了社会控制的必要性。Liodakis（2005）
认为，Hardt 和 Negri 过分强调了信息技术革命的影响，并错误地
认为非物质性劳动（immateriality of labor）成为当代资本主义的主
要趋势，价值规律不再有效。这是对劳动力价值生产中物质性劳动
决定性特征的一种误解（Dyer-Witheford，2001；Green，2002；
Panitch and Gindin，2002）。

资本主义全球化和国际化的现实中存在的众多矛盾，使得一些
马克思主义者重新开始强调帝国主义概念的有效性。一些学者坚持
作为对工业资本主义扩张趋势的分析的帝国主义理论的当代价值

① 其他重要的著作包括：Harvey2003 年出版的《新帝国主义》，Harvey 认
为，西方国家的资本过度积累产生了剩余资本，吸收剩余资本只能靠资本在地理
空间上的扩张，国家在资本的空间扩张中起着关键性的作用；在 2003 年出版的
《资本的帝国》一书中，作者伍德从历史的角度，比较了古代和近代英美帝国主
义之间的区别，指出，资本帝国主义的特点是指：剥削不是建立在超经济的、直
接强制性基础之上，而是建立在市场经济权力上。在当前，全球的资本主义经济
体系也需要维系。她对资本帝国主义的解释是，运用财产权利和市场力量来积累
剩余价值。

② Hardt, Michael, Antonio Negri. Empire. Cambridge：Harvard University
Press，2000：307，325.

（Barratt-Brown, in Chilcote, 1999）；一些学者通过依附理论说明帝国主义概念仍切合当前的发展（Howard and King; Amin; Petras, in Chilcote, 1999）。一些学者强调当前的资本主义全球化是帝国主义的新阶段或"新帝国主义（new imperialism）"①，新的全球化或"帝国主义的新时代（new age of imperialism）"（Foster, 2002, 2003）。也有学者持相反的观点，认为"（有关帝国主义）古典贡献和当前的发展并没有多大的关联性"。②

对帝国主义历史演化的讨论集中在国际权力结构的变化和国际秩序的特殊形式等方面。和20世纪初有关帝国主义的古典讨论相关，有关帝国主义的当代讨论，或者是在列宁和布哈林的意义上集中关注帝国主义国家之间的对抗；或者把帝国主义讨论和某个占据绝对统治地位的帝国主义国家（美国）相联系，集中于超级帝国主义（super imperialism）；或者在考茨基的意义上，讨论"超帝国主义（ultra-imperialism）"（Katz, 2002; Bromley, 2003）。

很多研究者赞同对抗不再是战后资本主义的主要特征。一些学者认为"超级帝国主义"是当代资本主义的主要特征，超级帝国主义的模型能够很好地解释当前的世界资本主义和世界秩序。也有马克思主义者反对这种观点，认为"超级帝国主义"模型不是解释当代资本主义最合适的模型（Katz, 2002; Bromley, 2003）。最近几十年世界范围的资本主义重建，以及民族国家特征的变化，正在形成的合作而不是对抗是当代资本主义最突出的特征（Cammack, 2003; Bromley, 2003）。基于上述理由，一些马克思主义者更倾向于使用"超帝国主义"的模型。Bromley（2003）指出，"在帝国主义世界（interimperialist）一个帝国主义国家的所得是以另一个帝国主义国家的损失为代价的，即使是它们共同剥削了外围地区；在超帝国主义世界，每一次收获都是和其他帝国主义国家合作的结

---

① Amin, Samir. The Political Economy of the Twentieth Century. Monthly Review, 2000, 52 (2): 1-17.

② Bromley, Simon. Reflections on Empire, Imperialism and United States Hegemony. Historical Materialism, 2003, 11 (3): 28.

果，即使是在分配的份额上存在不平等"。① 在当前的国际背景下，较多的马克思主义更愿意把当前的时期称为美国"帝国"的时期。Panitch（2001）指出，美国"是一种类型的帝国（empire），它渗透进其他民族国家，同时也把其他国家纳入决策制定的进程中——虽然不是以平等的身份参与决策制定"。②

帝国主义的讨论的焦点也涉及对资本国际化的迅速发展、跨国资本积累的分析。有马克思主义者认为国际组织趋于整合不同国家的利益，以形成调节资源和技术使用的国际框架（Liodakis，2003）。在这个基础之上，超越边界的不同部分的统治积极的结合正在形成，并具体化为国际寡头或跨国资产阶级（Robinson and Harris，2000；Sklair，2001）。

对全球化和帝国主义的讨论，使得许多学者对由列宁等建立的古典帝国主义理论进行重新的评估。列宁的帝国主义理论，以及希法亭、布哈林和卢森堡的贡献至今仍存在重要的影响和重大的意义。Liodakis（2005）认为帝国主义概念存在一定的缺陷，"资本主义发展情况的改变使得帝国主义概念过时了，而且不再适合于分析当前的趋势"。③ 列宁的帝国主义定义既包含了资本主义的结构性特征的描述，也涵盖了对不平等和扩张性的国际关系以及国际对抗（帝国主义国家之间）的形成的分析。一部分马克思主义者认为，列宁的帝国主义理论存在一定的不足，比如即使在资本主义的早期阶段，以资本主义国家或集团（建立在民族国家基础之上）之间的竞争、发达国家和欠发达国家之间的不平等交换为特征的资本主义国际关系的发展就存在了（Mavroudeas and Ioannides，2002；Bromley，2003）。从这个意义上看，帝国主义并不必然和资本主义的垄断阶段相联系，而是构成了作为一种世界体系的资本主义发展

① Bromley, Simon. Reflections on Empire, Imperialism and United States Hegemony. Historical Materialism, 2003, 11 (3): 17-68.

② Panitch, Leo. The State, Globalisation and the New Imperialism: A Roundtable Discussion. Historical Materialism, 2001, 9: 3-38.

③ George Liodakis. The New Stage of Capitalist Development and the Prospects of Globalization. Science & Society, 2005, 69 (3): 341-366.

17

的一般模式（Amin，1999；Mészáros，2001；Foster，2002）。另外，列宁的帝国主义定义主要是建立在经济集中和垄断以及金融资本的上升的基础之上的。列宁的帝国主义概念和市场中的交换与竞争紧密联系在一起，因此国际关系及其矛盾从根本上被当成民族国家之间的关系来理解。在上述意义上，Liodakis 认为列宁的帝国主义概念在理论和历史的层面都存在局限。首先，列宁的帝国主义概念集中关注流通和交换领域，但生产领域剩余价值的榨取和占有在资本主义分期方面有更加重要的决定作用；其次，列宁的帝国主义理论没有能够充分地解释发达资本主义国家之间的资本输出（Went，2002，2003）。最后，列宁的帝国主义概念和民族国家之间的关系和矛盾联系在一起，但是资本主义的近期发展使得这种理论存在明显的问题。而且即使接受国家在帝国主义阶段发挥了重要作用，但必须认识到国家的功能和角色在今天已经发生了很大变化（Harris，1999；Bryan，1995，2001）。

围绕帝国主义的争论表明，虽然一部分学者赞同全球化是帝国主义的一个新阶段，但是也有不少学者对这种观点持保留态度。Liodakis 就是一个不赞同帝国主义概念的学者。

2. "跨国" 或 "总体" 资本主义的出现

马克思区分了历史地继起的不同的生产方式，也提出了资本主义分期的概念范畴。马克思主义者在分期的原则和抽象的水平上存在着很大的争议。遵循阿尔都塞式方法的学者认为资本主义分期应当在社会形态这个具体的层面加以理解，因为只有在这个层面才发生阶级斗争。然而，过去几十年，国际化和资本跨国积累的迅速发展以及反对资本主义全球化的斗争的加剧削弱了这种观点。为了深刻地认识全球化，需要对资本主义分期问题进行新的思考。

Liodakis（2005）认为资本主义的发展可以分为三个时期：资本主义的早期发展到 19 世纪晚期为第一个时期，这个阶段和自由竞争与民族国家地位的巩固联系在一起；第二个时期是垄断资本主义（也就是列宁称为帝国主义的时期），从 20 世纪初开始直到 20 世纪 70 年代，这个时期和资本主义垄断的上升、国际贸易、资本流动重要性的增大和扩张主义所导致的经济冲突与军事对抗联系在一起。但是在这一时期，从作为整体的资本的再生产的角度看，国际贸易和资本流动与国内生产和国内贸易相比都还没有占据主导地位。资本主义的新时期（stage）（第三个时期）是指过去二十年到三十年间的发展阶段（Liodakis，2000；Mavroudeas and Ioannides，2002）。

Liodakis 主张："很明显地需要考察资本主义新的客观条件（包括资本的跨国化），需要在不忽视民族国家特征变化的情况下，把关注的焦点从市场关系领域转向具有核心地位的生产关系。"①正是在这种基本观点的基础之上，Liodakis 主张需要超越存在局限的现实主义（国家间关系）的、赋予权力关系而不是生产关系更多优先性的模型，需要发展出不同于对所有三个版本（帝国主义国家间的对抗、超级帝国主义、超帝国主义）进行折中的方法；需要超越过高地估计超级帝国主义或把美国作为"超帝国主义秩序关键角色"的帝国主义合作的观点。

Liodakis（2005）认为可以确定三个主要和国际化与全球化问题以及国家—资本关系相联系的趋势。第一种方法是传统的全球化方法，包含两个政治方向：保守的和社会民主的。保守主义方向进一步可以分为两种观点：悲观主义观点认为全球化破坏了民族传统和国家制度；这是右翼民族主义者和孤立主义者的观点。占主导地位是乐观主义观点（新自由主义），这种观点认为全球化有着无法避免和不可逆转的经济必然性，它对所有人有利，它突出了新自由主义政策和国际竞争的紧迫性。乐观的社会民主人士很大程度上也赞同这种观点，只是在管制政策方面与保守主义者存在差异。这种认识全球化的方法经常遭到悲观的社会民主主义者和政治上持自由倾向的新凯恩斯主义者的批判，他们认为全球化是一种消极（不值得期望）的趋势，全球化对福利国家产生了破坏性的冲击、对国家主权、治理、文化认知和环境产生的影响也一样。第二种方法认为全球化存在夸大的嫌疑。全球化既不是什么新东西，也不是某

---

① George Liodakis. The New Stage of Capitalist Development and the Prospects of Globalization. Science & Society，2005，69（3）：341-366.

种外因产生的结果，尤其不是当前新自由主义政策的结果。这种方法继续强调民族国家的重要性。这种方法也包含了一些左派学者，他们经常提到全球化、国家间的国际关系和地区一体化，但不把资本当成是一种社会关系（Petras，2002）。Liodakis 认为他们错误地理解了资本和国家之间的辩证关系，他们认为阶级关系只能在民族国家的背景下形成。不同历史背景下的原始积累和资本发展被认为是和国家建立的进程"完全一样的行为"。毫无疑问，国家和国家间或超国家管制政策的实施在原始积累的扩展和深化以及资本的跨国积累方面发挥了关键的作用（Liodakis，2003；Cammack，2003）。但是这些学者的错误之处在于把国家制度的发展放在资本主义生产关系发展的前面，这是一种错误的倒置。事实上，是后者主要的决定了前者。另外，和强调国际化进程的马克思主义方法不同，这种方法强调国家之间的关系和矛盾。资本主义国际化的进程仍然建立在特定的民族国家的基础之上，并被民族国家所推动。Liodakis 认为，尽管民族国家毫无疑问支持它们自己国家资本的利益，但是这种马克思主义观点忘记了一个事实，即正是资本，尤其是大的跨国公司，主要地塑造了国家政策和制度。而且这种马克思主义方法也无法说明为什么强大的民族国家和国际组织支持并推动所有资本的利益。前者如 Sklair（2001）认为"全球化不只是某些帝国主义的新形式……全球化以一种不只是再生了老式的国家帝国主义的方式，创造了跨越边界的跨国阶级联盟的新形式，以及全球范围内国家内部、地区、城市和地方社区中的阶级裂缝"。① 这种方法也无法理解所有资本的共同利益是如何被强大的民族国家和国际组织所推动的。Cammack（2003）说"对于重要的资本主义国家而言，对'国家利益的追求'包括世界范围资本主义竞争的引入和提高，从而包括了对处于竞争地位的国家的资本主义的推动和支

---

① Sklair, Leslie. The Transnational Capitalist Class. Oxford：Blackwell, 2001：75.

持"。① 第三种方法的主要支持者是马克思主义中的左派，他们反对资产阶级有关同质一体化的世界经济的观点，以及所谓的对国家的"侵蚀"和"弱化"。他们重点关注资本迅速地国际化，以及由此导致的具有决定性的、不平等的资本积累的跨国化进程（Bryan，2001；Burnham，2001，Radice，2001）。这种方法把资本的全球化或国际化看做是当代资本主义的一种内生性的系统趋势。正如马克思所认为那样，资本的扩张并不必然受到国界的限制，在这种观点看来，全球化和资本主义一样古老。资本的国际化和全球层面相互依赖程度的增加得到了史无前例的发展，并具有了一些新的特征。这种方法正确地把关注的焦点放在阶级关系和资本的矛盾方面，同时主要从阶级矛盾中推演国际矛盾。不强调全球化对国家的侵蚀和弱化，在国家和整体的资本之间不存在两极对立，相反地，它们之间是一种辩证和共生的关系。民族国家，尤其是强大的帝国主义国家继续发挥着重要的作用。尽管如此，国家的经济功能存在着向超国家组织转化的明显趋势（Sklair，2001），这可能会导致"跨国资本主义国家（transnational capitalist state）"的形成（Robinson and Harris，2000；Cammack，2003）。这种进程很大程度上是由跨国资本的增加所主导的，它构成了阶级斗争的新领域，并积极地推动了资本的国际化。

Liodakis（2005）提出了考察资本主义新阶段的四个标准。第一个和根本性的（革命性的）技术变迁相关，技术变迁为资本主义生产的根本性重建创造了必要的条件；第二个和资本主义条件下劳动和其他生产资料对资本的有组织的从属以及剩余价值的占有和分配的特殊方式、社会中阶级关系再生产的一般模式相关；第三个和资本的集中以及资本的竞争或垄断的特征有关；第四个和国家及国际层面生产社会化的特定形式及其发展有关。

Liodakis 认为由技术推动的当前的经济重建和社会变迁与 19 世纪末和 20 世纪初的相比更加重要。当前的技术革命很大程度上建

---

① Cammack，Paul. The Governance of Global Capitalism：A New Materialist Perspective. Historical Materialism，2003，11（2）：37-59.

立在开始于 20 世纪 70 年代的持续的过度积累的危机基础之上并由其所推动。新的技术革命和具体的技术创新对劳动对资本的从属、资本主义关系再生产的条件以及榨取剩余价值的新形式产生了根本性的冲击。当前的资本主义通过对大量独立生产者的剥夺、扩展了资本的原始积累，加强了资本主义生产关系的扩散。这些进程不仅增加了劳动对资本的从属，提高了劳动生产率，从而提高了相对剩余价值的占有。根据第二个标准，试图克服积累的危机和利润率下降的趋势的努力导致了世界层面资本主义的根本性重建。随着"现实存在的社会主义"的崩溃和工人阶级运动的消失，资本有能力对劳动过程和雇佣关系进行根本性重建，并以工资劳动者为代价提高它自己的增值条件。灵活的组织形式和"以人为本"的体制被引入生产领域，使得资本获得了更大的剥削劳动者的能力。虽然剩余价值榨取的新形式很重要，但资本主义新阶段的重要标志是资本不仅对劳动而且对科技和自然的总体性的支配。通过阶级区别和私有产权的急剧扩大，资本趋于持续地扩展自己的积累领域。这种资本支配趋势的增强"和当前生产领域的技术革命紧密结合在一起，意味着资本有机构成的持续增加和相对剩余价值榨取主导地位的取得"。① 对第三个标准而言，在竞争和交换领域的水平重建方面，资本国际化程度的增加和经济一体化趋势取得了主导地位，尤其在地区层面，这意味着史无前例的世界层面的生产社会化程度的提高。这种进程发生在垄断控制增强的情况下，东方集团国家的崩溃使得这种进程真正地覆盖了全球。尽管一体化进程加剧，但资本内在的竞争的特征和被迫的重建的进程意味着资本、国家和大的贸易集团之间紧张程度也在增加。最后，和第四个标准有关，一方面经济和政治权力的集中的提高、危机的恶化、当代资本主义面临的困境越来越意味着一种专制的（在某些方面甚至是极权主义的）政治和社会实践。另一方面，跨国资本对社会经济调节和政治权威的需求导致民族国家越来越有差异和国际化。基于同样的原因，也

---

① George Liodakis. The New Stage of Capitalist Development and the Prospects of Globalization. Science & Society, 2005, 69 (3): 341-366.

产生了一种并行的趋势，即一些学者称的由霸权主义力量、国际组织（IMF、WTO 等）、资本主义集团（G8 等）等构成的"跨国资本主义国家"的形成（Robinson and Harris，2000；Robinson，2001；Bryan，2001；Liodakis，2001；Cammack，2003），但这种跨国资本主义国家并没有取代民族国家。跨国资本主义国家形成的过程还没有结束，事实上很有可能它无法真正在全球层面形成。但是跨国国家的形成并不能被忽视。而且一个超常规力量的存在也并非为了共同的利益而进行国际协调的必要的前提条件。

除了上述四个标准，大量的文献中也存在其他一些相关的指标来考察全球化，比如，（1）出口占 GDP 的比例；（2）外国直接投资（FDI）流入占国内生产总值的比例；（3）外国直接投资存量占国内生产总值的比例；（4）外国直接投资流量占总固定资本形成的比例；（5）在外国子公司中就业的比例；（6）债券和股票跨境交易占国内生产总值的比例；（7）跨界兼并和收购占国内生产总值的比例。从所有这些指标考量，战后它们都迅速增加，对许多国家和地区而言甚至是暴增，达到了前所未有的水平，尤其是在过去的一二十年间（Duménil and Lévy，2001；Kotz，2001；Perraton，2001；Robinson，2001；UNCTAD，2002）。

Liodakis（2005）认为上述四个标准和有关数据表明，资本主义发展的确正在经历划时代的变迁，他称之为"总体资本主义（totalitarian capitalism）"的新的阶段的显现。甚至一些认为全球化是一种夸大说法的学者也认识到了当代资本主义同 1880—1940 年的资本主义之间存在的重要的结构和政治方面的差异（Went，2002，2003）。这种划时代的变迁进一步被下列事实所支持：（1）迅速发展的国际贸易，尽管国家内部公司之间的交易的重要性也在上升；（2）资本流通的跨国化，包括金融（和投机性）资本；（3）国际劳动分工的深化和与此相关的世界层面的生产社会化（Liodakis，2003；Cammack，2003）；（4）价值规律在全球层面作用的发挥，调节着包含着特定的等级式的权利关系和不平等交换的跨国积累的进程（Katz，2002）；（5）国家的国际化以及与之相关的跨国阶级的形成（Sklair，2001）等。

23

尽管资本主义长期（进一步）发展的潜力无法被否定（Laibman, 2005），但 Liodakis 认为资本主义新阶段对资本的外部和内部局限的突破意味着这种发展将导致危机，并很有可能使得资本主义生产方式接近它的历史限度。Liodakis 认为，在资本主义的新阶段，随着跨国国家的形成，国家间的关系也在发生迅速的变化。发达资本主义国家之间的公开的对抗在战后逐渐消失了，国际关系的模式和超级帝国主义或超帝国主义合作趋于一致。无论是在超帝国主义还是在超级帝国主义模式中，全球协作都趋于把资本主义积累的整体包容进来。虽然这种合作是当代资本主义明显的主要特征，但它却不是一种线性和稳定的发展过程，现代资本主义不仅存在阶级，而且仍存在地区和国际的冲突，在特定的情况发生时，这些冲突仍会造成公开的经济和军事对抗。另外，非平衡性的超级帝国主义政策可能会导致经济冲突和保护主义的再度出现。除了国际合作或对抗，当前的资本主义的根本特征是资本和劳动之间的矛盾空前地加剧了（Liodakis, 2003；Cammack, 2003）。Liodakis 认为，和"帝国"以及其他一些对当前资本主义发展进行分期的概念相比，"跨国"或"总体资本主义"（totalitarian capitalism）提供了更好的理论框架。这种方法建立在马克思主义阶级观和历史唯物主义的基础之上，发展了这种传统并考虑了资本当前阶段的资本主义重建和国际化，以及国家特征的重要变化。这个理论，对当前的发展进行了很好的解释，并为未来的社会解放斗争提供了更好的政治指南。

3. 帝国主义的现代阶段

在 2009 年的马克思主义全球化研究文献中，Sakellaropoulos 的文章很有特色。它突出的特征在于严格使用马克思的生产方式的概念，对全球化和帝国主义的关系进行分析。他说明了为什么生产方式的概念和社会形态的概念对理解资本主义的变化而言仍然是必需的。他认为，资本主义近期发生的变化并不意味着一种新的生产方式的出现或向被称为资本主义新时期的全球化的转变，而只是帝国主义的现代阶段。

对大多数马克思主义者而言，帝国主义和全球化都是合理的和切实可行的概念。全球化可能是帝国主义的一种新形式，或者说是帝国主义的内在因素，或者是某种和帝国主义并行的东西。没有人质疑这个术语的有用性。他们接受全球化的概念，但同时承认民族国家持续存在的重要性并在当前的形式上认识帝国主义。但 Sakellaropoulos（2009）认为，有关全球化问题，无论是全球主义者还是马克思主义怀疑主义者所采取的立场存在的主要问题在于"他们接受或不拒绝全球化这个术语"①。对帝国主义理论兴趣的重新浮现表明，帝国主义理论不再仅仅被认为是过时的理论。但 Sakellaropoulos 认为"帝国主义批判的真正重生要求在理论层面上否定全球化概念"②，这点有一定的道理，因为全球化更像是一个中性的概念，而帝国主义则容易让人产生丰富的联想。

为什么全球化和帝国主义是无法融合的概念呢？在 Sakellaropoulos 看来至少涉及下述三个原因。首先，全球化概念的关键问题在于"全球化"概念忽略了对归因于全球化的现象应当如何被解释、如何被理论化的思考。科学的解释要求有能够说明为什么某些现象必然出现的理论结构（或概念的结合）。"事实上，全球化仍然不能算是一个理论概念，一个发展完全了的有关全球社会体制运行的理论"。③ 他认为"如果全球资本和全球无产阶级不存在，那么在统一的全球体系的社会关系层面这个严格的意义上，全球化也是不存在的"。④ 其次，全球化讨论可能提出超越纯粹理论层面的问题。事实上，全球化的讨论还包含着极为重要的政治战略和应对

---

① Spyros Sakellaropoulos. The Issue of Globalization through the Theory of Imperialism and the Periodization of Modes of Production. Critical Sociology, 35 (1)：57-78.

② Spyros Sakellaropoulos. The Issue of Globalization through the Theory of Imperialism and the Periodization of Modes of Production. Critical Sociology, 35 (1)：57-78.

③ Spyros Sakellaropoulos. The Issue of Globalization through the Theory of Imperialism and the Periodization of Modes of Production. Critical Sociology, 35 (1)：57-78.

④ Spyros Sakellaropoulos. The Issue of Globalization through the Theory of Imperialism and the Periodization of Modes of Production. Critical Sociology, 35 (1)：57-78.

策略方面的意义。如果接受了全球化的概念我们就必须重新评估许多既定的事实。最后，一旦存在跨国资本就存在跨国资产阶级和相应的跨国工人阶级。资本主义所做的计划必须在跨国层面的基础上发生，相应地反资本主义斗争必须也在跨国层面展开。那么就出现了一个结构性地决定的事实，美国发现它自己正在处于衰落的阶段，因为它的地位正在被跨国资本（首先是金融资本）的权力取代。从这个视角看，Harvey 的观点，认为金融资本的兴起是美国衰弱的一个迹象，就可以和全球化措辞的原理衔接起来。而从这个角度看，许多认为当前阶段的全球化是美国所主导的帝国主义的新阶段就存在一定的缺陷了。

Sakellaropoulos（2009）认为资本主义生产模式是在国家社会形态中再生出来的，不同的国家社会形态以一种不平等的参与者的形式融入帝国主义的链条中。社会现实的许多方面被国际化了，但是这种国际化带有阶级的痕迹，因为它发生在最有权势的国家帝国主义形态和相应的国家资产阶级的统治之下。"任何其他接受全球化存在的方法都让我们接近于考茨基提出的超帝国主义概念的分析框架"。①

对生产方式、社会形态、资本主义生产方式进行全面的理解是真正深入地理解全球化的前提条件。Sakellaropoulos（2009）正是从上述几个概念出发，通过对资本主义体系的发展、对帝国主义概念的坚持和对全球化概念理论缺陷的分析来理解当代资本主义的。

Sakellaropoulos 认为，从根本因素上看，列宁时代的社会框架并没有发生根本性的变化。当然这并不意味着完全没有发生变化，今天的资本主义不能完全等同于工业革命时期的资本主义。过去的一个世纪，资本主义发生了显著的变化，因此可以认为资本主义的帝国主义或垄断时期（stage）存在两个阶段（phase）。帝国主义的第一阶段（扩大再生产）从 19 世纪晚期开始持续到 1973 年的石

① Spyros Sakellaropoulos. The Issue of Globalization through the Theory of Imperialism and the Periodization of Modes of Production. Critical Sociology, 35 (1): 57-78.

油危机。第二个阶段，紧随着石油危机，从 1973 年开始，可以被定义为试图摆脱危机的阶段。所有的新现象（资本主义的重建、后福特主义、金融资本的加强、新的政府间组织的建立等）都发生在这个阶段。"但是在任何情况下，新阶段都不构成一轮简短的全球化，而是帝国主义的一个子期（sub-period），因此在过去几年里我们看到的不是新生产方式的出现，或者向新的资本主义时期（stage）的转变，它只是帝国主义的现代阶段（phase）"。①

为了理解资本主义的发展，第一个任务就是对生产方式进行定义。生产方式是生产力和生产关系的结合体。更准确地说，Sakel-laropoulos（2009）把生产方式理解为主要社会矛盾内在运动规律的功能所决定的特定的社会关系的核心结构，在资本主义生产方式中，这种矛盾是资本和劳动的冲突。这种主要社会矛盾是不会发生变化的，因为一旦发生变化，就意味着新的生产方式的出现。作为阶级斗争的结果可以改变的是特定社会形态中社会权力的结构。在社会形态的层面，生产方式可以被分为不同的时期，这些时期可以被分为不同的阶段。"时期"的概念意味着更多的结构形式和更高水平的抽象。"阶段"指明了"时期"内的形式和特征从而意味着更低水平的抽象程度。社会形态对应于具体的特定地理空间的社会实体，它由下述三种结构构成：（1）一种不同的生产系统（或者更准确地说是不同的生产的方式或形式），比如不属于任何特定生产方式的简单商品生产）共存的经济结构，更强大的生产的方式或形式主导了其他生产的方式或形式并规定了经济运行的一般框架。（2）一种意识形态结构，这种结构是对存在于经济基础结构中不同经济系统在思想观念中的反映；（3）一种司法—政治的结构，这种结构保护了主导性的生产体制的利益并确保它的再生产。在任何情况下，应当清楚的是在给定的社会形态（SF）中，主导性的生产方式代表了一种不同于抽象的理想型生产方式的选择。有

---

① Spyros Sakellaropoulos. The Issue of Globalization through the Theory of Imperialism and the Periodization of Modes of Production. Critical Sociology, 35（1）: 57-78.

两个原因可以说明这一点：首先，因为阶级斗争引入了相反的倾向从而改变了生产方式次要的方面的特征（比如，工作日的长度随着社会形态的不同而不同）；其次，因为现实中存在的是不同的生产模式的接合，这导致了占支配地位的生产方式的无法抗拒的动态再生产，但是这要在保证社会形态的统一的条件下才能实现。

资本主义生产方式作为一系列相互结合在一起的因素的整体区别于先前的生产方式。资本主义的经济结构具有下述特征：（1）剥夺了直接生产者的生产资料；（2）生产者无力控制生产资料（私有财产神圣不可侵犯）；（3）分配关系的实现建立在产品交换价值基础之上，并以货币形式表示。从而，剥削关系采取了工资关系的形式，生产的过程主要体现在存在社会和技术的劳动分工的私营单位的生产中。当交换关系以及工人从属于价值规律时，从工人身上占有的剩余产品以剩余价值形式表现。最后，私人生产通过商品交换转换为社会过程。和意识形态结合在一起，就有了具体的资产阶级国家，在制度层面它包含物质地具体化了的资本和劳动之间的矛盾。直接生产者生产资料被完全剥夺的事实产生了独特形式的国家和经济领域的分离，国家有能力不再用非经济的方法去占有剩余价值。尽管如此，国家在其一系列的功能上仍发挥着重要的作用：（1）保证资产阶级主导地位和统治的政治功能；（2）确保而且经常是自己承担维持生产继续进行的经济功能；（3）通过意识形态的国家机器发挥的意识形态功能。

需要弄清楚的和全球化的言论相关的资本主义国家的重要问题是，一方面，资本作为一种盲目的趋势倾向于进行不受约束的积累。另一方面，资本主义社会关系要求有边界，如果没有民族国家，这种社会关系无法再生产出来，民族国家不是一种必然的政治形式，但却是资本主义发展的历史进程的结果。资本主义的发展是一个不平衡的进程，它受到各种形式的决定因素和不同形式与强度的阶级斗争的影响。这使得不同地区的资本主义关系的再生产产生了差异，并形成不同的国家。换句话说，重要的是理解不同地理空间中资本关系再生产的具体性质，这使得我们能够更好地理解帝国主义链条的构成方式和功能。空间只不过是社会（阶级）实践的场所，这种场所最重要的是它所具有的国家的特征。从而，资本主义生产方式发挥功能的场所是国家。国家是一种为了资产阶级的长期利益而对工人阶级进行政治管理的制度，是一种经常干预到生产进程中以确保国家资本的利益并促使国家资本在世界范围内扩张的制度。"国家在资本主义关系再生产中的关键作用有助于理解为什么不存在以及不可能存在全球资产阶级或全球无产阶级"。① 资本主义生产方式中的阶级斗争是在国家形态内进行的。资产阶级对工人的剥削导致了资本主义体制的再生产。如果不存在相应的无产阶级也就不可能存在资产阶级。在国家形态中特定剥削条件的存在也产生了阶级的两极分化。在国家形态之外不存在阶级。即使是资产阶级开始了国际活动，他们能够进行这些活动的能力仍然来自对他们自己国家的工人阶级的剥削。"现实是，每个国家的资产阶级首先要同国内的工人阶级进行斗争，以确保能够获得足够大的剩余价值的份额，然后才能在国际领域与其他国家的资产阶级进行平等的竞争"。② 因此，不存在有着共同全球利益的资本家构成的全球资产阶级。同样地也不存在有着共同利益的全球无产阶级，因为不同社会形态中的工人阶级的成员生活在不同的剥削条件下。

Sakellaropoulos 提出了他对与资本主义生产方式相联系的社会结构的时期划分：

自由资本主义时期。资本主义生产方式对前资本主义生产方式的支配在资本主义自由时期达到了顶点。这一时期的基本特征是资本主义生产方式的扩张，自由贸易、资产阶级国家的建立和资产阶级意识形态的形成。在经济层面，劳动对资本的真正从属第一次明显地显示出来，同时生产进程正在经历逐步地自动化。自由时期（The Liberal Stage）的资本主义的典型特征是资本主义生产模式的

① Spyros Sakellaropoulos. The Issue of Globalization through the Theory of Imperialism and the Periodization of Modes of Production. Critical Sociology, 35 (1): 57-78.

② Spyros Sakellaropoulos. The Issue of Globalization through the Theory of Imperialism and the Periodization of Modes of Production. Critical Sociology, 35 (1): 57-78.

扩张、贸易的自由化和资产阶级国家及资产阶级意识形态的建立。在经济层面，真正的劳动的从属展现出来，与此同时生产过程逐步地自动化。在政治层面，资产阶级国家伴随着劳动斗争的加剧建立起来。在意识形态层面，通过两种观点的确立，资产阶级意识形态建立起来：第一，个体公民概念的确立；第二，通过不同种族特征的人的团结和国家历史的创造形成了国家意识形态。

垄断时期（The Monopolistic Stage）。劳动对资本的真正从属一般化了，相对剩余价值的占有成为主导方式。一些重要的技术发展，电、内燃机、化学的发展产生了生产过程整体自动化的趋势，这使得生产率上升，价格以及劳动力成本下降和资本获利性上升。同时，资本集中和集聚加剧了。在超国家层面，持续的投资、商品和货币资本的国际化进程开始出现。资本之间的竞争的再生产和随后的帝国主义国家之间的冲突得到发展。垄断时期也被列宁称为帝国主义时期。这时候的特征有：（1）基础设施和资本的集中达到了产生垄断的程度；（2）产业和银行资本的融合形成了金融资本；（3）资本输出增加；（4）跨国公司建立；（5）最强大的资本主义国家对世界的瓜分已经完成。1870—1914 年资本、投资和商品的输出国际化程度的增加，跨国公司的建立造就了形成帝国主义链条的不同社会形态多层次的复杂性。多层次表明这不是一种发达国家在顶端，落后国家在底层的金字塔结构。事实上，这个链条具有两重功能，既包含了一种等级结构，也包括把不同社会形态纳入这个链条。一系列具体社会形态向垄断时期的转变给资本的经济和地理扩张创造了机会。显然，发达社会形态之间存在重要的差异，它们也处于作为整体的国际国家体系的不同组成部分之间，它们融入帝国主义链条不是发生在国际层面的内在转型的结果，而是不同国家之间压力的结果。这些压力是经济方面的，反映了与不同国家演变水平差异相联系的生产率的差异。也有地缘政治和军事方面的压力，反映了一些国家权力的不对称。这些国家的结合构成了帝国主义链条，一个资本主义国家都参与进来的链条。"它们的发展水平不是建立在它们参与这个链条的基础之上，而是建立在它们在链条中所处的位置的基础之上"。一个国家可能没有转向垄断时期，尽管如此它已经参与到帝国主义链条中，只是比其他已经进入垄断时期的国家处于更低的层面。处于链条中的不同国家之间的决定性关系是不平等发展。Sakellaropoulos 认为，帝国主义链条的形成不应当等同于国家社会形态进入了帝国主义国家垄断时期。他的目的在于说明，"生产方式和社会结构的概念在理解现阶段的帝国主义正在发生的转变时仍是必要的"。①

扩大再生产阶段的帝国主义。这个阶段开始于第一次世界大战，结束于1973 年过度积累的危机的爆发。在生产层面，大规模生产单位建立起来，制造品可以储存更长的时间。垂直化的生产必然产生了管理阶层功能的提升，从而增加了官僚化的组织形式。所有这一切都是在资本集中和集聚持续增加的趋势下以及各种水平的经济（投资、商品和货币资本）国际化的背景下完成的。国家在经济领域的功能开始扩大，它在生产和再生产过程中扮演了重要的角色，在流通领域通过扩大国有企业和接管那些利润率比较低下的企业扩大影响。另外，这个阶段，通过美国霸权地位的巩固形成了帝国主义链条的某种等级结构，这表现在生产率层面、政治和军事层面。在意识形态层面，占据主导地位的概念是：发展、进步以及对议会民主的信心，对国家制度、社会流动性和社会地位变化的信任。所有这一切国家层面的活动对巩固资产阶级的权力作出了重要贡献。

努力摆脱危机阶段的帝国主义。"1973 年危机的爆发标志着垄断或帝国主义时期的新阶段，这个阶段到今天仍然没有完成"。②在经济方面，这个阶段的基本特征是努力创造和利润率下降相反的趋势，并找到解决过度积累危机的方法。最初的战略性反应包括实施反周期政策。1979 年第二次石油危机表明这种政策存在局限。

———————————

① Spyros Sakellaropoulos. The Issue of Globalization through the Theory of Imperialism and the Periodization of Modes of Production. Critical Sociology, 35 (1): 57-78.

② Spyros Sakellaropoulos. The Issue of Globalization through the Theory of Imperialism and the Periodization of Modes of Production. Critical Sociology, 35 (1): 57-78.

伴随着整个 20 世纪 70 年代群众斗争下降的背景，资本主义统治阶级开始调整它们摆脱危机的政策。这时的政策选择被许多人称为"新自由主义"、"撒切尔主义"、"里根主义"。它的基本要素是不受约束的"合理政策"的实施：对低水平资本赢利性的拒绝，失业的扩大使得这些政策能够有效地维持劳动力成本下降并驯服工人阶级，收入再分配开始有利于资本，对劳动权的限制，对私人资本的回报和国家接管企业的关闭。这些政策的一个问题是，它无助于能够从被实施的改变中获益的新社会阶层的出现，而且在某种程度上促进了必然的社会阶层的结盟。这产生了一系列的后果，从社会民主党权力的上升，到无法动员潜在的生产性资本，从而进一步阻碍了抵制利润率下降趋势的因素的产生，也进一步妨碍了国家经济找到摆脱危机的方法。这种困境可以由 1929 年危机后出现的以前从来没有过的失业的迅速上升来加以说明（Walker，2001），美元汇率的急剧上升，减少了以美元为基础的商品生产的竞争性。结果是 1982 年的利润只达到 1956—1965 年平均水平的 57%（Duménil and Lévy，2001）。20 世纪 80 年代资本主义国家采取了新的策略，它试图通过不仅仅是经济领域，而且包括政治和意识形态层面的重要的转型去克服过度积累的危机。这是一种资本主义的重建策略，这种重建的基本方向包括：（1）采取节俭性的政策；（2）通过采取极具灵活性的劳动过程改变工作关系；（3）生产过程方面的改变，这包括劳动组织的变化；教育水平和集体工人的技能水平的改变以及提高使得持续的技术变迁成为可能的再培训，让工人接受公司的目标，工作空间权威主义的加剧；（4）有利于工人的谈判条件的恶化，这包括挫败工会运动；增加失业的体制和兼职雇佣的增加给工人带来的压力。在政治层面，最重要的发展是政党转变为只是国家力量的传动带，资本主义重建的动力学使得那些为满足被控制阶级的物质利益的政策不再发挥作用。这一方面推动了不同政党的同质化，另一方面也使得它们无力提出满足大众和小资产阶级的政策。同时，政府对经济的干预出现了明显的增加。这是通过双重运动展现出来的。一方面，创造条件提高企业的盈利率（间接或直接的劳动力再生产机构的私有化、发展基础设施等）；另一方面，更重要地，关注调节货币框架、利率水平、货币供给和收入分配。在意识形态层面，完全的去意识形态化的个人主义成为一种规范，有效地加强了社会实践的分裂和孤立。

Sakellaropoulos（2009）认为，资本主义向摆脱危机阶段的转变不仅可以从社会结构内部加以理解，也可以从帝国主义链条的层面加以理解，因为不同层面的发展是相互结合在一起的。帝国主义链条的功能发生了重要的改变，尤其是在过去的 10 ~ 15 年间。华沙条约的签订把世界分成两个冲突的阵营。只有充分考虑的东方阵营的解体才能理解帝国主义链条发生的转变。

当前资本主义发展的第一个特征是，经济国际化程度的增加。这既和金融资本的流动也和投资与商品的输出有关。大规模投资和交易的增长在很大程度上可以归因于过度积累危机的冲击和资本投资于能获得最高利润的地方的需要。同时，无法找到摆脱危机的出路使得大量的资本转向金融领域，这个领域被认为能够保证最大的回报。资本流向金融领域背后的一个重要因素是技术进步给资本的流通创造了前所未有的机会。但与其说这是一个技术问题，不如说更是一个阶级问题，它是建立在资产阶级基础之上的一种战略。提高资本主义关系再生产和利润率使得资本大量地流向金融领域。无论如何，这种战略的目的都是为了巩固最强大的帝国主义国家的政治地位。第二个特征是国家功能的国际化。比如超国家组织的建立，资本、商品和投资在特定地区的自由流动是根据国家之间的利益通过政治和制度安排完成的。同时，国家代表特定类型的资产阶级的利益参与到各种各样的活动中。但这并不意味着"跨国国家"的形成。特定地区特定类型的经济活动的国际化使得相关国家资产阶级中最有权力的部分开始从事一系列的国际活动。国家，作为全体资本家的代表，建立起来以确保资产阶级的利益。这既是资本主义国家本质所决定的国家的功能，也是它的使命，它不是偶然发生的，或者是什么其他事物的副产品。国家的国际化是因为这符合它结构性地代表的社会阶级的利益，一旦国内的资产阶级觉得国际化的进程不再符合自己的利益，国家就会停止国际化。第三个特征是军事干预。应当理解的是军事干预地区的选择并不是偶然的。帝国主义干预不会发生在中立地区，而是发生在存在很多内部争端的地区，这种外部干预使得问题更加尖锐，和平解决问题变得更加困难。第四个特征是帝国主义链条中美国主导地位的取得。

Sakellaropoulos（2009）指出，在理论层面、生产方式的概念、社会形态、社会阶级的构成、国家在资本主义发展中的作用，以及帝国主义链条的创造都有助于理解为什么帝国主义和全球化在一个统一的理论框架中无法共存。事实是，如果不存在全球资本或全球无产阶级，那么就不存在严格意义上的统一的全球社会关系体系。资本的确有永不停息、不受约束地积累的趋势。但是这只是资本在作为自我价值的价值这一最抽象最简单的形式上是成立的。"资本主义生产方式的概念是一个对经济、政治和意识形态实践，以及对使得资本主义社会关系再生产成为可能的结构和制度更加复杂的理论抽象。资本主义社会生产关系的再生产要求资本主义生产方式的出现和再生产发生在特定社会形态中"。① 民族国家与殖民公司（东印度公司）、帝国、殖民帝国、城邦国家和商业城市网络相比是推动资本主义生产方式再生产更加有效的具体的政治形式。

概括地说，只有在我们能够说明标志着全球社会形态或至少是跨国社会形态的可能的转折点时，即我们能够对资本主义生产方式在全球范围再生产进行理论化时，才会有替代性的资本主义新时期的出现。这应当包含一个跨国权力集团和特定形式的跨国阶级斗争的理论。所有有关全球化的论点，无论是在资本跨越国家界限的基础上，还是在文化交流和沟通增加的基础上，都没有能够做到这一点。同时，任何试图折中全球化、民族国家持续存在的重要性和帝国主义当前形势的理论方法也无法做到这一点。

在更低的抽象水平上，帝国主义变化的问题使得 Sakellaropou-

---

① Spyros Sakellaropoulos. The Issue of Globalization through the Theory of Imperialism and the Periodization of Modes of Production. Critical Sociology, 35（1）: 57-78.

los 得出一系列不同于全球化概念的结论。一些国家从帝国主义链条中脱离出来陷入到东方体制的危机中并转向资本主义。这种发展代表了资本主义的胜利而不是出现了新的社会组织形式，但是它不构成全球化。如果真的发生了什么重要的变化，那就是某些国家在确保占有国际市场的重要份额方面经济力量的增强。但即使是这些也不构成全球化。它意味着某些国家形态地位的上升和经济对抗的加剧。即使对跨国公司而言，它们总是被迫接受它们所投资的国家的条件。Sakellaropoulos 认为，在现实中，全球化的全部问题把我们带向了考茨基的超帝国主义。根据考茨基（1914）的观点，帝国主义国家迟早会认识到战争带来的只是破坏，这种认识将导致在主要资本主义国家之间的联合和放弃军备竞赛的意义上，超帝国主义的新时期的出现。

Sakellaropoulos（2009）的目标在于说明生产方式和社会形态的概念对于理解发生在帝国主义现代阶段的转变而言仍是必需的。他的基本目标是想说明列宁帝国主义理论在分析资本主义当代发展时的重要作用。帝国主义的五个基本特征（垄断的形成、金融资本的形成、资本资产输出的增加、跨国公司的形成、最强大的资本主义国家对世界的瓜分）在今天仍然有着其重要意义，当代资本主义的特征源自帝国主义的基本因素。帝国主义链条的形成不意味着全球化阶段出现。帝国主义概念强调国家之间的不平等发展。每个国家都仍保留着自己特定的经济、政治、军事和文化力量，并通过它们去实现自己的目标。强大的国家有更多的机会去推广他们的战略。这有助于我们理解帝国主义最重要的因素不是同质化或全球化，而是把压力从一种社会形态向另一种社会形态转移。

4. 全球化背景下的原始积累

原始积累的概念之所以在全球化时代仍然适用，是因为：首先，它仍然是研究当前很多问题的一个理论选择。比如，乡村农业生产者的消失，对资源的私有控制的巩固，这些对原始积累而言极为重要的问题在今天表现得仍很突出。马克思主义者对原始积累进行了充满感情的理论解释，而不仅仅是描述性的说明。"即使那些不赞同马克思主义者对原始积累进行的理论解释的人，也必然会在其中找到有助于理解全球资本主义发展的内容"。①

在《资本论》第一卷中，马克思对原始积累问题进行了分析。马克思把原始积累视为社会关系的转变。对马克思而言，原始积累最重要的是"生产者和生产资料分离的历史过程"②，这个过程一方面"使社会的生活资料和生产资料转化为资本，另一方面使直接生产者转化为雇佣工人"。在讨论原始积累时，马克思既充满了讽刺也充满了辩证。讽刺表现在他对资产阶级"节欲"神话的批评，辩证体现在他对原始积累推动人类进步的作用的理解。在马克思那里，原始积累表现出多种含义，包括原始积累造成的无产阶级化、财产关系的变化、资本的形成以及原始积累对人类与环境关系造成的影响等。有时候马克思的确把原始积累和特定的时期联系起来，比如对英格兰和殖民地的讨论，但原始积累的概念有着更普遍的意义。Angelis（2001）通过充分的证据表明，马克思不仅把原始积累看做是资本主义发展的一个历史阶段，而且把它看做是构成资本主义生产发展的本体论条件。Angelis 认为原始积累仍然是现代社会的一个内在的和持续存在的因素，原始积累的活动范围已经扩展到整个世界（Angelis，1999）。

Walker（2004）论述加利福尼亚农业问题的著作使用原始积累解释农业劳动力地位的持续下降。"劳动力的商品化是原始积累最根本的要素"，Walker 指出，加利福尼亚的农业雇主如何通过周期性的雇佣，通过"雇佣、剥削、排斥"使得劳动力的商品化成为农业发展的特征。永久性农业劳动力的持续的不稳定性有效地阻止了工人要求更高的工资和更多的权力。Walker 的著作在发达资本主义的背景下，在古典马克思主义无产阶级化的意义上强调了原始积累的重要性，认为资本的国际化也表现出这种特征。McCarthy

---

① Jim Glassman. Primitive accumulation, accumulation by dispossession, accumulation by "extra-economic" means. Progress in Human Geography, 2006, 30 (5): 608-625.

② 马克思. 资本论（第1卷）. 北京：人民出版社，1975：783.

（2004）在一篇讨论新自由主义贸易协定环境政治的文章中，也使用了原始积累的概念，强调原始积累不仅是无产阶级劳动者的积累，也是"把多数人的小财产变成少数人的大财产"的进程。通过把马克思的概念和 O'Connors 的资本主义对它自己自然"生产条件"的破坏的概念结合在一起，McCarthy 说明当前的资本主义不仅直接地私有化了公共资源，而且通过特殊的立法，保证了私人利益的获取而忽视了这种资源的私人使用所带来的后果。McCarthy 通过一些详细的例子说明了新自由主义贸易协定利用环境治理模型试图扩大私有产权而缩小公共领域。这完全是一种原始积累的进程，而不是市场自发力量作用的结果。Harvey 把对原始积累的讨论扩展为"通过剥夺进行的积累（accumulation by dispossession）"，Harvey 认为全球新自由主义的关键作用在于私有化，他把私有化称为"通过剥夺进行的积累最先进的技术"。① 在 Harvey 看来，新自由主义通过剥夺进行的积累代表了一种克服过度积累的结构性问题的特定形式。Harvey 认为，虽然通过剥夺进行的积累一直是更广泛的资本积累进程的一个方面，但是在新自由时代这种积累方式变成了一种主要的积累方式。Glassman（2006）指出了原始积累在当代的重要性。（1）虽然有些人把原始积累看做是社会在迈向建立在扩大再生产基础之上的完全的无产阶级化社会结构所经过的一个历史阶段，但当前全球事务的状态表明，原始积累仍然，或者说更为突出，这既体现在它事实上是一般性的资本主义积累的核心，而且也体现在原始积累要比先前想象的要经历更长的历史消失期。（2）原始积累有很多形式，事实上所有这些形式马克思都已经在他对这个问题的论述中意识到了，但是原始积累的每种形式又表现出一些新的特征。比如，环境治理使得私人占有生产条件或者对作为社会斗争的结果产生的公共物品的私有化。（3）原始积累在南半球一直，而且仍然很重要，但是在北半球也明显地再度出现，这表明原始积累应当被看做是全球资本主义发展的构成部分，而不只是特定

---

① Harvey, D. The New Imperialism. Oxford: Oxford University Press, 2003: 157.

地区发展的构成部分。

三、马克思主义经济学危机理论研究

  每一次繁荣来临时，资本主义的辩护者都会认为伴随着资本主义体制的危机趋势被克服了。繁荣中断时，这些辩护者又会提出有关危机的种种解释。20世纪90年代早期的危机是20世纪80年代不谨慎的借贷活动造成的；20世纪80年代早期的危机是20世纪70年代晚期国家过度开支的结果；20世纪70年代中期的危机是石油价格的突然上升和越南战争导致的通货膨胀式融资造成的；20世纪30年代的危机是不恰当的银行政策造成的。每一次危机都有不同的原因，每一次危机都归结为人类的失败，没有一次危机被归结为资本主义体制自身。但是危机一再周期性地发生成为不争的事实，主流经济学家总把此解释为偶然的现象。供给和需求力量的正常运转能够使均衡的趋势一直存在。这意味着危机的产生只是外部冲击的结果，因为外部冲击时常打破均衡、或者是因为内部扰动的结果，这种内部扰动阻碍或破坏了市场均衡的进程。大的外部冲击，比如战争，会导致不同生产部门之间稳定关系的暂时性中断，造成危机的原因外在于资本主义体制，而且经济稳定迟早会因市场调整的自然进程而恢复。除了这种外部冲击，另一个造成危机的主要原因是政府对经济进行管制时的干预失败。比如，政府打算通过发行货币为自己的过度开支融资以刺激经济，将会导致过度投资，这会导致有通货膨胀倾向的繁荣。最后，投机性企业失败会导致这种繁荣的终结。从而，伴随着资本主义发展史的繁荣和萧条的周期性更替，不是内在于资本主义生产方式之中，而是愚蠢且不负责任的政治家造成的。马克思主义者对诸如此类的主流解释一直存在不满，2007年开始爆发的金融危机为马克思主义的危机理论研究开启了一个新的阶段。

  （一）危机的背景：全球化、新自由主义、金融化

  过去30年里，资本主义变化的特征通常被人们用三个词来概括：新自由主义、全球化和金融化。众多论著探究了前两个现象，对金融化的关注与对前两者的关注比较而言相对不足。然而，金融化日益被视为三者中的主导力量。资本主义的金融化，即经济活动的重心从产业部门转向金融部门，成为当今时代的重大事件之一。在马克思主义全球化研究中，较多的文献涉及了对全球化、新自由主义和金融化之间关系的讨论。

研究全球化时，一个重要的问题是，被全球化了的是经济的整体还是某些特殊的部分？资本主义经济不是一种静态关系，而是由货币资本到生产资本到商品资本再到货币资本的循环运动。实际上，正如马克思指出的，这一过程包括资本的三种循环：货币资本循环，商品资本循环和生产资本循环。由此产生的问题是，如果资本的三种循环没有全部被全球化，那么能否谈论资本主义全球化呢？仅有商品资本循环的全球化是不够的。更重要的是，货币资本循环的全球化将最终产生一个全球统治阶级。联合起来的资产阶级将为造就一个客观存在的、统一的工人阶级提供充分的基础。在这种环境下，世界不仅面临资本主义生产关系的全球化，而且面临资产阶级关系的全球化。的确，从马克思主义的视角可以认为，只有当阶级关系全球化时，我们谈论全球资本主义才真正富有意义。从这个意义上看，资本主义生产关系扩展到前社会主义国家，再加上已经存在的商品和货币循环的全球化，才是向全球化迈出了决定性和实质性的一步。

基于上述理由，人们会将正在出现的制度框架中的经济制度归为全球化，而将政治与意识形态制度归为新自由主义。然而，全球化与新自由主义是互为条件、相互影响的。正在形成的制度框架是二者共同作用的结果，也可以说是新自由主义全球化或全球新自由主义的产物，因此可以称这种制度框架为新自由主义全球化或全球新自由主义。

对全球化和新自由主义的研究，大多数是围绕全球化和新自由主义的关系、新自由主义兴起的原因、造成的后果、新自由主义时代国家角色的变化等问题展开的。

何为新自由主义？Harvey（2007）认为新自由主义是一种有关政治经济实践的理论，它主张人类的福利能够通过以私有产权、个人自由、不受约束的市场和自由贸易为典型特征的制度框架下企业自由的最大化获得。国家的功能在于创造并保护适合于进行此类实践的制度框架。Harvey 确定了新自由主义的几个典型特征。Harvey 认为对迄今为止的公共资产的公司化、商品化和私有化是新自由主义计划的明显特征。所有这些过程都意味着资产从公共和大众领域向私人和存在阶级特权领域的转移。Nasser 认为"私有化狂热是新自由主义全球化的特征。这种私有化狂热不能被看成一种政策，而是一个由结构性的动因推动的资本主义发展趋势，自从资本主义社会关系最初出现以来，这个趋势就以这种或那种形式在历史上不断展现出来"。① 资本对凡是能够商品化的事物实行商品化的历史趋势当然与对凡是能够私有化的事物都进行私有化的趋势是一致的。扩大交换价值的动力是无限的，是资本主义的结构性动力产生的，私有化的趋势也是如此。"私有化在创新实践和危机中都在进行"。② Harvey 认为在世界层面对危机的创造、管理和操纵已经成为有意识地把财富从穷国向富国再分配的技艺。新自由主义的另一个特征是国家再分配。国家制度一旦转变为新自由主义制度，就变成了再分配政策的主要代理人。Wallerstein 对新自由主义时代的政府有如下认识："即世界各国政府不要干预大型企业在世界市场争夺优势的努力"。第一个政策含义是，政府，即所有各国政府，"都要允许这些公司带着它们的货物和它们的资本自由穿越各国边界"。第二个政策含义是，政府，即所有各国政府，都不要在它们本身充当这些生产性企业所有者方面发挥任何作用，而要把"它们拥有的一切都私有化"。第三个政策含义是，政府，即所有各国政府，"都要把向本国人口的所有各类社会福利转移支付最小化"，如果不是完全取消的话。这种陈旧的理论以前"总是周期性地成

---

① Alan G. Nasser. The Tendency to Privatize. Monthly Review, 2003, 54: 10.

② Alan G. Nasser. The Tendency to Privatize. Monthly Review, 2003, 54: 10.

为时髦理论"。①

新自由主义可以被理解为资本主义的最新的制度形式。资本主义几个世纪之前出现以后，它特定的制度形式就在发生周期性的变化。积累的社会结构理论为资本主义制度结构的周期性变化提供了一种分析方法。积累的社会结构被解释为一种前后一致的、长期存在的提升利润并形成资本积累框架的资本主义制度结构。根据 SSA 理论，每一种 SSA 都能在几十年间有效地提高利润，但在某些时候它却无法达到这个目的。这带来了危机时期，危机使得旧的 SSA 让位于新的 SSA。每一种 SSA 都存在于全球资本主义层面和个体国家内部，虽然在不同国家会有一些制度方面的差异。战后的资本主义被称为"管制资本主义"。1973 年之后，战后的 SSA 进入到危机阶段。20 世纪 70 年代后期，新的 SSA 开始形成。最初发生在美国和英国，被称为"新自由主义"。因为它的主要特征比较像大萧条之前的"自由市场"资本主义。在世界上大多数地方，"自由"一般指的是国家独立于经济活动领域之外。新自由 SSA 在 20 世纪 80 年代早期建立起来（Kotz and McDonough，2008）。这种 SSA 代表了和先前的 SSA 明显的决裂。它的主要特征是消除全球经济层面商品、服务尤其是资本流动的障碍。国家从指导和调节经济活动的角色中退出；国有企业和公共服务的私有化，国家社会项目的削减，累进税的削弱，资本和劳动之间的合作转向由资本推动、国家辅助的资本主义对劳动的完全支配；大公司的寡头竞争行为被不受限制的竞争取代。新自由主义对自由市场有一种意识形态式的崇拜，同时否定除强制功能之外国家的任何积极作用。新自由的 SSA 带来了全球资本主义体系的重建以及美国、英国和许多其他国家国内制度的转型。

Dumenil 和 Levy 认为，新自由主义根本不是一个新的发展模式，而是"二战"后一度被削弱的金融资本霸权力量的恢复，这导致金融公司利润大增，而生产性的非金融公司的净利润率和积累

① Immanuel Wallerstein. The Demise of Neoliberal Globalization. http：// fbc. binghamton. edu/cmpg. htm.

率下降，造成世界性的投资崩溃和失业浪潮。新自由主义带来美国经济发展的良好态势是以世界其他国家的经济危机为代价。"如果根据技术变化的特征、获利能力的态势、阶级模式、国家权力的配置以及各种制度的结构等标准对新自由主义给出一个定义，那它就是统治阶级中一个阶层的权力、收入和财富的恢复"。① 在资本主义社会，生产资料所有制明确规定了谁是统治阶级。然而，这种所有制可以表现为各种各样的制度安排。在 19 世纪和 20 世纪之交，传统的生产资料个人所有制和家庭所有制已退出了历史舞台，让位于一种新结构。在这种结构中，严格意义上的所有权已经与管理权相分离。所有权只存在于公司之外，以持有证券如股票或债券的形式表现出来。在这个意义上，它可以被看做一种"金融所有权"的控制和资本的分配。这样，就可能将资本所有者与他们的金融机构（银行、基金等）联系起来。"金融资本"，即由资本所有者的上层和金融机构组成的异质实体，并使之与金融业区别开来。国家是统治阶级的全部权力得以体现的机构，它使得这些阶级实现集体统治。从这一意义上看，国家从来不是一个超越阶级之外的独立主体，即使是在民主政治中，国家的权力也从来不能独立于阶级关系而存在。在这样的体制中，统治阶级的权力会允许在统治阶级内部的各个阶层之间表达分歧，并依赖于和更广泛的社会阶级（最典型的是与中产阶级）妥协。Dumenil 和 Levy 认为把这种在处理与其他阶级的关系时统治阶级的权力得以行使的模式称为"权力结构"。这些妥协随着时间推移而发生变化。"从发达资本主义国家的视角看，推行新自由主义最明显的代价是积累的低绩效"。② 外围国家所付出的代价也时常被人们关注，其中最重要的是增长缓慢、危机和社会分裂。新自由主义秩序的开放给一些国家带去了毁

---

① Duménil G., Lévy D.. Neo-liberal Dynamics: Towards A New Phase?, in Global Regulation. Managing Crises after the Imperial Turn, K. van der Pijl, L. Assassi, D. Wigan, New York: Palgrave Macmillan.

② Duménil G., Lévy D.. Neo-liberal Dynamics: Towards A New Phase?, in Global Regulation. Managing Crises after the Imperial Turn, K. van der Pijl, L. Assassi, D. Wigan, New York: Palgrave Macmillan.

灭性的后果。

Harman（2008）在《对新自由主义进行理论分析》① 的文章中对西方左翼已有的关于新自由主义的主要观点进行了理论反思。他指出，一般的看法认为，新自由主义意味着国家的退出，Harman 指出事实上西方国家战后形成的国家干预和社会福利还大部分保持着；对于当前更多的资本集中于金融业的状况，Harman 指出这并不是因为所谓的金融资本已控制了工业资本，而是因为工业资本也进入金融业，试图通过"金融化"恢复它过去的利润率，工业资本和金融资本之间没有根本的矛盾，等等。实际上，在 20 世纪开始时，正如希法亭、布哈林和列宁所指出的，当"自由市场资本主义"开始让位于"垄断资本主义"及其产物帝国主义时，经济"自由主义"已在实践中被替代了。国家干预被认为是为资本主义生产提供基础设施所必需的。由于这些原因，"新自由主义"实际上并不是对今日资本运行的精确描述。我们没有面临向自由市场资本主义的回归，这种资本主义在一个世纪以前就完结了。我们面临的是这样一个体系，它尝试着在全球范围内重建其体系的各个单元来解决它自身的问题，这些单元出现于 20 世纪的进程中，马克思主义者称之为"垄断资本主义"、"国家垄断资本主义"或"国家资本主义"。国家继续扮演重要角色，想方设法为垄断资本提供便利或进行管理，即使生产的国际化使得这样做比战后几十年更加困难。

马克思主义者是如何认识新自由主义造成的后果的呢？对新自由主义全球化已经产生的或可能产生的后果，多数马克思主义更多的是强调它的负面影响。

新自由主义无法产生它的推动者所主张的那种结果。Lowy 认为，同新自由主义者的主张相反，资本主义全球化并没有创造一个和平和和谐的"新世界秩序"，恰恰相反，它产生了民族认同的恐慌和部族民族主义（tribal nationalism）。西方普世主义在"文明"

---

① Harman, Chris. Theorising Neoliberalism. International Socialism, 2008, 117. www. isj. org. uk/index. php4？id＝399.

的幌子下试图把现代资产阶级（工业）生活方式强加给世界人民，尤其是处于外围的世界人民：私有制、市场经济、不受限制的经济扩张、生产主义、功利主义、占有式个人主义（possessive indivi-dualism）和工具理性。对马克思主义而言，普适性的基本价值观点是人类免遭各种形式压迫、统治、异化和退化的解放。这种乌托邦式的普世主义不是一种意识形态式的虚假的普世主义。只有这种重要的普世主义，才能导向一个被解放了的未来。①

新自由主义对世界经济的整体发展产生了不利的影响，在世界范围内造成了更大的不平等。Navarro 等研究了"无国界资本主义"② 的国际经济秩序和人口健康之间的关系。新自由主义被定义为是对战后共识的进攻，是"发达国家和发展中国家占主导地位的阶级的意识形态及其实践"③，新自由主义看得见的结果——市场管制放松和国家退出——和经济活动的国际化共存。两个相互联系的支配性现象——新自由主义和全球化——对"人类的发展产生了不利的影响"。④ Evans 认为，当前的世界"仍然是一个资本的权力是经济和政治权力最重要的基础的世界"。⑤ 针对新自由主义的世界秩序造成的后果和前景所作的批评中，看到马克思主义为激烈的批判提供的理论基础，是毫不奇怪的。"今天的统治秩序，无论表现得怎样强大，终究是不可持续的。它既无力保护社会和自

---

① Michael Lowy. Toward an International of Resistance Against Capitalist Globalization. Latin American Perspectives, 2002, 29 (6): 127-131.

② V. Navarro (ed.). Neoliberalism, Globalization, and Inequalities: Consequences for Health and Quality of Life, Amityville, New York: Baywood Publishing, 2007: 1.

③ V. Navarro (ed.). Neoliberalism, Globalization, and Inequalities: Consequences for Health and Quality of Life, Amityville, New York: Baywood Publishing, 2007: 14.

④ V. Navarro (ed.). Neoliberalism, Globalization, and Inequalities: Consequences for Health and Quality of Life, Amityville, New York: Baywood Publishing, 2007: 6.

⑤ Peter Evans. Is an Alternative Globalization Possible?, Politics & Society, 2008, 36 (2): 276.

然，也无力保护资本免于落入它自己的市场中潜在的无底深渊。它甚至变成了追求'斯密目标'的障碍：有效利用人力资本和知识以最大程度增加物质产品的产出"①。Kiely 对近些年贫困是否减少，如果减少了，它是否新自由主义或全球化政策的结果进行了批判性的检视。这篇文章是对一种乐观的评价的反应，这种观点认为在全球层面，近些年贫困在下降，这种下降的原因在于许多国家采取了市场友好型政策。这种主张建立在三个观点之上：贫困（或者不平等）减少了；这种减少是因为采取了市场友好型政策；这种令人满意的结果表明世界经济给发展中国家提供了机会，他们通过采取正确的政策就可以得到满意的结果。Kiely 对全球化减少的贫困或不平等持怀疑态度，他指出"如果贫困减少的确发生，这种趋势的产生也是因为在过去二十年中国和印度的经济增长和贫困较少造成的"②。他认为，"欠发达国家的政策问题不在于融入世界经济的水平，而在于以何种方式融入。当前的融入方式不可能支持持续的经济增长和贫困减少"③。他认为，当前的国际经济中的等级制仍然存在，这种等级制的基础，不平等发展以及资本在某些地区集中的增加提高了积累程度，在另一些地区则破坏了积累。"新自由主义的主导地位并不意味着现代化理论——与'西方'和国际经济接轨——将必然提高追赶和发展的速度。它意味着新自由主义加剧了不平等发展的程度"④。Baram（2009）认为，跨国公司把存在危险性的技术活动引入欠发达国家。大量的证据表明全球商业的这种特征使得健康、安全和自然资源尤其是与这些活动直接相关的工人处于危险之中。存在这些活动的欠发达国家的人力资源受

① Peter Evans. Is an Alternative Globalization Possible?. Politics & Society, 2008, 36 (2): 272.

② Ray Kiely. Poverty reduction through liberalisation? Neoliberalism and the myth of global convergence. Review of International Studies, 2007, 33: 420.

③ UNCTAD. The Least Developed Countries Report, 2004: 35.

④ Ray Kiely. Poverty reduction through liberalisation? Neoliberalism and the myth of global convergence. Review of International Studies, 2007, 33: 420.

到剥削。①

Harvey 从两个方面考察了新自由主义的后果。新自由主义是否解决了资本积累衰落的问题。Harvey 认为显然没有，首先，它没有能够刺激资本主义的经济增长。"20 世纪 60 年代的总增长率大约是 3.5%，即使在麻烦不断的 20 世纪 70 年代下降到 2.4%。随后的全球增长率在 20 世纪 80 年代和 20 世纪 90 年代分别为 1.4% 和 1.1%，到 2000 年增长率差不多下降到 1%，这表明新自由主义基本上没有能够刺激全球经济增长"②。从另一方面看，从上层阶级的立场出发，新自由主义获得了巨大的成功。它既重建了统治精英的阶级地位，比如在英国和美国，也创造了资本家阶级形成的条件，比如在印度和俄罗斯。在新自由主义看来，社会不平等的增加对企业家冒险和创新而言是必需的，下层阶级的条件的恶化，是因为个人和文化原因方面的失败，他们无法通过教育、对新工作伦理的接纳、对工作纪律和灵活性的服从而提高他们自己的人力资本。简单地说，新自由主义总是认为现时代产生的问题是缺乏竞争力，或因个人、文化以及政治方面的失败造成的。

Harvey 认为，新自由主义的主要结果体现在再分配而不是生产方面，需要对资产转移和财富与收入从人民大众向上层阶级和脆弱国家向富裕国家的流动的途径进行解释。他使用"剥夺性积累"的术语对这个进程进行了解释。通过剥夺进行的积累采取了多种形式：（1）"土地的商品化、私有化和强制性的农业人口迁移"；（2）"将公共的、集体的、国家的财产权等转变为专有的私人财产权"；（3）对大众权力的压制；（4）"劳动力的商品化，并压制替代性的生产和消费形式"；（5）对财产（包括自然资源）的殖民主义、新殖民主义和帝国主义式占有的过程；（6）"交换和税收的货币化，尤其在事关土地的时候"；（7）奴隶贸易（持续存在，尤其是在性

---

① Michael Baram. Globalization and workplace hazards in developing nations. Safety Science, 2009, 47 (6): 756-766.

② David Harvey. Neoliberalism as Creative Destruction, The Annals of the American Academy of Political and Social Science, 2007: 22-44.

产业中）；（8）高利贷、国家债务和最具破坏性的，把信贷体系作为原始积累的根本手段。① "国家依靠它的垄断和暴力以及对法律的解释，在支持和促进这些进程方面扮演了重要角色"②。

新自由主义和金融化之间是一种什么关系？新自由主义时代从 20 世纪 80 年代开始，已经过了四分之一个世纪。金融化引起了政治经济学家的极大兴趣，但是不存在被大家广为接受的术语。虽然马克思主义者在分析这个问题时存在着差异，但大多数学者赞同过去一二十年间金融部门的迅速增长，而且对金融化问题的分析大多和生产与流通之间的不平衡相关。金融化是资本主义 20 世纪发展的三个潜在趋势之一，其他两个是增长率的下降和跨国垄断公司的产生。20 世纪 70 年代中期生产遇到问题，资本开始向流通领域转移成为异端经济学家的一个主要观点。对持这种观点的学者而言，金融化也和食利者的再度出现有关，他们加剧了生产方面存在的问题。金融利润的上升是以产业利润为代价的，食利者是产业资本家的负担。因此，金融化使得发达国家的投资、产出和增长表现得更差。③ Brenner（2002）认为生产停滞时，资本在流通领域寻求出路。但是他没有把金融化当成重要的范畴，而是表明流通领域的金融活动是对生产领域利润率所遇到的问题的直接反应。Dumenil 和 Levy（2004）的马克思主义分析强调在生产领域的收益率存在问题，新自由主义仍然占据重要地位时，在金融领域寻求利润的倾向得以加强。Krippner（2005）通过经验研究证明了在过去五十年间非金融公司金融利润重要性的上升。调节学派也赞同当生产领域遇到问题时流通领域的扩张和繁荣。④ 但是对新自由主义和金融化之间的关系的认识仍存在问题。

---

① David Harvey. The New Imperialism. Oxford：Oxford University Press, 2003.

② David Harvey. Neoliberalism as Creative Destruction. The Annals of the American Academy of Political and Social Science, 2007：22-44.

③ Notably Stockhammer（2004）and Orhangazi（2008）.

④ Aglietta（2000），Boyer（2000）and Aglietta and Breton（2001）. See also Grahl and Teague（2000）.

Stockhammer 对金融化进行了概述，承认金融化是"一个最近出现的术语，它的准确含义仍然不是很清楚，它概括了很广泛的现象，包括金融市场的全球化，股东价值革命和从金融投资中获得的收入的上升"①。Erturk et al（2006）从劳动运动的视角出发，认为金融化是牺牲生产性资本的重建，实现短期收益或股东价值的方法。② Rossman 和 Greenfield（2006）指出："当然，公司总在试图最大化利润。真正新颖的是从缩减生产能力和减少就业中获得利润。……金融化使得非金融公司的管理者更像是一个金融市场的参与者。"③ Stockhammer（2004）把金融化定义为："非金融企业在金融市场中活动的增加"，指出，"在法国，金融化解释了整个积累的下降，在美国能够解释三分之一积累的下降。因此，金融化可以被潜在地用于解释经济中积累的下降"④。多数马克思主义学者认为，虽然存在对金融化的各种定义，但基本上金融化已经以前所未有的程度渗透到商业关系中的方方面面。

普遍的观点是新自由主义的兴起可以由资本主义政治经济中金融的功能和力量的逐步增加加以解释。Dumenil 和 Levy（2004）指出，"新自由主义是资本家所有者阶级以及我们总体称之为'金融'的资本家权力集中的机构恢复阶级收入和权力的愿望的表达"⑤。一些分析者把可称为"金融支配"的东西视为根本性的发

① Stockhammer, E. Financialisation and the Slowdown of Accumulation. Cambridge Journal of Economics, 2004, 28 (5): 719-741.

② Erturk, I. et al. Agency, the Romance of Management Pay and an Alternative Explanation. Centre for Research on Socio-Cultural Change, CRESC Working Paper, no 23, University of Manchester.

③ Rossman, P., G. Greenfield. Financialization: New Routes to Profit, New Challenges for Trade Unions. Labour Education, Quarterly Review of the ILO Bureau for Workers' Activities, no 142. http://www.iufdocuments.org/www/documents/Financialization-e. pdf.

④ Stockhammer, E. Financialisation and the Slowdown of Accumulation. Cambridge Journal of Economics, 2004, 28 (5): 719-741.

⑤ Dumenil, Gerard, Dominique Levy. Capital Resurgent: Roots of the Neoliberal Revolution. Cambridge: Harvard University Press, 2004: 1-2.

展，这种发展不仅能够解释新自由秩序的出现，而且能够解释与之相关的全球化的形式。①

Kotz 的观点是，近几十年经济中金融作用的变化，可以更好地由表达经济中金融作用扩展的"金融化"来加以理解，而不是通过金融部门的主导作用来理解。金融化进程的直接原因可以从新自由重建中寻找，而不是金融化解释了新自由主义的兴起。另外，金融化也有着和新自由主义无关的深刻根源。

Epstein（2005）给出了包含内容最丰富的定义："金融化意味着金融动机、金融市场、金融行为者和金融机构在国内和国际经济领域活动中作用的上升。"②。这种金融化的定义意味着经济中金融的作用在数量上的扩张，但并不一定意味着金融的作用发生了质的变化。也就是说在经济中存在着"金融"的部分或方面，正在经历着和经济中其他部分，或者说"非金融部门"之间关系的变化。如果这种变化的确和金融"作用的上升"伴随在一起，这种变化是什么？这种变化可能包含两个方面：（1）在和非金融部门的相互关系中金融变得更加重要；（2）金融和非金融部门之间的联系变得更加紧密还是更加松散。

为了理解上述问题，需要对新自由主义时代金融化出现的历史背景进行考察。Kotz 利用美国的例子对此进行了说明。在 20 世纪 20 年代，美国的金融部门很大程度上是不受管制的，因此在 20 世纪 20 年代后期出现了广泛的金融欺诈和过度投机。20 世纪 20 年代结束的时候股票市场崩溃了，紧随其后的是几年后银行体系的崩溃。有关大萧条的一种观点认为不受管制的金融部门是严重的大萧条的一个主要原因。这种观点很大程度上使得对金融的管制成为战后 SSA 的一个重要构成方面。在战后的 SSA 中，发达资本主义国

① Dumenil, Gerard, Dominique Levy. Costs and Benefits of Neoliberalism. In Epstein, Gerald（ed.）. Financialization and the World Economy. Cheltenham and Northampton：Edward Elgar. Dumenil and Levy，17.

② Epstein, Gerald. Introduction：Financialization and the World Economy. In Epstein, Gerald（ed.）. Financialization and the World Economy. Cheltenham and Northampton：Edward Elgar. 3.

家的金融机构成为国有或者受到国家的严密管制。严密的管制使得金融部门把重点放在提高非金融部门的资本积累方面。从20世纪70年代开始，金融市场上的活动和金融机构的利润相对于非金融经济活动和利润而言开始上升。Dumenil和Levy（2005）发现，在法国，20世纪80年代早期金融公司的利润率远低于非金融公司的利润率，但是到20世纪90年代晚期金融利润率远超过非金融公司的利润率。Epstein和Jayadev（2005）发现，在大多数OECD国家中，20世纪90年代金融机构和金融资产所有者获得的国民收入的份额远高于20世纪70年代。在新自由时代，金融机构尤其是大的金融机构不再作为非金融资本积累的服务者通过金融活动去追求利润。它们越来越通过以金融市场为基础的活动去获取利润，而不仅仅只为非金融部门提供贷款。新金融工具的创造和销售很大程度上取代了在管制资本主义SSA中存在的金融和非金融部门之间的长期贷款关系。大多数学者认识到国家管制资本主义向新自由资本主义的急剧转变发生在20世纪80年代。也有很多学者认识到正是在新自由时代资本主义的金融化进程发生了。然而判断两者之间的关系不是一件容易的事情。一种观点认为，和金融化相联系的金融资本力量的上升，产生了作为一种有益于金融资本的手段的资本主义新自由主义重建。

如果新自由主义代表着金融资本的胜利，或者更具概括性的范畴——"金融"的胜利，那么存在两个问题：（1）这种胜利是针对谁而言的胜利？（2）金融是如何取得支配地位的？对于第一个问题，如果可以确认金融资本的利益是通过击败了可以辨识的非金融资本家的利益带来了新自由主义的转型，那么应当有证据表明两者之间存在斗争。如果新自由主义重建不符合它们的利益的话，那么非金融资本，尤其是体现在大的非金融公司中的非金融资本又是如何跨越全球的？事实上，无法找到证据表明存在金融和非金融部门之间的斗争。在美国，向新自由主义的转型看起来得到了资本家阶级的统一支持，除了少数特立独行的资本家。大多数大资本最初是支持管制资本主义的SSA的，而且和有组织的劳动联合在一起。正是在20世纪70年代大资本放弃了和有组织劳动的联合使得新自由主义重建加速发展成为可能，因为劳动者的力量太虚弱以至于无法根据自己的利益阻止新自由主义的转型。

　　一些认为金融支配（financial dominance）解释了新自由主义转型的支持者把"金融"定义得异常宽泛，使得金融差不多等同于大资本，从而使得这种主张可以和金融资本和非金融资本之间斗争的缺乏的证据相吻合。但是，如果"金融"被定义得如此宽泛以至于差不多包括所有大资本，那么认为新自由主义代表了金融利益的胜利几乎就没有什么解释方面的价值了。如果把"金融"定义得狭窄一点，使之只包括可确认的资本中金融资本家的部分。那么就出现了一个非常重要的问题，金融资本是如何获得支配地位的？根据这种观点，在战后的 SSA 中，非金融部门可能居于支配地位。在美国，银行和其他金融机构一直在抱怨这一时期对它们活动的限制，直到 20 世纪 70 年代新自由主义观点成为主导观念，认为管制是有害的，自由市场总是最好的占据主导地位时。金融的去管制化使得金融部门更加自由，使得金融化得以发展。这表明新自由主义重建开启了金融化的阶段。

　　金融化不仅仅是新自由主义的结果。一旦资本主义发展到公司资本主义阶段，我们可以从资本主义的核心进程中发现金融化的强烈趋势。公司法人组织形式在 19 世纪的出现使得资本主义产权形式从个人产权转化为公司产权。资本的所有形式由企业的直接所有者转向金融债券的所有者，产生了间接形式的企业所有制形式。这为资本家个体摆脱一个他们经常面对的主要问题提供了机会——内在于资本主义新技术和新产品引进中的可怕的风险。资本总是在寻找摆脱这类风险的方式。存在多种多样的形式获得保护以对抗这种威胁，比如追求垄断力量或国家保护。然而，完成真实资本所有权向金融资本所有权的转变是一个规避风险的最好的方式。

　　金融的主导地位无法解释新自由主义的兴起，Kotz 认为，新自由主义 SSA 兴起的背景是战后 SSA 存在的危机。在 20 世纪 70 年代，SSA 已经无法有效地保证利润生成的提高。世界经济变得非常动荡，关键原材料、通货膨胀率和汇率波动剧烈。主要资本主义国家的利润率开始下降。20 世纪 60 年代异常有效的凯恩斯式的经济管理技术，无法处理高失业率、高通胀率以及世界货币市场的混乱问题。正是在这种背景下，资本主义对新的制度结构的寻找开始了。Kotz 认为，新自由主义不仅代表了金融资本的利益，而且代表了整个资产阶级的利益。金融化作为资本主义的一种长期趋势，在战后的 SSA 中受到抑制，在开始于 20 世纪 70 年代的新自由主义重建中得到了释放。一旦建立起来，新自由主义的 SSA 代表了一种有利于金融化的制度环境。

对新自由主义和金融化之间关系的上述理解可以澄清用其他方式容易产生的困惑，这种困惑混淆了 19 世纪晚期和 20 世纪早期金融支配形式和当前新自由主义时代金融化之间的区别。

金融资本和金融化问题。在 19 世纪晚期和 20 世纪早期，一些主要资本主义国家金融资本家力量的上升使得希法亭提出了金融资本的概念。最近几十年的金融化和早期的金融资本概念之间有什么关联成为一部分马克思主义者考察的问题之一。Kotz 认为它们是不同的社会现象。在希法亭研究金融资本的时期，银行的主要目的在消除 "过度竞争" 并建立 "秩序"。主要的经济现象是金融和非金融资本的融合，银行成为新成立的金融集团的协调中心。在新自由主义时代的金融化中，金融部门逐渐地改变了对非金融部门以贷款为基础的融资，而直接转向以市场为基础的投机活动，金融部门不再主导非金融部门而是独立于非金融部门。公司利润中逐渐增大的份额转向了金融公司。产生于 20 世纪 70 年代的新自由主义的 SSA 和金融化进程之间没有直接的因果关系。新自由主义出现的关键原因，在于战后 SSA 面临的危机、资本主义全球经济一体化的提高、对 20 世纪 30 年代大萧条的记忆的淡化、对立的社会主义国家体系的威胁的消失。根据这种观点，金融化是公司资本主义一直存在的一种趋势，一旦新自由主义放松了对它的限制，它就在有利于它的新自由主义背景下获得迅速的发展。然而，金融化并没有产生金融部门的新的支配地位，表示的是一种金融和非金融活动之间的分离。资本主义的每个阶段都有其独特的矛盾，最终总是带来资本主义体系的危机。当前的新自由主义、金融化资本主义也有其特殊的矛盾（Kotz，2008），这些矛盾存在于金融化进程中。虽然金融化包含金融和生产性活动之间的分离，但是这种分离是不完全的。最终金融利润和非金融活动之间存在联系，而且金融活动对非金融部门也有很大的影响。一段时间内，金融部门的扩张会通过家庭信贷的发展间接地推动整个体系的资本积累，这使得在面对新自由主义所产生的工资停滞的情况下，经济增长的速度提高。然而，迅速发展的金融部门的投机性特征使得资本主义体系极其脆弱。在新自由主义制度结构中，存在很大的可能使得金融和经济危机结合在一起发生。

资本主义从一开始就是一个全球体系，人们尽管可以讲"全球化的新阶段"，但是其实这个新阶段是一个漫长历史过程的一部分，它是与帝国主义分不开的。资本集中、中心国的停滞趋势、帝国主义对边缘国家的剥削、金融全球化、发达资本主义国家之间的斗争——这些因素加在一起就组成了垄断理论所描述的世界总体图景。当今世界是一个以美国霸权帝国主义为领导的、全球垄断资本主导的世界。它比以前更严峻地要求我们作出明确的选择：要么是毁灭性的野蛮主义，要么是人道的社会主义。①

开始于20世纪80年代之后的强大的金融浪潮的显著特征是它的投机性和掠夺性。"放松管制使得金融体系成为通过投机、掠夺、欺骗和偷窃进行的再分配活动的中心之一"②。斯威齐的《再谈（或少谈）全球化》的论文，对金融化作出了最为简洁的表述。他指出，1974—1975年经济衰退以来，当代资本主义的发展历程呈现了三个重大趋势：（1）全球经济增速总体减缓；（2）跨国垄断（或寡头垄断）公司在全球扩展；（3）资本积累过程的金融化现象。斯威齐认为，这三大趋势"错综复杂地交织在一起"。垄断化为大公司攫取了丰厚利润，但"在日益被控制的市场上，新增投资需求"也同时下降。资本的逐利本性导致了"实际投资减缓

---

① John Bellamy Foster. Monopoly Capital and the New Globalization. Monthly Review, 53：8.

② David Harvey. Neoliberalism as Creative Destruction, The Annals of the American Academy of Political and Social Science, 2007：36.

和金融化崛起并存的双重进程"。这一双重进程最初出现于"二战"后数十年"黄金时代"的衰落时期，随后以日渐加剧的程度持续至今。20世纪70年代以来，他们采取的主要应对措施是扩大金融产品需求，将金融产品作为货币资本保值、增值的方式之一。这一进程的供给方即金融机构则推出了期货、期权、衍生产品、对冲基金等一系列新的金融工具。结果，金融投机甚嚣尘上，并持续至今。由于金融化极难控制，因而任何严重的骤然冲击及其导致的金融风险传染均难以避免。这点正如历史学家加布里尔·科尔科所言："任何深谙全球金融体制弱点的人均有足够的理由忧心忡忡。'至尊'者正在制造噩兆。局面已经失控。贪婪的恶魔正在出笼。"① 如今金融危机的恶魔的确已经出笼，马克思主义者开始从理论的层面对金融危机这个恶魔进行解释了。

（二）马克思金融理论视角下的金融化与危机

像普遍认识到的那样，马克思的政治经济学建立在把资本主义作为一种生产方式的理解之上，Fine（2008）认为理解马克思贡献的方法之一是理解资本重建——作为积累的进程、更高程度的机器使用、大规模生产技术的使用要求资本的集中。诸如此类的重建，超越了生产领域，包含了更加一般性的经济重建（市场、金融、收入分配）、空间重建（国内的或国际的、以及马克思讨论的城市和乡村的关系）和社会再生产与转型（比如工人阶级的贫困化）。对马克思而言，经济重建的一个重要杠杆是信用体系。

Fine（2008）认为《资本论》第二卷关注的是在生产中价值关系给定的前提条件下，通过交换体系进行的（剩余）价值的流通。这其中包含同时发生的，但存在结构性和序列性的价值、交换价值和使用价值之间的平衡（如果不均衡的话）。商品和货币的流通是最重要的协调积累进程发展的机制。《资本论》第二卷的再生产模型表明资本积累能够在自身动态学的基础上无视它所产生的经济和社会方面的矛盾而得以进行。《资本论》第三卷试图把第一卷

---

① John Bellamy Foster. The Financialization of Capitalism. https://www.monthlyreview.org/0407jbf.htm.

和第二卷结合在一起，虽然仍然是在一定的抽象水平上完成的，但第三卷已经变得更加具体，试图解释资本的积累和流通产生了更加复杂的经济形式，通过这些形式，积累进程中的矛盾得以暂时性地解决，但却导致了一再周期性发生的危机。在这方面，大量的文献把注意力放在了利润率下降的趋势方面。在资本主义的继续发展中，资本的积累和重建能够在没有危机的情况下得以发展吗？如果不能如此，危机以什么形式显现？Fine认为马克思的金融和资本理论在评价这些问题方面具有非常重要的作用。

马克思的金融理论以生产领域和交换领域的结构性分离作为出发点。除了被产业资本家用于生产剩余价值，货币资本也可纯粹地用于交换领域，为交换提供便利并从中获取利润（但没有创造任何剩余价值）。这在商业资本中表现得尤为明显，专门化的商人通过买卖的差价补偿成本和利润。商业资本的出现降低了利润率，但这并不意味着消除商业资本是有益的，或者说商业资本减少将提高利润率。商业资本出现的关键之处在于，资本家之间的功能出现了分化，这可以减少与产业资本家自己进行流通活动相比造成的流通成本。

Fine（2008）认为马克思的生息资本理论有七个基本的特征：第一，虽然生息资本和产业资本之间存在着互相依赖的关系，因为产业生产剩余价值，而生息资本为产业提供融资，但是两者之间也存在着利益的冲突。第二，剩余价值在企业利润和利息之间的分配表明，一个人的所得必然是以另一个人的所失为代价的。第三，产业资本家通过积累、通过生产的范围，从而通过获得生息资本的难易程度展开竞争，但是金融部门的竞争有些不同，虽然可以形成新的金融机构，但是这将受到已经存在的金融部门不想创造新的竞争者的影响。第四，金融部门的竞争取决于获得剩余货币资本和向产业资本家放贷的能力。个体或金融集团的竞争力，比如国家金融体系取决于进行借款的条件的限制。对借款的较大程度的限制减少了危机的可能性和进行可获利的金融活动的能力。第五，马克思认为生息资本必然产生虚拟资本。这是一种独立于物质形式资本的资本所有权的凭证。虚拟资本自身可以在金融市场上交易。第六，虚拟资本的产生使得马克思提出了一个重要的问题，在什么情况下虚拟资本的积累意味着真正的资本积累。这是一个很难回答的问题，因为对这个问题的回答取决于结果而不是愿望。一个真正的从产业贷款中获得利润的尝试可能失败。而一个为了非商业目的的贷款，比如促进消费的基金，可能使得产业企业从实现它生产的商品中收获自己或其他的金融回报。一般性地，如马克思所强调的那样，金融体系在为了真实投资的目的而动员和分配金融资产方面格外有力，但是基于同样的原因，它既能引发也能扩大重大的危机。第七，对上述情况的理解要置于马克思的积累和再生产理论中。在这种情况下，商品因为积累而产生的生产率的增加导致商品的价值下降，这也意味着即使资本通过积累得以扩大但是却在发生贬值。因此，贬值是剩余价值生产的结果。但是如果积累出现问题，虚拟和真实资本的积累出现偏离，那么资本贬值更多的是由剩余价值生产的失败造成而不是价值贬值造成的。一般来说，资本贬值和成功的积累时期伴随在一起。普遍的贬值是金融或其他危机的结果。这就提出了一个尖锐的问题，是真实还是虚拟资本，是产业还是金融部门将承担调整的成本？

在对金融化的影响展开进一步分析之前，需要考察三个因素。第一，国家（国际组织）作为货币和金融体系的调解者的作用，它自身也成为金融工具的提供者。第二，世界货币的本质和作用。第三，先前两个因素之间的关系和它们的相互影响所具有的历史特性反映了全球层面积累的一种特殊方式。在全球宏观层面，当前的世界金融体系更加依赖美元作为世界货币，即使是美国经济自身在经历全球层面的相对衰落。美国经济的金融化和国内消费主导的泡沫与房地产债务泡沫以及对世界其他地区的巨额负债紧密结合在一起。

Fine（2008）认为可以从马克思那里得到分析范畴去理解当前的危机——金融化既解释了增长的下降和危机最初发生在房地产领域的原因，以及为什么国家控制和干预显得较为无力的原因。Santos（2008）在研究次贷危机时指出，"从许多历史的标准看，当前的金融危机没有先例。它既不是源自产业危机也不是源自股票市场的崩溃。它是由一个简单的事实促成的，即越来越多的美国黑人、拉丁人和工人阶级白人家庭无法支付他们的抵押贷款造成的"①。总之，金融化作为一种经济重建的手段正在遭遇对它的复仇。

2007 年开始的危机证实了上述一些政治经济学家的对金融化的看法，因为这次危机的确是首先发生在金融领域，并通过金融机制部分程度上蔓延到生产领域。生产和流通之间的平衡向后者的转移是很重要的，但是需要在积累中的基本关系的基础上对这种转化的原因进行深入的分析。

金融化的深刻根源应当从资本主义积累的重要的经济实体之间——工业企业、工人和金融制度——的基本关系中探寻。金融化是生产力和生产关系的变化以及积累的制度和法律环境的变化造成的。

Lapavitsas（2009）对金融化和危机的研究明显地受到马克思主义者对 20 世纪初帝国主义和金融资本的研究的启发。Lapavitsas认为希法亭的金融资本研究就其具体形式而言已不能很好地适用于当代资本主义的研究，但它却是分析金融化的很好的指南。第一，希法亭在自己的时代从积累的基本关系中，而不是从政策和制度变化的层面寻找资本主义大转变的原因。他主张随着生产的增长，垄断开始变得极为依赖银行提供的投资信贷。这使得银行和产业之间的关系变得更为密切，从而出现了金融资本。第二，希法亭充分意识到了这种发展在经济组织方面的意义。金融资本建立在金融和产业通过相互关联的协议、信息的交换和联合决策形成的紧密联系的基础之上。第三，尽管关注了金融地位的上升，但希法亭没有选择"积极"的产业资本家和"懒惰"的金融家之间存在对立的立场。他的理论没有标明食利者给产业资本家加重了负担，降低了投资率或增长率。第四，帝国主义不是一种随意的政治选择，而是深刻地扎根于经济进程的一个阶段。同样的原因，帝国主义有着特定的历史内容，而不是人类扩张和支配他人的本性的结果。金融化明显地

---

① Dos Santos, P. On the Content of Banking in Contemporary Capitalism. SOAS, mimeo. 2.

类似于 20 世纪初的资本主义转型。跨国公司主导了世界经济，金融在全球层面处于上升状态，资本输出获得了实质性的增长。与此同时，并不存在银行和产业的融合，银行没有取得对产业的支配地位，也不存在和地区性帝国相联系的排他性的专属贸易区。尽管如此，当前阶段的典型特征是金融和产业、金融和工人活动的相互渗透。

当前的资本主义，大工业和商业公司不再依赖银行获得金融支持，开放金融市场的发展使得这些公司开始"金融化"，他们可以直接获得金融资产以及发行金融交易负债。因此，金融机构在过去的三十年里以一种深刻的方式发生了变化。其中两个变化非常明显：第一，银行转向个人收入并把其作为利润的源泉；第二，银行采用投资银行的方法通过费用、佣金和利用自己的账务生产利润。前者建立在对普遍的工人收入进行金融化的基础之上。工人以借贷（抵押贷款和消费贷款）和资产（养老金和保险）的形式越来越深入地卷入到正式金融体系的活动中。这些发展很大程度上是因为对构成真实工资——住房、健康、教育、养老金等——的商品和服务的公共提供的退出造成的。因此，金融机构能够直接和系统地从工资和薪金中获取利润，"这个进程被称为'金融剥夺（financial expropriation）'"①。

Lapavitsas（2009）认为，自从 20 世纪 70 年代开始，流通领域与生产领域相比显示出更大的活力。停滞的生产和活跃的流通是分析危机问题的出发点。根据马克思主义的观点，如果资本主义经济构成部分的平衡发生了急剧的变化，那么深层原因应当从生产力和生产关系的发展中寻找。过去一二十年的金融化是信息和通信方面的技术革命和劳动力与金融市场的管制放松结合在一起的结果。

金融化代表了生产和流通之间平衡的一种转变。这源自生产力和生产关系之间关系的变化，以及积累的制度和法律背景的变化。事实上，金融化还有着特定的、深刻的经济根源。过去三十年世界

① Costas Lapavitsas. Financialisation, or the Search for Profits in the Sphere of Circulation, 8.

市场的变化表现出两个明显的趋势，而且这两种趋势初看起来是相互矛盾的。一方面，由于全球市场管制的放松，竞争加剧了。另一方面，跨国公司日益主导了世界经济。因此，金融化时期代表了在世界贸易和国外直接投资方面，权力高度集中在跨国公司手中。①但是世界市场竞争加剧的出现并没有出现对商品价格和数量的垄断性控制。新的跨国公司开始在发展中国家出现。这种现象表明生产能力从原来的西方产业积累的中心向亚洲等地区的缓慢转移。当前的变化不同于希法亭所处的时代，大产业公司越来越擅长于通过金融活动为自己的投资需求融资，而不是越来越依赖于银行。在过去三十年间，公司金融技术在兼并和收购中发挥了越来越大的作用。也就是说，用希法亭和列宁的术语，垄断资本变得逐渐独立于银行，但与此同时也更加全面地参与到金融交易中。它们变得金融化，是在它们逐渐承担了原来属于金融机构的功能的意义上理解的。在金融化时代垄断资本并没有被银行所支配。这种发展也表现在主要发达国家商业银行的变化上。虽然公开金融市场的发展，银行通过向公司借贷获取利润的机会有所收缩。商业银行开始寻找其他获取利润的渠道。这包括 20 世纪 70 年代晚期和 20 世纪 80 年代早期向发展中国家的大规模借贷，外汇交易等。向个体工人借贷并不是什么新的现象，但从 20 世纪 70 年代开始的金融化见证了个人借贷深化。工人和其他人的个人收入被金融化了。这包括为住房、日常消费、教育、健康等进行贷款，也包括拥有住房、养老金、保险、货币市场基金等金融资产。

个人收入的金融化存在着明显的矛盾：个人债务增加的同时真实工资处于停滞的状态，使得扩大个人信用的机会越来越少。考虑到个人借贷的急速上升，理想的条件是创造真实资产的泡沫。比如，住房价格的上涨显然能够在短时期为按揭贷款提供条件。但是泡沫的崩溃迟早要来临，因为真实工资无法持续地为贷款的增加提供利息和债务支付。Lapavitsas（2009）认为这就是 2001—2007 年美国所发生的事情。与此同时，作为新自由主义议程的一部分，公

---

① See Morera and Rojas（2009）.

共提供从较多的领域退出，比如住房、健康、教育、交通等领域，这进一步推动了巨大的消费债务的形成。公共提供的退出促使个人收入金融化的发展，鼓励了私人金融的出现以解决社会需求问题。工人收入在银行运作中重要性的上升标志着金融化时代获取利润的手段的重要变化。马克思主义理论认为银行获取了平均利润，并通过向企业借贷获取利息（剩余价值的一部分）。金融化时代，工人收入构成了银行利润的一个源泉。这种金融利润源自流通领域，直接来自工资和薪水。这个过程被称为金融剥夺。①

总之，金融化是一种复杂的社会和经济进程。流通领域比生产领域更具活力。一方面，这反映了生产持续地遇到困难，导致了生产率增长的不确定性使生产的赢利性产生问题。另一方面，它也是金融部门和劳动力市场管制放松的结果。上述情况使得从流通领域，尤其是金融领域获取利润的趋势加强。这是金融化作为资本主义发展的一个阶段的典型特征。Lapavitsas（2009）使用建立在希法亭马克思主义分析的基础之上的框架，说明金融化源自产业、商业资本和银行以及工人之间关系的变化的基础之上。产业和商业公司不再强烈地依赖银行获取贷款，而是独立地参与到公开市场的金融交易中。结果，银行被迫改变了它们的运作方式，转向个人收入作为利润的源泉，并在开放市场上采用了投资银行的实践方法。同时，工人因为公共提供的推出而日益参与到金融体系中。结果就是金融掠夺，即直接从工资和薪水中获取金融利润。"金融剥夺和投资银行式实践的结合造成了当前的危机"②。

这次危机是金融化资本主义一次较为全面的危机。它不是直接源于生产的问题，虽然生产方面的问题经常中断积累的进程。危机直接和个人收入的金融化有关。商业银行变得越来越远离产业和商业资本，同时采用了投资银行的方法并把个人收入作为利润的源

---

① See Lapavitsas (2009). See also Dymski (2009) and Dos Santos (2009) for further analysis of the exploitative content of individual lending.

② Costas Lapavitsas, Financialisation, or the Search for Profits in the Sphere of Circulation, 23.

泉。投资银行式的运作方式和个人收入的金融化导致美国经济中产生了巨大的泡沫，最终导致了灾难。

金融剥夺和投资银行运作方式导致的利润的产生和社会结构的变化相对应。比如食利者的重新回归，现代食利者是从他们在金融体系中所处的位置决定他们的收入。现代食利者是金融化的结果，而不是它的驱动力量。经济政策决定的制度也发生了变化。中央银行的作用越来越凸显。它们一方面对投机性金融过程保持温和的态度，一方面动员社会资源以解救危机中的金融家。危机进一步表明国家和经济关系的转变。很明显中央银行成为金融化资本主义的经济政策制定的主导机构。它们关注通货膨胀目标，同时也对过度金融投机保持关注。一旦危机爆发，它们提供政策工具动员社会资源以解救金融家。但是危机也使得中央银行的偿付能力处于危险状态。这种当代资本主义的核心机构最终依赖于国家。

金融化加深了帝国主义的复杂性。金融化也改变了世界市场中国家之间的关系。国际资本流动的扩张迫使发展中国家在近些年来持有大量的国际储备，成为穷国向富国的净贷款者。结果是世界经济中穷国向富国的借款，尤其是向美国。一方面，私人资本流向发展中国家，获得巨大的回报；另一方面，更大数量的基金从发展中国家流向发达国家，获得的收益较少。大量的利益被作为国际支付手段发行者的美国获得。私人资本流向发展中国家获得更高的回报，发展中国家储备的积累则获得较低的回报。这种无政府式的资本流通的最大受益者是国际支付手段的发行者美国。金融化使得金融伦理、道德和思维方法渗透到社会和个人生活中。"风险"的概念在公共话语中变得越来越突出。

金融化被认为是 20 世纪 70 年代石油危机冲击所造成的划时代变革造成的。石油危机标志着战后长期繁荣的终结和一再被经济危机侵扰的长期下降趋势的开始。① 这个时期信息处理和远程通信技术的革命对流通领域产生了显著影响。同时这一时期也发生了明显

---

① Brenner（1998，2002）的贡献引起了广泛的讨论，他认为长期下降是由于全球竞争的加剧导致的利润下降所致。

的制度和政治变化，劳动力市场和金融体系的管制放松成为最突出的特征，新自由主义取代了长期繁荣的凯恩斯主义。① 这些进程的三个方面和金融化存在密切关联。第一，20 世纪 70 年代中期到 1990 年生产率增长开始出现问题，这在美国表现得尤其明显。1995 年之后，微处理器产业出现了繁荣，在美国经济中生产率迅速增长的广泛背景建立起来了。② 然而，在 2001—2007 年期间，生产率增长再度放缓。迄今为止，新技术和生产率增长之间的关系，仍然是不清晰的。第二，工作过程发生了转变，部分是因为技术和管制变化，部分是因为失业的上升。女性工作者的增加，以及信息技术导致的私人时间工作的增长。用马克思的术语，劳动强度有可能增大了，非付酬劳动时间增加了。大量的研究工作满意度的文献表明，在发达国家与新技术相联系的工作强度的增加和工作自由选择的丧失是造成工作不满的关键原因。③ 第三，全球生产和贸易越来越被连续的兼并和收购的浪潮所造就的跨国企业所主导。巨大的国外直接投资开始在发达国家出现，同时资本也存在明显的向发展中国家的流动。全球竞争加剧，但是不存在正式的卡特尔或者专属贸易与投资区。

金融化是否意味着金融资本发展的一个新时代呢？有关金融资本的理论可以在古典帝国主义理论中发现。希法亭提出了金融资本这个核心概念，以理解产业和银行资本之间关系的改变所导致的划时代的变革。希法亭的分析为列宁帝国主义的经典表述奠定了基础。鲍威尔说明了卡特尔需要侵略性的关税政策以建立排他性的贸易区。希法亭论证了卡特尔向不发达国家输出货币资本以利用当地较低的工资。这意味着英国"自由放任"资本主义的终结和德国以及美国金融资本对它的取代。随后的发展依赖于国家力量，从而

---

① Dumenil and Levy（2004）和 Glyn（2006）对新自由主义的兴起进行政治经济学层面的讨论。

② There has been intense debate on this issue but a consensus has emerged along these lines, see Oliner and Sichel（2000, 2002）, Jorgenson and Stiroh（2000）, Gordon（1999, 2004）.

③ Green（2004a, 2004b）; Green and Titsianis（2005）.

产生了军国主义和帝国主义。列宁的理论更加强调垄断，并引入了"寄生性的食利者"的概念和帝国主义国家对世界的再分配。希法亭和列宁的对金融资本和帝国主义的分析是政治经济学中的杰作。他们揭示了金融地位的上升以及它对经济、社会和政治方面的含义。但当前阶段，金融化和金融资本之间的关系到底是什么样的呢？金融化是否代表了向金融资本的回归？

Lapavitsas（2009）认为金融化并不是一种简单的向金融资本的回归。第一，银行和大工业及商业企业之间的关系在最近几十年并没有变得更加紧密，也没有证据表明银行在他们与产业的关系中占据了上风。大公司更加远离了银行，而独立地参与到金融交易中。银行更多地从个人收入的金融化和在公开金融市场中作为交易的中介获得利润。第二，金融体系的特征变得不再和金融资本理论相一致。所有的金融体制都有共同的特征，但他们之间的平衡取决于发展的阶段、历史、制度结构、法律和政治。在以市场为基础和以银行为基础的金融体制之间存在着典型的区别。希法亭的金融资本理论是对银行为基础的金融体制的早期分析。隐含在他的理论中的是随着金融资本的出现，金融体制变得更加以银行为基础。然而，开放金融市场的兴起，以及银行的转型和这样的趋势并不吻合。相反，在全球层面存在向以市场为基础的体制的转变。第三，无论对希法亭还是列宁的理论中，排他性的贸易区对地区性帝国的出现而言是至关重要的。但是金融化资本主义却没有产生类似的现象，相反，出现的是降低关税的压力和同质化的贸易的制度框架。而且这个过程是极不平衡且充满矛盾的，因为它包含典型的对欠发达国家的歧视。第四，希法亭的理论没有考察国家对金融领域的系统的干预，尽管他倾向于"有组织的"资本主义。但是在金融化的兴起中国家扮演了重要的角色。一方面，国家推动了金融管制的放松；另一方面，国家是中央银行背后的力量。没有国家的支持，中央银行将在金融化的危机中表现得更加无能。国家越来越成为大银行偿付能力的最后担保人和作为整体的金融体系稳定的基础。第五，金融化和国际货币体系的急剧动荡相伴在一起。

金融化，不意味着银行对工业和商业资本的支配。它意味着金融部门自治性的提升。工业和商业资本可以从开放的金融市场上获得，从而深深地卷入到金融交易中。金融机构在金融剥夺中寻找到了新的利润源泉。同时工人越来越深入地卷入到私人金融领域以满足自己的基本需求——住房、消费、教育、健康和养老。"这是一个不稳定和低增长、真实工资停滞和频繁的金融泡沫的时代"①。当前的危机是金融化资本主义的不平衡、紧张和剥削等方面的深刻结合造成的。建立替代性的摆脱危机并为工人阶级的利益服务的经济组织的需要变得越来越明显了。

（三）沟通马克思和凯恩斯对危机进行的解释

对马克思和凯恩斯的沟通表现为两种类型，第一种试图建立综合性的框架，把马克思和凯恩斯思想中具有现实意义的概念结合在一起，对资本主义长期发展或其周期性危机进行解释；第二种类型对某些具体的概念和范畴进行发展，比如围绕有效需求概念沟通马克思和凯恩斯等。

就建立综合的框架而言。一些学者认为，不同的异端宏观经济学理论之间的融合——后凯恩斯主义、马克思主义和制度主义——已经出现（Tymoigne and Lee, 2003；Lavoie, Rodriguez, and Seccareccia, 2004；Lavoie, 2006）。这种不同理论流派的整合在经济思想发展的历史中极为常见，但大多数不同流派的理论整合通常缺乏应有的理论深度，对马克思和凯恩斯进行的沟通也是如此。异端经济学家容易在一些一般性的原则上达成共识，但涉及具体的关键性的行为关系时很难达成一致。因此，理论研究中不乏整合不同理论的尝试，但真正体现出异端经济学的力量并能够对主流理论形成重大冲击的理论并不多见。但即使是如此，在马克思主义经济学的发展过程中，这些试图沟通马克思和其他流派的尝试很有可能会为马克思主义经济学研究提供新的洞察力。当前金融危机的爆发使得一部分异端学者再次把马克思和凯恩斯的沟通提上日程。我们把这部分文献中一些正确地理解了马克思主义经济学基本原理的内容归

---

① Costas Lapavitsas. Financialised Capitalism：Crisis and Financial Expropriation, Discussion Paper no 1, 27.

入西方马克思主义经济学研究。

虽然异端学者很难达成普遍的共识，但一些学者，比如 Crotty（1980，1985，1986，1993，1994）为整合异端方法作出了基础性贡献。这种整合试图通过把不同的异端理论中能够很好地互补的方面综合在一起，为资本主义全球经济分析提供一个具有灵活性且实际可行的理论。我们此处的分析以 Goldstein（2009）对 Crotty 的相关工作进行的评价为基础。

Crotty 的工作把后凯恩斯主义坚持的经济所具有的根本性的不确定性，内生的货币、信贷，内生期望，金融创新，金融脆弱性和有效需求与马克思主义的对抗性的阶级关系、危机理论、冲突决定的收入分配以及它对有效需求的影响、积累的必要性、马克思的竞争概念结合在一起。另外，将马克思主义者的积累的社会结构（SSA）方法和一系列相互影响的 Crotty 方法中的两分法（或不同体制）结合在一起用以理解长期增长（积累）的变化与转换以及新自由体制的宏观动态进程。

宏观基础包括现存的阶级结构以及成为阶级结构的基础的独特的制度背景。在这里研究的出发点是一系列马克思主义的资本主义阶级关系。居于中心地带的重要的阶级关系是资本和劳动的关系（K-L），资本和其他资本——资本家之间的竞争——（K-K）以及金融资本和产业资本（FK-K）之间的关系。Crotty（1993，2003a）发展了区别于新古典竞争概念的马克思主义的竞争概念。他认为，马克思主义的竞争关系既不产生和谐的结果也不产生一系列稳定的阶级关系。在一定程度上，这种竞争成为引起可能和全部资本家的再生产不相符的强迫性的和狂乱的微观经济生存行为潜在的基础，从而，它也成为危机趋势的基础，尤其是过度的投资和因工资受到为积累融资的挤压而产生间接的消费不足时。Crotty（1993，2003a）分析了两种形式的竞争：合作式竞争（corespective competition）和强迫式竞争（coercive competition）。在合作式竞争中，相互竞争的公司协调它们的行为，因此竞争的剧烈程度是有限度的。竞争限制在通过广告和更有效的营销对市场份额展开的竞争范围之内。这样的竞争避免了价格战，价格—成本协定得以维持，投资协调避免了不必要的产能过剩。高的利润支持着适度创新和生产率的增加。与此相对，强迫式的竞争通过削减成本的方法采用破坏性的价格竞争。考虑到投资的不可逆性，公司无法自由地退出某个行业，从而公司面对的是继续投资或者死亡的防御性战略。由于公司未来的生存存在着根本的不确定性，大多数公司有进一步投资的倾向，结果导致宏观层面的过度投资。这种策略又非常典型地和劳动力策略——削减工资和福利、使用临时解雇策略——结合在一起，以获得竞争优势，从而消费不足和产能过剩的趋势出现了。"这种竞争机制的区分为整合的理论框架中各种不同的两分法奠定了基础。这些两分法（或不同的体制）为解释资本主义经济的演化提供了历史和制度层面的灵活性"①。

凯恩斯主义的不确定性是宏观环境的关键特征。真实存在的不确定性影响了公司最重要的决策：生存战略、预期、债务融资和收益率计算。尽管不确定性处于中心地带，但把不确定性纳入异端框架，且容易操作的理论方法仍然是匮乏的，因此围绕不确定性产生了许多理论争论。马克思主义的竞争环境（即使是在合作式的形式上）把收入分配置于有效需求理论的中心。对利润的影响表现在许多方面，但冲突性的斗争在影响收入分配方面发挥了主要的作用。收入分配的变化对消费和投资产生了重要的影响。一个异端学者的消费函数来自对消费和储蓄的古典分析。在简单的两个阶级构成的世界里，在凯恩斯消费函数中，工人的消费倾向超过了资本家的消费倾向。简单的投资函数可以被表示为 $I = f(\pi_R)$，π_R 表示利润率。当前的利润率或对过去价值的加权，构成了预计不确定的投资的未来收益率的基础。很多异端理论没有超越把利润率和（或）产能利用率当成是投资决定的关键因素，Crotty（1993），Crotty 和 Goldstein（1992）对投资作出了重要的扩展。这些作者发展了一种凯恩斯—马克思投资理论，以使之包含外部融资、投资的不可逆性和竞争对投资产生的强迫性作用的分析。投资函数被扩展为取决于

① Jonathan P. Goldstein. Heterodox Macroeconomics: Crotty's Integration of Keynes and Marx, Review of Radical Political Economics, 2008, 40 (3): 300-307.

利润率、长期或短期公司金融稳健程度、竞争的激烈程度。正是这些因素的相互作用根本性地改变了投资函数。当竞争压力处于可以控制的情况下时，在其他条件不变的情况下，公司金融脆弱性的增加减少了投资并能够被用于解释自发的金融危机。利润率和财务因素的互相影响使得真实部门成为金融脆弱性的源泉。利润挤压迫使公司和借贷者改变它们对可接受的债务水平的感知，从而潜在地产生了建立在金融脆弱性增加基础之上的危机趋势。最后，竞争的作用可能带来其他一些矛盾。在强迫性和合作式竞争的情况下，公司的投资策略采取两种形式：防御性和进攻性投资。防御性投资是一种被迫展开的投资，公司被迫采取削减成本的技术，打乱了公司的组织文化以保证对市场份额的重新获得并维持公司的生存。考虑到投资的不可逆性，从行业中退出不是一个可行的选择。这促使公司做出投资的决定，并使得宏观层面产生过度投资的趋势。在强迫性竞争的情况下，在它们的金融状况已经受到损害的情况下，当利润率较低的时候，公司被迫投资并承担了更多的债务负担。如果产能过剩普遍存在，公司被迫把实现更大的产能作为生存的战略。在这种情况下，产能利用率不再是一个衡量投资行为的好的指标。最后，当利润率下降和产能过剩共存时，进一步的投资导致金融和过度投资的危机。

　　金融和真实部门的全面融合是统一异端宏观经济方法的一个重要方面。这方面的重要贡献包括 Minsky（1975）的"金融不稳定性假说（FIH）"和 Crotty（1985）对马克思对流通领域和生产领域的整合分析进行的研究。Crotty（1985）认为马克思的金融危机概念和 FIH 有很多共同之处。Crotty（1986）批评了 Minsky 危机纯粹的金融本质的一面，Crotty 和 Goldstein（1992）与 Goldstein（forthcoming, b.）把实际部门的影响和投资的金融理论结合在一起。Crotty（1986）认为利润率根本性的不确定性和实际部门对利润率决定的影响是金融危机的重要动力机制。考虑到全球金融市场的制度变化，对 FIH 机制尤其是金融自由化时期的这种机制的研究，得到了 Crotty（2003b，2005）的进一步发展。这产生了另一种重要的两分法：金融稳定性和金融脆弱性。除了和金融相关的危机机制，金融部门也存在阶级和分配的一面。新自由时代食利者阶层权力的上升对产业资本家和劳动者都产生了极为不利的影响。Crotty（2005）对金融对产业利润的挤压进行了经验说明。一方面，金融市场从产业资本家那里获得了更高的回报，另一方面，竞争的压力限制了成本的转移。公司的一个矛盾性反应是工资下降或利润削减，导致的结果是缓慢的总需求增长和竞争的进一步加剧。金融市场整合进入异端的宏观框架给两分法增添了新的内容：金融脆弱性和金融稳定性以及利润导向的积累和金融导向的积累体制。

整合的理论框架的核心是对抗性的阶级关系，强迫性竞争关系，存在潜在矛盾的微观行为，非稳定状态的经济演化。这种框架反映出基本的危机机制：传统的利润挤压、消费不足、过度投资、金融利润挤压、金融脆弱性危机。此外，这些危机中的一些具有多重的冲击机制。同时，潜在的抵消危机的趋势也是存在的，但它们不是产生平衡增长的均衡机制。它们只是用更加恶化的同样的危机机制的变种，或者新的、复杂的未来的危机机制取代或者推迟了危机。

灵活的、现实的、具有历史特性和制度特性的宏观框架可以很好地用来解释资本主义的长期发展。这种整合的宏观框架中的两分法便利了对资本主义长期发展的分析。这种关键的区分包括：利润挤压和消费不足危机；强迫性和合作性竞争；防御性和进攻性投资策略；稳定的预期和信心的危机；金融结构的脆弱性与稳定性等。Crotty（2003a，2003b，2005）对这些两分法进行了发展，并在"新自由困境"的标题下研究了世界经济的矛盾性动态发展。Crotty发现了根植于消费不足、过度投资和金融利润挤压趋势中的长期的全球产能过剩。这些危机是因为权力的平衡从劳动向产业资本、产业资本向金融资本、以及向强迫性竞争体制的转换造成的。尤其是，作为新自由主义政策结果的总需求的缓慢增长，工人收入的下降，加剧了强迫性的国际竞争，金融对产业利润的挤压导致的过度投资和消费不足使危机具有了自我强化的趋势。Goldstein（2009）指出，这种统一的异端宏观经济学框架主要建立在Crotty对凯恩斯主义的不确定性、Minskian的金融脆弱性、易变的有效需求、马克思的阶级冲突（尤其是围绕收入分配展开的冲突）、马克思主义的竞争、马克思主义的危机理论等的整合的基础之上。这种理论框架能够很好地被用来解释新自由时代资本主义发展的矛盾路径。

建立综合的框架虽然是一种好的选择，但对于深入地分析具体的问题而言，更为迫切的研究则是对某些马克思的具体概念进行扩展。Rasmus（2008）做出了这种尝试。

"全球金融危机的起源不在于美国次贷市场的崩溃和随之而来的住房债务紧缩，而在于当前资本主义经济中更加根本性的进程和结构——金融和非金融问题"①。次贷市场只是一个更基本的力量所发挥的作用的反映。影响美国经济的真正因素是"收入不平等的急剧上升、长达十几年对非管理者工人（non-supervisory work-ers）真实支付的下降、战后退休和医疗保健系统的加速崩溃、美国经济制造业基础的外移、工会的消失、劳动人口中 40% 的全职长期就业的缺乏……"② 等。Rasmus 认为当前的金融危机，明显地最初发生在美国经济中的次贷部门，而这是二十几年来金融管制放松和新金融工具重要性持续增加的后果。大部分主流经济学家对当前危机的描述过于肤浅，只是分析"表象而不是根本原因"。很多时候，他们的分析放在对为应对危机采取的货币政策有效性的评价上。他们的基本假定是危机是流动性不足造成的，这种不足可以通过中央银行额外的货币供给加以解决。Rasmus 认为需要选择新的理论方法去解释金融危机。马克思在《资本论》第 2 卷和第 3 卷中对资本流通的分析可以为解释当前的危机提供一种选择。马克思没有发展出一个完整的金融危机理论，但是却在对资本主义危机的一般性评价中提出了一些潜在的理解金融危机的方法。马克思的一般性的资本主义危机理论通常指的是不变和可变资本之间的比例失调，或者是实现危机（消费不足以吸收生产过剩），或者危机的发生是由于资本主义总体利润率的下降造成的。

---

① Jack Rasmus. The Deepening Global Financial Crisis: From Minsky to Marx and Beyond. Critique, 2008, 36 (1): 5-29.

② Jack Rasmus. The Deepening Global Financial Crisis: From Minsky to Marx and Beyond. Critique, 2008, 36 (1): 5-29.

在分析金融危机时，马克思基本上坚持的是 19 世纪对货币的交易需求，很大程度上把货币看做资本从一种形式向另一种形式转化的消极的渠道。银行体系提供货币并为资本积累进行融资，或者是通过内部资金或者是通过银行信贷。在《资本论》第 3 卷中，马克思开始思考更加成熟的货币概念，在货币的交易功能之外考察了它在更具投机性的情况下的使用。在这里他开始谈到"货币储藏"以及各种各样的商品形式的货币可能性的增加。货币可以被用于实物商品或资产积累的投资，也可以被用于对其他货币形式的金融资产的投资。Rasmus 认为这些观点在马克思那里没有得到充分的发展。然而，扩展处于马克思资本有机构成概念核心的比例失调的观点，并对这种分析中资本的各种各样的新货币形式的作用进行考察，能够为分析当前的周期和危机提供基础。Rasmus 坚信"在 21 世纪的资本主义经济中，金融资本成为资本周期性运动的支配和驱动力量"①。正是基于这个判断，他试图扩展马克思对金融危机的分析。

Rasmus 认为，在马克思的各种范畴和概念中，最基本的是生产力概念。这个概念跨越了时间和空间，不仅成为资本主义生产方式和生产关系的基础，而且成为所有生产方式和生产关系的基础。生产力的概念也是马克思更高水平的衍生出来的概念——不变和可变资本、资本的有机构成（OCK）和利润率下降趋势（TRP）——的核心，而上述这些概念正是马克思"解释经济危机和周期的根源"②。

在马克思经济学中，对 OCK 而言极为重要的是技术作为生产力的构成部分，决定了 OCK。正是技术和相关的力量很大程度上决定了不变和可变资本的比率，而这又是 OCK 和 TRP 发生变化的基础。Rasmus 认为，生产力概念在金融资本中也扮演了重要的角

---

① Jack Rasmus. The Deepening Global Financial Crisis: From Minsky to Marx and Beyond. Critique, 2008, 36 (1): 5-29.

② Jack Rasmus. The Deepening Global Financial Crisis: From Minsky to Marx and Beyond. Critique, 2008, 36 (1): 5-29.

色。马克思的资本有机构成公式可以用 $C/(C+V)$ 表示，当与剩余价值 S 结合在一起时，可以得到利润率的表达式 $P=S/(C+V)$。后者可以被简化为一种更加简洁的表达 $P=S'(1-q)$，q 代表 OCK。Rasmus 认为，两个古典的马克思主义的范畴（OCK，TRP）可以和金融资本结合在一起，形成新的概念和等式用以解释 21 世纪金融资本主导的资本主义经济关系的现实。

Rasmus 指出，首先需要注意的是马克思《资本论》第 1 卷中的 OCK 表达的是一种真实资产之间的关系，或者说资本的实物形式之间的关系，而不是资本的货币形式之间的关系。不变和可变资本不是资本的商品货币形式。它们是实物资本形式，也就是说实物资产和产品。商品货币形式并没有在马克思的基本概念和公式中得到很好的表达。资本主义 20 世纪 80 年代后的金融化和证券化革命代表了商品货币形式（CMFs）的发展。这些形式代表了货币作为商品更高形式的发展，而不是仅仅是把货币当成某种形式的黄金或纸币。简单货币的历史作用在于使得资本从实物资产的形式向货币转化，并从货币转化为有更大物化价值的实物资产成为可能，用马克思的公式表达就是 $C-M-C'$，或者它的反射表达 $M-C-M'$。马克思和许多 19 世纪的古典政治经济学家一样持有简单货币的概念。货币主要是用作交易的手段和交换的媒介。"简单货币形式并不是能够直接产生利润的商品"①。简单货币推动了资本的流通，但在给定的时点它并不增加直接的利润和交换价值。简单货币形式也不影响金融资本的总构成。相比较而言，商品货币形式可以直接影响总利润生产和金融资本的数量，从而最终影响总利润和总利润率，无论对实际的还是对金融的部门而言都是如此。

Rasmus 指出，如果说货币在 21 世纪的资本主义经济中不再只发挥方便一般性资本流通的简单的交易手段的功能，而是逐渐地代表能够影响总的利润和利润率的复杂形式的货币资本，那么就必须能够在马克思的基本范畴中对这个问题加以说明。

---

① Jack Rasmus. The Deepening Global Financial Crisis: From Minsky to Marx and Beyond. Critique, 2008, 36 (1): 5-29.

　　在马克思的不变和可变资本的意义上，金融资本形式，商品货币形式不代表价值（或剩余价值）。但是商品货币形式（CMF）最终是建立在马克思考察 OCK 时所思考的真实资产基础之上的。从而 CMF 中存在真实的价值。反映市场交换价值的利润可能存在于 CMF 所代表的真实资产的价值增加中。举例子说，次级贷款可能包含建立在住宅这种实物资产的真实价值的因素。货币的投机性商品形式可能创造利润，即使不创造额外的价值。同样重要的是，它们通过把对真实资产的投资转向投机性投资，可能降低真实资产的投资水平，这种转移反过来对整个经济的 OCK 和 TRP 产生影响。历史地看，在美国经济中，投机形式的投资可以用来说明真实投资的下降和与真实投资相联系的利润率的下降。投机性投资会对 OCK 和 TRP 产生影响，因此，Rasmus 考虑与真实资产的 OCK 相对应的"金融资本有机构成（OCF）"。马克思的 OCK 和 TRP 与真实资产相关，金融资本有机构成可以被用来解释从金融资本的不同的商品货币形式中获得的利润。OCK、OCF 的相互依赖以及它们对利润率下降各自和综合的影响可以进一步从概念上被加以解释。真实资本（不变和可变真实资产）和金融资本（投机性金融资产形式）的相对构成可以被加以考察，这种考察可能是通过创造相对利润率这样一个新的概念，这样一个新的概念既可以用来评价包含不变和可变资本的构成变化，也可以被用来评价投机性资产和真实资产投资之间构成的变化。

　　Rasmus 自己提供了自己的解释。把马克思的资本有机构成概念表示为 $C/(C+V)=Q$，引入剩余价值概念后，可以得到 $P=S/(C+V)$，P 为利润率，通过两个等式可以简化得到，$P=S'(1-Q)$，$S'=S/V$ 为剩余价值率。上述为马克思 OCK 和 TRP 的标准形式。随着生产力的变化，尤其是技术水平的提高，有机构成的提高最终给利润率的下降带来压力。类似地，技术的变化，生产力的变化创造了新的商品货币形式。如果没有数字技术、计算机、软件、数量模型和全球网络，金融领域的证券化也不大可能存在。作为生产力的技术不仅使得更多形式的投机性投资成为可能，而且刺激了它的产生，增加了投机性投资和非投机性投资之间的比重。随着投机形式金融资本利润率的上升，非投机形式的真实资产投资的利润率下降。用 F 表示投机性资产投资，非投机性投资为 $1-F$。从而 OCF 为：$F/F+（1-F）$，Rasmus 称之为 M，且等于 OCF。一个对 OCF 和马克思有机构成 OCK（或 Q）的整合表达式为：$M/M+Q$。无论是对 Q 还是 M 而言，可以假定真实和金融利润有随着不变资本相对于可变资本而上升，以及投机性投资相对于其他金融投资上升而下降的趋势。后一种情况下的重要假设是金融资本利润是现金流比率或现金流对债务水平的比率。

Rasmus 指出，金融资本在 21 世纪变得更加复杂和反复无常，而且在周期和危机的决定中发挥了更重要的作用，无论是金融还是真实的危机。对当前金融危机的经验发展和演化进行描述当然有着重要的价值，但是新闻描述式的分析无法充分理解真实发生的事情。全球金融资本巨大的不稳定性，需要在更加根本的理论基础上去加以理解，马克思有关金融问题的论述能够为这个任务提供很好的基础。

四、结　语

通过对西方马克思主义经济学全球化和危机问题研究的分析，我们认为下述几点需要特别加以说明：

第一，虽然存在大量赞同和反对全球化的意见，但是现有的大量文献存在着明显的问题。从本质上看，大多数研究更多地关注了生产力层面的问题，它们的主要缺陷在于用"描述性的方式"分析与全球化相关的数据，而且对社会发展持有一种中性的概念。而在马克思主义者看来，全球化的文献主要分析了经济发展、国家活动、技术进步和文化变迁等内容，缺乏"冲突的社会利益"的概念框架。然而，有些马克思主义者的全球化研究有时候又走向了另一个极端，强调资本主义剥削方式在全球的扩张，强调发达资本主义国家对发展中国家的掠夺等，而忽视了对一些具体问题的深入分析。比如忽视了对剥削方式本质变化的研究，忽视了对资本主义全球化的表现形式和古典帝国主义理论出现时世界经济交往之间具体差异的考察等，忽视了如何发展马克思的概念和方法去判断资本主义的本质变化。这些都应当成为未来马克思主义者对全球化以及资本主义发展变化问题进行研究时重点思考的内容；无论如何，对资本主义和全球化的研究，正如 Ferguson（2007）指出的那样，"现在需要新的分析方法，而不是被困在陈腐的'新自由主义对福利国家'的框架下"①。

第二，在用马克思主义的理论和方法研究全球化时，一个典型的问题立即浮现出来：马克思所研究考察的经济体制是 19 世纪中期的资本主义，其历史面貌与信息科技革命后的全球资本主义现实，有着非常显著的差异。即使马克思的理论和方法有其科学内容，为什么认为马克思的剖析能适用于今日的资本主义呢？Sakellaropoulos 对生产方式和社会形态等概念的应用，Harvey 等对全球化时代资本积累的分析，Liodakis 对生产关系的强调展示了西方马克思主义经济学研究是如何回答上述这个根本性问题的，并为如何发展和创新马克思主义的理论概念和分析工具提供了一定的参考。我们很赞同这样一种观点，"我不打算列举马克思主义方法在分析当代资本主义时的优点。事实上，我认为这种方法，至少在我所理解的特定形式上，对我们居住的 21 世纪的世界仍然能说出重要的东西"②。

学术研究取向的变化，比如为宏观分析提供微观基础的倾向，比如分析哲学和实证主义对经济学研究的影响。使得马克思主义遭到了很多批评。有一种明显的观念是，马克思主义太注重"宏大叙事"③，他的方法不再适合当代资本主义。为了理解当代资本主

① Ferguson, J. Formalities of Poverty: Thinking about Social Assistance in Neoliberal South Africa. African Studies Review, 2007, 50（2）：71-86.

② Noel Castree. The Spatio-temporality of Capitalism. Time & Society, 2009, 18（1）：26-61.

③ 一般认为，传统马克思主义经常以比较大的历史时距分析特定社会（尤其是资本主义社会）的性质变化，如马克思的涵盖生产力与生产关系的"生产方式"（封建的、资本主义的等），或列宁、卢森堡描述特定生产方式（资本主义）中的"阶段"（自由竞争、垄断等）。

义社会中发生的没有根本改变社会性质、却又对社会运动实践影响深远的重要变迁，需要发展不同于马克思主义的概念工具。① 因为马克思主义理论对于同一个历史时刻中、不同社会之间的差异的分析，所用的语言往往来自先前对特定社会（尤其是西欧）的历史性分析。这样的分析有其缺陷，它往往使得分析者所要强调的各种并存的生产方式共时性的演化难以被突出出来。我们认为，20 世纪 70 年代之后的资本主义的确发生了明显的变化。但是这种变化并没有导致资本主义生产方式发生根本性的变化。马克思的主要理论贡献在于提出了典范性的资本主义抽象运作的逻辑与基本规律，这是抽离出资本主义现实里各种复杂多变的偶然或特殊因素，而得出的根本性、源生性的内在运作逻辑。毫无疑问，马克思主义仍然适用于研究全球化这一复杂的现象。如何从生产方式、社会形态、阶级形成及其斗争、资本积累中的矛盾等视角发展出新的理论方法，仍是理解资本主义发展阶段及其本质特征阶段性变化的关键问题。

第三，在当前的全球化的讨论中，很多马克思主义学者使用了帝国主义的概念。在全球化被广为讨论之前，马克思主义者对资本主义在国家和国际关系层面的发展进行分析的核心概念是"帝国主义"。对全球化的研究和对帝国主义的研究紧密结合在一起。这可能有现实方面的原因也有理论方面的原因：首先，19 世纪末和 20 世纪初国际经济交往和竞争的加剧和今天的全球化存在着类似的地方。其次，古典帝国主义理论为当前的全球化研究提供了很好的进行理论比较的基础。此外，全球化研究涉及一个重要的问题，民族国家和资本主义全球扩张之间的关系，这正是全球化和帝国主义理论研究中都涉及的一个核心内容，所以帝国主义概念的再度复

---

① 比如受马克思主义传统影响的西方学者在 20 世纪 70 年代之后发展了一些新的概念工具，尤其是分析中等程度（mid-range）变迁的概念。如联系生产与消费活动的 "积累体制"（accumulation regime）（Aglietta, 1987）、联系微观的生产领域的社会关系与宏观的生产关系的 "工厂体制"（factory regime）（Burawoy, 1985）等。

兴并不难理解。从这个角度出发,马克思主义者需要深入地考察民族国家在全球化中的发展、在全球治理机制的形成、在全球经济新秩序构建中的作用和功能,需要深入地考察主要发达资本主义国家或集团之间,以及它们和发展中国家之间经济、政治关系的变化趋势。马克思主义者需要重新考察由列宁等发展的古典帝国主义理论,探索如何结合全球化的现实发展古典帝国主义理论中的某些理论观点。

第四,全球化时代的危机理论研究。对于主流观点关于危机形成的原因、解决方式等问题的解释,马克思主义者一直持批判态度,并积极尝试使用发展了的马克思主义的某些重要范畴去理解当前的危机。尤其是关注了两个方面的问题:首先,如何发展马克思的金融理论,以理解和分析当前以及未来可能再次发生的金融危机或经济危机;其次,如何沟通马克思主义和其他异端流派,以充分借鉴双方的优点,综合地考察资本主义的长期发展和一再发生的危机。考虑到危机周期性发生的事实,真正的理论问题不在于解释某次危机的特定原因,或者是预测危机发生以及结束的时间。马克思主义危机理论研究的任务在于解释为什么一再发生的危机成了资本主义生产方式发展趋势中一个常规的构成部分。马克思主义危机理论研究的主要任务不是去证明资本积累中的配置错误,而应当把重点放在证明危机的趋势内在于资本主义生产的社会形式中。马克思主义危机理论的典型特征在于强调危机作为资本主义生产方式的本质,其发生存在无法避免的必然性,从而说明资本主义客观存在的局限性和社会主义的可预期性。对于马克思主义者而言,危机是资本主义生产方式中内在矛盾的外在表现。如果危机只是偶然的或者它们只是标志着资本主义从一个积累的阶段、体制或社会结构向另一个的转变,那么社会主义就丧失了客观必然性,社会主义运动也就丧失了社会基础。如果资本主义改革或重建能够满足工人阶级的需要,那么阶级斗争也就丧失客观的基础,社会主义也就只是一种道德理想。马克思主义者认为危机理论在马克思主义传统中占据了重要的地位,但大多也承认危机理论也恰恰是马克思主义理论中比较薄弱,发展较不充分的部分。可以预见,在未来的几年里,可能会出现较多数量对当前仍在延续的危机的研究。

参考文献

[1] Amin, Samir. Capitalism, Imperialism, Globalization. In Ronald Chilcote, ed. , The Political Economy of Imperialism: Critical Appraisals. London/Boston: Kluwer Academic Press, 1999: 157-168.

[2] Amin, Samir. The Political Economy of the Twentieth Century. Monthly Review,2000,52(2):1-17.

[3] Bromley, Simon. Reflections on Empire, Imperialism and United States Hegemony. Historical Materialism,2003,11(3):17-68.

[4] Burnham,Peter. Marx,International Political Economy and Globalization. Capital & Class,2001:75.

[5] Burbach,R. , Robinson,W. . The Fin de Siecle Debate: Globalization as Epochal Shift. Science and Society,1999,63(1):10-39.

[6] Beck,U. . Risk Society,5th reprint. London:SAGE,1998.

[7] Brenner R. . The Boom and the Bubble: The US in the World Economy. London:Verso,2002.

[8] Bryan,Dick. The Chase Across the Globe: International Accumulation and the Contradictions for Nation States. Boulder,Colorado:Westview Press,1995.

[9] Bryan, Dick. Global Accumulation and Accounting for National Economic Identity. Review of Radical Political Economics,2001,33 (1):57-77.

[10] Cammack, Paul. The Governance of Global Capitalism: A New Materialist Perspective. Historical Materialism,2003,11(2):37-59.

[11] Crotty,J. , J. Goldstein. A Marxian-Keynesian theory of investment demand: Empirical evidence. In International perspectives on profitability and accumulation,ed. F. Moseley and E. Wolff,

77

1992,197-234.

[12] Brookfield. VT:Edward Elgar.

[13] Crotty,J.. The centrality of money,credit,and financial intermediation in Marx's crisis theory:An interpretation of Marx's methodology. In Rethinking Marxism:Struggles in Marxist theory. Essays for Harry Magdoff and Paul Sweezy,ed. S. Resnick and R. Wolff,45-81. Brooklyn,New York:Autonomedia,1985.

[14] Crotty,J.. Core industries,coercive competition and the structural contradictions of global neoliberalism. In The new competition for inward investment:Companies,institutions and territorial development,ed. 2003.

[15] N. Phelps, P. Raines. New Horizons in International Business. Northampton,MA:Edward Elgar.

[16] Crotty, J.. The neoliberal paradox:The impact of destructive product market competition and impatient finance on nonfinancial corporations in the neoliberal era. Review of Radical Political Economics,2003,35(3):271-279.

[17] Crotty, J.. The neoliberal paradox:The impact of destructive product market competition and "modern" financial markets on nonfinancial corporation performance in the neoliberal era. In Financialization and the world economy, ed. G. Epstein,77-110. Cheltenham,U. K. and Northampton,MA:Edward Elgar,2005.

[18] Duménil, G. and Lévy, D. Periodizing Capitalism:Technology, Institutions and Relations of Production. 2001,[2008-07-05]. http://www. jourdan. ens. fr/levy/dle2001a. pdf.

[19] Dumenil G. D. Levy. Capital Resurgent:Roots of the Neoliberal Revolution. Cambridge:Harvard University Press,2004.

[20] Dumenil,Gerard, Dominique Levy. Costs and Benefits of Neoliberalism. 2005. In Epstein,Gerald(ed.),Financialization and the World Economy. Cheltenham and Northampton:Edward Elgar.

[21] Epstein,G. (ed) Financialization and the World Economy,Cheltenham-

ham:Edward Elgar,2005.

[22] Foster, John Bellamy. Imperialism and "Empire". Monthly Review,2001,53(7):1-9.

[23] Foster, John Bellamy. Monopoly Capital and the New Globalization. Monthly Review,2002,53(8):1-16.

[24] Foster, John Bellamy. The New Age of Imperialism. Monthly Review,2003,55(3):1-14.

[25] Fine,B.. Debating the "New" Imperialism. Historical Materialism, 2006,14(4):133-156.

[26] Fine, B.. Financialisation,Poverty,and Marxist Political Economy, Poverty and Capital Conference, University of Manchester, 2007.

[27] Fine,B.. From Financialisation to Neo-liberalism. Keynote paper, for conference in University of Coimbra,Portugal. [2008-10-27]. https://eprints. soas. ac. uk/5443/1/coimbra. pdf.

[28] Friedman,Thomas L.. The Lexus and the Olive Tree:Understanding Globalization. New York:Anchor Books,2000.

[29] Goldstein,J.. The cyclical profit squeeze:A Marxian microfoundation. Review of Radical Political Economics,1985,17(1-2):103-128.

[30] Goldstein, J.. The empirical relevance of the cyclical profit squeeze:A reassertion. Review of Radical Political Economics, 1996,28(4):55-92.

[31] Giddens, A.. Modernity and Self-Identity. Cambridge: Polity, 1991.

[32] Walker, R.. The Spectre of Marxism. Antipode, 2004, 36(3): 434-443.

[33] Harvey, D.. The Condition of Postmodernity. Blackwell: Cambridge,1990.

[34] Harvey, D.. The New Imperialism. Oxford: Oxford University Press,2003.

[35] Harvey, D. A Brief History of Neoliberalism. Oxford: Oxford University, 2005

[36] Harcourt, G. C.. The theoretical and political importance of the economics of Keynes: or, what would Marx and Keynes have made of the happening of the past 30 years and more?. In Forstater, M. , Mongiovi, G. , Pressman, S. (eds), Post Keynesian Macroeconomics. Essays in honour of Ingrid Rima, London and New York: Routledge, 2007, 56-59.

[37] Held, D. , McGrew, A. The Great Globalization Debate: An Introduction. D. Held and A. McGrew(eds) The Global Transformations Reader: An Introduction to the Globalization Debate. Polity Press: Cambridge, 2000: 1-45.

[38] Hoogvelt, A.. Globalization and the PostcolonialWorld: The New Political Economy of Development. Macmillan: London, 1997.

[39] Katz, Claudio. The Manifesto and Globalization. Latin American Perspective, 2001, 121 (28): 5-16.

[40] Katz, C. On the grounds of globalization: a topography for feminist political engagements. Journal of Women in Culture and Society, 2001, 26: 1213-1234.

[41] Katz, C.. Vagabond capitalism and the necessity of social reproduction. Antipode, 2001, 33: 709-728.

[42] Kotz, David M. , Terrence McDonough, Michael Reich (eds). Social Structures of Accumulation: The Political Economy of Growth and Crisis. Cambridge: Cambridge University Press, 1994.

[43] Kotz, David. The State, Globalization and Phases of Capitalist Development. 93-109 in Albritton, et al.

[44] Kotz, D. M.. Neoliberalism and the U. S. economic expansion of the 1990s. Monthly Review, 2003, 54(11): 15-33.

[45] Kotz, David M.. Contradictions of Economic Growth in the Neoliberal Era: Accumulation and Crisis in the Contemporary U. S. Economy. Review of Radical Political Economics, 2008, 40: 2.

[46] Krippner, G.. The Financialization of the American Economy. Socio-Economic Review, 2005, 3(2):173-208.

[47] Laibman, David. Theory and Necessity: The Stadial Foundations of the Present. Science & Society, 2005, 69(3):341-366.

[48] Liodakis, George. The New Stage of Totalitarian Capitalism and the European Economic Integration. Utopia, 2009:39. (In Greek.)

[49] Lapavitsas, Costas. Social Foundations of Markets, Money and Credit. London: Routledge, 2003.

[50] Lapavitsas, C.. Relations of Power and Trust in Contemporary Finance. Historical Materialism, 2006, 14(1):129-154.

[51] Lapavitsas, Costas. Information and Trust as Social Aspects of Credit. Economy and Society, 2007, 36(3):416-436.

[52] Lapavitsas, Costas, Paulo Dos Santos. Globalization and Contemporary Banking: On the Impact of New Technology. Contributions to Political Economy, 2008, 27:31-56.

[53] Lapavitsas, C.. Financialised Capitalism: Direct Exploitation and Periodic Bubbles. SOAS, Mimeo, 2008.

[54] Mavroudeas, Stavros, Alexis Ioannides. Stages of Capitalist Development: Is There a New Stage in Process?. Presented at the 6th Annual Conference of ESHET, University of Crete, Rethymno, 2002, March, 14-17.

[55] Minsky, H.. John Maynard Keynes. New York: Columbia University Press, 1975.

[56] Mészáros, István. Socialism or Barbarism. New York: Monthly Review Press, 2001.

[57] Panitch, Leo, Sam Gindin. Gems and Baubles in Empire. Historical Materialism, 2002, 10(2):17-43.

[58] Panitch, L., Gindin, S.. Global Capitalism and American Empire. [2008-07-05]. http://www.nodo50.org/cubasigloXXI/congreso04/panitch_060404.pdf.

[59] Robinson, W.. Social Theory and Globalization: The Rise of a Transnational State. Theory and Society, 2001, 30: 157-200.

[60] Robinson, William, Jerry Harris. Towards a Global Ruling Class? Globalization and the Transnational Capitalist Class. Science & Society, 2000, 64 (1): 11-54.

[61] Ruccio, D.. Globalization and Imperialism. Rethinking Marxism, 2003, 15 (1): 75-94.

[62] Radice, Hugo. Globalisation, Labour and Socialist Renewal. Capital & Class, 2001: 75.

[63] Rude, C.. The Role of Financial Discipline in Imperial Strategy. L. Panitch and C. Leys (eds). Socialist Register. The Empire Reloaded. Savalas: Athens, 2005: 131-158.

[64] Assen, S. Losing Control? Sovereignty in the Age of Globalization. New York: Columbia University Press, 1996.

[65] Shaw, M.. The State of Globalization: Towards a Theory of State Transformation. Review of International Political Economy, 1997, 4 (3): 497-513.

[66] Sklair, Leslie. The Transnational Capitalist Class. Oxford: Blackwell, 2001.

[67] Steger, Manfred B.. Globalism: The New Market Ideology. Lanham, MD: Rowman & Littlefield, 2002.

[68] Stockhammer, Engelbert. Financialisation and the slowdown of accumulation. Cambridge Journal of Economics, 2004, 28: 719-741.

[69] Trigg, A. B.. Marxian Reproduction Schema, London and New York: Routledge, 2006.

[70] Walker, R. A.. The conquest of bread: 150 years of agribusiness in California. New York and London: The New Press, 2004.

[71] Went, R.. Globalization in the Perspective of Imperialism. Science & Society, 2002, 66 (4): 473-495.

[72] Wolff, J.. Why Read Marx Today? Oxford: Oxford University, 2002.

[73] Wolff, R. D.. Why Communism?, Rethinking Marxism, 2007, 19 (2): 322-337.

[74] Wood, M. E.. The Empire of Capital. London: Verso, 2003.

经济学若干理论前沿问题追踪[*]

邹　薇[**]

（武汉大学经济与管理学院，武汉大学高级研究中心，武汉，430072）

一、引　言

关于经济增长进程中的收入分配问题的研究，是经济学领域一个常青的论题，也是近年来国际经济学界极为关注和争议颇多的重要问题，各国学者从宏观经济学、发展经济学、福利经济学、经济增长、经济转型和新古典政治经济学等不同角度，对经济增长、经济转型和收入分配之间的关联机制展开了广泛的理论研究和实证检验，然而，迄今为止，理论与实证研究还远未形成一致的见解。在经济增长过程中，各国收入分配究竟具有怎样的动态变化特征？内生经济增长与收入分配之间存在怎样的双向影响机制？欠发达国家的经济转型对于收入分配的变化有怎样的影响？对这些问题的探索和争议，不仅具有至为突出的理论意义，而且对于各国经济政策的制定也具有指导意义。正是基于此，本文将着重围绕经济增长、经济转型与收入分配的一系列理论与实证问题展开追踪研究。

------

　　[*] 本项研究得到了国家社会科学基金（06BJL039，06BJL048）和武汉大学"海外人文社会科学研究前沿追踪计划"的资助，特此感谢。在本项研究中，张芬博士、宋海荣博士，博士生刘勇、白小滢、吕娜等参与了资料收集、整理等工作，担任了本项研究的研究助理，在此感谢。

　　[**] 邹薇，武汉大学高级研究中心，教授，博士生导师。

几个世纪以来，经济增长与收入分配问题引起了经济学家的普遍关注和激烈争议。早在 18 世纪早期，李嘉图在其著作《政治经济学原理》的序言中就强调过政治经济学研究的主要问题是"决定分配的原理"。然而，收入分配理论并不总是经济学研究的主要对象。例如，"二战"后收入分配理论研究曾经两度陷入低潮——20 世纪 50 年代及 60 年代早期和 20 世纪 80 年代——这两个时期中，经济学家之所以不重视收入分配理论的研究，原因在于人们认为经济增长可以自动消除收入分配不平等。其中，最为典型的代表莫过于 Kuznets（1955）提出的"Kuznets 曲线"，他认为在收入较低时，收入不平等不断增加；而当收入较高时，收入的不平等转而下降。然而，这个经验结论长期以来引起了许多争议和质疑。

20 世纪 90 年代至 21 世纪初，经济学界对收入分配领域的研究重新升温，涌现了一大批理论和实证研究成果。究其原因，一方面，人们发现尽管西方发达国家之间有增长收敛的趋势，但是发达国家内部不平等程度在增加，并且不平等状况影响到一国财政、货币等公共政策的制定（Atkinson and Bourguignon, 2000）；另一方面，广大发展中国家内部的收入不平等问题不仅没有缓解，而且在许多国家出现了加剧之势。重新研究收入分配不平等的动态演化，探讨收入不平等与经济增长、经济转型之间的内在联系，不仅是严峻的理论挑战，而且对于制定相关经济政策显得尤为重要。因此，我们本年度对于海外经济学前沿问题的追踪研究，关注的焦点是经济增长、经济转型进程中收入分配问题的理论与实证研究。

如何衡量不同国家的经济发展水平和社会福利水平？经济学家提出了一系列的指标来回答这个问题。其中，人均 GDP 或人均收入是最为广泛运用的指标。诚然，人均 GDP 决定了人均消费、人均预期寿命和平均受教育程度等，后者为一国社会福利水平的具体量化提供了依据。然而，单纯依靠人均 GDP 来度量国家经济发展水平和社会福利水平的观点——"GDP 决定论"——却常常被经济学家和社会学家诟病。批评的焦点在于，人均 GDP 本身并不能作为唯一的适宜指标。除人均 GDP 以外，不平等程度、贫困人口数量等都是衡量该国福利水平的重要指标。因此，影响一国福利水平的因素不仅包括绝对收入水平，更涵盖了收入在个体之间的分配状况①。我们可以从规范的（Normative）和实证的（Positive）两个方面对收入分配的重要性进行分析。

从规范性角度进行观察，收入分配不平等带来了社会公正与社会福利的问题②。一方面，收入分配状况直接影响经济中的贫困水平。收入分配的不平等会导致经济中出现较高比例的贫困人口，从而直接影响到该经济的社会福利和政治稳定。对于给定的人均收入水平，收入分配越不平等，经济中处于贫困的人口比例就越大。从社会正义的角度，贫困是一国经济增长过程中无法忍受的恶疾，贫困率决定了一个社会的福利水平（Rawls，1971）。Sen（1985）强调贫困导致了能力的不平等，Romer（1998）强调贫困导致了机会的不平等，无论是能力或机会的不平等都与社会正义的观点相悖。另一方面，许多证据表明收入分配对经济增长具有显著的影响。除了经济增长的速度和规模之外，经济中个体的健康状况也受到收入分配的影响。研究表明，在收入分配更为平等的经济中，其国民的预期寿命更高。经济中个体的收入决定经济中个体的社会地位，从而收入的不平等通过影响个体的社会地位而影响其福利水准（Senik，2005）。此外，决定一个人是否幸福的原因不在于其绝对收入的水平，而取决于其相对其他人的收入水平，因此经济中可能出现这样的状况，人均收入上升了，但大部分人却感觉不到幸福（Duesenberry，1949）。由于社会福利是个人效用的有效加总，因此人均收入的上升并不一定能够带来社会福利水平的变化。对于一个经济体中的个人而言，社会福利水平增加意味着的效用满足比单纯的人均收入数字上升重要得多。

① 许多经济学家提出一些指数来刻画不同的收入分布，这些指数的大小对应着该分布社会福利的高低。如 Atkinson（1970），Theil（1967）分别提出的 Atkinson 指数和 Theil 指数。

② 参见 Sen（2000）关于收入分配与社会公正的研究，以及本书第 2 章的理论综述。

从实证性角度来看，收入分配不平等的重要性表现在对总量宏观经济的影响上。许多研究结论证实了不平等与经济增长之间存在某种因果关系，因此不平等可能会极大地影响经济增长的速度。从总量经济的角度测度经济增长与收入不平等之间的关系，有助于我们更全面地了解收入分配不平等的原因，并且对经济增长理解得更深刻。此外，收入不平等还可能影响经济与政治制度朝有利于人类发展的方向演进，以及影响到社会生活的各个方面，从而影响供给决策和经济发展（Cervellati，2005）。

有关收入分配的研究文献和研究内容汗牛充栋，线索繁多，结论也存在巨大的差异。总体上看，收入分配理论①的研究主要集中为两个领域：其一是探索在经济增长和经济转型过程中，收入分配不平等的动态演化具有怎样的特征和内在机制；其二是研究收入分配不平等对经济增长的影响。

关于收入分配不平等的动态演化研究由来已久，许多研究者都从影响收入分配的传导机制出发，这些传导机制包括储蓄、遗产、人力资本投资、生育决策等，主要形成了三种理论范式：古典理论、新古典理论和资本市场不完善理论。古典理论从经济发展的二元理论出发，指出收入不平等的动态演化与人口的转移密切相关（Kuznets，1955；Robinson，1976；Anand and Kanbur，1993a）。新古典理论侧重考虑的是代表性消费者理论（Stiglitz，1969；Chatterjee，1994；Caselli and Ventura，2000；Turnovsky，2006），该理论对消费者偏好作出了一系列假定，以满足收入分配不影响总量经济的条件，并在此基础上考虑收入分配在经济转型过程中从非稳态到稳态的动态变化。资本市场不完善理论（Greenwood and Jovanovic，1990；Galor and Zerra，1993；Banerjee and Newman，1993；Matsuyama，2000；Ghatak and Jiang，2002）的形成基于两个主要假定：

① 目前还不存在统一的收入分配理论框架，虽然有许多学者都提出了自己的收入分配理论框架，如 Atkinson（1983），Lambert（1989），Jorgenson（1997），Atkinson 和 Bourguignon（2000），Bertola et al（2006）。

个体可能受到金融的约束；经济中存在递增规模报酬的投资。该理论给我们提供了这样一种思路，即从资本市场的角度考虑个体收入的动态变化。这些理论的结论都能对收入不平等的动态演化过程可能出现"倒U"形作出某种解释，但也同时认为收入不平等可能出现"倒U"形以外的情形。与理论上出现的多种争论极为相似的是，实证检验方面对不平等演化是否出现"倒U"形也存在很大的争议。

关于收入分配对经济增长的影响引起了经济学界持续的关注。理论研究侧重分析的是收入不平等影响经济增长的传导机制，其中包括物质资本积累、人力资本积累、政治经济决策机制和社会稳定机制。物质资本积累机制认为不平等有利于物质资本积累，从而推动了经济增长（Lewis，1954；Bourguignon，1981）。人力资本积累机制认为不平等不利于人力资本积累，从而阻碍了经济增长（Galor and Zerra，1993；Banerjee and Newman，1993；Perotti，1996）。政治经济机制认为收入不平等通过政治决策扭曲了经济中的激励作用并阻碍了经济增长（Persson and Tabellini，1994；Alesina and Rodrik，1994），或考虑到政府支出对经济的促进作用而认为收入不平等促进了经济增长（Paul and Verdier，1993；Li and Zou，1998）。社会稳定机制大多认为不平等造成了腐败、社会的不稳定、脆弱的产权保护等社会现象，从而阻碍了经济的增长（Keefer and Knack，1995；Alesina and Perotti，1996）。相似地，实证检验也并未就不平等对经济增长的影响达成一致的意见。

本文结构安排如下：第二部分从理论与实证角度综合考察收入不平等的动态变化。不平等动态变化的理论模型主要有三类：人口转移的古典二元经济理论、资本积累的新古典理论和资本市场不完善下不平等动态演化理论；实证检验则主要集中于 Kuznets 曲线的验证。第三部分从理论和实证角度考虑了不平等对经济增长的影响；实证检验则主要关注不平等是促进还是阻碍了经济增长。第四部分在经济转型框架中更深入地探讨收入不平等与经济增长的关系，我们将从工业化和城市化、资本积累和人口转型等不同思路出发，具体分析有代表性的理论模型。第五部分是总结。

二、收入不平等的动态演化：理论与实证研究

所谓"Kuznets假定"是基于经验分析的一个结论，如何从理论上加以解释和论证？理论界主要存在以下几种思路：第一种思路将不平等的动态变化与人口的转移联系起来；第二种思路在新古典框架下将不平等与资本积累过程联系起来；第三种思路重点考虑的则是资本市场的不完善对不平等动态演化的影响。这三类模型研究的结果表明，虽然经济发展过程中可能存在"倒U"形Kuznets曲线，但不平等的动态演化路径仍可能出现多种不同的情况。

长期以来，关于收入不平等动态演化的实证研究也是各国学者关注的热点问题。人们通常考察的是经济发展过程中是否会出现Kuznets曲线。研究方法依据数据的类型不同分为以下两种：其一采用跨国截面数据；其二则采用某经济体的时间序列数据。采用跨国数据时，实证结果依赖于研究采用的数据库、函数形式、不平等的度量等。时间序列数据则主要是发达国家的数据，因此根据时间跨度不同，不平等的演化路径也将出现不同的情形。

（一）收入不平等的动态演化：理论研究

收入不平等的动态演化理论实质上被视为收入的决定理论——收入取决于个人的禀赋及其回报。从经济含义上分析，劳动与资本是最主要的两种禀赋；其对应的回报则为工资与利率。因此，收入的不平等必将产生于劳动与资本、工资与利率的差异。一些学者指出，在不完全竞争市场中，个体的劳动和资本相同而获得的工资与利率却不同，这种情况将导致收入的不平等现象出现，这种关于劳动力市场的不完善导致收入不平等的经济理论被称为"古典二元理论"。另一些学者的出发点是完全竞争市场，其中单个个体获得的工资与利率是相等的，收入不平等只能从劳动和资本的差异中产生。这种考虑劳动与资本差异及其动态变化的不平等理论被称为"新古典理论"。还有的学者认为，发展中国家除了劳动市场不完善，还存在资本市场不完善，由此解释收入不平等的根源，这种理

论称为"资本市场不完善理论"。

1. 关于收入不平等的动态演化的古典二元理论

1955年以后，收入分配与经济发展关系的许多研究文献被深深地打上了"Kuznets"的烙印，研究思路大多与Kuznets在该领域开创性的贡献一脉相承。这种思路体现了宏观和缩略的视角，其理论模型的最终意图在于得出经济整体的收入分配状况和体现经济发展演进过程的人均收入之间的关系。该思路的中心内容即对"Kuznets"假说进行推演或检验，论证当人均收入增加时，收入不平等是否会先恶化、继而得到改善。经济学家们试图从数学模型上对这个经验性的假说进行解释和证实。

Kuznets（1955）利用Lewis（1955）的增长模型解释了Kuznets曲线的形成。Lewis的模型侧重分析的是现代经济中十分突出的地区增长和资本积累的过程，他尤其强调人口从农业部门转向城市部门的过程。Kuznets进一步指出，在经济发展的初期，大部分人口集中于农业部门，收入水平和不平等的程度都比较低。城市部门具有更高的生产率和收入水平，人口于是从低收入农业部门转向高收入城市部门，高收入人口的比例开始增加，经济中的不平等上升。最后，当所有人口都进入城市部门，大部分人口获得了高收入，经济中的贫困人口不断减少，并且收入不平等程度转而下降。以上论述看似为Kuznets的"倒U"形曲线提供了合理的解释，然而这些分析存在的问题也是很明显的。其一，Lewis的模型中分为两部门经济——资本以给定工资雇用劳动力并将生产利润重新投资到城市部门（现代部门/工业部门），投资带来了更大的劳动力需求；以及接受固定工资并无限提供劳动力供给的农业部门（传统部门/农村部门）。如果这些假设能够一直保持成立，则增长作为投资、资本利润增长的结果将一直持续，而工资却停滞，以致不平等恶化。其二，假若我们添加现代部门存在更高生产率的假设，则工资收入者之间的不平等也会同时增加——因为一部分工人可以获得更高的工资了。其三，经济发展的过程可能存在很长时期的初始阶段，也可能导致收入不平等的持续扩大。此外，Lewis的模型分析毕竟只是定性分析，在论证上不够严格。

Robinson（1976）提出了一个数学模型，以规范地探讨上述问题。他假定两部门的内部收入不平等是给定的，且城市部门的收入要高于农村部门，在此基础上考虑了两部门人口数量差异的变化并对 Kuznets "倒 U" 形曲线作出了解释。然而，这种思路也存在一个重要的缺陷，即没有考虑两个部门之间收入差距的变化（Ahluwalia，1976）。

Anand 和 Kanbur（1993a）进一步考察了人口转移对经济中不平等的影响。他们在加入纯人口转移的因素后计算了六种不同的不平等指数与人均收入之间的关系，并得到了 "倒 U" 形曲线的转折点。Anand 和 Kanbur（1993a）同时证明了，当同时考虑人口转移和收入差距变化时，"倒 U" 形曲线并不一定会出现。虽然他们提出的形式化的 Kuznets "倒 U" 形曲线是一种非常有用的工具，但研究过程过于机械，缺乏现实的经济含义（Ravikanbur，2000）。

以上这些解释 Kuznets "倒 U" 形曲线的古典主义模型是基于各国经济发展进程和发展中国家的事实而提出的，具有显著的针对性。这些模型都将收入不平等分解成农村和城市内部不平等以及城乡之间的不平等；并且收入不平等的动态演化都与人口从农村部门转向城市部门的过程紧密相关。但是，这些模型都存在一个重要的缺陷，即理论模型不够严格或缺乏经济含义，其原因在于古典主义模型未能提供一个规范的关于人口转移和收入不平等变化的理论模型，并清晰地阐释其经济意义。要满足这样的条件，理论至少需要严格地解释以下三个问题：首先，哪些因素决定了农村部门或城市部门内部的不平等；其次，哪些原因造成了城乡之间收入的差异；最后，什么力量推动了人口从农村部门转向城市部门。

2. 关于收入不平等的动态演化的新古典理论

新古典理论假设经济中个体的初始财富不平等，并且随着经济发展，个体通过储蓄来积累财富，因此财富的不平等也随着经济的发展而发生动态变化。这种思路为不平等动态变化提供了新的思考角度。

Stiglitz（1969）在新古典框架中考虑了外生储蓄对收入分配的影响。在他的模型中，首先假定个人的消费由两部分组成：生存性消费和伴随收入提高而增加的消费。生存性消费是每个人必须支出的消费部分，无论个人的收入是高或低；伴随着收入提高而增加的消费则是其收入的一个固定比例。其次，个人的收入也由两部分构成：工资收入和资本利息收入。因此，伴随着收入提高而增加的消费相应由以下两部分组成：工资收入和资本利息中用于消费的固定比例部分。当工资收入中的储蓄高于生存性消费时，多出的部分意味着个人的资产的增加。由于不同个体的劳动收入是相同的，因此经济逐渐趋向于稳态的过程中，个人收入的差异完全来自于资产收入的不同。完全竞争市场下，利率水平是外生给定的，资产收入则取决于资产水平，因此收入越高就意味着个人的资产水平越高。而且，Stiglitz（1969）首次在新古典框架下考虑了财富不平等的动态演化。他指出，随着经济趋向于稳态状态中，财富的不平等可能不断下降，也可能出现"倒 U"形曲线的情形。不同的动态演化路径取决于经济初始状态下劳动收入与生存性消费之间的差异。一般而言，初始的劳动收入相对于生存性消费水平越高，财富的不平等路径越可能出现不断下降的过程。反之，财富的不平等路径则可能出现"倒 U"形。

Chatterjee（1994）在新古典模型中考虑了内生储蓄①对收入分布动态演化的影响。研究表明，在存在正的生存性消费并且只有初始财富差异的经济中，收入和财富不平等将趋于收敛。这种情况包含三种状态：如果初始经济水平低于稳态增长时的经济水平，那么不平等在转型过程中将不断减小；如果初始经济水平高于稳态增长时的经济水平，不平等在转型过程中则会不断加剧；如果初始经济水平处于稳态增长中，则收入不平等不会发生变化。

在 Chatterjee（1994）的模型中，消费者的唯一差异是初始资本的不同。然而，现实经济中消费者的差异可能体现在许多方面，

① 有两种方法可以内生化储蓄，一种是在 Ramsey 模型下内生化储蓄，另外一种是在 OLG 模型下内生化储蓄。这里主要考虑 Ramsey 模型下储蓄的内生化。资本市场不完善下收入不平等的动态演化等许多理论都是在 OLG 框架下考虑的。

其中包括消费者的偏好和能力等。Caselli 和 Ventura（2000）首先通过一个全新的模型引入了消费者的三种差异，即消费者最初资本差异、消费者偏好差异和消费者的能力差异，并考察了这三种差异对经济转型过程中消费、财富以及收入不平等动态演化的影响。研究表明，不平等动态变化仍可能出现多种方式，不平等既有可能增加也有可能缩小。而这些情况完全取决于消费者三种差异的相对不平等程度。假如初始财富水平的差异大于技能和偏好共同作用结果下的差异，那么财富不平等程度将减小；否则财富不平等程度将增加。同时，他们的模型能够解释不同消费阶层之间的流动。如果工资增长缓慢，技能较高的消费者的财富将超过技能较低的消费者；如果公共产品增长缓慢，那些更为看重公共品的消费者的财富将超过那些不看重公共品的消费者。

Chatterjee（1994）的模型表明，不同的不平等动态变化路径与生存性消费密切相关。Álvarez-Peláez 和 Díaz（2001）进一步考察了生存性消费对不平等动态演化路径的影响。他们的模型建立在正的生存性消费假设基础上，他们仍然采用了新古典增长模型的框架来考察不平等的动态变化。通过代入美国的数据进行数值模拟，他们得到的结论在相当大的程度上拟合了美国的实际状况，并且因此预测出财富不平等的"倒 U"形曲线。Obiols-Homs et al.（2002）也提出了一个类似的模型，但模型的函数形式与 Álvarez-Peláez 和 Díaz（2001）不同，他们采用的是对数效用函数。虽然最终得到的结论大致相似，但他们并没有采用校准数据进行数值模拟，而是通过模型证明了不平等的单调变化条件：如果在最低消费为零或为负，或最低消费为正但不是太大，且最初的资本储量足够大的情况下，在经济发展收敛到稳态的过程中，财富不平等将不断地下降。此外，他们同时还证明了最低消费要求与劳动/资本之间的替代弹性是如何导致财富不平等的非单调变化的。

Caselli 和 Ventura（2000）提出的模型被称为"代表性消费者理论"，该理论认为宏观经济的均衡并不依赖于财富的分布，但财富和收入分配的动态演化却取决于宏观经济水平。然而，代表性消费者理论的结论暗含了这样的逻辑关系，即如果财富和收入分配不影响宏观经济，那么它也不会影响总体宏观经济的波动。Maliar et al（2003）将经济波动的因素引入模型中，从而对代表性消费者理论进行了进一步的拓展。他们假定消费者的偏好是同质的（homogenous）、市场是完善的，并且试图在这样的假设基础上重新考虑"代表性消费者"理论以及收入与财富的分布和总体宏观经济现象之间的关系。模型的假设决定了个体的收入和财富是个体技能和初始财富的线性函数。当周期中的经济高涨时，个体的工资和劳动时间增加，从而收入中劳动收入的比重上升，但由于劳动技能的差异低于财富的差异，导致了财富不平等下降；而在经济衰退时，个体的工资和劳动时间减少，因此收入中劳动收入的比重下降，财富的不平等上升。研究结果表明，收入与财富不平等的动态变化是反周期性的，即在经济高涨的时候不平等减小，在经济衰退的时候不平等增加。

代表性消费者理论推动了经济中收入分布的动态演化研究，但其局限在于结论取决于劳动外生性的假定。在此基础上，Turnovsky（2006）的模型则将劳动内生化，同样得到了经济中分布动态变化的有效结论。并且他还证明了，如果效用函数是关于消费和闲暇同质的，则"代表性消费者理论"依然成立。代表性消费者理论分析了经济转型过程中的不同资本变化带来的两种不同路径：一种是当初始资本小于稳态资本时，在经济转型过程中，财富不平等将下降；另一种是当资本在收入中的份额不变或下降时，收入不平等下降。

无论是从新古典理论的哪个角度论证不平等的动态变化，模型都建立在个体以储蓄的方式积累财富的假设基础上，因此储蓄成为了财富不平等动态变化的一种重要机制。从新古典理论的分析中我们发现，当经济收敛到稳态的过程中，财富和收入的不平等可能出现三种不同的路径：一直下降；不断上升；或呈现"倒U"形的动态路径。财富和收入不平等的动态演化多种可能性的出现完全取决于生存性消费、初始财富不平等、个体能力差异和个体偏好的假定不同。然而，无论怎样变化假设条件，这类模型基本都趋于认同经济将收敛到稳态的结果，或是在稳态下虽然也可能存在不平等但不平等并不会发生变化的结论。因此这类新古典理论模型要么无法解释长期的不平等动态变化，要么与我们的经济常常并非在稳态下运行的现状相悖。

3. 资本市场不完善与收入不平等的动态演化

在新古典框架下，收入分配的不平等最终会随着时间的推移而收敛到稳态的分布。这样的结论建立在两个假定之上：资本市场是完善的和资本具有递减的边际产出。但很多研究都表明，在不完全资本市场下，即使个人在其他方面完全相同，初始不平等的影响也会永远持续下去。当资本市场不完善时，贫困者无法利用已有的财富投资高回报的项目从而影响个人收入，导致经济中出现"富者愈富，穷者更穷"的现象——经济中的不平等持续扩大，这也是经济学家颇为关心的问题。然而，经济学家更为关注的是，如果伴随着经济的进一步增长，经济发展带来的好处能够在整个经济体中扩散（Trick-down），低收入者的收入不断上升，使其最终可以投资高回报的项目，那么经济中的不平等状况也可能得到改善，从而经济发展过程中收入不平等的动态演化路径呈现出"倒 U"形。从资本市场不完善的角度观察，经济学家发现决定经济中收入不平等的关键因素在于是否存在高投资回报的项目以及这种项目对低收入者收入的影响如何。在经济体中，此类高回报的投资项目包括金融中介服务（Greenwood and Jovanovic，1990）、人力资本投资（Galor and Zerra，1993；Piketty，1997；Maoz and Moav，1999；Matsuyama，2000）和职业选择（Banerjee and Newman，1993；Ghatak and Jiang，2002；Mookherjee and Ray，2003）等。

Greenwood 和 Jovanovic（1990）认为经济中存在两种投资技术：一种是高风险高回报的技术，另一种是低风险低回报的技术；金融中介可以通过投资组合获得某种低风险和高回报的投资技术。利用金融中介进行投资组合需要支付一笔固定的交易费用，只有当个人的财富达到一定的水平以后才能通过金融中介获得低风险高回报的投资组合。在经济发展的初期，经济中的穷人由于财富水平较低不能利用金融中介而收入增长得越发缓慢，与此形成鲜明对比的是经济中的富人则可以轻易地利用金融中介获得高回报从而使收入迅速增长，经济中收入不平等从而不断扩大。经济增长达到一定水平之后，越来越多的穷人通过增加储蓄跨越了最低投资门槛并成功利用金融中介进行投资组合获得更高的收益，不平等逐渐下降。穷人在经济发展中增加储蓄获得使用金融中介权力的过程反映在不平等的动态演化路径上，则表现为"倒 U"形的 Kuznets 曲线。

不同于 Greenwood 和 Jovanovic 从物质资本的储蓄角度引入不平等，Galor 和 Zerra（1993）认为人力资本投资具有更高回报，并且人力资本投资与物质财富水平一样具有最低的投资门槛。推理过程与上述模型大体类似：由于资本市场不完善，穷人无法通过借贷而投资人力资本获得高回报，富人则相反，因此经济中的不平等状况恶化；随着经济的发展，越来越多的穷人将跨越人力资本的投资门槛，其结果将是经济中的不平等缩小。然而，Galor 和 Zerra（1993）的模型更显著地考虑到了经济中可能出现的多重均衡以及持续性的不平等状况。研究结果发现，如果经济发展中许多穷人无法具备跨越人力资本投资门槛的能力，就会导致多重均衡的形成：没有积累人力资本的低收入阶层形成的均衡以及投资人力资本的高收入阶层形成的均衡，在多重均衡的情况下，经济中的不平等不但不会缩小，反而表现为持续的不平等。具体来说，资本市场不完善和不可分的人力资本投资使不平等的动态路径发生不同的变化，既可能出现"倒 U"形，也可能一直扩大，路径差别则取决于经济中的穷人是否能够跨越人力资本投资门槛。因此，Galor 和 Zerra（1993）认为如果经济中的初始分布能够带来跨越人力资本投资门槛的技能工人数量增加、非技能工人供给减少，则非技能工人的工资将会增加，于是本来无法跨越人力资本投资门槛的人获得了足够高的收入从而成为技能工人，进而减少了非技能工人供给并导致非技能工人工资的提高，最终经济收敛到高收入水平下的均衡，并且不平等缩小；否则不平等不会缩小。Banerjee 和 Newman（1993）认为资本市场不完善限制了个人的借贷数量，穷人无法从事需要大量投资的职业，如企业家、自我雇佣等，从而只能成为雇佣工人。他们假定初始的财富分布决定经济中的企业家数量和经济中工人的需求与供给数量，并因此确定了工人的工资水平。分析的结果表明，企业家和自我雇佣者的收入依据其投资的回报而变化，工人的收入依据其工资而变化。因此经济中企业家数量的增加将导致工人的工资上升，从而经济中的不平等可能会缩小；反之则经济中工人数量的增加使工资下降，经济中的不平等将扩大。Piketty（1997）从另一个角度分析了资本市场不完善带来的影响，他认为资本市场的不完善程度取决于资本的积累速度。分析表明，迅速的资本积累通过降低利率水平促进了金融市场的发展，更多非技能工人能够通过借贷而跨越最低投资门槛进行人力资本投资，经济中的不平等最终将缩小；如果资本积累缓慢，经济中的利率水平保持在较高的水平，则非技能工人无法通过借贷而积累人力资本，其收入会收敛到低水平，因此不平等不会缩小。Galor 和 Zerra（1993）、Banerjee 和 Newman（1993）以及 Piketty（1997）都将经济中不平等的动态变化与经济中从事不同职业人数的变化相联系，而不同职业的人数则由最初的财富分布决定，因此他们在结论中都认为经济中不平等的动态演化路径通过职业的选择由最初的财富分布决定，并且不平等的动态演化可能出现多种路径。但是，这一动态特征在其他机制的设定下是否依然存在，还有待于进一步的研究。

Aghion 和 Bolton（1997）将利率内生化，从而认为经济的发展带来利率的降低，穷人因此受到的借贷约束也会相应减少，因此穷人拥有了成为自我雇佣者和企业家的机会，这种情况下，工人的需求将增加而供给则会减少，相对应的工资水平得到了提高，于是反过来又进一步刺激更多的工人成为自我雇佣者或者企业家。不平等即使在经济开始时扩大，也将在最终经济中不断缩小，从而其动态演化将出现"倒 U"形的情形。Matsuyama（2000）发现在某些参数的作用下，经济发展带来的利益将通过金融发展扩散到整个经济当中，因此形成不平等动态演化的"倒 U"形曲线；然而，假如参数发生变化，那么在另外一些参数的作用下，不平等会不断增加，并最终形成一个储蓄的穷人阶级和一个富裕的借贷阶级共存的局面。

这些模型的一个共同特点在于，他们都认为在经济发展的初期，资本市场的不完善导致穷人无法利用经济中的各种具有高回报的项目，从而不平等上升。但随着经济的发展，由于资本市场的发展、金融中介制度的完善、或劳动收入的提高等因素，低收入者获得了更多的收入，开始投资具有高回报的项目，从而不平等开始下降。并且，他们往往指出，随着经济的发展，这些条件如果不能得到满足，则收入不平等不仅不会下降，还将促进不同收入阶层发生显著的分层。

（二）收入不平等的动态演化：实证研究

Kuznets（1955）开创了收入不平等动态演化的实证研究。他所提出的 Kuznets 曲线是基于对英国、美国和德国不平等动态演化路径的研究。因此，不平等的动态演化的实证研究一开始是利用国别时间序列数据作出的。这样的研究具有两个方面的缺点：第一，国别时间序列数据太短，影响了结论的准确性；第二，一般只有发达国家才有足够长的数据，而大量的发展中国家缺乏不平等的时间序列数据，所以结果不具有一般性。为了克服这些缺点，经济学家采用了跨国数据来研究不平等的动态演化。

采用跨国数据来研究不平等的动态演化基于这样的假定：不同发展程度的国家对应着同一个国家不同的发展阶段。也就是说，现在的发展中国家对应着现在发达国家发展的早期阶段。通过这样的假定，就大大地扩大了我们数据的样本点，从而提高了结论的准确性和一般性。然而，跨国数据并非尽善尽美，包括发展中国家数据质量的问题和跨国比较存在的一些问题等。

为了考虑各种数据所具有的优势和缺点，我们综述了利用跨国数据进行不平等动态演化的研究，而且也考虑了利用国别时间序列数据所作的一些研究。实证研究的基本问题是收入不平等是否出现 Kuznets 曲线，而答案却远未达成一致。

1. 利用跨国数据研究收入不平等的动态演化

20 世纪 70 年代和 80 年代，许多研究通过对跨国数据进行回归证实了 Kuznets 曲线的存在（Paukert，1973；Cline，1975；Chenery and Syrquin,1975；Ahluwalia，1976；Papanek and Kyn，1986）。Ahluwalia（1976）用 40% 最低收入人口的收入份额对人均收入和人均收入的平方作回归，并通过检验平方项的符号证实了 Kuznets 曲线的存在。Anand 和 Kanbur（1993a）运用了 Kuznets（1955）的人口在不同部门之间转移的具体模式，推导出六种不平等指数与人均收入之间关系的函数形式。他们继而采用了与 Ahluwalia（1976）相同的数据库，对这些具体的函数形式进行了新的估计。结果表明不同的不平等指数"在拟合性、转折点和预期的长期不平等方面差别非常地大"。此外，Anand 和 Kanbur（1993b）再次检验了 Ahluwalia（1976）估计结果的稳健性，并最终认为 Kuznets 曲线是否存在取决于具体的函数形式和数据库的不同。

Deininger 和 Squire（1996）对 Ahluwalia（1976）所采用的数据库提出了批评，并对收入分布的数据提出了新的标准，从而编制出新的跨国收入分布数据库。Deininger 和 Squire（1998）利用新建立的跨国收入分布数据库重新检验了 Kuznets 曲线。他们对基尼系数、人均收入和人均收入的倒数之间的关系进行了估计，并加入了一个虚拟变量以代表社会主义国家。结论发现存在两种截然相反的检验结果：运用简单的跨国分析将证实 Kuznets 曲线的存在，但是结果并不显著；如果使用固定效用的面板数据，结论则强有力地拒绝了 Kuznets 曲线的存在。

以上经济学家仅仅考虑了收入水平对收入不平等的影响，然而，影响不平等的因素绝不仅仅局限于收入水平这一因素。Barro（2000）虽然同样采用了 Deininger 和 Squire（1996）的数据库，但他对数据库内容作了部分修改，并将基尼系数同时对收入的对数、收入对数的平方、受教育的年限、地区虚拟变量、法制法规、民主程度、开放度和其他控制数据的一些变量进行了回归，结果证实了 Kuznets 曲线的存在。Chang 和 Ram（2000）的研究方法和结果与 Barro（2000）相类似，他们同样使用了 Deininger 和 Squire（1996）的数据库。通过采用不同的回归方程，他们估计了不平等作为收入、收入的平方和经济增长函数的方程，并用虚拟变量区分了高增长的国家和低增长的国家。他们的结论支持了 Kuznets 曲线的存在，并发现高增长国家的 Kuznets 曲线要位于低增长国家的 Kuznets 曲线之下。Higgins 和 Williamson（2002）对上述两类 Kuznets 曲线的性质作了区分：如果不平等仅仅是收入的函数，那么这样的

Kuznets 曲线被称为无条件 Kuznets 曲线（unconditional Kuznets curve）；而控制了其他因素后得到的曲线被称为条件 Kuznets 曲线（conditional Kuznets curve）。显然，无论是 Barro（2000）、Chang 和 Ram（2000）还是 Higgins 和 Williamson（2002），同时使用了 Deininger 和 Squire（1996）的跨国数据库进行研究，其结论都证实了条件 Kuznets 曲线的存在。

然而，Deininger 和 Squire（1996）的跨国数据库却在最近几年受到了严厉的批评（Atkinson and Brandolini，2001；Pyatt，2003；Galbraith and Kum，2005）。Francois´和 Rojas-Romagosa（2005）根据这些批评意见，重新采编了新的数据库，并利用新数据库的内容再次估计了 Kuznets 曲线。他们采用了面板数据，考虑到不平等观测值的异方差性，分别估计了条件和非条件 Kuznets 曲线。结论表明，不平等与收入水平之间呈现三次方函数关系，这种关系对不同的不平等指数、估计技术和控制变量而言都是稳健的。

20 世纪 70 年代和 80 年代的实证研究结论支持 Kuznets 曲线存在，20 世纪 90 年代的结论往往拒绝 Kuznets 曲线存在，然而 21 世纪初，实证研究再次发现曲线是存在的。不同研究结果的演变过程表明利用跨国数据对 Kuznets 曲线进行检验的结论在不断地发生变化。造成结论差异的原因主要存在于以下四个方面：第一，研究采用的数据库不同；第二，研究用来进行回归的不平等指数不一；第三，回归方程的形式各异；第四，回归技术有差别。因此，虽然不平等的跨国数据的质量和样本点数量在不断提高，但我们依然期待更为准确和丰富的数据库来验证是否存在 Kuznets 曲线。由于衡量不平等的方法多种多样，即使采用相同的数据库，结论也会可能因为使用的不平等指数不同而差异巨大，因此指数的选取对于实证检验工作来说也必须根据检验内容而妥善选取。此外，早期的回归方程只是不平等对收入的简单回归，而 20 世纪以后研究者们多在回归方程中考虑影响不平等的其他因素和其他回归技术，如 Ogwang（1994）采用非参数回归方法证实了 Kuznets 曲线的存在。

2. 利用国别数据研究不平等的动态演化

利用国别数据研究不平等动态演化的关键在于获得足够长的不

平等时间序列数据。发达国家工业化开始的时间较早，拥有历史相对较长，种类相对较多可利用的统计数据。统计技术的进步和处理数据能力的提高使我们可以利用这些数据获得相对较长的关于不平等的时间序列数据。因此，不平等动态演化的国别实证研究主要是针对发达国家的不平等动态演化情况。

Lindert（2000）综合考虑了许多关于英国和美国不平等数据的研究成果，分析了这两个国家三个世纪里的不平等动态演化的过程。结论表明这两个国家在过去的三个世纪里不平等的动态演化路径接近"N"形。也就是说这些国家首先出现了不平等的上升，在不平等的再次上升之前经历很长一段不平等下降的过程。具体来说，这两个国家在工业化的早期不平等出现了上升（美国在建国后的150年里，英国主要在1740年到1810年期间）。在20世纪除最后30多年外的大部分时间里，美国和英国的不平等都出现了显著的下降。20世纪70年代以来，这两个国家的不平等再次出现了上升的趋势。

Morrisson（2000）考虑了一些欧洲国家在过去近两个世纪里不平等的动态变化。这些欧洲国家包括德国、法国、瑞士、荷兰、丹麦和芬兰。研究结果表明，德国、法国、瑞士和芬兰的不平等路径为"倒U"形。这些国家不平等大多经历了三个阶段：不平等在19世纪出现了上升，在20世纪初比较稳定，而在第二次世界大战后不平等不断下降。这些国家"倒U"形不平等路径的转折点在1800美元到3110美元之间。荷兰和丹麦在这段时期不平等无法确定是否出现过上升的阶段。数据表明这两个国家自19世纪中期以来，不平等一直在缓慢下降。

对发达国家不平等动态演化的国别研究结论并没有完全证实"倒U"形曲线的普遍性。即使是这些国家不平等的路径表明当人均收入达到某个水平时，不平等可能出现下降的趋势，但这个转折点并没有在发展中国家出现。这意味着影响不平等的不仅仅只是人均收入的因素，还可能存在许多其他复杂的因素。比如，Morrisson（2000）的研究还得到一个有趣的发现：他所列举的欧洲国家在每次世界大战后不平等都出现了显著的下降。他认为世界大战后所面临的政治形势迫使这些国家改善其不平等的状况。无论如何，不平等国别研究的结论表明不平等动态演化的路径与利用跨国数据得出的结论一样，Kuznets 曲线既得到了证实，也遭到了否定。

（三）简要评论

无论理论研究还是实证研究都表明，经济发展过程中不平等的动态变化并不一定只会出现 Kuznets "倒 U" 形的路径，这充分说明了不平等的动态变化路径具有相当的复杂性。理论研究的基础假设往往认为个人的收入包含从自身资产中获得的收入以及从个人行为中获得的收入两部分。由于资产收入是其资产以及资产回报的函数，而行为收入取决于其劳动投入，并因此取决于劳动的教育水平和技能水平，所以经济中的收入分布依赖于经济中的物质资本分布、人力资本分布及其回报，并且收入分布的动态变化也就相应地依赖于资本及其回报的变化和不同类型劳动及其回报的变化。从这个角度出发，不平等动态变化的二元理论实质上研究的是城市劳动和农村劳动比例变化及其劳动回报的变化过程；新古典理论考虑的是个人资本的动态演化过程；而资本市场不完善则着眼于资本回报的变化过程。人口的转移、资本市场的完善程度、技术进步的方式、金融制度的变迁等要素都是经济发展过程中所具有的特征，这些特征要素共同结合起来形成了资本和劳动本身及其回报的整体变化过程。上述理论模型虽然都能在一定程度上对不平等的动态演化作出合理的解释，但都失于不能更严格地考虑经济发展过程中不平等的动态变化，未能建立一个模式化经济发展过程特征的理论模型。

经济增长理论最近在经济转型研究领域取得了最新的进展。经济转型模型是一种长期的模型，其解释内容不仅包括现代经济持续增长的原因，还包括了持续经济增长之前的经济停滞的原因以及推动经济从停滞转向现代持续经济增长的动力。因此，这类模型更能准确表达经济长期转型过程中各种特征的变化内容，其中包括产业分布、人力资本分布及不同禀赋的回报，如资本回报、人力资本回报、工资水平、土地价格等。这些特征共同决定了收入分布的重要因素，在经济转型的框架下重新考虑不平等的动态演化，不仅能使我们更充分地理解收入分布的状况及其动态演化的路径，而且更有助于解释经济转型的具体过程。

三、收入不平等与经济增长：研究综述

自从 Kuznets（1955）提出不平等和经济增长之间的"倒 U"形关系以来，经济增长和经济发展同不平等演化之间的关系一直是经济学家们最关心的问题之一。相对于关于收入不平等的测度和动态变化的研究，更多的研究者更关心的是收入不平等与经济增长之间的关系，以及它们之间存在怎样的影响机制。虽然在理论和实证上并未就 Kuznets 曲线是否存在达成完全一致的意见，但多数研究者接受了这一假说的合理性，并试图通过对各种样本数据的分析，探究收入不平等将伴随经济发展自然消失的证据。此外，即使 Kuznets 假说的合理性暂时存而不论，多数国家的政策制定者仍然认为先谋求经济增长，继而通过再分配的方式来消除不平等不失为一条可行的政策路线。①

有关收入不平等和经济增长的研究都试图从这两者之间的相互作用方面来理解和解释收入不平等变化对经济增长的影响，并在理论和实证上形成了两种截然相反的观点：一些研究认为收入不平等促进了经济增长；而另外一些研究认为不平等阻碍了经济增长。然而，无论是理论还是实证研究，无论结论是支持还是反对，它们往往都具有一个共同点，即认为收入不平等并不会直接影响经济增长，而是透过不同的机制间接影响经济增长。

（一）收入不平等与经济增长：理论研究

对现有的文献进行总结和分类，我们发现，关于收入不平等影响经济增长的机制，主要有四种观点：不平等促进物质资本的形成，从而促进了经济增长；不平等不利于人力资本的积累，从而有损于经济增长；不平等影响了政府公共政策，从而影响经济增长；

---

① 特别是 20 世纪四五十年代的大推进理论（Rosenstein-Rodan，1943）支持这一观点。

不平等会引发一系列的社会问题，从而不利于经济的增长。

1. 收入不平等、物质资本积累与经济增长

古典理论认为随着收入的增加，储蓄率将不断上升①，因此不平等导致经济中的总储蓄提高，从而促进了资本积累和经济增长。Lewis（1954）二元经济模型认为经济的发展是通过人口从农业部门不断流向城市部门而实现的。推动人口流动的关键因素在于城市部门的资本积累提高了城市部门的劳动生产率，从而使劳动人口从低生产率部门流向高生产率部门。物质资本的积累依赖于经济中的储蓄，考虑到生存性消费的存在，并且高收入者一般具有很高的边际储蓄倾向，Lewis 得出的结论是不平等将会导致经济中储蓄的提高从而促进经济增长。

Bourguignon（1981）在 Stiglitz（1969）新古典收入分配框架下考虑了凸的储蓄函数，并在研究中发现经济中可能同时存在不平等的多重均衡。不平等的稳定均衡不仅在总收入和消费水平上高于平等的稳定均衡，而且其中任意个体的收入和消费水平也都高于平等的稳定均衡下对应的水平。因此，Bourguignon 在引入新古典框架和凸的储蓄函数的假定下，认为不平等促进了经济的发展。

这一类理论常常建立在两个假设条件之上：首先是收入越高的个体储蓄率也越高，其次是物质资本的增长将促进经济增长。就第一个假设而言，如果消费者普遍存在一个正的最低生存性消费，那么对于收入越高的消费者来说，其储蓄的比例毫无疑问也将越高。然而，储蓄的决定因素是多种多样的，收入上升必将带动储蓄率上升的潜在规律也就不一定成立了。就第二个假定而言，虽然新古典理论并不认为依靠物质资本的积累一定能够促进经济的增长，但许多经验研究确实发现高的储蓄和投资与经济增长成正相关。

2. 收入不平等、人力资本投资与经济增长

一些学者认为，收入平等通过促进人力资本积累而推动经济增长，相反地，收入不平等会阻碍人力资本积累和经济增长。Galor

---

① 边际储蓄随收入上升的原因在于消费是收入的线性函数，该线性函数里包括正的生存性消费。

和 Zeira（1993）、Banerjee 和 Newman（1993）都强调了初始不平等通过人力资本对经济增长产生影响的过程。Galor 和 Zeira（1993）认为人力资本的积累需要有一个最低的投资门槛，在资本市场不完善的情况下，如果经济中初始的贫富差距大，经济中的穷人将无法跨越人力资本积累的门槛进行自身的人力资本积累，因此经济增长的速度放慢。反之，如果初始经济中的贫富差异并不大，那么更多的人就可以轻松地越过门槛积累人力资本，经济从而获得更快的增长。Banerjee 和 Newman（1993）认为，在资本市场不完善的情况下，经济中庞大的中产阶级可以培育出更多的企业家阶层，企业家的出现扩大了经济体对劳动的需求，从而增加了低收入阶层的收入，使低收入阶层的穷人纷纷加入中产阶层的行列，在这种情况下平等则促进了经济的增长。此外，Perotti（1996）认为由于资本市场不完善，富有的家庭人力资本投资较高，而贫穷家庭人力资本投资较低。由于不平等经济中的穷人比例大，因此总体人力资本投资水平低，导致了经济的增长率水平相应低下，不平等阻碍了经济的增长。

研究资本市场不完善的文献不仅考虑了经济体中不同阶层的初始水平对增长的影响，还考虑到了教育和出生率是如何影响经济增长的，并且认为它们的作用方向并不相同。Galor 和 Zhang（1997）从生育和教育决策的角度评估不平等及其对增长的影响。在给定的收入分布条件下，高出生率意味着家庭对子女的人力资本投资的资源更少，而高收入的假定对应着更低的出生率。当不平等在一个社会中成为普遍现象时，出生率也就相应达到高峰，不平等因此阻碍了人力资本积累并进一步阻碍了经济增长。De la Croix 和 Doepke（2003）的模型虽与 Galor 和 Zhang（1997）设定的不同，但结论也非常近似地表现了不平等与经济增长之间的替代关系。由于人力资本的积累对现代经济增长贡献巨大的观念已被普遍接受，该理论同样建立在两个假设的基础上，即平等有利于人力资本的积累及人力资本将促进经济增长。第一个假设暗含了以下逻辑结构：个人人力资本积累的回报是递减的，但对于社会而言却具有极强的正外部性。因此，在人力资本投资总量一定的情况下，平均投向所有人所积累的人力资本总和高于仅仅投向部分人所积累的人力资本总和。第二个假设即人力资本积累促进了经济增长则已被经济学家普遍接受（Lucas，1988；Barro，1995 等）。

3. 收入不平等、政治经济与经济增长

还有学者建立了收入不平等与经济增长的政治经济学模型，指出收入不平等会通过影响公共政策，进而影响经济增长。公共政策一般而言通过两种方式影响经济增长：通过税收扭曲经济阻碍经济增长和通过公共支出促进经济增长。政治经济学模型认为不平等通过投票影响公共政策的制定，主要包括税收政策的制定。因此，这类模型的逻辑在于不平等确定经济中的税率以及税收的支出方式而影响经济的增长。

Persson 和 Tabellini（1994）在一个 OLG 模型中研究了收入不平等不利于经济增长的情况。他们假定经济中的个体只生存两期，并且税收收入全部用于转移支付。在他们的模型中，个体年轻时收入水平越高则偏好的资本税率越低。一方面，低税率与低经济扭曲程度往往和高经济增长率密切相关；另一方面，经济中的最终税率由政治机制决定，在投票的大多数决定原则下，中间投票人的偏好即为社会偏好。因此，中间收入者的收入水平高代表了经济体的平等性，并导致经济的增长率也相应提高。

Alesina 和 Rodrik（1994）构造了一个结构类似的模型并得到同样的结论，发现不平等不利于经济增长。他们假设总量生产函数是资本和政府服务的线性齐次函数，政府为民众提供的服务主要依靠资本税收来进行融资。对于收入全部来源于资本的个体而言，其偏好的税率恰好使经济的增长率最大化；对于收入并不全部来源于资本的个体而言，他们偏好更高的资本税率。因此，个体的资本收入相对于其劳动收入越低，就越偏好高的资本税，经济增长率也就相应越低。另一方面，根据中间投票人原理，人们的收入差距越小，经济越平等，则中间投票人的资本收入越高，则经济中资本的税率越低，经济增长率越高。因此，在线性齐次函数的 OLG 模型假定下，收入分配平等通过降低税率减小了经济中的扭曲程度，从而提高了经济增长。

Paul 和 Verdier（1993）则在政治经济学的框架下提出了不平等促进经济增长的观点。他们认为收入分配不平等的社会通过少数服从多数投票原则选择更高的税率，由于政治决策会迫使政府从事教育投资，并且因此带来较高的人力资本积累，从而导致经济增长速度加快。在同样的框架下，Li 和 Zou（1998）提出了一个新的假设，他们认为政府服务影响个人的效用但不具有生产性，因此得到了与以上理论不相同的结果，他们发现不平等促进了经济增长。

以上诸多讨论不平等与经济增长之间关系的政治经济模型的关键点在于以下三个方面：

首先，不同收入的个体偏好不同的税率。上述模型中只存在资本税这个单一的税收形式，对于资本收入越高的个体而言，其偏好的资本税率越低。正是这种收入水平与所偏好税率之间的单调性使得中间投票人原则得以被应用。然而，如果经济中存在多种税收形式，经济中个体偏好的不再是单一的资本税率，而是一组税率向量，则中间投票人原则不一定能够应用在这种情况下。此外，类似投票悖论等问题也将出现。现实社会中，多种税收更符合实际经济下的情况，因此收入的不平等与经济增长之间的关系应该更为复杂。

其次，社会决策机制采取的是大多数人的投票原则，即一种民主投票原则。值得我们反思的是，如果经济不是一人一票的民主机制，那么收入不平等与经济增长之间的关系是否又将发生变化？Benabou（1996）考虑了其他的社会决策机制，发现相对于一人一票的民主机制而言，一个"左翼"政府（政治立场偏向于穷人）的经济中，收入不平等更为激烈地降低了增长速度，而在一个"右翼"政府（政治立场偏向于富人）的经济中，不平等对经济的损害则轻得多。

最后，在上面的这些模型中，税收通过扭曲经济而降低了经济增长。假如由于某些因素导致税收矫正了经济，从而提高经济增长，则不平等与经济增长之间的关系将完全被改变。

4. 收入不平等、社会稳定与经济增长

一些学者从社会稳定角度研究不平等与经济增长之间关系，认为收入的不平等会造成"不稳定"或者说"不安全"，从而不利于投资。由于投资是经济增长的重要动力，因此在这样的机制下不平等通过影响社会稳定不利于经济增长。

Keefer 和 Knack（1995）把不平等造成的"不稳定"局面解释为与产权有关的问题。产权的不稳定将给国际投资者带来风险，如国有化风险、法律法规风险、政府效率低下和腐败现象的产生等，这些问题都将在社会不平等的局面下变得更为严重，因此对投资和经济增长产生负作用。

Alesina 和 Perotti（1996）从社会政治不稳定的角度解释不平等造成的"不稳定"局面，其中社会政治不稳定的因素包括抗议、罢工、政府更替、政治暴乱、革命等行为。这些行为将降低投资的预期回报，并且不利于资本形成和经济增长。

Rodrik（1999）认为不平等程度越高意味着经济中的分布冲突越难以解决，在这种情况下政府不得不推迟财政政策和货币政策的调整，并且把生产性资源用于解决分布的冲突问题。因此，不平等损害了经济增长。

Cervellati et al（2005）把社会稳定程度与经济制度联系起来，认为好的经济制度可以减少用于解决社会冲突的资源，促进经济的增长。基于"社会契约"（social contract），他们把好的经济制度解释为某种社会契约或法律存在（state of law），在这种社会契约和法律存在下，社会冲突和不稳定的因素将受到限制。他们的研究结论表明，当经济的不平等程度非常严重时，社会契约和法律存在（好的经济制度）只有在集权精英统治的制度下才能持续存在；当经济中的不平等非常小的时候，社会契约和法律存在（好的经济制度）只有在民主政治制度下才能持续存在；而不平等处于中间水平时，社会契约和法律存在都无法持续，社会将陷入极大的冲突当中。他们的模型实际表明在集权社会里，不平等促进经济增长；在民主社会里，平等更能促进经济的增长。

社会的稳定与经济制度存在很大的关系，因此不平等对经济增长影响的社会稳定理论已转向了不平等与经济制度、经济制度与经济增长之间的关系。经济与法律制度影响经济增长已被经济学家所肯定（Persson et al，2000，Glaeser et al，2002）。不平等意味着不同群体所偏好的经济与法律制度不同，因此不平等会通过对制度的选择来影响经济的增长。在上小节的政治理论中，投票原则确定的税率便提供了这样的一个例子。当然，经济与法律制度的内容远比税率确定这样的制度更为广泛，如果不平等影响着社会中各种各样的制度选择，那么不平等通过影响经济制度而影响经济增长的机制就不容忽视。

（二）收入不平等与经济增长：实证研究

1990 年代早期出现了大量关于收入分配对经济增长影响的实证研究（Perssson and Tabellini，1994；Alesina and Rodrik，1994；Clarke，1995；Alesina and Perotti，1996 等）。他们一般是采用跨国数据，用数年 GDP 平均增长率对初始的收入水平、初始人力资本存量、地区变量等其他控制变量进行回归。虽然在变量的选择上存在少许差异，但是当时的研究文献大多在结论上趋于一致：不平等不利于经济的增长。Benabon（1996）对这一时期不平等对增长的影响的文献进行了不同侧重点的综述。

然而，Deininger 和 Squire（1996）引入了新的跨国数据后，结论就发生了显著的变化。利用 Deininger 和 Squire（1996）的跨国面板数据，Li 和 Zou（1998）及 Forbes（2000）使用固定效应模型的结果表明初始的不平等对经济增长的影响显著为正。Barro（2000）同样利用跨国面板数据和三步最小二乘法对随机效应模型进行了估计，并发现不平等对经济增长的影响是不显著的。Barro 此后的进一步研究发现，对于相对富裕的国家，不平等促进了经济增长；而对于相对贫穷的国家，不平等阻碍了经济增长。Banerjee 和 Duflo（2003）认为造成 Barro（2000）和 Forbes（2000）差异的原因在于他们都忽视了回归方程中可能出现的非线性问题。因此，Banerjee 和 Duflo（2003）利用非线性模型认为无论收入不平等如何变化都阻碍了经济的增长，并且他们发现初始的不平等状态与经济的增长并不存在相关关系。

此后的研究者们试图从实证技术进一步改进的角度对上述验证结果进行修正。Lunberg 和 Squire（2003）同时考虑了增长和基尼系数的内生性问题。他们依次尝试了多种计量方法，将基尼系数和其他一些控制变量对增长进行回归。研究结论表明不平等可能促进增长，且增长可能反过来扩大不平等。然而，该结论需要依赖多种条件的共同成立，并且要么只是在边际上显著，要么影响的程度非常微小。Blaney 和 Nishiyama（2004）对 Barro（2000）的结论持不同意见，他们认为增长与不平等之间的关系随发展水平的不同而发生变化并不一定成立。他们使用了多种变量，分别通过三个不同的具体方程度量了经济增长与收入不平等之间的关系，应用跨国数据使用简单的 OLS 方法进行回归，并允许不同水平的人均 GDP 对应的基尼系数不同。结论表明，方程估计的最初不平等系数在所有的模型中无论对穷国或富国都非常接近，并且不平等的系数都不显著为负，即不平等损害经济增长的结论得不到支持。虽然某些文献对 Barro（2000）的观点提出了批评，但是 Barro 的研究首次提出不平等与经济增长关系的结构性差异，仍具有非常重要的意义：发展中国家可能与发达国家处于经济发展的不同阶段。如果发展中国家处于经济转型的初期阶段，而发达国家处于经济转型的后期阶段，所处的不同阶段说明不平等与经济增长之间的关系随经济转型的阶段而发生变化。作为更广泛的面板数据分析研究，Cornia et al.（2004）使用了一个相对完备的住户调查数据，检验了 25 个国家 40 多年中不平等与经济增长之间的动态关系，得到了另一种具有结构差异的结论：不平等与经济增长之间的关系在不平等严重的国家与不平等较低的国家不同。他们的研究发现，不平等水平较低时促进了经济增长，而不平等水平较高时损害了经济增长。如果经济转型过程中出现了不平等的"倒 U"形路径，则意味着在经济转型的初期和后期，不平等与经济增长之间正相关；而在经济转型的中期，不平等与经济增长负相关。

（三）简要评论

通过对大量的文献进行梳理，我们发现理论研究倾向于认为收入不平等对经济增长的影响是通过间接机制的作用而产生的，因此结论的成立很大程度上取决于间接机制的设定对经济增长的影响。显然，物质资本、人力资本、政府行为等都可能是影响经济增长的重要因素，然而，这些因素对经济增长影响的程度和方式存在很大差异，我们很难说不平等对经济增长起到的是促进还是阻碍的作用。当不平等促进了物质资本积累却阻碍了人力资本积累时，只要存在这样的条件，即物质资本对经济增长的促进作用比人力资本更强，那么我们可以得到不平等促进经济增长的结论，反之则将得到不平等损害经济增长的结论。理论研究的因素复杂性直接导致了实证上的多种结论都成立的情况发生。因此，在确定不平等对经济增长的影响之前，我们首先必须确定的是哪些因素促进了经济的增长。

然而，推动经济增长的因素在经济转型的不同阶段也可能存在巨大的差异。例如经验研究表明，对 20 世纪的美国而言，人力资本促进经济增长的作用高于物质资本（Abramovitch，1993）。在经济转型的不同阶段，不平等对经济增长的影响可能发生显著的变化，我们需要进一步在经济转型的模型框架下考虑不平等与经济增长之间的关系。

四、经济转型、经济增长与收入不平等的研究

20 世纪是经济增长理论得以充分发展的时期，从 20 世纪五六十年代的新古典增长理论到 20 世纪 80 年代中期以来的新增长理论，无一不从独特的视角对经济发展的历程作出了令人耳目一新的解释。然而，新古典增长理论或新增长理论的多数模型关注的都是现代经济增长，而现代的经济增长在人类社会经济发展的漫长历史中仅仅代表最近几个世纪相对短暂的一段时期。世界各国是怎样由长期停滞的传统经济增长转型到现代经济增长阶段的？在经济转型过程中，人口增长、经济增长速度、经济结构等究竟发生了怎样的变化？经济转型对于经济增长和收入分配产生了怎样的影响？对这些问题的探究近年来引起了学术界极大关注，从某种意义上说，增长理论不仅要揭示现代经济增长的源泉，而且要构造一个统一的模型更完整地解释人类历史的长期发展过程（Galor，2004）。

关于经济发展阶段的认识由来已久，在古典经济学家中，最有代表性的发展阶段理论无疑当属李斯特（1841）在其《政治经济

学的国民体系》中将经济发展的进程分成五个阶段，即狩猎阶段、游牧阶段、农耕阶段、农工阶段和农工商阶段。罗斯托（1960）在其《经济发展的阶段》中也将经济发展过程分成五个阶段：传统社会、为"起飞"创造前提的阶段、起飞阶段、向"成熟"发展的阶段和大众消费阶段。李斯特的经济发展阶段主要从产业变迁的角度划分人类发展的阶段，而罗斯托的经济发展的阶段主要从经济的起飞，进入持续经济增长的角度来划分。

受到经济发展阶段理论的启发，也得到了宏观动态经济学研究方法突破的帮助，新经济增长理论在构造统一的经济转型模型方面取得了令人瞩目的进展。Goodfriend 和 McDermott（1995）认为市场规模经济推动了经济从前市场时期向前工业化市场时期转变，而学习（learning）则推动了经济从前工业市场时期向工业革命时期发生转型。Galor 和 Weil（2000）认为技术进步扩大了经济体对人力资本的需求并因而提高了人力资本的回报，从而导致经济中人口出生率降低并相应增加了人力资本的积累，最终实现了经济发展过程中人口的转型。Hansen 和 Prescott（2002）强调了城市部门更为迅速的技术进步推动了人口的转移和经济的转型。Lucas（2002）在一个人力资本作为经济增长动力的增长模型中将生育决策内生化。他认为经济的转型有两种表现形式：经济增长向持续增长的转型以及促使人口出生率下降的人口转型。Galor 和 Moav（2004）强调了经济转型过程中物质资本与人力资本之间的互补性。他们发现人力资本积累最终替代了物质资本积累，成为推动经济增长与转型的主要动力。

现代经济学家根据不同时期的经济特征将人类经济的发展过程分为三个阶段（Galor 和 Weil，1999）：马尔萨斯停滞阶段（Malthus-stagnation），后马尔萨斯阶段（Post-Malthus）以及现代持续经济增长阶段（Modern-growth）。因此，一个统一的经济发展理论必须能够解释这三个经济增长的阶段以及推动经济三个阶段之间转变的动力。经济的动态演化过程在人类大部分时期处于"马尔萨斯停滞"时期，这个时期的技术进步与经济增长都非常缓慢，世界上各地区的产出增长都被人口的增长抵消，以致人均收入的增长长期维持在很低的水平或者陷于停滞。然而，在过去的两个世纪里，伴随着工业化的进展，技术进步加快，经济增长的规模和速度迅速提高，尽管人口也出现了显著增长，但是人均收入水平出现持续增长，世界上的许多地区相继通过经济发展跃出"马尔萨斯陷阱"。在工业革命之后，由于生产过程中人力资本的重要性不断增加，推动了人口的转型（demographic transition），因此人口增长率的下降、技术进步和人力资本的扩张，最终形成了现代经济的持续增长。

总体上看，经济转型主要具有三种重要特征：产业转移、资本积累转型和人口转型。产业转移的典型特征是人口不断地从农业部门转向制造业和现代服务业部门，从而使城市化得到了爆炸性的发展，而经济中农业产出的比例则不断萎缩。资本积累的转型特征突出地表现在资本积累的过程从物质资本积累转向人力资本积累。工业化的早期，物质资本积累推动了经济的增长，但人类的识字率却并没有发生太大的变化，在现代经济中，推动经济增长的主要因素则来自于人力资本的积累。人口转型表现出如下显著的特征：随着经济的发展，人口死亡率和人口出生率都出现了下降，且人口死亡率的下降先于人口出生率的下降，因此人口的增长率经历了先上升后下降的过程。这三个特征不仅影响着现代经济增长进程，而且影响着收入分配水平。

（一）经济转型与收入不平等：基于工业化与城市化的思路

经济转型的首要特征是工业化和城市化的发展。工业化是指经济中农业产出的份额及农业人口在经济中的比例同时不断下降的过程，而城市化是指经济中城市人口的比例不断增加的过程。农村和农村地区人口在经济中所占比例的下降必定会对经济增长和收入分配产生显著和深远的影响。

1. **工业化与城市化的转型：特征化事实**

发达国家的经济转型过程伴随着迅速的工业化发展。图1所示为各国人均工业化产值的长期变化。以人均工业产值作为工业化程度的度量，我们发现在1800年以前，所有西方国家的人均产出并没有发生太大的变化。然而在1800年以后，英国的工业化程度开

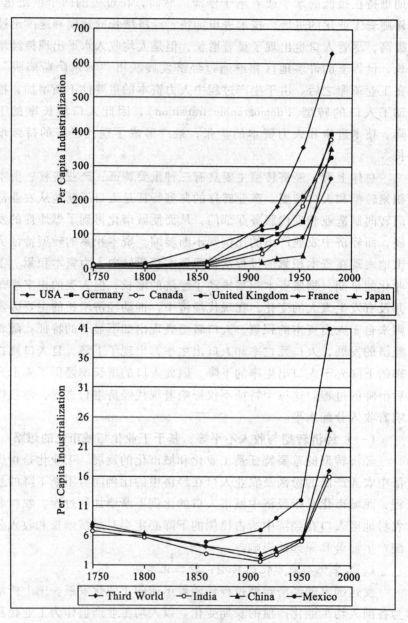

图1　各国人均工业化水平（英国 1900 年 = 100）
资料来源：Bairoch，1982，转引自 Galor（2004）。

始加速，尤其是在"二战"后得到了迅速的发展。据统计，英国的人均工业产出从 1800 年到 1860 年增加了四倍，从 1860 年到 1913 年增加了两倍，"二战"后到 1980 年增加了近三倍。而其他国家则一直到 19 世纪中后期开始，工业化才得到了迅速的发展。如美国 1800—1860 年期间，人均工业产出增加了两倍，而从 1860 年到 1913 年，人均工业产出则增加了近六倍。对于其他工业化国家而言，也基本经历了相似的工业化过程。

同样值得对比考察的是，从 20 世纪左右才开始经济起飞过程的发展中国家，也经历了工业化的快速发展。第二次世界大战以后，墨西哥的人均工业产出增加了近四倍，尽管相对于西方发达国家而言数量微小。中国和印度等第三世界国家的人均工业产出也经历了类似的增长。

伴随着经济的转型和工业化的发展，城市化进程也开始加速发展。如图 2 所示，主要欧洲发达国家从 19 世纪初开始，城市人口

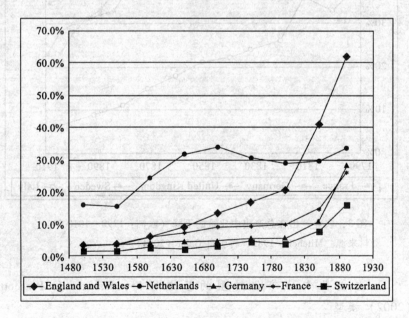

图 2　1 万人以上城市的人口占总人口的比例

资料来源：Bairoch, 1988 和 De Vries, 1984，转引自 Galor (2004)。

迅速增加。其中 1750—1870 年期间，欧洲的城市人口占总人口比例从 17% 增加到 54%。英国城市人口比例增加的时间稍早，英国的城市人口比例从 1750 年的 18% 增加到 1910 年的 75%，这与英国的工业化发展早于其他欧洲国家相吻合（Bairoch，1988）。

如图 3 所示，伴随着工业化和城市化的迅速发展，经济中农业的产出份额同时在不断下降。西欧发达国家的农业产出在经济总产出中的比重下降迅速，尤其是英国的农业产出份额从 1790 年的 40% 下降到 1910 年的 7%。

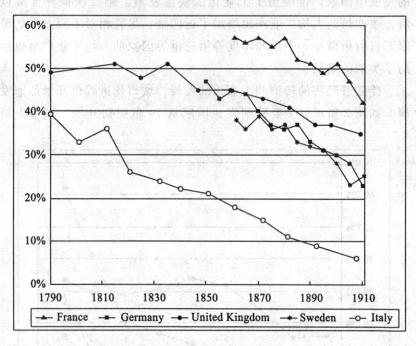

图 3　农业产出在总产出中比重的下降（欧洲：1790—1910 年）

资料来源：Mitchell，1981，转引自 Galor（2004）。

2. 工业化与城市化转型的基本理论：Hansen 和 Prescott（2002）模型

由于经济转型过程伴随着农业产出份额的不断下降和工业产出

份额的不断上升，许多经济转型的模型因此着眼于产业的转移和城市化过程。其中部分模型从理论上对产业转移和城市化过程作出了解释（Laitner，2000；Hansen and Prescott，2002；Gollin et al，2003）。

Laitner（2000）的工业化理论是建立在恩格尔需求定律的基础上的，他认为在收入水平较低时，恩格尔需求定律意味着农业部门相对更为重要，因此技术进步和资本积累都集中发生在农业部门中。伴随着个人收入提高时，恩格尔需求定律意味着经济中对制造品的需求上升，因此农业的地位下降，制造业的重要性逐渐提升并高于农业，资本和技术开发偏向工业部门，工业化从而获得迅速的发展。Hansen 和 Prescott（2002）在模型中强调的是城市部门更为迅速的技术进步使得人口不断从农村部门转向城市部门、土地对经济的贡献不断下降、农业的产出份额不断下降的过程。Gollin et al.（2003）则在 Hansen 和 Prescott（2002）模型的基础上重点论证了农业发展对经济转型和工业化的重要作用。下面我们将详细论述 Hansen 和 Prescott（2002）的模型。

Hansen 和 Prescott（2002）假设经济中存在两个部门：城市部门和农村部门。两部门的生产函数分别如下：

$$Y_{Mt} = A_{Mt} K_{Mt}^{\phi} N_{Mt}^{\mu} L_t^{1-\phi-\mu} \tag{1}$$

$$Y_{St} = A_{St} K_{St}^{\theta} N_{St}^{1-\theta} \tag{2}$$

式（1）和式（2）分别对应农村部门和城市部门的生产函数。Y，A，K，N，L 分别表示产出水平、技术水平、资本存量、劳动投入和土地。下标 M，S 分别表示农村部门和城市部门[1]，t 表示时间。农村部门需要土地投入，而城市部门的生产则更为密集地使用资本（$\theta > \phi$）。经济中只存在一种产品[2]，两部门生产出的产品中的一部分用于消费，另一部分用于资本的积累，因此经济中资源的约

---

① 在 Hansen 和 Prescott（2002）的原文中，两个部门分别指 Malthus 部门（下标 M）和 Solow 部门（下标 S）。

② Gollin et al（2003）区分了农业产品和工业产品两种产品，农产品的消费是必需品，从而强调了农业发展对经济转型的重要作用。

束为：

$$C_t^M + C_t^S + K_{t+1}^M + K_{t+1}^S = Y_{Mt} + Y_{St} \qquad (3)$$

C_t^M，C_t^S，K_{t+1}^M，K_{t+1}^S 表示在 t 期农村部门总消费、城市部门总消费、农村部门总储蓄和城市部门总储蓄。

关于消费者偏好，该模型修改了跨期叠代模型（OLG 模型）。跨期叠代模型假定经济中的个体生存两期，年轻期和年老期。个体年轻的时候通过提供劳动获得收入，并把其收入部分用于消费，部分用于储蓄。个体年老的时候不再通过劳动获得收入，而是依靠储蓄生存。假设 c_{1t}，c_{2t+1} 分别表示 t 时出生的个体在其年轻时候和年老时候的消费，并具有如下效用函数：

$$u(c_{1t}, c_{2t+1}) = \log c_{1t} + \beta \log c_{2t+1} \qquad (4)$$

其中 β 表示效用贴现。Hansen 和 Prescott（2002）的模型不同于跨期叠代模型的地方是年轻个体拥有两种储蓄的方式，他们可以购买土地资产或者储蓄物质资本。因此个体的预算约束为：

$$c_{1t} + k_{t+1} + q_t l_{t+1} = w_t \qquad (5)$$

$$c_{2t+1} = r_{Kt+1} k_{t+1} + (r_{lt+1} + q_{t+1}) l_{t+1} \qquad (6)$$

w_t，q_t 表示 t 时刻的工资水平和土地价格水平，r_{Kt+1}，r_{lt+1} 分别表示 $t+1$ 时刻的利息率和土地租金率，k_{t+1}，l_{t+1} 分别表示储蓄量和土地资产拥有量。(5)式则表示年轻人通过劳动获得工资 w_t，工资用于消费 c_{1t}、储蓄 k_{t+1} 和购买土地资产 $q_t l_{t+1}$。(6)式表示老年人的消费等于个人财富，即储蓄收入 $r_{Kt+1} k_{t+1}$ 和土地租金及出售土地获得的收入 $(r_{lt+1} + q_{t+1}) l_{t+1}$。

消费者在预算约束(5)和(6)的基础上将效用(4)最大化，而企业则最大化其利润：$Y_j - wN_j - r_K K_j - r_L L_j$，$j = M, S$。

结论表明，经济中的农业部门在任何时候都存在。当经济中的技术进步满足一定的条件时，城市部门出现并且伴随经济转型开始。随着经济转型和工业化的发展，农业的产出份额和土地的相对价格不断下降，人口从农村部门逐渐转向城市部门。

3. 工业化与城市化转型、收入不平等与经济增长

古典理论曾经试图将收入不平等的动态演化与人口的转移联系起来，认为随着人口从低收入的农业部门流向高收入的城市部门，

不平等的动态演化路径将出现"倒 U"形的情形。但古典理论并没有严格的理论模型对人口从农村部门转向城市部门的原因加以分析，而 Hansen 和 Prescott（2002）的转型模型为我们提供了这样一个严格的理论模型，它不仅准确地解释了经济转型过程中农业产出份额的下降、城市人口不断增加以及工业化发展的典型事实，而且说明了在经济转型进程中，随着一部分农业人口进入城市工业部门，城乡居民间的收入不平等扩大；但是当越来越多的人口进入城市工业部门，以致整个经济成为一元的经济时，收入不平等水平又出现下降。

进一步分析发现，Hansen 和 Prescott（2002）的模型存在一个重大的缺陷：只要城市部门存在技术进步，农业人口将"无条件"地成为城市工人。这个假定并不符合现实：文化、制度、基础设施等因素都会对人口的转移造成强烈的影响。其中特别值得注意的是，城市部门的技术进步偏向技能，从而农业工人的受教育和培训状况将直接影响人口的转移。如果存在人口转移的限制，城市部门劳动供给就会出现短缺，这种供给的短缺将直接提高城市部门的工资水平，从而产生不平等。此外，任何放松人口转移限制的因素，都将促进不平等减少并加快经济增长，这种情况下产生了不平等与经济增长的负相关关系。反之，任何加强人口转移的因素，则将提高不平等并减缓经济增长，从而产生了不平等与经济增长之间的正相关关系。尽管如此，Hansen 和 Prescott（2002）转型模型把工业化、城市化、经济转型与收入不平等联系起来，建立了一个规范统一的理论模式，对于理解经济转型和收入不平等的动态变化提供了一个新的思路。

（二）经济转型与收入不平等：基于资本积累的思路

1. 资本积累与经济转型：特征化事实

工业革命之前以及工业革命发生早期，政府对教育进行投入往往出于某些特殊原因，例如宗教、社会控制、道德、社会政治稳定、军事效率等原因，因此人力资本在生产过程中能够起到的作用具有很大的局限性，教育投入对经济发展与转型起到的作用不如物质资本的积累作用显著。但随着技术的进步，社会对劳动力的素质和技能要求逐渐提高，人力资本在经济转型中的作用也变得越来越重要。Abramovitch（1993）是这样描述这段过程的："19 世纪，技术进步类型偏向物质资本……然而，到 20 世纪，物质资本所起到的作用在减小，甚至可能完全不起作用。技术进步开始偏向无形资本，如人力资本和知识资本，它们在生产中的重要作用日益突出。"许多证据也表明，美国从 1890 年到 1999 年期间，人力资本对经济增长的贡献几乎翻了一番，而物质资本对经济增长的贡献却不断下降。

人力资本在英国的经济转型过程中所起到的作用也非常明显。在英国的工业革命前期（1760—1830 年），资本占 GNP 的比例显著地增加，但识字率却没有明显的变化。其原因在于，这一时期政府没有投入足够的资源用于提高大众的识字率，工人主要通过在职培训来提高他们自身的技能（Sanderson，1995）。然而当工业革命进行到后期时，劳动力的受教育情况得到了明显的改善，人力资本在生产过程中发挥的作用越来越明显。政府对教育进行投资的投资率从 1760 年的 6% 提高到 1831 年的 11.7%，并且在 1856—1913 年期间一直维持在 11% 左右（Crafts，1985；Matthews et al.，1982）。其中，英国男性劳动力的受教育年限虽然一直到 1830 年左右都没有什么显著的变化，但到 20 世纪初时，其平均受教育年限已经一跃而变成 1830 年的 3 倍（Matthews et al.，1982）；10 岁儿童的入学率也从 1870 年的 40% 增加到 1900 年的 100%。

2. 资本积累与经济转型的理论研究：Galor 和 Moav（2005）模型

经济转型过程的另外一个重要特征就是人力资本的积累及其对经济增长越来越显著的影响。许多经济转型研究把注意力投向如何将人力资本积累内生化，并使之代替物质资本积累成为推动经济持续增长因素的过程。

工业技术发展到高水平后，社会对人力资本形成的需求增大，从而推动人力资本代替物质资本的积累成为推动经济增长的因素。Galor 和 Weil（2000）认为人力资本需求增加的原因在于技术进步的加速，只有受过良好教育的人才能自如应对技术环境的迅速变化。Fernandez-Vilaverde（2003）强调了资本技能的互补性（capital-skill complementary），认为随着资本的积累，社会对运用资本的劳动技能提出了更高的要求，因此扩大了经济对人力资本的需求。Doepke（2004）认为偏向技能密集型（skill-intensive）的技术进步导致了经济对人力资本需求的增加。Galor 和 Moav（2004）强调了人力资本和物质资本之间的互补性，认为随着物质资本的积累，人力资本的回报增加使社会对人力资本的需求扩大。这些模型的一个共同特点是，人力资本替代了物质资本成为经济增长的主要动力，并使经济发展进入持续的增长阶段。

Galor 和 Moav（2005）引入了一个 OLG 的经济发展模型。他们假设在该模型中只存在一种产品，该产品可用于消费和投资。产品的生产需要人力资本和物质资本作为投入，而产出的增长则表现为资本的积累。每一期的物质资本存量等于上一期的产出减去消费和人力资本投资，而每期人力资本的水平则取决于上一期的人力资本投资决策，该决策受到资本市场不完善的约束。

在以上假设的基础上，Galor 和 Moav（2005）提出了一个不变规模报酬的新古典生产函数：

$$Y_t = F(K_t, H_t) = AH_t k_t^\alpha; \ k_t = K_t/H_t, \alpha \in (0,1) \qquad (7)$$

其中 K_t，H_t 分别代表物质资本和人力资本水平，A 表示技术水平。每一期有 1 单位的个体出生，每个个体总共生存两期，并且在第一期他们将全部时间用于积累人力资本。人力资本的积累需要有相应的资金作为投入，这些投入资本来自于其父母的遗产，从而可能会受到金融约束的影响。在个体的第二个时期，他们通过提供人力资本或物质资本获得收入，并把收入用于消费或留作遗产。由于消费者的偏好是同质的，不同之处仅在于个体所出生的每个家族的初始资本有差异。因此，在 t 时刻出生的个体的问题被描述为：

$$\max(1-\beta)\log c_{t+1}^i + \beta\log(\overline{\theta} + b_{t+1}^i) \qquad (8)$$

c_{t+1}^i，b_{t+1}^i 分别表示在 t 期出生的个体在 $t+1$ 期的消费以及留给后代的遗产。$\beta \in (0, 1)$ 表示个体在消费和遗产偏好之间的权重，β 越接近 0，意味着个体相对于自己的消费而言，越不愿意把财富留给后代。$\bar{\theta} > 0$ 表示只有个体的消费达到一定的水平以后才会给后代留有遗产①。个体的约束条件由以下方程表示：

$$I_{t+1}^i = \omega_{t+1} h_{t+1}^i + x_{t+1}^i \qquad (9)$$

$$x_{t+1}^i = (b_t^i - e_t^i) R_{t+1} \qquad (10)$$

$$h_{t+1}^i = h(e_t^i), \ h(0) = 1, \ \lim_{e_t^i \to 0} h'(e_t^i) = \gamma < \infty, \ \lim_{e_t^i \to \infty} h'(e_t^i) = 0 \qquad (11)$$

其中 ω_{t+1}、R_{t+1} 分别表示 $t+1$ 期人力资本和物质资本的回报，b_t^i、e_t^i 则表示 t 期出生个体 i 继承的遗产水平和在 t 期进行人力资本投资的水平，I_{t+1}^i，x_{t+1}^i，h_{t+1}^i 表示 t 期出生的个体 i 在 $t+1$ 期所获得的收入、所拥有的物质资本水平和人力资本水平。（11）式代表人力资本的生产函数，其中 $h(0) = 1$ 意味着个体一出生不需要任何物质资本的投入就能获得一定的人力资本 $\lim_{e_t^i \to 0} h'(e_t^i) = \gamma < \infty$ 表示物资资本的边际人力资本产出有界，$\lim_{e_t^i \to \infty} h'(e_t^i) = 0$ 表示随着物质资本投入增加，边际人力资本产出最终为 0。这些假定使得在某些条件下，积累人力资本所获得的收益要低于物质资本，因此经济中存在物资资本积累而不存在人力资本积累。物质资本和人力资本的这种不对称性恰恰是区分两种资本的关键因素。

假设初始时刻经济中存在两种个体，一种为穷人，他们初始时没有获得任何遗产，数量在经济中所占的比例为 $1 - \lambda$；另一种为富人，他们在初始的时候拥有一定的遗产，数量比例为 λ。从而我们得到了经济中人力资本总量 H_{t+1} 和物质资本总量 K_{t+1} 的动态演化方程：

$$K_{t+1} = \lambda s_t^R + (1-\lambda) s_t^P = \lambda (b_t^R - e_t^R) + (1-\lambda)(b_t^P - e_t^P) \qquad (12)$$

$$H_{t+1} = \lambda h(e_t^R) + (1-\lambda) h(e_t^P) \qquad (13)$$

---

① 由（8）式可知，个体遗产的边际效用为 $\dfrac{1}{\bar{\theta} + b_{t+1}^i}$，当个人遗产为 0 并开始给后代留有遗产时的边际效用为 $\dfrac{1}{\bar{\theta}} > 0$，而消费的边际效用为 $\dfrac{1}{c_{t+1}^i}$。因此，只有当 $\beta \dfrac{1}{\bar{\theta}} > (1-\beta) \dfrac{1}{c_{t+1}^i}$ 时，个体才会考虑留给后代遗产。也就是说只有个体的消费 $c_{t+1}^i > \dfrac{1-\beta}{\beta} \bar{\theta} > 0$ 才会给后代留有遗产。

其中 s_t^R，s_t^P 分别表示在 t 期出生的富人个体和穷人个体的储蓄水平；e_t^R，e_t^P 分别表示在 t 期出生的富人个体和穷人个体积累人力资本的投入水平。

模型可以确定两个资本的临界值 k，$\hat{k}$，其中 k 表示人力资本开始积累的临界值，$\hat{k}$ 表示穷人开始获得正的遗产。临界值 k 把经济分成了两个经济增长阶段：当物质资本与人力资本的比例小于 k 时，由于人力资本投资回报低，经济中不存在人力资本积累，因此物质资本的积累是这时推动经济增长的唯一因素；而当物质资本和人力资本的比例大于 k 时，由于物质资本的积累使得人力资本的回报提高，经济中的个体开始积累人力资本，物质资本和人力资本成为共同推动经济增长的因素。

此外，在人力资本积累的第二阶段，这一过程根据穷人是否获得遗产而分为三个时期：第一个时期，穷人没有继承遗产也无法进行人力资本积累，人力资本的积累是专属于富人的特权。第二个时期，穷人开始获得遗产且全部用于人力资本积累，但遗产的数量微小，穷人受到了金融约束，这种状况反映在全社会的整体情况下则表现为虽然出现了全民积累人力资本的局面，但由于经济中存在金融约束，部分人仍无法获得充分的人力资本积累。第三个时期，经济中没有人受到金融约束，所有人得以获得充分的人力资本积累。

另一些研究从其他角度同样分析了转型过程人力资本积累的原因。Galor 和 Weil（1999）认为技术进步不但提高了工业技术，同时也提高了医疗卫生技术，从而降低了死亡率并提高了人类的预期寿命。研究表明，人力资本的预期回报提高扩大了人力资本积累。Hazan 和 Berdugo（2002）认为技术进步改变了成人劳动和童工之间的工资差异，从而降低了社会对童工的需求，因此对于家庭来说减少孩子数量并提高孩子质量成为更优的选择，这种情况也扩大了人力资本的积累。

3. 资本积累、收入不平等与经济增长

Galor 和 Tsiddon（1997）已经注意到了人力资本积累、收入不平等与经济增长之间的关系。他们对人力资本形成的关注基于以下两个事实：（1）个人的人力资本水平是父母人力资本水平的正函数（家庭环境外部性，home environment externality）；（2）技术进步与人力资本水平之间正相关（全局技术外部性，the global technological externality）。因此，在经济转型的早期阶段，家庭环境外部性成为人力资本积累的主导因素，子女的人力资本水平主要取决于父母的人力资本水平，经济中个体收入的差异从而开始变大。随着经济中人力资本水平的提高，全局技术外部性成为人力资本积累的主导因素，较高的父母人力资本水平通过提高经济中的平均人力资本水平而有利于其他家庭子女的人力资本积累，经济中个体的收入差异从而开始缩小。

Galor 和 Tsiddon（1997）同样考察了收入不平等与经济增长的关系。在经济发展的早期，不平等有利于精英阶层积累人力资本。由于精英阶层的人力资本具有外溢性，提高了经济中的总体技术水平，从而最终推动了非精英阶层人力资本的积累，使经济脱离贫困陷阱。这种贫困性的陷阱完全可能产生于最初的收入平等状况，使人力资本仅仅达到低水平均衡。综上所述，早期的收入不平等可能促进了经济增长，然而一旦经济脱离低水平的人力资本积累陷阱进入发展转型的后期，平等则更有利于人力资本的积累并能促进经济的增长。

Galor 和 Moav（2005）在经济转型框架下进一步分析了收入不平等与经济增长的关系。他们认为在经济增长的第一个阶段，虽然物质资本是推动经济增长的关键因素，但收入不平等有利于物质资本积累，因此也促进了经济增长。而经济增长第二阶段可分为三个时期，在第一个时期，人力资本和物质资本都是推动经济增长的因素，收入不平等有利于物质资本积累而不利于人力资本积累，因此不能肯定收入不平等究竟是推动了经济增长还是减缓了经济增长；在第二个时期，人力资本对经济增长的作用超过了物质资本，因此收入不平等通过金融约束阻碍了经济增长；在第三个时期，由于经济不再受到金融约束的作用，经济进入了持续增长的时期，收入不平等对增长已无明显的影响。

（三）经济转型与收入不平等：基于人口转型的思路

1. 人口转型的特征化事实

经济转型过程中的人口转型往往具有以下重要的特征：人口出

生率下降，人口的死亡率下降，人口自然增长率下降。图 4 所示为全球经济的人口增长和人均收入图，从图中不难发现，世界人口的动态变化并不是单调的。西方工业革命之前，世界人口增长得非常缓慢，从公元元年到 1820 年长达 19 个世纪的时间内，平均每年的增长率仅为约 0.1%。西欧国家以及欧洲的海外国家在经济起飞的初始阶段发生了快速的人口增长过程并导致了世界人口的迅速增长。从 1870 年到 1913 年，世界人口的年均增长率达到 0.8%。此后，欠发达地区的经济进入起飞阶段，其人口也得到了迅速增长，纵然这段时间发达国家人口增长率有所下降，但世界人口在 1950 年到 1973 年间的年均增长仍然达到了 1.92%。到 20 世纪后半期，欠发达国家也开始进入人口转型的时期，1973 年到 1998 年间的世界人口年均增长率回落到 1.63%。

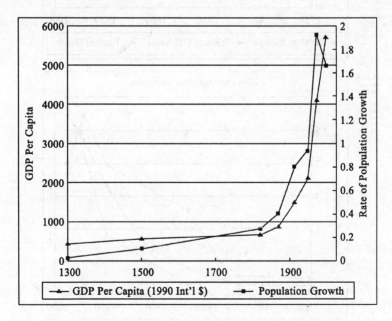

图 4 世界经济中的人口增长与人均收入

资料来源：Maddison，2001，转引自 Galor（2004）。

然而，世界各地区人口开始转型的时间并不相同，如图 5 所示

为不同地区人口转型的时间差异，西欧国家、欧洲的海外国家以及

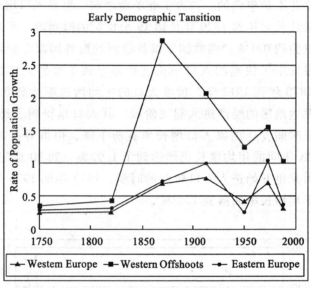

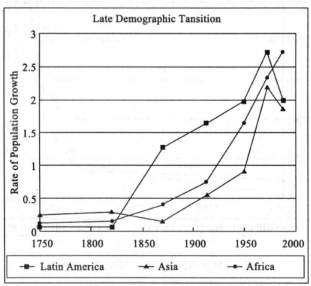

图5　不同地区人口转型开始的不同时间

资料来源：Maddison，2001，转引自 Galor（2004）。

东欧国家的人口从 19 世纪末 20 世纪初就开始进入了人口增长率下降的人口转型阶段，而到 20 世纪末拉丁美洲、亚洲和非洲的人口增长率才开始下降。

在经济转型的过程中，人口的转型往往会遵循一定的规律性。经济转型的初期，人口增长率较低；伴随着人口增长率的上升，人口数量逐渐膨胀；随着经济的进一步发展，人口的增长率开始回落。人口增长率回落的原因在于人口的出生率和死亡率同时下降，其中尤其重要的因素是人口的出生率。从图 5 中我们可以看出不同地区从 1960 年到 1999 年人口出生率的变化显著。在此期间，拉丁美洲的总人口出生率从 6% 下降到 2.7%，亚洲从 6.14% 下降到 3.14%，西欧从 2.8% 下降到 1.5%，西欧海外国家从 3.84% 下降到 1.83%，甚至连非洲的总人口出生率也从 6.55% 下降到 5.0%。

西欧国家的人口转型是在 19 世纪末开始的，在这一时期，该地区的人口出生率迅速下降，如图 6 所示。

世界上大多数国家在人口出生率下降之前往往先经历的过程是人口死亡率的下降。西欧国家人口死亡率的迅速下降发生在 1730 年到 1920 年，早于人口出生率下降的时间。类似的情况在欠发达国家也易于发现。图 7 所示为 1960—1999 年世界各地区婴儿死亡率变化的情况。证据表明，欠发达国家从 1960 年开始人口死亡率就开始下降了。

因此，经济转型过程中不可避免的伴生物即是人口的转型。通过对历史数据的分析，我们发现人口的转型具有如下规律：随着经济的发展，人口的死亡率开始下降；继而人口的出生率下降，经济中人口的增长率变低；随后人口增长率由于人口死亡率的下降而重新上升；最后人口增长率伴随人口出生率的下降而再次出现回落。

2. 人口转型与经济转型的理论研究：Galor 和 Weil（2000）模型

在理论模型中，人口转型之所以会出现，是与工业化过程中对人力资本需求的增加相联系的。经济学家一般认为，由于生产过程中人力资本发挥的作用越来越重要，家庭将提高对后代人力资本的

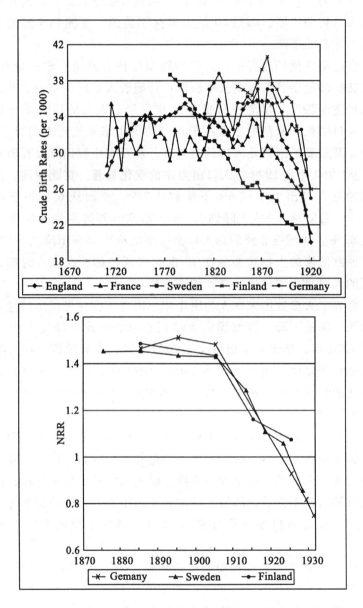

图 6　西欧国家的人口转型：出生率和自然增长率

资料来源：Andorka，1978 和 Kuzynski，1969，转引自 Galor（2004）。

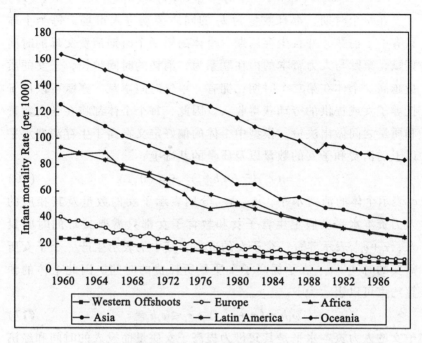

图 7　不同地区婴儿死亡率的下降，1960—1999 年

资料来源：世界发展指数，2001。

投资，这种投资最终将导致人口出生率的下降和人口的转型发生。

　　Galor 和 Weil（2000）通过一个跨期替代模型论证了人口的转型过程。在他们的模型中，假定只存在一种产品，该产品的生产需要土地和有效劳动作为投入。土地的供给是外生且固定的，而有效劳动的数量则取决于家庭对他们子女数量和人力资本积累的决策。

　　他们采用了不变规模报酬的生产函数，且技术进步为外生：

$$Y_t = H_t^{\alpha}(A_t X)^{1-\alpha} \qquad (14)$$

其中，H_t 为有效劳动的数量，X 是土地投入，A_t 表示内生决定的技术进步率。模型假定没有人拥有土地，土地的回报为 0，因此每单位有效劳动的工资等于有效劳动的平均产出：

$$\omega_t = (x_t / h_t)^{1-\alpha}, \ h_t = H_t / L_t, \ x_t = (A_t X) / L_t \qquad (15)$$

在每个时期，都有数量为 L_t 的同质劳动进入市场，每个个体只有一个前辈，并且生存两期。个体的第一个时期消费父母的时间禀赋，禀赋与人力资本的内在联系为，消耗的时间越长，子女的质量越高。个体在第二个时期，拥有一单位时间禀赋，禀赋可以用于抚养子女或提供的劳动获得收入。因此，每个个体都将在子女数量和质量之间做出决策。模型中个体的偏好定义在高于生存消费水平以上的消费和子女的数量以及质量的基础上：

$$u^t = (c_t)^{1-\gamma} (n_t h_{t+1})^\gamma, \gamma \in (0,1) \qquad (16)$$

c_t 表示个体的消费水平，n_t，h_{t+1} 分别表示子女的数量及其相应的人力资本水平。假定生育子女和教育子女都只需要父母的时间投入，$\tau + e_{t+1}$ 表示养育一个子女的成本，其中 τ 表示生产一个子女所需要的时间，e_{t+1} 表示提高子女质量所耗费的时间。因此个体的预算约束可以表示为①：

$$\omega_t h_t n_t (\tau + e_{t+1}) + c_t \leq \omega_t h_t \equiv z_t \qquad (17)$$

子女的人力资本水平是其父母为提高子女质量而投入的时间和经济中技术进步率的函数：

$$h_{t+1} = h(e_{t+1}, g_{t+1}) \qquad (18)$$

其中 $g_{t+1} = (A_{t+1} - A_t) / A_t$。并且假定教育的投入时间越多，人力资本水平越高；相反，技术进步速度越快，人力资本水平越低。并且假定在没有教育时间投入和无技术进步率的情况下，人力资本水平为 1，也就是说 $h(0,0) = 1$。

因此，我们可以最终得到个体养育孩子的时间投入以及个体在子女质量和数量之间的决策。

$$n_t (\tau + e_{t+1}) = \begin{cases} \gamma & \text{if} \quad z_t \geq \bar{z} \\ 1 - [\bar{c} / \omega_t h_t] & \text{if} \quad z_t \leq \bar{z} \end{cases} \qquad (19)$$

---

① 养育子女的成本以时间表示，该时间乘以个体的工资率，那么就可以得到养育子女所放弃的收入。因此，预算约束可以表示为养育子女的成本与消费之和要低于个体全部禀赋收入。

其中 $\bar{z}=\bar{c}/(1-\gamma)$，$\bar{c}$ 表示生存消费水平①。也就是说，当收入足够高时，个体分配 γ 的时间用于孩子的养育。

假定对子女教育的投入量取决于技术进步率：

$$e_{t+1}=e(g_{t+1})\begin{cases} =0 & if \quad g_{t+1}\leq \hat{g} \\ >0 & if \quad g_{t+1}\geq \hat{g} \end{cases} \quad (20)$$

其中 $e'>0$，$e''<0$，0 代表的经济意义是，对子女教育的投入是技术进步率的增函数，且只有技术进步率超过一定程度以后，子女的教育投入才为正。由（18）、（19）和（20）式，给定技术进步率，我们能够得出个体对子女数量与质量选择的最优决策②。

研究表明：首先，技术进步率的提高减少了父母对子女数量的需求，并提高了父母对子女质量的投入；其次，如果收入受到生存性消费的约束，那么收入越高，父母对子女数量的需求越高，但是对子女的质量投入不变；最后，如果收入不受生存消费的约束，对子女数量和质量的需求不受收入的影响。

Galor 和 Weil（2000）进一步地假定技术进步率是教育投入和人口数量的函数。教育投入越高、人口数量越多，则技术进步的速度越快。在这样的框架下，他们确定了经济转型过程中教育投入、技术进步、有效资源投入和人口增长的动态方程。研究的最终结论发现：

首先，在发展的早期，经济长期处于马尔萨斯停滞的稳态均衡中。此时技术进步的速度很慢，且技术进步带来了人口和产出的上升。人口的增加导致技术进步加快，并推动了人均收入非常缓慢的

① 效用函数（16）意味着一般情况下，最优的消费为收入的 γ，剩余收入部分 $1-\gamma$ 用于养育子女。当收入比较低时，个体首先要维持生存性消费 $\bar{c}$，剩余收入部分 $\omega_t h_t-\bar{c}$ 用于养育子女。具体地说临界收入 $\bar{z}$ 水平满足 $\bar{c}=(1-\gamma)\bar{z}$，当收入低于此水平时，消费子女的收入比例为 $(\omega_t h_t-\bar{c})/\omega_t h_t$，当收入高于这一水平时，消费子女的收入比例为 γ。

② 给定技术进步率，式（20）代入式（19）可得到对子女数量的需求；代入式（18）可以得到子女的质量（人力资本水平）。详见 Galor 和 Weil（2000）文章。

增长。因此，缓慢的技术进步使人力资本投资的回报水平很低，在经济发展的早期，人力资本积累非常缓慢。

其次，由于技术进步和人口增加的相互作用，技术进步加速发展，最终推动了经济的起飞，从马尔萨斯停滞时期转向后马尔萨斯时期。在这一时期，技术进步与人口的增加互为因果、互相推动。当技术的进步抵消了人口增加对人均收入的反作用时，人均收入上升，从而技术进步的加速导致了经济对人力资本的需求增加。

最后，经济中开始出现对人力资本进行投资的普遍现象，经济最终走出了马尔萨斯停滞时期，走向了持续增长的现代经济。在现代经济增长中，人力资本和技术进步之间产生了良性循环：人力资本促进了技术的进步，技术进步反过来又扩大了对人力资本的需求，从而进一步诱使父母作为社会中的个体提高子女的质量。由于个体对子女投入是一定的，对子女质量的投入的增加必然减少子女的数量，从而诱导了人口转型的发生。人口转型的过程中，人口增长对人均收入的反作用力逐渐消失，人均收入得以在现代经济中保持持续的增长，最终使经济进入了持续增长的阶段。

3. 人口转型、收入不平等与经济增长

在新经济增长理论中，人口转型的原因来自工业化进程中对于人力资本需求的增加，以及由此导致的人口数量与质量的替代。在收入水平低的情况下，最优的人口生育决策是重视人口数量；而在收入水平高的情况下，人们倾向于更重视人口的质量。因此，当一个经济不平等加剧时，经济中的人口出生率就越高，从而人力资本积累水平越低，经济增长的速度也越慢（Croix and Doepke，2003）。

Croix 和 Doepke（2003）通过生育率将不平等与经济增长联系起来。在转型的初期，平均收入水平比较低，由于生育率的确定取决于收入水平，因此经济中的个体偏好于子女的数量而不是子女的人力资本积累。如果此时经济收入发生分化，出现了部分收入相对较高的家庭，则这些家庭将偏向于子女人力资本积累，并因此带动了经济增长率的提高。结论表明，转型的初期的收入不平等促进人力资本积累、减少人口的出生率并提高了经济增长；而在转型的后期经济中人均收入得到了相当程度的提高，收入不平等只会导致高比例的贫困人口，从而贫困家庭更偏好于子女数量而不是质量，因此转型最终的结果是提高了经济中的出生率并降低了经济中的人力资本积累而阻碍了经济增长。通过人口转型的生育率这一重要机制，我们认为经济转型的初期，高增长率与收入不平等相关；而在转型的后期，高增长率与收入较为平等相关。

（四）简要评论

以上通过对一些国家长期的经济转型和经济增长过程的事实的陈述和理论分析，发现经济转型过程中三大重要特征的存在：产业变迁、资本积累的转变以及人口转型。通过论证和分析我们发现，城市部门的技术进步导致了人口的转移和产业的变迁；经济转型过程中的资本积累经历了物质资本到人力资本积累的转变；而人口的转型则是通过人类数量与质量决策的被推动发生的。经济转型过程中表现出来的特征与不平等的动态演化、不平等与经济增长之间关系联系密切，因此，我们认为在纳入经济转型的框架的基础上，收入分配理论才能够得到更充分的理解和更深入的研究。

通过对经济转型中的三个主要特征的分析，我们得到了更进一步的经济转型对不平等与增长影响的三点认识：其一，在产业变迁过程中，阻碍人口转移的因素导致了经济的不平等并阻碍了经济增长，这些因素包括文化、制度、基础设施、教育、技能获取等。反之，这些因素的变化有助于政府放松对人口转移的限制，从而缩小经济中的收入不平等和促进经济的增长。其二，在经济转型的过程中，推动经济增长的因素从物质资本的积累转向人力资本的积累。收入不平等对物质资本和人力资本积累影响的不同作用必将导致不平等对经济增长的影响，并且这一作用将伴随经济的转型而发生变化。其三，生育的质量数量决策与家庭的收入水平密切相关，因此收入不平等与经济转型的阶段将决定经济中人口的出生率和人力资本的积累，并从而影响经济的增长。

五、总　　结

本文从理论与实证角度综合考察收入不平等的动态变化。我们比较分析了关于收入不平等动态变化的三类理论模型：人口转移的古典二元经济理论、资本积累的新古典理论和资本市场不完善下不平等动态演化理论。同时，实证检验则主要集中于对 Kuznets 曲线的验证。我们从理论和实证角度考虑了收入不平等对经济增长的影响；实证检验则主要关注于不平等是促进还是阻碍了经济增长。进一步地，我们在经济转型框架中更深入地探讨收入不平等与经济增长的关系，我们从工业化和城市化、资本积累和人口转型等不同思路出发，具体分析与代表性的理论模型。

收入不平等的动态演化并不会在经济中作为单一的现象简单地发生，与其紧密相随的是人口的转移、物质财富和人力资本的积累。这三种因素都是长期的经济发展转型过程中所具有的显著特征。既有的收入分配理论分别分析了在每一种因素起主导作用的条件下不平等动态演化可能出现的路径，但并未将这三种因素纳入某个统一的框架下综合考虑其对不平等动态演化的影响。其原因在于，虽然经济增长理论经过漫长的演进涵盖了新古典增长理论、内生增长理论等多种理论内容，但仍然缺少足够严格的转型模型对长期经济增长进行更准确的分析和研究。同样令人惋惜的是，不平等对经济增长影响的研究长期以来也只能在这些"短期"的增长理论下得到解释。例如，古典理论认为物质资本促进了经济增长，因此不平等通过提高经济中的储蓄而促进了经济增长；内生增长理论认为人力资本促进了经济增长，因此不平等阻碍了人力资本的形成从而阻碍了经济增长等。

然而，如果"正确的经济增长模型"力图解释长期的经济发展转型过程，并吻合在经济转型过程中促进经济增长的因素不断变化的假设，那么考虑不平等与经济增长之间的关系则必须在"正确的经济增长模型"框架下进行。这类"正确的增长模型"从 21世纪以来得到了长足的发展，并被称为经济转型模型。在这样的统一模型框架下，研究者们能够解释经济长期的发展过程及原因，包括工业化之前的低水平发展时期、现代的持续经济增长时期以及推动这个转型过程的动力（Galor，2004）。

参考文献

[1] Abramovitz, M. . The Search of the Sources of Growth: Areas of Igno-
rance, Old and New. Journal of Economic History, 1993, 53: 217-
243.

[2] Aghion, P. , P. Bolton. A Trickle-down Theory of Growth and Develop-
ment with Debt Overhang. Review of Economic Studies, 1997, 64:
151-172.

[3] Ahluwalia, M. S. . Inequality, Poverty and Development. Journal of
Development Economics, 1976, 3: 337-342.

[4] Alesina, A. , D. Rodrik. Distributive Politics and Economic Growth.
Quarterly Journal of Economics, 1994, 1(9): 465-490.

[5] Alesina, A. , R. Perotti. Income Distribution, Political Instability,
and Investment. European Economic Reviw, 1996, 40(6): 1203-1228.

[6] Alvarez-Pelaez, M. , A. Diaz. Minimum Consumption and Transi-
tional Dynamics in Wealth Distribution. Journal of Monetary
Economics, 2005, 52(3): 633-667.

[7] Anand, S. , R. Kanbur. The Kuznets Process and the Inequality
Development Relationship. Journal of Development Economics,
1993, 40: 25-52.

[8] Anand, S. , R. Kanbur. Inequality and Development: A Critique.
Journal of Development Economics, 1993, 41: 19-43.

[9] Atkinson, A. B. . The Economics of Inequality. 2nd ed. Oxford:
Oxford University Press, 1983.

[10] Atkinson, A. B. , Bourguignon, F. . Introduction: Income Distribu-
tion and Economics. Handbook of Income Distribution, 2000, 1: 1-
58.

[11] Atkinson A. B. , A. Brandolini. Promise and Pitfalls in the Use of
"Secondary" Data-Sets: Income Inequality in OECD Countries as a
Case Study. Journal of Economic Literature, 2001, 39: 771-799.

[12] Banerjee, A. B. , E. Duflo. Inequality and Growth: What Can the Data Say?. Journal of Economic Growth, 2003, 8: 267-299.

[13] Banerjee, A. V. , A. F. Newman. Occupational Choice and the Process of Development. Journal of Political Economy, 1993, 101: 274-298.

[14] Barro, R. , Sala-i-Martin. Economic Growth. New York: McGraw-Hill, 1995.

[15] Barro, R. J.. Inequality and Growth in a Panel of Countries. Journal of Economic Growth, 2000, 5(1): 87-120.

[16] Benabou, R.. Inequality and Growth. in Bernanke, B. , J. Rotemberg (eds.) NBER Macroeconomic Annual. Cambridge, MA : MIT Press, 1996, 11: 11-74.

[17] Bertola, G. , Foellmi, G. , Zweimuller, J.. Income Distribution in Macroeconomic Models. Princeton: Princeton University Press, 2006.

[18] Bleaney, M. , Nishiyama, A.. Income Inequality and Growth: Does the Relationship Vary with the Income Level?. Economics Letters, 2004, 84(3): 349-355.

[19] Bourguignon, F.. Pareto-Superiority of Un-egalitarian Equilibria in Stiglitz's Model of Wealth Distribution with Convex-Savings Function. Econometrica, 1981, 49(6): 1469-1475.

[20] Caselli, F. , Ventura, J.. A Representative Consumer Theory of Distribution. American Economic Rewiew, 2000, 90(4): 909-926.

[21] Cervellati, M. , P. Fortunato, U. Sunde. Hobbes to Rousseau: Inequality, Institutions and Development. The Economic Journal, 2005, 118(532): 1354-1384.

[22] Chang, J. Y. , Ram, R.. Level of Development, Rate of Economic Growth, and Income Inequality. Economic Development and Cultural Change, 2000, 48(4): 787-799.

[23] Chatterjee, S.. Transitional Dynamics and Distribution of Wealth in a Neoclassical Growth Model. Journal of Public Economics, 1994,

54(1):97-119.

[24] Chenery, H., Syrquin, M.. Patterns of Development, 1950-1970, New York: Oxford University Press, 1975.

[25] Clarke, G. R.. More Evidence on Income Distribution and Growth. Journal of Development Economics, 1995, 47:403-427.

[26] Cline, W.. Distribution and Development: A Survey of the Literature. Journal of Development Economics, 1975, 2:25-42.

[27] De la Croix, D., Doepke, M.. Inequality and Growth: Why Differential Fertility Matters. American Economic Riview, 2003, 3(4):1091-1113.

[28] Cornia, G. A., T. Addison, S. Kiiski. Income Distribution Changes and Their Impact in the Post-Second World War Period. In Inequality, Growth, and Poverty in an Era of Liberalization and Globalization, Ed, Giovanni Andrea Cornia, Oxford: Oxford University Press, 2004.

[29] Deininger, K., L. Squire. Measuring Income Inequality: A New Data Base. The World Bank Economic Review, 1996, 10:565-591.

[30] Deininger, K., L. Squire. New Ways Looking at Old Issues: Inequality and Growth. Journal of Development Economics, 1998, 57:259-287.

[31] Forbes, K.. A Reassessment of the Relationship between Inequality and Growth. American Economic Review, 2000, 90:869-887.

[32] Francois, J. F., H. Rojas-Romagosa. Reassessing the Relationship between Inequality and Development. CPB discussing paper, 2008:107.

[33] Galor, O.. From Stagnation to Growth: Unified Growth Theory. in Handbook of Economic Growth, ed. By P. Aghion, S. Durlauf, Elsevier, Amsterdam.

[34] Galor O., J. Zeira. Income Distribution and Macroeconomics. Review of Economic Studies, 2003, 60:35-52.

[35] Galor, O., Zhang H.. Fertility, Income Distribution, and Economic

Growth: Theory and Cross-Country Evidence. Japan and the World Economy,1997,9(2):197-229.

[36] Galbraith, J. K. , H. Kum. Estimating the Inequality of Household Incomes: A Statistical Approach to the Creation of a Dense and Consistent Global Data Set. Review of Income and Wealth,2005, 50(1):115-143.

[37] Ghatak, M. , N. Jiang. A Simple Model of Inequality, Occupational Choice and Development. Journal of Development Economics, 2002,69(1):205-226.

[38] Glaeser, E. , A. Shleifer. Legal Origins. Quarterly Journal of Economics,2003,117(4):1193-1229.

[39] Greenwood, J. , B. Jovanovic. Financial Development, Growth, and the Distribution of Income. Journal of Political Economy,1990,98 (5):1076-1107.

[40] Higgins, M. , J. G. Williamson. Explaining inequality the world round: Cohort size, Kuznets curves, and openness. Southeast Asian Studies,2002,40(3):268-302.

[41] Jorgenson, D. W. . Welfare, Cambridge: MIT Press,1997.

[42] Kanbur, R. . Income Distribution and Development. Handbook of Income Distribution,2000,1:791-841.

[43] Keefer, P. , Knack, S. . Polarization, Property Rights and the Links Between Inequality and Growth. World Bank mimeo,1995.

[44] Kuznets, S. . Economic Growth and Inequality. American Economic Review,1995,45:1-28.

[45] Lambert, P. . The Distribution and Redistribution of Income. Oxford: Basil Blackwell,1989.

[46] Lewis, W. A. . Economic Development with Unlimited Supplies of Labor. Selected Economic Writings of Economics and Social Studies,1954,22:139-181.

[47] Li, H. Y. , H. F. Zou. Income Inequality is not Harmful to Growth: Theory and Evidence. Review of Development Economics,1998,2:

318-334.

[48] Lindert, P. . Three Centuries of Inequality in Britain and America. In Atkinson, A. , F. Bourguignon eds. , Handbook of Income Distribution. Amsterdam: North Holland, 2000.

[49] Lucas, R. . On the Mechanics of Economic Development. Journal of Monetary Economics, 1988, 22(1): 3-42.

[50] Lundberg, M. , L. Squire. The Simultaneous Evolution of Growth and Inequality. Economic Journal, 2003, 113: 326-344.

[51] Maoz, Y. , O. Moav. Intergenerational Mobility and t he Process of Development. Economic Journal, 1999, 109(458): 677-697.

[52] Maliar, L. , S. Maliarm, J. Mora. Income and Wealth Distributions along the Business Cycle: Implications From the Neoclassical Growth Model. IVIE working paper, WP-AD, 2003.

[53] Matsuyama, K. . Endogenous Inequality. Review of Economics Studies, 2000, 67(4): 743-759.

[54] Morrisson, C. . Historical Perspectives on Income Distribution: the Case of Europe. in Atkinson, A. , F. Bourguignon eds. . Handbook of Income Distribution. Amsterdam: North Holland, 2000.

[55] Mookherjee, D. , D. Ray. Contractual Structure and Wealth Accumulation. American Economic Review, 2003, 92(4): 818-849.

[56] Obiols-Homs, F. , C. Urrutia. Transitional Dynamics and t he Distribution of Assets. Economic Theory, 2005, 25(2): 381-400.

[57] Ogwang, T. . Economic Development and Income Inequality: a Nonparametric Investigation of Kuznets'U-curve Hypothesis. Journal of Quantitative Economics, 1994, 10: 139-153.

[58] Paukert, F. . Income Distribution at Different Level s of Development : a Survey of Evidence. International Labor Review, 1973, 108: 97-125.

[59] Papanek, G. F. , Kyn, O. . The effect on income distribution of development, the growth rate, and economic strategy. Journal of Development Economics, 1986, 23, 55-65.

［60］Persson, T. , G. Tabellini, Is Inequality Harmful for Growth?. American Economic Review, 1994, 84:600-621.

［61］Perotti, R. . Growth, Income Distribution, and Democracy: What the Data Say. Journal of Economic Growth, 1996, 1:149-187.

［62］Persson, T. , G. Roland, G. Tabellini. Comparative Politics and Public Finance. Journal of Political Economy, 2000, 108(6):1121-1161.

［63］Piketty. T. . The Dynamics of the Wealth Distribution and the Interest Rate With Credit Rationing. Review of Economic Studies, 1997, 64:173-189.

［64］Pyatt, G. . Development and the distribution of living standards: A critique of the evolving data base. Review of Income and Wealth, 2003, 49(3):333-358.

［65］Robinson, S. . A Note on the U-hypothesis Relating Income Inequality and Economic Development. American Economic Review, 1976, 66:437-440.

［66］Rodrik, D. . Where Did All the Growth Go? External Shocks, Social Conflict, and Growth Collapses. Journal of Economic Growth, 1999, 4(4):385-412.

［67］Rosenstein-Rodan, P. . Problems of Industrialization in Southern and Eastern Europe. Economic Journal, 1943, 53:202-211.

［68］Saint-Paul, G. , Verdier, T. . Education, Democracy and Growth. Journal of Development Economics, 1993, 42(2):399-407.

［69］Stiglitz, J. . Distribution of Income and Wealth among Individuals. Econometrica, 1969, 37(3):382-397.

［70］Stwart, F. . Income Distribution and Development. QEH Working Paper Series, QEWP37.

［71］Turnovsky, S. J. , Garcia-Penalosa, C. . The Dynamics of Wealth and Income Distribution in a Neoclassical Growth Model. Working paper, IDEP57.

当代西方主流经济学的新思潮：
从新古典传统到复杂性科学思路[*]

文建东[**]

（武汉大学经济与管理学院，武汉，430072）

一、引 言

在经济学中，经常会提到主流经济学理论（mainstream economics）与非主流经济学理论。主流经济学与非主流经济学的说法虽然常见于各类学术文章，尤其是研究经济学说史的文章，但二者之间的区别并无一个正式的界定。往往是主流经济学家们对非主流的经济学理论不置可否，而非主流的经济学家则极力指出主流经济学的缺陷。经济学界隐含着的能够共同接受的标准是：各类教科书里所包含的理论，主流学术杂志所接受的文章，以及学校经济学系所承认的研究，即属于主流经济学范畴。按此标准，主流经济学的方法主要是以新古典经济学（Neoclassical economics）的框架为基础的。不仅微观经济学体系完全是新古典的微观经济学，现代宏观经济学也强调要以微观经济学为基础，从微观的个人行为出发来看其对宏观经济运行的影响，而这个微观经济学也恰恰是新古典的微观经济学。事实上，当前最有影响的两大主流宏观经济学——新

　＊ 本文受到教育部人文社科重点研究基地重大项目（课题编号06JJD790024）和武汉大学"海外人文社会科学研究前沿追踪计划"资助。

　＊＊ 文建东，武汉大学经济与管理学院经济学教授、博士生导师。

古典宏观经济学（new classical macroeconomics）与新凯恩斯主义（new Keynesian macroeconomics）均是以新古典微观经济学为基础的。

新古典理论一直主导着主流经济学的发展，同时也一直受到来自各方的批评，例如遭到奥地利学派（Austrian school）的批评，遭到激进政治经济学（Radical Political Economy）的批评，遭到后凯恩斯主义（post Keynesianism）的批评，等等。但是，这些批评基本上不构成威胁，因为这些理论仅仅是批评新古典为主的主流经济学的缺陷，却没有提出替代性的研究方法。

不过，自20世纪末期以来，由新古典经济学主导的主流经济学再次受到新的挑战，而这个形成挑战的新的方法在慢慢成长，而且能够提出可操作性的研究方法，因而受到越来越多的学者的追捧，隐然有补充、改变主流经济学的趋势。这个新的方法就是复杂性科学思路（complex science approach）。

本文下面首先要分析复杂性科学思路何以会在经济学中应用，接着讨论复杂性科学是如何看待经济体系的，然后再介绍应用于经济学中的复杂性科学的基本方法是什么，在此之后简要介绍复杂性科学应用于经济学中所形成的一些理论，文章的最后对复杂性科学与主流经济学的前景进行评估。

二、主流经济学的基本思路及其缺陷：复杂性科学视角

复杂性科学是一个多学科融合形成的科学，其研究方法与当前的主流经济学的方法呈替代关系，因此要更好理解经济学的复杂性科学思路，有必要对主流经济学的本质特征做一个归纳。

（一）经济科学作为一门科学：决定论与演绎推理

以新古典经济学为主的主流经济学理论非常强调经济学是一门社会科学，应遵从自然科学尤其是物理学的研究规范，因而受自然科学尤其是物理学的影响非常之大。主流经济学相信决定论（deterministic theory），认为万事万物均有其内在运行规律，复杂多变的现实世界的种种行为都是由一些简单规律主导的，各类现象的

发生均有迹可循，事物之间是存在着因果联系的。因此可以抽象掉细枝末节，专注主要的实质性内容，把复杂的现象还原成简单的过程。事实上，主流经济学的分析方法正是拉普拉斯妖（Laplace's Demon）在经济学中的应用。拉普拉斯妖（拉普拉斯决定论）声称：只要我们知道所有的初始条件，就可以准确地预测未来。就是说，我们可以根据已知的过去和现在的事件来预测未来。基于这种认识，主流的经济学主要采取了演绎推理（deductive reasoning）的方法：根据既定的原理或假设，推演所研究的主体在外在条件发生变化时会做出什么样的反应，这个反应的总体结果是什么。

主流经济学之所以相信决定论，是因为它们相信，一方面，子系统可以独立于其他系统，可以不影响所处的环境，也可以不受到所处环境的影响。例如，当用主流经济学理论分析中国推行节能减排对工业的影响时，假定它不受美国货币政策的影响，也不会影响到欧洲产业工人的就业，因此可以将整体分成一个一个的独立个体展开分析。另一方面，他们也相信，个体之间的相互作用不会带来难以预测的结果，要么是个体同质，从而个体的行为可以简单加总成为整体行为；要么是个体虽然异质，但是异质的性质可以获知，相互作用的结果可以预见，因此基于演绎推理仍然可以预测未来。

基于演绎推理的主流经济学在展开研究时，根据认定的假设，通过严格的逻辑推理，对所要研究的问题进行分析，讨论已发生或将发生的事件会带来什么样的后果。为了更有效率地完成这种研究，经济学广泛而深入地使用了现代数学技术；而为了验证这些理论的正确性与准确度，经济学又将统计学技术引入进来，发展了计量经济学的方法体系，用以将数据与理论假说进行比照。

但是，因为知识与信息的获取是不完全的，有很多因素没有被认识到，还有一些因素会在未来突然出现，这都影响到理论预测的准确性。因此主流经济学所提出的理论与现实相比或许有出入，在遇到这类问题时，经济学往往视之为随机扰动而加以处理。由于此类意外冲击过多，大大影响到经济学理论的准确性乃至正确性，因此也受到了种种批评。主流经济学承认这一问题的存在，但是仍然认为理论只是对大的趋势所作的一个总结，总体上而言或者平均而言是对的。例如，在人们批评理性预期假说是否现实时，卢卡斯（Robert E. Lucas）就回应道，经济学的均衡研究方法是为解释现实事件构建一个基准，作为分析问题的参照系，用以解释现实，用来与现实世界进行比照。这个基准是对人们行为趋势的一种描述，就像有引力的物质吸引其他物质一样，理论基准让人们的行为向它靠拢。因此，当观察到的行为与之不同时，可以利用已有理论进行解释何以会不同，这种不同未来是否还会出现。事实上，如果理论是正确的，观察到的行为与理论预测不一样的情形终归会逐渐消失的。

不妨以亚当·斯密"看不见的手"的原理为例来说明这个问题。"看不见的手"在厂商理论中表现为：在其他条件不变时，如果资本的使用成本相对于劳动变得低廉，厂商会更多地使用资本，以其替代劳动。但是也许某次观察结果并非如此，原因无非有三种：其一是其他条件发生了变化而未能被经济学家察觉；其二是厂商获得了错误的信息；其三是厂商的行为模式有悖于经济学确信不疑的理性与利己行为。可以看到，无论出现哪种状况，都不能指责经济学是错的，但是可以批评经济学缺乏预测力——正是在这一点上，主流经济学与其他方法或范式之间存在着争议。第一种原因表明，经济学的预测力受到信息获取的限制。第二种原因表明，经济学对厂商估计过高。但是也可以认为，厂商的反应可能还没有完结，厂商正处在行为的调整过程中，最终厂商还是会用资本替代劳动的。第三种原因表明，虽然这一次预测失败了，但是今后会应验，或者在其他场合会应验，毕竟大部分厂商都是利润导向的。

考虑到所研究对象的变量过多，研究者们不可能知道所有的相互影响的原因，他们就采纳了弱的因果联系的原理，使用统计学的范式，认为大致相同的原因会导致大致相同的结果。

（二）经济学作为一门科学：理性与均衡

如前面所述，经济学利用基本假设对现实世界各类事物之间的因果联系进行演绎推理，以求获得具有一般意义的解析解（analytical solution）。主流经济学所假设的基本原理是理性与均衡，认为人们的行为是理性的，最终会导致均衡的出现。理性表明，每一个经济活动参与者都谋求一己之利益，并且有足够的计算能力判断出何种选择对自己有利。均衡原理表明，经过每一个个体的理性选择，经济状态最终会达到稳定不变的状态即均衡状态。均衡状态之所以不变，其内在原因是每个主体都已经获得最大效用，单方面的更改只会对自己不利。

纵览所有的所谓主流经济学理论，可以发现它们都是理性与均衡原理在不同环境不同事例中的运用。主流经济学形成了固定的公式：一个典型的具有理性行为的个体，在考虑到外界约束的条件下作出明确的选择，以寻求个人的效用或利润最大化；在所有的个体都作出自己的选择之后，这些个体所构成的系统就处于均衡状态；而在外在条件发生改变时，个体对此作出反应，由此引起经济变量的变化和新的均衡的出现。

在主流经济学中，理性预期假说与纳什均衡的概念几乎构成所有理论的基石，它们正是对理性与均衡原理的具体化。理性预期着眼于对未来的预测，在涉及未来、面临不确定性从而需要预期时，经济学家要计算理性预期的均衡；纳什均衡着眼于当期的抉择，在考虑到所有的个体的相互反应时，要根据对他人选择的判断作出自己的最优决策，此时经济学家要计算纳什均衡。而当既涉及很多人，又要展望未来，同时不仅个体之间相互反应，而且这些反应会是动态的时候，经济学家需要将理性预期和纳什均衡结合起来，要计算子博弈精炼的纳什均衡（subgame perfect Nash equilibrium）或是贝叶斯子博弈精炼的纳什均衡（Bayesian subgame perfect Nash equilibrium）。无论是理性预期还是纳什均衡，都同样强调了个体的超强计算能力。

（三）复杂性科学思路眼中主流经济学研究方法的缺陷

主流经济学的方法在很多方面一直遭到其他经济学家的批评，而从复杂系统的思路来看，主流经济学存在的一些缺陷主要有如下一些方面：

第一，未来的状况难以预测。整个经济系统呈现出不规则的特征，不存在简单的规律。在系统的动态演进过程中，随时会出现突变现象，出现跳跃式的行为，不存在周期性，经济现象的变化不会简单地以过往的模式展开。这一点在金融市场如股票价格的走势中表现得淋漓尽致。这表明经济系统的变化是难以预测的，不存在简单的因果联系；经济问题的解是多重的，一个微小的变化会导致其中某个解的实现，主流经济学对个体与系统关系的处理过于简化，从而未能完全抓住经济运行的内在规律。

第二，均衡可能并不存在。因为系统是时间和空间的高度统一，始终处在变化之中，具有高度的动力系统特征，均衡就只是一个一个不断被超越的时点，是动态系统的极端现象而非普遍现象；而且因为系统的初值敏感性，起始阶段的微小变化会大大改变整个动态过程的进程；而一旦变化路径发生改变，整个过程就是不可逆的。例如我们所看到的路径依赖现象——为什么我们看到的是一种彩电制式而不是其他的制式？为什么我们使用了一种特定的键盘排列方式？如此等等。并非因为我们目前所选择的制度是最有效率的，它只是初始状态阶段的某种细小变化在随后的动态过程中不断被放大其效果时通过动态演进而得到强化的。再例如蛛网理论中分析的发散型蛛网，一旦偏离均衡，就会离均衡越来越远；收益递增规律会导致企业越来越庞大而出现垄断，网络企业中的美国在线就是这样。于是，以均衡状态为分析重点也就失去意义，传统经济学的静态均衡分析是没有意义的。

第三，均衡即使存在，也不会被理论家所掌握。当主流经济学力求解释事物之间的因果联系时，往往抽象掉了细枝末节，将纷繁复杂的现象抽象成易于处理的简化系统。但是，它所忽略掉的因素或是未能把握的因素却总是加入进来，影响到经济学理论的正确性与预测力。在经济学模型中，这种复杂性的因素被当成一个随机的外在干扰处理，对模型而言是外生的变量。这种复杂性的因素起因于信息量过大而不容易完全把握，为建模者所不熟悉，所以只能作为外生变量处理。而复杂性科学思路要改变这一状态，要将复杂性因素通盘考虑到理论模型中去。

第四，多重均衡的存在也削弱了主流经济学的预测力。在道路交通中，各走自己的右侧与各走自己的左侧都是均衡；在约会中，按时到与不同时间的迟到也都是均衡。如果各种均衡可以按照帕累托效率进行排序，那么可以预测具有帕累托效率的均衡会最终胜出。但是如果各种均衡按帕累托效率的标准是势均力敌，那就很难预测哪种均衡会出现。事实上，在我国，即使我们都知道排队上下车是一种有效率的均衡，但是这一均衡很少在现实中胜出。

第五，主流经济学的个人主义方法论也是大错特错的。问题在于个体异质（heterogeneous agent）而且相互作用，而个人主义方法论未考虑这些。在经济系统中，各个主体是异质的，无论是在理性程度上，还是在掌握知识和信息上，或是在能力上，经济活动的主体都有着显著的差别。因此，着眼于一个有代表性的主体如厂商或消费者或投资者的分析来代表所有的主体并将他们加总的做法就会形成误导。

第六，主流经济学还存在的问题是过于依赖对个人理性行为的假定。事实上主流经济学是建立在超级理性的基础上的：人们不仅自身是理性的，而且对他人的理性也有信心，对他人相信自己的理性同样有信心，还相信他人知道自己对他的理性是有信心的……正是有了这样的超级理性共识（common knowledge of rationality），才有均衡的存在。例如，在相向而行时，如果人们都具有超级理性共识，就会都走自己与对方相对的一侧，即要么左侧要么右侧。但是，正如赫伯特·西蒙所倡导的，理性是有界的。当要处理的事情的复杂性达到一定程度之后，人类的逻辑思维受到限制，缺乏足够的计算能力理性地应付复杂性问题。就如同棋手下棋一样，不可能将所有的后着都计算出来，从而正确选择目前应该采取的步骤。退一步说，就算一个人有足够的理性，但他不确定其他人是否理性，经济学经常假定的关于理性的共识事实上不存在。这样，利用完全的逻辑过程从定义明确的前提出发推导结论这种理性的演绎的推理不再起作用。行为经济学对超级理性进行了更致命的批评，指出人们的行为并不总是前后一致的，也不存在着稳定的偏好，因此基于理性假说来分析个人行为并预测其决策是不科学的。事实上，只要超级理性共识中出现一点怀疑，均衡就会消失，而主流经济学的理论分析也就是失去了预测的功效。例如，当其中一方不理性时，是不会按常理出牌的，各走一侧的交通秩序就不会出现；即使所有人都是理性的，但是其中一些人对另外的人是否理性持有怀疑态度，各走一侧的交通秩序也不会出现；即使所有人事实上是理性的，而且也都相信对方是理性的，但是对他人是否相信自己的理性拿不准，则各走一侧的交通秩序同样不会出现……

综上所述，均衡要么不会出现，要么我们并不确知哪种均衡会出现，那么以均衡为主导的经济学理论就是大有问题的。

（四）复杂性科学思路的出现

主流经济学存在着诸多问题，有些甚至是根本性的，因此也招致了很多批评，如后凯恩斯主义的批评、激进政治经济学的批评、演化经济学的批评。问题是这些思潮在批评以新古典为主的经济学理论的同时，没有建立足以取代它的理论。正如诺贝尔经济学奖获得者西蒙所说："政治学上有一个说法：'你不可能以无击败有。'你不可能简单地指出一个方法或候选人的缺陷和不足就打败它或他。你必须提出替代方案。这个原理同样适用于科学理论。一个理论一旦确立并通行，它就会在遭遇到本来是要否定它的经验证据的攻击时立于不败之地，除非是出现一个替代它的理论与经验证据吻合，已经作好了取代它的准备。"① 而复杂性科学思路的出现为主流经济学的方法改进展露了一丝曙光。

复杂性科学思路出现于20世纪80年代。复杂性科学思路有效地整合了不同学科的方法，如生命科学、自然科学（其中的混沌理论）、工程科学（网络理论，人工智能和设计）、认知理论等，并奠定了自己特有的分析方法。复杂性科学在方法论上的开山之作来自埃德加·默林（Edgar Morin，1977，1980，1987，1991），他的著作全方位地展示了复杂性科学的思路。而1985年出版的《复杂性科学与现实》则对复杂性科学思路进行了基本的归纳。1988年，安德森（P. W. Anderson）的《作为演化中的复杂系统的经济》一书更成为复杂性科学在经济学中应用的经典。

就像每一个学科、每一个研究领域或每一个思潮都有一个阵地一样，复杂性科学的引领者也于1984年建立了自己的研究机

① Simon，1982，vol. 2，pp. 490-491.

构——位于美国新墨西哥州圣塔菲市的圣塔菲研究所（Santa Fe Institute，简称 SFI），它是将研究对象看成是复杂系统加以研究的最著名和最卓有成效的机构。圣塔菲研究所明确自己的宗旨是，推进用多学科的融合来解释或理解自然、社会、人类所存在的共同规律，主张将这些对象看成是复杂系统来着手研究。从复杂性系统的角度对经济学问题展开研究是圣塔菲研究所的重要任务之一，也是它最早研究复杂性问题的切入点。该机构吸引了众多有影响的学者或访问或驻所研究。其中霍兰（John H. Holland）提出了复杂性适应系统的思想，阿瑟（William Brian Arthur）则致力于讨论归纳法在经济学中的研究。

三、作为复杂系统的经济

（一）什么是复杂系统

复杂性科学将包括经济在内的所有现象都看成是一个具有复杂性的系统（complex system）。一个复杂系统是由一个异质的主体（agent）构成的，是对外在环境或其他系统开放的，其连接微观与宏观的结构特征由主体在开放体系下的相互作用决定。这里的主体在经济系统中就是微观经济学要研究的一个个个体（individuals）如企业、居民户等。归纳起来，这个复杂系统具有三个最基本特点：（1）主体行为的异质性（heterogeneity）；（2）个体之间的相互作用；（3）系统的自组织属性（self organization）。因为这三个性质，系统的未来变化轨迹是随机而不可准确预测的，而理论家就是以能够理解的方式将这种不可预期的行为展示出来。显然，这是传统的社会科学所不能接受的，传统的社会科学尤其是经济学要做的就是对所研究的现象进行准确的解释和对未来加以精确的预测。

复杂系统强调个体与总体的区别，而两者之所以有区别，其重要原因在于异质个体的相互作用。显然，个体相互独立地进行理性的选择与个体在相互影响和相互作用的环境中作出选择，其结果是不一样的。人们根据他人的行为而调整自己的选择，其中可能抛弃自己所获得的正确的信息，这意味着理性预期并不存在，而出现什么样的结果会依赖初始状态的不同而不同。金融市场最为明显，涨则追之，跌则杀之，羊群效应毕现，使得价格波动呈现爆发状。在这样的市场中，是没有新古典经济学所描述的均衡存在的。

不仅如此，个体相互作用也是异质的。例如，有些个体只和市场的一部分交易对象进行交易，这样信息就是不对称的；有些个体和固定的伙伴交易，有些则不断搜寻新的伙伴。

在复杂系统里，异质的主体之间相互影响而构成一个集体行为，从而导致总体形成一个自组织。同时，在这个系统里，各个行为主体之间的相互影响或相互作用具有动态的不可预测性，从而导致与个体行为完全不同的总体行为，使得总体现象与个体行为截然不同。因此，这样的系统就形成了一个自组织，这个自组织具有自己的行为模式，并不是由个体驱导而行的。这个体系会将它自身组织起来，并且有些明显不同类型的体系可以具有共同的特点。

例如，市场作为一个系统，是有自己的组织特性的，这个组织特性不是个体主观意志的体现，而是总体自身主观意志的体现。传统经济学的问题在于，一方面忽视了个体行为的异质和相互作用的异质，另一方面也没有对交易类型进行分析，如：有固定交易对象的交易是什么样的类型，如何形成，又是如何演化的；或者没有固定交易对象的交易者如何在不同的交易对象之间转换。因此，主流经济学将系统的行为简化为个体的行为是错的。

（二）复杂性系统的特点

对经济学学生乃至学者而言，复杂系统仍然是陌生的，因此，这里进一步地归纳其在运行过程中表现出来的特点：

（1）整体性、系统性和非线性。系统各组成部分联系紧密，相互作用，相互制约，从而构成一个整体，整体大于个体之和。子系统或系统内的各个要素之间是不可叠加的，每个组成部分不能代表整体，低层次的规律不能说明高层次的规律，整个系统具有了非线性的特征。例如个人在球赛中站起来看会更清楚一些，但是当所有的人都站起来时，大家都看不到。因此，不能把研究对象分成若干个容易处理的子系统加以分析，然后把结果进行综合。也不能根据个体行为特征来预测整体结果。

（2）高度的动态性。系统必然是时间和空间相互结合构成的，随时处在变化之中，重要的是抓住变化的过程，而不是达到哪种状态、将会趋向哪种状态。在系统内部各组成要素相互作用、系统与外部环境的相互作用下，整个系统形成一种自组织作用和他组织作用，整体行为呈现出动态变化的特征，处于运动之中，随时会出现突变。

（3）开放性。每个系统都受到外部环境的影响，与外部环境相互关联、相互作用。开放性的系统不断与外在环境交换物质、能量和信息，通过内在的调整，不断影响和适应外部环境。这一点很类似于经济学中的一般均衡理论，因为一般均衡考虑不同市场的相互影响。而不同的是，它们立论的基础不同，结果也不同。一般均衡建立在个体行为同质、市场机构同构的基础上，考虑的是市场之间的相互影响，而不是个体之间的相互作用及其难以预测的结果，模型结论是静态性质的；而复杂系统的方法则还是着眼于考虑异质主体在开放系统下的相互作用，考虑系统作为一个整体的自组织演化过程。

（4）非周期性、随机性。系统的动态变化过程不存在固定的模式，后来的系统演进不会简单重复原来的轨迹。这表明系统具有不规则性与无序性，系统的动态变化过程是不确定的，具有随机变化的特征，从而使得系统的长期行为特征变得难以预测。

（5）积累效应与初值敏感性，在系统的动态变化中，初始状态的微小变化，都会在系统的自运行过程中被积累和放大，导致系统的运行轨迹出现巨大的偏差。这也使得预测变得困难。收益递增规律就集中体现了这种特点，当某个企业一开始领先于其他企业时，就可以在收益递增规律的帮助下迅速壮大。

（6）突现的性质。一个系统出现有别于以前所描述的性质时，这种性质就是突现的性质。例如冰就是水的突现的性质。当要素或参数出现小的变化引起整体系统的质的变化时，就会呈现出突现的性质。例如水分子的相互作用将水由液态变成固态的过程，个体的葡萄与加工后的葡萄酒之间的关系，都可以看成是"突现"（emer-gences），它们是系统作用的结果。戈尔德斯坦（Jeffrey Goldstein）

对突现下了这样的定义："在复杂系统的自组织过程出现了新奇的井然有序的结构、类型和性质"（Goldstein，1999）。突现的性质包括如下内容：①彻底的新奇性，即系统中以前看不到的性质；②一致性或相关性，即在一段时间里一体化的整体得以存续；③全局或宏观层面，即存在着某种"整体"性质；④是动态过程的产物，即它是演化的；⑤它是"外表的"，即可以感知到（Corning，2002）。

（三）复杂适应系统

进一步地，圣塔菲研究所的学者们又特别强调了复杂性系统中的一种——复杂适应系统（Complex Adaptive System，CAS）。它表明，这个系统的主体具有适应性，是适应性主体（adaptive agent），也就是能适应外界环境的变化和系统的演化，在与其他主体交流和对系统的适应过程中进行学习和积累经验，并据此调整自己的行为模式。整个系统作为一个自组织的演化，包括新层次的产生、分化，系统性质的突变，多样性的发展，等等，都是在适应性主体以适应性行为为主的相互作用下完成的。

复杂适应系统是一个动态的网络，其中许多主体如细胞、物种、个人、企业、机构、国家等平行地展开各种行动，各自对其他主体的行动作出反应。在这些主体所展开的竞争和合作的相互作用下，系统呈现出整体的特征。它们之所以复杂是因为系统由多种相互联结的元素或主体构成，并且变化多样；之所以是适应性的是因为，系统中的主体能够从经验中学习，对外部的环境作出反应，修正自己的行为。

四、复杂性科学与经济学：经济学中的
复杂性科学思路

（一）强调对主体之间相互作用的分析

复杂性科学不再是考察主体作为一个个体的自身的属性和孤立的行为，例如在外在约束下如何进行最大化自身效用的选择。但是，如果把经济看成是一个复杂系统，那么在考察主体行为时，不是强调它作为个体的存在，而是强调它作为一个主动的活的主体，考察它们之间的相互作用，考察它们之间相互作用的规则，考察它们之间相互作用与环境的互动、与规则的互动，从而达到研究个体、环境或规则是如何在这些互动的过程中而发生演化的。这样考察问题，整个系统就是一个有独立人格的自组织了，有自己的不同于孤立个体的运行规律，也就是说，总体的行为特征与个体的行为特征是不一样的。

因此，在讨论企业和消费者时，离开市场关系，离开消费者之间、企业之间、消费者和企业之间的交互关系，离开市场规则，单独讨论单个的企业和消费者是没有意义的。而且，也不能在假定规则既定条件下讨论个体的消费者和企业的行为，或者认为消费者或企业前后的行为模式是不变的。应该考虑到的是作为个体的企业、消费者是如何相互作用，他们又是如何受市场规则影响，进一步改变市场规则的；从而考虑随着时间的变化，市场作为一个整体是怎样演进的，市场规则是怎样演进的，人们的行为方式是怎样演进的；进一步地，要研究随着市场的演化，会出现什么样新的性质，即突现的性质。例如，当市场参与者不断增加时，是如何从寡头垄断市场过渡到垄断竞争市场的。

主流经济学与复杂性科学都分析了在经济系统中存在着的主体之间的相互作用，例如企业与企业互动，企业与消费者、投资者的互动，或者是个人和个人之间的互动，但是分析的方式有着本质区别。复杂性科学思路将这些问题置于中心地位，要求分析经济系统中的个体之间和各个构成部分之间的相互作用是怎样影响到总体行为的，分析这些个体之间相互作用所形成的组织其自身是如何出现的。主流经济学则将对相互作用的分析放在一个次要的地位。例如，在主流经济学中，对人们消费的互动或者企业生产的互动用外部性来解释，将其看成是市场不完善的一种。相对而言，哈耶克主张分析市场的演化过程，将市场体系看成是一个开放的体系，更接近复杂性科学思路。

（二）强调对整体的分析

既然经济并非主流经济学所假设的是脉络清晰、因果联系明确的环境，而是复杂的系统，那么研究的方法也就要随之发生改变。只研究孤立的要素及其相互关系是不够的，应该有全局观念，注重要素之间的关系以及要素与其所处环境之间的关系，要考虑稳定性和不确定性的边界以及秩序与无序的界限，要研究动态学、非均衡和非线性，要分析历史的演化。不寻求找到随时随地适用的一般性结果，而是寻找暂时存在的关系模式，这些模式在综合系统里是自发地逐渐展开的。"当我们以一种出离均衡的形成过程的角度来看问题时，经济类型有时会简化为标准经济学中的那种简单的同质的均衡。更多的时候它们是一直变化着的，展现出持续的新颖行为和意外现象。因此复杂性将经济刻画成不是决定论的、可预测的和机械论的；而是过程依赖的、有机的和始终演进的"（W. Brian Arthur，1999）。

对经济学中复杂性问题的研究用到交叉学科的方法，吸引了物理学、数学、计算机科学、经济学和心理学的学者，用到了统计物理学、混沌和分岔理论、非线性随机过程理论、基于主体的模拟技术等。

（三）强调异质主体相互作用分析与整体分析的一个例子：以海边渔市为例讨论异质主体与宏观系统之间的关系

与主流的经济学不同，在考虑总体与个体之间的关系时，复杂性科学是以演化的思路展开的，通过考察异质主体之间的相互作用，来研究由它们所决定的总体是如何变化的。而且，既然作为总体的系统不能由个体行为线性叠加来解释，经济学应该分析的重点就不再是均衡，而是经济系统中的个体之间和各个构成部分之间的相互作用是怎样影响到总体行为的，以及经济系统作为一个自组织，其自身是如何出现的。如果直接研究个体之间的相互作用，就不需要考虑其是否理性。这样做，总体行为仍然可以观察得到，但是不再是个体行为的平均了。

克曼以马赛渔市为例对基于异质主体相互作用的市场动态过程进行了清晰的解释，可以说明复杂性科学是如何看待主体与宏观系统的关系的（Alan Kirman，2004）。主流经济学理论认为，总量的市场结果是代表性的个体行为的简单加总，可以通过观察代表性的个体行为来研究可能出现的市场结果。但是对早期海边渔市的观察表明，鱼类的批发市场有自身的组织结构，与置身其中作为个体的鱼贩和渔民的行为有本质区别；个体之间的交易并不必然呈现出标准需求曲线的任何特性，但是由它们综合而成的市场层面的量价关系却具有标准经济学理论所描述的需求曲线的典型特征。这一结果与主流经济学的断言相悖，这里所呈现出来的总量行为与个体行为并不具有相同的特性。这就为经济学提出了问题：如果个体不具备标准的经济学理论所推导的性质，这些性质能否在总量关系中得到恢复？反之，如果观察到个体确实碰巧具有标准经济学理论所有的特性，这些特性能否在相互作用形成总体结果时得以保留？这些问题表明，个体与总体之间并无直接关联。总体有自己的组织，是自己在行动，是通过总体将各个个体组织起来展开行动，因而具有不同的行为特征。因此，量价之间的总体经验关系是可以确立的，但是不能认为他们与标准化的个人最大化行为有关。

既然市场呈现出与古典的个人最大化行为不一致的特点，那就不能从个体的最大化行为出发来解释市场需求特点，而是要解释市场是如何将自己组织起来实现这个特点的。在早期的海边渔市，一方面鱼易腐而不能储存，当天必须销掉或消费掉；另一方面，消费者不存在着跨时替代，即不会用今天的多消费来换取明天的少消费。这就使得渔市具有孤立的特性，既不与其他市场相关联，也不与今后的市场相联系。这个特征可以让我们更好地审视市场演化的动态过程。

此外，还可以观察到，这个市场具有如下特点：（1）价格没有公布，有关价格的信息是分散的。（2）个体是异质的，这表现为：有些人一早就卖鱼或买鱼，没有关于价格的信息；有些人只买或卖一次就走，也没有关于价格的信息；有些人则可以慢慢感知到相关的价格与数量信息，比方说，卖者通过观察买者的反应来判断市场上的数量有多少；买者通过卖者的反应来判断市场上的价格大致如何。（3）这个市场事实上是每天都把鱼卖了出去（平均只有4%的剩余）。显然，如果只有最后一类人，那么完全可以通过个体行为推知市场的量价关系平均而言一定是负向关系。但是，如果

155

考虑到前面几类的迥然不同的交易者，则事情就没有那么简单了。因此，市场层面上的量价之间的负向关系与个体的相关特性之间并非必然对应，市场需求并不是个体需求的简单加总，因而市场需求关系也不能从个体需求关系中推测出来。

这样，在复杂性科学的思路中就要分析：市场作为一个整体如何将自己组织起来，并且既实现了市场出清的结果，也实现了市场层面量价之间平均而言的负向关系。这种分析的结果是古典经济学的，但是过程却不是古典经济学的，既然它认为结果是经由异质的个体之间的复杂的相互作用而达成的。这些个体由市场组织，不需要费心计算，哪怕是任意喊价，也能达成如正统经济学所预测的结果，就像真是向前看的理性的个体通过计算实现的结果。

与此同时，如果再观察每天价格是如何分布的，还会发现，短期看，价格走向显得杂乱无章，无规律可循，或者说缺乏自身的组织，与标准的经济学的预测不一致。但从长期来看，价格分布仍然是井然有序而稳定的。

（四）以归纳推理取代演绎推理

要实现上述目标，复杂性科学主张用归纳推理（inductive reasoning）取代演绎推理，要求观察以前曾经出现的种种类型，以归纳法推断将来各种可能的结果，推断问题的各种可能解。在事情很复杂、问题不明确、现象的展开不明朗的环境下，有限的逻辑思考能力阻止了人们进行严格、完善的演绎推理。不过，尽管推理受到限制，但人们可以观察和归纳，从事物的演进中辨别出已经呈现出来的类型（pattern）。于是人们就会关注系统的历史，从中总结出一些类型并加以分析，然后利用这些类型通过局部演绎（local deduction）构建临时性的个人思忖的模型或假说，这是所谓的工作性模型（working model），最后再根据实际情况从中选择最合适的模型来指导自己的决策。

一般而言，归纳性推理的程序如下。进行归纳推理的经济行为者每次在作决策时会持有一个或几个信念或模型或假说，而另一方面，这些模型或信念或假说又都是个人的，是主观的，通常会因人而异。接下来经济行为者要依据其中最可信的一个来作决策和采取行动，这些决策和行动和其他行为者的决策和行动一起影响到综合结果。当综合结果变化时，经济行为者对比着新的环境来评估那些模型或假说或信念，要作出取舍，决定是强化还是弱化那些信念，保留看起来仍然正确的假说或模型，丢掉不起作用的模型或假说，需要时再通过局部演绎推理形成新的假说或模型以取而代之，从而更新自己持有的模型或假说或信念。要指出的是，在归纳推理的方法下，坚持一个信念或模型并非是因为它正确（正确与否是没有办法知道的），而是因为它在过去表现尚好；而要抛弃一个模型，必须因为该模型在过往的类型展开中缺乏足够的支持，积累了大量的失败记录。简言之，归纳推理要经过这样一个序列：类型辨别——假说形成——基于目前认可的假说所作的演绎——需要时取代假说。

经济学中的演绎推理必须以个人理性乃至超级理性假设为出发点，而利用归纳推理的方法可以避开对个人理性行为的依赖，更好地抓住了现实的特点。以弈棋为例，如果是计算机之间的对弈，要预测谁胜谁负完全可以用演绎推理法的方法来进行，只要设置一套程序，就可以赋予计算机超级理性，即具有足够的计算能力去与对手竞赛，选择最优的步骤以实现赢棋的目的，则中间不会有任何错着。因此，知道了开始就可以预测到结果，因果联系是显而易见的。弈棋应该是不分胜负，或者说胜负取决于谁先谁后，可能是先发优势，也可能是后发制人，这依博弈规则而定。但是，人和人之间的博弈就不完全是如此，而是一个复杂系统。这是因为：第一，棋手的计算能力是有限的，会计算错误，或记忆错误，因此推理是不完善的；第二，棋手不确定对方是否完全理性，是否具有充分的计算能力和记忆能力，不知道对方是否知道自己是理性的，不知道对方是否知道自己也知道对方是理性的，等等；第三，两个棋手的实力与棋风也大不相同；第四，棋手之间存在着相互的作用，这种相互的作用可能展现出羊群效应，使棋手作出错误选择。于是结果弈棋就变成了典型的复杂性系统，每一次弈棋结局都不同。而对棋

157

手而言，要取胜就必须熟悉以前的各种棋局，还要知道对方的弈棋风格，据此推测对方每一步会怎么走。如果推测错了，就随时改进。这就是一种归纳推理。

（五）对计算技术的利用

由于不能像主流经济学那样建立简化的模型，而是必须研究纷繁复杂的经济现象，用归纳推理的方式处理海量的各类信息，因而复杂性科学思路就非常依赖先进的计算技术。好在计算技术的发展满足了这一要求。复杂性科学在经济学中的广泛运用出现在 20 世纪 90 年代以后，这显然是和计算机技术的发展密不可分的。计算机技术的发展大大方便了数据处理，也扩大了能够处理的数据数量，从而使得科学家有能力处理越来越复杂的综合系统。

主流经济学传统的研究程序是，先进行以演绎推理为主的理论模型的分析，然后拿到计算机上去检验。由于计算机的计算功能越来越强大，而计算与数据处理成本越来越低，从而使得归纳推理为主的研究方法更为可行。经济理论不再过于依赖基本的原理（如理性与均衡）和现有的数学定理，对现实作出结构性假设，以其为基础来发展新的理论，然后再利用计算机技术和计量经济学技术的结合对理论进行验证。与此不同，经济学可以在计算机的帮助下对现实进行观察，并搜寻适合的理论模式；通过模拟（或仿真）工作、实验工作和以已经普遍接受的观察到的模式为基础建立经济模型；可以利用电脑同时进行理论模型的建立和数据的分析。例如，经济学家们也许在分析时会同时给出几个模型，看看哪个更适合。

以供求模型为例，无论是在传统的主流经济学还是在复杂性科学那里，都一如既往地受重视，被看成是理解经济运行的最好的简化模型。不同的是，传统的主流经济学将这个模型以演绎推理的方式在理性与均衡原理的基础上推导了出来。复杂性科学思路利用计算机技术将其模拟出来、描述下来，可以直接利用计算机对市场机制的各种图景作动态的描述，而供求力量作用则退隐到背后作为支配力量。这个过程如同黑箱一样，供求内在机制归隐到黑箱里，存在着但不被重视，人们重视的是黑箱输出的结果。

五、复杂性科学在经济学中的应用：部分理论简介

（一）对市场过程的分析

模拟市场过程一直是复杂性科学思路感兴趣的主题，因为市场过程最完美地体现了整体与个体之间的关系，对这个关系的不同看法区分了传统的主流经济学理论与复杂性科学思路。

在复杂性科学思路看来，即使是最简单的市场竞争，也会呈现出复杂的动态行为。切雷拉（Chiarella，1988）对竞争的市场动态学进行了分析，认为即使在供给和需求都是单调的情况下，因为反应时间的滞后也会导致混沌动态学。在他看来，蛛网理论就是最早讨论混沌动态学的。讨论寡头垄断的古诺模型是典型的新古典理论，但尤其引起复杂性科学思路的重视。复杂性科学思路更多地讨论了寡头之间竞争的演化过程和动态学。例如兰德（Rand，1978）指出古诺模型中的反应函数可能是非单调的，因此存在着多重均衡。普（Puu，1991）则在此基础上进一步指出，即使存在着的纳什均衡是单一的，也会因为寡头反应的滞后和不同步而导致均衡难以实现。而卡普尔（Kopel，1996）进一步地分析了古诺模型的普遍动态学（global dynamics），并考察了多种其他种类的复杂动态学。埃克斯托尔（Axtell，1999）考虑到了局部纳什均衡的不稳定性，在此基础上讨论了具有局部规模经济的新企业是如何形成的。在研究中他利用了模拟的方法，复制重要经验现象，以推导结论。

（二）对金融市场的分析

金融市场最具有混沌的特性，也最为复杂性科学思路所青睐，对金融市场的分析用到最多的方法是突变理论。代和黄（Day and Huang，1990）分析了资产市场上内生混沌泡沫形成的可能性，强调了金融市场作为交易者的主体的异质的特性。斯图泽（Stutzer，1994）引入熵的概念，推导出符合幂律（power law）的金融市场行为。圣塔菲学院的阿瑟、霍兰、勒布朗、帕尔默和泰勒（Arthur，Holland，LeBaron，Palmer，and Tayler，1997）用了演化的方法分析金融市场。在他们的模型中，如果金融市场的参与者多多少

少以基本分析为主的话，那么市场就相对稳定，在一个较窄的范围内围绕着理性预期均衡摆动；如果大部分市场主体倾向于采用技术分析，则市场离理性预期的均衡更远，其动态特征也更为多变。

在分析外汇的波动时，阿里弗维奇（Arifovic，1996）采用了复杂性科学中具有学习和适应功能的基因算法（genetic algorithms）模拟汇率的变化。拉姆齐和张（Ramsey and Zhang，1997）则借用了物理学中的方法对计量经济学技术加以创新，来考察汇率变化的动态调整过程，这个方法可以抓住变量之间的时间序列的机动性与细微之处的特征。格劳韦和格里马迪（Grauwe and Grimaldi，2002）分析了外汇市场中的混沌动态学是如何从采用技术分析的交易者和采用基础分析的交易者的相互作用中产生的。显然，这里再次强调了金融市场中交易者的异质性：有用基础分析的，有用技术分析（依赖图表线图）的，有理性冷静的，也有情绪化的，如此等等。正是他们之间的相互作用，导致金融市场以随机的形式演进而难以预测。

传统的经济学理论假设理性选择与市场效率，但是却未能够解释金融市场的实质特征，未能就金融资产收益的厚尾分布（fat tail）和大交易量等现象提出令人信服的解释。正因为如此，金融市场的自组织过程变成基于主体的计算经济学（ACE）最为活跃的研究领域。总体上，他们摒弃了理性预期假说，假定金融市场的参与者采用归纳推理的方式进行预期。例如，泰和林（Tay and Linn，2001）在建立 ACE 模型时假设人们采用生活中的那种以归纳推理为基础的预期方式，在勒布朗建立的模型中，所有的投资者都是根据过去的表现对自己的交易模式进行评估，但是不同的投资者对过去的记忆长度有所不同（LeBron，2001）。泉和上田（Izumi and Ueda，2001）对外汇市场建立了 ACE 模型，使用了用问卷调查得来的田野数据来构建行为准则，以主导各个主体之间的相互作用和学习行为。在他们的模型中，作为投资者的各个行为主体通过相互作用而预测汇率的未来走势。他们的目的是对经验上观察到的外汇市场规律进行微观的定量的解释。陈和叶（Chen and Yeh）则在模型中强调了社会学习机制在股票市场中的重要性。他们通过建立 ACE 模型来构建人工股市，其中包含着称为学校的学习机制，学校中的主体竞争性地提供预测股票收益的模型，学校成员是否成功用他们所提供模型的预测精度来衡量，而交易者的成功则用财富来衡量。他们的模型包括了 14 000 次连续的交易。通过计算机模拟，他们发现市场行为总在不断变化之中，而且个体交易者表现得并不相信有效市场假说，但是在总体层面，统计数字显示市场又是有效的。豪伊特和克劳尔（Howitt and Clower，2000）分析了广为接受的交易中介即货币是怎样出现的。

（三）基于主体的计算经济学

计算机技术的发展使得复杂性科学在经济学中的应用有了更强大的工具，使得对主体相互作用的模拟和对系统作为一个自组织的分析更为便捷与高效。其结果是，复杂性科学思路中得以形成基于主体的计算经济学（Agent-based Computational Economics，ACE）。本来计算经济学（Computational Economics）是指凡是利用计算机技术来建立经济学模型和求解的方法，而专用于分析行为主体之间相互作用的基于主体的计算经济学则是以复杂性科学思路为导向的。在 ACE 看来，分权市场体系就是一个复杂适应系统，微观与宏观存在着双向的反馈，个体之间通过相互作用而决定总体的结果，可以用计算机的计算功能来模拟各个行为主体是如何相互作用而导致整体系统不断演进的。它的基本做法是，利用计算机进行实验，设置初始的一群主体，这些主体包括经济主体和其他类型的主体。通过对每个主体的初始特性进行设定而设定系统的初始状态。一个主体的初始特性可能会包括性格，内在化的行为准则，与生俱来的行事方式如沟通与学习方式，所拥有的关于自己和他人的信息。然后建模者不再对这个系统进行干预。随后发生的所有事件都是在主体之间相互作用下出现的，是不可逆的。

按照特斯法申（Tesfastsion，2003）的归纳，ACE 研究的主要领域包括：学习与展示出来的思想；行为准则的演化；对市场过程进行自下而上的建模；经济网络的形成；对组织的模拟；自动化市场中可计算的主体的设计；真实主体与计算机中的主体的平行实验，等等。这里面的很多问题都是传统的主流经济学所忽略的。以行为准则为例，传统的经济学假定其为既定的外生因素，而 ACE 则要分析其是如何形成的，又是如何影响到整个系统的。爱普斯坦和埃克斯托尔使用 ACE 的实验调查了个体们在遵循简单的行为规则时，它们之间的相互作用是怎样产生不同的集体行为的（Epstein and Axtell，1996）。

对市场过程的自我组织能力的模拟一直是 ACE 所感兴趣的主题。早些时候有马克斯（R. Marks，1992）研究这个问题，他强调了历史、相互作用和学习对策略性市场结果的重要性，他对寡头垄断市场建立了 ACE 实验模型，分析进行定价决策的寡头厂商如何在竞争中胜出。实验结果表明，寡头们在没有进行明确的价格串谋的前提下实现了联合利润最大化。同时，这个实验也表明偶然因素对结果的影响，呈现了路径依赖的特点。

（四）复杂性科学在其他领域的应用

对社会相互作用和学习机制的分析。经济复杂性要考虑的问题之一是异质行为者在局部地区的相互作用问题。克曼（Kirman，1993）就异质个体之间的相互作用提出了一个一般模型，强烈批评主流经济学对代表性个体进行分析并以此推知总体的做法。布洛克和霍姆斯（Brock and Hommes）与克曼一样，对异质的行为者建立了一个明确的模型，指出了这些行为者的动态相互作用可能会产生不同寻常的现象，例如导致混沌。格兰蒙特（Grandmont，1998）建立了学习模型，认为学习者可能会出错以致永远不能复制现实，而霍姆斯和苏杰（Hommes and Sorger，1998）则认为学习者遵从经验法则时更能贴近事实。

宏观经济波动与增长。范里安（Varian，1979）利用突变理论，在多重均衡框架内设置了非线性的驱动函数，对内生宏观经济变动进行了分析。多劳夫（Durlauf，1993）利用异质个体之间的相互作用，分析了长期增长中多重均衡是如何出现的。青木正直（Aoki，1995）将来自统计力学关于粒子相互作用系统的平均场理论（mean-field approach）创新性地应用到宏观经济学中，分析了宏观经济的波动。

经济转型。罗瑟（Rosser，1997）利用了统计力学中的平均场方法（mean field approach of statistical mechanics）模拟制度结构的崩溃。鲍德温、马丁和沃泰芬奴（Baldwin，Martin，and Ottaviano，2001）解释了全球经济史中的转型，指出在英国工业革命期间存在着的半突变式的中断，引发了全球发展的分岔，使得印度与中国相对于欧洲衰落。当然，这也可能意味着，随着全球化的深入和技术扩散变得容易，最终可能会出现重新收敛。

六、复杂性科学思路与主流经济学未来的趋势：互补还是替代？

复杂性科学思路与主流经济学的新古典思路在研究经济问题上所采取的方法有着很大区别。这个区别体现了主流经济学的方法中所存在着的种种缺陷和复杂性科学对这个缺陷进行弥补的努力。那么复杂性科学在经济学中的存在对以新古典为主流的当代经济学到底是起到替代的作用还是补充的作用？

（一）新古典为主的主流经济学与复杂性科学思路的简单比较

在回答复杂性科学思路和主流经济学的未来趋势之前，我们先归纳前面所作的讨论，对两者的区别作一个简单的比较。这些比较用表1进行归纳。

表1　　　　　　　　主流经济学与复杂性科学思路的比较

	以新古典为主的主流经济学	新兴的复杂性科学思路
规范还是实证	事实上是规范理论	描述性的，实证的理论
推理的方式	演绎推理为主	归纳推理为主
理论特征	分析经济系统内在的因果关联	对表象进行客观描述，将内在的演变规律看成是一个黑箱
关于个体（主体）的观点	同质，或者不发生相互作用	异质，而且处在相互作用之中

续表

	以新古典为主的主流经济学	新兴的复杂性科学思路
关于总体的观点	1. 总体的特征可以追溯到个体的行为 2. 一个系统如市场有独立的运行规律，可以切割出来单独分析	1. 具有自组织的属性，不是个体行为的加总 2. 一个系统是开放的，处于和其他系统的相互作用之中

　　在这个表格中，唯一需要再详细解释的是对主流经济学规范性质还是实证性质的描述。主流经济学一直标榜自己是实证理论，对经济现实进行客观的描述与分析。但是事实上我们看到，主流经济学一直在刻画个体的理性行为和经济活动的均衡状况，而理性行为与均衡状态并不是经济的常态，只能说经济有这样的趋势。个体还有很多社会性的特征，也会常常表现出非理性的特征。均衡则更是稍纵即逝。那么理论还有什么意义呢？主流经济学的回答是，理性和均衡是一个基准，以此判断实际的情况离它有多远。另一方面，可以让经济活动中的个体了解到，如果按照经济学家描述的行为模式去决策，就会实现自己所属意的结果。这样说来，主流经济学基于理性而建立的均衡模型实际上就是规范理论而不是实证理论了，因为它教导人们应该怎么做。反之，复杂性科学则对人们实际上如何行事进行了客观描述，因而是真正实证的理论。

（二）主流经济学注意到了经济作为复杂系统的特点

　　应该说，对复杂性科学所关注的主流经济学在方法上的缺陷，主流经济学自己也注意到了，并且作了改进的努力。例如，对于主体异质的问题，主流经济学在建立以代表性个体行为为基础的模型的同时，也尝试着建立了个体有着不同行为模式的理论模型。在分析企业时，会假定每一个企业有着不同的技术，或者是不同的规模，然后再设法分析这些企业寻求利润最大化时产生的结果是什么。在经济学中可以看到很多这类模型，我们不妨以布兰奇和麦高（Branch and McGough，2009）对新凯恩斯主义模型的改进为例来说明。新凯恩斯主义的特点在于：垄断竞争的企业以交错的方式不定期地改变价格；企业由家户所有，他们决定自己的终身消费和债券投资。然后，他们不再假设每一个企业或家户是同质的，而是假定存在着两类主体，并且每类都是一个连续系统，这两类主体分别用不同的方式进行预期：理性预期和适应性预期。在动态模型中，两类主体基于自己独特的预期机制和认识到的预算约束来寻求满足跨时欧拉方程。在预期上，由于引入异质主体和异质预期，他们用异质预期算子的凸组合取代了原来的预算算子；同时提出了一组关于异质信念的公理，用以将单个的消费、债券财产和价格加总起来，使得其具有与基于理性预期的新凯恩斯主义模型相同的简化形式（reduced form），但是预期形式有了变化，不再完全是理性预期的。这样做的结果是，货币政策有了不同的影响：原来设计为引导单一均衡的货币政策事实上会产生多重均衡。

此外，主流经济学的研究也非常重视理性的有限性，重视行为的多样化（异质），重视人的社会性，重视心理因素（如行为经济学的分析），重视对网络与社会资本的研究，重视对学习机制的研究（主体的适应性），并提出很多具有多重均衡的模型（结果的随机性）。这些都表明，它们也意识到了经济活动的多样性和复杂性，努力改变原来尽量简化的做法，将更为现实的因素考虑进来。与此同时，复杂系统的观点也在文章、讨论会和学术会议中反复提到。但是，这并不是说主流经济学就接受了复杂性科学思路。事实上，复杂性系统思路被分化瓦解了，其整体被丢弃，其成分被吸收。主流经济学所做到只是量变，并没有完成质变。更重要的是，它们还是强调理论模型是一个基准，并没有模拟异质主体之间的相互作用是如何导致整体出现突现性质的，也没有分析系统作为一个自组织是如何形成和演化的。倒是哈耶克主张分析市场演化的动态学的观点，更接近复杂性科学思路，但是在经济学中并不占主流。

（三）复杂性科学思路与主流经济学方法会形成互补

复杂性科学已经在经济学中应用，但它不会取代传统的方法而成为主流，至少目前没有看到这种趋势。我们可以说以演绎推理为基础的现代主流经济理论解决了经济系统中的一些简单问题，而其中的复杂问题则要采用新的方法。因此，经济学研究的两种思路应该是同时存在并相互补充的，这正像股票投资分析中基础方法与技术方法应该并重一样。应该用什么样的方法，取决于经济现象具有什么性质。

如果经济现象允许进行结构性简化（structural simplification），那就可以从特定的原理出发，利用线性动态学和结构性模型找到简化的经济关系，寻求获得唯一的解析解。而为了确保这些模型易于处理，还是需要利用简单的动态学（线性关系），并坚持以最大化行为、理性和均衡等基本模型为基础。

如果经济现象只容许"可复制的过程简化"（replicative process simplification），就需要将数据简化地纳入到非线性动态模型中，不需要寻求根本就不存在的唯一的解析解，不寻求找到随时随地适用的一般性结果，而是找到暂时存在的关系模式，这些模式是自发地逐渐展开的。在这个方法里，均衡可能有时会出现，也可能不存在。复杂系统总是处于演进和扩展之中的，新的综合模式不断出现，综合体系里的所有模式都是暂时的。

即使是利用复杂性科学所建议的方法展开研究，像理性和最大化行为这样一些基本特征也不会从经济分析中消失，不同的是，其程度和方向需要观察而不是假设。例如，理性的程度、信息的程度和信念的始终如一（前后时间上的一致性和不同场合下的一致性），都不再基于假设，而是属于行为经济学决定的经验规律。

因此，主流经济学的研究范式仍不会消失，会慢慢变成经济学的核（core），在核的外围将渐渐裹上皮肉。也许人们的行为有悖于理性模式，也许经济事件的演变远非演绎推理所能预测，但是，传统的经济理论为我们分析这些个人行为与经济事件提供了一个有用的参照，就像我们为并不存在的完全竞争建立了模式一样，其目的是对比分析其他市场结构。

参考文献

[1] Allen,P. M.. Knowledge,Ignorance and the Evolution of Complex

Systems. in Foster, J. , Metcalfe, J. S. eds. . Frontiers of Evolutionary Economics: Competition, Self-Organization and Innovation Policy. Cheltenham, Edward Elgar, 2001.

[2] Aoki, Masanao. Economic Fluctuations with Interactive Agents: Dynamic and Stochastic Externalities. Japan Economic Review, 1995, 46.

[3] Arifovic, Jasmina. The Behavior of the Exchange Rate in the Genetic Algorithm and Experimental Economies. Journal of Political Economy, 1996, 104.

[4] Arthur, W. Brian. Inductive Reasoning and Bounded Rationality. American Economic Review(Papers and Proceedings), 1994, 84.

[5] Arthur, W. Brian. Complexity and the Economy. Science, 1999, 284.

[6] Arthur, W. Brian, John H. Holland, Blake LeBaron, Richard Palmer, Paul Tayler. Asset Pricing Under Endogenous Expectations in an Artificial Stock Market. in W. B. Arthur, S. N. Durlauf, D. A. Lane eds. . The Economy as an Evolving Complex System II, Reading, MA: Addison-Wesley, 1997.

[7] Arthur, W. B. . Increasing Returns and Path Dependence in the Economy. MI: University of Michigan Press, 1994.

[8] Arthur, W. B. , S. N. Durlauf, D. Lane. The Economy as an Evolving Complex System II. New York: Addison and Wesley, 1997.

[9] Arthur, W. B. , S. N. Durlauf, D. A. Lane eds. . The Economy as an Evolving Complex System II. Reading, MA: Addison-Wesley, 1997.

[10] Axelrod, R. . The Complexity of Cooperation: Agent-based Models of Competition and Collaboration, Princeton, NJ: Princeton University Press, 1997.

[11] Axtell, Robert. The Emergence of Firms in a Population of Agents: Local Increasing Returns, Unstable Nash Equilibria, and Power Law Size Distributions. Santa Fe Institute Working Paper 99-03-019E.

[12] Axtell, Robert. The Complexity of Exchange. The Economic Jour-

nal,2005,115(June).

[13] Bak, Per, Kan Chen, José Scheinkman, Michael Woodford. Aggregate Fluctuations from Independent Sectoral Shocks: Self-Organized Criticality in a Model of Production and Inventory Dynamics. Recherche Economiche,1993,47.

[14] Baldwin, Richard E. , Philippe Martin, Gianmarco I. P. Ottaviano. Global Income Divergence, Trade, and Industrialization: The Geography of Growth Take-Offs. Journal of Economic Growth,2001,6.

[15] Beja, A. , M. B. Goldman. On the Dynamics Behavior of Prices in Disequilibrium. Journal of Finance,1980,35.

[16] Bellomo, N. . Modelling Complex Living Systems—A Kinetic Theory and Stochastic Game Approach. Boston: Birkhäuser,2008.

[17] Bellomo, N. , B. Carbonaro. On the Complexity of Multiple Interactions with Additional Reasoning about Kate, Jules and Jim. Mathematical and Computer Modelling,2008,47.

[18] Bertotti, M. G. , M. Delitala. Conservation Laws and Asymptotic Behavior of a Model of Social Dynamics. Nonlinear Analysis RWA, 2008,9.

[19] Blume, L. E. , D. Easley. Evolution and Market Behavior. Journal of Economic Theory,1992,58.

[20] Blume, L. E. and D. Easley. If You're So Smart, Why aren't You Rich? Belief Selection in Complete and Incomplete Markets. Econometrica,2006,74(4).

[21] Branch, W. A. . The Theory of Rationally Heterogeneous Expectations: Evidence from Survey Data on Inflation Expectations. Economic Journal,2004,114.

[22] Branch, William and Bruce McGough. A New Keynesian Model with Heterogeneous Expectations. Journal of Economic Dynamics and Control,2009,33:5.

[23] Brock, W. A. , C. H. Hommes. A Rational Route to Randomness. Econometrica,1997,65.

[24] Brock, W. A. , C. H. Hommes. Heterogeneous Beliefs and Routes to Chaos in a Simple Asset Pricing Model. Journal of Economic Dynamics and Control, 1998, 22.

[25] Brooks, D. R. , E. O. Wiley. Evolution as Entropy: Towards a Unified Theory of Biology, Chicago, Chicago University Press, 1986.

[26] Byrne, D. . Complexity Theory and the Social Sciences: An Introduction. London: Routledge, 1998.

[27] Camerer, C. F. . Behavioral Game Theory: Experiments in Strategic Interaction. Princeton University Press, 2003.

[28] Camerer, C. F. , E. Fehr. When does "Economic Man" Dominate Social Behavior?. Science, 2006, 311.

[29] Casti, J. . Complexification: Explaining a Paradoxical World through the Science of Surprises. London: Harper Collins, 1994.

[30] Cattani, C. , A. Ciancio. Hybrid Two Scales Mathematical Tools for Active Particles Modeling Complex Systems with Learning Hiding Dynamics. Mathematical Models and Methods in Applied Sciences, 2007, 17.

[31] Chiarella, Carl. The Cobweb Model: Its Instability and the Onset of Chaos. Economic Modeling, 1998, 5.

[32] Colander, David. New Millennium Economics: How Did It Get This Way, and What Way Is It?. Journal of Economic Perspectives (Winter), 2000, 14:1.

[33] Colander, David. The Death of Neoclassical Economics. Journal of the History of Economic Thoughts, 2000, 22:20.

[34] Corning, Peter A. . The Re-Emergence of "Emergence": A Venerable Concept in Search of a Theory. Complexity, 2002, 7(6):18-30.

[35] Cooper, Russell W. , Douglas V. DeJong, Robert Forsythe, Thomas W. Ross. Selection Criterion in Coordination Games: Some Experimental Results. American Economic Review, 1990, 80(March).

[36] Cooper, Russell W. , Douglas V. DeJong, Robert Forsythe, Thomas W. Ross. Communication in Coordination Games. Quarterly

169

Journal of Economics,1992,107(May).

[37] Cowan, R., N. Jonard. Network structure and the diffusion of knowledge. Journal of Economic Dynamics and Control,2004,28.

[38] Day,R.. Complex Economic Dynamics:A Introduction to Dynamical Systems and Market mechanisms,Vol. 1,Cambridge, MA:MIT Press,1994.

[39] Day, Richard H., Weihong Huang. Bulls, Bears, and Market Sheep. Journal of Economic Behavior and Organization,1990,14.

[40] De Grauwe,Paul,Marianna Grimaldi. The Exchange Rate and Its Fundamentals: A Chaotic Perspective. CESifo Working Paper, 2002,639(6).

[41] Dew, N., S S. D. arasvathy, S Venkataraman. The Economic Implications of Exaltation, Journal of Evolutionary Economics, 2004,14:1.

[42] Disney, R., J. Haskel, Y. Heden. Restructuring and Productivity in UK Manufacturing. The Economic Journal,2003,113.

[43] Dopfer, K., J. Foster, J. Potts. Micro-meso-macro. Journal of Evolutionary Economics,2004,14.

[44] Dosi, G., L. Marengo. Behavioral Theories of Organizations: A Tentative Roadmap. Organization Science,2007,18.

[45] Durlauf, Steven N.. Nonergodic Economic Growth. Review of Economic Studies,1993,60.

[46] Durlauf, Steven N.. Complexity and Empirical Economics. The Economic Journal,2005,115(June).

[47] Dyson,J., R. Vilella-Bressan,G. F. Webb. The Steady State of a Maturity Structured Tumor Cord Cell Population. Discrete and Continuous Dynamical Systems,2004,B 4.

[48] Earl, P. and J. Potts. The Market for Preferences. Cambridge Journal of Economics,2004,28.

[49] Editorial. Introduction to Special Issue on Complexity in Economics and Finance. Journal of Economic Dynamics & Control,2009,33.

[50] Egidi, M., A. Narduzzo. The Emergence of Path-Dependent Behaviors in Cooperative Contexts. International Journal of Industrial Organization, 1997, 15.

[51] Ehrhardt, G. C. M. A., M. Marsili, F. Vega-Redondo. Phenomenological models of socioeconomic network dynamics. Physical Review, 2006, E 74.

[52] Epstein, J. M. and R. Axtell. Growing Artificial Societies: Social Science from the Bottom up. Cambridge, MA: MIT Press, 1996.

[53] Evans, G. W., S. Honkapohja. Learning and Expectations in Macroeconomics. Princeton: Princeton University Press, 2001.

[54] Fagiolo, G., L. Marengo, M. Valente. Population learning in a model with random payoff landscapes and endogenous networks. Computational Economics, 2004, 24.

[55] Farber, H. S.. Mobility and Stability: The Dynamics of Job Change in Labor Markets. in O. Ashenfelier, D. Card eds.. Handbook of Labour Economics. Elsevier Science, 1993, 3.

[56] Foster, J.. Economics and the Self-organization Approach: Alfred Marshall revisited?. The Economic Journal, 1993, 103.

[57] Foster, J.. The Analytical Foundations of Evolutionary Economics: From Biological Analogy to Economic Self-organization. Structural Change and Economic Dynamics, 1997, 8.

[58] Foster, J.. Competitive Selection, Self-organization and Joseph A. Schumpeter. Journal of Evolutionary Economics, 2000, 10:3.

[59] Foster, J., J. S. Metcalfe. Frontiers of Evolutionary Economics: Competition, Self-Organization and Innovation Policy. Cheltenham: Edward Elgar, 2001.

[60] Foster, J., P. Wild. Econometric Modeling in the Presence of Evolutionary Change. Cambridge Journal of Economics, 1999, 23.

[61] Foster, John. Why is Economics not a Complex System Science?. Journal of Economic Issues, 2006 (December), Vol. XL:4.

[62] Foster, John. From Simplistic to Complex Systems in Economics.

Cambridge Journal of Economics,2005,29.

[63] Ginits,H.. Game Theory Evolving: A Problem-centered Introduction to Modeling Strategic Behavior. Princeton: Princeton University Press,2000.

[64] Goldstein, Jeffrey. Emergence as a Construct: History and Issues. Emergence: Complexity and Organization,1999,1(1):49-72.

[65] Goodwin,R.. Chaotic Economic Dynamics. Oxford: Oxford University Press,1990.

[66] Hendry,D. F.. Dynamic Econometrics. Oxford: Oxford University Press,1995.

[67] Henrich,J.,R. Boyd,S. Bowles,C. Camerer,E. Fehr,H. Gintis, R. McElreath. In Search of Homo Economics: Behavioral Experiments in 15 Small Scale Societies. The American Economic Review, Papers and Proceedings of the Hundred Thirteenth Annual Meeting of the American Economic Association,2001,2.

[68] Holland,J. H.. Emergence: From Chaos to Order. Oxford: Oxford University Press,1998.

[69] Hommes,C. H.. Heterogeneous Agent Models in Economics and Finance. In Leigh,T.,Judd,K. L. eds.. Handbook of Computational Economics,2006.

[70] Hommes,Cars H.. Gerhard Sorger. Consistent Expectations Equilibria. Macroeconomic Dynamics,1998,2.

[71] Horgan,John. From Complexity to Perplexity. Scientific American, 1995,272(6).

[72] Horgan,John. The End of Science: Facing the Limits of Knowledge in the Twilight of the Scientific Age, Pbk. edition. New York: Broadway Books,1997.

[73] Howitt,P.,R. Clower. The Emergence of Economic Organization. Journal of Economic Behavior and Organization,2000,41.

[74] Huyck,Van,John B.,Battalio,Raymond C.,Richard O. Beil. Tacit Coordination Games, Strategic Uncertainty, and Coordination

172

Failure. American Economic Review,1990,80(March).

[75]Huyck, Van, John B. , Battalio, Raymond C. , Richard O. Beil. Strategic Uncertainty, Equilibrium Selection, and Coordination Failure in Average Opinion Games. Quarterly Journal of Economics,1991,106(August).

[76]Izumi,K. ,K. Ueda. Phase Transition in a Foreign Exchange Market:Analysis Based on an Artificial Market Approach. IEEE Transactions on Evolutionary Computation,2001,5.

[77]Jackson,M. O.. A Survey of Models of Network Formation:Stability and Efficiency. Social Science, Working Paper, 2003: 1161. Division of the Humanities and Social Sciences, California Institute of Technology.

[78]Jackson,M. O. ,A. Watts. The Evolution of Social and Economic Networks. Journal of Economic Theory,2002,106.

[79]Jackson,M. O. ,A. Wolinsky. A Strategic Model of Social and Economic Networks. Journal of Economic Theory,1996,71.

[80]Judd,Kenneth L.. Computational Economics and Economic Substitutes or Complements?. Journal of Economic Dynamics and Control,1997,21.

[81] Kauffman, S. A.. The Origins of Order:Self-Organization and Selection in Evolution,New York:Oxford University Press,1993.

[82] Kirman, Alan, F. Nicolas. Learning to be Loyal. A Study of the Marseille Fish Market. Lecture Notes in Economics and Mathematical Systems,Vol. 484. Berlin:Springer,2000.

[83] Kirman, Alan, J. Zimmermann eds.. Economics with Heterogeneous Interacting Agents. Lecture Notes in Economics and Mathematical Systems,Vol. 503. Berlin:Springer,2001.

[84] Kirman, Alan. Economics and Complexity. Advances in Complex Systems,2004,7:2.

[85] Kirman, Alan P.. Ants, Rationality, and Recruitment. Quarterly Journal of Economics,1993,108.

[86] Kiyotaki,N. ,J. Moore. Credit Cycles. Journal of Political Economy, 1997,105(2):8.

[87] Kollman,Ken,John H. Miller,Scott E. Page. Political Institutions and Sorting in a Tiebout Model. American Economic Review,1997, 87.

[88] Kopel, Michael. Simple and Complex Adjustment Dynamics in Cournot Duopoly Models. Chaos,Solitons & Fractals,1996,7.

[89] LeBaron, B.. Empirical Regularities from Interacting Long and Short Horizon Investors in an Agent-based Stock Market. IEEE Transactions on Evolutionary Computation,2001,5.

[90] LeBaron,B.. Agent-Based Computational Finance. 2006. In Leigh, T. ,Judd,K. L. eds.. Handbook of Computational Economics.

[91] Levin, S.. Complex Adaptive Systems: Exploring the Known, Unknown and the Unknowable. Bulletin of the American Mathematical Society,2003,40:1.

[92] Loasby,B.. Knowledge,Institutions and Evolution in Economics. London:Rutledge,1999.

[93] Lux, T.. Applications of Statistical Physics in Finance and Economics. 2009. In Rosser Jr. , J. B. , Cramer Jr. , K. L. eds.. Handbook of Research on Complexity,forthcoming.

[94] Mankiw,N. G. ,R. Reis,J. Wolfers. Disagreement about Iinflation Expectations. NBER Macroeconomics Annual,2003,18.

[95] Marcos, S. M.. Computability and Evolutionary Complexity: Markets as Complex Adaptive Systems(CAS). Economic Journal, 2005,115.

[96] Marks, R. E.. Breeding Hybrid Strategies:Optimal Behavior for Oligopolies. Journal of Evolutionary Economics,1992,2.

[97] Marsan, G. Ajmone. New Paradigms towards the Modeling of Complex Systems in Behavioral Economics. Mathematical and Computer Modeling,2009,50.

[98] Marsan,G. Ajmone,N. Bellomo, M. Egidi. Towards a Mathemati-

cal Theory of Complex Socio-Economical Systems by Functional Subsystems Representation. Kinetic and Related Models,2008,1.

[99] Mateos de Cabo,Elena Olmedo Fernàndez,Juan Manuel Valderas Jaramillo. The New Complex Perspective in Economic Analysis and Business Management Ruth. Emergence,2002,4(1/2).

[100] Mateos,R. ,E. Olmedo,M. Sancho,J. M. Valderas. From Linearity to Complexity: Towards a New Economics. 2002. http://www. csu. edu. au/ci/draft/ olmedo02/.

[101] McKelvey,B. . Complexity Theory in Organization Science:Seizing the Promise or Becoming a Fad?. Emergence,1999,1.

[102] Metcalfe,J. S. . Evolutionary Economics and Creative Destruction. London:Routledge,1997.

[103] Metcalfe, J. S. , J. Foster, R. Ramlogan. Adaptive economic growth. Cambridge Journal of Economics,2005,29.

[104] Milani, F. . Expectations, Learning and Macroeconomic Persistence. Journal of Monetary Economics,2007,54(7).

[105] Mirowski,P. . More Heat Than Light:Economics as Social Physics. New York:Cambridge University Press,1989.

[106] Mirowski, P. . Machine Dreams: Economics Becomes a Cyborg Science. New York:Cambridge University Press,2002.

[107] Le Moigne,Jean-Louis. On Theorizing the Complexity of Economic Systems. The Journal Of Socio-Economics,1995,24:31.

[108] Nelson, R. R. , S. G. Winter. An Evolutionary Theory of Economic Change. Cambridge:Belknap Press,1982.

[109] Norman, Ann. Economic Complexity: Non-Linear Dynamics, Multi-agents Economics and Learning. Journal of Economic Literature,2004,42(Sep).

[110] Norman,Ann. Economics as an Agent-based Complex System:Toward Agent-based Social Systems. Journal of Economic Literature, 2004,42(Sep).

[111] Potts, J. . The New Evolutionary Microeconomics:Complexity,

Competence and Adaptive Behavior, Cheltenham: Edward Elgar, 2000.

[112] Puu,Tönu. Chaos in Duopoly Pricing. Chaos,Solitons & Fractals, 1991,1.

[113] Quirmbach,Herman C.. R & D:Competition,Risk,and Performance. Rand Journal of Economics,1993,24(Summer).

[114] Rabin,M.. A Perspective on Psychology and Economics. European Economic Review,2002,46.

[115] Rabin,M.,G. Charness. Expressed Preferences and Behavior in Experimental Games. Games and Economic Behavior,2005,53.

[116] Ramsey,James B.,Z. Zhang. The Analysis of Foreign Exchange Data Using Waveform Dictionaries. Journal of Empirical Finance, 1997,4.

[117] Rand,David. Exotic Phenomena in Games and Duopoly Models. Journal of Mathematical Economics,1978,5.

[118] Rosenfeld,R. A.. Job Mobility and Career Processes. Annual Review of Sociology,1992,18.

[119] Rosser,J. B. Jr.. On the Complexities of Complex Economic Dynamics. Journal of Economic Perspectives,1999,13:42.

[120] Rosser,J. Barkley,Jr.. Marina Vcherashnaya Rosser. Complex Dynamics and Systemic Change:How Things Can Go Very Wrong. Journal of Post Keynesian Economics,1997,20.

[121] Rothschild,E.. Economic Sentiments:Adam Smith,Condorcet, and the Enlightenment. Boston:Harvard University Press,2001.

[122] Ryecroft,R. W.,D. E. Kash. The Complexity Challenge:Technological Innovation for the 21 Century. New York:Pinter,1999.

[123] Saari,D. G.. Complexity and the Geometry of Voting. Mathematical and Computer Modelling,2008,48.

[124] Shapiro,C.,H. Varian. Information Rules:A Strategic Guide to the Network Economy, Boston: Harvard Business School Press, 1999.

[125] Simon, Herbert A. . The Architecture of Complexity. Proceedings of the American Philosophical Society, 1962, 106:6.

[126] Simon, Herbert A. . Theories of Decision-Making in Economics and Behavioral Science. The American Economic Review, 1959, 49.

[127] Simon, Herbert A. . The Architecture of Complexity. Proceedings of the American Philosophical Society, 1962, 106.

[128] Solow, Robert. How Did Economics Get that Way and What Way Did It Get?. Daedalus(Winter), 1997, 126(1).

[129] Stacey, R. D. . Complexity and Creativity in Organizations. London: Berrett-Koehler, 1996.

[130] Stutzer, Michael J. . The Statistical Mechanics of Asset Prices. in K. D. Elworthy, W. N. Everitt, and E. Bruce eds. . Differential Equations, Dynamical Systems, and Control Science: Lecture Notes in Pure and Applied Mathematics. New York: Marcel Dekker, 1994:152.

[131] Tay, N. S. P. , S. C. Linn. Fuzzy Inductive Reasoning, Expectation Formation, and the Behavior of Security Prices. Journal of Economic Dynamics and Control, 2001, 25.

[132] Tesfatsion, L. . Agent-Based Computational Economics: Growing Economies From the Bottom Up. Artificial Life, 2002, 8.

[133] Tesfatsion, Leigh. Agent-based Computational Economics: Modeling Economies as Complex Adaptive Systems. Information Sciences, 2003, 149.

[134] Thaler, Richard H. . Form Homo Economicus to Homo Sapiens. Journal of Economic Perspectives(winter), 2000, 14:1.

[135] Turchin, P. . Complex Population Dynamics: A Theoretical/Empirical Synthesis. Princeton: Princeton University Press, 2003.

[136] Varian, Hal R. . Catastrophe Theory and the Business Cycle. Economic Inquiry, 1979, 17.

[137] Velupillai, K. . Computable Economics, the Arne Ryde Memorial Lectures. Oxford: Oxford University Press, 2000.

[138] Von Neumann, J., O. Morgenstern. Theory of Games and Economic Behavior. Princeton: Princeton University Press.

[139] Watts, D. J.. Small Worlds: the Dynamics of Networks between Order and Randomness. Princeton: Princeton University Press, 1999.

[140] Webb, G. F.. Theory of Nonlinear Age-dependent Population Dynamics. Marcel Dekker, 1985.

[141] Witt, U.. Self-Organization and Economics—What is New?. Structural Change and Economic Dynamics, 1997, 8.

发展经济学研究的最新进展[*]

郭熙保　习明明[**]

（武汉大学经济与管理学院，武汉，430072）

一、引　言

经过半个多世纪的发展，发展经济学在各个方面已取得了巨大的成就。尤素福和斯蒂格利茨（Yusuf and Stiglitz，2003）针对发展经济学在过去几十年的研究，提出发展经济学已经解决的七个方面的问题，尽管对这些问题的研究仍然存在一些小争议，但对这些问题的解决已经成为"常规科学"领域和"共同智慧"的一部分。这七个问题是：（1）什么是增长的源泉？（2）宏观稳定是否重要以及如何才能保持宏观稳定？（3）发展中国家应当实行贸易自由化吗？（4）产权究竟有多重要？（5）减贫是增长和资本积累的功能还是贫困网的功能？（6）发展中国家能够推迟或低估环境问题吗？（7）国家应当怎样严格管理和调控发展？

不过，发展经济学家仍然面临许多挑战。随着全球化、区域化、环境退化、人口结构变化、食品与饮用水安全、城市化等趋势

　　* 本文受到国家社科基金重点项目（07AJL006）和武汉大学"海外人文社会科学研究前沿追踪计划"经费资助。

　　** 郭熙保，武汉大学经济发展研究中心主任、教授；习明明，武汉大学经济发展研究中心博士研究生。

的发展变化，出现了一系列的新问题，尤素福和斯蒂格利茨（Yusuf and Stiglitz, 2003）将其概括为两类：一类是多层治理与调控问题，要解决好当前出现的治理无力的问题，必须至少处理五个问题，即参与政治、组织能力、权力下放、不平等和城市治理；另一类是与管理资源——人力、资本和自然资源——有关的问题，例如关于跨国移民、老龄化和资本供给、管理全球公共问题、食品与饮水安全问题等的研究。

阿德尔曼（Adelman, 2003）对发展经济学过去的研究方法进行了评论，他认为主要存在三个误区：（1）不发达只有一个单一的原因（无论其原因是低水平的有形资本、缺少企业家、错误的相对价格、国际贸易壁垒、政府的过度干预、人力资本水平不足，还是政府效率低下）；（2）一个单一的标准足以评价发展绩效；（3）发展是一个对数线性过程。阿德尔曼认为，应该把经济发展看成是一个高度多面的、非线性的、路径依赖的、动态的过程，在这个过程中会出现互动方式的系统性转换，而这种转换又要求政策和制度随时间的推移而不断变化。他提出了四个命题：第一，发展过程绝非高度线性的；第二，发展道路不是独一无二的；第三，初始条件影响后续发展；第四，发展的轨迹不仅不是唯一的，而且是可变的。

在发展经济学的理论与实证研究方面，慕克吉（Mookherjee, 2007）将其划分为四个阶段：（1）对相关现象的描述性分析；（2）相关理论的构建，包括推导出可能预测到的潜在含义；（3）对理论的验证和估计，并且可能修改或替换原有的理论，这一过程可以循环往复；（4）把实证检验最成功的理论应用在预测和政策评估上。根据这个划分，发展经济学的研究正处于第三阶段向第四阶段过渡期，发展经济学的理论不是太多而是太少，还有很多方面的问题有待解决。对此，巴丹（Bardhan, 2007）持相同意见，他认为当前的研究过分地关注量化分析，理论的研究还不够。例如：不完善的要素市场和社会规范之间的关系，这种关系如何随人口和技术环境而变化，经济过程与社会制度是如何相互作用的；如何才能超越现有的寡头垄断局部均衡模型，为寡头垄断经济中的要素价格和收入分配创建一个可行的理论；如何创建一个能将垂直产品差异、异质厂商、规模经济和国际竞争融为一体的理论；跳出低水平均衡这个过渡过程的动态机制有什么性质，等等。

发展经济学近十年的文献，大部分侧重于实证研究，注重随机分析和工具变量的选择，如霍尔和琼斯（Hall and Jones，1999），阿西莫格卢、约翰逊和罗宾逊（Acemoglu，Johnson and Robinson，2001，2005）等，巴苏（Basu，2007）将其称为"新经验主义发展经济学（The New Empirical Development Economics）"。以上学者都认为经验研究过多，而理论研究过少。但是也有很多学者持相反意见，支持经验研究。例如，班纳吉（Banerjee，2007）认为，当今的发展经济学研究不是理论太少，而是理论从一开始就失去了方向，因为实证研究者所提出的大多数问题都是来自于以前的理论，我们不能用现有的理论来反对实证研究，而应该考虑如何将现有的对问题的解释转化为理论，因此实证分析是非常重要的。也许有一天，这套新的理论会被定义为"新新发展经济学"。①

理论和实证孰重孰轻？这个问题恐怕永远都不会有结论。不可否认，发展经济学的研究自诞生以来取得了非常大的成就，尤其是近二三十年，随着新增长理论的发展，发展经济学的研究也受到了学术界前所未有的热捧。本文所要讨论的内容主要集中于"后华盛顿共识"之后的"新发展经济学"，也就是发展经济学最近十年的发展概况。除此之外，我们也会对之前相关的文献作一些必要且简单的回顾。

二、从"华盛顿共识"到"后华盛顿共识"

法因（Fine，2006）认为凯恩斯主义理论的出现和繁荣是对20世纪30年代"大萧条"和"萨伊定律"的反思，凯恩斯理论缩短了经济学与现实之间的距离。凯恩斯主义理论的出现，使得新古

---

① 以上慕克吉、巴丹、巴苏和班纳吉的文献来自于2007年《比较》第28期，但是几位作者的原文是来自于2005年的一次经济与政治会议。

典经济学受到了前所未有的质疑和挑战，因为新古典理论假定个人偏好、禀赋和技术都是不变的。与此同时，很多其他的非主流经济学也得到了发展，例如新制度主义、新马克思主义。20 世纪 40 年代之后，东亚、南亚、东南亚以及非洲和加勒比海地区的国家纷纷获得了独立，并积极寻求经济发展之路。发展经济学的出现对于第三世界国家或发展中国家而言，无疑是雪中送炭。传统的新古典增长理论探讨的是完全竞争条件下的稳态均衡增长和边际分析，新古典假设与市场和制度极度不完善的发展中国家格格不入。于是发展经济学——作为一门研究发展中国家或落后国家经济发展的非主流经济学，获得了广泛的支持，例如，罗森斯坦—罗丹（P. Rosenstein-Rodan）可能是最激进地偏离主流经济理论的发展经济学家，纳克斯（G. Nurkse）则利用亚当·斯密（Adam Smith）和阿林·扬（Allyn Young）的分工理论，强调与报酬递增有关的收入效应的作用。发展经济学的一系列政府干预政策如进口替代、贸易保护、出口导向、平衡增长与不平衡增长等，在发展中国家也得到了广泛的应用。

然而，好景不长。20 世纪 70 年代，西方国家出现的"滞胀"危机使得凯恩斯主义神话破灭，政府干预理论也受到了激烈的批评。20 世纪 80 年代末，拉美国家因陷入债务危机而急需进行经济改革。美国国际经济研究所邀请国际货币基金组织、世界银行、美洲开发银行和美国财政部的研究人员以及拉美国家代表在华盛顿召开了一个研讨会，旨在为拉美国家经济改革提供方案和对策。英国经济学家、华盛顿国际经济研究所高级研究员、国际货币基金组织顾问约翰·威廉姆逊（John Williamson）于 1989 年在其《拉美政策改革的进展》一书中，整理出他认为当时华盛顿的政策圈（包括美国政府、国际经济组织如 IMF 等）主张拉丁美洲国家应采取的经济改革措施，包括与上述机构所达成的十点共识：（1）约束财政；（2）将公共支出转移到教育、健康和基础设施上；（3）税制改革，降低边际税率和拓展税基；（4）利率自由化；（5）实行竞争汇率；（6）贸易自由化；（7）FDI 自由化；（8）私有化；（9）放松管制，消除企业自由进入以及竞争的障碍；（10）保护产权。由于会议召开和国际组织都在华盛顿，这一共识被称作"华盛顿共识（Washington Consensus）"。① "华盛顿共识" 反对发展经济学所提出的不完全竞争和政府干预观点，主张经济自由和个人行为的最优均衡，强调将政府干预减到最小。

然而，"华盛顿共识" 在诸多方面的不切实际，以及遵循 "华盛顿共识" 的拉美国家和非洲国家在经济上的失败，例如撒哈拉以南非洲地区经济根本没有增长，即使是被 IMF 评为 A + 的阿根廷也未能幸免于难，这引起了学术界和世界各国的普遍关注。维因伯格（Waeyenberge，2006）认为 "华盛顿共识" 的观点过于狭隘，并且只有在完美市场的条件下才能成立。阿罗-迪布鲁（Arrow-Debreu）的一般均衡理论指出，给定个人偏好、初始禀赋和技术不变，竞争市场只有在不存在外部性、公共物品、自然垄断的条件下才会产生福利最大化或帕累托最优结果（福利经济学第一定理），而且每一个帕累托最优结果都可以通过市场达到（福利经济学第二定理）。②这就意味着市场对收入分配是中性的，政府的作用限定于收入分配和纠正市场失灵，增长的主要约束就是资本短缺，这也是新古典增长模型的主要结论。然而事实并非如此，由于发展中国家出现严重的寻租与政治腐败、垄断与不完全竞争、信息不对称以及公共部门投资对私人投资的挤出（crowds out）等，市场并不能有效解决增长和收入分配问题。《世界发展报告》（1989）指出，在撒哈拉以南非洲地区，增长并没有解决贫困问题。斯蒂格利茨（Stiglitz，1998）认为，"华盛顿共识" 从最好的方面来看它是不完善的，从最坏的方面来看它是误导性的。市场自由固然可以带来经济增长，但政治腐败更容易造成严重的收入分配不平等问题。

尽管 "华盛顿共识" 遭遇各种困境，但并没有因此而消亡，支持 "华盛顿共识" 的学者对其在拉美和非洲国家的失败提出各

---

① Waeyenberge, E. V.. From Washington to Post-Washington Consensus: Illusions of Development. In Jomo K. S., Fine, Ben, ed., The New Development Economics: After the Washington Consensus. London and New York: Zed Books, 2006: 21-45.

② 关于福利经济学第一、第二定理，具体可以参考马斯-克莱尔、温斯顿和格林的《微观经济理论》。

种辩护。一般而言有四种：（1）拉美和非洲国家没有实施充分的改革，必须采取更多的措施；（2）改革的收益还未充分体现，只要坚持下去最后必然成功；（3）这些国家的失败主要是源于糟糕的外部环境，例如工业化国家的发展速度减缓；（4）东亚国家的成功实际上也遵循了"华盛顿共识"的建议，例如中国已经走向市场，并试图融入世界经济，印度已经实现自由化。[1]

但是，这些理由都无法令人真正信服。按照"华盛顿共识"的观点，发展中国家之所以落后主要是因为缺乏资本。如果新古典增长模型是正确的话，那么发展中国家的资本回报率就应该远高于发达国家，从而资本会源源不断地从发达国家流向发展中国家，世界各国的经济也将趋同。然而直到20世纪末，这种流向仍然受到诸多限制。即便是20世纪90年代中期，资金也是以有限方式流向东亚增长最快的几个国家，大部分国家都面临严重的信贷约束问题。霍尔和琼斯（Hall and Jones，1999）的经验分析表明，最富的5个国家人均收入的几何平均是最穷5个国家的31.7倍，而资本和劳动能够解释的只有2.2倍或1.8倍。也就是说，物质资本和教育只能解释跨国的收入差距很小的一部分，一个国家的长期经济增长是由制度和政府政策决定的，即社会基础设施（social infrastructure），因为它们构成了人们投资、创新、交流、生产和服务的经济环境。德兰亚加拉和法因（Deraniyagala and Fine，2006）认为，自由贸易从来都不是发展的问题和答案，贸易自由化对经济增长的影响是含糊和复杂的。现实经济的发展与"华盛顿共识"的初衷或新古典理论的背离，引起了学术界大量的研究和对"华盛顿共识"的反思。

斯蒂格利茨（1998）从"市场和制度失灵"的角度来反对"华盛顿共识"，他的"后华盛顿共识"（post-Washington Consensus）被称为新发展经济学（the new development economics）。新发展经

---

① 丹尼·罗德里克. 诊断法：构建增长战略的一种可行方法. 比较，2007，33：66-67.

济学与旧发展经济学相比，至少有四个方面的显著特征：（1）新发展经济学没有沿袭旧发展经济学的研究思路，而是从市场不完善的角度，试图回到古典和统计的方法上，同时在研究发展的属性时它包括并拓展了主流经济学的方法。（2）新发展经济学继续以最优化的分析方法为基础，而没有考虑社会及历史结构，而后者正是古典发展经济学和政治经济学的重要组成部分。[①]（3）新发展经济学大量采用新增长理论的内生技术变化和内生制度分析，特别是对人力资本的引进使得新发展经济学取得了很大的进展。（4）新发展经济学不仅关注增长，还关注贫困、收入分配、环境可持续性等问题，它还从信息不对称出发，指出市场力量不能自动实现资源的最优配置，承认政府在促进发展中的积极作用，批评国际货币基金组织在亚洲金融危机前后倡导的私有化、资本账户开放和经济紧缩政策。例如，芒什（Munshi，2008）从信息网络的角度解释了发展中国家的农业技术采用、生育率转移、教育与健康投资行为。霍夫和斯蒂格利茨（Hoff and Stiglitz，2003）分析了信息不对称、协调失灵、制度与经济发展之间的关系。这些研究都背离了新古典主义假设，而且个人行为的扭曲最终会导致多重均衡的出现，而不是帕累托最优的单一均衡。此外，他们认为不论是分配、技术、偏好和政策选择，还是制度，都应该是内生的。他们批判了新古典主义关于政府失灵的假定，他们认为政府并不总是失灵的，即使失灵也有程度的高低之分，作为政策决策者，需要一个表述清晰的理论，它能够解释政府为什么和在什么情况下失灵。

如果制度是内生的，那么为什么机能失调的制度能够长期存在？为什么各个国家的制度差别那么大？制度是如何影响经济增长的？又是什么因素决定制度？阿西莫格罗等（Acemoglu，Johnson and Robinson，2005，以下简称 AJR）区分了政治制度和经济制度对经济行为的影响，他们认为经济制度只有在满足以下三个条件时

---

① Fine，Ben.. Introduction. In Jomo K. S.，Fine，Ben，ed.. The New Development Economics：After the Washington Consensus. London and New York：Zed Books，2006：xv-xxi.

才会有利于经济增长：（1）政治制度在分配权力时倾向于那些以产权保护为广泛基础（broad-based）的群体；（2）政治制度能很好地约束掌权者（power-holders）的行为；（3）政治制度使得掌权者只能获得相对少的租金。其所谓的经济制度主要是产权结构和市场的出现与完善，他们认为经济制度是非常重要的，因为它能影响社会的经济激励，将资源配置到最有效率的部门，它决定谁将获得利润、收益以及剩余控制权。根据他们的观点，拥有能够促进要素积累、创新和资源有效配置的经济制度的国家将更加繁荣。在其研究以及众多的政治经济学研究文献中，经济制度是内生的，至少部分地由社会决定或由社会的一部分决定，因而研究为什么某些社会比其他社会更穷，实际上就相当于研究为什么某些社会拥有更糟的经济制度。

尽管传统的关于制度或政治经济学的文献都强调制度的重要性，但很少有人能回答，既然制度是重要的，那么是什么因素决定制度，为什么不同的国家会有不同的制度？AJR（2005）在其研究中试图解答这一问题。他们认为制度是内生的，并由社会中的集体选择行为决定。但是不同群体对不同经济制度的偏好不一样，在选择过程中必然会产生利益冲突，此时，不同群体的政治权力的大小就成为决定经济制度的最终因素。由于存在承诺问题（commitment problem），不同群体之间的利益无法协调，因为掌握政权的人不会承诺不使用政治权力来制定对他们最有利的资源分配政策，即使他们承诺了也是不可信的。只有群体自身掌握政治权力，才能从根本上保障自己的利益。此外，政治权力的分配也是内生的，AJR将政治权力进一步划分为法理上（de jure）的权力与事实上（de facto）的权力。政治制度决定法理上的权力，而事实上的权力则由两个因素决定：一是群体解决集体行动问题的能力；二是群体可利用的资源（即资源分配）。在一个动态过程中，当期法理上的权力和事实上的权力又反过来影响当期的经济制度和下期的政治制度，当期的经济制度又进一步影响当期的经济行为和下期的资源分配。

巴丹（Bardhan，2003b）从分配冲突的角度解释了发展中国家机能失调的制度为什么能长期存在，以及为什么集体行动会遭遇阻碍。主要有两个方面的原因：第一，关于变革成本的分担问题，即搭便车问题；第二，讨价还价问题，即关于分享变革潜在利益的争执。当提高生产率的制度变革中存在得益者和受损者时，这个问题会变得更加尖锐。例如，当潜在的受损者的损失比较集中、比较明显，而潜在的得益者得到的好处比较分散和不确定时，制度变革和集体行动将变得更加困难。通常认为解决这个问题的理想办法是，国家发行长期债券来收买受损者，并且通过向得益者征税来使自身得到补偿。但是许多发展中国家的政府的征税能力及其控制通货膨胀的可信性非常有限，证券市场也很薄弱。潜在的受损者还可能担心：在承诺没有得到遵守的情况下，放弃一个现存的制度可能会使他们无法再对未来的政府施加压力。因此，从得益者可能补偿受损者的意义上讲，受损者仍然会抵制可以带来潜在收益的帕累托改进的变革。因此，一个社会的制度安排往往是不同社会团体之间战略性分配冲突的结果，权力和资源分配的不平等有时可能阻碍对整个社会发展有利的制度的变革。

由于市场和制度失灵，"后华盛顿共识"主张政府在不完全市场条件下进行干预，但并不意味着其政策建议对于所有国家都是普遍适用的，一个国家有效的制度和政策移植到另一个国家未必管用。经济学尚未提供足够的理论依据和经验证据，以就特定领域的政策达成广泛共识，但有一种观点可以普遍接受：各个国家可以自己试验，自己判断，去探索最适合本国国情的发展策略。罗德里克（Rodrik，2007）认为贫困的国家之所以贫困，主要是因为人力资本缺乏、资本和资源使用效率低、制度落后、财政和货币政策波动、对投资和采用新技术的激励不足、信用度低、与世界市场隔绝等。"华盛顿共识"之所以失败，关键在于它没有致力于解决那些可能是最关键的、制约经济增长的问题。因此，他提出"诊断法"作为构建经济增长战略的一种可行方法：首先，要进行诊断性分析以找出经济增长最重要的约束，他认为所有的病症都会显示出不同的、可供诊断的信号，或是产生经济变量不同类型的共振；其次，需要富有创造性和想象力的政策设计，以恰当地解决已经找到的约束条件；最后，将诊断分析的过程和政策反馈制度化，以保证经济持续增长。

三、增长与发展理论的融合

很多人认为增长理论和发展经济学是同一个学科，至少应该相互联系、相互影响。但是直到 20 世纪 80 年代，这两个学科就像两个远房亲戚，互不来往，而且有时甚至还是相互对立的。这主要表现在四个方面：首先，新古典增长模型强调的是稳态增长、规模收益不变和无弹性劳动供给等，而发展经济学研究的是多重均衡、规模收益递增和有弹性的劳动供给等；其次，从研究对象来看，新古典增长理论研究的是发达国家的经济增长，而发展经济学主要是研究不发达国家的经济增长；再次，新古典增长理论关注的是稳态的分析，所有经济变量按照固定的比率增长，而发展经济学关注的是非均衡状态，以及从一个稳态到另一个稳态的过渡；最后，新古典增长理论研究的是单一部门单一产品模型，而发展经济学研究的是多部门多产品模型，或至少是两个部门，使用不同的技术。新古典增长模型的结论显然没有得到发展中国家经验的支持，因为按照新古典增长理论的边际报酬递减的假定，不发达国家因缺乏资本，回报率高于发达国家，从而资本会源源不断地从发达国家流向不发达国家，然而直到 20 世纪末这种流向仍然非常有限，从而对新古典增长理论的研究，也终因面临种种窘境而逐渐进入停滞状态。

20 世纪 80 年代中期之后，在增长理论沉寂了 20 年之后，增长经济学再次变成了理论和经验研究的热点课题。这种研究工作朝两个方向展开。一批学者试图修改和扩展以索洛为代表的新古典增长模型，而保留规模报酬不变和外生技术进步这些基本假定。例如，曼昆、罗默和韦尔（Mankiw, Romer and Weil, 1992, 以下简称 MRW），对内生增长模型的物质资本规模报酬递增或不变的观点提出了质疑。他们将人力资本积累作为一个额外解释变量进行回归，其结论表明即便维持边际报酬递减的假定，模型仍然能够足以解释跨国收入差距。由于假定要素边际报酬递减，模型预测穷国的要素边际报酬高于富国，但是物质资本和人力资本为什么没有从富国流向穷国，MRW 提出的一个解释是：穷国存在两种投资，一种是公共投资，一种是私人投资，公共投资收益低，私人投资收益高，但是私人不愿意投资，因为他们面临各种金融约束，并且也有政治风险，所以尽管穷国的要素边际收益高于富国，富国的资本也不会流向穷国。这一派经济学家是新古典增长理论的维护者。

另一批学者则想通过引入规模报酬递增并把技术变化模型化，从根本上否定新古典增长模型的基本结论，这一派理论被称为新增长理论。20 世纪 80 年代中期复兴的增长经济学，与 20 世纪 50 年代兴起的传统增长经济学相比有一个很大的不同，或者说一个最大的新奇之处是，试图在一个统一的分析框架内解释从不发达到发达的整个经济增长过程，例如加洛（Galor，2005）用统一增长模型解释人类近两千年的增长历史。为什么有些国家比另一些国家穷，一些国家的经济为什么比另一些国家增长得快等这样重要的问题，现在已经成为主流增长理论研究议程的中心问题。随着新增长理论的兴起和繁荣，发展经济学和增长理论逐渐开始融合。这主要是因为新增长理论放弃了新古典增长理论的假定和方法，并试图在一个统一的分析框架内同时解释发达国家和发展中国家的经济增长过程。罗斯（Ros，2000）认为，增长理论与发展经济学应该融合在一起，至少应该是交往密切的两个邻居，对于增长经济学家来说，发展经济学家的很多见解不仅是有价值的，而且完全是可理解的，增长理论的某些模型也可以用来阐明发展理论中悬而未决的问题。

新增长理论的诞生，主要是因为新古典增长模型的理论假设与现实经济不符。法因（Fine，2006）将新古典增长理论的缺陷归纳为四类：（1）新古典增长理论基于完全竞争与充分就业的假定；（2）新古典增长理论以稳态平衡增长（steady state balanced growth）为归宿，人均产出和人均资本都以外生给定的速率增长；（3）新古典增长理论对索洛余值的分析严重依赖于模型包含什么投入要素；（4）最致命的缺陷来自于剑桥学派的批判或资本理论的争议，新古典增长理论假定一个经济只有一个部门，生产一种产品，这种单一部门单一产品的模型显然不能代表多部门多产品的经济。在这些方面，新增长理论对新古典增长理论都进行了修改和完善，法因

（2006）将其概括为以下几个方面：（1）新增长理论分析市场不完善和规模报酬递增；（2）新增长理论允许出现多重均衡解；（3）新增长理论将更多的变量内生化，并可以解释技术进步，增长率也不再唯一地由人口增长和技术进步决定；（4）新增长理论侧重于微观经济分析，大量地采用数理模型；（5）新增长理论假定资本和技术不能自由流动。

新增长理论与传统发展经济学的很多基本假定不谋而合，从而新增长理论的许多分析方法都可以用于发展经济学的研究。新增长理论所强调的报酬递增和劳动剩余在 20 世纪 40 年代就被罗森斯坦—罗丹强调了。而新增长理论所强调的内生技术变化、人力资本积累以及不平等对经济增长的影响，也可以充实发展经济学的研究内容。适度报酬递增和有弹性劳动供给结合在一起可能产生多重均衡，按照初始条件，不发达经济就可能陷入发展陷阱。例如，阿扎里亚迪斯和斯塔丘斯基（Azariadis and Stachurski，2005）分析了发展中国家由于偏好、初始禀赋和技术不同可能陷入贫困陷阱的多种机制。当然，这并不意味着发展经济学对稳态没有兴趣。发展经济学更加关注的稳态是低水平均衡陷阱，一个小的偏离使经济回到均衡状态，但大的震荡却会使经济累积性地偏离原始均衡状态，进入更高的稳态。下一节我们将对贫困陷阱理论作一介绍。

对于增长理论和发展理论的融合，萨拉伊马丁（Sala-i-Martin，2002）认为，过去研究增长理论的学者都是从帕累托最优、完全竞争的新古典假定出发的，但是他们现在系统地放弃了传统的研究范式，继而研究各种制度的作用，但并不认为自己是在从事二流的工作。与此同时，发展经济学家们也在不断将一般均衡和增长理论的各种方法和特性纳入到其研究中。班纳吉和杜夫罗（Banerjee and Duflo，2005）从发展经济学的角度探讨了增长理论，他们认为，无论是新古典增长模型还是新增长模型，一般都假定存在一个总生产函数，而这个假定是否成立关键在于资源配置是否最优。但是，大量的微观研究文献表明，资源配置最优这一条件往往不能满足，因为一国之内的同一生产要素往往具有不同的收益率。为了更合理地解释各国之间的全要素生产率差异和增长率差异，他们构造了一个基于非加总（non-aggregate）生产函数的增长模型。在他们的模型中，由于政府失灵、信贷约束、保险失灵、外部性、家庭动态以及行为问题等，投资没有发生在收益率最高的地方。此外，假如个人生产函数是具有固定成本的，则非加总的增长模型可以解释：为什么穷国的全要素生产率要低于富国，为什么穷国没有比富国增长更快。

四、贫困陷阱理论的发展

国家间收入差距的持续扩大与传统增长理论的背离，穷国人民的生活与富国人民形成鲜明的反差。经济学家一直在努力寻找穷国致富的秘方，从外国援助到直接投资，从发展教育到控制人口，从提供贷款到减免贷款。不幸的是，这些政策处方一直都没有收到预期的效果。伊斯特里（Easterly，2001）考察了非洲国家的外援投资与经济增长之间的关系，发现初始投资率很高且外援投资较高的国家，如几内亚比绍、牙买加、赞比亚、圭亚那、科摩罗、乍得、毛里塔尼亚、莫桑比克和津巴布韦却陷入经济衰退，而增长较快的国家和地区，如新加坡、中国香港、泰国、马来西亚和印度尼西亚的初始投资率和外援投资数量都相对较少。此外，穷国更容易受外来冲击的影响而陷入贫困陷阱，例如自然灾害、饥荒、疾病等，1990—1998年，在全球发生的568场大型自然灾害中，穷国占了94%，在与灾难有关的死亡中，穷国占了97%。1960—1990年，全球最贫困的1/5的国家中，有27%发生过饥荒，而最富裕的1/5的国家中一个都没有。最贫困的1/5的国家中，超过1%的人民由于自然灾害而成为难民，而最富裕的1/5的国家则没有。最贫困的1/5的国家中，11%的低风险人群携有HIV病毒，而最富裕的1/5的国家这个比例只有0.3%。

依照传统的新古典理论，如果资本和技术都是自由流动的，政策和市场都是有效率的，那么根本不会有贫困国家的存在。因为穷国总是可以通过采用富国的先进技术，引进富国的资本来获得发展。然而事实并非如此，穷国并没有完全采用先进技术，资本也没有大规模从富国流向穷国。此外，除了受到各种自然灾害、饥荒、疾病等影响外，穷国内在的各种体制弊端也层出不穷，例如政治腐败、治理缺乏、暴力动乱等，导致价格不能有效调节市场，私有产权得不到有效保护，例如安哥拉、刚果民主共和国、苏丹等。但即便是没有这些体制弊端的国家，如马里、加纳以及非洲的大部分地区，仍然有超过一半的人口一天生活水平不超过 1 美元。显然，我们不能简单地将体制弊端归结为贫困的根源，那么到底是什么因素在阻碍穷国通向富裕之路？在最近几年中，经济学家试图用贫困陷阱理论来解释贫困的根源以及如何跳出贫困陷阱的各种方法。

贫困陷阱有别于新古典模型的最显著的特征就是多重均衡的存在，例如，如果一个国家因为贫穷而没有足够的资金投资采用先进技术，新技术的不可获得使得该国继续陷入贫困，继而更缺乏资金，如此周而复始陷入低水平均衡；反之，如果一国因较富裕而大力发展研究并采用新技术，生产效率大幅提高从而收入也相应增加，使得该国更加富裕，继而不断向高水平均衡过渡。我们把一国经济陷入低水平均衡状态称其为贫困陷阱，一旦进入贫困陷阱，就会形成一种恶性循环，不能自拔。只有通过强大的力量推动，才会跳出均衡陷阱，进入持续增长的路径，向高水平均衡前进。并且，值得注意的是，导致一国经济陷入低水平均衡，还是向高水平均衡过渡的往往是相同的因素，只是作用的方向相反而已。墨菲、施雷弗和维什尼（Murphy，Shleifer and Vishny，1989b）认为，导致多重均衡的因素一般有两个：规模收益递增以及信贷和保险市场失灵。由于技术和需求的不可分性，投资一般会产生一个固定成本，而正是因为固定成本的存在导致贫困国家的投资不足，进而陷入贫困陷阱。墨菲、施雷弗和维什尼讨论了在不完全竞争与总需求溢出的情况下的大推进理论，他们假定技术对于所有穷国而言都是可获得的，由于国内市场太小以及投资存在固定成本，穷国不会采用新技术。但是如果所有部门同时投资并且达到一定的比例则会有利可图。他们认为投资必须同时满足两个条件，经济才会产生多重均衡：（1）投资会扩大其他企业的市场或提高投资的利润，即投资具有外部性；（2）投资有负的净现值，即单个企业独立投资采用新技术是无利可图的。在他们的第一个模型中，尽管单个企业投资采用新技术无利可图，但是提高了工人的工资，从而增加了对其他企业产品的需求。假如这个需求溢出效应足够大，则会产生多重均衡。在他们的第二个模型中，投资采用现代技术改变了不同时期的总需求的组成，从而产生多重均衡。在最后一个模型中，由于基础设施和中间投入产品投资的协调问题，单个垄断企业投资基础设施是无利可图的，但如果所有的企业都投资则有利可图，从而也会产生多重均衡。

克雷默（Kremer, 1993）从匹配的角度考察了贫困陷阱模型，他假定一个企业的生产过程由 n 个不同的任务组成，并且将由 n 个工人来完成，n 是外生的，并且 n 个工人的技术 $h_i \in [0, 1]$，h_i 各不相同。工人的技术同时也可以看成是他们完成任务的概率，如果其中一个工人没有完成任务的话，则整个企业的产出为零。如果所有的工人都顺利完成任务，则有 n 单位产出。有两个原因会导致这个模型产生多重均衡：第一个是劳动力市场的货币外部性，当更多的工人接受教育之后，工人匹配技术高的工人的概率也增加了，从而工人的期望收益也增加了，反过来促进工人更多地投资教育；第二个是不完全信息，由于工人之间的信息不对称，技术工人之间的匹配依赖于技术工人的分布，工人的技术提高对其他工人的工资溢出效应非常大，从而会产生多重均衡。

伊斯特里（Easterly, 2001）从知识外溢与知识互补的角度讨论了不同层次——社区范围内、种族集团间、省域间、国家间——的贫困陷阱。甚至一个家庭或家族也可能是一个小的社会，也可能产生贫困陷阱。伊斯特里认为由于知识外溢和知识互补性会产生边际报酬递增，因而在技术水平较高的国家，工人的平均工资也相对较高，而在技术水平较低的国家，工人的平均工资也相对较低。因为穷国的技术水平较低，工人不愿意投资来提高生产率，从而技术水平也不会提高。而且由于跨国收入差异巨大，穷国的高技术工人会倾向于流向发达国家。因此，穷国很容易陷入各种贫困陷阱。在马诸亚麻（Matsuyama, 2004）的世界经济模型中，所有的国家都在世界市场中竞争资本，一方面，他假定生产函数是严格凹的，从而要素边际报酬递减，这意味着投资落后的穷国具有更高的收益，高收益吸引高投资从而促进高增长，各国的经济将趋于收敛；另一方面，信贷市场的不完善以及富国具有更多的抵押品，使得富国在竞争资本时，相对于穷国而言更具有优势，最终使得世界经济增长向富国和穷国两个方向发散，产生多重均衡。

阿扎里亚迪斯和斯塔丘斯基（Azariadis and Stachurski，2005）概述了导致贫困陷阱的各种自我强化机制，例如历史和惯性自我强化机制，这些自我强化机制使得穷国愈穷，而富国愈富。这些机制有一个共同特征，那就是它们来自于市场或制度失灵，并阻碍了穷国对物质资本或人力资本的获得。例如，在人力资本方面，当工人的技能是不可观察的时候，也就是说信息不对称的时候，高技能工人可能会被企业当成低技能工人而支付低工资，从而没有激励投资人力资本，而低的人力资本投资需求又反过来使得技能水平更低，低的技能水平又会减少对人力资本投资的需求。在物质资本方面，在信贷市场上，富国比穷国拥有更多的抵押品，而穷国由于信贷约束无法获得足够的资本，从而不能更多地投资，投资水平低导致穷国的收入水平更低，收入水平低又进一步阻碍投资。正是这些自我强化机制导致落后国家陷入贫困陷阱，从而使得落后国家的投资水平非常低，从而产生资本外流。

坏的制度要么会强化市场失灵，要么本身就是无效的根源（North，1991）。由于历史原因所形成的坏的制度会产生路径依赖，促使贫困持续下去，这本身也是一种贫困陷阱。阿扎里亚迪斯和斯塔丘斯基认为腐败会从四个方面造成贫困恶性循环：（1）腐败会通过降低投资的回报而减少投资的激励，并且会增加投资收益的不确定性；（2）腐败会阻碍社会基础设施投资的建设，例如公路与交通运输，从而严重影响现代部门的发展；（3）创新者在腐败体制下更容易遭受挫折，因为他们更需要政府的服务如许可、专利、执照等；（4）腐败会自我强化，因为腐败也具有互补性。墨菲、施雷弗和维什尼（Murphy，Shleifer and Vishny，1993）指出了寻租的另一个潜在的互补性根源。随着寻租活动的增加，假如生产活动的收益下降的速度比寻租活动收益下降的速度快，那么即便是寻租活动的收益下降了，寻租活动仍然有可能增加，因为生产活动收益的减少降低了寻租活动的机会成本。

穷国应该如何跳出贫困陷阱呢？伊斯特里（Easterly，2001）认为政府干预可以引导一个国家跳出贫困陷阱。如果存在一个最低要求的投资回报率，那么知识匮乏可能会使得投资回报率过低，从而私人部门不会进行投资，政府可以通过对新知识投资进行补贴，从而引导这个国家走出贫困陷阱。此外，如果一个国家的贫困陷阱来源于恶劣的政府政策，那么政府首先要做的就是取消这些坏政策，然后对各种形式的知识和技术投资提供补贴。大野健一（Kenichi Ohno，2007）研究表明，低收入国家经常落入贫困陷阱，跳出陷阱有赖于各国的减贫战略，大野健一通过研究东亚各国和地区的政府治理水平与人均收入，表明二者之间呈严格的正相关关系。大野健一认为，东亚的大多数国家之所以能够打破贫困陷阱，保持较快经济增长，得益于这些国家建立的威权发展模式（authoritarian developmentalism），其特点是：（1）强势而懂经济的领导人；（2）把经济发展当做国家目标；（3）有辅佐领导人制定和实施经济政策的技术精英集团；（4）政权的合法性来自经济发展的成功。

经济的发展之所以需要一些"不够民主"的政府来推动，主要是因为这些国家是从一个很低的基础上起飞，需要快速而大规模地动用各种资源，而一个"民主"的政府是很难做到这一点的。张夏准（Chang，2002）认为，"民主"不一定能够促进发展，尤其是在发展的初期。发达国家推荐的所谓的好制度：民主、"好"的官僚机构、独立的司法机构等；好政策：限制性的宏观调控、国际贸易和投资自由化、私有化和撤销管制等，对于发展中国家而言，可能并不会带来任何有利的发展，这些"好制度"和"好政策"是否真正适合发展中国家，还值得商榷。事实上，发达国家在其发展的初期也没有很好地实现这些"好制度"和"好政策"，例如，美国独立的中央银行是直到1913年才建立，"大萧条"后又开始放弃自由贸易政策，采用贸易保护主义政策；瑞士在19世纪成了世界技术领袖之一，但它当时也没有专利法。发达国家之所以向发展中国家推荐所谓的好制度，其背后可能隐藏着"富国陷阱"，发达国家正在试图通过各种政策和制度"踢开"穷国登上富国的梯子（Kicking away the Ladder）。事实上，大部分发达经济体曾经采用的政策，基本上不同于它们向发展中国家宣扬的所谓正统做法。道格拉斯·诺斯等人（North et al.，2007）认为，发展中国家政策的失败往往是由于它们企图把开放准入秩序的元素——如竞争、市场和民主——直接移入有限准入社会中，而这些改革会威胁到维持社会统一的寻租体系，给整个社会的组织带来挑战。而当地的精英阶层乃至许多非精英分子会抵制、破坏甚至颠覆改革。阿西莫格卢等（2008b）的研究也表明，在控制一些历史的因素或固定效应之后，收入与民主之间并没有正向关系。

五、结 束 语

我们不得不承认的是本文所讨论的文献只是发展经济学研究领域的冰山一角，它只能代表发展经济学前沿理论研究的一部分，由于篇幅所限，还有些杰出的、有开创性的文献没有包括进来。发展经济学眼下已然成为非常时髦的学科，过去很多主流经济学家都不屑于研究发展问题，但现在也开始转而研究增长和发展理论，如理性预期学派代表人物、诺贝尔经济学奖获得者卢卡斯从1980年中期开始就转到增长和发展理论的研究。纵观发展经济学的发展历程，尤其是近二十多年，发展经济学的理论研究取得了长足的进步。从非主流的分析到逐渐与主流经济理论结合，从理论构建到实证分析再到理论与实证的结合，从宏观到微观再到宏微观的结合，从发展理论与增长模型的分离到两者的结合，发展经济学（包括增长经济学在内）走过了繁荣时代，也经历了黯淡时期，到目前又成为学术界关注的焦点和热门学科。

尽管如此，发展经济学的研究仍然存在不少缺陷，且面临许多挑战。各种针锋相对的理论让我们无所适从，很多理论都有待检验。但是，正是因为充满各种各样的挑战，发展经济学研究更加令人向往。巴丹这样评价道："对我们而言，非常幸运的是，在我们的专业领域中，有卢卡斯这样伟大的人物，不局限于他对理性预期和宏观经济理论的基础性贡献，在过去的 20 年中坚定不移地投入到增长理论的研究，使该理论重新焕发出勃勃生机。（卢卡斯谦虚地说：'我并不想把我的后半生用来紧紧抓着我前半生所做的事情。'）但是对我们这些在黑暗中摸索的人来说，如果要探索发展的制度障碍，就需要有更亮的指路明灯。"①

参考文献

[1] Daron Acemoglu. Introduction to modern economic growth. Princeton：Princeton University Press,2009.

[2] Daron Acemoglu. A Microfoundation for Social Increasing Returns in Human Capital Accumulation. The Quarterly Journal of Economics,1996,111(3):779-804.

[3] Daron Acemoglu, Johnson Simon, Robinson James. The Colonial Origins of Comparative Development：An Empirical Investigation. American Economic Review,2001,91(5):1369-1401.

[4] Daron Acemoglu, Johnson Simon,Robinson James. Institutions as the fundamental cause of long-run growth. 2005. In：Aghion, P. , Durlauf, S. N. (eds.), Handbook of Economic Growth, vol. 1A. Elsevier,Amsterdam. Chapter 6.

[5] Daron Acemoglu, James A. Robinson. Persistence of Power,Elites, and Institutions. American Economic Review, 2008, 98 (1): 267-293.

[6] Daron Acemoglu, Johnson Simon, Robinson James A. , Yared Pierre. Income and Democracy. American Economic Review,2008,98(3):808-842.

[7] Aghion P. , Howitt, P. . A Model of Growth Through Creative Destruction. Econometrica,1992,60(2):323-351.

① 普拉纳布·巴丹. 强大但有限的发展理论. 比较, 2005, 18：88.

[8] Azariadis Costas, Stachurski John. Poverty traps. 2005. In: Aghion, P., Durlauf, S. N. (eds.), Handbook of Economic Growth, vol. 1A. Elsevier, Amsterdam. Chapter 5:296-384.

[9] Banerjee A. V., Duflo E.. Growth theory through the lens of development economics. 2005. In: Aghion, P., Durlauf, S. N. (eds.), Handbook of Economic Growth, vol. 1A. Elsevier, Amsterdam. Chapter 7:473-552.

[10] Barro Robert J.. Economic Growth in a Cross Section of Countries. The Quarterly Journal of Economics, 1991, 106(2):407-443.

[11] Barro Robert J.. Human Capital and Growth. The American Economic Review, 2001, 91(2):12-17.

[12] Barro Robert J., Sala-i-Martin Xavier. Convergence. Journal of Political Economy, 1992, 100(2):223-251.

[13] Brock W. A., Taylor M. S.. Economic growth and the environment: a review of theory and empirics. In: Aghion, P., Durlauf, S. N. (eds.), Handbook of Economic Growth, vol. 1B. Amsterdam: Elsevier, 2005, Chapter 28:1749-1821.

[14] Chang Ha-Joon. Kicking away the Ladder: Development Strategy in Historical Perspective. London: Anthem Press, 2002.

[15] Deraniyagala S., Fine B.. Kicking away the logic: free trade is neither the question nor the answer for development. In Jomo K. S. and Fine, Ben, ed., The New Development Economics: After the Washington Consensus, London and New York: Zed Books, 2006: 21-45.

[16] Dixit Avinash. Evaluating recipes for development success. World Bank, Policy Research working paper, 2005, no. WPS3859.

[17] Easterly W.. The Elusive Quest for Growth. Cambridge. Mass.: MIT Press, 2001.

[18] Fine Ben.. New Growth Theory: More problem than solution. In Jomo K. S. and Fine, Ben. (eds.), The New Development Economics: After the Washington Consensus, London and New York: Zed

Books,2006:68-86.

[19] Foster A. D. , Rosenzweig M. R. . Economic development and the decline of agricultural employment. 2008. In:Schultz,T. P. ,Strauss J. (eds.),Handbook of Development Economics,vol. 4. Elsevier, Amsterdam. Chapter 47:3051-3083.

[20] Foster A. D. ,Rosenzweig M. R. . Household division and rural economic growth. Review of Economic Studies,2002,69(4):839-870.

[21] Galor O.. From Stagnation to Growth:Unified Growth Theory. In: Aghion,P. ,Durlauf,S. N. (eds.),Handbook of Economic Growth, vol. 1A. Amsterdam:Elsevier,2005,Chapter 4.

[22] Grossman G. M. ,Helpman E.. Innovation and Growth in the Global Economy. Cambridge:MIT Press,1991.

[23] Hall R. E. ,Jones C. I.. Why Do Some Countries Produce So Much More Output Per Worker Than Others. The Quarterly Journal of Economics,1999,114(1):83-116.

[24] Jones C. I.. Growth:With or Without Scale Effects?. American Economic Review Papers and Proceedings,1999,89:139-144.

[25] Jones C. I.. Intermediate Goods, Weak Links, and Superstars: A Theory of Economic Development. NBER Working Paper, 2008, No. 13834.

[26] Kremer M.. The O-Ring Theory of Economic Development. Quarterly Journal of Economics,1993,108(4):551-576.

[27] Krugman P. R.. Increasing returns,monopolistic competition,and international trade. journal of international economics,1979,9(4): 469-479.

[28] Krugman P. R.. The Role of Geography in Development. Paper prepared for the Annual World Bank Conference on Development Economics,1998.

[29] Loury G.. A dynamic theory of racial income differences. In: Wallace,P. ,LeMund,A. (eds.),Women,Minorities,and Employment Discrimination. Lexington:Lexington Books,1977:153-186.

[30] Lucas R. E.. On the Mechanics of Economic Development. Journal of Monetary Economics, 1988, 22:3-42.

[31] Lucas R. E.. Why doesn't capital flow from rich to poor countries?. The American Economic Review, 1990, 80(2):92-96.

[32] Matsuyama K.. Increasing Returns, Industrialization, and Indeterminacy of Equilibrium. The Quarterly Journal of Economics, 1991, 106(2):617-650.

[33] Matsuyama K.. Complementarities and Cumulative Processes in Models of Monopolistic Competition. Journal of Economic Literature, 1995, 33(2):701-729.

[34] Matsuyama K.. The Rise of Mass Consumption Societies. The Journal of Political Economy, 2002, 110(5):1035-1070.

[35] Matsuyama K.. Financial market globalization, symmetry-breaking, and endogenous inequality of nations. Econometrica, 2004, 72:853-884.

[36] Munshi K.. Information networks in dynamic agrarian economies. In: Schultz, T. P., Strauss J. (eds.), Handbook of Development Economics, vol. 4. Amsterdam: Elsevier, 2008, Chapter 47:3085-3113.

[37] Murphy K. M., Shleifer A., Vishny R.. Income Distribution, Market Size, and Industrialization. The Quarterly Journal of Economics, 1989, 104(3):537-564.

[38] Murphy K. M., Shleifer A., Vishny R.. Industrialization and the big Push. Journal of Political Economy, 1989, 97(5):1003-1025.

[39] Murphy K. M., Shleifer A., Vishny R.. Why is rent-seeking so costly to growth?. American Economic Review, 1993, 83(2):409-414.

[40] Narayan, D., Pritchett L.. Cents and Sociability-Household Income and Social Capital in Rural Tanzania. Policy Research Working Paper, No. 1796, Washington, DC: World Bank, 1997.

[41] North D. C.. Institutions, Institutional Change and Economic

Performance. Cambridge, U. K. and N. Y. : Cambridge University Press,1990.

[42] North D. C.. Institutions. The Journal of Economic Perspectives, 1991,5(1):97-112.

[43] Parente Stephen L. , Prescott Edward C.. Monopoly Rights: A Barrier to Riches. The American Economic Review,1999,89(5): 1216-1233.

[44] Romer, P. M.. Increasing Returns and Long-Run Growth. Journal of Political Economy,1986,94:1002-1037.

[45] Romer, P. M.. Endogenous technical change. Journal of Political Economy,1990,98:71-102.

[46] Ros Jaime. Development Theory and the Economics of Growth. Ann Arbor: University of Michigan Press,2000.

[47] Sala-i-Martin X.. 15 Years of New Growth Economics : What Have we Learnt? . Journal Economía Chilena(The Chilean Economy), 2002,5(2):5-15.

[48] Somanathan E. , Rubin R.. The evolution of honesty. Journal of Economic Behavior and Organization 54,2004:1-17.

[49] Stiglitz J.. More instruments and broader goals:moving towards the post-Washington Consensus. Wider Annual Lecture, Helsinki, 1998,7 January.

[50] Stokey N.. Are the limits to growth. International Economic Review,1998,39(1):1-31.

[51] Waeyenberge E. V.. From Washington to Post-Washington Consensus: Illusions of Development. In Jomo K. S. and Fine, Ben, ed. , The New Development Economics: After the Washington Consensus. London and New York: Zed Books,2006:21-45.

[52] 雅偌什·科尔奈. 制度范式. 比较,1998,1.

[53] 大野健一. 东亚的经济增长和政治发展. 比较,2007,32.

[54] 青木昌彦. 飞雁式制度变迁. 比较,2002,1.

[55] 青木昌彦. 熊彼特式的制度创新. 比较,2005,19.

［56］克洛德·梅纳尔．新制度经济学的方法论．比较,2001,19.

［57］乔治·施蒂格勒．经济生活中的政府管制．比较,2005,20.

［58］格泽戈尔·科勒德克．制度、政策和增长．比较,2005,18.

［59］道格拉斯·诺斯,约翰·瓦利斯,斯蒂芬·韦伯,巴里·温加斯
特．有限准入秩序——发展中国家的新发展思路．比较,2007,
33.

［60］丹尼·罗德里克．诊断法:构建增长战略的一种可行方法．比
较,2007,33.

［61］阿萨尔·林德贝克．转型期中国的经济社会互动关系．比较,
2007,33.

［62］普拉纳布·巴丹．分配冲突、集体行动与制度经济学．载于杰
拉尔德·迈耶,约瑟夫·斯蒂格利茨．发展经济学前沿:未来
展望．北京:中国财政经济出版社,2003:192-206.

［63］普拉纳布·巴丹．分配冲突、集体行动与制度经济学．载于杰
拉尔德·迈耶,约瑟夫·斯蒂格利茨．发展经济学前沿:未来
展望．北京:中国财政经济出版社,2003:192-206.

［64］普拉纳布·巴丹．强大但有限的发展理论．比较,2005,18.

［65］普拉纳布·巴丹．发展经济学的理论和实证．比较,2007,28.

［66］普拉纳布·巴丹,克里斯托弗·尤迪．发展微观经济学．陶然,
等,译．北京:北京大学出版社,2002.

［67］迪利普·慕克吉．发展经济学的理论是否太少．比较,2007,
28.

［68］考希克·巴苏．新实证发展经济学:对其哲学基础的评论．比
较,2007,28.

［69］阿比吉特·班纳吉．新发展经济学及其理论挑战．比较,2007,
28.

［70］钱颖一．理解 GDP．比较,2005,18.

［71］速水佑次郎．从大城市中心制到城乡平衡发展．比较,2006,
28.

［72］郭熙保．经济发展:理论与政策．北京:中国社会科学出版社,
2000.

[73] 郭熙保. 发展经济学的新进展. 载于吴易风. 当代西方经济学流派与思潮. 北京:首都经贸大学出版社,2005.

[74] 郭熙保. 社会资本理论的兴起:发展经济学研究的一个新思路. 江西社会科学,2006,12.

[75] 郭熙保,习明明. 大推进、中间产品与弱联系效应. 经济评论. 2009,6.

[76] 赛义德·尤素福,约瑟夫·斯蒂格利茨. 发展问题:已解决的问题和未解决的问题. 载于杰拉尔德·迈耶,约瑟夫·斯蒂格利茨. 发展经济学前沿:未来展望. 北京:中国财政经济出版社,2003:162-191.

[77] 艾尔玛·阿德尔曼. 发展理论中的误区及其对政策的含义. 载于杰拉尔德·迈耶,约瑟夫·斯蒂格利茨. 发展经济学前沿:未来展望. 北京:中国财政经济出版社,2003:73-94.

[78] 卡拉·霍夫,约瑟夫·斯蒂格利茨. 现代经济理论与发展. 载于杰拉尔德·迈耶,约瑟夫·斯蒂格利茨. 发展经济学前沿:未来展望. 北京:中国财政经济出版社,2003:277-327.

亲贫式增长：海外发展经济学
研究的一种新视角[*]

叶初升　张凤华[**]

（武汉大学经济发展研究中心，武汉大学经济与管理学院，武汉，430072）

根据世界银行最新的统计数据，截至 2008 年底，全世界仍有 10 亿、约占世界人口 15% 的人口每天收入低于 1 美元，25 亿人生活在每天收入低于 2 美元的贫困线下。这些贫困人口绝大部分生活在发展中国家（World Bank，2008）。普遍而持续的贫困过去是、现在仍然是发展中国家的客观事实，而且，在一个相当遥远的将来也是发展中国家不得不面对的巨大难题。这既是发展经济学存在的客观基础，也是发展经济学研究的主题。著名经济学家 Myrdal、Schultz 和 Todaro 等人甚至在不同的场合，直接或间接地把发展经济学称之为"贫困经济学"。

20 世纪 90 年代以来，包括中国在内的许多发展中国家，在经济增长的同时，收入差距也在持续扩大。20 世纪 90 年代，发展中国家 GDP 平均增长率为 3.3%，高于 2.5% 的世界平均水平；但发展中国家基尼系数平均为 0.414，整体上超过了国际公认的 0.40 警戒线，也高于世界平均水平 0.394（曾国安，2002）。日益加剧的不平等严重地削弱了经济增长的减贫绩效，减贫速度的下降已经引

* 本项研究得到武汉大学"海外人文社会科学研究前沿追踪计划"资助；本文同时也是国家自然科学基金资助项目（70873088）、教育部人文社会科学重点研究基地重大项目（07JJD790141）、教育部新世纪优秀人才支持计划项目（NCET-07-0644）的阶段性成果之一。

** 叶初升，武汉大学经济发展研究中心、武汉大学经济与管理学院教授；张凤华，武汉大学经济与管理学院博士研究生。

起国际社会特别是发展经济学家们的广泛关注。怎样使经济增长的成果能够为民众广泛地分享，特别是使贫困人口切实受益，使经济增长与发展过程更加公平和谐，逐渐成为发展经济学理论研究与政策分析的焦点。共享式增长（Inclusive Growth）、亲贫式增长（Pro-poor Growth）已经成为发展经济学的新概念，成为研究发展中国家经济发展问题的一个新视角。近年来，国际发展经济学界以及世界银行、联合国发展计划署等国际机构，围绕亲贫式增长（Pro-poor Growth）的概念界定、测度与政策评价等问题展开了大量的理论研究和实证分析，并探讨实现共享式增长或亲贫式增长的发展道路与政策选择问题。本文将考察这一研究趋势，力求为国内的发展经济学研究提供一种新的视角，为中国构建和谐社会提供一种新的理论支撑。

　　首先，本文将梳理发展经济学研究贫困问题的基本脉络，介绍亲贫增长理论的思想渊源及其产生的背景；第二部分介绍国外关于亲贫增长的基本内涵，并展开相应的评论；第三部分进一步介绍和评析近年来学者们提出的几种测度亲贫增长的方法；第四部分讨论促进亲贫增长的政策绩效，着重介绍对政府公共投资在增长与减贫绩效方面的实证分析；第五部分则是基本结论及研究展望。

一、亲贫增长理论的思想渊源及其产生的背景[①]

　　长期以来，发展经济学家们围绕着发展中国家贫困的原因以及如何摆脱贫困进入发达状态这两个基本问题，从不同的角度进行了深入的分析和解释，并在此基础上提出了各种各样的政策主张。由于不同时期发展中国家的贫困特征及经济发展程度有所不同，发展经济学家们对贫困与发展问题的认识和理解也呈现出一定的阶段性。亲贫增长理论的提出与经济学家们对经济增长过程中的收入分配问题的认识密切相关。

————————

　　① 本节主要根据笔者的另一篇论文《发展经济学视野中的收入分配问题》（《江西社会科学》2005 年第 11 期）内容改写。

20世纪40年代末至50年代，刚刚从政治上摆脱殖民统治的发展中国家，最基本的经济特征就是低生产率、低生活水平和经济结构刚性。许多发展经济学家都倾向于认为，发展中国家的贫困就是收入贫困和人力贫困，摆脱贫困的最大障碍就在于宏观上的经济结构刚性、资本过度稀缺。因此，发展被认为就是经济增长，经济增长是解决贫困的充分必要条件。发展经济学家们把政府主导下的资本积累和工业化看成是促进经济快速增长、摆脱贫困的关键，进而提出了以"唯工业化"、"唯资本化"、"唯计划化"、"内向发展"为特征的经济发展战略。进入20世纪60年代中期，人们发现，这些结构主义的经济发展战略并没有使大多数发展中国家贫困状况有所好转，相反，这种发展战略日渐暴露出一些弊端：工业低效、农业停滞、产业之间及各地区之间发展失衡、经济体制僵硬、收入分配不均，等等。在这种背景下，一批受到新古典经济学熏陶的发展经济学家重新审视穷人的经济行为理性，在坚持贫困就是收入贫困和人力贫困，坚持发展就是经济增长的前提下，抛弃结构主义发展战略，转而求助于市场机制。但是，实践表明，尽管新古典主义发展战略在一定的程度上促进了发展中国家经济增长，经济增长仍然没有像在市场体系完善的发达国家那样，产生有利于穷人的"涓滴效应"（trickle-down effect）。

其实，早在20世纪50年代末，著名发展经济学家、诺贝尔经济学奖得主Myrdal（1956，1957）就明确反对经济增长的"涓滴效应"。他认为，由于结构刚性，在市场机制作用下，劳动力、资本、技术、资源等要素的流动，会产生有利于发达地区而不利于落后地区的回波效应（backwash effect）。而且，"在许多贫困的国家中，内在的封建性和其他不平等制度，以及剥夺穷人谋求致富机会的强权结构，会使导向不平等状态的自然过程不断继续和扩大"（Myrdal，1957）①。因此，由经济增长而提高的国民收入不可能自然地、均等地普及各个地区和各个阶层，以缩小地区之间、阶层之

① Myrdal, G.. Economic Theory and Under-Regions. London: Methuen & Co. Ltd, 1957: 40.

间的贫富差距。相反，经济的不均衡必然伴随着分配不均，使富者更富，穷者更穷。

20 世纪 60 年代中期及 70 年代，一些发展经济学家开始意识到，经济增长虽然是减少贫困的必要条件，但绝不是充分条件。因此，这一时期出现了否定经济增长作为经济发展目标的潮流：发展包含了增长，更重要的是，发展是在增长基础上社会经济结构的变化和人民生活质量的改善。于是，在 20 世纪 70 年代的发展研究文献和国际机构文件中，发展目标就是消除贫困、增加就业和改善收入分配状况。

Adelman（1974，1975，1978）指出，20 世纪五六十年代，不仅大多数发展中国家最穷的 60% 的人口收入份额下降了，而且还有许多发展中国家穷人的绝对收入水平也下降了，发展中国家经济增长并没有像新古典经济学家们所预言的那样"向下滴注"（trickle-down），占人口大多数的劳苦大众的收入状况并没有随着 GDP 的增长和工业化而得到改善，相反，倒是出现了有利于中产阶级和富人的"向上涓敛"（trickle-up）效应。她认为，应该努力克服阻碍发展中国家收入分配均等化的结构性、制度性障碍，把消除贫困纳入发展中国家经济发展的目标体系。Adelman 和 Morris（1973）对 43 个发展中国家进行实证分析，其研究结果并没有支持 Kuznets 的"倒 U 曲线假说"，而是证实了她们自己提出的"倒 J 曲线假说"：在经济发展过程中，穷人的收入分配份额起初急速下降，然后缓慢下降，再后取决于所选择的政策：曲线不是趋向于平缓（倒 J 形），就是在起步时便呈递增趋势（正 U 形）。Chenery 和 Ahluwalia（1974）建立了有利于穷人的增长再分配模型，可以算是亲贫增长理念的最初萌芽（Kakwani，Khandker and Son，2004；Kakwani and Son，2006）。Chenery 和 Syrquin（1975）实证分析了 1950 年至 1970 年间发展中国家包括收入分配结构在内的经济结构变化，结果表明，最低收入阶层人均收入下降了 15.8%，中等阶层人均收入下降了 12.7%，而最高收入阶层的的份额却从 50.2% 上升到 55.4%。Ahluwalia（1976a，1976b）的跨国回归分析表明，在不平等与发展水平之间存在着明显的非单调关系，不同阶层的收入份额转折点发生在不同的人均 GNP 水平上。在此基础上，他对"倒 U 曲线"进行了修正。Ahluwalia，Cartter 和 Chenery（1979）深入研究了全球性贫困的度量、发展中国家政策对收入分配造成的后果及政策改进等问题。此外，Adelman 和 Robinson（1978）专门探讨了 20 世纪 50 年代初至 60 年代末韩国的收入分配问题，得出了收入分配植根于经济结构、收入分配的跨时路径取决于该社会所选择的基本发展战略等重要结论。在这一时期，新古典主义的发展经济学家仍然坚持"滴流"假说，他们倾向于把收入分配的恶化、贫困化增长看做是政策扭曲价格体系的结果。

20 世纪 90 年代，包括中国在内的许多发展中国家，在经济增长的同时，收入差距、不平等的广度和深度也在持续扩大，一些国家甚至出现贫困化增长。20 世纪 90 年代，发展中国家 GDP 平均增长率为 3.3%，高于 2.5% 的世界平均水平；但发展中国家基尼系数平均为 0.414，整体上也高于世界平均水平 0.394。有 54.4% 的发展中国家基尼系数超过了国际公认的 0.40 警戒线，22.2% 的发展中国家基尼系数达到或超过 0.50，有 4 个发展中国家的基尼系数甚至达到或超过了极不平均的 0.60 水平（曾国安，2002）。从 20 世纪 40 年代大批殖民地获得独立成为发展中国家以来，半个多世纪过去了，虽然发展中国家的经济取得了长足的进步，但世界减贫的经验也告诉人们，经济增长和减贫之间有着很强的联系，但是仅仅靠自然的经济增长又不能实现充分有效的减贫，拥有相似的经济增长率的国家在减贫成就上有很大的差距（Son，2004）。这种现象引起了人们对经济增长的减贫绩效的广泛关注：如何让穷人更深入地参与经济增长过程，更多地分享经济增长的收益？World Bank（1990）曾提出了普惠增长（broad-based growth）概念，强调经济增长应该惠及穷人。这是亲贫增长概念的雏形。随后，亲贫式增长概念频频见诸于世界银行、亚洲发展银行等许多国际发展机构和非政府组织的发展文献。亚洲发展银行（Asian Development Bank，or ADB，1999）认为，如果经济增长是创造就业机会，有益于妇女以及其他长期被排除在增长及其成果分享之外的群体，能增加穷人收入，有助于缓解不平等状况，那么，这种经济增长就应该算作是亲贫式的增长（Pro-poor growth）。这是最早的关于亲贫增长的明确定义。联合国（UN，IMF，OECD and WB，2000）与经合组织（OECD，2001）在增长显著减少贫困的意义上使用亲贫增长概念。严格地说，这一时期经济学家们对亲贫增长的认识还只是初步的，其意向性的概念显得较为宽泛。

二、亲贫增长的定义及其评论

亲贫增长理念的积极意义在于，它促使人们对经济增长的关注从量转到增长的质上来。特别是对于发展中国家而言，要在确保经济持续稳定增长的基础上，更多地关注穷人能否参与到经济增长过程中，并合理地分享经济增长的成果。因此，进一步的问题是，我们如何判断经济增长是否有利于穷人？

这个问题又是与人们对贫困的认识相关联的。贫困是一个复杂的社会现象，人们可以从不同的角度把贫困理解为收入贫困、人力贫困、权利贫困和能力贫困，等等。收入贫困是指缺乏最低水平的、足够的收入或支出；人力贫困是指缺乏基本的人类能力，如不识字、营养不良、缺乏卫生条件、平均寿命短等；权利贫困是指缺少本应享有的公民权、政治权、文化权和基本人权；能力贫困是指缺乏获取和享有正常生活、自由支配各种行为的能力。学术界在具体测度贫困时，基本上是把贫困分为两类，即收入贫困与包括收入贫困在内的多元贫困。与此相应，目前学术界关于亲贫增长的内涵及其测度的研究也有两类：一类是基于收入贫困的亲贫增长（Kakwani and Pernia，2000；Ravallion and Chen，2003；Kraay，2006；Son，2004）；另一类是基于多元贫困的亲贫增长（Klasen，2007；Son，2007）。

（一）基于收入贫困的亲贫增长

建立在收入贫困概念上的亲贫增长又可以分为三种。

第一种是弱亲贫增长概念。Ravallion 和 Chen（2003）以及 Kraay（2003，2006）都认为，只要经济增长提高了穷人的绝对收入，缓解了贫困，那么，这样的增长就是亲贫的。按照这种亲贫定义，只要在经济增长过程中穷人的收入增长率大于零，即使收入分配状况恶化了，富人的收入增长率或社会平均收入增长率更高，这种增长也算是有利于穷人的亲贫增长。显然，这种定义是过于宽泛了，听起来甚至似乎有点"打发"穷人的味道。根据 Son（2007）的分析思路，我们可以假想三种增长情形：其一，社会平均收入增长 6%，穷人的收入增长仅 0.1%；其二，社会平均收入增长 6%，而穷人的收入增长 4%；其三，社会平均收入增长是 6%，而穷人的收入增长 8%。这三种情形都符合弱亲贫增长的概念，但是亲贫的程度有很大的差异。这样的亲贫概念不仅在理论上了无新意，只不过创造了一个新的术语，在实践上也缺乏积极的政策意义。

其实，贫困问题的缓解不仅与经济增长率有关，而且也与收入不平等程度相关。Ravallion（2004）发现，收入水平每增长 1%，将会导致不平等水平较低的国家贫困发生率下降 4.3%，而不平等水平较高的国家贫困率只下降 0.6%。所以，他认为，如果在增长过程中没有不平等水平的改善，那么增长对于减贫只是一把钝刀。Lopez（2005）发现，尽管增长是实现减贫的必要条件，但是亲贫增长的两个重要决定因素——增长与不平等之间的关系是不确定的；如果增长的过程伴随不平等状况的改善，肯定比单纯的增长产生的效果要好；初始不平等水平较高会阻碍减贫进程。

第二种是强亲贫增长概念。只有当经济增长给穷人带来的绝对收入增长超过全社会（或非穷人）的平均水平时，经济增长才是亲贫的（White and Anderson，2000）。考虑到穷人在要素禀赋、能力等方面的致贫原因，以及与非穷人客观存在的差距，这种强亲贫的增长状况在市场经济条件下很难，甚至不可能实现。因此，这种概念除了宣泄一种激进的情绪外，在逻辑上难以成立，在实践上也没有意义。

第三种是一般亲贫增长概念，它介于强与弱两极之间。当经济增长给穷人带来的收益从比例上高于非穷人所享有的增长收益时，或者说，穷人的收入增长率超过了全社会的平均增长率时，这种增长就是亲贫的（Klasen，2004；Kakwani and Pernia，2000，2007；Kakwani and Son，2003，2004；Son，2004，2007）。这个定义与亲贫增长含义还是比较一致的。有人曾批评说（Lopez，2005），根据这个定义，在经济衰退的情况下，只要穷人的收入下降的比例少于非穷人的收入下降，尽管收入增长率为负，贫困没有下降，那么负增长也是亲贫的，因此违背了"亲贫增长"的含义。我们觉得这种批评有偷换概念之嫌：亲贫增长肯定是以增长为前提的，是试图对经济增长的方向、经济增长产生的减贫功效进行必要的限定；经济衰退连增长都不是，当然不能算作亲贫增长，至于能不能称作是亲贫衰退，那是另一回事。当然，这种亲贫概念也存在一定的局限性（Cord，Lopez and Page，2004）。一方面，从理论逻辑上看，这种亲贫增长可能倾向于选择一个次优的结果。假设有两种情形：（1）全社会平均收入增长2%，穷人收入增长3%；（2）全社会平均收入增长6%，穷人收入增长4%。一个政府如果追求上述定义的一般亲贫增长，就会选择第一种情形，因为此时的增长更有利于穷人。但是，我们发现，在第二种情形下，穷人和非穷人的福利都会得到改善，而且，穷人福利改善的程度高于第一种情形。另一方面，从实践上看，这种亲贫定义为政府部门在追求增长过程中致力于减少贫困，提供了理论激励；与此同时，却没有为政府部门追求减贫过程中可能损害增长的行为提供理论约束。

应该特别强调的是，亲贫增长的前提或基础是经济增长，而之所以谈论经济增长，其隐含前提就是经济效率与全社会福利水平的提高。在这个意义上，亲贫增长主要是考察经济增长以及由此导致的经济效率提高、社会福利改善的过程中，贫困发生率的变化。而贫困变化率又是由增长率以及增长的利益分配格局决定的。因此，在基于收入贫困的亲贫增长内涵中，应该有三个重要因素：经济增长及其社会经济绩效、收入不平等程度、贫困变化。我们可以从这个视角来评论上述三个概念：第一种弱亲贫增长定义只关注经济增长及其社会经济绩效和贫困度量的变化，而忽略了收入不平等问题；第二种强亲贫增长定义将贫困问题的缓解绝对化，隐含而强烈地强调了收入不平等问题，而在很大程度上完全漠视社会整体的经济效率及福利水平的提高等问题；第三种一般亲贫定义将贫困缓解与收入不平等的改善很好地结合起来了，但是，在一定程度上还是忽略了讨论亲贫增长的前提，没有把经济增长及其社会经济绩效融入内涵。因为，这种定义在逻辑上可能导致一个次优的社会经济局面。

于是，我们提出这样一个问题：实现亲贫增长是否要以牺牲一定的社会经济绩效为代价？可以预见，在第三种定义的基础上，努力解决这一问题，将是进一步完善的亲贫增长定义的努力方向。Klasen（2003）根据亲贫增长的内涵，提出了理想的亲贫增长定义的几个要求：第一，应该明确区分亲贫增长与其他类型的经济增长，同时表明亲贫增长量；第二，穷人相对非穷人应该从经济增长中获益更多，也就是说穷人的收入增长率要高于非穷人的收入增长率；第三，给最穷的人以较大的权重，评估应该对穷人的收入分配很敏感；第四，度量亲贫增长时，可以给穷人较大的权重，但是度量方法应该也能评估总体经济绩效。

（二）基于多元贫困的亲贫增长

随着人们对贫困原因及其特征认识的深化，许多学者们逐渐意识到贫困是多维的，致贫原因也是多种多样的。Sen（1999）提出能力贫困的概念，强调贫困的本质是能力被剥夺。除了收入贫困之外，包括健康和教育等非收入性的生活质量指标，在减贫问题的分析中日益受到重视（World Bank，2000a；UN，IMF，OECD and WB，2000）。比如，穷人如果获得更好的健康和教育将会提高他们脱离贫困的机会。Habito（2009）分析了来自51个发展中国家的数据，结果表明，平均收入每增长1%，贫困发生率就下降1.5%（以人均每天1美元为贫困线），收入变化对贫困变化的解释力为57%；而来自东亚、东南亚和南亚国家的样本显示，收入增长1%，贫困发生率下降2%，对贫困变化的解释力为65%。这说明经济增长在东亚比其他地区更有利于穷人。因此，应该把亲贫增长的内涵扩展到人类福利的非收入维度（Son，2007）。建立在多元贫困基础上的亲贫增长的决定因素不仅包括经济增长和收入不平等水平这些经济指标，而且包括教育、健康、基础设施建设等非经济指标。

Kakwani，Khandker和Son（2004）研究印度和中国20世纪70

年代至90年代的经济发展和减贫历程的结果表明，如果经济增长对穷人是有利的，那么经济增长的模式应该把资源分配到穷人工作的部门，比如农业、穷人生活的地区或相对落后的地区。Klasen（2005）认为实现亲贫增长就是把增长和社会政策结合在一起实现减贫。尽管经济增长是增加国民收入的基础，但是它不足以实现较好的（更好的）减贫或者分配。因此，仅仅专注于增长的政策只能解决发展中的一部分问题。他的研究表明收入指标和非收入指标之间存在明确的因果联系，穷人的健康教育机会条件的改善，会提高穷人的收入增长率。他第一次把增长发生率曲线应用于教育对于亲贫增长的影响评估之中。后来，Klasen（2007）进一步阐述了亲贫增长的内涵。他认为，亲贫增长应该是注重穷人活动的部门、穷人生活的地区、使用穷人所拥有的生产要素的经济增长。从这个角度看，在追求经济增长的过程中，建设大型的公共基础设施，改善穷人生存生产环境，建立社会安全网，提高穷人的抗风险能力，改善穷人的资产基础，提高穷人受教育机会和健康水平，改变性别不平等状况，这些都是影响亲贫增长的因素。

亲贫增长的内涵似乎试图突破收入贫困的局限，将一些非经济因素纳入其中。比如，Son（2007）认为，研究亲贫增长应该进一步扩展到人类福利的非收入指标上。但是，严格地说，建立在多元贫困基础上的亲贫增长在很大程度上还只是意向性的讨论，还没有形成比较严谨的定义，更没有形成相应的统一的分析指标。在某种意义上说，共享式增长（inclusive growth，或译作"包容性增长"）概念比较接近多元亲贫增长概念。世界银行（1990，2000，2001）曾提出通过建立社会安全网，减少穷人面临社会危机和遭遇自然灾害的脆弱性，向穷人提供更多的受教育机会和医疗服务，增强穷人的人力资本，大力发展农村基础设施建设，提高穷人参与市场和就业的机会等诸多途径，实现具有较强减贫绩效的共享式增长。近年来，亚洲开发银行明确提出"共享式增长"概念（ADB，2007）。共享式增长是强调改善健康、教育和基础设施方面的基本服务，帮助生活福利条件比较差的人群参与经济活动的增长模式（Ali and Zhuang，2007；Son，2007）。

Ali 和 Son（2007a）认为，增长过程可能会创造新的不平等分配的经济机会。穷人通常受到环境和市场失灵的制约导致他们不能够利用这些经济机会。结果，穷人从增长中得到的收益小于非穷人获得的收益。因此如果完全依赖于市场，增长就不会是亲贫的。所谓共享式增长，不仅是创造新的经济机会的增长，而且能够确保社会各阶层公平地享有这种机会持续而公平的增长（Ali，2007；Ali and Son，2007a，2007b；Ali and Zhuang，2007）。其基本内涵包括如下两个方面：其一，社会包容，即消除制度障碍，提高激励，增加包含大部分劳动力、穷人和脆弱人群在内的社会各阶层获得发展机遇的机会；其二，赋权和社会保障，即提高不同人群参与增长过程的资产和能力，改善政府干预的社会风险管理。Ali 和 Son（2007a，2007b）认为，实现共享式增长至少有三种途径：第一，提供工作机会，提高生产力。第二，加强人力资本和社会资本。人力资本和物质资产（资本）一样重要。从这个意义上说经济增长不是扩大商品供给的问题，而是提高人们的能力。为了发展人们的能力，必须重点直接投资于教育、健康、基础设施等基本社会服务的公共提供。改善教育和健康服务、提供基本的基础设施服务，对于持续的增长和人类能力发展至关重要。第三，提供社会安全网和瞄准干预。人们在经济发展的过程中会遇到各种各样的社会风险。穷人缺乏对付社会风险和外在冲击的办法，因此要实现共享式增长需要有风险管理措施，例如社会安全网和瞄准穷人的干预。他们强调指出，制度和政府治理是以上三种措施实施的根基（如图1所示）。

共享式增长与亲贫增长在基本内涵上比较相近，因为这两个概念都强调增长应该倾向于社会中的穷人而不是富人。Ianchovichina 和 Lundstrom（2009）认为共享式增长的定义与亲贫式增长的绝对定义是一致的，但是与相对性定义不一样。绝对亲贫增长意味着只要穷人从增长中受益，增长就是亲贫的；而相对亲贫增长强调经济增长过程中收入不平等的改善，穷人从增长中获得的收益大于非穷人。所以，他们强调，从共享式增长的角度出发，增加穷人参与经济增长并从经济增长中受益的机会，对减贫是至关重要的。另外，

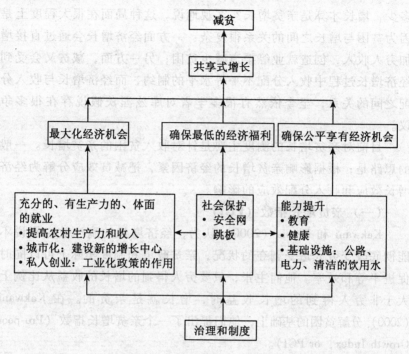

图 1 共享式增长的三个支柱

资料来源：Ali，2007.

在我们看来，与前面讨论的基于收入贫困的亲贫增长有所不同的是，共享式增长建立在多元贫困的基础上，它更侧重于提高穷人的自身发展能力，而不只是经济增长和收入不平等这些收入方面的指标。就界定概念的立意或动机而言，共享式增长似乎更强调全社会经济的持续增长，亲贫增长相对侧重经济增长所能体现的减贫效果。

三、亲贫增长的测度方法

学术界关于亲贫增长的内涵存在争议，而对亲贫增长的度量更是莫衷一是。穷人是否分享了经济增长的好处，在多大程度上分享了经济增长的好处？穷人从增长中收益多少，或者贫困程度缓解了多少，增长才算是亲贫增长？客观地说，这种局面在很大程度上是因为贫困与增长之间的关系很复杂：一方面经济增长会通过直接增加穷人收入，创造就业等渠道减少贫困；另一方面，减贫又会受到经济增长过程中收入分配不平等水平的制约，而经济增长与收入分配之间的关系，至今依然有很多学者对库兹涅茨假说存在很多争议。

目前对亲贫增长的测度主要是针对收入贫困的亲贫增长。一般的思路是，根据影响亲贫增长的经济因素，把减贫效应分解为经济增长效应和收入分配效应的影响。

（一）亲贫增长指数（PGI）

Kakwani 和 Pernia（2000）认为，经济增长的滴注效应假说不能彻底改变穷人遭受剥夺的状况，亲贫政策和制度实际上可以同时促进平等和效率。他们主张，只要穷人得到的增长的收益从比例上大于非穷人得到的增长收益时，增长就是亲贫的。在 Kakwani（2000）分解贫困的基础上，他们提出了一个亲贫增长指数（Pro-poor Growth Index，or PGI）。

他们把贫困的总变化看成是两种力量影响的结果：收入分配状况不变时增长的影响，以及总收入不变时收入分配的影响。假设 η 是经济增长提高 1% 时贫困变化的比例，即经济增长的减贫弹性，则 $\eta = \eta_g + \eta_I$。其中，η_g 是不平等状况不变时的纯增长效应，η_I 是不平等效应。η_g 总是负的，因为正的增长总是减少贫困的，而 η_I 可正可负。如果 η_I 为负值，意味着增长伴随着不平等的改善，增长导致收入分配的变化是有利于穷人的；如果 η_I 为正值，意味着增长伴随着不平等的恶化，收入分配的变化是有利于富人的，富人享有的增长收益比例大于穷人。亲贫增长程度 PGI 可以用经济增长总的减贫弹性 η 与分配中性状况下经济增长的减贫弹性 η_g 之比率，即 $\phi = \dfrac{\eta}{\eta_g}$ 来测度。

因为 $\phi = \dfrac{\eta}{\eta_g} = 1 + \dfrac{\eta_I}{\eta_g}$，如果 ϕ 大于 1，η_I 就小于零（因为 η_g 总

是负的），因此增长就带来了有利于穷人的再分配，增长就是亲贫的；当 $0<\phi<1$ 时，增长不是严格亲贫的，尽管它依然减少了贫困发生率，这种情况就是滴注式增长；如果 $\phi<0$，经济增长就导致了贫困的增加。

（二）增长发生曲线（GIC）

经济增长的收益怎样分配到全社会不同的收入阶层？收入分配变化对减贫的影响有多大？增长可能导致贫困的减少，但是增长对减贫的影响达到多大程度才可称之为亲贫呢？Ravallion 和 Chen（2003）基于泰尔贫困指数，提出了增长发生曲线（Growth Incidence Curve，GIC）。

如果 $F_t(y)$ 为 t 期收入低于 y 的人口在全部人口中所占比例，随着 y 变化，$F_t(y)$ 即为收入累积分布函数（Cumulative Distribution Function，CDF）。据此收入累积分布函数，我们可以得出在 p 分位数上的收入为，$y_t(p)=F_t^{-1}(p)=L_t'(p)\mu_t$，$(y_t'(p)>0)$。其中，$L_t(p)$ 为洛伦兹曲线（斜率为 $L_t'(p)$），μ_t 为均值。

比较两个时期 $t-1$ 和 t，第 p 个分位数人口的收入增长率是：

$$g_t(p)=\frac{y_t(p)-y_{t-1}(p)}{y_{t-1}(p)}=\frac{L_t'(p)}{L_{t-1}'(p)}(\gamma_t+1)-1$$

其中，$\gamma_t=(\mu_t/\mu_{t-1})-1$，它是均值收入 μ 的增长率。

当 p 从 0 变化到 1，$g_t(p)$ 的轨迹就是增长发生曲线（GIC）。所以，GIC 曲线表示在两个时间点之间每一个收入分配百分位数上的收入增长率。如果 GIC 曲线在所有的百分点上都是正的，即 $y_t(p)>y_{t-1}(p)$，说明两个不同的时期内贫困明显下降。这也意味着，如果 GIC 上所有的点都向上移，则减贫幅度更大。如果不平等状况没有变化，那么，对于所有的 p，$g_t(p)=\gamma_t$；当且仅当 $y_t(p)/\mu_t$ 随着时间增长时，$g_t(p)>\gamma_t$。如果对于所有的 p，$g_t(p)$ 是减函数，则不平等状况就随着时间是下降的；如果 $g_t(p)$ 是增函数，则不平等就随着时间是上升的。如果对于所有的 p，$g_t(p)>0$，即 GIC 在每一个分位数上都是大于 0，则从 $t-1$ 到 t 期的分配是一阶占优的。

Ravallion 和 Chen（2003）还进一步用他们所提出的增长发生曲线 GIC 来估计中国在 20 世纪 90 年代的亲贫增长率。20 世纪 90

年代，中国人均收入增长率年均 6.2%，从收入分配的角度看，分位数穷人端普通人均收入增长率为 3%，分位数富人端普通人均增长率为 10%；中国的亲贫增长率为 4%。

Ravallion（2004）认为，如果 GIC 曲线是完全平坦的，即所有分位数 p 上的收入都以相同的速率增长，保持不平等状况不变，那么这样的增长过程被称为"分配中性的"。如果再分配要素是减贫的，那么分配的变化就是"亲贫的"。GIC 实质上等于普通的增长率乘上分配纠正系数。

Kraay（2006）把贫困变化分解为以下三种因素：（1）平均收入的高增长率；（2）贫困对平均收入增长的高敏感性；（3）相对收入的减贫增长模式。令 P_t 表示一般可加性贫困测量，对 P_t 进行分解：

$$\frac{\mathrm{d}P_t}{\mathrm{d}t} \cdot \frac{1}{P_t} = \left(\frac{\mathrm{d}u_t}{\mathrm{d}t} \cdot \frac{1}{u_t}\right) \cdot \int_0^{H_t} \eta_t(p) \cdot \mathrm{d}p$$

$$+ \int_0^{H_t} \eta_t(p) \cdot \left(g_t(p) - \left(\frac{\mathrm{d}u_t}{\mathrm{d}t} \cdot \frac{1}{u_t}\right)\right) \cdot \mathrm{d}p$$

其中，$\eta_t(p) = \dfrac{\mathrm{d}f(y_t(p))}{\mathrm{d}y_t(p)} \cdot \dfrac{y_t(p)}{P_t}$ 是贫困测量对第 p 个百分位数上的收入的弹性。这一项涵盖了收入分配的第 p 个百分位数上个人收入的微小变化对贫困的影响；$g_t(p) = \dfrac{\mathrm{d}y_t(p)}{\mathrm{d}t} \cdot \dfrac{1}{y_t(p)}$ 就是前面提到的增长发生曲线。

方程中的第一项包含了上述的两种因素，平均收入的增长率乘上贫困测量相对平均收入变化的敏感性。这只是收入分配的每一个百分位数上的贫困对增长的敏感性的百分数的平均。方程中的第二项包括亲贫增长其他的因素：相对收入的变化。相对于 Ravallion 和 Chen（2003）而言，Kraay 的贫困变化分解包含了绝对的和相对的亲贫增长，有利于考察不同的亲贫增长。

（三）贫困增长曲线（PGC）

跨国分析表明，经济增长率相同的一些国家减贫情况存在很大的差异。究竟如何解释这种差异呢？增长的减贫弹性虽然说明了增长的减贫效应，但是它对一个国家初始的经济发展水平和初始的收入不平等状况很敏感。因此，用跨国回归中得到的贫困弹性来解释不同国家之间减贫能力的差异时，会产生一种误导（Ravallion and Chen，2007；Son，2004）。

据此，Son（2004）提出了贫困增长曲线（Poverty Growth Curve, or PGC）。他将广义的洛伦兹曲线与贫困变化联系起来，并由此推导出 PGC。当整个广义的洛伦兹曲线向上平移时，新的分配状况相对于旧的分配状况是二阶占优的。如果广义的洛伦兹曲线完全上移，那么，对于所有的贫困线和所有不同的贫困测度而言，贫困是明显下降的；如果广义的洛伦兹曲线完全下移，那么，对于所有的贫困线和所有不同的贫困测度而言，贫困是明显上升的。当然，如果这条曲线从 0 到 100 的百分位数上都是下降的，则增长就是亲贫的。这种方法适用于家户调查和跨国数据，可以在不知道贫困线和贫困测度的情况下进行计算。

假设 $L(p)$ 是描述 $p\%$ 的人所享有的收入份额的洛伦兹曲线，$L(p) = \dfrac{1}{\mu}\displaystyle\int_0^x yf(y)\,\mathrm{d}y$，其中，$p = \displaystyle\int_0^x f(y)\,\mathrm{d}y$，$\mu$ 是社会的平均收入，y 表示个人收入，个人收入的概率密度函数是 $f(y)$。如果整个洛伦兹曲线上移，也就是说 $\forall p, \Delta L(p) \geq 0$，增长显然是亲贫的。PGC 的标准定义式如下：

因为 $y(p) = L'(p)\mu$，而 $g(p) = \ln(y(p))$。取对数后得到：

$$\mathrm{d}\ln(y(p)) = \mathrm{d}\ln\mu + \mathrm{d}\ln(L'(p))$$

即：

$$g(p) = g + \mathrm{d}\ln(L'(p))$$

其中 $g(p) = \mathrm{d}\ln(y(p))$ 是 $p\%$ 的人口的收入平均增长率（$0 < p < 100$），$g = \mathrm{d}\ln(\mu)$ 是平均收入的增长率。由贫困发生率曲线可以看出，如果 $\forall p < 100, g(p) > g$，则增长就是亲贫的，因为整个洛伦兹曲线上移（$\forall p, L(p) > 0$）；如果 $\forall p < 100, 0 < g(p) < g$，则增长在减贫的过程中伴随着不平等的上升（$\forall p, L(p) < 0$），这种情形下的增长过程就是所谓的滴注增长（trickle-down growth）；如果 $\forall p < 100, g(p) < 0$，并且 g 是正的，就是所谓的贫困化增长（immiserizing growth）。

Son(2004)应用贫困增长曲线对泰国 1992—2000 年的减贫状况进行了分析(见表 1)。

表 1   泰国贫困增长曲线(1992—2000 年)

分位数	1992—1994 年	1994—1996 年	1996—1998 年	1998—2000 年
10	8.89	7.27	-2.55	-4.39
20	8.72	7.30	-2.46	-3.11
30	9.16	7.14	-2.20	-2.67
40	9.41	6.99	-2.14	-2.34
50	9.58	6.81	-2.13	-2.10
60	9.68	6.72	-2.14	-1.85
70	9.69	6.59	-2.07	-1.55
80	9.36	6.54	-1.96	-1.21
90	8.49	6.48	-1.63	-0.77
100	7.65	5.75	-1.00	-0.85

资料来源:Son(2004),p.310.

显然,当 $p=100$ 时, $g(p)=g$。Son(2004)的分析发现,1992—1994 年期间, $g=7.65$,而当 $0<g<100$ 时, $g(p)>g=7.65$;1994—1996 年期间, $g=5.75$, $0<g<100$ 时, $g(p)>g=5.75$ (见表 2)。由此看出,在 1992—1996 年期间,经济增长的过程中,收入不平等状况得到改善,这个时期的增长模式是亲贫的。整体而言,如果贫困增长 PGC 曲线向上倾斜,表明非穷人相对穷人获取的增长利益较多,增长不是亲贫的;如果贫困增长曲线 PGC 向下倾斜,表明穷人相对非穷人获取的增长利益较多,增长是亲贫的(见图 2、图 3)。

220

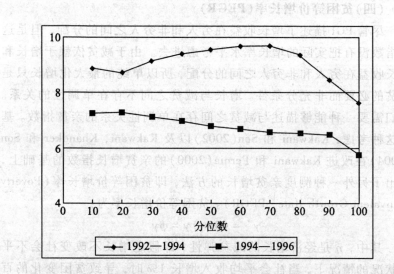

图2　泰国贫困增长曲线:1992—1994 年, 1994—1996 年
资料来源:Son, 2004, p. 312.

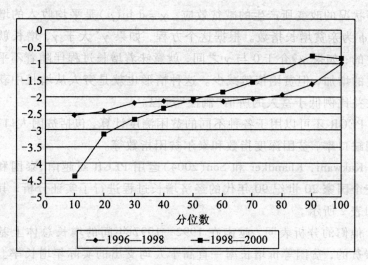

图3　泰国贫困增长曲线:1996—1998 年, 1998—2000 年
资料来源:Son, 2004, p. 313.

（四）贫困等价增长率（PEGR）

尽管 PGI 描述了增长收益在穷人和非穷人之间的分配，但是这个指数没有把实际的增长率水平考虑进去。由于减贫依赖于增长和增长收益在穷人和非穷人之间的分配，所以单纯的最大化增长只是减贫的必要而非充分条件。增长与减贫之间不存在单调性的关系。我们需要一种能够描述与减贫之间存在单调性关系的亲贫指数。基于这种考虑，Kakwani 和 Son（2002）以及 Kakwani，Khandker 和 Son（2004）在改进 Kakwani 和 Pernia（2000）的亲贫增长指数的基础上，提出了另外一种测度亲贫增长的方法，即贫困等价增长率（Poverty Equivalent Growth Rate，PEGR）。贫困等价增长率为：

$$\gamma^* = (\delta/\eta)\gamma = \phi\gamma$$

其中，η 是经济增长的减贫弹性，即假定增长不改变社会不平等状况的情况下，当社会平均收入增长 1% 时，导致贫困变化的百分比（η 总是为负值）；δ 是总的贫困弹性，包括经济增长过程中社会不平等状况不变时增长的减贫弹性 η，以及伴随经济增长收入不平等状况的改变所产生的减贫效应；$\gamma = d\ln(\mu)$ 是平均收入的增长率；ϕ 为亲贫增长指数。根据这个方程，如果 γ^* 大于 γ，增长就是亲贫的；如果 γ^* 介于 0 与 γ 之间，就意味着增长过程伴随着不平等程度的增加，但贫困依然减少。这种情形也就是穷人从增长中获取的收益比例低于富人的所谓"滴注"过程。

PEGR 还可以用于各种不同的贫困测度计算，包括贫困人口率，贫困缺口率，贫困深度指数和泰尔贫困指数等。

Kakwani，Khandker 和 Son（2004）运用 PEGR 对越南、泰国和韩国三个国家 20 世纪 90 年代的经济增长过程进行了实证分析，其结果如表 2 所示。

他们的分析表明，越南在 1992—1997 年间的增长总体上基本是亲贫的，贫困等价增长率一直高于人均支出的实际年增长率。这表明越南的增长历程中穷人享受的增长收益要高于非穷人。城市的基尼系数从 1992 年的 35.07% 下降到 1997 年的 34.17%，农村的基尼系数从 1992 年的 28.86% 下降到 1997 年的 26.42%（Son，2003）。泰国和韩国因为受到 1997 年金融危机的影响，经济增长受到重创。

表 2　　　　泰国（1996—2000 年）、韩国（1997—1999 年）和
越南（1992—1997 年）的亲贫增长

国家	年份	实际增长率	贫困等价增长率			是否亲贫
			贫困发生率	贫困缺口	贫困强度	
泰国	1996—1998	-1.00	-2.7	-2.5	-2.5	非亲贫
泰国	1998—2000	-0.85	-2.3	-3.8	-4.4	非亲贫
韩国	1997—1998	-7.6	-9.0	-10.0	-10.9	非亲贫
韩国	1998—1999	9.8	9.6	10.5	11.5	亲贫
越南	1992—1997	5.02	5.08	5.33	5.43	亲贫

资料来源：Kakwani, Khandker and Son(2004), pp. 4-16.

由于穷人的脆弱性，穷人在经济危机中受到的危害要大于非穷人，出现返贫现象。韩国吸取金融危机的教训，在金融危机之后建立了社会安全网，韩国的经济在 1998 年出现快速的复苏，经济增长表现出亲贫的状况。与韩国的状况相反，由于泰国政府没有针对金融危机对穷人采取保护措施，所以金融危机的不利影响在 1998 年至 2000 年间进一步扩散和加深，其经济没有及时恢复增长。

PEGR 这种测度方法不仅考虑了经济增长的幅度，而且也考察了增长收益在穷人和富人之间的分配方式。按照这种亲贫测度方法，为了快速减贫，我们应该使 PEGR 最大化，而不是单纯地最大化增长率。Kakwani 和 Son（2002）以及 Kakwani、Khandker 和 Son（2004）的研究是对 Kakwani 和 Pernia（2000）方法的进一步改进，两者的不同点在于：Kakwani 和 Pernia（2000）提出的方法是相对的，他们认为亲贫增长意味着相对不平等的减少；而后来的 PEGR 方法的亲贫增长既包含相对性又兼容了绝对性。

Kakwani 和 Son（2007）充分利用 PGC 和 GIC（Ravallion and Chen, 2003；Son, 2004）两条曲线的特性，提出了一个类似于 PEGR 的新亲贫增长指数。这个新的亲贫增长指数类似于 Kakwani 和 Son（2006）所提出的 PEGR。它们之间唯一的不同点在于新亲贫增长指

数是建立在社会福利函数的基础上的，而 PEGR 可以利用各种类型贫困测度计算。首先根据洛伦兹曲线的定义，应用广义洛伦兹曲线 $L(p) = \dfrac{\mu_p p}{\mu}$，$\mu_p$ 是指按收入等级划分的最末端 $p\%$ 人口的平均收入，$\mu_p p$ 就是指 p 百分位数上的人口收入水平，μ 指全社会的平均收入。$p\%$ 人口平均收入的增长率为 $g(p) = \Delta \ln(\mu \ln(p)) = \gamma + \Delta \ln(L(p))$，这也就是 Son(2004) 提出的贫困增长曲线。在两个时期之间，如果 $\forall p$，$g(p) > 0$ 或者 $g(p) < 0$，我们可以明确判定贫困是下降的还是上升的。这也意味着在贫困增长曲线以下的面积可以被用作对亲贫增长的度量。新的亲贫增长率指数 $\gamma^* = \gamma - \Delta \ln(G^*)$，其中 $\gamma = \Delta \ln(\mu)$ 是全社会的平均收入的增长率，$\ln(G^*) = 2 \displaystyle\int_0^1 [\ln(p) - \ln(L(p))] \, \mathrm{d}p$ 是一个新的不平等相对测量指数。如果在一个时期内，用 G^* 衡量的不平等下降，那么亲贫增长率就会比平均收入的实际增长率高，增长就是亲贫。同理，根据 Ravallion 和 Chen(2003) 提出的增长发生曲线，$r(p) = \gamma + \Delta \ln(L'(P))$，这条曲线向上移动的位置越高，贫困减少得越多。这就意味着增长发生曲线以下的面积也可以用作亲贫增长指数。因此，基于 GIC 曲线的亲贫增长指数可以写作：$\tau^* = \displaystyle\int_0^1 r(p) \, \mathrm{d}p = \gamma - \Delta \ln(A)$，其中 A 可以给出，$\ln(A) = \ln(\mu) - \displaystyle\int_0^1 \ln(x_p) \, \mathrm{d}p$ 是 Atkinson(1970) 对不平等的度量。该方程意味着，当不平等度量 A 下降时，增长率就增加。比如说，如果 A 下降 1%，增长率就等同地增加 1%。

新 PEGR 具有几个值得注意的优点：(1)它把不平等的变化和增长率的收益或损失联系起来了：不平等的下降导致了增长率的收益，不平等的上升导致了增长率的损失。(2)新 PEGR 可以分别根据不同的贫困测度来计算，包括贫困人口指数，贫困缺口率，贫困深度指数，泰尔指数。(3)这种方法可以得出增长的数量和穷人的收益。(4)新 PEGR 满足基本的单调性公理，即减贫的数量是亲贫增长率的单调增函数。单调性标准要求亲贫增长的测量能描述增长和减贫的单调性关系，这意味着减贫不仅要考虑增长，而且还要考虑增长的利益如何被社会中的个人分享。为了加速减贫，这个指数暗含 PEGR 最大化，而不是单独的最大化增长率。总之，相对于 GIC 和 PGC 而言，新的 PEGR 更具有一般性和全面性。

（五）关于集中亲贫测度方法的比较

Son(2007)运用 1988—2000 年期间泰国的社会经济调查（SES）数据，对以上几种典型的亲贫增长测度方法进行了对比性的经验研究（见表3、表4）。

表3　　　泰国 1988—2000 年人均收入和贫困的变化（％每年）

	1988 年	2000 年	变化百分比
人均收入	211.90	371.74	4.68
贫困发生率	32.59	14.22	−6.91
贫困缺口率	10.39	4.05	−7.84
贫困深度指数	4.61	1.65	−8.57

资料来源：Son（2007），p.8.

表4　　　基于贫困弹性的 PGI 和 PEGR 亲贫指数

PM	TPE	PEG	PEI	PGI	PEGR
贫困发生率	−1.48	−1.92	0.44	0.77	3.60
贫困缺口率	−1.67	−2.40	0.72	0.70	3.27
贫困深度指数	−1.83	−2.74	0.91	0.67	3.13

资料来源：Son（2007），p.8.

注：PM 表示贫困测度（Poverty Measures），TPE：总贫困弹性（Total Poverty Elasticity），PEG 增长的贫困弹性（Poverty Elasticity of Growth）；PEI 表示不平等的贫困弹性（Poverty Elasticity of Inequality）；PGI 表示亲贫增长指数（Pro-Poor Growth Index）；PEGR 表示贫困等价增长率（Poverty Equivalent Growth Rate）。

Son（2007）按照收入等级从低到高把总人口划分为五个等级，并给出了每个分位数上从 1988 年到 2000 年期间的人均收入变化率。这两种亲贫增长测度方法都考虑到了增长和不平等对减贫的影响。PGI 等于总增长弹性与增长效应之比，PGI = TPE/PEG，如果 PGI 大于 1，增长就是亲贫的，也就是说增长过程伴随着不平等的下降；如果 PGI 小于 1，增长就不是亲贫的。表 4 所示，基于各种指标测度的 PGI 指数均小于 1，说明泰国在 1988 年到 2000 年间的增长不是亲贫的。PEGR 提供了一个衡量增长是否亲贫的基准，年人均增长率 4.68%（表 3）。由于表 4 中 PEGR 指数均小于 4.68，所以测度结果表明，从 1988 年到 2000 年间的增长不是亲贫的。从 PGI 和 PEGR 的计算结果来看，PEGR 只是 PGI 的同义反复。因为，只要 PGI 指数小于 1，PEGR 指数必然小于基准的增长率。PEGR = PGI 小于实际人均增长率，就是说 PEGR 与 PGI 的变化是完全一致的。

Son（2004，2007）用 PGC 模拟 1988—2000 年间泰国的减贫和增长之间的关系（见图 4）。他发现，从最低端的人口分位数到 90% 的分位数上人口的收入增长率，均小于人口分位数最顶端的收入增长率 4.68%，因而得出结论：泰国在这个期间的经济增长是不利于穷人的。这与上面 PGI 和 PEGR 的测度结论是一致的。Son（2007）用同一组数模拟 GIC（见图 5），发现增长率与从低到高的分位数呈现出明显的单调增加的趋势，所以 GIC 的性状也表明这一时期的增长不是亲贫的。

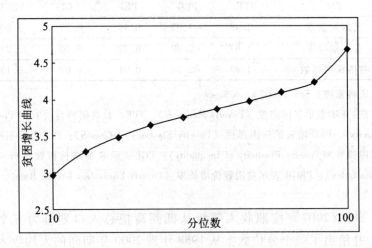

图 4　1988—2000 年泰国贫困增长曲线（PGC）

资料来源：Son，2007，p.9.

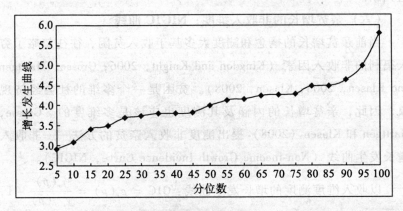

图 5　1988—2000 年泰国增长发生曲线（GIC）

资料来源：Son，2007，p. 10.

　　PGC 是根据从最低端的分位数到 p 分位数的穷人平均收入的增长率来估计，而 GIC 是根据每个分位数 p 上人口平均收入的增长率来估计。相对于 GIC 而言，PGC 可以给出更稳定的结果，因为 GIC 估计每一个百分点的收入往往会导致较高的不稳定性。但是，PGC 和 GIC 的共同缺陷在于，这两种方法都过于片面。Ravallion 和 Chen（2003）把 GIC 被片面地定义在一阶占优的条件上，类似地，Son（2004）亲贫增长度量的 PGC 是二阶占优的，它们的增长过程主要是用随机占优曲线来决定增长是亲贫的或者是不亲贫的。这种方法的一个最大优点就是它对所有的贫困线和贫困度量都是有效的。其局限性在于，如果占优条件不能满足，那么就无法推断一个增长过程是不是亲贫的。此外，这两种方法都不能判定亲贫的程度。Kraay（2006）提出的贫困分解，以及 PPGI（Kakwani and Pernia，2000）和 PEGR（Kakwani and Son，2002，2007），都是较为全面的。这些方法给出了增长过程的完整排序。根据这些方法，我们不仅可以从亲贫增长指数或者亲贫增长率中而不是从曲线上判断增长是否亲贫，而且可以看出增长的亲贫程度有多大，即穷人所享受的亲贫增长比例。当然，为了实施这些方法，需要确定贫困线和贫困测量，因而也就需要在选择贫困线和贫困测度中进行必要的价值判断。

（六）亲贫增长的非收入维度：NIGIC 曲线

当前亲贫增长的概念和测度大多基于收入贫困，往往忽略了穷人福利的非收入因素（Kingdon and Knight，2006；Grosse，Harttgen and Klasen，2008；Klasen，2008）。贫困是一个多维的社会经济现象，因此，亲贫增长的内涵及其测度也应该是多维度的。Grosse，Harttgen 和 Klasen（2008）提出测度非收入亲贫的方法——非收入增长发生曲线（Non-income Growth Incidence Curve，NIGIC）。

以收入维度测度的增长发生曲线：$GIC = g_t(p) = \dfrac{y_t(p)}{y_{t-1}(p)} - 1$，根据增长发生曲线，Ravallion 和 Chen(2003)把亲贫增长率定义为 GIC 曲线以下从 0 到贫困人口数 H 之间的面积：$PPGR = g_t^p = \dfrac{1}{H_t}\displaystyle\int_0^{H_t} g_t(p)\,\mathrm{d}p$。

为了判断增长是否是亲贫的，我们需要把亲贫增长率（PPGR）与平均收入增长率（GRIM）相比较，其中 $GRIM = \gamma_t = \dfrac{\mu_t}{\mu_{t-1}} - 1$，$\mu$ 是平均收入。如果 PPGR 大于 GRIM，即穷人的收入增长率高于平均收入增长率，相对不平等下降，增长就是相对亲贫的。为了检验穷人的绝对收入增长是否高于平均收入增长，必须关注两个时期之间每个分位数上人口的收入变化。把绝对增长发生曲线定义为：

$$GIC_{absolute} = c_t(p) = y_t(p) - y_{t-1}(p)$$

$GIC_{absolute}$ 从收入贫困的角度描述了每个分位数上人口的人均收入的变化。如果绝对增长发生曲线 $GIC_{absolute}$ 的斜率是负的，就表明增长是绝对亲贫的。根据 $GIC_{absolute}$，我们把亲贫变化（PPCH）定义为绝对增长发生曲线以下到贫困发生率之间的面积：

$$PPCH = c_t^p = \frac{1}{H_{t-1}}\sum^{H_t} c_t(p)$$

平均收入变化 $CHIM = \delta_t = \mu_t - \mu_{t-1}$。如果 PPCH 超过了 CHIM，增长就是强绝对亲贫的。

NIGIC 测度非收入意义上的亲贫增长，比如每一个分配分位数上两个时期之间受教育水平的改善。Grosse，Harttgen 和 Klasen（2008）从两个方面计算 NIGIC：一是无条件 NIGIC，按照各种非收入变量把人口进行排序。例如，按照成年家庭人数的平均受教育年限，最穷的分位数是教育最贫困型的，家庭平均教育回报最低。二是条件 NIGIC，根据收入水平给人口进行排序，计算各个收入分位数上非收入成效的增长。收入最贫困的人群不一定同时是教育最贫困的人群。无条件的 NIGIC 表明福利的非收入维度上的非收入分配模式的改善。条件 NIGIC 可以用来评价在福利的非收入维度上收入分配模式的改善。Grosse、Harttgen 和 Klasen（2008）研究玻利维亚 1989—1998 年的教育状况发现，PPGR 为 4.88%，大于 GRIM 的 1.8%，说明这个时期的教育是相对亲贫的，较为显著；而无条件 PPCH 为 1.34 略微大于 CHIM1.18，说明这个时期的教育也是绝对亲贫的；但是条件 PPCH1.01 略微小于 CHIM1.18，说明这种情况下教育不是绝对亲贫的，与无条件下的测度不一致。条件和无条件之间的估计差异表明，收入贫困与非收入贫困不是完全重叠的。一般而言，从福利贫困的角度评估减贫效果是一种最具包容性的方法，它包含了收入贫困和能力贫困方面的变化（Levine，2004）。

（七）机会曲线（OC）、机会指数（OI）和机会公平指数（EIO）

Ali 和 Son（2007a，2007b）超越了单一的收入贫困维度下的亲贫增长测度，提出了一种定义和测度共享式增长的方法。他们用社会机会函数描述共享式增长，这种社会机会函数依赖于两种要素：一是人们能获得的平均机会；二是机会是如何在人们之间分配的。在他们看来，经济增长如果增大了社会机会函数，那么增长就是共享式的。因此，共享式增长的关键就在于社会机会函数最大化。

假设社会上共有 n 种收入水平不同的人，x_1 是收入最低的人，x_n 是收入水平最高的人。社会福利函数为 $W = W(x_1, x_2, \cdots, x_n)$。类似于社会福利函数，我们可以定义一个社会机会函数，$O = O(y_1, y_2, \cdots, y_n)$，$y_i$ 是收入为 x_i 的第 i 种人享有的机会。这里的机会可以定义为各种各样的服务，例如，获得健康和教育服务的机会，在劳动力市场上获得工作的机会，等等。y_i 取 0 或 100 两种值。如果第 i 个人被剥夺了某种机会 y_i 就取值为 0；如果第 i 个人获得某种机会，y_i 就取值为 100。人们平均享有的机会为 $\bar{y} = \frac{1}{n}\sum_{i=1}^{n} y_i$。

设 $\bar{y}_p$ 是社会最底层的 $p\%$ 的人享有的平均机会，$0 < p < 100$，$\bar{y}$ 是全体社会享有的平均机会，那么当 $p = 100$ 时，$\bar{y}_p = \bar{y}$。$\bar{y}_p$ 随着 p 的增加而增加，根据不同的 p 值可以画出 $\bar{y}_p$ 曲线，即机会曲线 (Opportunity Curve)。在经济增长过程中，如果机会曲线在 p 值的每个点上整体上移，意味着社会中包括穷人在内的每个人所享有的机会增加，因此，此时的经济增长就是共享式的。增长共享的程度依赖于两个因素：一是机会曲线向上的位移大小；二是机会曲线上移过程中收入分配的变化。

图 6 表示在社会拥有平均机会相同的情况下，向上倾斜的机会曲线 AB 表示穷人享有的机会少于非穷人享有的机会；向下倾斜的机会曲线 CB 表示更公平的机会分配，意味着在社会分配底端的穷人比顶端的非穷人有更多的机会。为了描述机会分配的变化量，令 $\bar{y}^* = \int_0^1 \bar{y}_p \mathrm{d}p$，$\bar{y}^*$ 表示机会指数，是机会曲线以下的面积。$\bar{y}^*$ 越大，全社会可利用的机会就越多。因此，为了实现共享式增长，我们的目标就变成了最大化 $\bar{y}^*$。如果社会上每个人享有相同的机会，那么 $\bar{y}^* = \bar{y}$。$\bar{y}^*$ 对 $\bar{y}$ 的偏离提供了机会如何在总体人口中分配的模式。如果 $\bar{y}^*$ 大于 $\bar{y}$，那么机会就是公平分配的，增长就是亲贫的。如果 $\bar{y}^*$ 小于 $\bar{y}$，机会就是不平等分配。这样，就产生了一个机会公平指数（Equity Index of Opportunity：EIO）：

$$\varphi = \frac{\bar{y}^*}{\bar{y}}$$

若 $\varphi > 1$，机会就是公平的；$\varphi < 1$，机会就是不公平的。

通过 $\mathrm{d}\bar{y}^* = \varphi \mathrm{d}\bar{y} + \bar{y}\mathrm{d}\varphi$，我们可以了解共享式增长的动态。$\mathrm{d}\bar{y}^*$ 测度增长共享的程度。为了实现共享式增长，只需增加 $\bar{y}^*$，即 $\mathrm{d}\bar{y}^* > 0$。$\varphi\mathrm{d}\bar{y}$ 是指当机会的相对分配不发生改变时，社会平均机会对共

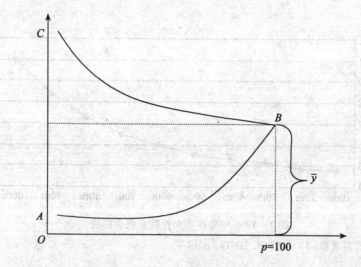

图 6　机会曲线

资料来源：Ali and Son, 2007a, p. 11.

享式增长的贡献；$\bar{y}d\varphi$ 是指社会平均机会不发生改变时，机会分配的变化对共享式增长的贡献。在政策意义上，这两项贡献告诉我们政府政策或者发展政策如何影响增长的共享性。如果 $\bar{y}d\varphi$ 大于 $\varphi d\bar{y}$，政府政策侧重于为穷人创造机会，而不是依靠扩大社会平均机会水平。如果 $\varphi d\bar{y} > 0$，$\bar{y}d\varphi < 0$，全社会较高的机会水平是通过牺牲获取机会的公平性取得的。同样，如果 $\varphi d\bar{y} < 0$，$\bar{y}d\varphi > 0$，机会的公平性是靠牺牲全社会的平均机会水平得到的。如果 $d\bar{y} > 0$ 且 $d\varphi > 0$，增长就是共享性的；如果 $d\bar{y} < 0$ 且 $d\varphi < 0$，增长就不是共享性的。

　　Ali 和 Son 把社会机会函数用于菲律宾家户调查，分析了机会的公平性，如就业（从总量和性别上说）、教育、健康、基础设施（如电力，清洁的饮用水和卫生设备）。由图 7 和图 8 可知，1998 年菲律宾的人口就业曲线，无论男性还是女性，都向上倾斜，因此就业机会不是共享性的；男性的整个就业机会曲线位于女性就业机会曲线的上方，这是因为：第一，男性平均享有的就业机会较高；第二，男性之间就业机会分配比女性之间的就业机会分配要公平。

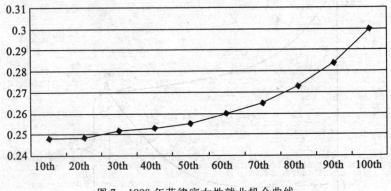

图 7　1998 年菲律宾女性就业机会曲线

资料来源：Ali and Son, 2007a, p. 14.

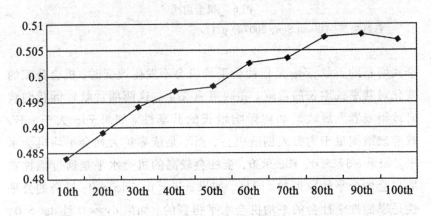

图 8　1998 年菲律宾男性就业机会曲线

资料来源：Ali and Son, 2007a, p. 14.

四、亲贫增长的政策及其绩效评价

　　一般而言，完全受市场力量驱动的经济增长过程会较多地惠及富人，而不是穷人。这不仅是因为富人在市场经济机制下有许多"比较优势"；同时也因为政府采取的政策不可避免地要受到既得利益的富人的影响而偏向富人。因此，尽管一定水平的经济增长是减贫的一种必要条件，但增长本身不是减贫的充分条件；经济增长不能保证所有的人都能公平受益，它可能忽视穷人或者边缘化穷人，导致不平等程度的加剧（Ali and Son，2007a）。泰国（20世纪80年代），马来西亚（20世纪90年代），斯里兰卡（20世纪90年代）在不同的时期经历快速的经济增长，但是快速的经济增长并没有起到减贫的作用。为了改善收入不平等状况，减少贫困，提高社会的整体福利水平，政府在经济增长过程中有必要采取一些积极的亲贫政策。这已经成为国际社会的基本共识，并成为许多国家政府发展政策中的一个重要目标。目前关于亲贫增长政策问题的研究，除了对政府政策的亲贫绩效进行实证分析和评价之外，大多聚焦于实现亲贫增长的机制。

值得注意的是，学术界研究亲贫内涵时虽然也涉及了一些非收入的多元维度，但还是以收入维度居多，而关于亲贫增长测度的研究则基本上是基于收入维度；可是，关于亲贫增长政策问题的研究却以非收入维度居多。既然单纯的市场机制难以保证经济增长是亲贫的，就需要政府政策导引增长方向、疏浚增长利益润泽穷人的通道。而增长方向和利益通道问题虽然可以从收入方面来考量，但远非收入分配现象本身。贫困与亲贫增长问题深深地嵌入社会经济结构之中。减贫就是要提高穷人的发展能力，从而提高他们的福利水平，但是，由于穷人拥有的资产禀赋较少，对风险和危机的抵抗能力差，人力资本、社会资本积累不足，生存和生产环境恶劣等原因，在研究和制定亲贫政策时，要超越单一的收入贫困指标，通过政府的政策干预改善与贫困相关的其他非经济指标（基础设施、教育和健康，等等），实现经济增长减贫效应的最大化。

目前所见到的关于亲贫增长政策方面的文献，就论题而言，有两个明显的特点：（1）主要针对农村贫困；（2）大多集中于政府的公共支出政策。这种现象大概是因为两个方面的原因：其一，世界上许多贫困的国家基本上是传统的农业国，农业是这些贫穷国家国民收入和出口收益的主要来源，或者说，世界上大多数穷人以农业为生计（Schultz，1979），农业的增长往往具有很强的亲贫性特征，因此，研究农村贫困是分析和研究亲贫政策及其绩效的一个很好的切入点。农业增长能提高农业部门的生产力，降低并稳定食物价格，改善农村穷人的就业机会；同时，增加人们对消费品和服务的需求，刺激农村非农经济的增长，为贫困地区的经济转型和多元化，实现持续的减贫创造条件。然而，在发展中国家，农业生产收益的增长在很大程度上又依赖于一个支持性的政策环境。其二，缺乏基础设施是农村特别是偏远乡村贫困高发的主要原因之一，亲贫的公共支出通过提供有效而可靠的基础设施，例如，交通运输、能源、灌溉设施、饮水和卫生设备、信息和通信技术，等等，降低生产和生活成本，提高劳动生产力，改善生活条件，从而达到提高人们的福利水平和减贫的目的（OECD，2006；World Bank，2005）。

由 AFD（Agence Francaise de Development）、DFID（Department for International Development）和世界银行等机构联合发起的实践亲贫增长研究项目 OPPG（Operationalizing Pro-poor Growth Research Program），考察了世界上 14 个发展中国家 20 世纪 90 年代的发展和减贫经验，分析了这些国家经济增长的分配模式、穷人参与增长的途径，以及不同的国家政策与国情状况对增长的减贫效率的影响。研究发现，在经济快速增长的国家，人均 GDP 每上升 1 个百分点，贫困就下降 1.7 个百分点；尽管增长对减贫的力量不可否认，但在这 14 个国家中，更快的减贫发生在那些减贫政策更能提高穷人参与增长的能力的国家。因此，要实现快速有效的减贫，除了保持宏观经济快速、持续和稳定的增长之外，还应该通过公共投资改善农村地区的基础设施，扩大穷人受教育的机会，促进农村非农产业的发展和就业，从而增强穷人参与增长的能力，提高穷人在增长中的收益（World Bank，2005）。Derek、Diao 和 Jackson（2005）分析 12 个国家的农业和农村发展对实现亲贫增长的经验发现，那些人均农业增长率最高的国家，农村减贫步伐也是最快的。尤其是在发展的早期阶段，农业生产力的增长导致了食物的价格较低，降低了穷人的生活成本。Fan、Gulati 和 Thorat（2008）认为，提高农业生产力的长期公共资本积累、农业研究和推广、教育和农村基础设施是促进农业增长和减贫最有效的三种公共支出。

Deininger 和 Okidi（2003）通过 Logit 模型和 Tobit 模型分析乌干达 1992—2000 年间的家户数据。他们发现，农户的初始资产禀赋（人力资本和物质资本）是影响经济增长绩效的重要因素，同时也是影响减贫的重要因素。Derek、Diao 和 Jackson（2005）研究发现，由于穷人缺乏接触资本、教育和基础设施的机会，尽管农村的非农产业部门在亲贫增长中具有重要作用，但穷人通常不是非农产业增长的主要受益者。

Fan 和 Zhang（2008）认为，公共资本（技术存量、基础设施）和人力资本不仅促进了农业生产力的增长和农村非农产业的发展，而且日益成为农村减贫过程中一个重要因素，它是农村长期的经济增长和减贫的要素之一。他们建立了一个联立方程模型，系统地估计了政府支出通过不同的途径对农业生产力和农村贫困的影响。假设决定农村贫困 P 的主要因素包括农业劳动工人的人均产出 AOUTPC、农村日工资 RWAGES 和非农就业份额 NFE：

$$P = f(\text{AOUTPC}, \text{RWAGES}, \text{NFE}) \tag{1}$$

$$\text{AOUTPC} = f(\text{LANDP}, \text{FERTP}, \text{AGEXT}, \text{RLITER}, \text{DROADS}, \text{PSICK}) \tag{2}$$

$$\text{RWAGES} = f(\text{AOUTPC}, \text{RLITER}, \text{DROADS}, \text{PSICK}) \tag{3}$$

$$\text{NFE} = f(\text{AOUTPC}, \text{RLITER}, \text{DROADS}, \text{PSICK}) \tag{4}$$

其中，LANDP 为投入的土地要素；FERTP 代表肥料；AGEXT 是农业研发和拓展花费；RLITER 是农村识字率；DROADS 为农户到不同类型的公路的平均距离。

方程（1）描述了提高农业生产力，增加农民收入对减贫的直接贡献；方程（2）、方程（3）和方程（4）描述了农业研究和拓展支出、非农就业、教育、医疗服务和乡村基础设施对经济增长和减贫的影响途径。Fan 和 Zhang 利用联立方程模型估计了乌干达政府主要支出——农业研发、乡村基础设施（公路）、教育和医疗对减贫的影响。研究发现，政府各项投资对减贫的效应大小依次为农业研发、公路、教育和医疗。早期关于公共投资对减贫的影响研究也有相似的结论。Fan、Hazell 和 Thorat（2000）曾利用联立方程模型研究印度 1970 年到 1993 年各州的公共支出对印度农村贫困的影响。他们认为，要减少农村贫困，印度政府应该对农村公路、农业研发和教育给予特别的重视，因为这些项目的投资不仅能够大幅度减少贫困，而且还能提高生产力。印度政府在灌溉、土壤和水的保护，健康和农村社区发展等方面的投资对增长和减贫的影响较小。

Khandker、Bakht 和 Koolwal（2006）根据孟加拉的农户面板数据研究发现，农村道路投资可以带来显著的减贫效应。农村公路影响减贫的途径有以下几点：农村公路可以降低交通成本，使农户更容易获取技术，参与市场，提高农业生产力，增加农村人口的非农就业机会，提高工资收入，提高儿童的入学率。他们在采集项目村和控制村家户层面数据的基础上，利用固定效应方法估计了公路投资回报对人均消费、劳动供给、学龄中男孩和女孩的入学率、总的作物产量和价格指数、农业工资、肥料价格和家户交通花费的影响。结果显示，有世界银行资助的农村道路项目，使家户平均节省交通成本为 37%，男性的农业工资增加了 27%，肥料价格平均下降 5%，总的农作物价格指数上升 4%。道路投资项目对劳动力供给和学龄孩童的入学率都有显著的影响，对减贫的平均效应为 6%。Glewwe et al.（2000）对越南的研究表明，已铺公路的乡村的贫困户比没有铺公路乡村的住户，脱离贫困的概率高出 67%。

Dercon、Gilligan、Hoddinott 和 Woldehanna（2008）的研究发现，埃塞俄比亚农户接受一次农业推广服务会使贫困发生率降低 9.8 个百分点，同时令消费增加 7.1%；投资晴雨天能通车的道路会使贫困发生率降低 6.9 个百分点，同时令消费增长 16.3 个百分点。Fan、Yu 和 Jitsuchon（2008）用泰国农村 1977—1999 年区域层次的数据，通过建立一个概念性框架和模型估计了不同类型的政府投资对农业增长和农村贫困的影响。结果显示，大多数政府投资，比如农业研发投资，农村电力、电话投资和教育投资，都对农业生产力增长和农村减贫起到了积极作用。然而，不同类型投资的生产和减贫效应在不同区域间存在很大的差异。在贫困人口比较集中的泰国东北部地区，政府投资对减贫的影响较高。模型估计的结果表明，政府在农业研发上的支出对农业生产力的回报最大，对农村的减贫效应排在第二位；政府对农村电力的投资对减贫的影响最大；教育投资对提高农业生产力和对减贫的影响都排在第三位；投资于公路和灌溉对减贫的影响最小，对农业生产力的影响比较小或者不显著。由此看来，如何分配政府投资使得政府投资在促进增长和减贫的整体效果上实现最优，需要作进一步的研究（Kakwani and Son，2006；Fan，Yu and Jitsuchon，2008）。

公共投资是政府用来促进经济增长和减贫的最有力的工具之一，这一点已经为许多研究所证明。投资公路、电力、电信和其他的基础设施服务，对于农业和农村地区的经济增长、食物安全和减贫都是至关重要的。那么，基础设施是如何影响农村贫困呢？近年来一些关于亲贫增长政策方面的研究试图探讨投资基础设施与减贫之间存在的复杂联系。

Agénor 和 Moreno-Dodson（2006）建立了一个关于健康、基础设施和增长的具有转移动态的内生增长模型，讨论健康、基础设施与经济增长之间的联系。他们认为，公共投资能够间接地提高劳动生产力，降低私人投资的调整成本，增加私人资本的耐用性，提高穷人获取医疗和教育服务的机会。Agénor（2005a，2005b，2005d）分析了教育和基础设施与经济增长之间的联系。Agénor 和 Neanidis（2006）在一个内生增长框架内研究政府支出在健康、教育和基础设施之间的联系，认为基础设施不仅影响产品生产而且影响着健康和教育服务的提供；健康影响受教育的劳工储备，而教育水平也影响着健康支出。这些模型隐含的共同观点是：（1）单一的公共投资不能充分发挥其经济效用，只有实现基础设施、人力资本（教育和医疗）等投资的大推进，才能充分发挥公共资本之间的网络效应，提高其经济利用效率；（2）增加穷人享受基础设施服务的机会（比如公路、电力和通信）会提高个人的学习和获取技能的能力。穷人的一个显著特征就是缺乏自身发展能力，或者缺乏提升自身发展能力的机会，因此，实现亲贫增长不仅要增加穷人的收入水平，更重要的是通过亲贫的增长政策提供有利于穷人提升自身发展能力的服务和机会。

Lopez（2008）认为，高度不平等会导致深度贫困，而极端的贫困转而会阻碍物质和人力资本积累，从而间接影响经济增长，降低增长率。造成收入不平等有多种因素，资产不平等，人力资本不平等也是收入不平等的重要因素。教育质量、金融服务和公共基础设施等互补性资产决定着教育收益在不同收入组之间的差异。Murty 和 Soumya（2006）分析了印度基础设施方面的公共投资变化所产生的的宏观经济效应。他们的估计结果表明，基础设施方面的公共投资的持续增长，能刺激所有部门的私人投资规模的增长。基础设施方面的公共投资持续增长 20% 会使得印度经济的增长率增加 1.8%。Straub（2008）对东亚几个国家的增长估计发现，公共基础设施促进了穷国的全要素生产率的提高，但对富国的生产力影响不显著。Moreno-Dodson（2008）运用三种经济计量模型（OLS、SURE、GMM）对博茨瓦纳、印度尼西亚、韩国、马来西亚、毛里求斯、新加坡和泰国的经验分析发现，公共支出对经济增长具有净正效应；教育和健康支出对经济增长具有中长期效应。

Fan（2004）的研究发现，改善基础设施有助于提高工人的生产力，可以节省运输水、粮食、木材和其他商品的时间和人力，也可以通过减少室内的空气污染和城市的废气排放，获得干净的水源改善健康，还可以改善教育。Fan（2004）认为，在农村基础设施的所有类型中，农村交通也许是对农村穷人的生活最重要的。因为，无效率的运输系统既提高了生产投入品的成本和有效性，同时也延误了收割粮食的销售，因而将是制约农业发展的重要因素之一。另一方面，尽管许多研究表明社会和经济因素造成了农村地区较高的辍学率，但是，缺乏公共交通和无力担负私人交通也是导致许多农村孩子辍学的重要因素。发展中国家的农村儿童面临上学和住校等很多问题，偏僻地区许多孩子必须走很长的路才能到达稀少的学校，因此，离学校的距离与入学率之间的正相关关系在农村地区尤为显著。

农村基础设施在降低交通成本和改善农村居民的收入方面非常重要（Escobal，2001），对于最为穷困的人有着很强的积极效应（van de Walle and Cratty，2002）。非农就业为农村穷人的收入提供了一个很大的份额，但农村的非农产业发展及其就业需要交通发展的支持。农村企业通常位于公路、电力和通信设施所及的地方

（Fan and Chan-Kang，2004）。良好的基础设施也能为农民提供机会向城市地区迁移。Jalan 和 Ravallion（2002）发现，道路的密集度对中国贫困地区的农民家庭消费支出有很显著的正效应，人均道路每增加 1%，农村家庭消费就增加 0.08%。Fan 和 Chan-Kang（2005）分析了中国的道路建设、经济增长和减贫之间的影响。从1978 年中国实施改革开放以来，中国减贫取得重大成就的同时，沿海和内地、乡村与城市之间的收入不平等状况越来越严重。收入差距的扩大可以归因于自然资源禀赋、人力资本开发以及包括道路交通在内的基础设施建设等方面的差异。在 20 世纪 80 年代至 90年代，中国的道路投资主要集中在建设高速公路和城间公路上。不可否认，高速公路与城间公路建设大大降低了运输成本，增强了区域间的要素流动和经济联系，因而，这些投资成效明显，是经济转型的一股重要力量。然而，随着越来越多的投资投入到高速公路与城间公路建设项目上，这些项目的边际回报率开始下降。Fan 和Chan-Kang（2005）的研究表明，在中国广大农村公路建设供给不足的情况下，农村低质量公路的边际回报率要高于高质量公路的边际回报率，低质量公路对 GDP 贡献的成本收益率是高质量公路的 4倍。因此，投资农村低质量公路可以实现增长和减贫的双赢。

许多研究者都认为，经济增长和公共支出是有利于减贫的。但是，从亲贫增长理论的视角看，只有经济增长减少了不平等，才能有利于减贫；公共支出虽然有利于经济增长，但最终是否能够减贫则取决于是谁获取了增长的收益、在多大的程度上获取了增长的收益。因此，有关亲贫增长政策争论的实质是政策的减贫瞄准效率问题（Sumner and Tiwari，2005）。他们认为，对于增长和各种减贫项目的争论不应该停留在评判项目本身的优劣上，而应该关注这些项目是否惠及穷人、在多大程度上惠及穷人。Anderson，de Renzio 和Levy（2006）的研究发现，目前关于不同减贫干预措施相对有效性的研究，在总体结果和结论上有很大的差异。一般而言，贫困可以区分为长期贫困或者是永久性贫困与暂时性贫困两类。这两种不同类型的贫困的性质和致贫原因是不同的，因此也需要不同的干预措施来解决。长期贫困一般与缺乏资产（包括物质资本和人力资本）、低水平的生产力、不利的人口特征、位置较为遥远和落后等原因相关联；暂时性贫困虽然也与缺乏资产相联系，但是通常与家庭没有能力确保他们自身抵御冲击有关系。这些包括外在冲击（比如，价格、气候、工作机会等）和家庭层面的冲击（例如，严重的疾病或者家庭成员的死亡）。改善物质基础设施的干预措施既能减少长期贫困也能减少暂时性贫困。而获得土地、提高粮食生产力、提高教育和健康水平，一般对减少长期贫困更有效。Son（2005）提出了测度政府福利项目以及提供教育、健康和基础设施等方面基础服务亲贫性的一种亲贫政策指数，并运用这个亲贫政策指数对泰国、俄罗斯、越南以及非洲十几个国家的政府福利项目进行了评估。越来越多的研究者注意到，要充分发挥公共投资推动经济增长的作用和减贫效应，一方面需要根据穷人的致贫原因和具体的生存环境，提高公共投资扶贫项目对穷人的瞄准效率；另一方面需要优化公共投资结构，充分实现教育、卫生、医疗、技术推广和基础设施建设之间的联系效应，以及公共资本和私人资本之间的互补性。

五、评 论

20世纪90年代以来，世界上许多发展中国家在经济增长的同时，收入差距也在持续扩大。日益加剧的不平等严重地削弱了经济增长的减贫绩效，减贫速度的下降已经引起国际社会特别是发展经济学家们的广泛关注。怎样使经济增长的成果能够为民众广泛地分享，特别是使贫困人口切实受益，使经济增长与发展过程更加公平和谐，逐渐成为国际发展经济学界以及世界银行、联合国发展计划署等国际机构研究与分析发展政策的焦点。共享式增长、亲贫式增长已经成为发展经济学的新概念，成为研究发展中国家经济发展问题的一个新视角。

贫困是一个复杂的社会现象，人们可以从不同的角度理解和分析贫困问题。目前学术界关于亲贫增长内涵的研究大体有两类，一类基于收入贫困，另一类则基于多元贫困，试图给亲贫增长一个较为明晰的定义。其中，建立在收入贫困概念上的亲贫增长又可以分为弱亲贫增长、强亲贫增长和一般亲贫增长三种。这三种定义各有特色，又不可避免地存在一定的局限。除了学术界关于这三种定义的讨论与争论外，在我们看来，第一种弱亲贫增长定义只关注经济增长及其社会经济绩效和贫困度量的变化，而忽略了收入不平等问题；第二种强亲贫增长定义将贫困问题的缓解绝对化，隐含而强烈地强调了收入不平等问题，而在很大的程度上完全漠视社会整体的经济效率及福利水平的提高等问题；第三种一般亲贫定义将贫困缓解与收入不平等的改善很好地结合起来了，但是，在一定程度上还是忽略了讨论亲贫增长的前提，没有把经济增长及其社会经济绩效融入内涵。这种定义在逻辑上可能导致一个次优的社会经济局面。另一种是基于多元贫困的亲贫增长，它试图突破收入贫困的局限，将一些非经济因素纳入其中，比较接近共享式增长概念。但是，严格地说，建立在多元贫困基础上的亲贫增长在很大程度上还只是意向性的讨论，还没有形成比较严谨的定义，更没有形成相应的统一的分析指标。

目前对亲贫增长的测度主要是针对收入贫困的亲贫增长，其基本思路是，根据影响亲贫增长的经济因素，把减贫效应分解为经济增长效应和收入分配效应的影响。衡量亲贫增长的主要方法有亲贫增长指数（PGI）、增长发生曲线（GIC）、贫困增长曲线（PGC）、贫困等价增长率（PEGR）、非收入增长发生曲线（NIGIC）以及机会曲线（OC）、机会指数（OI）和机会公平指数（EIO）等。增长发生曲线和贫困增长曲线只能识别经济增长是否亲贫，但是不能判定经济增长的亲贫程度，不能判定政策实施的减贫效果。贫困等价增长率作出的贫困分解不仅能够识别经济增长的过程是否亲贫，而且能够判定经济增长的亲贫程度和政策干预的减贫效果。机会曲线、机会指数和机会公平指数则试图从多元贫困的角度测度亲贫增长。

总体而言，我们更看好基于多元贫困的亲贫增长研究，尽管这个方向的研究还有许多不完善的地方，而基于收入贫困的亲贫增长研究易于深入、而事实上也已经比较深入。因为，收入贫困只是现象，只是结果，而权利贫困和能力贫困才是实质，才是原因。贫困的实质在于人的发展所必需的最基本的机会和选择权被排斥。仅仅以收入作为度量福利或福利缺失（贫困）的标准，尽管它很重要，但仍然显得过于狭隘，它并不能完整地反映其他维度的贫困及其实质。在我们看来，基于多元贫困的亲贫增长研究更为重要。

单纯的市场机制不仅不能保证经济增长是亲贫的，在很大的程度上甚至是"嫌贫爱富"的。因此，实现亲贫增长需要政府政策导引增长方向、疏浚增长利益润泽穷人的通道。而增长方向和利益通道问题虽然可以从收入方面来考量，但远非收入分配现象本身。由于穷人拥有的资产禀赋较少，对风险和危机的抵抗能力差，人力资本、社会资本积累不足，生存和生产环境恶劣等原因，在研究和制定亲贫政策时，要超越单一的收入贫困指标，通过政府的政策干预改善与贫困相关的其他非经济指标（基础设施、教育和健康，等等），实现经济增长减贫效应的最大化。目前所见到的关于亲贫增长政策问题的研究以非收入维度居多。就论题而言，这些政策研究文献有两个明显的特点：（1）主要针对农村贫困；（2）大多集中于政府的公共支出政策。这种现象一方面是因为世界上许多贫困落后的国家基本上是传统的农业国，或者说，世界上大多数穷人以农业为生计，因而研究农村贫困是分析和研究亲贫政策及其绩效的一个很好的切入点；另一方面是因为缺乏基础设施是农村特别是偏远乡村贫困高发的主要原因之一。不过，我们认为，关于亲贫增长政策的研究，除了要关注政府公共支出外，还在很多方面大有文章可做。比如，农村劳动力转移、农业技术推广、移民安置等。此外，关于亲贫增长政策的研究与讨论还显得较为简单粗糙。亲贫增长政策绩效评价的焦点应该放在政策的瞄准效率上。以一般的宏观数据、人均数据评价增长与减贫项目本身的成效得失固然必要，但更关键的是，这些项目是否真正惠及穷人、在多大的程度上促进了穷人提高发展能力、提高福利水平。在实践中，有许多亲贫增长项目或减贫项目实施之后，受惠的不是贫困人口而是富人，也就是说，这些项目的实施在事实上不仅没有实现亲贫的初衷，反而扩大了收入不平等。

的确，穷人发展能力的提高、福利状况的改善，并不是自动实现的。我们认为，研究亲贫增长问题，除了目前所关注的经济增长、收入分配、与减贫之间的关系之外，进一步的研究应该在如下两个方面有所突破：

第一，分析发展中国家的经济增长没有产生"向下涓滴"效应的深层原因，探索经济增长惠及穷人的具体机制。已经有大量的文献表明，虽然经济增长是减贫的重要动力源泉，但是经济增长能否收到减贫的实效，还取决于增长过程中收入分配状况是否得到改善。否则，收入不平等的扩大可能会抵消经济增长的减贫效率。Adelman 和 Robinson（1978）曾经指出，人类经济系统中有两类因素对收入分配起决定作用：第一类因素涉及经济的基本方面（如生产函数、资源禀赋、需求模式等），对初始收入分配起决定性作用；第二类因素（如制度等）则对初始收入分配施加影响，使之适应那些在政治上有影响力的社会集团的目的。其中，第二类因素的收入分配效应非常突出，在许多发展中国家，它们甚至足以抵消第一类因素的分配效应。这类因素恰恰被新古典主义当做既定不变的外生变量，其分配效应被忽略了。可见，亲贫增长问题被深深地嵌入社会经济结构之中，包括制度等在内的经济结构，而不是经济增长的水平或速率，才是亲贫增长模式的决定因素。所以，研究发展中国家亲贫增长问题，仅仅用人类经济运行的某些共性特征来解释是不够的，而更应该深入分析发展中国家经济不同于发达国家的特殊性。

第二，穷人作为贫困的主体，他们不是经济福利的被动接受者，而应该是能动地获取机会、争取权利、发展自身能力，进而享有充分经济自由的经济主体，因此，怎样使穷人深度地参与经济增长过程，是亲贫增长问题研究的题中应有之义。因为，要减少贫困，一方面，要保证穷人拥有一定的物质资源和社会资源；另一方面，更要保障穷人有充分的权利和能力，使其能利用所拥有的资源来发展自己、实现自己的生活目标。在发展经济学的理论视野中，亲贫增长绝不仅仅是发展中国家经济发展的主要目标之一，同时也是实现经济发展的主要手段。

参考文献

[1] ADB(Asian Development Bank). Fighting Poverty in Asia and the Pacific:The Poverty Reduction Strategy of the Asian Development Bank. Manila,Philippines,1999.

[2] ADB(Asian Development Bank). Toward a New Asian Development Bank in a New Asia. Report of the Eminent Persons Group to the President of the Asian Development Bank,2007.

[3] Adelman I.. On the State of Development Economics. Journal of Development Economics,1974,1.

[4] Adelman I.. Development Economics—A Reassessment of Goals. American Economic Review,1975,65:2.

[5] Adelman I.. Redistribution before Growth—A Strategy for Developing Countries. Martinus Nijihof:The Hague,1978.

[6] Adelman I.,C. T. Morris. Economic Growth and Social Equity in Developing Countries. Stanford:Stanford University Press,1973.

[7] Adelman I.,S. Robinson. Income Distribution Policy in Developing Countries:A Case of Korea. Oxford:Oxford University Press,1978.

[8] Agénor P-R.. Infrastructure, Public Education and Growth with Congestion Costs. Working Paper No. 47, Centre for Growth and Business Cycle Research,University of Manchester,2005a.

[9] Agénor P-R.. Fiscal Policy and Endogenous Growth with Public Infrastructure. Working Paper No. 59, Centre for Growth and Business Cycle Research,University of Manchester,2005b.

[10] Agénor P-R.. Infrastructure Investment and Maintenance Expenditure:Optimal Allocation Rules in a Growing Economy. Working Paper No. 60,Centre for Growth and Business Cycle Research,University of Manchester,2005c.

[11] Agénor P-R.. Schooling and Public Capital in a Model of Endogenous Growth. Working Paper No. 61,Centre for Growth and Business Cycle Research,University of Manchester,2005d.

[12] Agénor P-R., B. Moreno-Dodson. Public Infrastructure and

Growth：New Channels and Policy Implications，World Bank Policy Research Working Paper 4064，November，2006.

[13] Agénor P-R. ，K. Neanidis. The Allocation of Public Expenditure and Economic Growth. Working Paper No. 69，Centre for Growth and Business Cycle Research，University of Manchester，2006.

[14] Ahluwalia M. S. . Inequality Distribution and Development：Some Stylized Facts. American Economic Review，1976a，66：2.

[15] Ahluwalia M. S. . Inequality，Poverty and Development. Journal of Development Economics，1976b，3.

[16] Ahluwalia M. S. ，N. G. Cartter，H. B. Chenery. Growth and Poverty in Developing Countries. Journal of Development Economics，1979，6.

[17] Ali I. . Inequality and the Imperative for Inclusive Growth in Asia. Asian Development Review，2007，24：2.

[18] Ali I. . Inequality in Developing Asia. Asian Development Review，2008，25：1，2.

[19] Ali I. ，H. Son. Defining and Measuring Inclusive Growth：Application to the Philippines. ERD（Economics and Research Department）Working Paper，No. 98，ADB（Asian Development Bank），2007a.

[20] Ali I. ，H. . Son. Measuring Inclusive Growth. Asian Development Review，2007b，24，1.

[21] Ali I. ，J. Zhuang. Inclusive Growth Toward a Prosperous Asia：Policy Implications. ERD（Economics and Research Department）Working Paper No. 97，ADB（Asian Development Bank），2007.

[22] Bhattacharyay B. N. . Infrastructure Development for ASEAN Economic Integration. ADBI（Asian Development Bank Institute）Working Paper No. 138，2009.

[23] Moreno-Dodson B. . Assessing the Impact of Public Spending on Growth. World Bank Policy Research Working Paper，No. 4663，2008.

[24] Bourguignon F. . The Growth Elasticity of Poverty Reduction：

Explaining Heterogeneity across Countries and Time Periods. 2003,
http://www. delta. ens. fr/abstracts/wp200203. pdf.

[25] Bourguignon F. . The Poverty-Growth-Inequality Triangle. The
World Bank Working Paper, No. 28102, 2004.

[26] Chenery H. B. , M. Ahluwhalia, Redistribution with Growth, Ox-
ford: Oxford University Press, 1974.

[27] Chenery H. B. , M. Syrquin. Patterns of Development, 1950-1970.
Oxford: Oxford University Press, 1975.

[28] Cord L. , J. H. Lopez, J. Page. When I Use A Word…. Pro-Poor
Growth and Poverty Reduction. In Michael Krakowski, ed. Attac-
king Poverty: What Makes Growth Pro-Poor? Baden-Baden: Nomos-
Verlagsgesellschaft, 2004.

[29] Dollar D. , A. Kraay. Growth is Good for the Poor. Journal of
Economic Growth, 2002, 7(3).

[30] Donadson J. . Growth is Good for whom, when, how? Economic
Growth and Poverty Reduction in Exceptional Cases. World Deve-
lopment, 2008, 36:11.

[31] Derek B. , X. Diao, C. Jackson. Agricultural, Rural Development,
and Pro-poor Growth. Agriculture and Rural Development Discus-
sion Paper 21, World Bank, 2005.

[32] Deininger K. and J. Okidi. Growth and Poverty Reduction in
Uganda, 1999-2000: Panel Data Evidence, Development Policy Re-
view, 2003, 21(4).

[33] Dercon S. , D. O. Gilligan, J. Hoddinott, T. Woldehanna. The
Impact of Agricultural Extension and Roads on Poverty and Con-
sumption Growth in Fifteen Ethiopian Villages. IFPRI(Internation-
al Food Policy Research Institute) Discussion Paper No. 00840,
2008.

[34] Dillon A. . Access to Irrigation and the Escape from Poverty:
Evidence from Northern Mali. IFPRI (International Food Policy
Research Institute) Discussion Paper No. 00782, 2008.

[35] Eastwood R. , M. Lipton. Pro-poor Growth and Pro-growth Poverty Reduction: What do They Mean? What Does the Evidence Mean? What Can Policymakers Do? Asia and Pacific Forum on Poverty: Reforming Policies and Institutions for Poverty Reduction, ADB (Asian Development Bank) ,2001.

[36] Edward A. , P. de Renzio, S. Levy. The Role of Public Investment in Poverty Reduction: Theories, Evidence and Methods. Overseas Development Institute, Working Paper No. 263 ,2006.

[37] Escobal J. . The Determinants of Nonfarm Income Diversification in Rural Peru. World Development,2001,29:3.

[38] Fan S. . Infrastructure and Pro-poor Growth. the OECD DACT POVNET Agriculture and Pro-Poor Growth, Helsinki Workshop, 17-18 June,2004.

[39] Fan S. , A. Gulati, S. K. Thorat. Investment, Subsidies, and Pro-poor Growth in Rural India. Agricultural Economics,2008,39.

[40] Fan S. , B. Yu, S. Jitsuch. Does Allocation of Public Spending Matter in Poverty Reduction? Evidence from Thailand. Asian Economic Journal,2008,22:4.

[41] Fan S. , X. Zhang. Public Expenditure, Growth and Poverty Reduction in Rural Uganda. The Authors Journal Compilation, African Development Bank, Blackwell Publishing Ltd. ,2008.

[42] Fan S. , C. Chan-Kang. Road Development, Economic Growth, and Poverty Reduction in China. 2005, http://www. ifpri. org/pubs/pubs. htm#report.

[43] Fan S. , P. Hazell, S. K. Thorat. Impact of Public Expenditure on Poverty in Rural India. Economic & Political Weekly,2000,35:40.

[44] Ferreira, Francisco H. G. , R. Martin. Global Poverty and Inequality: A Review of the Evidence. World Bank Policy Research Working Paper 4623 ,2008.

[45] Kingdon G. , J. Knight. Subjective Well-Being Poverty vs. Income Poverty and Capabilities Poverty? Journal of Development Studies,

2006,42:7.

［46］Grosse M. ,K. Harttgen, S. Klasen. Measuring Pro-poor Growth in Non-Income Dimensions. World Development,2008,36:6.

［47］Hasan R. ,M. R. Magsombol,J. S. Cain. Poverty Impact of the Economic Slowdown in Developing Asia: Some Scenarios. ADB (Asian Development Bank) Economics Working Paper Series, No. 153,2009.

［48］Habito F. C.. Patterns of Inclusive Growth in Developing Asia: Insights from an Enhanced Growth-Poverty Elasticity Analysis. AD- BI (Asian Development Bank Institute) Working Paper Series No. 145,2009.

［49］Ianchovichina, E. , S. Lundstrom. Inclusive Growth Analytics: Framework and Application. The World Bank Policy Research Working Paper,No. 4851,2009.

［50］Jalan J. ,M. Ravallion. Geographic Poverty Traps? A Micro Model of Consumption Growth in Rural China. Journal of Applied Econo- metrics,2002,17(4).

［51］Kakwani N. . Introduction: Multidimensional Poverty Analysis: Conceptual Issues, Empirical Illustrations. World Development, 2007,36:6.

［52］Kakwani N. , E. M. Pernia. What is Pro-poor Growth? Asian Development Review,2000,18:1.

［53］Kakwani N. ,H. H. Son. Pro-poor Growth:Concepts and Measure- ment with Country Case Studies. The Pakistan Development Review,2003,42(4).

［54］Kakwani N. ,H. H. Son. On Assessing Pro-poorness of Govern- ment Programmes: International Comparisons. UNDP (United Nations Development Programme)Working Paper,2005,6.

［55］Kakwani N. ,H. H. Son. How Costly is it to Achieve the Millennium Development Goal of Halving Poverty between 1990 and 2015? International Poverty Centre(UNDP) ,Working Paper,2006,19.

[56] Kakwani N. ,H. H. Son. Pro-poor Growth：the Asian Experience. World Institute for Development Economics Research, Research Paper No. 2006/56,2006.

[57] Kakwani N. ,S. Khandker,H. H. Son. Pro-poor Growth：Concepts and Measurement with Country Case Studies. International Poverty Center(UNDP),Working Paper No. 1,2004.

[58] Khandker R. S. ,Z. Bakht,G. B. Koolwal. The Poverty Impact of Rural Roads：Evidence from Bangladesh. World Bank Policy Research Working Paper,No. 3875,2006.

[59] Klasen S. . Economic Growth and Poverty Reduction：Measurement Issues Using Income and Non-Income Indicators. World Development,2008,36：3.

[60] Klasen S. . In Search of the Holy Grail：How to Achieve Pro-poor Growth? 2003. http：//www2. vwl. wiso. uni-goettingen. de/ibero/papers/DB96. pdf.

[61] Klasen S. . Economic Growth and Poverty Reduction：Measurement and Policy Issues. OECD Development Centre Working Paper, No. 246,2005.

[62] Klasen S. . Determinants of Pro-poor Growth. 2020 Focus Brief on the World's Poor and Hungry People. Washington, DC：IFPRI (International Food Policy Research Institute)2007.

[63] Kraay A. . When is Growth Pro-poor? Evidence from a Panel of Countries'. Journal of Development Economics,2006,80.

[64] Levine P. D. . Poverty,Capabilities and Freedom. Review of Political Economy,2004,16：1.

[65] Lopez J. H. . Pro-Growth, Pro-poor：Is there a Tradeoff?. World Bank Policy Research Working Paper,No. 3378,2004.

[66] Lopez J. H. . Pro-poor Growth：a Review of What We Know(and of What We Don't). World Bank Research Policy Working Paper (draft),2005.

[67] Lopez J. H. . Guillermo Perry. Inequality in Latin America：Deter-

minants and Consequences. The World Bank Policy Research Working Paper, No. 4504, 2008.

[68] Moreno-Dodson B.. Assessing the Impact of Public Spending on Growth: An Empirical Analysis for Seven Fast Growing Countries. The World Bank Policy Research Working Paper, No. 4663, 2008.

[69] Murty K. N. , A. Soumya. Effects of Public Investment in Infrastructure on Growth and Poverty in India. India Gandhi Institute of Development Research, Mumbai, October 2006.

[70] Myrdal G.. Development and under-development: A note on the Mechanism of National and international economic inequality. Cairo: National Bank of Egypt. , 1956.

[71] Myrdal G. Economic Theory and Under-Regions. London: Methuen & Co. Ltd. , 1957.

[72] Nssah B. E.. A Unified Framework for Pro-poor Growth Analysis. World Bank Policy Research Working Paper, No. 3397, 2004.

[73] OECD. Rising to the Global Challenge: Partnership for Reducing World Poverty. Statement by the DAC High Level Meeting, Paris: OECD, April 25-26, 2001.

[74] OECD. Promoting Pro-poor Growth: Policy Guidance for Donors. OECD Report, 2006.

[75] Pasha H. A. , T. Palanivel. Pro-poor Growth and Policies: the Asian Experience. The Pakistan Development Review, 2003, 42 (4).

[76] Ravallion M.. Pro-Poor Growth: A Primer. World Bank Policy Research Working Paper, No. 3242, 2004.

[77] Ravallion M.. Miss-targeted or Miss-measured? Economics Letters, 2008: 100.

[78] Ravallion M.. Why Don't We See Poverty Convergence?. The World Bank Policy Research Working Paper, No. 4974, 2009.

[79] Ravallion M. , S. Chen. Measuring Pro-poor Growth. Economics Letters, 2003: 78.

[80] Ravallion M. , S. Chen. China's (uneven) Progress against Poverty. Journal of Development Economics, 2007 : 82.

[81] Ravallion M. , G. Datt. Why Has Economics Growth been More Pro-poor in Some States of India than Others? Journal of Development Economics, 2002, 68.

[82] Resnick D. , R. Birner. Does Good Governance Contribute to Pro-poor Growth? A Review of the Evidence from Cross-country Studies. DSGD (Development Strategy and Governmance Division) Discussion paper No. 30, IFPRI (International Food Policy Research Institute) , 2006.

[83] Sen A. . Development as Freedom. Alfred A. Knopr, a Division of Random House, Inc. , 1999.

[84] Son H. H. . A Note on Pro-poor Growth. Economics Letters, 2004, 82.

[85] Son H. H. . Assessing the Pro-poorness of Government Fiscal Policy in Thailand. International Poverty Center (UNDP) Working Paper, No. 15, 2006.

[86] Son H. H. . Pro-poor Growth: Concepts and Measures. ERD (Economics and Research Department) Technical Note No. 22, ADB (Asian Development Bank) , 2007.

[87] Son H. H. . Interrelationship between Growth, Inequality, and Poverty: The Asian Experience. ERD (Economics and Research Department) Working Paper, No. 96, ADB (Asian Development Bank) , 2007.

[88] Son H. H. . Global Estimates of Pro-poor Growth. World Development, 2008, 36 : 6.

[89] Son H. H. . A Cross-Country Analysis of Achievements and Inequities in Economic Growth and Standards of Living. ADB (Asian Development Bank) Working Paper, No. 159, 2009.

[90] Stone. F. S. . Asia's Infrastructure Challenges: Issues of Institutional Capacity. ADBI (Asian Development Bank Institute) Working Paper, No. 126, 2008.

[91] Straub S. , C. Vellutini, M. Warlters. Infrastructure and Economic Growth in East Asia. World Bank Policy Research Working Paper, No. 4589,2008.

[92] Sumner A. and M. Tiwari. Poverty and Economic Policy: What Happens When Researchers Disagree? Journal of International Development,17,2005.

[93] Thirtle C. and J. Piesse. Governance,Agricultural Productivity and Poverty Reduction in Africa Asia and Latin American. Irrigation and Drainage,2007,56.

[94] Van de Walle D. , D. Cratty. Impact Evaluation of a Rural Road Rehabilitation Project. World Bank,2002.

[95] Vietnamse Academy of Social Sciences. Poverty and Poverty Reduction in Vietnam 1993-2004. Vietnam Poverty Updates Report 2006. The National Political Publisher Hanoi,2007.

[96] White H. , E. Anderson. Growth versus Distribution: Does the Pattern of Growth Matter? Mimeo,Institute of Development Studies, Brighton. 2000.

[97] World Bank. World Development Report 1990: Poverty. Oxford: Oxford University Press,1990.

[98] World Bank. World Development Report 2001/2000: Attacking Poverty. Oxford: Oxford University Press,2001.

[99] World Bank. Pro-poor Growth in the 1990s: Lessons and Insights from 14 Countries. Operationalizing Pro-Poor Growth Research Program. World Bank,2005.

[100] World Bank. The World Bank Annual Report 2008: Year in Review. 2008.

[101] UN,IMF,OECD and WB. A Better World for All. 2000.

[102] 叶初升,施颖. 发展经济学视野中的收入分配问题. 江西社会科学,2005,11.

[103] 曾国安. 20 世纪 80、90 年代世界各国居民收入差距的比较. 经济评论,2002,1.

公司金融理论前沿追踪[*]

潘　敏　谢　龙　范玲玲[**]

（武汉大学经济发展研究中心，武汉大学经济与管理学院，武汉，430072）

　　长期以来，经典的公司金融理论关注外部资本市场资源配置机制及其有效性的研究。然而，20世纪90年代以来，受企业资金来源中内源融资占比提高、多元化联合经营的大企业日益增多、多元化企业内部资本配置的作用日益增强等现实因素的影响，公司金融学界将研究的视角转向企业内部，围绕着多元化企业内部资本市场的资源配置机制、有效性及其影响因素等问题进行了大量研究，取得了一系列理论与实证研究成果。另一方面，经理人的薪酬激励问题一直是现代公司金融理论关注的核心问题之一。近年来，随着限制性股票和股票期权等权益性激励在经理人薪酬补偿中的广泛应用和占比的提高，学术界对管理层薪酬激励的变化趋势、影响因素和有效性等问题进行了广泛的探讨。然而，2008年由美国次贷危机引发的全球性金融危机再次使管理层薪酬激励问题成为社会各界关注的焦点。危机前权益性激励下经理人的过度风险追逐是否是诱发此次金融危机的原因之一？危机中被救助企业高管高额奖金的派发是否意味着现有的激励机制存在根本性的缺陷？各国政府针对企业

　　* 本文的研究得到国家社会科学基金项目"基于银行业行业特征的商业银行公司治理机制研究"（批准号：06BJY107）、教育部"新世纪优秀人才支持计划"项目和"武汉大学海外人文社科前沿追踪计划"的资助。

　　** 潘敏，武汉大学经济与管理学院金融系教授，博士生导师；谢龙、范玲玲，武汉大学经济与管理学院硕士研究生。

高管的高薪报酬而制定的"限薪令"是否会扭曲现有的激励机制？这些问题都对现有的管理层薪酬激励理论提出了挑战。

有鉴于此，在本年度的公司金融理论前沿追踪中，我们选取内部资本市场和管理层薪酬激励两个领域的理论和实证研究的前沿成果进行系统性的梳理和评析。在内容安排上，我们主要对 20 世纪 90 年代以来这两个领域理论与实证研究的新发展进行系统的综述，并将重点放在最新的文献方面。同时，由于这两个领域的文献浩繁复杂，我们无法对所有的相关文献进行整理，只能选择其中最为主要的问题加以阐述。

一、内部资本市场理论与实证研究新发展

经典的公司金融理论致力于企业如何通过外部资本市场选择有效的融资渠道以实现资金资源的最优配置。在 MM 定理描述的完美市场中，企业无需内部资本市场，充分竞争的外部资本市场能够将资本有效地配置于每一个具有正的净现金流量的项目，从而实现资源的最优配置。然而，现实的资本市场却由于交易成本、信息不对称和代理问题等市场不完全性的存在而使得资金资源在不同企业之间的配置发生扭曲，导致信贷配给、投资不足以及过度投资等非效率投融资行为的发生。另一方面，部分学者的实证研究表明，即使是在金融市场最为发达的美国，企业投资资金来自于内部留成收益的比例远大于来自于外部资本市场的比例①。与此同时，受美国企业联合兼并浪潮的影响，企业的规模不断扩大，企业组织结构也由

---

① Donaldson（1961）通过对一些美国大公司融资行为的实证研究认为，企业的经营管理者对用内部融资来解决所需要的资金具有强烈的偏好，除非万不得已，管理者很少利用股票对外融资。MacKie-Mason（1990）以美国企业的数据为样本，实证研究表明，美国企业的大多数投资都是通过内部产生的现金流进行融资的，外部资本市场对此的约束有限。Lamont（1993）发现从 1981 年到 1991 年，内部资金已占到美国非金融企业资本来源的 75%。Brealey and Myers（2003）统计表明，1990 年到 2000 年，美国非金融企业的内部资金占其总投资额的比例从 72% 增长到 108%。

传统的集权式单层级的 U 型组织结构向事业部制或多部门的 M 型结构和多法人的控股公司制的 H 型结构转化，多元化联合经营的企业大量涌现。在此背景下，自 20 世纪 60 年代开始，部分学者开始将研究的视角转向企业内部，探讨企业内部资本配置的有效性。

内部资本市场理论源于 Richardson（1960）、Alchian（1969）、Williamson（1970，1975）等对外部资本市场资源配置有效性的质疑和美国多元化企业内部管理过程中存在的"资本内部分配"现象的描述和初步研究。Richardson（1960）认为，当企业试图与外部投资者签订一项长期合同时，若不能使他人相信其项目是低风险的，合同将难以签署。正是企业与外部资本市场的这种信息不对称使企业之间的兼并成为一种选择，从而使内部资本市场取代外部资本市场成为可能。Alchian（1969）在对美国通用电气公司联合兼并案例的资本运营情况进行分析后，提出通用公司内部存在的投资资金市场（Investment Funds Market），使公司经理和部门经理之间可以获得较为对称或廉价的信息，在充分竞争的基础上使资金在公司内部进行配置。Williamson（1970）指出，M 型组织结构公司内存在微型资本市场（Miniature Capital Market）。在质疑企业与外部资本市场无摩擦假设的基础上，Williamson（1975）进一步指出，传统的外部资本市场被严重的信息不对称性所困扰，通过企业兼并，扩大内部资本市场可以部分解决这一问题。

尽管 Richardson（1960）、Alchian（1969）和 Williamson（1970，1975）提出了企业内部资本市场的概念，并对企业内部资本配置的有效性进行了阐述，但他们的研究建立在对现实观察的直观描述之上，并未对内部资本市场理论进行系统规范性的研究。20 世纪 80 年代，Grossman 和 Hart（1986）、Hart 和 Moor（1990）等在有关企业纵向一体化和水平一体化研究中提出的剩余控制权理论为内部资本市场问题的规范研究提供了新的思路和突破口。Gertner et al.（1994）在规范经济学的框架下，首次对内部资本市场进行了较为系统和模型化的阐释，认为控制权差异能够增进内部资本市场的资本配置效率。此后，众多的学者在此基础上对其模型作了进一步的拓展，并展开了大量的实证研究，取得了一系列的研究成果，并使这一理论成为现代公司金融理论研究领域的前沿问题之一。

纵观内部资本市场理论近十几年来的发展，学者们主要围绕内部资本市场的存在性和最优规模、内部资本市场资本配置的有效性、内部资本市场与外部资本市场的关系、内部资本市场的资本配置效率等问题对内部资本市场的特征和资本配置效率进行了大量的理论和实证研究。其中，内部资本市场有效性问题既是内部资本市场理论研究的出发点，也是其归宿，其他相关问题的研究都是围绕这一问题展开的。与此同时，早期的研究主要是针对发达国家的多元化企业和市场环境的理论和实证研究，近年来，随着新兴市场国家经济的发展和企业集团的兴起，有关新兴市场国家内部资本市场资本配置有效性的实证研究不断出现，并成为这一领域研究中的重要发展趋势之一。有鉴于此，在本部分的前沿追踪中，为避免不必要的重复，我们主要以内部资本市场有效性理论和实证的前沿研究成果为中心来展开。

（一）内部资本市场有效性理论研究的新发展

内部资本市场有效性理论主要是围绕内部资本市场是否能够克服外部资本市场资本配置失灵这一问题展开的。由于信息不对称、代理问题等市场摩擦因素的存在，外部资本市场在资本配置过程中会导致信贷配给、投资不足或过度投资等非效率资本配置行为的发生。内部资本市场能否缓解因信贷配给导致的企业融资约束和投资非效率化行为的发生也就成为内部资本市场理论研究者关注的核心问题。然而，由于分析视角的差异，不同学者对内部资本市场有效性的看法和观点并不一样。从现有的研究成果来看，基本上存在着两种不同的观点，一种观点认为，内部资本市场能够有效缓解外部资本市场信息不对称导致的企业融资约束，并通过多元化企业的内部监督和激励克服因外部资本市场存在的代理问题而导致的投资不足和过度投资问题；另一种观点认为，由于内部资本市场本身也存在代理问题，内部资本市场的资源配置有可能加剧过度投资和企业内部资源配置的扭曲。

1．内部资本市场有效论

（1）内部资本市场缓解融资约束的功能

在分析内部资本市场缓解外部资本市场信息不对称下的信贷配给所导致的信贷约束时，学者们用"多钱效应"（More-money Effect）来解释内部资本市场的融资有效性。所谓"多钱效应"是指把多个业务单位纳入同一母公司的控制下能够比把它们作为单个企业来经营融得更多的外部资本。

Lewellen（1971）最早提及"多钱效应"。他认为存在于多元化企业内部的多个不完全相关的子部门通过共同保险能增加联合大企业的借债能力，从而缓解债券市场的信贷配给问题。Bernanke 和 Gertler（1989）认为，外部资本的获得相对企业内部资本来说具有更高的成本，两者的差异就是外部融资的代理成本，而外部融资的代理成本与融资企业的净财富（Net Worth）负相关，把多个业务单位纳入同一个母公司的控制下形成企业集团可以增加净财富，减少代理成本，提高融资效率。Stein（1997）指出，内部资本市场的一大优势在于它能够以低成本获得外部资本（Lower-cost Access to External Capita）。Li 和 Li（1996）基于债务治理机制角度认为，内部资本市场使企业有更大的债务承受能力，适当提高债务水平能控制自由现金流问题，而且能减少对经理行为的识别成本，提高企业价值。

Hadlock et al.（2001）和 Peyer（2002）分析了企业内部资本配置机制对企业融资能力的影响。Hadlock et al.（2001）从企业多样化策略与股权融资相互关系的角度考察了构造企业内部资本市场对企业融资能力的影响。他们强调，企业通过实施多样化策略可以将拥有差异性信息的项目网罗到企业内部，各个项目的风险分担和信息互补会降低管理者拥有私人信息的差异，使企业发行股票时面临的逆向选择问题得到一定程度的缓解。Peyer（2002）认为，企业内部有效的资本配置能够缓解企业和外部资本市场之间信息不对称的负面影响。

Matsusaka 和 Nanda（2002）将内部资本市场理解为企业的一种实物期权，企业凭借这一期权可以绕开外部资本市场，避免由于外部资本市场的信息和激励问题所导致的高融资成本，利用企业的内部资金实现投资，缓解其投资不足问题，增加企业价值。

Inderst 和 Muller（2003）采用最优合约的方法考察企业内部资本市场在缓解外部融资约束中的作用。他们比较了两种不同的最优合约：外部投资者与单个项目经理人之间的分散型借贷合约（Decentralized Borrowing）和外部投资者与企业总部间的集中型借贷合约（Centralized Borrowing）。在集中型借贷合约中，总部需要将从外部资本市场融得的资金通过内部资本市场分配给各个项目。Inderst 和 Muller（2003）认为，集中型借贷合约的益处在于总部可以通过高现金流项目所提供的富余流动性换取低现金流项目的存续，这在初期将会提高多元化企业的融资效率。

（2）内部资本市场的资本配置功能

在早期的内部资本市场理论研究中，Alchian（1969）和 Williamson（1970，1975）均强调了内部资本市场在资本配置方面所具有的内部信息收集、处理和监督优势。针对 Alchian（1969）和 Williamson（1970，1975）的阐述，20 世纪 90 年代以来，众多的学者从信息处理的激励和监督等方面进一步深化和拓展了内部资本市场资本配置的功能，并提出了企业内部资本配置具有"聪明钱效应"（Smarter-money Effect）的观点。

所谓"聪明钱效应"是指内部资本市场可以灵活地将既定量的资本在不同项目之间进行配置。"聪明钱效应"的产生基于两个相关前提假设：第一，企业总部充分掌握了各分部投资前景的相关信息；第二，总部能够以其掌握的高质量信息为基础来进行跨部门的资本配置，即从事积极的"挑选胜者（Winner Picking）"活动。

Gertner et al.（1994）从企业剩余控制权的角度，考察了内部资本市场与外部资本市场资本配置机制的差异，并分析了内部资本市场在资本配置方面的优势。他们认为，与外部资本市场相比，内部资本市场在资金的筹集和资本配置方面具有两个特征：一方面，内部资本市场的资金供给主体单一。在内部资本市场上，资金的需求者——企业的下属各部门只需要与企业总部拥有资源配置决策权的部门打交道，无需面对众多分散的市场投资者。另一方面，内部资本市场上的资本配置者同时也是企业资产的剩余控制权拥有者，拥有对企业资产的最终处置权。而外部资本市场的资本提供者要么在法律上不拥有企业资产的剩余控制权（企业负债融资的情形），要么虽然在法律上拥有企业资产的剩余控制权但却难以实施（企业股权分散融资的情形）。Gertner et al.（1994）认为，内部资本市场这两方面的特征都有利于增强内部资本市场中资本提供者的信息收集、处理和内部监督的激励，并促使其优化内部资本的配置，提升内部资本配置的效率。第一，资金供给主体的单一，有利于避免信息收集和处理以及监督中搭便车问题的出现。作为资金供给者的企业总部会有动力实施信息收集和监督行为。第二，资产的剩余控制权能够确保内部资本供给者有激励去充分利用监督过程中所获得的相关信息。第三，当企业拥有多个子部门时，对企业资产的控制权能够使公司总部对资产在各部门之间进行相机配置，提高资本配置的效率。譬如，对于一个拥有多部门的公司总部而言，如果一个部门运作不理想，公司总部可以直接将其资产与其他部门整合。相反，当外部资金提供者（如银行）面临这种情况时，则必须变卖资产，无法实现资产价值的最大化。

Stein（1997）在考虑控制权的基础上，引入企业的融资约束和 CEO 私人利益因素，分析了在企业内部资本有限和 CEO 存在私人利益的情况下，企业内部资本配置的有效性问题。Stein（1997）认为，在内部资金有限，各部门为有限的资金展开激烈竞争的情况下，拥有企业剩余控制权的 CEO 能够通过"挑选胜者"的优胜劣汰机制在现有资金预算约束下，将有限的资金分配给企业内最好的投资机会。因为，CEO 认为能在其中胜出的投资机会拥有较高的预期产出，于是会优先把资金分配给"胜者"。同时，拥有广阔控制权的 CEO 比单个项目的经理更有动机从事有效资源分配，将资金从差项目转移到好项目。即使拥有资本配置权和资产控制权的 CEO 也存在代理问题，能从控制权中获取私人利益，有营造帝国倾向，但考虑到 CEO 的私人利益最终与企业整体价值大体一致，如果企业投资水平确定，CEO 对资源跨部门分配会朝着增加效率的方向进行。因此，Stein（1997）认为，内部资本市场能使 CEO

灵活地把资金从差的投资机会转移到好的投资机会中，但前提是 CEO 能在不同部门间按照投资机会进行排序。此时不同的投资机会的绝对价值并不重要，重要的是它们的相对价值，并且当这些投资机会处于相关业务领域时，CEO 对它们的相对绩效评估会更加准确和方便。当企业进行不相关的业务经营时，CEO 可能出现排序错误，从而降低内部资本市场的配置效率；当企业进行相关业务经营时，总部排序不容易出现错误，从而能把"挑选胜者"的工作做得更好。

2. 内部资本市场无效论

虽然内部资本市场有效论者认为内部资本市场在融资和资源配置方面能够克服外部资本市场存在的局限性，提高资本配置的效率。但是 Wemereflt 和 Mongtome（1988）在对多元化企业的绩效研究中发现了"多元化折价"（Diversification Discount）现象的存在，指出多元化对以托宾 Q 度量的企业价值存在负向影响。之后，Lang 和 Stulz（1994）、Berger 和 Ofek（1995）、Comment 和 Jarrell（1995）、Laeven 和 Levine（2007）以及 Agarwal et al.（2008）等都证实了多元化折价现象的存在，并尝试着从不同的角度来对多元化折价的形成原因进行解释，由此产生了一系列有关内部资本市场无效的观点和理论。

内部资本市场无效论者关注多元化企业内部总部和各部门之间存在的代理问题，从代理人的机会主义倾向出发，在委托代理框架之下，分别用"过度投资倾向"和"平均主义倾向"来解释内部资本市场在融资和资源配置方面可能出现的投资和资源配置扭曲。

（1）过度投资倾向

主张内部资本市场有效的学者认为，内部资本市场的"多钱效应"可以使多元化企业比专业化企业拥有更充裕的现金流，但是，Jensen（1986）的研究表明，拥有大量自由现金流的企业倾向于进行低效率或者降低企业价值的收购活动，并由此提出了自由现金流假说①。Jensen（1993）进一步指出，作为代理人的经理有滥

---

① 根据 Jensen（1986）的定义，所谓自由现金流是指"企业支付完所有按相关资本成本进行折现净现值大于零的项目的现金流后所剩下的现金流量"。

用自由现金流进行过度投资的倾向，而企业集团的组织形式为经理人提供了更多现金流，从而更容易导致过度投资。Stulz（1990）基于股东与企业管理层之间代理问题的分析，认为内部资本市场为企业管理层提供了更多的机会从事项目投资，而且内部资本市场放松了外部资本市场对企业融资的约束，给予其更多的资源，因而可能出现过度投资现象，导致资源分配出现无效扭曲，从而对企业效益产生负面影响。

Matsusaka 和 Nanda（2000）认为，总部在执行内部资本市场这项实物期权时，会谋求股东价值和他们从投资中得到的私人收益之和最大化。而且内部资本市场使得企业的内部资源具有很高的灵活性，企业不受外部融资的高成本约束，总部进行过度投资的机会成本就相对较小。于是内部资本市场可能会出现浪费资本的现象，增加总部层面的代理成本，降低企业价值。

Stein（2001）在 Stein（1997）的基础上放松了经理人私人收益与企业整体价值大体一致的假设，并且假设存在一个宠物项目（pet project），经理人可以从该项目中获得较高的私人收益。在这种情况下，经理人可能在分配资金时向该项目过度倾斜，导致资源无效分配。因此，Stein（2001）指出，在过度投资成为一种普遍趋势时，"多钱效应"就是一种坏事，因为它会加剧这种趋势。

（2）资本配置的扭曲

尽管 Gertner et al.（1994）和 Stein（1997）从不同的角度强调了内部资本市场在资本配置方面的有效性，但更多的学者从多元化企业总部与各部门之间存在代理问题的角度对内部资本市场资本配置的有效性进行了质疑。

①内部资本市场中的寻租行为

内部资本市场中资本配置不是通过市场行为来进行的，而是通过总部主导下的科层决策制来实施的，这给内部部门的寻租行为留下了空间。而且企业经理层有获取较多可控资源的倾向，这就产生了寻租行为的动机。同时，由于总部与各层级部门间存在信息不对称，总部可以利用内部人的优势增加与各部门的接触，获取更多的信息；但是频繁的接触又为部门管理者提供了更多寻租的机会。因此，在内部资本市场上，部门经理之间容易为了相互竞争资源而在总部从事一些影响力活动（effective action），这种行为不但导致了无谓的浪费，而且容易导致信号传递的错误和资源分配的扭曲。

Milgrom（1988）、Milgrom 和 Roberts（1988）在对企业多层代理问题的分析中明确指出，为了能为本部门争取更多的资本预算，部门经理可能会把资源浪费在影响活动上。在此基础上，Meyer et al.（1992）通过构建一个资产出售模型分析了部门经理寻租行为对多元化企业内部资本配置的影响。在他们的模型中，部门经理通过夸大部门的投资前景来争取更多的预算，但理性的总部能够看破子部门的这种寻租行为。因此，这种浮夸行为并不会扭曲资本配置的效率，所带来的低效率仅限于部门经理时间和精力的浪费。

Scharfstein 和 Stein（1997）通过构建一个双层代理模型分析了部门经理的寻租行为对企业资本配置效率的影响。在他们的模型中，部门经理不但有能力从事生产性的活动，同时也有能力从事浪费性质的寻租行为。为确保部门经理们能够有效使用他们的时间，总部 CEO 必须有效地"贿赂"他们，由此造成了对弱势部门的过度投资。不过，Stein（2001）认为即使引入积极的部门经理，如果 CEO 能够看穿部门经理的寻租行为，在满足自身激励相容的前提下，部门经理的寻租并不影响资源分配效率，唯一的成本是部门经理花在无效寻租行为上的时间和努力。

②"平均主义倾向"的交叉补贴行为

Harris 和 Raviv（1996）通过构造一个内部资本市场的预算模型，分析了内部资本市场可能导致的投资扭曲问题。他们认为，由于企业总部和部门之间的信息不对称、项目审查成本、审查概率等因素的影响，公司总部可能会对生产率较低的项目过度投资，对生产率较高的项目投资不足，无法使现有的资金获得较好的经济效应，从而造成"愚蠢钱效应"（Stupid Money Effect）。

Scharfstein 和 Stein（2000）认为，双层委托代理问题引起了内部资本市场的低效率，并将"企业集团内相对好的投资项目投资不足，而相对差的项目却投资过度；企业集团在部门间配置资源时对托宾 Q 值的敏感度不如专业化企业"的现象称为"平均主义倾向"。Scharfstein 和 Stein（2000）认为"平均主义倾向"是由部门经理的寻租行为导致的。

Rajan et al.（2000）对"平均主义倾向"的交叉补贴行为产生的原因进行了剖析。他们假设 CEO 按股东利益行动，只考虑部门经理和 CEO 之间的代理冲突。而 CEO 的资源分配行为分为期初的资源配置和投资收益的再分配。在假定 CEO 对期初的资源配置拥有决策权而对投资收益的再分配无法给予明确承诺，投资收益的再分配需要通过部门经理的再谈判来安排的情况下，Rajan et al.（2000）认为，部门经理在不同激励下有可能采取两种投资策略：以价值最大化为目标的"有效投资策略（efficient project）"；以使本部门的收益不要超出其他部门太多，防止自己的收益被转移出去为目标的"防御性投资策略（defensive project）"。Rajan et al.（2000）发现，为了公司和谐发展，如果部门间投资收益相差悬殊，CEO 会把投资收益好的部门的部分收益转移给投资收益差的部门，从而使那些有好的投资机会、高效率的部门失去激励，倾向于选择防御性投资策略。部门间的投资机会差别越大，高效率的部门越倾向于选择防御性的投资策略。所以，CEO 为了最大化公司价值、防止部门经理选择防御性的投资策略，就会在期初资源配置上将部分本该配置给投资机会较好部门的资源分配给投资机会较差的部门，即产生"平均主义倾向"。部门间投资机会差异越大，企业集团的"平均主义倾向"越严重。Rajan et al.（2000）指出，资源配置的"平均主义倾向"虽然达到了激励各部门经理选择使公司价值最大化的积极投资策略，但它使得多元化企业的价值偏低。

Bernardo et al.（2006）通过构建一个两部门模型发现，由于代理问题和信息不对称问题，企业在项目选择时会出现偏差——企业会倾向于选择投资机会较差的部门。并且，两部门间投资机会差异越大，这种偏差越严重。David 和 Scharfstein（2008）在 Scharfstein 和 Stein（2000）的基础上进一步指出，双层代理问题使得多元化企业在部门间配置资源时对托宾 Q 值不如专业化公司敏感，并发现这种情况在管理层持股比例较低的多元化企业表现得更严重。

③部门经理激励的削弱和较高的代理成本问题

内部资本市场中的资本资源由总部统一配置必然导致总部权力的集中和部门经理控制权的削弱，这会降低部门经理努力工作的激励。特别是当总部从某一部门调出资金时，会严重影响到该部门经理的积极性，造成了部门经理的激励缺失。Scharfstein 和 Stein（2000）和 Rajan et al.（2000）均认为，内部资本市场资金配置中的交叉补贴行为除扭曲资本配置的效率外，一个必然的结果是效率高的部门经理的努力激励会受到伤害。

Motta（2003）认为内部资本市场的存在使部门经理的管理效率和管理能力不能直接体现在整个企业的业绩上，如经营好的部门和经营差的部门报表合并在一起，企业整体业绩就会比经营好的部门业绩差。在此情况下，如果部门经理的激励性补偿以整个企业经营绩效为标准，则可能抑制部门经理的努力激励。

另一方面，部分学者认为，多元化企业内部资本市场中的代理问题较专业化企业更为严重，若缺乏有效的治理机制，会损害企业利益相关者的利益。Rajans 和 Zingales（1998）认为，多样化企业中的内部资本分配不是由效率所驱动，而是由权力斗争所决定。由于部门之间的权力斗争、组织的过度发展等因素，资金很难被分配到最有效率的项目上，这些都会损害内部资本市场的功能，并引起资本的无效分配。Scharfstein 和 Stein（2000）指出，多元化企业内部各经营单元的经理有动机进行寻租活动，甚至与 CEO 默契配合共同侵占或伤害外部投资者的利益，以此换取较高的薪酬或者优越的资源分配，从而破坏内部资本市场的有效运作。

3. 内部资本市场有效性的影响因素

尽管不同的学者对内部资本市场有效性的看法不同，但内部资本市场有效与否并非绝对。对一个多元化企业而言，内部资本市场正反两方面的效果可能是并存的。Stein（2003）将这些因素归纳为内部资本市场的积极面（the bright side）和消极面（the dark side）。正因为如此，更多的学者认为，内部资本市场是否有效取决于多元化企业内部资本市场的运营环境，其有效性受多种因素的影响。从现有研究来看，学术界主要从企业组织结构、部门经理的激励机制、外部资本市场发展水平和企业集团所跨行业的行业特点等四个方面分析了其对内部资本市场有效性的影响。

（1）企业组织结构

内部资本市场是伴随着企业形式的发展而逐渐形成的。从历史演进来看，现代企业先后采取了三种组织机构：即 U 型组织结构、H 型组织结构和 M 型组织结构①。Williamson（1975）认为在内部资本配置方面，M 型组织结构比 U 型组织结构更有效率。他认为M 型机构企业内部存在"微型资本市场"，它可以减少有限理性的发生，降低信息成本和交易成本，能更有效地将资本配置到高收益的部门。Maskin et al.（2000）进一步论证了 Williamson（1975）提出的 M 型组织结构企业的内部资本市场具有信息优势的观点，他认为 M 型结构企业的管理层能够更有效地对比部门间相对收益状况。但 Chou（2008）认为，U 型组织结构的内部资本市场具有更高的配置效率，这是因为 U 型机构内部的委托代理成本较小。

（2）部门经理激励机制

内部资本市场的存在会抑制部门经济的努力激励，也会导致部门经理通过寻租行为或权力斗争影响总部，以便获得更多资源。因此，企业总部在通过内部资本市场配置资源时，既要给予部门经理适当的激励，以诱使他们向总部报告真实情况并努力工作，也要通过适当的激励约束机制抑制部门经理的寻租行为和权力斗争。因

---

① U 型组织结构是一种高度集权、按职能划分部门的一元结构（unitary structure），在这种组织结构的企业中，企业的生产经营活动按照功能分为若干个垂直管理系统，每个系统又直接由企业的最高领导指挥；H 型组织结构是控股公司（holding company）形式的组织结构，这种形式较多地出现在由横向合并而形成的企业中，合并后的各公司保持较大的独立性；M 型组织结构采用的是事业部制或多分部结构（multidivisional structure）。它是分级管理、分级核算、自负盈亏的一种组织形式，即一个公司按地区或按产品类别分成若干个事业部，从产品的设计、原料采购、成本核算、产品制造，一直到产品销售，均由事业部及所属工厂负责，实行单独核算，独立经营，公司总部只保留人事决策、预算控制和监督大权，并通过利润等指标对事业部进行控制。

此，部门经理的激励机制也就成为影响内部资本市场资源配置的一个极为重要的因素。

Dewatripont 和 Maskin（1995）、Bolton 和 Scharstein（1996）的研究均表明，如果 CEO 在内部资源分配上不能事先作出令人信服的承诺，确信今后将不会与部门重新协商分配问题，可能导致部门预算"软约束"，部门经理预期企业内部经营业绩很差的部门也可能不会被清算，这会反过来弱化部门经理的事前激励，影响内部资本市场有效性。Milgrom（1988）、Milgorm 和 Roberts（1988）、Meyer et al.（1992）的研究表明，如果 CEO 不能使部门经理确信其能从事有效资源分配，部门经理可能从事浪费资源的寻租活动，努力游说使 CEO 给他们部门更多资源。Bruso 和 Panunzi（2005）认为，当部门经理不能确认本部门的利润是否会全部用于本部门再投资时，努力工作的积极性将被弱化，内部资本市场有效性降低。Datta（2009）指出，管理层的薪酬激励与内部资本市场的资源配置效率正相关，其中股权激励的比重越大，内部资本市场的配置效率越高。

（3）外部资本市场发展水平

内部资本市场和外部资本市场并不是孤立存在的，两者相互影响。大部分学者认为内部资本市场和外部资本市场之间是此消彼长的对立关系（Khanna and Palepu, 2000a, 2000b; Guillen, 2000; Islam and Mozumdar, 2002），但也有少数学者认为外部资本市场和内部资本市场之间是相互促进或相互制约的（Peyer, 2002）。

Khanna 和 Palepu（2000a, 2000b）和 Guillen（2000）均认为，多元化企业集团的存在取决于内、外部资本市场的效率对比。如果外部资本市场运作效率较低，那么多元化企业的内部资本市场就能创造较高的绩效。但是，随着外部资本市场的发展，内部资本市场进行资本积累与分配的有效性与外部资本市场相比将有所降低，建立和维系内部资本市场的成本将逐渐超过其收益。Islam 和 Mozum-dar（2002）基于 31 个国家 1987—1997 年的数据检验了金融市场发展对企业投资依赖内部资金程度的影响。结果表明，两者呈负向关系，同时还发现小企业更依赖于内部资本市场。

Peyer（2002）认为内部资本市场和外部资本市场可以在互补中得到进一步发展。他认为有效的内部资本市场可以使用更多的外部资本，而且内部资本市场使用外部资本越多，其超额价值越多；只要内部资本市场是有效的，并且外部资本市场能认识到其有效性，则拥有内部资本市场的多元化企业就能更多地从外部资本市场融资，这在一定程度上能促进外部资本市场的发展，反之，外部资本市场的发展也会促进有效的内部资本市场得以扩大。

（4）企业集团所跨行业的行业特点

Santalo 和 Becerra（2004）率先提出内部资本市场的有效性与所属行业的行业特点密切相关。他们总结已有文献发现，大部分文献在考察内部资本市场有效性时是从全行业样本入手的，虽然相关研究持续了 30 多年，但至今没有达成共识；他们认为，在全行业范围内取样的做法过于简化，应该按行业内专业化企业与多元化企业的相对优势（以某行业中专业化企业的数量衡量）将行业分成两类——更适合专业化经营的行业环境及更适合多元化经营的行业环境，然后分别取样进行实证分析。他们的结论是，对于更适合专业化经营的行业，内部资本市场是无效的；对于更适合多元化经营的行业，内部资本市场是有效的。

Aggarwal 和 Zhao（2007）通过实证研究发现，如果企业集团所跨行业大部分是新兴行业，则内部资本市场的融资成本和配置成本均比外部资本市场上相应的成本低很多，此时内部资本市场有效；相反，如果企业集团所跨行业是成熟行业，则内部资本市场相对是低效率的。Doukas 和 Kan（2008）通过分析兼并收购市场发现，如果目标企业所处行业与收购方的核心部门所处行业相同或者接近，则核心部门的现金流量增加；如果两者所处行业相差甚远，则收购方核心部门的现金流量会减少。如果收购方的核心部门所处行业是快速增长行业，则兼并导致的多元化经营会损害公司价值；相反，则会增加公司价值。

（二）内部资本市场有效性实证检验的发展

有关内部资本市场有效性的各种理论假说是否具有现实解释力取决于实证检验的结果。正因为如此，在内部资本市场理论快速发展的同时，也出现了大量的实证研究成果。从实证研究的对象来看，大多数的实证以市场经济成熟国家，特别是美国的多元化企业为样本，但是，近年来，随着新兴市场国家经济发展中企业集团的出现，以这类国家企业集团为样本的研究日益增多，并成为这一领域实证研究关注的焦点。因此，在本部分的实证研究文献综述中，我们以研究对象的不同作为划分标准来分别对两类不同国家内部资本市场有效性的实证研究成果进行追踪。

1. 基于发达国家多元化企业的内部资本市场有效性检验

与理论研究的结果一样，以发达国家多元化企业为对象的实证研究由于选取的样本和研究方法不同，实证研究的结果也存在较大差异。根据研究结论和目的的不同，可以将这类文献归纳为三类。

（1）内部资本市场提升企业价值的实证研究

Matsusaka（1993）通过观察 1968 年、1971 年、1974 年发生兼并企业股价对收购的反应，发现多元化收购者获得正的超常收益。Klein（1997）检查了小样本的多元化兼并，发现多部门企业与单一部门企业相比存在溢价交易。

Khanna 和 Tice（2001）采用 1975—1996 年间 24 家专业化超市和 25 家多元化企业旗下超市的面板数据，考察他们在面对外部冲击——沃尔玛入侵时的不同反应以说明内部资本市场的有效性。他们发现，在沃尔玛入侵之前具有相同员工数量、地区分布情况、债务水平的专业化经营超市和多元化企业旗下超市相比，在沃尔玛入侵后，后者会比前者更快地作出退出该行业或者继续经营的反应，选择继续经营的多元化企业旗下超市比继续经营的专业化经营超市投资更多，并且其投资额对部门投资机会变化的敏感性比专业化经营的超市高。从而表明在超市行业内，内部资本市场是有效的。

Guedj 和 Scharfstein（2004）对比分析了小型的专业化生物技术公司和成熟的多元化企业旗下的生物技术公司在产品开发时的差异。结果发现，专业化企业面临资金约束，不能随意地投资多个对象，而多元化企业的现金流比较充足，可以同时投资多个项目，有效分散研发风险，增加企业价值。

Lee 和 Seog（2007）在运用内部资本市场理论分析多元化折价产生的原因时提出了与 Stein（1997）一致的观点，认为有效内部资本市场使得多元化公司的融资能力较强，有充裕的资本满足大部分净现值大于零的项目，而专业化公司的融资能力有限，并且高债务使得专业化公司不得不放弃净现值较小的项目，只投资利润率很高的项目。

Roig（2008）基于博弈论，构建了一个模型论证内部资本市场的有效性，并在实证中将内部资本市场的资源配置范围从资本投资扩展到人力资本、R&D、营运资本、经营收益等方面的分配。结果表明，内部资本市场比外部资本市场更有效率。他还指出，大多数内部资本市场无效论者进行实证分析时运用的 Compustat 数据库和以托宾 Q 值衡量投资机会的做法会导致度量误差。

Hass 和 Lelyveld（2009）在考察跨国银行国外分支行的信贷增长情况时发现，存在内部资本市场的跨国银行国外分支行的信贷规模增长率比本地银行高；当一国发生经济危机时，东道国本地银行的信贷规模会受到很大影响，但跨国银行相应的国外分支行因为有母行的庇护，受经济危机的消极影响很小；另外，当母国的宏观经济增长下降时，跨国银行的国外分支行信贷规模会增大，而东道国经济增长加快时，跨国银行相应的分支行信贷规模会增长。他们的结论表明，跨国银行存在有效的内部资本市场。

Choe 和 Yin（2009）考察了内部资本市场的成本和收益。他们认为内部资本市场的主要成本来自于多元化企业部门经理的信息租；主要收益来源于内部资本市场使部门突破预算约束，获得比专业化企业更充裕的资金。Choe 和 Yin 认为，内部资本市场的收益大于成本，支持内部资本市场有效论。

（2）内部资本市场损害企业价值的实证研究

对内部资本市场损害企业价值的实证研究与多元化折价的相关研究紧密相连。Wemereflt 和 Mongtome（1988）发现多元化经营对以托宾 Q 值度量的企业价值有负向影响。

Lang 和 Stulz（1994）第一次系统地运用实证方法检验了多元化折价现象的存在，进而指出内部资本市场损害企业价值。他们运用 1978—1990 年美国市场上 1449 家公司的横截面数据，构建了一个包含四个哑变量的回归模型。实证发现，随着多元化程度提高，企业价值相应下降。Berger 和 Ofek（1995）采用超额价值法度量企业价值，以 1986—1991 年美国 3600 家销售额在 2000 万美元以上的公司的横截面数据为样本，发现多元化企业的确存在着 13% ~ 15% 的折价幅度。

Comment 和 Jarrell（1995）采用事件研究法对 1978—1989 年间纽约证券交易所和美国证券交易所上市公司在经营方向上的集中化趋势作了实证研究，发现经营单元的集中会有效提高公司股票收益率，从而证明多元化经营会引起折价，并支持了内部资本市场无效论。

Lamont（1997）实证分析了部门投资与现金流之间的关系。他发现，在 1986 年石油价格急剧下跌时（当时价格下降 50%），石油部门现金流因石油价格急剧下跌而严重下降，多元化企业通过董事会削减所有部门投资，包括非石油部门和石油化学产品部门。但通常情况下，石油价格下跌对以石油为原材料的石油化学产品部门来说应该是好事，因为成本降低了，现金流增加。因此，Lamont（1997）认为多元化企业的部门投资与自身现金流、其他部门现金流、企业总现金流之间都存在依赖关系，继而产生交叉补贴，而这种交叉补贴行为会损害企业价值。

Shin 和 Stulz（1998）基于 Compustat 数据库对 1980—1992 年一直报告部门信息的具有代表性的企业进行了研究，对比分析了多元化企业里最大与最小部门的投资。他们发现，内部资本市场在积极地重新配置资本，但效率不高。同时，没有证据表明当企业和部门面临不利的现金流冲击时，内部资本市场会优先保护有较好投资机会的部门的投资预算。

Inderst 和 Muller（2003）采用最优合约的方法考察企业内部资本市场在解决融资约束中的作用。他们认为，虽然企业集团可以凭借高现金流项目所提供的富余流动性换取低现金流项目的存续，在初期提高多元化企业的融资效率，但是集团总部会为今后的新投资项目而将多个项目所创造的现金流囤积起来，而不是回报资本市场，这使得投资者更难以约束企业行为，进而收紧了事前的融资约束。在其他条件相同的情况下，多元化企业的集中型融资与低预期回报项目相对应，而分散型融资与高预期回报的项目相对应。即具有内部资本市场的多元化企业较专业化企业有较低的生产率。

Laeven 和 Levine（2007）对比了金融控股公司的成本收益，发现金融控股公司因为多元化经营而增加的代理成本比范围经济带来的收益大，因此金融控股公司的内部资本市场是低效率的。David 和 Scharfstein（2008）运用实证分析证实内部资本市场在资源配置方面是无效的，并指出多元化企业的管理层持股比例越低，内部资本市场的无效性越明显。

Agarwal et al.（2008）以 Compusta 和 ACES① 两个数据库中的企业为样本，实证研究发现内部资本市场是无效的，多元化经营会引起折价。并认为这个结论与目前已有的各种对内部资本市场效率的定义、各种部门定义、各大数据库数据都成立。但是，Agarwal et al.（2008）在对企业整体绩效进行分析之后又细分了 CEO 在建筑方面的资源配置和在设备方面的资源配置，发现前者是有效的，后者是无效的。可见，在内部资本市场中，当 CEO 面临有长期影响意义的项目投资时，可以期待 CEO 作出有效率的决定。

（3）内部资本市场有效性影响因素的实证研究

现实世界中，多元化企业与专业化企业长期并存。在并购市场上不断诞生新的多元化企业的同时，也不断有多元化企业采用"归核化"战略，这是内部资本市场有效论和无效论都无法解释的现象。针对这种现象，部分学者从实证研究的角度探讨内部资本市场有效性的影响因素。

Liebeskind（2000）综合对比了企业集团作为贷方和借方的成本收益，发现只有满足以下三个要求，内部资本市场才是有效的：第一，企业存在很有价值的商业机密；第二，外部资本市场相对内部资本市场而言很不健全；第三，相关项目对资本投入的时间性很敏感，融资时间很紧迫。如果企业集团不满足这三个条件，则内部

---

① ACES 比 Compustat 提供了更详细的部门层面的资本支出数据。

资本市场是相对低效的。Phillips（2002）认为，当企业集团内各部门间生产率相似时内部资本市场无效；当部门间生产率迥异时，内部资本市场有效。Inderst 和 Laux（2005）认为，当多元化企业各部门的资本存量以及投资机会相似时，内部资本市场是有效的；否则，当差异很大时，部门经理会有寻租的动力，内部资本市场是无效的。

Fan et al.（2008）运用中国数据分析了内部资本市场在并购过程中的作用。他们的研究表明，当企业管理水平较高且受到的融资约束较大时，内部资本市场会发挥很大的正效应；相反时，内部资本市场的作用不大。

此外，Aggarwal 和 Zhao（2007）、Doukas 和 Kan（2008）从多元化企业所跨行业的角度实证检验了行业特征对内部资本市场有效性的影响。他们的研究结论前文已作了介绍，在此不再赘述。

有必要指出的是，上述基于发达国家多元化企业的实证研究都是以部门间的内部资本配置为研究对象的。当大部分学者着眼于部门层面的内部资本市场有效性研究时，也有学者超越部门层面从更微观的车间层面视角对内部资本市场的有效性进行了研究。他们直接分析部门内各车间的资本配置，以验证是否可能存在内部资本市场在部门间的资源配置相对低效，而在部门内的各车间的资源配置却有效的现象。Maksimovic 和 Phillips（2002）基于政府部门公布的企业车间层面（Plant-level）的数据，用车间生产率衡量资本配置效率，发现内部资本市场是有效的。Schoar（2002）基于车间层面数据的实证研究表明，在给定的时点上多元化企业的部门生产率比专业化企业高，但动态来看，多元化企业的生产率存在净减少现象。

2. 基于新兴市场国家的内部资本市场有效性研究

Khanna 和 Palepu（1997）运用内部资本市场理论研究了新兴市场国家为什么要形成企业集团。此后，内部资本市场理论迅速被新兴市场国家理解和运用，其具有 H 型组织机构的企业集团也被纳入内部资本市场理论的研究范畴。但是，以发达国家多元化企业为对象的实证研究大多以检验内部资本市场对企业价值的影响及其机制为目的，其研究的视角主要在企业微观层面。以新兴市场国家多元化企业为对象的实证研究则主要着眼于多元化企业内部资本市场在经济发展中的作用，其分析的视角从微观转向了宏观层面。

大部分学者通过实证研究发现内部资本市场在新兴市场国家发挥着积极作用。Fauver et al.（1998）发现，在资本市场及法律制度落后国家的多元化公司的业绩表现较好，认为这是内部资本市场面对外部资本市场不健全的有效替代。Shin 和 Park（1999）研究了 1994—1995 年韩国证券交易所 669 家上市公司后发现，隶属于财团的上市公司因财团内存在内部资本市场而缓解了融资约束，但这些财团的内部资本市场并未表现出高效率。Perotti 和 Gelfer（2001）通过对 1995—1996 年俄罗斯最大 200 家上市公司的研究发现，企业集团及非集团企业对内部资金比较敏感，银行主导的企业集团对内部资金不敏感，这表明控制银行在通过内部资本市场进行资本重新配置；通过测量投资与托宾 Q 值的相关性来评估企业集团和非企业集团投资过程的质量，他们发现，银行主导企业集团配置资本要比其他企业好。Castaneda（2002）检验了 1990—2000 年在墨西哥证券交易所交易的 176 家上市公司内部资本市场的作用，发现墨西哥企业集团的内部资本市场在 1994 年的金融危机中发挥了相当重要的作用。Fauver et al.（2003）考察了 1991—1995 年 35 个国家和地区（包括发展中国家和发达国家）的 8000 家上市公司，发现低 GDP 国家的公司多元化并不损害股东利益，并且可能是有益的。Lee et al.（2009）在考察经济危机如何影响韩国企业集团的内部资本市场在资本配置方面发挥的作用时发现，20 世纪 90 年代前期，企业集团的内部资本市场在经济危机中发挥着融资及资本配置方面的积极作用，有利于帮助企业集团度过经济危机中面临的融资约束。但是政府在随后的经济危机中努力完成的结构调整却阻碍了内部资本市场的发展，并且内部资本市场目前正在被国债市场所取代。

但也有实证研究的结果否认内部资本市场在新兴市场国家经济发展中的作用。Lins 和 Servaes（2002）研究了 1995 年 7 个新兴市场国家和地区（包括中国香港特别行政区、印度、印度尼西亚、马来西亚、新加坡、韩国、泰国）的 1195 家上市公司，发现在发展中国家，内部资本市场未必给多元化企业创造价值；发展中国家的多元化企业同样也存在显著的折价现象，而且外部资本市场越是落后，折价程度越高；股权集中程度越高，多元化折价越明显，并认为这是由于在多元化企业的组织机构中，大股东侵占小股东利益而损害了公司价值。Claessens et al.（2003）研究了 1992—1998 年东亚一些国家和地区（包括中国香港特别行政区、韩国、印度尼西亚、马来西亚、日本、菲律宾、中国台湾地区、新加坡、泰国）的 3000 家上市公司，发现内部资本市场在正常时期和危机时期发挥着不同的作用。他们发现，在亚洲金融危机之前的平稳发展时期（1992—1996 年），多元化企业集团内的内部资本市场表现出较高的效率，而在危机期间（1997—1998 年），这些多元化企业集团表现极差。Sung（2001）和 Lee et al.（2005）在考察金融危机之前的韩国企业集团时发现了企业集团中的交叉补贴现象——"隧道效应"，即控制性股东利用其在内部资本市场的剩余控制权，在成员企业间转移资本，而这些投资更多地流向了业绩较差的成员企业，造成了资源的浪费，降低了企业利润，影响了整个集团的企业价值。

另外也有一些学者关注新兴市场国家内部资本市场有效性的影响因素。Khanna 和 Palepu（2000）基于 1993—1996 年印度 1309 家上市公司（其中 655 家隶属于某一企业集团）的研究发现印度多元化企业集团的业绩表现不同于美国，总体上，隶属于集团的上司公司的业绩比非隶属于集团的上司公司好，他们认为这是因为印度外部产品市场、劳动力市场和资本市场不健全的情况下多元化企业集团的内部要素市场表现出来的相对高效率。Samphantharak（2003）基于 1993—1996 年泰国 907 家上市公司研究了企业集团的不同特征对资本配置效率的影响，发现大股东的控制权与所有权、集团中成员企业的数目及中介机构有助于提高内部资本市场的效率，保护小股东的公司法不利于提高内部资本市场的配置效率。Claessens et al.（2006）基于 1994—1996 年东亚国家和地区的 2000 家上市公司的实证研究发现，成熟的、慢增长的企业更可能从企业集团的内部资本市场中获益，而新兴的、快速增长的企业则会遭受损失；代理问题在除日本以外的经济中是决定内部资本市场收益分配的重要因素；融资约束大的企业可以从内部资本市场获益。

（三）内部资本市场理论发展展望

半个世纪以来，围绕着多元化企业内部资本配置的有效性问题，内部资本市场的理论和实证研究得到了不断的深入和发展。但是，随着金融市场上金融创新的发展和企业内部组织结构的变迁，内部资本市场发挥作用的前提条件也在发生变化，使其面临着严峻的挑战。无论是从理论还是从实证来看，内部资本市场理论尚有许多问题有待完善和深化。

内部资本市场有效性理论建立在外部资本市场信息不对称导致信息收集处理和监督激励不足的基础之上，但是，随着外部资本市场上各种金融创新工具的出现和企业内部激励机制的完善，外部资本市场资源配置中的信息不对称程度已大为降低，企业内部的监督激励也得到了进一步的强化。在此背景下，内部资本市场存在的基础正在削弱。因此，金融创新对内部资本市场可能产生的影响值得关注。

现有对内部资本市场资本配置功能的研究主要集中在考察内部资本市场对固定资产投资的配置，而忽略了内部资本市场在广告、人力资本、R&D、营运资本、经营收益、产品定价等方面的配置作用。因此，拓宽内部资本市场资源配置的研究视野，充分考虑内部资本市场对广告、人力资本、R&D、营运资本、经营收益、产品定价等方面资源配置的影响，将有利于丰富和深化现有的内部资本市场理论研究成果。

现有的理论研究表明，内部资本市场的存在有利于缓解企业面临的外部资本市场的融资约束。这一效果会对货币政策的传导机制和效果产生影响，进而对宏观经济周期产生影响。那么，企业融资约束的缓解是否会弱化货币政策的效果？对经济周期波动的影响如何？显然，未来的研究有必要考虑内部资本市场对宏观经济的影响。

尽管现有的文献对新兴市场国家内部资本市场的作用进行了大

量的实证研究，但理论研究却显得明显不足。如何结合新兴市场国家资本市场和企业制度现实，构建理论模型来分析新兴市场国家内部资本市场的有效性问题是该领域面临的挑战之一。

更为重要的是，现有的理论研究大多是通过构建一个简化的双层代理模型来分析内部资本市场的资本配置机制及其对企业价值的影响。在双层代理模型中，对经济主体偏好的假设都是建立在经典的企业理论基础之上，即外部投资者的风险中性或风险厌恶以及经理人的风险厌恶。但是，行为公司金融理论的研究表明，面对不确定性投资或收益时，投资者可能会表现为损失厌恶、经理人则有可能是过度自信或呈现出乐观主义的倾向。显然，将经济主体的异质偏好引入现有的理论分析框架将有助于拓展现有的理论研究成果，也将使其对现实更具解释能力。

二、管理层薪酬激励理论与实证研究的新发展

如何设计一个有效的管理层薪酬激励契约是现代公司金融理论关注的焦点问题之一。20 世纪 90 年代以来，随着限制性股票和股票期权等权益性激励在管理层薪酬合约中的广泛使用，管理层薪酬补偿的业绩敏感性日益上升。然而，管理层薪酬补偿中权益性激励的增加也导致了企业高管操纵业绩、披露虚假信息等盈余管理行为的发生。21 世纪初期美国安然、世通破产事件以及本次美国次贷危机中暴露出来的管理层高额薪酬问题使得权益性薪酬激励的有效性受到了广泛的质疑。正因为如此，近年来，学术界对管理层薪酬激励问题给予了广泛的关注，涌现出一大批理论和实证研究成果。

纵观现有有关管理层薪酬补偿的理论与实证研究成果，这一领域的研究主要围绕薪酬补偿的结构及其变化趋势、薪酬补偿的影响因素和有效性三个方面来展开。同时，与传统的基于新古典企业理论的激励机制理论研究不同，现代公司金融理论对管理层薪酬激励机制的研究大多是建立在实证检验的基础之上。实证研究的结果一方面对经典的激励理论提出挑战，另一方面也激励学术界从新的视角或采用新的研究方法对实证研究的结果予以解释，从而进一步推

动理论研究的发展。因此，在本部分的结构安排上，我们不再将理论与实证研究分开阐述，而以上述三个主要问题为中心从总体上对这一领域的前沿文献加以归纳整理。

（一）管理层薪酬补偿的构成及其变化趋势

通常，经理人薪酬合约主要由年度基本薪金、依据会计业绩的年度奖金、股票期权和长期激励计划（包括了限制性股票和基于多年会计业绩的绩效奖金）构成。20 世纪 90 年代以来，随着限制性股票和股票期权在经理人薪酬补偿中占比的上升，管理层薪酬补偿结构的变化以及各构成部分的激励效果也日益受到学术界的关注。学者们从短期薪酬和长期薪酬两个方面探讨了管理层薪酬结构中各构成部分的功能及其变化趋势。

1. 短期薪酬的作用及其变化趋势

管理层的短期薪酬主要包括基本薪酬和基于会计业绩的绩效奖金两个部分。年度基本薪酬是其薪酬合约中唯一不含激励因素的成分，一般认为公司当前业绩的好坏直接决定了经理人未来几年基本薪酬水平的增减，即基本薪酬具有提前决定性。Murphy（1998）认为，虽然基本薪酬在总薪酬的占比呈不断下降趋势，但经理人仍然对基本薪酬的决定给予了高度关注，其原因包括：首先，基本薪酬作为整个薪酬合约中的固定组成部分，经理人更偏好薪酬水平增加在基本薪酬部分而非"可变薪酬"部分（如奖金等）；其次，薪酬水平中的很多部分都是以基本薪酬作为参照，比如奖金通常制定为基本薪酬的一个百分数。

绩效奖金通常与公司的年度业绩相关联。典型的奖金计划通常包含了绩效衡量、绩效标准和薪酬业绩关系结构三个方面的内容。Murphy（1998）认为，在一个典型的奖金计划中，分别设有"绩效下限"和"奖金上限"，只有公司年度绩效超过"绩效下限"（通常是标准绩效水平的一个百分比）时，公司才会发放奖金，奖金的额度随着业绩水平的上升而上升，但总额度不会超过"奖金上限"。Swan 和 Zhou（2003）也认为典型的奖金计划具有这种"门槛规则"（如 ROA 超过 15%），并且在"门槛"附近时奖金具有较强的激励效果。

在绩效衡量方面，选取何种衡量指标，一直是学术界争议的话题。在奖金计划中，对于公司绩效的衡量通常分为财务指标和非财务指标两种。Murphy（1998）对 177 家美国公司激励计划的调查发现，不到一半的公司采用了单一的绩效衡量指标，大多数公司采用了两种或者更多的衡量指标。通常的财务指标包括股权收益率（ROE）、资产收益率（ROA）、投资回报率（ROI）以及经济增加值（EVA）等，而在非财务指标中，最为常见的是经理人的"个人表现"，通常以事先设定的目标作为衡量标准，也包含公司对经理人表现的一个主观评价，其他的一些非财务指标则包括客户满意度、市场占有率以及一些其他战略目标指标（如新业务的扩张、旧资产重组等）。Banker、Potter 和 Srinivasan（2000）发现，非财务指标在高管薪酬计划中的使用越来越广泛；Sliwka（2002）认为，采用非财务指标的原因包括：客户满意度、市场占有率等非财务指标更能反映一个企业的长期经营绩效和经营战略，短期的财务业绩易被操控；一些行业（航空业、零售业等）财务指标易受其他因素影响，非财务指标更适合其长期发展战略。Srinivasan、Say-rak 和 Nagarajan（2004）以美国航空业高管薪酬为研究样本，发现那些基于航空业特征并由联邦交通部门制定的非财务指标，相比于传统的基于会计标准的财务指标而言，对业绩薪酬的解释能力更强，而且这些指标常用于对基于股权的薪酬的衡量上。Kaplan 和 Norton（1996）提出了平衡记分卡的概念，在对公司绩效进行衡量时要平衡使用财务和非财务指标。Banker、Potter 和 Srinivasan（2000）采用连锁酒店的时间序列数据研究发现，当增加了非财务指标在绩效衡量中的应用之后，无论是从财务还是非财务指标来看，公司的绩效都有显著提高。

2. 长期薪酬的作用及其变化趋势

公司对于经理人的长期薪酬包括限制性股票、股票期权、基于多年业绩水平的绩效奖金和退休计划（SERPs）等，其中限制性股票和股票期权的使用是学术界关注的重点。

限制性股票的使用有效地将经理人的利益和公司的利益联系在一起，Kole（1997）的研究表明，限制性股票在化工、机械和制造业等行业运用得较为广泛，在以研发为主的公司的应用比在非研发类公司的应用要广泛。Murphy（1998）的调查显示，在 1996 年，将近 28% 的 S&P 500 样本公司对他们的 CEO 发放了限制性股票进行激励；Aggarwal（2008）指出，在整个 20 世纪 90 年代，限制性股票的使用呈现下降趋势，并逐渐被股票期权所取代，但 2000 年以后，随着股市的下滑和期权费用的上升，限制性股票的使用又有所增加。

从代理理论的角度来看，将股票期权引入管理层薪酬补偿契约的根本目的在于将经理人的财富与企业未来股票价格的变化直接相联系，以激励管理层最大化股东的财富。现有研究表明，股票期权主要通过两种途径来达到对经理人进行激励这一目的。其一，将经理人的薪酬与公司业绩相联系，增加经理人薪酬补偿的业绩敏感性。Jensen 和 Meckling（1976）认为，股票和股票期权等基于股权的补偿激励契约将经理人的财富同股票价格相联系，可以增加薪酬补偿契约的薪酬—业绩敏感性（pay-performance sensitivity），缓解经理层与股东之间的代理冲突。Hall 和 Liebman（1998）的实证研究表明，在增加股票和股票期权补偿后，管理层薪酬补偿的业绩敏感性显著提高。其二，降低经理人的风险厌恶程度，增加经理人薪酬补偿对企业价值变动的凸性。Smith 和 Stulz（1985）认为，当人力资本及财富不可分散时，风险厌恶的经理人可能会放弃具有较大风险但净现值为正的投资机会，导致投资不足问题的发生。将股票期权引入经理人的薪酬补偿契约将增加薪酬补偿对企业价值变动的凸性，使经理的财富成为公司业绩的凸函数以减少经理人的风险厌恶程度，降低与风险厌恶相关的代理问题。Guay（1999）通过分析 287 个 CEO 的补偿激励合同发现股票期权显著地增加了这一凸性。

（二）管理层薪酬激励的影响因素

管理层薪酬补偿的水平和结构是管理层薪酬激励机制设计的核心问题。现有的相关研究表明，管理层薪酬补偿水平及结构受行业特征、企业和管理层自身的特质因素以及外部市场环境等因素的影响。行业特征、资产规模、资本结构、成长机会、高管人员的个人特征、市场外部监管等因素综合决定了管理层薪酬补偿的水平和结构。

1. 行业特征与管理层薪酬补偿

(1) 行业竞争程度

行业内部的竞争程度是否影响企业长期激励计划的制定是近期学者们关注的焦点之一。Mercer（2006）以 350 家公开上市的美国公司为样本进行研究发现，随着行业竞争程度的变化，样本公司给予经理人限制性股票激励的份额呈不断上升趋势，而给予经理人股票期权薪酬的份额则不断下降。Feltham 和 Wu（2001）、Dittmann 和 Maug（2007）、Ingersoll（2006）分别采用各个公司单期模型和单公司多期模型考察了长期激励计划中限制性股票以及股票期权的使用比重如何确定的问题。Stoughton 和 Calgary（2007）构造了一个多公司多期的竞争性模型。他们认为，在公司处于行业的领导地位或者关键人才的市场供给具有弹性时，公司宜采用期权激励的方式；若在行业内部关键人才稀缺，其供给缺乏弹性时，则应增加股票激励的分量。

(2) 行业管制

作为公司外部治理的一个重要途径，行业管制与经理层的激励机制有着紧密的联系。Demsetz 和 Lehn（1983）、Smith 和 Watts（1992）均指出，在管制程度较高的行业，经理层决策中的自由裁量权受到管制的限制，从而削弱了股东增加经理风险偏好的动机。因此在这类行业中，股票期权的比重会相应较低。Barro 和 Barro（1990）、Houston 和 James（1995）、Yermack（1995）、John 和 Qian（2003）、Harjoto 和 Mullineaux（2003）、Brewer，Hunter 和 Jackson（2004）等从不同的角度分析了银行业管理层薪酬补偿的水平、结构、有效性及影响因素。他们的研究结果表明，受行业管制的影响，银行业的管理层薪酬补偿水平、结构及其影响因素存在着有别于其他行业的自身特点。

2. 企业特征因素

(1) 资产规模

Demsetz 和 Lehn（1985）、Smith 和 Watts（1992）认为，资产

规模较大的企业在管理上需要聘请更多贤能的高管人员，为激励高管人员，其薪酬补偿合同中应增加股票及期权的比重，以提高其薪酬—业绩敏感性。Yermack（1995）认为，较大规模的公司可能使得董事会难以直接对经理的表现进行监督，而且这类公司也愿意对使用股票期权这种较为复杂的激励机制支付管理费用。Firth（1996）认为，管理层薪酬会受到企业规模的影响，因为大企业有更多的管理层次，而每个层次的薪酬水平不同。因此，大企业管理层的薪酬要高过小企业，并且大企业往往有高额的收益，相比之下管理层的薪酬并不是一项很大的开支，在企业报表上的反映也不会引人注目，由此带来的监督也很少，特别是大型企业的股东比较分散，所有者对经营者监督的力度有所弱化。然而，Jensen 和 Murphy（1990）认为，大公司往往是公众关注的焦点，迫于政治压力，其管理层薪酬的业绩敏感度往往较小，股票期权占薪酬补偿的比重会比较低。Baker 和 Hall（2004）研究发现，随着公司的规模增大，CEO 才能的边际产出也随之迅速增加，这就解释了为什么在大的公司里，CEO 所能获得的总薪酬水平较高，而得到的用于激励的股权薪酬的水平较低。Gabaix 和 Landier（2008）的研究进一步表明，CEO 才能对其薪酬水平的影响程度随着公司规模的增大而增大。

（2）资本结构

John 和 John（1993）指出，如果补偿计划能加大未来现金流的稳定性，使得股东与经理之间利益的一致性降低，债务的代理成本也会相应减少，债权人也会减少因为害怕股东进行风险转移而要求的风险溢价，从而增加股东的利益。他们认为，激励契约的薪酬业绩敏感性应随杠杆率的增加而下降，因此作为与业绩紧密联系的股票期权激励机制的使用也会随杠杆率的提高而减少。Berkovitch et al.（2000）有关公司财务结构与管理层薪酬之间关系的模型研究表明，风险债务同时影响经理的更换概率和经理的薪酬水平（如果经理被公司留任）；与无风险负债的企业相比，公开发行风险债券的企业向经理承诺较低的离职支付（金色降落伞）；经理的薪酬绩效敏感度与财务杠杆、预期薪酬和预期现金流正相关；企业规模、财务杠杆、经理薪酬和经理留任时的现金流正相关。

（3）成长机会

Smith 和 Watts（1992）认为，企业在制定各项决策时，会将资产投资到特定的实物以及人力资本上，这些企业所特有的投资将导致企业获得不同的投资机会集（investment opportunity set）。当企业拥有更多的投资机会时，经理能够掌握更多关于这些投资机会的信息，信息不对称的情况更加严重。因此，随着企业投资机会的增多，董事会更有可能将经理的激励契约同企业的价值相联系；当企业拥有更多的未来成长机会时（如那些刚起步的公司），反映企业过去业绩的会计指标则不能准确反映公司的实际价值。这样，董事会将会减少基于会计指标的激励机制而增加基于市场业绩指标的激励机制。因此，成长机会较高的企业会相应增加股票期权在薪酬补偿中的比重。

（4）公司内部治理因素

①股权结构

企业的股权结构通常分为分散、集中和适度集中三种状态。Levine（2003）认为，在股权集中状态下，大股东既具有获取信息和监督经理层的激励，又能通过在董事会中派遣代表，对公司实施有效的管理。而且，拥有信息优势的大股东能够有效地行使投票权。Jensen（1993）指出，大股东在公司治理中扮演着重要的角色，大股东对 CEO 的监控可以减少 CEO 对制订补偿激励计划的影响。Cyert 等（2002）研究表明，大股东持股比例与 CEO 薪酬呈负相关关系。Bertrand 和 Mullainathan（2000）指出，当公司缺乏一个持股比例超过 5％ 的大股东时，CEO 获得与业绩无关的薪酬更多。因此，代理理论认为，公司大股东的监督与 CEO 激励之间具有替代性，大股东持股与 CEO 薪酬之间呈负相关关系。

②董事会治理因素

董事会最重要的职能之一就是决定经理层补偿契约的水平与结构（Fama and Jensen，1983），这使得董事会如何决定薪酬补偿契约的设计受到广泛关注。董事会治理因素包括董事会规模和结构两个方面。

Jensen（1993）认为，随着董事会中董事人数的增加，尊敬、礼貌和谦恭将占据上风，而坦率和公正将遭遗弃，董事之间搭便车的问题容易发生。当董事会规模超过 8 人时，董事会就很难发挥监督作用，而且董事之间的协调成本较高，单个董事容易被 CEO 控制。因此，董事会规模较大的公司，CEO 容易利用董事之间难以协调的困境制订较高的薪酬补偿计划。Core et al.（1999）的实证研究支持了这一观点，即董事会规模越大，高管越可能进行权力寻租，高管薪酬较高。Holthausen 和 Larcker（1993）基于制造业和服务业的实证研究表明，董事会规模和 CEO 薪酬之间存在正相关关系。

Mehran（1995）认为，由于外部董事较内部董事（例如经理）更能代表股东的利益，所以以外部董事为主的董事会将更多地运用股票期权等基于股权的激励机制。但是，Chhaochharia 和 Grinstein（2006）的研究表明，随着董事会中外部董事的增加和独立性的增强，美国企业管理层股票期权的补偿水平与董事会独立性之间存在着显著的负相关关系。CEO 与董事长是否两职合一反映了董事会的领导结构。Jensen（1993）认为，当 CEO 与董事长两职分离时，董事会更加独立。如果两职兼任，作为董事长的 CEO 更有可能任命支持自己的董事，并且有能力让董事会接触对自身有利的信息，影响董事会制订管理层薪酬计划的过程，进而获得更高的薪酬。Cyert 等（2002）基于美国上市公司的研究表明，两职兼任公司的 CEO 薪酬比两职分离公司的 CEO 高 20% ~ 40%。

董事会下设专门委员会是董事会职能强化和内部分工的重要措施。董事会的专门委员会一般包括战略、审计、薪酬与提名等委员会。其中，薪酬与提名委员会的主要职责在于对高级管理人员的薪酬和激励措施进行市场考察和确定。Main 和 Johnson（1993）就认为，薪酬委员会可能对高管薪酬产生重要影响，以确保高管行为符合股东的利益；Ezzamel 和 Wilson（1998）也认为薪酬委员会的存在给企业的董事们提供了讨论高管薪酬的平台，从而有效防止高管自定薪酬，确保管理层与股东的利益相一致。Conyon 和 Peck（1998）以薪酬委员会中非执行董事的比例是否超过平均数为样本的研究表明，非执行董事的比例超过平均数的公司，薪酬业绩的相关关系更强。

3. 经理人个人特征因素

（1）经理人才能与薪酬水平

Milbourn（2003）通过模型证明了经理人才能是决定其薪酬水平差异的一个重要因素。在他的模型中，拥有更高才华的经理人通常在经理人市场具有较高的声誉，被解雇的可能性较小，较长的任职时间使得其公司股价更能反映其业绩水平，因而会拥有一个更高的薪酬业绩敏感水平。Frydman（2005）强调了一般化的知识和技能在经理人市场竞争中的重要性，因为一般化的技能更容易被教育程度和职业流动性程度所反映。所以在一定程度上，一般化技能的高低可以用来解释高管薪酬的差异。Chang et al.（2007）运用事件研究法实证表明，经理人离职期间所产生的异常收益与公司之前的收益呈显著的负相关关系，而这些经理人通常在原公司拥有较高薪酬和业绩水平，在离职后会在更大的公司拥有一个更高的薪酬水平，他们的离职对原公司来说被认为是一个不利的消息，可见经理人的才能能够被市场所认可，并以一定的薪酬水平所反映。

（2）经理人权力过大与薪酬过高

Bebchuk 和 Fried（2004）认为，经理人权力过大是造成高管薪酬不断上涨的重要原因，部分 CEO 能够控制公司的董事会，进而控制薪酬水平的设定，使自身获得更多与业绩无关的薪酬。在实证经验上，Yermack（1997）发现在股票期权授予之后，公司的股价会异常上升；Heron 和 Lie（2007）发现在股票期权授予之前，公司股票的收益水平会显著地降低；Lie（2005）认为造成这些现象的原因是，经理人的权力过大，倒逼了期权授予日期（stock option backdating），因为期权的行权价是根据当天的股价而定，经理人有意选择股价相对较低的日期而倒逼期权的授予日期；特别地，Heron 和 Lie（2007）发现，在 2002 年美国 SEC 要求期权授予须在两个营业日内公布之后，这种股价在期权授予之前下降而在授予之后上升的现象大为减少。Kuhnen 和 Zwiebel（2007）对经理人权力与隐藏收入间的关系进行了模型分析。他们认为，如果经理人通过权力获取了较多的隐藏收入，那么股东会对经理人产生更多的否定情绪，最终可能导致经理人的离职，因此，如果在股东对经理人业绩及其才能进行评估时，存在着较多的其他干扰因素，则经理人偏向于在这种环境下获取其隐藏收入。

（3）经理人过度自信与薪酬合同的制定

在行为公司金融理论中，研究 CEO 过度自信对委托代理合同的影响在近几年颇受关注。经理人的过度自信主要体现在高估外部噪音信号质量和个人能力以及低估项目风险三个方面。

Keiber（2002）认为，环境不确定性的噪音信号会影响薪酬合同的结构。在他的模型中，CEO 的薪酬依赖于 CEO 的心理偏差和信号，过度自信定义为判断噪音信号的质量过高。模型的研究表明，过度自信在设计激励相容的薪酬合同时扮演了重要角色。过度自信减少了委托代理关系中的代理成本，提高了 CEO 薪酬中激励的部分，同时代理人的努力程度增加。

Gervais et al.（2002）通过一个简单的两期资本预算决策模型研究了过度自信下的经理人高估个人能力对薪酬激励的影响。结果表明，在股东选择 CEO 时，能力已不再是唯一的影响因素，还必须考虑 CEO 潜在的激励需要。因为个人的一些本能的心理和动机可能和股东效用最大化目标并不一致。因此，CEO 的其他特征，如是否过度自信，可以帮助股东节约成本，并进行有效激励。

Goel 和 Thakor（2002）将经理人的过度自信定义为低估投资项目的风险，通过构建理论模型，他们认为，股东雇佣过度自信的 CEO 比雇佣理性的 CEO 好，因为 CEO 的过度自信增加了项目的风险，使项目获得更高的期望回报，从而增加了公司的期望价值，而且过度自信 CEO 接受了更多理性 CEO 因风险厌恶而拒绝的具有正 NPV 的投资项目，这使公司的价值得到增加。

4. 其他外部因素

（1）公众压力

近两年来，"高管高薪"一直成为社会各界热议的话题，公众对于高管薪酬的压力以及各种社会准则是否会对经理人薪酬的水平及结构产生影响，成为学术界关注的焦点问题之一。

公众压力影响高管薪酬的途径可能有两种：第一，公众的公开反对可以促使政府修改相关法规以对高管薪酬进行限制，比如，制定关于现金薪酬税的减免上限、期权费用的增加等。但是，Rose和Wolfram（2002）、Carter, et al.（2007）认为，这些措施的效果并不明显，高管的薪酬水平仍在上升，公司会通过改变薪酬结构来减少税收支付。第二，公众的压力在一定程度上反映了社会准则以及文化习俗，而这些因素恰恰能够影响人们的经济活动，如股票投资等（Guiso et al., 2008），社会准则也进而影响到一个合理的薪酬水平的制定。同时，DiNardoet al.（2000）、Gomez 和 Tzioumis（2007）的研究表明，工会的出现，能够在一定程度上降低 CEO 总的薪酬水平以及期权的使用比重。Kuhnen 和 Niessen（2009）的实证研究发现，公众的态度和压力确实能够影响经理人薪酬计划的制订，特别是在一些对薪酬不平等问题关注程度较高的地区，其经理人各种类型的薪酬水平都呈不同程度的降低趋势。

（2）社交压力

Ang et al.（2009）认为，CEO 之间有自己的社交圈子，CEO们觉得自己在这个圈子的地位很重要，而自己的薪酬水平是自己身份地位的一个很好的反映，圈子越大，地位越高，自然要进一步设法提高自己的薪酬水平。进一步地，他们认为薪酬中有一个部分应为"社交溢价"，它不能被企业、行业和公司内部治理等因素来解释，是由于经理人的社交活动以及所受到的社交压力而产生的；他们以 1994 年至 2005 年间的 S&P 500 公司作为研究样本，实证结果支持了"社交溢价"的存在，经理人的社交压力确实会对其薪酬水平构成影响。

（三）管理层薪酬激励的有效性

1. 管理层薪酬补偿有效性的评价标准

采用何种标准和指标体系来衡量管理层薪酬激励的有效性是一个颇受争议的问题。自 Jensen 和 Murphy（1990）首次提出薪酬业绩敏感性以来，这一指标被广泛运用到对薪酬激励有效性的评价中，但是不少学者认为这种方法存在着很多不足之处，例如没有考虑到经理人所面临的风险程度，以及相对绩效的评价问题，因此部分学者提出了相对业绩评价（RPE）的概念，对传统的薪酬业绩敏感性问题进行了补充。

（1）薪酬业绩敏感性评价指标

Jensen 和 Murphy（1990）最早提出了薪酬业绩敏感性的概念，主张通过对公司业绩与经理人薪酬水平间关系的衡量，考察薪酬水平对于经理人的激励效果。这一指标表现为公司股东财富每增加 1000 美元时，经理人的薪酬所增加的数额。其计量方法分为两种：第一，间接方法（implicit method），即将经理人总的薪酬水平对公司的绩效水平进行回归，公司绩效前的回归系数即为薪酬业绩敏感性。依照这种方法，部分学者对美国公司经理人的薪酬业绩敏感性进行了实证研究。结果显示，当公司的股东财富每增加 1000 美元时，经理人得到 3.25 美元（Murphy，1999）至 5.29 美元（Hall and Liebman，1998）的薪酬。但是，Aggarwal 和 Samwick（1999a）指出，这种方法存在着不足之处，即没有将经理人所面临的风险程度考虑进去。第二，直接方法（explicit method）。经理人的薪酬中最为主要的是基于股权的薪酬部分，其中包含了所持有的公司限制性股票和股票期权等，当公司的股价发生变动时，会影响到这部分薪酬的价值变动，进而导致经理人的财富水平发生变化。对于经理人所持有的公司股票而言，假设其持有了 1% 的公司股份，当公司的股价每上升 1 美元时，其股票部分的薪酬水平就上升了 0.01 美元，即所持股票薪酬的薪酬业绩敏感性为 0.01；对于经理人所持有的股票期权而言，我们用 delta 值（即股票价值每变动 1 美元时期权价值的变化量）乘以标的股票占公司股份的比例来衡量，例如期权标的股份占公司股份的 1%，当公司股价上升了 1 美元时，其期权部分薪酬的价值就增加了 0.01 × delta，即相应的期权部分的薪酬业绩敏感性为 0.01 × delta。总的薪酬业绩敏感性水平为股票和期权这两部分敏感性之和。Hall 和 Liebman（1998）研究发现样本公司的 delta 值的平均水平为 0.7，Aggarwal 和 Samwick（2003b）的研究表明，基于股权和期权的样本公司的薪酬业绩敏感性为 3.99%。

（2）相对业绩评价（Relative Performance Evaluation，RPE）指标

对于同一个行业的不同企业而言，会面临着相同的外部因素的影响，当整个行业的状况趋好时，即使单个公司的经理人表现不佳，其公司业绩仍可能呈上升态势；当整个行业的业绩水平下滑时，即使单个公司的经理人业绩突出，但其公司的业绩可能随整个行业绩效一起下滑。这样就引出了相对业绩评价衡量的概念，经理人应该为其超过同行业其他竞争对手的表现而得到奖励。为了找到企业的相对业绩水平，必须先找个一个合适的基准绩效。通常来看，可以用来当作基准绩效的指标有行业薪酬水平和整个市场薪酬水平两种。

①以行业收益作为基准

采用以行业收益作为基准的相对业绩评估，可以有效地将本公司的业绩与同行业的其他对手进行对比。但在 Gibbons 和 Murphy（1990）的实证检验中，却没有找到使用行业收益作为基准的证据，相反以整个市场收益作为基准被使用得更多。究其原因，Aggarwal 和 Samwick（1999b）指出，之所以不采用行业收益作为衡量基准，是因为经理人拥有一定的影响行业绩效的能力，如在给公司产品定价时，可以趁机引发行业内的价格战，从而造成整个行业的绩效水平下降，由于是以行业收益作为衡量基准，所以经理人可以得到一个相对较高的相对业绩评价。

②以市场收益作为基准

由于单个公司的经理人无法影响整个市场的绩效水平，因此采用市场收益作为衡量基准能够有效地避免采用行业收益时的弊端。其中指数化期权的使用是一个典型的例子，指数化期权激励是指期权执行价格随着行业和市场指数而变化的股票期权，设计指数化期权激励的目的主要是强化公司高管薪酬和业绩之间的关联度，排除市场和行业因素对股票期权收益的影响，过滤股票期权的非正常收益。但指数期权在现实中运用得并不广泛，原因可能包括：会计因素。根据美国现行会计准则，授予指数化期权激励必须在财务报表上反映为费用，这将降低财务报表上的盈利，给公司和高管人员带来不利影响；激励脆弱性更大。与传统期权相比，指数化期权激励更容易成为虚值期权；现行的强制公司高管持股的合同已经隐含了指数化期权激励功能；鼓励公司高管进入盈利的行业等（Johnson and Tian，2000）。

2. 管理层薪酬激励与企业绩效

众多的学者通过构建线性和非线性回归模型的方式检验了股权激励对企业绩效的影响，结果表明，两者之间存在正的相关关系。Mehran（1995）对美国工业企业 1979 年与 1980 年的数据进行研究后发现，CEO 持股比例与企业经营业绩间存在显著的正相关性，Hanson 和 Song（2000）指出，管理层持股有助于减少自由现金流量及代理成本，增加公司价值；Han 和 Suk（1998）通过构建非线性回归方程，采用公司股票收益率作为绩效指标检验后发现，股票的收益率与管理者的持股比例正相关，而与管理者持股平方负相关；Short 和 Keasey（1999）采用公司市场价值和账面价值之比、股东回报率作为衡量公司绩效的指标，发现公司绩效是管理层持股比例的三次函数，造成这种非线性关系的原因可能是因为管理层持股的内生性以及管理层持股与公司业绩间的逆向因果关系。

然而，也有部分学者从管理层持股内生性的角度对管理层持股与公司绩效之间的关系进行了检验，结果表明，两者之间不存在显著的相关关系。Demsetz 和 Villalonga（2001）将公司股权结构划分为管理层股权和大股东股权两部分，并将公司股权结构作为内生变量研究公司股权结构与公司绩效的关系，结果表明公司的所有权结构是一个内生变量，与公司绩效无关。Palia et al.（1999）证明了管理人持股是内生决定的。对于管理层薪酬激励合约，如果不对合约环境和公司类型的差异性进行控制，所产生的结果将会具有误导性；Palia（2001）通过面板数据和工具变量解决了内生性问题。其实证结果发现，管理层持股水平和公司价值正相关，但不显著。Ghosh 和 Sirmans（2003）以 1999 年美国不动产投资信托公司（REITS）数据为样本，实证研究发现，经营者股权和外部董事比例之间在 5% 的显著性水平上存在着负的相互关系；外部董事比例和企业价值（净资产收益率）之间在 10% 显著性水平上存在着正的相互影响。经营者股权在 10% 的显著性水平上对企业价值有负向影响，企业价值对经营者股权有正向影响，但不显著。Mak 和 Li

（2001）以新加坡 147 家上市公司 1995 年的数据为样本进行截面分析，实证结果表明，无论采用 OLS 法还是 2SLS 法，企业价值（托宾 Q）对经营者股权有正向影响，但不显著；经营者股权对企业价值产生区间效应，但不显著。

Fama 和 Jensen（1983）指出，管理层持股的一个主要特点是，管理层并不掌握企业的全部或绝大多数股权，他们可以控制企业，但仅仅拥有企业剩余索取权的一部分，同时也只承担一部分风险，这就导致了管理层持股的重要缺陷，即所谓"管理层盘踞（managerial entrenchment)"问题。具体为，现任管理层由于取得了对企业的实际控制权，不管他们的表现如何不好，没有人能够更换他们，他们的地位就很稳固。"管理层盘踞"观点认为，管理者拥有公司控制权有时反而会降低公司的绩效。一方面，管理层盘踞使代理人缺乏有力的约束和监管，管理层漠视其他股东的利益，也会使管理层变得更加自负而减少他们追求企业利润最大化的努力。另一方面，盘踞在公司的管理者为了巩固自己的地位、追求高额薪酬、增加个人的权力和威望而往往喜欢过度投资。Weisbach（1998）和 Bethel et al.（1998）的实证研究支持上述论点。Faccio 和 Lasfer（1999）认为，管理层盘踞的另一个严重后果是，公司的 CEO 控制董事会，董事会因而丧失了监督管理者的职能，无法从内部市场监管 CEO 的行为，并从而形成一个恶性循环。

3. 股票期权激励与投资决策

Smith 和 Stulz（1985）认为将股票期权引入经理人的薪酬补偿契约将增加薪酬补偿对企业价值变动的凸性，使经理的财富成为公司业绩的凸函数以减少经理的风险厌恶程度，降低与风险厌恶相关的投资不足问题。对于 Smith 和 Stulz（1985）这一观点，学者们从不同的角度进行了拓展，并得出了不同的结论。

Hemmer et al.（2000）的研究表明，当管理层的效用函数是幂函数形式，且其相对风险厌恶系数为 0.5 时，最大化股东收益的最优激励契约应该由三个部分组成：固定收益部分、收益与股票价格线性相关的部分和收益是股票价格递增凸函数的激励部分。如果要使以股票价格作为业绩评价的激励契约达到帕累托最优，必须在激励契约中包含一个凸性激励成分，激励契约才能满足凸性特征。虽然在理论上存在许多满足凸性特征的激励手段，观察发现管理层股票期权正是满足最优激励契约凸性特征的激励手段。

Rajgopal 和 Shevlin（2002）研究了石油和天然气行业中管理层期权激励的风险激励机制，结果证实了管理层期权激励与企业风险之间的正相关关系。Williams 和 Rao（2006）研究了 1994—1996 年期间工业企业的兼并样本，发现兼并后与兼并前企业股票回报率波动之比与管理层期权激励带来的风险激励之间存在着显著的正相关关系，但是这种正相关关系受到企业规模的制约，也就是说，企业的规模因素可以影响期权激励的风险激励效应。

但是，随着管理层激励研究的逐步深入，越来越多的学者对股票期权的风险激励效果进行了质疑。他们认为，一般情况下，期权类激励能刺激管理层承担风险，但在一定的情况下，这种风险刺激效果并不明显，甚至相反会抑制管理层风险激励，其凸性特征具有一定的局限性。Carpenter（2000）认为，由于无法在市场上自由交易以及对冲风险，管理层拥有的期权激励是不可分散的。因此，其模型采用了几类不同的效用函数，在假定管理层期权风险不可分散的前提下，考察了股票期权如何影响管理层对企业价值波动性（股票价格波动性）的动态调整。研究结果表明，更多的期权激励实际上并不一定会导致管理层寻求更大的风险，缓解管理层与股东之间有关风险的利益冲突，在某些情况下甚至可能恰恰相反。Ross（2004）通过构建委托代理模型，详细分析了在期权风险不可分散前提下非线性管理层收入合约对风险厌恶管理层的激励机制，发现管理层收入合约有三种风险激励效应：凸性（convexity）、放大效应（magnification）和转移效应（translation）。这三种效应结合起来共同决定管理层收入合约怎样影响管理层风险倾向。凸性效应是期权激励的原始特征，放大效应和转移效应在凸性效应的基础上发生作用，共同影响凸性效应缓解管理层与股东有关风险的利益冲突、提高企业风险的效果。Wu 和 Lence（2006）选择 1993—2003 年标准普尔 500 指数、标准普尔 400 指数以及标准普尔 600 指数的上市公司为样本，实证发现管理层财富对企业风险的敏感性并不影响企业投资风险水平，管理层财富对企业风险的敏感性与企业风险没有显著的相关关系。

4. 管理层薪酬激励与产品定价策略

经理人的薪酬激励水平不仅取决于企业自身的业绩，同时也取决于整个行业的绩效水平。在一个竞争性的行业中，通常存在着激烈的价格竞争，价格竞争的结果使行业内各企业利益受到不同程度的损害，整个行业的绩效水平也相对降低，因此各企业在对经理人的激励薪酬中都设定了一定的行业绩效考核比例，避免经理人在产品的定价过程中发动"价格战"，形成全行业的共谋态势。

Aggarwal 和 Samwick (1999b) 指出，公司绩效与行业绩效间的考核比重是决定经理人作出定价决策和避免"价格战"的关键因素。在一个竞争激烈的行业里，行业绩效的考核比例会相对较高，目的是使经理人在作出定价决策时考虑价格竞争所带来的不利影响；如果公司处于竞争较弱或垄断地位，则行业绩效的考核比重显得相对较轻，更多的是考核企业自身的业绩水平。

5. 管理层薪酬激励与兼并收购决策

兼并与收购也是管理层在公司日常经营中所要面临的决策之一，部分学者从目标公司 CEO 和并购公司 CEO 两方面对薪酬激励对兼并与收购决策的影响进行了分析。

对目标公司的 CEO 而言，他们在并购活动中常常表现得更为主动 (Yermack, 2004)。在公司并购之后，虽然目标公司的 CEO 常常面临着被接替的风险，但他们同时也会获得较为丰厚的薪酬补偿，而目标公司则获得相对较低的一个并购溢价。Wulf (2004) 指出，目标公司的 CEO 常常有用目标公司的并购溢价去换取并购后公司的更大控制权的动机。这意味着，在一些公司的并购活动中，目标公司的 CEO 并非以股东利益的最大化为目标，相反是为了自身薪酬水平的最大化。

对于并购公司而言，Raman (2001) 发现经理人基于股权薪酬的比例高低与并购绩效之间呈正相关关系；Lehn 和 Zhao (2006) 指出在进行了低效的并购之后，并购公司的经理人被取代的可能性更大；Hribar (2004) 指出，对于一次有效的并购来说，经理人能够从董事会获得一笔较大的"并购奖金"。

6. 经理人个人特征与股票期权激励的有效性

经典的股票期权补偿激励有效性的理论研究大多是建立在经理人风险厌恶的理性假设基础之上。但是，Lambert et al.（1991）、Hall 和 Murphy（1992）、Core et al.（2003）等认为在考察管理层股权激励机制时，应考虑经理人如何对其持有的股票期权给予主观估值。在研究经理人期权估值过程中，需要考虑经理人的个人特性（如风险厌恶程度、个人资产组合状况、损失厌恶、攀比效应、过度自信、私房钱效应等）对期权股值的影响。遵循他们的观点，20 世纪 90 年代以来，部分学者将经理人的资产组合特征、异质偏好等个人特征引入股票期权激励有效性的研究之中，产生了一系列研究成果。

针对 Black-Scholes 期权定价模型基于市场风险中性和无套利假设的局限性，Lambert et al.（1991）、Hall 和 Murphy（1992）等基于管理层风险厌恶和资产不可分散性，采用确定性等价方法，研究了经理人不同风险厌恶程度和资产分散程度下股票期权的确定性等价值。其结论表明，以风险中性和投资者资产广泛分散为前提条件的 B-S 模型定价的管理层期权价值远高于考虑风险厌恶和资产不可分散的管理层期权的确定性等价值。Sautner 和 Weber（2006）指出，经理人的人力资本专有化程度越高，人力资本可分散化的程度越小，其对所持有期权的价值估计也越低。

Massey（2003）的研究表明，对损失厌恶程度越高的经理人，其对所持有股票期权的估值会越低，因为他们会更加关注潜在的损失而非收益，未来股价的涨跌所带来的期权潜在收益对他们来说并不具有吸引力，因此会低估了所持有期权的价值。Malmendier 和 Tate（2005，2007）、Malmendier et al.（2007）、Oyer 和 Schaefer（2005）、Bergman 和 Jenter（2007）将经理人过度自信和乐观主义情绪引入管理层薪酬补偿契约之中。他们认为，乐观的经理人会高估未来公司的股价，而期权价值是公司潜在股价的一个增函数，所以乐观的经理人会高估所持有的期权价值。而过度自信对经理人对期权价值的评估存在着两方面的影响：一方面，过度自信会使期权收益的凸性价值被低估，从而降低经理人的主观估值水平；另一方面，过度自信使期权含有的潜在风险被低估，从而增加对其价值的估计。正反两方面的影响最终会对经理人期权价值的估计产生何种影响，有待实证的进一步检验。

（四）管理层薪酬激励理论研究展望

20世纪90年代以来有关管理层薪酬激励的理论与实证研究成果极大地丰富和发展了现有的企业理论、公司治理理论和公司金融理论。特别是限制性股票和股票期权等权益性激励在薪酬合约中的使用，大大增加了薪酬合约的激励作用。正因为如此，权益性薪酬的作用、效果及其影响因素也就成为了这一领域研究的热点。然而，我们也应看到，权益性薪酬激励在强化激励效果的同时也有可能导致经理人的过度风险选择倾向、股利减少和盈余管理等潜在成本。特别地，在2008年由美国次贷危机引发的全球性金融危机中，高额薪酬所引发的经理人过度风险追逐以及危机中救助企业仍派发高额奖金等问题引起了世界各国政府的高度关注，以美国为代表的各国政府不得不通过颁布"限薪令"的方式来约束经理人的高额薪酬。这些问题既对现有的理论提出了挑战，也有待学术界从理论和实证两个方面对现有的理论进行深化。

首先，现有的理论和实证研究大多将管理层薪酬激励作为一个外生变量来考察其对企业绩效的影响。但有关管理层薪酬影响因素的研究表明，经理人薪酬激励是一个由企业内、外部因素综合决定的内生变量。尽管已有学者在实证研究中考虑了这一问题，但无论是在研究视角还是研究方法上，对管理层薪酬激励内生性问题的研究尚有待深入和拓展。

其次，经理人对自身拥有的股票期权的估值问题应是这一领域未来研究的一个重要方向。尽管现有的研究已开始将经理人的个人特征因素（如资产结构和异质偏好等）引入薪酬激励合约分析之中。但这一研究面临的最大困境是理论结果的实证检验问题。由于经理人资产结构和异质偏好方面的信息获取十分困难，且难以获得大样本的数据，所以，其理论研究的结果难以获得实证的支撑。这方面研究的发展尚有待新的实证研究方法的引入和突破。

再次，近几年来，公司高管，特别是金融行业高管过高的薪酬成为了社会关注的焦点，学者们研究的重点也开始转向了经理人权力过大、内部治理失衡对高管薪酬水平的影响。从理论上讲，董事会和股东并非能够完全决定公司高管的薪酬水平，CEO 的权力过大以及相应的"抽租"（rent extraction）行为，使其获得了更多的与业绩无关的薪酬。究竟高管过高薪酬与 CEO 权力过大、公司内部治理失衡以及会计欺诈等存在何种联系？这一问题有待今后的研究在理论和实证上进行深化和拓展。

第四，当前各国政府普遍实施的"限薪令"虽然在一定程度上能够约束经理人的高额薪酬，但政府对企业管理层薪酬激励的干预是否会扭曲企业的薪酬激励机制？"限薪令"的微观和宏观政策效果如何？这些都有待于从理论和实证两个方面加以研究。

参考文献

[1] Agarwal S. , V. Souphom, G. M. Yamashiro. The Efficiency of internal capital markets: Evidence from the annual capital expenditure survey, Working Paper, Federal Reserve Bank of Chicago, U. S. Bureau of the Census, California State University, 2008.

[2] Aggarwal R. , S. Zhao. The Diversification discount puzzle: Empirical evidence for a transactions cost resolution. Institute for International Integration Studies Discussion Paper. University of Akron, Kent State University, 2007.

[3] Aggarwal R. K. . Executive compensation and incentives in Espen Eckbo(eds.), Handbook in Corporate Finance: Empirical Corporate Finance, North-Holland, 2008.

[4] Aggarwal R. K. , F. Meschke, T. Y. Wang. Corporate Political Contributions: Investment or Agency?. Working Paper, University of Minnesota, 2007.

[5] Aggarwal R. K. , D. Nanda. Access, Common Agency, and Board

Size. Working Paper, University of Minnesota and Duke University, 2006.

［6］Aggarwal R. K. , A. A. Samwick. Empire-Builders and Shirkers: Investment, Firm Performance, and Managerial Incentives. Journal of Corporate Finance, 2006, 12:489-515.

［7］Aggarwal R. K. , A. A. Samwick. Why Do Managers Diversify Their Firms? Agency Reconsidered. Journal of Finance, 2003, 58:71-118.

［8］Aggarwal R. K. , A. A. Samwick. Performance Incentives within Firms: The Effect of Managerial Responsibility. Journal of Finance, 2003, 58:1613-1649.

［9］Aggarwal R. K. , A. A. Samwick. The Other Side of the Tradeoff: The Impact of Risk on Executive Compensation. Journal of Political Economy, 1999, 107:65-105.

［10］Aggarwal R. K. , A. A. Samwick. Executive Compensation, Relative Performance Evaluation, and Strategic Competition: Theory and Evidence. Journal of Finance, 1999, 54:1999-2043.

［11］Alchian A. . Corporate management and property rights, Economic Policy and the Regulation of Corporate Securities. Washington, D. C. : American Enterprise Institute, 1969.

［12］Almeida H. , D. Wolfenzon. Should business groups be dismantled? The Equilibrium cost of efficient internal capital markets. Journal of Financial Economics, 2006, 79:99-144.

［13］Antle R. , A. Smith. An Empirical Investigation of the Relative Performance Evaluation of Corporate Executives. Journal of Accounting Research, 1986, 24:1-39.

［14］Baker G. P. , B. J. Hall. CEO Incentives and Firm Size. Journal of Labor Economics, 2004, 22:767-798.

［15］Barron J. M. , G. R. Waddell. Executive Rank, Pay, and Project Selection. Journal of Financial Economics, 2003, 67:305-349.

［16］Baxamusa M. . Managerial Perception and Corporate Decisions. Working Paper. University of Minnesota, 2007.

[17] Bebchuk L. ,J. Fried. Pay Without Performance. Cambridge,MA: Harvard University Press,2004.

[18] Berger P. G. , E. Ofek. Diversification's Effect on Firm Value. Journal of Financial Economics,1995,37:39-65.

[19] Bergstresser D. B. , T. Philippon, CEO Incentives and Earnings Management. Journal of Financial Economics,2006,80:511-529.

[20] Berle A. A. , G. C. Means. The Modern Corporation and Private Property. New York:Macmillan,1932.

[21] Bertrand M. ,S. Mullainathan. Enjoying the Quiet Life? Corporate Governance and Managerial Preferences. Journal of Political Economy,2003,111:1043-1075.

[22] Bertrand M. ,S. Mullainathan. Are CEOs Rewarded for Luck? The Ones Without Principals Are. Quarterly Journal of Economics, 2001,116:901-932.

[23] Bergstresser D. , Philippon, T.. CEO incentives and earnings management. Journal of Financial Economics,2002,Forthcoming.

[24] Bernanke B. , M. Gertler. Agency costs, net worth and business fluctuations. American Economic Review,1989,79,14-31.

[25] Bernardo A. E. ,Jiang Luo,J. J. D. Wang. A theory of socialistic internal capital markets. Journal of Financial Economics,2006,80: 485-509.

[26] Bitler M. P. , T. J. Moskowitz, A. Vissing-Jorgensen. Testing Agency Theory with Entrepreneur Effort and Wealth. Journal of Finance,2005,60:539-576.

[27] Brusco S. , F. Panunzi. Reallocation of corporate resources and managerial incentives in internal capital markets. European Economic Review,2005,49:659-681.

[28] Bulow J. , J. Shoven. Accounting for Stock Options. Journal of Economic Perspectives,2005,19:115-134.

[29] Burrough B. , J. Helyar. Barbarians at the Gate:The Fall of RJR Nabisco. New York:Harper & Row,1990.

[30] Camelia M. Kuhnen, Alexandra Niessen. Is Executive Compensation Shaped by Public Attitudes?. Northwestern University Working Paper, 2009.

[31] Campello M. , S. , Kedia. Internal capital markets in financial conglomerates: Evidence from small bank responses to monetary policy. Journal of Finance, 2002, 57: 2773-2805.

[32] Castaneda G. . Internal capital markets and financing choices of Mexican firms before and during the financial paralysis of 1995-2000. Working Paper, 2002.

[33] Chang C. . Payout Policy, Capital Structure, and Compensation Contracts When Managers Value Control. Review of Financial Studies, 1993, 6: 911-933.

[34] Chang Y. Y. , S. Dasgupta, G. Hilary. Managerial Reputation in Financial and Labor Markets. Working Paper. Hong Kong University of Science and Technology, 2007.

[35] Cichello M. S. , C. E. Fee, C. J. Hadlock, R. Sonti. Promotions, Turnover and Performance Evaluation: Evidence from the Careers of Division Managers. Working Paper. Michigan State University, 2006.

[36] Choe C. , X. K. Yin. Diversification discount, information rents, and internal capital markets. The Quarterly Review of Economics and Finance, 2009, 49: 178-196.

[37] Chou E. S. . Hierarchy design with socialism in internal capital markets. Academia Economic Papers, 2008, 36: 25-52.

[38] Claessens S. , J. Fan, L. Lang. The benefits and costs of internal markets: Evidence from Asia Financial Crisis. World Bank Working Paper, 2003.

[39] Claessens S. , J. Fan, L. Lang. The Benefits and costs of Group Affiliation: Evidence from East Asia. Emerging Markets Review, 2006, 7: 1-26.

[40] Comment R. , G. Jarrell. Corporate focus and stock return. Journal

of Financial Economics,1995,37:67-87.

[41] Datta S. ,M. Iskandar-Datta,K. Raman. Executive Compensation and Corporate Acquisition Decisions. Journal of Finance,2001,56: 2299-2336.

[42] Denis D. ,D. Denis,A. Sarin. Agency Problems,Equity Ownership,and Corporate Diversification. Journal of Finance,1997,52: 135-160.

[43] Dewatripont M. ,E. Maskin. Credit and efficiency in centralized and decentralized economies,Review of Economic Studies,1995, 62:541-555.

[44] Doukas J. A. ,O. B. Kan. Investment decisions and internal capital markets:Evidence from acquisitions. Journal of Banking & Finance,2008,32,1484-1498.

[45] Datta S. ,R. D. Mello,M. I. Datta. Executive compensation and internal capital market efficiency. Journal of Financial Intermediation,2009,18:242-258.

[46] Fauver L. ,J. Houston,A. Naranjo. Capital market development, integration,legal systems,and the value of corporate diversification: a cross-country analysis. Journal of Financial and Quantitative Analysis,2003,38:135-157.

[47] Fan J. P. H. ,L. Jin,G. J. Zheng. Internal capital market in emerging markets:Expropriation and mitigating financing constraints. Working Paper. Chinese University of Hong Kong, Harvard Business School,Sun Yat-sen University,2008.

[48] Fee C. E. ,C. J. Hadlock. Management Turnover Across the Corporate Hierarchy. Journal of Accounting and Economics,2004, 37:3-38.

[49] Fee C. E. ,C. J. Hadlock. Raids,Rewards,and Reputations in the Market for Managerial Talent. Review of Financial Studies,2003, 16:1315-1357.

[50] Fluck Z. ,A. Lynch. Why do firms merge and then divest? A theory

of financial synergy. Journal of Business,1999,72:319-346.

[51] Frydman C.. Rising through the Ranks:The Evolution of the Market for Corporate Executives,1936-2003. Working Paper,MIT,2005.

[52] Gabaix X. ,A. Landier. Why Has CEO Pay Increased So Much? Quarterly Journal of Economics,2008,123:49-100.

[53] Garen J.. Executive Compensation and Principal-agent Theory. Journal of Political Economy,1994,102:1175-1199.

[54] Garvey G. ,T. Milbourn. Asymmetric Benchmarking in Compensation:Executives Are Rewarded for Good Luck but not Penalized for Bad. Journal of Financial Economics,2006,82:197-225.

[55] Garvey G. ,T. Milbourn. Incentive Compensation When Executives Can Hedge the Market:Evidence of Relative Performance Evaluation in the Cross Section. Journal of Finance,2003,59:1557-1581.

[56] Gertner R. , D. Scharfstein, J. Stein. Internal versus external capital markets. Quarterly Journal of Economics,1994,109:1211-1230.

[57] Gibbons R. ,K. J. Murphy. Relative Performance Evaluation for Chief Executive Officers. Industrial and Labor Relations Review, 1990,43:30S-51S.

[58] Gillan S. L. ,J. C. Hartzell,R. Parrino. Explicit vs. Implicit Contracts:Evidence from CEO Employment Agreements. Working Paper,Texas Tech and University of Texas,2006.

[59] Gonenc H. ,O. Berk, E. Karadagli. Corporate diversification and internal capital markets: Evidence from the Turkish business groups,EFMA Basel Meetings Paper,2004.

[60] Grinstein Y. , P. Hribar. CEO Compensation and Incentives—Evidence from M&A Bonuses. Journal of Financial Economics, 2004,73:119-143.

[61] Grossman S. ,O. Hart. Takeover Bids,the Free-Rider Problem,and the Theory of the Corporation. Bell Journal of Economics,1980, 11:42-64.

[62] Guedj I. , D. Scharfstein. Organizational scope and investment: Evidence from the drug development strategies and performance. NBER Working Paper 10933, 2004.

[63] Guillen M. . Business groups in emerging markets: a resource-bases view. Academy of Management Journal, 2000, 43:362-381.

[64] Haas R. , I. van Lelyveld. Internal capital markets and lending by multinational bank subsidiaries, 2009. Journal of Financial Intermediation, Forthcoming.

[65] Hadlock C. J. , G. B. Lumer. Compensation, Turnover, and Top Management Incentives. Journal of Business, 1997, 70:153-187.

[66] Hall B. J. , T. A. Knox. Underwater Options and the Dynamics of Executive Pay-to-Performance Sensitivities. Journal of Accounting Research, 2004, 42:365-412.

[67] Hall B. J. , J. B. Liebman. Are CEOs Really Paid Like Bureaucrats?. Quarterly Journal of Economics, 1998, 113:653-691.

[68] Hall B. J. , K. J. Murphy. Stock Options for Undiversified Executives. Journal of Accounting and Economics, 2002, 33:3-42.

[69] Harford J. , K. Li. Decoupling CEO Wealth and Firm Performance: The Case of Acquiring CEOs. Journal of Finance, 2007, 62:917-949.

[70] Hartzell J. C. , E. Ofek, D. Yermack. What's in It for Me? CEOs Whose Firms Are Acquired. Review of Financial Studies, 2004, 17:37-61.

[71] Haubrich J. G. . Risk Aversion, Performance Pay, and the Principal-Agent Problem. Journal of Political Economy, 1994, 102:258-276.

[72] Heron R. A. , E. Lie. Does Backdating Explain the Stock Price Pattern around Executive Stock Options Grants?. Journal of Financial Economics, 2007, 83:271-295.

[73] Himmelberg C. P. , R. G. Hubbard. Incentive Pay and the Market for CEOs: An Analysis of Pay for Performance Sensitivity. Working Paper, Columbia University, 2000.

301

[74] Himmelberg C. P. ,R. G. Hubbard, D. Palia. Understanding the Determinants of Managerial Ownership and the Link between Ownership and Performance. Journal of Financial Economics, 1999,53:353-384.

[75] Houston J. ,C. James,D. Marcus. Capital market frictions and the role of internal capital markets in banking. Journal of Financial Economics,1997,46:135-164.

[76] Hubbard R. ,D. Palia. A Reexamination of the conglomerate merger wave in the 1960s: an Internal capital markets view. Journal of Finance,1999,54:1131-1152.

[77] Inderst R. ,H. Muller. Corporate borrowing and financing constraints. Working Paper,University College London,2001.

[78] Inderst R. ,H. Muller. Internal versus external financing: an optimal contracting approach. Journal of Finance,2003,58:1033-1062.

[79] Inderst R. ,C. Laux. Incentive in internal capital markets: capital constraints,competition,and investment opportunities. RAND Journal of Economics,2005,36:215-228.

[80] Inderst R. ,H. Mueller. Specific Human Capital and Broad-based Incentive Pay. Working Paper,New York University,2006.

[81] Islam S. ,A. Mozumdar. Financial markets development and the importance of internal capital markets: Evidence from international data. Working Paper,2002.

[82] Janakiraman S. ,R. Lambert,D. Larcker. An Empirical Investigation of the Relative Performance Evaluation Hypothesis. Journal of Accounting Research,1992,30:53-69.

[83] Jensen M. C.. The Modern Industrial Revolution, Exit, and the Failure of Internal Control Systems. Journal of Finance,1993,48:831-880.

[84] Jensen M. C.. Agency Costs of Free Cash Flow, Corporate Finance, and Takeovers. American Economic Review, 1986,76:323-329.

[85] Jensen M. C. , W. H. Meckling. Theory of the Firm: Managerial Behavior, Agency Costs and Ownership Structure. Journal of Financial Economics, 1976, 3:305-360.

[86] Jensen, M. C. , K. J. Murphy. Performance Pay and Top Management Incentives. Journal of Political Economy, 1990, 98:225-264.

[87] Jenter D. . Market Timing and Managerial Portfolio Decisions. Journal of Finance, 2005, 60:1903-1949.

[88] Jenter D. , F. Kanaan. CEO Turnover and Relative Performance Evaluation. Working Paper, MIT, 2006.

[89] Jin L. . CEO Compensation, Diversification, and Incentives. Journal of Financial Economics, 2002, 66:29-63.

[90] Joh S. W. . Strategic Managerial Incentive Compensation in Japan: Relative Performance Evaluation and Product Market Collusion. Review of Economics and Statistics, 1999, 81:303-313.

[91] Jun Yang, James S. Ang, Gregory Leo Nagel. The Effect of Social Pressures on CEO Compensation. Florida State University working paper, 2009.

[92] Karl Ludwig Keiber. Managerial Compensation Contracts and Overconfidence. EFA 2002 Berlin Meetings Discussion Paper.

[93] Kale J. , E. Reis, A. Venkateswaran. Rank Order Tournaments and Incentive Alignment: The Effect on Firm Performance. Working Paper, Georgia State University, 2007.

[94] Khanna N. , S. Tice. The bright side of internal capital markets. Journal of Finance, 2001, 56:1489-1528.

[95] Khanna T. , K. Palepu. Why focused strategies may be wrong for emerging markets?. Harvard Business Review, 1997, 75:41-51.

[96] Khanna T. , K. Palepu. Is group affiliation profitable in emerging markets? An analysis of diversified Indian business group. Journal of Finance, 2000, 55:867-891.

[97] Khanna, T. , K. Palepu. The future of business group in emerging markets: Long run evidence from Chile. Academy of Management

Journal,2000,43:268-285.

[98] Kuhnen C. M. ,J. Zwiebel. Executive Pay,Hidden Compensation, and Managerial Entrenchment. Working Paper, Northwestern and Stanford.

[99] Laeven L. ,R. Levine. Is there a diversification discount in financial conglomerates? . Journal of Financial Economics, 2007, 85: 331-367.

[100] Lambert R. ,D. Larcker. An Analysis of the Use of Accounting and Market Measures of Performance in Executive Compensation Contracts. Journal of Accounting Research,1987,25:85-125.

[101] Lamont O. . Cash flow and investment: evidence from internal capital markets. Journal of Finance,1997,52:83-109.

[102] Lang L. H. P. ,R. M. Stulz. Tobin's q,Corporate Diversification,and Firm Performance. Journal of Political Economy,1994, 102:1248-1280.

[103] Lazear E. P. ,S. Rosen. Rank-order Tournaments as Optimal Labor Contracts. Journal of Political Economy,1981,89:841-864.

[104] Lee S. ,S. H. Seog. Diversification discount under the efficient internal capital market. Working Paper,Korea Advanced Institute of Science and Technology,2007.

[105] Lee S. ,K. Park, H. H. Shin. Disappearing internal capital markets:Evidence from diversified business groups in Korea. Journal of Banking & Finance,2009,33:326-334.

[106] Leff N. . Industrial organization and entrepreneurship in the developing countries:the economic groups. Economic Development and Cultural Change,1978,26:661-675.

[107] Lehn K. ,M. Zhao. CEO Turnover after Acquisitions:Are Bad Bidders Fired?. Journal of Finance,2006,61:1759-1811.

[108] Lewellen W. . A pure financial rationale for the conglomerate merge. Journal of Finance,1971,51:691-709.

[109] Li D. ,S. Li. A theory of corporate scope and financial structure.

Journal of Finance,1996,51:691-709.

[110]Liebeskind J. . Internal Capital Markets: Benefits, costs, and organizational arrangements, Organization Science, 2000, 11:58-76.

[111]Lie E. . On the Timing of CEO Stock Option Awards,Management Science,51:802-812.

[112]Lins K. ,H. Servaes. International evidence on the value of corporate diversification. Journal of Finance,1999,54:2215-2239.

[113]Maksimovic V. , G. Phillips. Do conglomerate firms allocate resources inefficiently across industries? Theory and evidence. Journal of finance,2002,57:721-767.

[114]Maksimovic V. ,G. Phillips. The industry life cycle and acquisitions and investment: Does firms organization matter?. NBER Working Paper,2006,No. 12297.

[115]Malmendier U. , G. Tate. CEO Overconfidence and Corporate Investment. Journal of Finance,2005,60:2661-2700.

[116]Matsusaka J. ,V. Nanda. Internal capital markets and corporate refocusing. Journal of Financial Intermediation, 2002, 11: 176-211.

[117]Meyer M. , P. Milgrom, J. Roberts. Organizational prospects, influence costs, and ownership changes. Journal of Economics & Management Strategy,1992,1:9-35.

[118]Milbourn T. . CEO Reputation and Stock-based Compensation. Journal of Financial Economics,2003,68:233-262.

[119]Milgrom P. . Employment contracts, influence activities, and efficient organization design. Journal of Political Economy,1988, 96:42-60.

[120]Milgrom P. , J. Roberts. An Economic approach to influence activities in organizations. American Journal of Sociology,1988, 94:S154-S179.

[121]Mirrlees J. A.. The Theory of Moral Hazard and Unobservable

Behaviour:Part I. Review of Economic Studies,1999,66:3-21.

[122]Morck R. ,A. Shleifer, R. Vishny. Management Ownership and Market Valuation—An Empirical Analysis. Journal of Financial Economics,1988,20:293-315.

[123]Motta Adolfo de. Managerial incentives and internal capital markets. Journal of Finance,2003,58:1193-1220.

[124]Murphy K. J.. Explaining Executive Compensation: Managerial Power versus the Perceived Cost of Stock Options. University of Chicago Law Review,2002,69:847-869.

[125]Murphy K. J.. Executive Compensation. 1999. In Orley Ashen-felter and David Card(eds.). Handbook of Labor Economics,Vol. 3B,Elsevier/North-Holland,Amsterdam,2485-2563.

[126]Myers S. ,N. Majluf Corporate Financing and investment decisions when firms have information that investors do not have. Journal of Financial Economics,1984,13:187-221.

[127]Nagar V.. Delegation and Incentive Compensation. Accounting Review,2002,77:379-395.

[128]Neal Stoughton,Kit Pong Wong. Option Compensation and Industry Competition. Review of Finance,2008,13:147-180.

[129]Oyer P.. Why Do Firms Use Incentives that Have No Incentive Effects?. Journal of Finance,2004,59:1619-1649.

[130]Oyer P. ,S. Schaefer. Why Do Some Firms Give Stock Options to All Employees? An Empirical Examination of Alternative Theo-ries. Journal of Financial Economics,2004,76:99-133.

[131]Ozbas O.. Integration,organizational processes and allocation of resources. Journal of Financial Economics,2005,75:201-242.

[132]Ozbas O. ,D. S. Scharfstein. Evidence on the dark side of internal capital markets. Working Paper,Univertrty of Southern California, Harvard Business School and NBER,2008.

[133]Palia D.. Corporate governance and the diversification discount, Working Paper,1999.

[134] Peng L. , A. Roell. Executive Pay, Earnings Manipulation, and Shareholder Litigation. Review of Finance,2008,12:141-184.

[135] Perotti E. , S. Gelfer. Red barons or robber barons? Governance and investment in Russian financial-industrial group. European Economic Review,2001,45:1601-1617.

[136] Prendergast C. . The Tenuous Tradeoff Between Risk and Incentives. Journal of Political Economy,2002,110:1071-1102.

[137] Qiu H. . The Role of Debt and Managerial Compensation in Resolving Agency Problems. Working Paper, Hong Kong University, 2006.

[138] Rajan R. ,S. Henri,L. Zingales. The cost of diversity:the diversification discount and inefficient investment. Journal of Finance, 2000,55:35-80.

[139] Rajan R. ,J. Wulf. Are Perks Purely Managerial Excess?. Journal of Financial Economics,2006,79:1-33.

[140] Richardson J. A. . The control of monopolies and restrictive business practices in Australia. Adelaide Law Review,1960:1-239.

[141] Roig R. A. . Relative efficiency of the internal capital market in a multi-division firm, Dissertation, Case Western Reserve University, 2008.

[142] Santalo J. , M. Becerra. The effect of diversification on performance revisited:diversification discount,premium,or both? Working Paper,presented at the 2005 Academy of management meeting in Hawaii.

[143] Schaefer S. . The Dependence of Pay-Performance Sensitivity on the Size of the Firm. Review of Economics and Statistics,1998, 80:436-443.

[144] Scharfstein D. . The dark side of internal capital markets II: evidence from diversified conglomerates. NEBR Working Paper, 1998,No. 6352.

[145] Scharfstein D. , J. Stein. The dark side of internal capital

markets:Divisional rent-seeking and inefficient investment. Journal of Finance,2000,55:2537-2564.

[146]Schipper K. ,R. Thompson. Evidence on the capitalized value of merger activity for acquiring firms. Journal of Financial Economics, 1983,11:85-119.

[147] Schoar A.. Effects of corporate diversification on productivity. Journal of Finance,2002,57:2379-2403.

[148] Shin H. ,Park Y. S.. Financing constraints and internal capital markets: evidence from Korean chaebols. Journal of Corporate Finance,1999,5:169-191.

[149] Shin Hyun-Han, Stulz Rene M.. Are internal capital markets efficient?. Quarterly Journal of Economics,1998,113:531-552.

[150]Standard and Poor's. S&P Compustat ExecuComp:The Executive Compensation Database. Englewood:McGraw-Hill,1995.

[151]Stein J.. Internal capital markets and the competition for corporate resource. Journal of Finance,1997,52:111-133.

[152]Stulz R.. Managerial discretion and optimal financing policies. Journal of Financial Economics,1990,26:3-27.

[153]Swan P. L. ,X. Zhou. Performance Thresholds in Managerial Incentive Contracts. Journal of Business,2003,76:665-696.

[154]Triantis G.. Organization as internal capital markets:The boundaries of corporations,trusts and security interests in commercial and charitable ventures. Harvard Law Review,2004,117:1103-1162.

[155]Weisbach M. S.. Outside Directors and CEO Turnover. Journal of Financial Economics,1988,20:431-460.

[156]Williamson O.. Allocate efficiency and the limits antitrust. American Economic Review,1969,59:105-118.

[157] Williamson O.. Markets and hierarchies:analysis and antitrust implications. New York:Collier Macmillan Publishers,1975.

[158]Wulf J.. Authority, Risk, and Performance Incentives:Evidence from Division Manager Positions inside Firms. Journal of Industrial

Economics,2007,55:169-196.

[159]Wulf J.. Do CEOs in Mergers Trade Power for Premium? Evidence from Mergers of Equals. Journal of Law,Economics,and Organization,2004,20:60-101.

[160]Yermack D.. Flights of Fancy:Corporate Jets,CEO Perquisites, and Inferior Shareholder Returns. Journal of Financial Economics, 2006,80:211-242.

[161] Yermack D.. Good Timing:CEO Stock Option Awards and Company News Announcements. Journal of Finance, 1997, 52: 449-476.

[162]李玥. 我国上市公司内部资本市场效率实证研究. 杭州:浙江大学博士学位论文,2007.

[163]卢建新. 内部资本市场配置效率研究. 北京:北京大学出版社,2008.

[164]许奇挺. 内部资本市场有效性研究. 杭州:浙江大学博士学位论文,2005.

[165]潘敏,董乐. 商业银行管理层股票期权激励:特征及其影响因素——基于美国银行业的实证研究. 国际金融研究,2008(5).

[166]钱雪松. 企业内部资本配置文献综述. 经济评论,2008(3).

[167]邵科. 管理层激励与银行风险选择. 武汉:武汉大学博士学位论文,2009.

[168]曾亚敏,张俊生. 我国上市公司股权收购动因研究:构建内部资本市场抑或溢用自由现金流. 世界经济,2005(2).

[169]郑迎迎. 内部资本市场及其对企业价值的影响:理论综述. 经济评论,2007(2).

[170]邹薇,钱雪松. 融资成本、寻租行为和企业内部资本配置. 经济研究,2005(5).

[171]周业安,韩梅. 上市公司内部资本市场研究. 管理世界,2003(11).

国际技术扩散理论前沿[*]

庄子银[**]

（武汉大学经济与管理学院，武汉，430072）

一、引　言

经济增长理论长期以来认为技术进步是长期经济增长的源泉（Solow，1956；Romer，1990；Aghion and Howitt，1992）。技术扩散是在不确定和有限信息环境下，个人关于采纳新技术的收益和成本的一系列计算的结果。技术扩散通常是一个连续而且非常缓慢的过程，然而却是技术扩散而不是发明和创新最终决定了经济增长速度和生产率的变化。一项新技术在被人们采用之前，对人类的福利毫无影响。

熊彼特（Schumpter，1934）最早认识到技术扩散（模仿）的重要性。熊彼特认为创新可以获得垄断利润，而垄断利润会吸引企业模仿技术创新，正是这种模仿推动了经济发展。随着模仿规模的扩大，垄断利润会逐渐减少，并趋近于零。熊彼特把技术创新分为发明、创新和扩散三个阶段，把技术创新的大规模模仿视为技术扩散。在众多技术创新扩散的历史上，技术扩散过程具有两个特征，

* 本项目受到国家社会科学基金（06BJL048），教育部新世纪优秀人才项目和武汉大学"海外人文社会科学研究前沿追踪计划"的资助。

** 庄子银，武汉大学经济与管理学院，武汉大学高级研究中心教授，博士生导师。

一方面，技术扩散总体上很缓慢；另一方面，不同发明被接受的速度具有广泛的差异（Rosenberg，1972）。因此，理解技术扩散过程对我们理解技术变化和经济增长十分重要。

Nelson 和 Phelps（1966）提供了一个解释经济增长的新假说：Nelson-Phelps 假说。首先，这个假说指出，尽管技术前沿的增长反映了新发现被创造的速度，但是全要素生产率（TFP）的增长却取决于这些发现的实施，并且 TFP 随着技术前沿和当前生产率的水平之间距离的变动而变化。在国家间的技术扩散中，领先国家的TFP 代表了技术的前沿。这是 Gerschenkron（1962）提出的追赶假说的一个规范分析。其次，这个假说指出，技术前沿和当前生产率水平之间差距缩小的速度取决于人力资本的水平。这里人力资本是一种生产性的投入。

Nelson-Phelps 假说指出，如果一个国家，或者一个产业内的一个公司为了创新必须承担相应的成本，那么为什么它们不安静地坐着，等待技术扩散无成本地流入？现代经济增长理论关注创新的激励以及持续 R&D 的市场结构。假设发明会产生新（中间）品，在这些中间品的生命周期内可以带来垄断租金。这些租金提供了创新的激励，并且补偿了创新的成本。发明的成本是研究人员的工资和专利收入的反映。劳动市场在研究和生产之间配置工人，并且在某些特定的情形下，不同职业之间的工人的配置涉及有成本地获取人力资本的决策。新的在技术上更有效率的中间品或生产过程可能与旧的但却仍然在技术前沿内的中间品并存。创新的一个重要副产品不是它产生的垄断租金，而是基本知识存量的扩大。这个基本知识对所有人都是免费的，会提高未来研究的生产率，有利于未来的创新，并且是规模效应的源泉。

在 Nelson-Phelps 框架中，非具体的技术诀窍从技术领导者流向它的追随者，并且提高它们的 TFP。这里并没有明显地假设专利保护或者设计蓝图的所有权，因此为了维持发明活动和阻止搭便车必须引入其他的机制。大量模型通过引入模仿成本讨论了模仿对创新活动的影响。在 Grossman 和 Helpman（1991）、Helpman（1993）、Segerstrom（1991）等的模型中，实施专利保护的北方创新，而劳动成本较低的以某个成本模仿。Aghion，Harris 和 Vickers（1997）在 Grossman 和 Helpman（1991）模型的基础上建立了一个蛙跳模型，一个公司通过承担适当的成本可以追赶并且赶超它们的竞争对手，获取较大份额的利润。Parente 和 Prescott（1994）提出了一个存在技术采纳障碍的经济发展模型。模型指出，在不同的国家和不同的时间，技术采纳障碍的大小是不同的。技术采纳障碍越大，一个公司采纳先进技术的投资就越大。利用美国和战后日本的数据，该模型发现，技术采纳障碍的差异解释了大量的观察到的跨国收入的差距，并且这些技术采纳障碍的持久和大量的减少诱致了经济发展奇迹。Barro 和 Sala-I-Martin（1995，1997）构建了一个技术扩散的均衡模型，其中领先国家的创新成本相对于模仿成本较低，而在追随国家情形则相反。Basu 和 Weil（1998）模型指出，南方技术模仿的壁垒源于北方和南方要素比例的显著差异。在可能出现"收敛俱乐部"的情形下，这些禀赋差异可能不能提供最"适宜的"模仿机会，并且无法导向有效成本节省的技术变化（Acemoglu，2002）。尽管在收敛俱乐部之间技术可能会流动，在俱乐部内部是模仿成本而不是专利保护维持了创新活动。Eeckhout 和 Jovanovic（2000）的模型指出，模仿者在使用技术方面存在滞后。这个隐含的模仿成本暗示，创新者维持它们的领先地位是一个最优选择。因此，在 Nelson-Phelps 框架下，必须存在一个合适的市场结构，以及在面临技术扩散时维持创新活动的经济均衡。

Benhabib 和 Spiegel（2002）引入人力资本水平，把 Nelson-Phelps 技术扩散的赶超模型一般化。模型预测，指数的技术扩散型国家具有正的追赶效应；如果技术扩散是逻辑型的，资本存量很小的国家的 TFP 增长就慢于领先国家。Benhabib 和 Spiegel（2002）指出，技术扩散不同的函数形式对一个国家的增长有不同的含义：对指数的技术扩散而言，稳定状态是所有的追随国家都以领先国家决定的速度增长的一个平衡增长路径；而对逻辑型技术扩散，领先者和追随者之间的差距可以不断增长。如果追随者的人力资本存量过低的话，逻辑斯蒂技术扩散模型就不会出现追赶，相反会出现生产率增长率的差异。Benhabib 和 Spiegel（2002）对 84 个国家

1960—1995 年的跨国经验事实进行了分析，研究结果支持逻辑型技术扩散，并且对大量的敏感分析具有稳健性。研究确认了临界的人力资本水平在技术扩散中的重要作用。

跨国人均收入的巨大差距的原因是什么？许多经济学家认为技术知识的差异是这些收入差异的主要原因（Romer，1993）。这个观点得到许多经验研究的支持（Klenow and Rodriguez，1997；Caselli et al，1996），他们的研究发现显著的跨国 TFP 差异。然而，跨国间巨大的差异很难理解，因为技术最重要部分的思想可以在跨国间流动，并且落后国家（LDCs）可以进口包含更好技术的机器。Acemoglu 和 Zilibotti（2001）指出，即使所有的国家能获得同样的技术集，它们之间仍然存在巨大的生产率差异。LDCs 国家（南方）使用的许多技术是从发达国家（北方）进口的。这些技术旨在最优利用这些富裕国家的要素和条件，因为缺乏知识产权保护和其他技术扩散的障碍，R&D 公司的创新旨在满足北方的需求。由于经济条件和要素价格的差异，这些技术通常不适合 LDCs 国家。尽管南方和北方的技术需求的差异包括气候、地理和文化等多个方面，Acemoglu 和 Zilibotti（2001）认为南方和北方的技能差异十分重要。北方技能丰富，倾向于开发技能互补（技能偏向 skill-baised）的技术。一般，富国大部分产业的新技术是用技能工人来替代非技能工人的作业，因此这些技术对技能稀缺的 LDCs 国家的作用十分有限。

Acemoglu 和 Zilibotti（2001）模型的主要结论是，即使在不存在技术扩散的壁垒的情况下，技术与技能之间的不匹配会导致北方和 LDCs 国家之间的生产率差异，以及巨大的产出差距。LDCs 必须使用非技能工人来完成北方技能工人完成的作业，但是这些作业中的技术是设计由技能工人来操作的，因此，当这些技术由非技能工人操作时，它们的生产率就很低。Acemoglu 和 Zilibotti（2001）举例说，20 世纪 60 年代日本和印度生产柴油发动机的经验说明了技能稀缺的 LDCs 国家在使用进口技术时面临的这个突出问题。20 世纪 60 年代初，一家美国的技术领先公司（Cummins Engine Co.）分别与一家日本公司（Komatsu）和一家印度公司（Kirloskar）组建合资企业来生产同样的卡车发动机。日本工厂很快达到了美国公司的质量和成本水平，而印度工厂的生产率和质量却很低，成本是美国公司成本的3.5倍到4.1倍。原因是，与日本不同的是，印度工人不拥有与这个技术匹配的高水平的技术技能。这个案例说明，即使LDCs国家可以获得北方使用的全部技术，技术与技能之间的不匹配是能够导致生产率的显著差异的。在LDCs国家投资的北方公司非常关注这个问题，对投资LDCs国家纺织、服装、塑料和电子产业的跨国公司经理的访谈结果显示，因为这些市场技能短缺，跨国公司通常不在它们的海外子公司引入先进的技术（Chen 1983）。

Acemoglu和Zilibotti（2001）从两个方面估计了技术与技能不匹配在经验上的重要性。首先，他们考察了部门生产率的跨国差异，使用联合国数据测度了22国中27个制造业的产业TFP。从技术差异的直觉上看，美国和LDCs国家的TFP差距应该在倾向于高技术部门的技能密集部门最大。但模型预策这些差距应该在技能密集最低的部门最大。这是因为LDCs国家获得同样的技术，并且技能工人相对稀缺，因此技能密集部门生产的价格和价值相对较高。例如在9个技能密集最低的部门，LDCs国家的平均TFP是美国水平的22%，而9个技能最密集的部门的平均TFP是美国水平的30%。其次，运用技能供给跨国差异的测度对模型进行了简单的数值计算。结果显示，模型预测的差异很大，并且显著大于"简单"新古典模型的预测值。例如使用物质资本和初等学校的跨国差异，新古典模型预测LDCs国家每个工人的平均产出大约是美国的41%，而本模型预测这个数字大约为27%，非常接近观察数据中的21%的数值。而且计算结果显示，如果技术不是偏向富裕国家的需求，人均产出的差异应该更小。

Acemoglu和Zilibotti（2001）模型是对既有相关文献的一个扩展。此前有大量的文献强调了LDCs国家采纳先进技术的困难。Evenson和Westphal（1995）认为新技术需要大量的隐含知识，而这会降低技术收敛的过程。有些学者关注了技术的"适宜性"（Atkinson and Stiglitz, 1969; Basu and Weil, 1998）。他们采用了

Atkinson-Stiglitz 模型，技术变化是边干边学的形式，并且影响现在使用的资本—劳动比率的生产率。与这些模型不同的是，Acemoglu 和 Zilibotti（2001）的模型强调，其一，模型强调的不是资本—劳动比或者工厂的规模，而是技能的相对供给。其二，模型的结果不是因为生产率依赖目前使用的资本—劳动比率或者技能—非技能劳动比率，而是因为南方的非技能工人完成了某些由北方技能工人完成的作业。其三，技术变化不是一个无意识的生产的副产品，而是一个有意识的活动。特别地，北方的 R&D 厂商根据不同技术的相对赢利性来进行创新，并且模型的所有的结论都来源于技能相对丰富的北方诱致技能偏向的创新的事实。

与熊彼特的创新理论一样，熊彼特的技术扩散思想在很长一段时间并没有得到人们的广泛重视。20 世纪 50 年代以后，人们才注意到熊彼特关于技术扩散的思想，并对技术扩散进行了大量的理论和实证的研究。格里奇斯（Griliches，1957）和曼斯菲尔德（Mansfield，1961）最早对技术扩散进行测度。但他们的测度方法有两个缺陷。首先，这个方法只考虑了技术采纳的广义边际（extensive margin），忽略技术采纳的密集性边际（intensive margin），即每个潜在技术采纳者如何密集性使用某个技术。其次，这个方法很难测度潜在采纳者的数量，结果只测度了有限数目的技术扩散。D. Comin，B. Hobijn 和 E. Rovito（2006）运用 150 个国家过去 200 年间 115 种技术扩散的跨国历史数据（CHAT）组，考察了技术扩散的一般形式，试图揭示不同时间不同国家技术采纳形式的一般特征。

生产率差异解释了跨国收入的大部分差异，并且技术在生产率的决定中扮演了一个关键的角色（Klenow and Rodriguez-Clare，1997；Hsieh and Klenow，2005）。最近的研究表明，在 OECD 国家导致生产率增长的技术变化主要不是来自国内，而是来自国外（Eaton and Kortum，1999；Keller，2002）。如外国研究解释了法国 87% 的生产率增长。对大多数国家而言，外国技术来源解释了 90% 以上的国内生产率的增长。因此，国际技术扩散是全球人均收入的主要决定因素。大多数发展中国家在基础科学和创新方面花费很少，因此少数几个富国解释了全球的大部分新技术创造。1995

年 G7 国家的 GDP 占全球 GDP 的 64%，但它们的 R&D 花费却占全球的 84%（Keller，2004）。因此，全球的技术变化形式很大程度上取决于国际技术扩散。随着经济全球化和经济一体化的深入，一国生产率的增长不再单纯依赖国内的技术变化，国际技术扩散的重要性日益突出。但是国际技术扩散既不是不可避免的，也不是自动的，因此了解国际技术扩散的决定因素和渠道对于理解未来全球技术前沿的变化十分关键。

二、技术扩散的基本框架

（一）技术扩散的基本模型

技术扩散的基本模型是 S 形模型。新技术一开始缓慢扩散，随后加速，最后当使用该技术的人口饱和时扩散的速度就会再次减缓。格里奇斯（Griliches，1957）最早是在讨论影响杂交玉米技术扩散的经济因素时发现这一特征的。曼斯菲尔德（Mansfield，1961，1968）研究了四个部门（煤炭、钢铁、酿造和铁路）中 12 项主要创新的模仿速度，建立了一个基本的 S 形技术扩散模型。此后采纳者异质性（The heterogeneity model）或者采纳者学习模型（learning or epidemic model）使用不同的机制进一步解释了技术扩散的时间差异性。

采纳者异质性模型假定不同个人对不同的创新有不同的估价，并且有：（1）新产品的潜在采纳者对产品的估价的分布是正态分布（或者接近正态分布）；（2）新产品的成本是不变的，或者随着时间变化单调下降；（3）个人在对新产品的估价大于产品的成本时采纳新产品。这个模型认为如果满足这些假定就会产生一条技术扩散的 S 形曲线。

另一个是学习模型或者蔓延模型，它被广泛使用在营销和社会学的文献中（Strang and Soule，1998）。在这个模型中，消费者有同样的偏好，并且新技术的成本长期不变，但不是所有的消费者都在同一时间获得新技术的信息。因为每个消费者从他或者她的邻居那里学习这种新技术，随着时间的变化，越来越多的人会采用这种新技术，导致采纳率增加。然而，最终市场变得饱和，采纳率再次下降。这也会产生一条技术扩散速度的 S 形曲线。

近来，Stoneman（2001）结合不确定性投资分析中的实际期权框架，提出了一个技术扩散的实际期权模型（real options model）。在这个模型中，新技术的采纳具有如下特点：（1）对未来的利润流有不确定性；（2）至少有某些沉淀成本是不可还原的；（3）有延迟的机会。实际期权模型的好处是可以明显地把这些特点纳入采纳者的决策过程中。在实际期权模型中，潜在的采纳者有一个可以在任何时间实施的采纳新技术的买方期权（call option）。存在等待的"期权价值"，即采纳不应该发生在收益等于成本的瞬间，应该延迟到收益超过成本的某个时刻。这个模型为技术扩散缓慢提供了另一个解释。

（二）影响技术扩散的需求因素

采纳新技术的决定因素是使用者收益与采纳成本的权衡。对于厂商的情形是厂商从旧技术和新技术中获得的利润的权衡，对于消费者的情形，是消费者从旧技术和新技术中获得的效用的权衡。此外，还有一些影响新技术采纳的需求因素（Hall and Khan，2003）。

（1）工人的技能水平和资本品部门的技术水平

Rosenberg（1972）认为，工人的技能水平和资本品部门的技术水平是技术扩散的重要决定因素。这是因为工人和资本品对新发明的使用至关重要。如果新技术的使用需要复杂的新技能，并且获得这些技能是耗费时间和成本的，那么技术采纳就可能很缓慢。因此，一个企业可获得的总体技能水平以及获取必要技能的方式是技术扩散的重要决定因素。

Rosenberg 还强调了产业的技术能力对技术采纳的重要性。资本品部门的技术水平是技术扩散的重要决定因素，因为发明的商业化需要适宜的技术能力和技能。近期的经验事实说明了这些因素在全球计算机技术扩散中的重要性，例如 Caselli 和 Coleman II（2001）考察了大部分 OECD 国家 1970—1990 年计算机的采用情况。他们发现工人的态度（以教育水平来测度）、对制造贸易的开放度、以及国家的总投资率是计算机投资水平的重要决定因素。这些结果支持了 Rosenberg 的观点，因为较高的教育水平与较高的技能水平相关，并且高投资率产生高度发达和复杂的资本品部门。贸易开放度涉及学习效应，即来自发达国家的高技术进口通常伴随着高水平的知识转移，并且这些知识外溢会进一步促进对计算机技术的采用。Kennickell 和 Kwast（1997）利用美国的家户数据发现，在电子银行的采用中，教育、消费者技能和学习扮演了重要角色。

（2）客户承诺和客户关系

在某些产业，稳定和安全的客户基础是技术采纳的重要因素。为了补偿新生产技术的投资成本，厂商必须确定在未来可以获得收入以偿付投资，这是技术采纳决策中减少内在风险的一种方式。新技术的采纳通常是非常昂贵的，需要购买新机器，而且技术通常是一个特定的资产。需要培训员工来操作新的技术。如果存在网络效应，那么就需要更换和升级互补的机器。如果未来安装设备需要停工，就会带来产出的损失。如果需求是不确定的，厂商可能就无法确保他们是否能够补偿采纳新技术的成本，并且无法确定多长时间能够补偿这些成本。结果，尽管新技术有提高生产率和产品质量的潜力，厂商却不会采纳它。如果存在客户承诺，厂商可以更为准确地预测他们产品的需求和生产利润。如果有利可图，就会产生采纳新技术的激励。Helper（1995）研究发现客户承诺（合同）通过提供有保障的需求直接影响技术的采纳。Hubbard（1998）在对卡车产业厂商信息技术采纳的研究中也发现了客户关系的重要作用。

（3）网络效应

由于技术之间的高度关联，网络效应越来越重要。当一个技术对一个用户的价值随着网络中总用户数量的增加而增加时，这个技术就具有网络效应。在技术采纳中，网络效应有两个不同却相关的来源。一个是直接网络效应，一个是间接网络效应。当一个用户从技术中得到的效用直接随网络总规模的增加而增加时，就存在直接网络效应。例如，一个使用电子邮件的用户的效用直接取决于有多少人可以使用电子邮件。更大的网络规模还会产生间接网络效应，但在这种情形中，用户效用的增加来自对互补产品的更广泛的使用。例如 DVD 机用户的效应随 DVD 总销售额的增加而增加，因为随着更多的 DVD 机的销售，可以更容易获得更适宜的软件。这就是"硬件—软件"的网络效应。因为硬件和软件是互补的，销售更多的硬件，可获得的软件就会增加。网络效应因影响得自新技术的预期收益而对技术采纳有重要影响。Saloner 和 Shepard（1995）在对银行 ATM 的研究中发现了网络效应的重要作用。

（三）供给行为

Rosenberg（1972）指出，对新技术的改良、对旧技术的改进，以及互补性的投入等供给行为对技术的采纳有重要的影响。如果一个新技术在早期阶段是不完善的，那么此后的改进的速度就是采纳该技术的一个重要决定因素。一个现代的例子是高密度半导体芯片制造方法的发展，以及相伴随的芯片本身改进。

技术扩散还涉及对旧技术的替代。有时，当一个新发明是既有的技术的近似替代品的时候，该发明本身可能诱使旧技术的提供者改进旧技术，或者采取其他竞争行为以保护他们的市场地位，而这会延缓新技术的扩散。

互补性的投入对新技术的扩散有重要影响。一个公司的技能劳动和必要的资本会提高公司吸收和使用新技术的能力。例如新技术的生产商通常为它们的使用提供各种培训课程。在某些情形，例如硬件制造商如移动电话制造商与软件制造商（如微软）形成团队，以鼓励客户购买他们的新电话。

（四）环境和制度因素

Schumpeter（1942）和 Arrow（1962）较早地讨论了市场结构对创新和技术扩散的作用。一般而言，有四个观点支持市场规模和市场份额在创新和技术扩散中的作用。

第一个观点是大公司或者较大市场份额的公司更可能从事创新，更可能采纳新技术（Schumpeter，1942），因为它们更可能获得创新或者采纳新技术的利润。新技术的发明或者运用通常需要大量的成本，例如生产投资、员工培训、营销和研究与开发等，一个公司只有在获得的利润可以补偿这些成本的时候才会有投资新技术的激励。

第二个观点是新技术投资需要大量资源。在资本市场不完备的情形下，投资人和公司之间存在信息不对称问题，更大的和更赢利的公司更可能有购买和使用新技术所需的财务资源。

第三个观点是新技术的使用、开发和营销存在潜在的风险。显然，关于新技术收益的不确定性是技术扩散速度下降的一个原因。有较大市场份额的公司有时能更好地分散与新技术有关的潜在风险。

第四个观点是许多新技术是规模递增的，因此大公司采纳它们可以通过学习曲线很快获取生产的规模经济。

然而，大规模和市场力量也可能减缓技术扩散率。首先，大公司可能有多层行政机构，而这可能阻碍新思想和项目的决策过程，影响对新员工的雇佣。其次，旧的更大规模公司采纳新技术的成本可能更为昂贵，因为更多的资源和人力资本沉淀在旧技术以及它的公司结构中。

（五）政府和管制

管制环境和政府制度对技术采纳有非常重要的影响，如政府可以资助有网络效应的技术。经济管制有类似市场结构/市场规模的效应。Baker（2001）研究医疗保险的提供对新医疗设备的采纳的影响。一个良好的医疗保险系统通常会促进对新的治疗技术和方法的采用。

新技术的采纳不仅受到市场结构或者保险环境等管制的影响，而且还受到其他类型的管制，如环境管制的影响。环境管制直接影响新技术的采纳，因为在许多产业中禁止或者要求使用某种技术或者生产方法（Gray and Shadbegian，1998）。

三、国际技术扩散的基本框架

（一）国际技术扩散的一个基本模型

近期的研究工作把技术视为知识，这与内生技术变化理论的观点相似（Aghion and Howitt，1992；Grossman and Helpman，1991；Romer，1990；Segerstrom，Anant and Dinopoulos，1990）。这些研究强调了技术的三个主要特征：（1）技术是非竞争性的，任何其他公司或者个人使用这些技术的边际成本是微不足道的；（2）新技术投资的收益部分是私人性质的，部分是公共性质的；（3）技术变化是私人经济主体有意识投资发明新产品和工艺的活动的产物。这些技术变化理论的一个重要贡献是，它们为我们思考知识外溢提供了一个很好的微观基础。

在对国际技术扩散的分析中，强调了导致技术扩散的两种基本的国际经济活动机制。一种是对外国技术知识的直接学习；一种是使用已经在国外发明的专业化的和先进的中间产品。在这里，技术知识是一个新的中间产品的设计或者蓝图。对这些技术的直接的国际学习意味着不仅首先开发该蓝图的国家的公司知道这个蓝图，而且其他国家的公司也知道这个蓝图。因此，这样的学习就包含正的外部性，并由此产生了知识外溢。

假设国内的发明生产率是一个国家知识存量的递增函数，也即与其国内已经知道的产品设计数目成比例。这个假设表明，已经知道的产品设计数目越多，一个新产品就更容易被创造出来。因此，通过加入国内知识存量，国际知识外溢会提高国内发明活动的生产率。这可称之为一种主动的知识外溢，外国设计蓝图成为国内R&D 实验室知识存量的一部分，可以被主动用来发明新产品。

在通过外国中间产品实现的国际技术扩散中，外国中间产品的使用包含了对外国发明者 R&D 投资创造的隐含设计知识的使用。这表明设计蓝图的技术知识包含在中间产品中，因此只要中间产品的成本小于机会成本，即产品开发的 R&D 成本，就存在得自外国中间产品的收益。

在 Eaton 和 Kortum(1999,1997) 模型的基础上，Keller(2004)提出了一个国际技术扩散的基本模型。考虑具有 $n = 1,2\cdots,N$ 个国家的一个模型，在 t 时 n 国的产出 Y_{nt} 是由各种中间投入生产出来的，是一个具有常数规模收益的柯布—道格拉斯生产函数：

$$\ln(Y_{nt}/J) = J^{-1}\int^{J}\ln[Z_{nt}(j)X_{nt}(j)]\,\mathrm{d}j \qquad (1)$$

其中 $X_{nt}(j)$ 是国家 n 在 t 时中间投入 j 的数量，$Z_{nt}(j)$ 是该投入的质量。这个质量在长期是新思想或技术的递增函数。跨国间的投入的范围是一样的,并且长期不变。产出是其次的,可交易的,但中间品是不可交易的。

每一投入 j 可在任何地方由一个柯布—道格拉斯生产函数生产出来,即 $X(j) = K(j)^{\phi} L(j)^{1-\phi}, \phi \in [0,1]$, $K(j)$, $L(j)$ 分别是资本和劳动。新技术是研究努力的结果。考虑国家 i 在 t 时拥有工人 L_{it},如果他们从事研究的份额为 s_{it},那么他们创造新技术的比率就为 $\alpha_{it} s_{it}^{\beta} L_{it}$,其中 α_{it} 是研究的生产率,$\beta > 0$ 刻画了 R&D 天赋的分布。

每个技术都有三个维度:(1)质量;(2)用途;(3)扩散时滞。首先一个技术的质量是累积分布 $F(q)$, $F(q) = 1 - q^{\theta}$, $\theta > 0$ 的一个随机变量。这个质量在技术扩散到的所有国家都是相同的。其次,这个技术只能使用在一个中间品部门,并且是随机决定的。最后,技术只是在它们已经扩散的时候才具有生产性。技术扩散是一个随机过程,在国家 i 有一个均值的扩散时滞 ε_{ni}^{-1},或者 ε_{ni} 是国家间的技术扩散速度的测度。因此在 t 时技术扩散到国家 n 的速度为:

$$\dot{\mu}_{nt} = J^{-1} \sum_{i=1}^{N} \underset{A}{\varepsilon_{ni}} \underset{B}{\int_{-\infty}^{t} e^{-\varepsilon_{ni}(t-s)} \alpha_{is} s_{is}^{\beta} L_{is} ds} \qquad (2)$$

其中,方程(2)中的 A 是一个双边扩散速度,B 是国家 i 到 t 时的技术累积产出。

尽管每一技术最终会分布在每一个国家(假设 $\varepsilon_{ni} > 0$),但某个给定技术可能不会在生产中使用。因为在它已经扩散的时候有更高质量的技术出现了。国家 n 在 t 时的技术存量是 $\mu_{nt} = \int_{-\infty}^{0} \dot{\mu}_{nt} ds$。国家 n 在 t 时低于某些质量临界水平 $\tilde{q}$ 的中间品份额是 μ_{nt} 的递减函数。因为扩散的技术数目越多,国家 n 的部门质量就可能越高。

令 A_{nt} 为跨部门的几何质量均值。当要素在所有的部门间均匀分配时,最终产出(1)被极大化,为 $A_{nt} K_{nt}^{\phi} [L_{nt}(1 - s_{nt})]^{1-\phi}$,这意味着 A_{nt} 是全要素生产率(TFP)。

为了取得所有国家在长期 μ_{nt} 以同样不变比率增长的稳定状态,假设研究生产率 α_{it} 为 $\alpha_{it} = \alpha(\mu_{it}/\bar{\mu}_t)\bar{\mu}_t^{\gamma}$, $\mu_t = \sum_{i=1}^{N} \mu_{it}, \gamma \leq 1, \alpha > 0$。$\gamma$ 越高,国际研究外溢的力量就越大。最后稳定状态的相对 TFP 水

平可计算为：

$$\frac{A_{nt}}{A_{Nt}} = \left(\frac{\mu_{nt}}{\mu_{Nt}}\right)^{1/\theta}, \quad n = 1, \cdots, N-1 \tag{3}$$

并且全球的 TFP 增长与如下的变量成比例：

$$g = \frac{\dot{\mu}_n}{\mu_n} = \frac{\alpha}{J} \sum_{i=1}^{N} \frac{\varepsilon_{ni}}{\varepsilon_{ni} + g} \frac{\mu_i}{\mu_n} s_i^{\beta} L_i, \quad n = 1, \cdots, N \tag{4}$$

其中 μ_i/μ_n 和使用在研究中的劳动份额 $s_i L_i$ 在稳定状态中是不变的。方程(4)说明，全球增长与所有国家研究努力的加权和成比例。

本模型包含下几个含义：第一，外国 R&D 提高国内的 TFP：提高外国研究导致更多的技术流入和更高的 TFP。第二，外国技术向国内经济扩散的速度越快(方程(2)中的 ε_{ni})，给定外国研究努力对国内 TFP 的影响就越大。第三，技术是一种全球资源，一个国家如果有相对较高的全球研究劳动和技术份额(方程(4)中的 $s_i L_i$ 和 μ_i)，或者有相对较高的向其他国家的技术扩散速度(方程(4)中的权数 $\varepsilon_{ni}/(\varepsilon_{ni} + g)$ 是 ε_{ni} 的递增函数)，那么它在全球增长率的决定中就非常重要。

在这个国际技术扩散框架中，i 国的产品质量创新可以被 n 国以 ε_{ni} 的比率获得。这是一种知识外溢，尽管 i 国的研究是耗费成本的，在技术已经扩散的条件下，它可以用来生产最终产出，而无须承担额外的成本。而且，由于国际研究的外溢(只要 $\gamma > 0$)，来自 i 国的技术扩散也会提高 n 国的研究生产率。

技术是如何从一国向另一个国家移动的？一个可能的途径是通过中间品的国际贸易(River-Batiz and Romer,1991;Grossman and Helpman,1991;Eaton and Kortum,2002a)。在最终产出生产中使用外国中间品包含了对具体形式技术的隐含使用，这是国际技术扩散过程中的一种外溢。当然国际技术的扩散不仅仅限于贸易的渠道，原则上，今天的研究者是站在过去研究者的"肩膀上"，因此一个国家的研究者可以期望从其他国家的研究中直接获益。本模型反映了这一点，研究生产率 α_{it} 与全球的技术存量 $\bar{\mu}_t$ 成比例，并且是全球 R&D 的递增函数。这是一种国际 R&D 外溢(即不存在国内机会成本）。这似乎是一个比中间品贸易更强的技术扩散形式：如果外国技术提高了国内研究者的生产率，这就意味对技术的完全掌握。

技术会以什么样的形式扩散呢？Keller（2004）提出了两点想法：

（1）技术的部分编码性质意味着技术扩散可能是不完备的，并且技术存量在不同的国家是会变化的。因此在总体技术中非编码的份额越高，那么技术扩散在地理上更倾向于当地化。

（2）因为国际经济活动（贸易、FDI 等）会导致与可能拥有先进技术知识的外国人（进口商、出口商、工程师、研究人员）之间的更多接触，这可能会刺激（非编码）外国技术的扩散。由此，贸易和跨国公司之间的相互关系不仅导致有限种类（体现在中间品中的技术）的技术扩散，而且也提高国际 R&D 外溢的概率。

（二）技术和国际技术扩散的测度

1. 对技术的测度

技术是很难直接测度的无形产品。有三种广泛使用的间接方法来测度：（1）R&D 投入；（2）产出（专利）；（3）技术效应（更高的生产率）。

首先，OECD 自从 1965 年以来已经出版了 R&D 支出的国际可比数据。按照 OECD 的定义（2002），只有大约 24 个相对富裕国家报告了大量的 R&D 数量。这个定义关注创新所花费的资源，而不是模仿和技术采纳的资源花费。因此，中等收入国家和穷国的技术投资显然不能使用 R&D 数据来分析。

R&D 作为技术测度的缺点是它忽视了创新过程的随机性质。目前的 R&D 支出只是该时期技术进步的一个带噪音的测度。许多学者使用永续盘存法来构造 R&D 存量。除了年度之间的噪音外，R&D 支出的收益可能在不同经济主体和不同时间之间变化很大，而这限制了可比性。一个重要的方面是公共 R&D 投资的收益远低于私人 R&D 投资的收益，因此很多研究把焦点集中在商业研究和开发支出上。

其次，在专利文献中，专利赋予它的所有者一个暂时的法律垄断权利，以在特定的市场上以公开披露技术信息的价格来使用一个创新。一个创新必须有专利价值，而这是由受培训的官员（专利检查员）来判断。相对于 R&D，专利数据的收集的历史已经有很长时间了，在有些国家超过 150 年。而且穷国也有大量专利（WIPO，2003）。

当然，专利数据的使用也存在一些问题。其一，少量的专利解释了所有专利的大部分价值。这意味着简单的专利记数可能没有很好地测度技术的产出。近期的研究工作指出，这个问题可以部分地通过使用引用加权的专利数据来解决（Jaffe and Trajtenberg，2002）。其二，专利决策是对公司角色选择的一个行动，因此大量创新并没有被专利化。其三，如果技术是部分非编码性质的，那么专利统计就可能遗漏这部分。

最后，技术的第三个测度是全要素生产率（TFP）。这个思想源于索罗（1957），即从产出的贡献中扣除劳动和资本投入的贡献，剩余的部分就是技术要素的贡献，或叫"余值"。此后还出现了一些 TFP 的扩展的测度，它们更具有一般性，并且包含了一些可比的性质（Barro and Sala-I-Martin，2004）。

与 R&D 和专利测度不同的是，TFP 是一个技术衍生测度，它是对投入和产出的数据计算而来。这引入了测度误差，也许是偏差。因为合适的投入和产出数据是很难得到的。Katayama，Lu 和 Tybout（2003）使用实际销售收入、折旧的资本支出和实际投入支出来替代无法获得的数据——产出、资本和中间品投入。由于计算 TFP 的这些困难，研究人员采取了一系列的策略。一个方法是计算 TFP 的变化而不是 TFP 的水平（Katayama，Lu and Tybout，2003）；一种方法是把 TFP 测度运用在技术变化和 R&D 数据的研究中（Griliches，1984）。

2. 对国际技术扩散的测度

技术扩散涉及市场交易和外部性（外溢）。关于市场交易的数据可以直接取得，例如公司为使用专利、许可和版权支付的专利费，并且这个数据可以在大多数国家国际服务收支平衡表中得到（例如，OECD，2003）。但是许多经济学家认为，大部分国际技术扩散不是通过市场交易而是通过外部性（外溢）发生的。然而关于外溢的数据却不存在。尽管的确存在相关的测度，但它们只反映了部分的外溢，因为这些测度并没有解释学习的成本。例如，一个专利应用引用了早期专利，这表明这个专利应用已经从早期专利获益。与此同时，在扣除该专利应用承担的学习成本后，就不可能知道这些收益有多大。

在对国际外溢的测度中，大量的文章运用了国际 R&D 外溢的回归方法。如果厂商 j 的 R&D 与厂商 i 的 TFP 正相关，在其他条件不变的情况下，这与从厂商 j 到厂商 i 的国际技术外溢是一致的 (Keller, 2002a)。Coe 和 Helpman(1995)提出了另外的方法来测度国际外溢。他们在对外国进口的条件下分析了生产率和外国 R&D 的关系。Aitken 和 Harrison(1999)把生产率与其他外国活动测度，而不是外国 R&D 联系在一起，研究了内向的 FDI 和国内厂商的生产率(FDI 外溢回归)。

3. 对国际技术扩散测度方法的讨论

(1)计量经济学方法的研究

一个特定的外国活动(FA)是否导致一个特定的国内技术结果(DTO)，即：

$$DTO = f(X, FA) + u \qquad (5)$$

在方程(5)中，X 是一个控制变量向量。例如，Aitken 和 Harrison (1999)考察了技术扩散来源的外国直接投资的重要性。u 是一个回归误差。这里，FA 是外国拥有公司就业的产业份额，DTO 是国内公司生产率的增加。

这个方法在一般性方面是有吸引力的，但是也存在一些缺陷。首先是对结果的准确解释问题。如使用外国活动(FA)而不是外国技术变量，这个方法在估计技术扩散方面存在一些误差。由于存在各种可能的虚假的相关关系的存在，这使得因果效应的计算更为困难。因为这可能是由于商业周期效应，也可能是由于未观察的异质性导致的。如果生产率是外生的，并且 FDI 与不同产业的交易成本变化方向相反，如果高交易成本的产业有平均较高的生产率，那么FDI 对生产率效应的正系数就可能是虚假的 FDI 外溢。其次还存在内生性的问题。外国投资者的 FDI 往往选择那些有高生产率增长的产业。

如何解决这些问题呢？首先，只要商业周期在整个样本期间是普遍的，那么可以通过引入时间固定效应来避免伪商业周期效应。更困难的是，给定数据的时间序列性质，趋势变量是否是合适的，特别的是，它是否是稳定的。这是个很重要的问题，因为引入趋势变量对结果有很重要的影响。其次，在出现未观察到的异质性时的标准方法是使用固定效应。这个方法可减少要解释的因变量的波动。但是如果异质性实际上不随时间变化，那么固定效应就不能作为对未观察到的异质性的一个控制。最后，对文献中认识到的内生性问题，目前还没有完全解决。Keller(2002a)在 12 个产业中的 4 个产业解释全部 R&D 的 80% 的基础上，把样本分成高 R&D 支出部门和低 R&D 支出部门。由于各种原因，内生性问题更可能出现在高 R&D 支出部门。而且低 R&D 支出部门的结果与总体样本的结果相似。原则上，内生性问题可以通过使用工具变量(IV)技术来完全解决。但这个技术还没有广泛使用，因为技术变量如 R&D 存量的工具变量很难。近来这种情况有了改善。Griffith，Redding 和 Simpson (2003)、Keller 和 Yeaple(2003)使用 IV 方法进行估计。这两篇文章研究了与 FDI 相关的技术外溢的重要性。Griffith，Redding 和 Simpson(2003)研究了英国所有的外国分支机构的影响。他们的工具变量是法国和美国的经济条件，结果他们发现样本中的内生性不再是一个问题。Keller 和 Yeaple(2003)的 IV 分析也同样克服了内生性问题。他们使用产业水平的运输成本和关税作为美国 FDI 产业变动的工具变量。与 OLS 估计相比，他们的 IV 估计发现 FDI 外溢有更高的效应。

（2）结构分析方法

Keller(2004)讨论了两种不同的结构分析方法。第一组研究是：

$$DTO = f(X, M, FT) + u \qquad (6)$$

其中外国技术变量 FT 替代了方程(5)中的外国活动变量，并且增加了一个特定的渠道，或者扩散机制(M)。

一个有影响的例子是 Coe 和 Helpman(1995)的研究。他们检验了 Grossman 和 Helpman(1991)，Rivera-Batiz 和 Romer(1991)贸易

和增长模型的预见，即外国 R&D 创造新的中间投入以及母国可以通过进口获得的知识外溢。假定生产函数为：

$$z = Al^\alpha d^{1-\alpha}, \ 0 < \alpha < 1 \tag{7}$$

其中 A 是一个常数，l 是劳动服务，d 是种类 s 的差异化中间投入 x 的 CES 总量因子：

$$d = \left(\int_0^{n^e} x(s)^{1-\alpha}\mathrm{d}s\right)^{\frac{1}{1-\alpha}} \tag{8}$$

其中 n^e 是一个国家运用的中间品的范围。它可以不同于该国生产的中间品范围 n。后者是通过 R&D 活动（记为 χ）来扩大的。如果中间品没有老化，在 T 时把累积资源投入 R&D 产生的中间品范围为：$n_T = S_T \equiv \int_0^T \chi(\tau)\mathrm{d}\tau$。产品 $x(s)$ 是用放弃的消费生产的差异化资本品。如果 $x(s)$ 是对称的，并且是由放弃的消费线性生产出来的，那么资本存量可表示为：$k = \int_0^n x(s)\mathrm{d}s = nx$，由此，产出可重新表示为：

$$z = A(n^e)^\alpha l^\alpha k^{1-\alpha} \tag{9}$$

定义 TFP 为 $f \equiv z/l^\alpha k^{1-\alpha}$，可以得到：

$$\ln f = \ln A + \alpha \ln n^e \tag{10}$$

方程（10）表明，TFP 与一国使用的中间品的范围正相关（Ethier,1982）。

在一个具有 C 个国家，并且没有贸易壁垒的对称模型中，在均衡时所有国家会使用来自所有国家的全部中间品。给定中间品的设计是通过国家的 R&D 生产出来的，那么中间品的范围 n^e 在所有的国家都是一样的，等于全球的累积的 R&D 支出：

$$n_t^e = \sum_{c=1}^c n_{ct} = \sum_{c=1}^c S_{ct} \tag{11}$$

Coe 和 Helpman（1995）通过对模型的经验认识到，通过区分国内和国外 R&D，这些模型存在国家的异质性和贸易壁垒：

$$\ln f_c = \alpha_c + \beta^d \ln S_c + \beta^f \ln S_c^f + \varepsilon_c \tag{12}$$

其中国家 c 的国外知识存量 S_c^f 可定义为它的贸易伙伴的双边进口份额加权的 R&D 存量：

$$S_c^f = \sum_{c' \neq c} m_{c'c} S_{c'} \tag{13}$$

这反映了 Grossman 和 Helpman(1991) 模型的预见。即如果一个国家主要从高 R&D 伙伴国家进口，那么它就可能获得相对更多的体现在中间品上的技术，而这又会反映在一个较高的生产率水平上，反之亦然。

这种方法因为它的合理性、简捷性和多样性而非常有影响力，并且已被广泛用来考察各种国际扩散渠道。例如，Lichtenberg 和 Bruno van Pottelsberghe de la Potterie(2001) 用双边的 FDI 测度替代进口来考察 FDI。

第二组研究不怎么强调增长和技术扩散的理论模型，更多地强调计量经济学的方法和估计。一个例子是 Clerides, Lach 和 Tybout(1998) 的研究。他们使用哥伦比亚、墨西哥和摩洛哥的微观数据研究了来自出口的学习外部性。他们扩展了 Baldwin(1989)，Dixit(1989) 和 Krugman(1989) 等人的沉淀成本模型，在模型中包括了出口经验降低生产成本的可能性。他们认为一个生产性的公司是通过估计如下一个动态不连续的选择方程来决定出口市场的参与：

$$y_{it} = \begin{cases} 1, 0 \leq \beta^x X_{it} + \beta^e e_{it} + \sum_{j=1}^{J} \gamma_j^c \ln(AVC_{it-j}) + \sum_{j=1}^{J} (F^0 - F^j) y_{it-j} + \eta_{it} \\ 0, \text{其他} \end{cases}$$

$$\tag{14}$$

和一个自回归的成本函数：

$$\ln(AVC_{it}) = \gamma_0 + \sum_{j=1}^{J} \gamma_j^k \ln(K_{it-j}) + \gamma^e \ln(e_t)$$

$$+ \sum_{j=1}^{J} \gamma_j^c \ln(AVC_{it-j}) + \sum_{j=1}^{J} \gamma_j^y y_{it-j} + v_{it} \tag{15}$$

其中 y_{it} 是公司 i 在时间 t 的出口指数，X_{it} 是公司外生的特征向量，e_t 是汇率，AVC_{it} 是平均成本，K_{it} 是资本，F^0, F^j 分别是（出口市场参与）的沉淀成本。

式(14)表明，如果一个公司从出口获得的利润大于不出口的利润时，那么这个公司就会进行出口。以过去的成本和规模（以资本来表示)为条件,式(15)估计过去的出口经验是否降低了现期成本(由参数 γ_j^r 表示)。

(3)一般均衡模型的经验分析方法

Eaton 和 Kortum(1996,1997,1999,2006)运用一般均衡模型研究了国际技术的扩散。在这些模型中,生产率的增长与中间品的质量相关,这是 Aghion 和 Howitt(1992)增长质量阶梯模型的核心。Eaton 和 Kortum 在模型中增加了一个国家间技术扩散的过程,并且探讨了 R&D、技术扩散和国内生产率之间的定量关系。

与只关注一些变量关系的局部均衡模型不同,Eaton 和 Kortum 的模型运用一般均衡的方法对所有的内生变量进行了预测。这组模型克服了内生性问题,研究了长期均衡并且对模型的转型动态、技术扩散的速度进行了预测,在此基础上,他们还通过对长期均衡的比较静态变化的研究为经济政策分析提供了一些参考。

当然这些模型也存在一些缺陷。首先,这组模型作了一些过强的假设。例如在 Eaton 和 Kortum(1999)的模型中,假设在一国发现的技术质量是一个具有帕累托分布的随机变量,而在其他国家扩散的技术扩散滞后分布却是指数分布的。问题是,在一个给定模型的背景下,这些假设很难检验。其次,这组模型通常都过于复杂,因此难以对所有的模型参数进行估计。最后,通常很难判断一个模型在经验上有多么成功。

(三)国际技术扩散的渠道

1. 贸易和国际技术扩散

(1)进口和技术扩散

在 Eaton 和 Kortum(2002a,2002b,2001)的模型中,他们把 Eaton 和 Kortum(1999)模型中的技术扩散结构与李嘉图贸易模型结合起来。在 Eaton 和 Kortum 模型中,贸易扩大了一国的生产可能性:贸易可以获得外国产品或者技术。通过专业化生产各自比较优势产品,给定一国的资源,各国可以从贸易中获益。与无贸易情形相比,有贸易的产出效率水平更高。与此同时,模型中不存在技术外溢,进口商支付竞争性价格,并且进口对创新没有影响。

Eaton 和 Kortum 假设单位运输成本是地理距离的递增函数。这意味着遥远国家的中间品（或设备）的价格相对较高，或者等价的情况下，这些国家的生产率相对较低。从定量上看，在 34 个样本国家中，设备的相对价格差异解释了 25% 的跨国生产率差异（Eaton and Kortum,2001）。然而这并不足以表明进口是技术扩散的一个主要的渠道，因为 Eaton 和 Kortum（2001）模型预测的设备价格与 Summers 和 Heston 国际价格数据的国际比较项目报告的价格负相关（CIC,2003）：在 Summers 和 Heston 国际价格数据中，富国有比穷国更高的设备价格，Eaton 和 Kortum（2001）模型的预测则相反。

其次，讨论进口中的国际 R&D 外溢的事实。Coe 和 Helpman(1995) 把 TFP 与国内和国外的 R&D 联系在一起：

$$\ln f_{ct} = \alpha_c + \beta^d \ln S_{ct} + \beta^f \ln S_{ct}^f + \varepsilon_{ct} \tag{16}$$

其中 S_{ct}^f 是它的贸易伙伴的双边进口份额加权的 R&D 存量，$S_{ct}^f = \sum_{c' \neq c} m_{cc'} S_{c't}$。来自外国 R&D 存量 S_{ct}^f 的正效应意味着一国的生产率是它从高 R&D 国家进口范围的递增函数。在一个 22 个 OECD 国家的样本中，Coe 和 Helpman(1995) 从进口加权的外国 R&D 中估计出正的数量很大的效应，这与从高度发达的工业化国家向 77 个不发达国家的技术扩散有相似的效应（Coe, Helpman and Hoffmaister,1997）。

但是一些学者对这些分析仍然存在一些怀疑。首先，Keller(1998) 的分析证明，进口份额在外国 R&D 变量 S_{ct}^f 的构造中事实上并不是取得 Coe 和 Helpman(1995) 结果的关键。Keller(1998) 使用随机产生的份额 $\mu_{c'c}$ 取代实际的双边进口份额，创造了反事实的外国知识存量 $\tilde{S}_{ct}^f = \sum_{c' \neq c} \mu_{cc'} S_{c't}$。他使用这个外国 R&D 变量取得回归中可解释变量的较高系数和水平。给定进口份额不是 Coe 和 Helpman(1995) 结果的关键，这些分析就很难得到进口是技术扩散的重要机制的结论。

一些学者通过进一步考察国际 R&D 外溢回归取得了进步。Xu 和 Wang(1999) 强调近期贸易和增长模型中的技术扩散是与差异化的资本品的贸易相关的。这与 Coe 和 Helpman(1995) 用来构造他们的进口份额的贸易数据不同。Xu 和 Wang(1999) 证明这些差别是至关重要的：与 Coe 和 Helpman(1995) 的分析相比，资本品外国 R&D

331

变量解释了超过10％的生产率变动，并且也取得了比 Keller(1998)反事实变量更好的结果。

也有学者指出，外国 R&D 变量 S_d^f 只反映了现期的双边贸易，可能出现 A 国从 C 国的技术获益却没有这个来源的进口的情形：如果 C 国向 B 国出口。而 B 国依次向 A 国出口。Lumenga-Neso, Olarrega 和 Schiff (2001)模型考虑了这种间接的 R&D 外溢，并且证明它比 Coe 和 Helpman(1995)和 Keller(1998)模型更有说服力。

这些结果与来自进口的动态效应的重要性是一致的，但在动态框架中需要对这个问题进行更多的研究。

(2)出口和技术扩散：存在出口的学习效应吗？

公司可以通过出口经验学习外国的技术吗？有许多事实表明，公司确实从与外国客户的相互关系中获益。因为，一般而言，外国客户比国内客户实施更高的产品质量标准，并且提供如何满足高标准的信息。20世纪60年代以来，一些东亚国家出口成功的案例研究强调了出口的学习效应(Yung-Whee Rhee, Bruce Ross-Larson and Garry Pursell,1984)。在计量分析中，存在大量的横截面的事实说明，平均而言，出口商比非出口商更有生产性(Bernard and Jensen, 1999;Clerides, Lach and Tybout,1998;Hallward-Driemeier, Iarossi and Sokoloff,2002)。

然而，这些研究并没有解决因果性问题：出口公司更具生产性可能是因为与出口相关的学习效应，或者是因为公司更具生产性才开始出口?Clerides, Lach 和 Tybout(1998)研究20世纪80年代哥伦比亚、摩洛哥和墨西哥的制造工厂发现了来自出口的学习效应。这些结果是针对每个国家的主要产业而言的，一般地，他们发现过去的出口经验对现在的业绩没有显著效应。显然，这并没有为正的强出口学习效应提供有力的支持。

Bernard 和 Jensen(1999)使用美国公司的数据研究了出口的学习效应。他们研究了不同组别的公司的业绩，估计出出口商的劳动生产率增长大约比非出口商高0.8％。这个估计值相当小，如果时间更长，它就会更小，并且不显著。Hallward-Driemeier, Iarossi 和 Sokoloff(2002)关注进入出口市场的时间。他们使用5个东南亚国家的数据发现，与非出口商相比，出口商会进行更多的投资来提高生产率和产品的质量。但是如果给定公司进入出口市场的生产率提高，那么这些就是间接的出口学习效应。这些分析说明，并不存在支持强烈出口学习效应的计量事实。

2. 外国直接投资(FDI)和国际技术扩散

长期以来，外国直接投资(FDI)被认为是国际技术扩散的一个重要渠道。理论研究表明，通过跨国公司及其分支机构中的技术分享，公司专有的技术可以跨国转移(Markusen,2002)。大量模型说明，通过劳动培训和流转(Fosfuri, Motta and Ronde,2001)，或者通过提供高质量的中间投入(Rodriguez-Clare,1996)，跨国公司可能对国内的公司产生技术学习的外部性。FDI是否对国内公司产生大量的技术外部性也是一个重要的政策问题。因为全球各国各级政府都花费了大量资源来吸引跨国公司的子公司。例如，1994年美国阿拉巴马州政府花费了2.3亿美元来吸引梅塞德斯—奔驰的一个新工厂。

FDI外溢有什么事实依据?最近的一些调查认为并不存在大量的FDI外溢事实(Hanson,2001; Gorg and Greenaway,2002)。然而，更近的一些微观生产率研究却认为，FDI外溢是巨大的，并且在经济上非常重要，另外，还有一些微观生产率文献之外的研究也提供了FDI外溢的事实。英特尔对哥斯达黎加的FDI的案例研究说明了一个重要的高科技公司的FDI给一个小国带来的变化有多么广泛(Larrain, Lopez-Calva and Rodriguez-Clare,2000)。有些学者提供了跨国公司是否提高了国际技术转移速度的计量事实(Globermann, Kokko and Sjoholm,2000;Branstetter,2001a;Singh,2003)。这些结果是不明确的，跨国公司的子公司既可能向他们的东道国的国内公司扩散技术(内向的FDI技术转移)，也可能从东道国的公司获取新技术(外向FDI技术来源)，而且对这些效应的相对力量的估计是不同的。原因之一是公司的异质性。与东道国的平均公司相比，跨国公司子公司较大，并且在技术上更为密集。因而它们更擅长于采购技术。原因之二是内生性问题。人们发现，与提供技术相比，跨国公司子公司可能采购更多技术。因为跨国公司母公司建立子公司的明显目的就是技术采购。

大量的文献试图直接估计 FDI 导致国内生产率增加的程度。Xu(2000) 使用美国经济分析局对 40 个国家的 1966—1994 年外向 FDI 的可比数据,他发现 FDI 和生产率增长之间存在正的相关性,并且这个相关性在富国比穷国强。Xu(2000) 的分析是在制造业水平的,因为公司间和部门间的异质性,可能引起总体偏向性。因为这个原因,FDI 外溢的文献转向使用微观(公司和工厂)水平的数据(Aitken and Harrison,1999;Griffith, Redding and Simpson,2003;Keller and Yeaple,2003)。这些文章提供了生产率对 FDI 和一些控制变量的回归。如果具有更多 FDI 产业的国内公司的生产率增长系统性地高于较少 FDI 的公司,这就为 FDI 外溢提供了支持。Aitken 和 Harrison(1999) 在对委内瑞拉工厂样本的估计中发现了 FDI 与生产率的负相关关系。但是,不管 FDI 外溢存在还是不存在,这个结果很难令人信服。Griffith,Redding 和 Simpson(2003) 提供的事实表明存在显著的正的 FDI 外溢效应。Keller 和 Yeaple(2003) 研究了美国近期的 FDI 活动,研究表明 FDI 外溢是正的并且是巨大的。他们估计美国的 FDI 解释了该时期美国制造业生产率增长的 11%。

总地说来,与早期的文献相反,近期的微观生产率研究估计出了与 FDI 相关的正的外溢,在某些情形下甚至发现了与 FDI 相关的巨大的外溢。而且,尽管目前的微观生产率研究的事实来自英国和美国,仍然有理由相信这些发现对其他国家也是适应的(Keller,2004)。

(四)国际技术扩散的几个其他问题

1. 国际技术扩散的地理效应

不管技术扩散的渠道如何,全球技术外溢倾向于收敛,而地区技术外溢倾向于产生经济差异。由此出现了许多文献关注国际技术扩散的地理维度(Jaffe, Trajtenberg and Henderson,1993;Irwin and Klenow,1994;Eaton and Kortum,1999;Branstetter,2001b;Bottazzi and Peri,2003;Keller,2002a)。一国内部的技术扩散比跨国间的技术扩散更强烈吗?Jaffe, Trajtenberg 和 Henderson(1993) 以美国的专利引用为例比较了专利引用的地理位置。他们发现,与被外国专利

引用相比，美国专利更经常地被其他美国专利引用。这一结论被
Branstetter(2001b)确认。他使用美国和日本公司的R&D和专利数
据来计算与Coe和Helpman(1995)加权进口份额类似的加权R&D
外溢存量，发现国内的外溢比国家间的外溢要强烈得多。Eaton和
Kortum(1999)对G5国家进行了估计，发现国内的技术扩散速度大
约是G5国家之间国际技术扩散的平均速度的200倍。

相反，Irwin和Klenow(1994)并没有发现国内的外溢比跨国间
的外溢强烈的事实。他们估计了1974—1992年的8个半导体企业，
发现从一家美国公司到另一家美国公司的外溢并不明显强于一家美
国公司和一家外国公司之间的外溢。这一结果的产生的原因可能是
他们的外溢来自生产和市场份额的累积效应，而这与其他研究中的
知识外溢测度是不同的。

有些学者试图超越国家与跨国间的差异，以地理距离和相互之
间的国家位置为条件来估计知识外溢（Keller，2001，2002a）。
Keller(2001)试图从进口、外国投资形式，以及人际间的沟通来
解释国际扩散的地理效应。Keller(2002a)把9个最小的OECD国家
的产业水平的生产率与G5国家(法国、德国、日本、英国和美国)
的R&D联系起来，使用一个简单的距离指数衰减函数来进行回
归：

$$\ln TFP_{cit} = \beta\ln\left(S_{cit} + \gamma \sum_{c' \in G5} S_{c'it} e^{-\delta D_{c'c}} \right) + \alpha' X + \varepsilon_{cit} \qquad (17)$$

其中$D_{c'c}$是国家c'与国家c之间的地理距离，X是控制变量向量。如
果δ的估计值大于0，给定相对较远国家从事R&D的较低权重，生
产率的差异就能得到很好的解释。然而，如果$\delta = 0$，那么地理距离
和相对位置就不是很重要了。Keller(2002a)发现δ是正数，并且估
计出的技术扩散的衰减很大：地理距离额外增加1200公里，技术扩
散就下降50%。如果把这个估计运用到澳大利亚，因为它相对于G5
国家的遥远的距离，那么它就几乎无法从G5国家的技术创新中获
益。相似地，Bottazzi和Peri(2003)使用相似的框架对欧洲地区之间
的技术扩散分析中发现了强烈的地理衰减效应。这些研究表明，技
术在地理上高度集中于特定的地区和国家。

进一步的问题是，近年来技术的地理集中化程度是否下降？近年来，由于运输成本的减少、通信和信息技术的创新、跨国活动的增加，以及其他的诸多变化，让人们有理由预期技术地理集中化程度的下降。Keller(2002a)通过估计20世纪70年代和90年代晚期的不同技术扩散衰减参数 δ 对这个问题进行了考察。这些估计显示，δ 的绝对值在长期大量下降，这表明技术的地理集中化程度变得很小了。这与更大的国际技术扩散是一致的。

2. 国际技术扩散的决定因素：人力资本和 R&D 支出

迅速的国际技术扩散导致跨国人均收入的收敛，相反，缓慢的国际技术扩散导致跨国人均收入的差异化。然而，这一结果还依赖于技术扩散是否是全球性的，并且技术扩散对所有的国家的影响程度是否是一样的。事实上，各个国家采纳外国技术的有效性存在巨大的差异。给定大量的新技术都是在世界上几个最富裕的国家创造的，更大的技术扩散事实上会导致全球收入分配的差异化：如果今天的富国平均程度上比今天的穷国更擅长于采纳外国技术，那么这种情形就会发生。另外的情形是，穷国可能比富国从更好的技术扩散中获益更多，也就是后来者可能从它们的相对落后中获益（Gerschenkron,1962）。

这些认识突出了确认成功技术扩散的主要决定因素的重要性。在众多的分析中，人力资本和 R&D 支出是两个主要的决定因素。它们都与吸收能力相关，即一个公司或者国家为了能够成功采纳外国技术必需有一定的技能。Keller(1996)构造了一个规范的模型来体现这一思想。这些技能可以是人力资本形式（Nelson and Phelps,1966），它们也可能是 R&D 支出的形式（Cohen and Levinthal,1989）。这些学者认为，一个公司要取得外部技术，R&D 投资是必需的，这是因为 R&D 在公司理解和评估新技术趋势和创新中非常重要。

有些学者分析了封闭经济背景下人力资本对技术采纳的作用（Bartel and Lichtenberg,1987）。但这对国际技术的采纳也适用吗？Eaton 和 Kortum(1996)发现内向的技术扩散是一国人力资本水平的递增函数。Caselli 和 Coleman(2001)研究发现计算机进口与人力资本是正相关的。Xu(2000) 的研究也强调了技术扩散中人力资本的重要性。

R&D 形式的吸收能力对技术扩散有相似的效应吗?这方面的研究不是很多。Griffith，Redding 和 Reneen(2000) 使用 12 个 OECD 国家 1974—1990 年的产业水平的数据研究了生产率变化的主要决定因素。他们发现，给定与领先国家的一定的生产率差距，一个产业的 R&D 支出越高，它的生产率增长就越快。这里 R&D 扮演了与人力资本一样的角色，为技术采纳提供了必要的技能。

3. 生产率增长的国内和国外来源的度量

考虑了一个如下的生产率回归方程，区分了国内和国外 R&D：

$$\ln f_c = \alpha_c + \beta^d \ln S_c + \beta^f \ln S_c^f + \varepsilon_c \qquad (18)$$

其中 f_c 是一国的生产率，S_c 是国内的 R&D，S_c^f 是国外的 R&D。极端的情形是，如果 β^f 等于 0，那么就根本不存在国际技术扩散；如果 β^d 等于 0，那么就存在完全的技术扩散，或者存在一个全球的技术知识池。经验研究的结果表明，β^f 和 β^d 都不会等于 0。我们所要关心的是国内和国外技术来源的相对的数量。由于穷国很少有可比的国内技术投资的数据，大多数估计的样本来自相对较富裕的国家。其中可获得的一个重要外国技术来源数据就是 G7 国家的 R&D 数据。

Coe 和 Helpman(1995) 比较了国内和国外 R&D 的 TFP 弹性。他们估计出相对较大 G7 国家的国内 R&D 的弹性大约为 23%，而相应的国外 R&D 的弹性大约只有 6%，因此国外 R&D 的相对贡献大约是 21%。Keller(2002b) 使用 G7 国家和瑞典的产业水平的数据，得出国外 R&D 对生产率的总效应大约为 20%。对较小的 OECD 国家 Coe 和 Helpman 估计国内 R&D 的弹性大约为 8%，国外 R&D 的弹性大约为 12%。因此，对较大的 OECD 国家，国外和国内效应的比率估计为 3:2，对较大的 OECD 国家，国外和国内效应的比率估计为 1:4。

Eaton 和 Kortum(1999) 估计，在德国、法国和英国，相对于国外 R&D，国内 R&D 导致的生产率增长介于 11% ~ 16% 之间，在日本大约为 35%，在美国大约为 60%。Keller(2002a) 从距离调整的有效 R&D 的估计中计算了国内和国外份额。对小于英国的 9 个国家，Keller 估计的国内来源的份额大约为 10%。

四、技术扩散的经验分析

格里奇斯（Griliches, 1957）和曼斯菲尔德（Mansfield, 1961）最早对技术扩散进行测度。但他们的测度方法有两个缺陷。首先，这个方法只考虑了技术采纳的广义边际（extensive margin），忽略技术采纳的密集性边际（intensive margin），即每个潜在技术采纳者如何密集性使用某个技术。其次，这个方法很难测度潜在采纳者的数量，结果只测度了有限数目的技术扩散。

D. Comin，B. Hobijn 和 E. Rovito（2006）运用 150 个国家过去 200 年间115种技术扩散的跨国历史数据（CHAT）组，考察了技术扩散的一般形式，试图揭示不同时间不同国家技术采纳形式的一般特征。

CHAT 数据集包括了150 个国家在过去 200 年间大约115 种技术扩散的历史数据。CHAT 数据集描述了样本国家的地区分布和技术种类数的分布。数据集的一个有趣的特征是，即使在有很多低收入国家的大陆，如非洲，代表性国家的技术种类数也相当大。CHAT 数据集还描述了 CHAT 数据集涉及的 8 个主要部门的技术种类数。这些部门是农业、金融、健康、钢铁、通信、纺织、旅游和交通。经过回归分析，D. Comin，B. Hobijn 和 E. Rovito（2006）发现了五个基本事实：

事实一：技术扩散并不具有逻辑斯蒂规律（logistic rule，例如 S 形曲线）。

传统上，对技术扩散的经验分析的一个主要结论是技术扩散具有逻辑斯蒂规律，趋近一条 S 形曲线。如图 1 是发展中国家各种农业技术扩散的 S 形曲线。

在 Griliches（1957）的文章发表后，经济学家认为技术扩散过程具有逻辑斯蒂规律，是一条 S 形曲线。这条逻辑斯蒂规律曲线定义为：

$$Y_t = \frac{\delta_1}{1 - e^{-(\delta_2 + \delta_3)t}} \qquad (19)$$

其中 t 表示时间，δ_3 是技术采纳速度，δ_2 是一个常数，δ_1 是长期结果，即时间 t 趋于无穷时的 Y_t 的极限。

这条曲线有几个特征。首先，当 t 趋于 $-\infty$ 时，曲线趋于 0，当 t 趋于无穷时，曲线趋于 δ_1。其次，当 $t = -\delta_2/\delta_3$ 时，曲线关于 $Y_t = 0.5\delta_1$ 是对称的。最后，给定 $t = (-\ln(0.99) - \delta_2)/\delta_3$，有百分之一的技术扩散点（$Y_t = 0.01\delta_1$）。

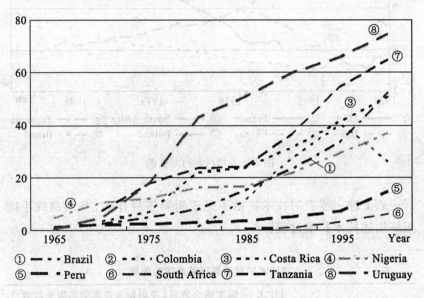

① - - - Brazil ② - - - Colombia ③ - - - Costa Rica ④ —·— Nigeria
⑤ —— Peru ⑥ —— South Africa ⑦ —— Tanzania ⑧ —·— Uruguay

图 1   发展中国家各种农业技术扩散的 S 形曲线

D. Comin，B. Hobijn 和 E. Rovito（2006）运用 CHAT 数据集重新讨论了这个问题。他们定义 Y_{ijt} 是国家 j 在 t 时技术 i 的水平，并且运用如下的回归方程：

$$Y_{ijt} = \frac{\delta_{1ij}}{1 + e^{-(\delta_{2ij} - \delta_{3ij}t)}} + \varepsilon_{ijt}, \; \varepsilon_{ijt} \sim N(0, \sigma_{ij}^2) \tag{20}$$

回归发现，23% 的技术 — 国家组合并没有拟合技术扩散曲线的逻辑斯蒂规律。逻辑斯蒂规律并不能很好描述国家 j 技术 i 的扩散。图 2 进一步说明了这一点。

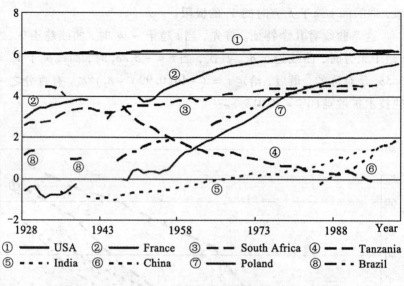

图 2 人均汽车的对数图

表 1 进一步表明技术扩散不是逻辑斯蒂规律的，S 形曲线不能很好描述技术扩散过程。

表 1　　　　对技术扩散逻辑斯蒂规律的偏离

	技术 — 国家组合数目	逻辑斯蒂规律的累积失败数目
总的国家 — 技术组合数目	5700	
似然面的平坦性	1319	1319
δ_3 的负估计	462	1781
过早预测的技术采纳	224	2005
过晚预测的技术采纳	331	2336
增长的极限	1171	3507

事实二：单项技术在技术采纳上的跨国差距是人均收入跨国差距的 3 ~ 5 倍。

对每一项技术和年度，D. Comin，B. Hobijn 和 E. Rovito (2006)

340

计算了跨国技术水平的差距,并把它与同一组别国家的人均收入的差距进行比较。表2报告了跨国技术差距与跨国人均收入差距的平均比率。主要的结论是,技术采纳的跨国差距远远大于人均收入的跨国差距。当对技术进行时间序列加权时,比率平均为5。当不加权时,比率为3。对76%的技术,技术采纳的跨国差距远远大于人均收入的跨国差距。当赋予技术相同的权重时,在68%的技术中技术采纳的跨国差距仍然远远大于人均收入的跨国差距。

表2   技术采纳差距与人均收入差距的比率

	平均差距			比率大于1的百分比		
	人均对数	份 额	全 体	人均对数	份 额	全 体
5年时间的加权	6.02	1.03	5.2	84	33	76
不加权的	3.68	0.95	3.17	75	42	68

事实三:一国在某一技术采纳水平上的排序与一国在各种技术上的平均排序是高度相关的,但这种相关性在 OECD 国家内是显著下降的。

D. Comin, B. Hobijn 和 E. Rovito(2006)为了计算这种相关性,赋予每一国家(j)5年期间(t)每一技术(i)一个百分比例,记为 r_{ijt},那么每个国家年度技术间的平均排序 r_{jt} 为:

$$r_{jt} = \frac{\sum_{i=1}^{N_{jt}} \gamma_{ijt}}{N_{jt}} \tag{21}$$

其中 N_{jt} 是国家(j)在时期(t)的技术数目。表3报告了一国在某一技术采纳水平上的排序与一国在各种技术上平均排序的相关性结果。结果显示,一国在某一技术采纳水平上的排序与一国在各种技术上的平均排序是高度相关的。覆盖 OECD 和非 OECD 国家技术的平均相关性是67%,中值是78%。即使在 OECD 国家,尽管这个相关性显著低于全球水平,但平均相关性仍然为45%,中值是54%。因此,从全球的角度看,存在全球的技术领导者和全球的技术追随者。

表3 在某一技术上的国家排序与各技术间的平均国家排序的相关性

	覆盖全球的技术	覆盖 OECD 国家的技术
平均相关性	0.67	0.45
中值相关性	0.78	0.54
技术数目	51	115

事实四：在某些典型技术内部间存在收敛，平均收敛速度每年为 4% ~ 7%。

参照人均收入收敛文献，D. Comin，B. Hobijn 和 E. Rovito (2006)估计了技术内部间的 β 收敛和 σ 收敛。首先以人均对数形式的技术测度估计了技术 i 的 β 收敛：

$$\ln(Y_{ij,t}) - \ln(Y_{ij,t-1}) = \alpha - (1 - e^{-\beta_i})\ln(Y_{ij,t-1}) + u_{ij,t} \quad (22)$$

同时以技术份额的测度估计技术 i 的 β 收敛：

$$Y_{ij,t} - Y_{ij,t-1} = \alpha - (1 - e^{-\beta_i})Y_{ij,t-1} + u_{ij,t} \quad (23)$$

图3 和图4 显示了以人均对数技术测度和技术份额测度的 β 收敛分布：

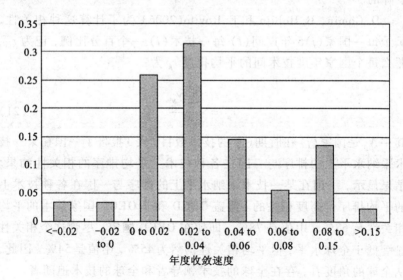

图3 β 收敛分布：技术的人均对数

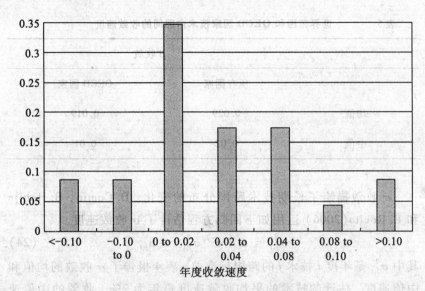

图 4 β 收敛分布：技术份额

表 4 报告了两种测度的技术收敛的均值和中值速度。平均收敛速度每年为 3.8%，中值收敛速度每年为 2.6%。

表 4   技术内部间的收敛速度

	β 收敛			σ 收敛		
	人均对数	份额	全体	人均对数	份额	全体
均值	0.041	0.027	0.038	0.071	0.068	0.07
中值	0.03	0.015	0.026	0.043	0.019	0.041
技术数目	89	23	112	91	24	115

表 5 报告比较了 OECD 和世界范围的技术收敛。世界范围的收敛速度平均每年是 2.9%，而 OECD 的平均收敛速度是 1.9%。

表5   世界范围和 OECD 国家技术内部间的收敛速度

	β 收敛	
	所有国家	OECD 国家
均值	0.029	0.019
中值	0.02	0.01

σ 收敛描绘了长期技术跨国分布的变化。D. Comin，B. Hobijn 和 E. Rovito(2006) 运用如下回归方程估计了 σ 收敛速度。

$$\sigma_{j,t}^2 = \alpha + e^{-2\beta}\sigma_{j,t-1}^2 + u_{j,t} \qquad (24)$$

其中 $\sigma_{j,t}^2$ 是年度 t 技术 j 的跨国标准差。表4报告了 σ 收敛的均值和中值速度。估计的技术的平均收敛速度每年为 7%，收敛的中值速度是 4.1%。这些估计值高于相应的 β 收敛值约 80% 和 60%。

事实五：技术在跨国间的收敛速度 1925 年之后大约是 1925 年以前的3倍。

技术在跨国间的收敛可能并不能充分保证总体技术水平的收敛。如果新技术是连续到达，并且落后国家趋于在大部分技术上都是落后的，那么这个效应就会抵消既有技术内的追赶效应。结果，除非技术的收敛速度不断提高，否则落后国家在总体技术水平上就没有追赶效应。图5和图6刻画了两个国家(领导者 A 和落后者 B)的一个连续技术轨迹。在图5中，每一技术的收敛速度不变。在这个稳定世界中，A 和 B 之间的总体技术差距也是不变的。在图6中，B 国的技术扩散的速度不断提高，技术收敛速度提高，由此 A 和 B 之间的技术差距减小。

D. Comin，B. Hobijn 和 E. Rovito(2006) 运用 CHAT 数据组对这两种情形进行了检验。图7报告了技术发明后每 25 年的技术 β 收敛速度和收敛速度中值变化的散点图。

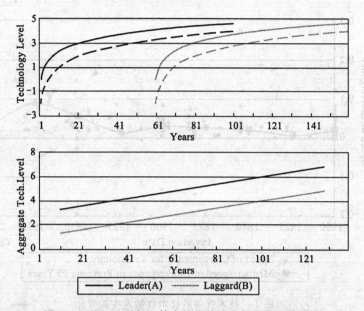

图 5　A 国和 B 国每一技术的收敛速度是常数的情形

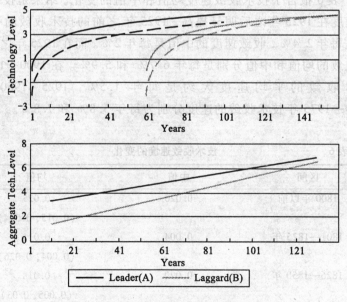

图 6　B 国技术的收敛速度提高的情形

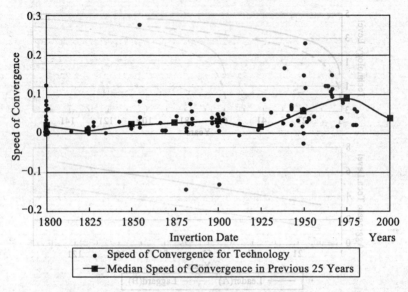

图 7　技术发明后技术收敛速度的变化

表 6 报告了技术收敛速度均值和中值的变化。结果是技术的收敛速度在 1925 年之后明显提高。1925 年之前的技术收敛的平均速度是每年 2.4%，收敛速度的中值是每年 2%。而在 1925 年之后，技术收敛的均值和中值分别是每年 6.7% 和 5.9%。在 1900—1925 年技术收敛的平均速度大约是每年 1.5%，1925—1950 年和 1950—1975 年技术收敛的速度分别为每年 5.8% 和 7.8%。

表6	技术收敛速度的变化	
区间	中值	均值
1800 年以前	0.020	0.025
		(0.015, 0.034)
1801—1825 年	0.004	0.011
		(0.004, 0.026)
1826—1850 年	0.020	0.018
		(0.005, 0.03)

续表

区间	中值	均值
1851—1875 年	0.025	0.061
		(0.005，0.118)
1876—1900 年	0.030	0.024
		(-0.005，0.052)
1901—1925 年	0.015	0.002
		(-0.039，0.042)
1926—1950 年	0.055	0.055
		(0.03，0.079)
1951—1975 年	0.087	0.087
		(0.059，0.115)

参考文献

[1] Acemoglu D. . Directed Technical Change. Review of Economic Studies,2002,69(4):781-808.

[2] Acemoglu D. ,F. Zilbotti. Productivity Difference. Quarterly Journal of Economics,2001,116(2):563-606.

[3] Aghion P. ,Howitt P. . A Model of Growth through Creative Destruction. Econometrica,1992,60(2):323-351.

[4] Aghion P. C. Harris,J. Vickers. Competition and Growth with Step-by-Step Innovation: An Example. European Economic Review, 1997,41(3-5):771-782.

[5] Aitken B. ,Harrison,A. . Do Domestic Firms Benefit from Foreign Direct Investment? Evidence from Venezuela. American Economic Review,1999,89(3):605-618.

[6] Arrow K. . Economic Welfare and the Allocation of Resources for Inventions. In R. Nelson,ed. ,The Rate and Direction of Inventive Activity. Princeton:Princeton University Press,1962.

[7] Atkinson A. ,Stiglitz,J. . A New View of Technological Change.

347

Economic Journal,1969,79:573-578.

[8] Baker L.. Managed Care and Technology Adoption in Health Care: Evidence from Magnetic Resonance Imaging. Journal of Health Economics,2001,20(3):395-421.

[9] Baldwin R.. Sunk Costs Hysteresis. NBER work. pap. 2911, Cambridge,MA,1989.

[10] Barro R,Xavier Sala-i-Martin. Economic Growth. New York: McGraw-Hill,1995.

[11] Barro R,Xavier Sala-i-Martin. Technological Diffusion,Convergence and Growth. Journal of Economic Growth,1999,1:1-26.

[12] Barro R,Sala-I-Martin X.. Economic Growth,Second Edition. Cambridge :MIT Press,2004.

[13] Bartel A.,Lichtenberg. F.. The Comparative Advantage of Educated Workers in Implementing New Technology. Review of Economics and Statistics 69(February 1987):1-11.

[14] Basu S.,Weil,D.. Appropriate Technology and Growth. Quarterly Journal of Economics,Novermber,1998,113(4):1025-1054.

[15] Benhabib J.,Spiegel M.. Human Capital and Technology Difusion. FRBSF Working Paper 2003.

[16] Bernard A.,Jensen B.. Exceptional Exporter Performance : Cause,Effect,or Both?. Journal of International Economics,1999, 47(1):1-25.

[17] Bottazzi L.,Peri G.. Innovation,Demand,and Knowledge Spillovers:Evidence from European Patent Data. European Economic Review,2003,47:687-710.

[18] Branstetter L.. Is Foreign Direct Investment a Channel of Knowledge Spollovers? Evidence from Japan's FDI in the United States. NBER work. pap. ,2001,8015.

[19] Branstetter L.. Are Knowledge Spillovers International or Intranational in Scope? Microeconometric Evidence from the U. S. and Japan. Journal of International Economics,2001,53:53-79.

[20] Caselli F. , W. Coleman II. Cross-country Technology Diffusion: The case of Computers. American Economic Review, 2001, 91 (2):328-335.

[21] Caseli F. , G. Esquiivel, F. Lefort. Reopening the Covergence Debate:A New Look at Cross-Country Growth Epirics. Journal of Economic Growth,1996,1(3):363-390.

[22] CIC. The International Comparison of Prices Program. Center Int. Comparisons, U. Penn.

[23] Clerides S. Lach, S. , Tybout J.. Is Learning by Exporting Important? Micro-dynamic Evidence from Colombia, Mexico, and Morocco. Quarterly Journal of Economics,1998,113:903-948.

[24] Coe D. , Helpman E.. International R&D Spillovers. Europ. Econ. Rew. 1995,39(5):859-887.

[25] Coe D. , Helpman E. , Hoffmaister A.. North-South Spillovers. Economic Journal,1997,107:134-149.

[26] Cohen W. , Levinthal D.. Innovation and Learning:Two Faces of R&D. Economic Journal,1989,99(397):569-596.

[27] Comin D. , B. Hobijn, E. Rovito. Five Facts You Need to Know about Technology Diffusion. NBER Working Paper,2006,11928.

[28] Dixit A.. Entry and Exit Decisions under Uncertainty. Journal of Political Economy,1989,97(3):620-638.

[29] Eaton J. , Kortum S.. Trade in Ideas:Patenting and Productivity in the OECD. Journal of International Economics, 1996, 40 (3-4): 251-278.

[30] Eaton J. , Kortum S.. Engines of Growth:Domestic and Foreign Sources of Innovation. Japan World Economy,1997,9:235-259.

[31] Eaton J. , Kortum S.. International Patenting and Technology Diffusion: Theory and Measurement. International Economic Review,1999,40:251-278.

[32] Eaton J. , Kortum S.. Innovation, Diffusion and Trade. NBER work. pap. 12385. Cambridge, MA,2006.

[33] Eeckhout J. ,Jovanovic B. . Knowledge Spillovers and Inequality. American Economic Review,2000,92,no.5.

[34] Ethier W. . National and International Returns to Scale in the Modern Theory of International Trade. American Economic Review,1982,72(3):389-340.

[35] Evenson R. ,Westphal L. . Technological Change and Technological Strategy. In Handbook of Development Economics. Volume III, edited by Behrman. J. ,and T. Srinivansan,Science,E,1995.

[36] Fosfuri A. ,Motta M. ,Ronde,T. . Foreign Direct Investment and Spollovers through Workers' Mobility. Journal of International Economics,2001,53:205-222.

[37] Gerschenkron A. . Economic Backwardness in Historical Perspective. Cambridge,Mass. :Harvard University Press,1962.

[38] Globermann S. ,Kokko A. ,Sjoholmf. . International Technology Diffusion :Evidence from Swedish Patent Data. Kyklos,2000,53:17-38.

[39] Gorg H. ,Greeaway D. . Much do About Nothing? Do Domestic Firms Really Benefit from Foreign Direct Investment?. work. pap. U. Nottingham,2002.

[40] Gray W. ,R. Shadbegian. Environmental Regulation,Investment Timing,and Technology Choice. Journal of Industrial Economics,1998,46(2):235-256.

[41] Griffith R. ,Redding S. ,Simpson H. . Productivity Convergence and Foreign Ownership at the Establishment Level. CEPR work. pap. ,2003,3765.

[42] Griffith R. Redding S. ,Reneen J. . Mapping two Faces of R&D:Productivity Growth in a Panel of OECD Industry. Mimeo,London School of Economics,2000.

[43] Griliches Zvi. Hybrid Corn:An Exploration in the Economics of Technological Change. Econometrica,1957,25(4):501-522.

[44] Griliches Zvi. R&D,Patents,and Productivity. Chicago:University

350

of Chicago Press,1984.

[45] Grossman G. ,Helpman E. . Innovation and Growth in the Global Economy,Cambridge MA. :MIT Press,1991.

[46] Hall B. ,B. Khan. Adoption of New Technology. New Economy Handbook,2003:1-15.

[47] Hallward-Driemeier M. ,Iarossi G. ,Sokoloff K. . Exports and Manufacturing Productivity in East Asia:A Comparative Analysis with Firm-Level Data. work. pap. UCLA,2002.

[48] Hanson G. . Should Countries Promote Foreign Direct Invest-ment?. G-24,UN Discus. pap series,NY and Geneva,2001.

[49] Helper S. . Supplier Relations and Adoption of New Technology : Results of Survey Research in the U. S. Auto Industry. NBER Working Paper,1995,5278.

[50] Helpman E. . Innovation, Imitation, and Intellectual Property Rights. Econometrica,1993,61(6):1247-1280.

[51] Hsieh Chang-Tai,P. Klenow. Relative Prices and Relative Prosperity. Mimeo Standford,2005.

[52] Hubbard T. . Why are Process Monitoring Technologies Valuable ? The Use of On-Board Information Technology in the Trucking Industry. NBER Working Paper,1998,6482.

[53] Irwin D. ,Klenow P. . Learning Spillovers in the Semi-Conductor Industry. Journal of Political Economy,1994,102:1200-1227.

[54] Jaffe A. ,Trajtenberg M. ,Henderson R. . Geographic Localization of Knowledge Spollovers as Evidenced by Patent Citations. Quar-terly Journal of Economics,1993,108(3):577-598.

[55] Jaffe A. ,Trajtenberg M. . Patents,Citations and Innovations:A Window on the Knowledge Economy. Cambridge:MIT Press, 2002.

[56] Katayama H. ,Lu Shihua and Tybout J. . Why Plant-Level Produc-tivity Studies Are Often Misleading,and an Alternative Approach to Inference. Working Paper Penn Sate U,2003.

[57] Keller W.. Are International R&D Spillovers Trade Related? Analyzing Spillovers among Randomly Mateched Trade Patners. European Economic Review,1998,42:1469-1481.

[58] Keller W.. Knowledge Spillovers at the World's Technology Frontier. CEPR work. pap. 2001,2815.

[59] Keller W.. Geographic Localization of International Technology Diffusion. American Economic Review,2002,92:120-142.

[60] Keller W.. Trade and Transimission of Technology. Journal of Economic Growth,2002:5-24.

[61] Keller W.. International Technology Diffusion. Journal of Economic Literature,2004:752-782.

[62] Keller W. , Yeaple S.. Multinational Enterprises, international Trade, and Productivity Growth: Firm Level Evidence from the United States. IMF work. pap. ,2003,248.

[63] Kennickell A. ,M. Kwast. Who Uses Electronic Banking ? Results from the 1995 Survey of Consumer Finances. Board of Governors of the Federal Reserve System, Finance and Economics Discussion Paper Series:1997/35.

[64] Klenow P. , A. Rodriguez-Clare. Economic Growth: A Review Essay. Journal of Monetary Economics,1997,40:597-617.

[65] Krugman,P.. Exchange Rate Instability. Cambridge, MA: MIT Press,1989.

[66] Larrain F. ,Lopez-Calva, L. , Rodriguez-Clare A.. Intel: A Case Study of Foreign Direct Investment In Central America. work. pap. 58,Center Int. Develop. ,Havard U,2000.

[67] Lichtenberg F. , Bruno van Pottelsberghe de la Potterie. Does Foreign Direct Investment Transfer Technology Across Borders?. The Review of Economics and Statistics,2001,83(3):490-497.

[68] Lumenga-Neso O. ,Olarrega M. ,Schiff M.. On "Indirect" Trade-Related R&D Spollovers. mimeo,World Bank,2001.

[69] Mansfield E.. Technical Change and the Rate of Imitation. Econo-

metrica,1961,29(4):741-766.

[70] Markusen J.. Multinational Firms and the Theory of International Trade. Cambridge:MIT Press,2002.

[71] Nelson R. , Phelps E.. Investment in Humans, Technological Diffusion and Economic Growth. American Economic Review, 1966,56(2):69-75.

[72] Parente S. ,Prescott. Barrier to Technology Adoption and Development. Journal of Political Economy 102, no. 2(April 1994):298-321.

[73] Rhee Yung-Whee, Ross-Larson Bruce, Pursell Garry. Korea's Competitive Edge :Managing Entry into World Markets. Baltimore:Johns Hopkins U. Press for World Bank,1984.

[74] River-Batiz L. , Romer P.. Economic Integration and Endogenous Growth. Quarterly Journal of Economics,1991,106(2):531-555.

[75] Rodriguez-Clare,A.. Multinationals, linkages, and Economic Development. American Economic Review,1996,86:852-873.

[76] Romer P.. Endogenous Technological Change, Journal of Political Economy,98,5(Oct.):71-102.

[77] Romer P.. Two Strategies for Economic Development:Using Ideas and Producing Ideas. Proceedings of the World Bank Annual Conference on Development Economics,1993,992:63-115.

[78] Rosenberg N.. Factors Affecting the Diffusion of Technology. Explorations in Economic History, Vol. 10 (1):3-33. Reprinted in Rosenberg, N.. Perspectives on Technology. Cambridge: Cambridge University Press,1972:189-212.

[79] Saloner G. , A. Shepard. Adoption of Technologies with Network Effects:an Empirical Examination of the Adoption of Automated Teller Machines. Rand Journal of Economics,1995,26(3):479-501.

[80] Schumpeter J.. The Theory of Economic Development. Cambridge,Mass. :Harvard University Press,1934.

［81］Schumpeter J.. Capitalism, Socialism, and Democracy. New York: Harper, 1942.

［82］Segerstrom P.. Innovation, Imitation, and Economic Growth. Journal of Political Economy, 1991, 99(4): 807-827.

［83］Segerstrom P.. Anant T., Dinopoulos E.. A Schumpeterian Model of the Product Life Cycle. American Economic Review, 1990, 80: 1077-1092.

［84］Singh J.. Knowledge Diffusion and Multinational Firms: Evidence using Patent Citation Data. work. pap., Grad. Scool Bus. Admin. and Econ. Dept., Harvard U, 2003.

［85］Solow R.. A Contribution to the Theory of Economic Growth. Quarterly Journal of Economics, 1956, 70(1): 65-94.

［86］Solow R.. Technical Change and the Aggregate Production Function. Review of Economics and Statistics, 1957, 39(August): 312-320.

［87］Stoneman P.. The Economics of Technological Diffusion. Oxford: Blackwells, 2001.

［88］Strang D., Soule S.. Diffusion in Organizations and Social Movements. Annual Review of Sociology, 1998, 24: 265-290.

［89］WIPo. World Intellectual Prpperty Organization. http://www. wipo. org.

［90］Xu Bin.. Multinational Enterprises, Technology Diffusion, and Host Country Productivity Growth. Journal of Development Economics, 2000, 62(2): 477-493.

［91］Xu Bin, Jianmao Wang. Capital Goods Trade and R&D Spillovers in the OECD. Can. J. Econ. 1999, 32(5): 1258-1274.

全球人权与发展研究最新动态述评[*]

汪习根[**]

（武汉大学法学院，武汉，430072）

　　和平与发展是当今世界的两大主题，而在相对和平的时代，发展问题已然成为各国理论与实践关注的焦点。发展在本质上就是对人之价值与利益在实现过程与结果上的统合，将"发展"这一关键词纳入人权哲学的视野，以人权的本体论和方法论来研究发展问题，成为一股方兴未艾的国际学术潮流，而发展权的研究则是其中的主流。但是，自1969年阿尔及利亚正义与和平委员会在《不发达国家发展权利》报告中首次提出"发展权"概念，到1986年联合国《发展权利宣言》的通过，虽然围绕发展与人权的关系，各国学者与政要针对发展权的内涵和实施路径，各自从不同角度作出了自己的阐述。但迄今为止，对于发展权的争论和辩驳仍在延续之中，且随着国际局势和世界格局的变迁呈现白热化趋势。本文将沿着"人权与发展"这一理论主线，追踪最新的国际学术动态，并基于科学的人权观和沟通理性对此作出自己的分析和评论。

　　* 本项目是本人承担的全国百篇优秀博士学位论文作者专项支助项目成果之一，并受到武汉大学"海外人文社会科学研究前沿追踪计划"资助。

　　** 武汉大学法学院教授、中国法理学会副会长，主要研究人权法、法治与宪政理论。

一、人权与发展研究的不同路径

发展权法治机制的法哲学基础问题一直是国际社会论争分歧的焦点。对发展权实践态度的迥然不同，导源于对人权与发展关系的不同定位。围绕发展与人权的关系，国际学术界和实践领域可谓观点纷呈、莫衷一是，总体而言存在七种代表性主张，即："整体的方法"（The holistic approach）、"基于权利的方法"（The human rights based approach）、"社会正义的方法"（The social justice approach）、"能力方法"（The capabilities approach）、"发展权方法"（The right to development approach）、"责任方法"（The responsibilities approach）和"人权教育方法"（The human rights education approach）。①尽管这些见解侧重点各不相同，其共同倾向却都是以人权的思维对待发展问题，兹分述如下。

（一）整体的方法

最能体现整体性研究路径的莫过于联合国开发计划署（UNDP）在其政策报告中所阐述的立场，联合国开发计划署致力于将人权整合进人类的可持续发展战略，并将这一方法论立场界定为："普遍性和整体性的路径旨在强化整合包括经济、社会、文化、公民权利与政治权利在内的所有权利的独立性与关联性"。② 从人权哲学的角度来看，整体论的方法是对将人权区分为"公民权利与政治权利"和"经济、社会、文化权利"的二元论立场的一种反动。二元论建立在"消极自由"（droits-attribut）与"积极自由"（droits-créance）的区分上，认为公民权利与政治权利属于可以立即适用的权利，而后者则是有待逐步实现的权利。

---

① Stephen P. Marks. The Human Rights Framework for Development: Seven Approaches. In Basu, Mushumi, Archna Negi, and Arjun K. Sengupta eds.. Reflections on the Right to Development. New Delhi: Sage Publications, 2005: 23-60.

② UNDP. Integrating Human Rights with Sustainable Human Development. UNDP policy document. New York, 1998: 16.

整体论的进路试图避免人权的误导性分类而整合所有的权利类型，国际性正式文件一直支持整体论的进路。就背景而言，1948年的《世界人权宣言》第 28 条强调的"建立本宣言所阐述的权利与自由可以充分实现的社会与国际秩序"，这样的秩序只有建立在社会结构有助于实现包含公民权利、文化权利、经济权利、政治权利和社会权利等诸项权利得以实现的基础上方可设想，这就暗含了一种整体论的制度思路。1986 年的《发展权宣言》第 6 条第 2 款强调了整体论进路："所有类型的人权与基本自由是不可分离并相互支持的，必须对促进和保护公民权利与政治权利、经济权利和社会与文化权利予以平等关注和严肃思考。"① 1993 年《维也纳宣言与行动计划》在第 5 段宣称："人的权利是普遍且不可分离的，是相互依存并相互影响的，国际社会必须以平等且公平的方式对待人权，并对全球人权予以同等强调。"② 除了强调人权的共存性和互助性外，整体论路径同时还坚持上述两种类型的人权都同时依存于一定社会条件和资源，并可能被侵犯，应根据制度转型和实践发展不断调适，且对于人之尊严都是至关重要的。联合国 2000 年人类发展报告厘清了掩盖在传统二元论立场上的四项迷思，主张任何类型的人权既是消极权利又是积极权利，都包含需要立即实现的要素和有待逐步实现的要素，同时都需要定量和定性指标予以保障。③可见，整体论的路径是将人权与发展的关系置于经济发展与政治、社会、文化发展协调并进的视野进行分析，实质上就是把发展看做人的所有权利得到全面反映和实现的过程。

（二）基于权利的方法

基于权利的方法是将"人权"与"发展"在政策上联系起来

---

① Declaration on the Right to Development. GA Res. 41/128（Annex），adopted 4 Dec. 1986.

② World Conference on Human Rights. Vienna Declaration and Program of Action. June 1993，DPI/1394-39399，August 1993：30.

③ UNDP. Human Development Report 2000. 93，Box 5. 5.

的主流研究方法，即所谓的"基于权利"的发展路径（"rights-based" approach to development），这种方法的核心主张认为应当通过人权的方式去追求发展或者将人权整合进入类的可持续发展当中。澳大利亚人权理事会的 André Frankovits 将这一方法界定为"国际人权法是唯一被各国共同认可的，对发展合作提供一致性原则和操作方式的全球性机制，它将为正式的发展援助计划提供广泛而恰当的指引，这种指引包括援助方式、优先项目、援助方与被援助方的相关义务。正是通过国际人权法的框架和机制，发展援助项目获得了恰如其分的评价"①。英国的 Julia Häusermann 则倾向于认为这一进路是"将人放在首位并促进以人为本的发展，无区分地确认人的内在尊严，确认并促进男女平等，为一切人提供平等的机会与选择……促使国内制度和国际机制建立在经济平等，公共资源对一切人平等开放，社会正义，人与人的相互尊重的基础之上"②。一般认为，上述两种观点是非政府组织的典型立场，但近来也逐渐被联合国主要人权机构的政策和一些联合国的成员国所采纳。

联合国高级人权专员办公室将"基于权利的发展路径"表述为以下几点：（1）该方法是人类发展过程的观念性框架，它规范地建立在国际人权标准基础之上，并将卓有成效地促进和保护人权；（2）此一方法在本质上将国际人权体系的规范、标准和原则与发展的计划、政策与进程整合起来；（3）该方法包含与权利的直接结合性、问责制、授权性、参与性、非歧视并关注弱势群体五

---

① The Human Rights Council of Australia, Inc., The Rights Way to Development: A Human Rights Approach to Development Assistance, Sydney, Australia, 1995. Cf André Frankovits and Patrick Earle, The Rights Way to Development: Manual For a Human Rights Approach to Development Assistance, Marrickvill, Australia, 1998.

② Julia Häusermann. A Human Rights Approach to Development. London: Rights and Humanity, 1998: 32.

大要素。① 而联合国开发计划署也曾阐述过该路径的相关要义："该方法旨在通过关注人类发展来实现人权……而这一策略的成功实现则端赖于国家渐进并系统地将国内立法和治理规划与主流人权相融合，并将其奠基在人类发展目标之上。"② 值得一提的是，在国际学界和 NGO 组织以及个别国际机构在应用此方法时还呈现出一种新动向，即在整合业已获得接受的发展理论的同时，还增加了一些发展政策推动者以往所不熟知的层面，例如为源自国际人权法所产生的政府责任提供明确参考。③

（三）社会正义的方法

基于人权与社会正义之间的亲缘性关系，人权常常被视做社会正义的代称，因而在逻辑预设上可以认为，在发展的语境中有助于社会正义之实现的，同样有助于保障人权。由此便延伸出的"社会正义的方法"的第三条研究路径。

Tomas Pogge 将社会正义理解为社会制度的正义性或一种社会制度的评判标准，而社会正义与人权之间的关系是"复杂的，是国际社会所能接受的基本正义得以型构而必须具备的核心标准"④。Jose Saramago 则阐述了人权作为社会正义之规范基础的积极价值，要"建立一个崭新的，人人得到相互承认并保障自由与权利的正

---

① The Human Right Based Approach to Development Cooperation—Towards a Common Understanding Among UN Agencies. In the Report of Second Interagency Workshop on Implementing a Human Right-Based Approach in the Context of UN Reform, Stamford, CT: May 5-7, 2003.

② UNDP. Fighting Climate Change: Human Solidarity in Divided World, in Human Development Report 2007: 171.

③ Margot E. Salomon, Towards a Just International Order: A Commentary on the First Session of the UN Task Force on the Right to Development. Netberlands Quarterly of Human Right, 2005: 23.

④ Thomas Pogge. World Poverty and Human Rights. Cambridge UK: Polity Press, 2002: 44.

义（制度），这一制度包含分配正义和交换正义"①。相比之下，
Paul Farmer 的观点显得更为彻底："于我而言，为穷人提供的服务
事项绝不意味着是一项国家的经济优惠政策，也不意味着将某种发
展类型或社会制度置于其他发展方式或制度之上。对赤贫人口真正
高价值的关怀来自这一个基本立场——发展是一项最基本的人
权。"② 在这一基础上，Paul Farmer 批评了建立在"变革主义"（re-
formism）理念之上的所谓"自由发展"模式的理论与实践，他还
反对当前人权运动忽视经济、社会、文化权利的偏向。社会正义的
方法体现在有关发展的人权制度架构上的重大特点就是，强调国际
和国内社会的支持以消除社会不公是一项内在的道德使命。③

（四）能力的方法

该种研究方法的强有力主张者是曾获得诺贝尔经济学奖的
Amartya Sen。在他的代表作《自由的发展》中专门用一章来阐述
了这一方法。在"能力贫困"这一章中，Amartya Sen 主张发展不
仅意味获得更多的物品和服务，而且是拓展选择的自由，通过选择
的自由来实现生命的价值，而这种拓展的自由就是所谓的"能
力"，而发展视域下的"贫穷"在本质上就是基本能力的丧失或被
剥夺。Amartya Sen 将基本能力的丧失归结为三大特征：早丧、营
养不良、无知，但同时他也承认"这些指标并不能涵盖能力贫穷
的全部特征"④。在能力方法的话语范式中，"能力"是个人在分
享生命诸值中可以获致的事项，而对这些事项的运用和实现就体

① J. Saramago. From Justice to Democracy by Way of the Bells. closing speech of the World Social Forum. Porte Alegre, Brazil, 5 February 2002. trans. R. Finnegan and C. Johnson.

② Paul Farmer. Pathologies of Power: Health, Human Rights and the New War on the Poor. Berkeley: University of California Press, 2003: 152, 99-103.

③ Jim Young Kim, Joyce V. Millen, Alec Irwin, John Gershman. Dying for Growth: Global Inequality and the Health of the Poor. Monroe, Maine: Common Courage Press, 2000: 147.

④ Amartya Sen. Development as Freedom. New York: Knopf, 1998: 87-110.

现出一种"功能"的要素。① Martha Nussbaum 在 Amartya Sen 的理论基础上，更进一步描述了人权理论中能力与功能的要素。他仔细梳理了《世界人权宣言》中表述人权能力的全部条款，以强调人权规范的主张者和哲学家以及政策制定者一样，同样对美好生活方式和人类发展规划倾注了自己的关切与思考。Martha Nussbaum 以表格的方式列举了人权能力的十大要素，包括生命、身体健康、身体的完整性、感官想象、情感、思维、归属、与它物种（动植物）的关系、享乐、环境保护。以获取食物的权利为例，权利的能力层面体现在食物是可获得并易于获得，且在可承付范围之内以及文化上适宜的（如伊斯兰教对猪肉的禁忌）；而权利的功能层面则体现在对食物的消费上。② Martha Nussbaum 和 Amartya Sen 都建议公共政策的关注点应聚焦在能力的方法上，而这一呼吁显然得到国际社会的重视与认可，《经济、社会、文化权利国际公约》中就将健康权界定为"通过宜获得的、可承付的、适宜的和同等对待的方式而享受健康生活的能力"③。

现在，能力的方法已经成为联合国开发计划署的官方政策，正如 UNDP 公开主张的那样："人类的发展与人权拥有同样的视野——其目标同是实现人类的自由。在追求能力和实现权利的过程中，人类的自由无疑是至关重要的。人类应当在涉及他们自身发展的事项上拥有自由选择和决定的权利。人类发展与人权之间是相互促进的关系，它们共同致力于保护全体人类的福祉与尊严，让人们自我尊重的同时懂得尊重他人。"④

（五）发展权方法

发展权方法就是将发展本身视为一项人权。自从 1972 年塞内

---

① Amartya Sen. Commodities and Capabilities. Oxford University Press, 1999.

② Martha Nussbaum, Capabilities, Human Right, and the Universal Declaration. In Weston & Marks, The Future of International Human Rights, Transnational Publishers, 1999: 48.

③ CESCR, General Comment 14: The right to the highest attainable standard of health, UN Doc. E/C.12/2000/4, 4 July 2000, paras. 34-37.

④ UNDP, Human Development Report 2007: 9.

加尔首任最高法院院长、联合国人权委员会委员 Kéba M'Baye 第一次公开提出发展权概念①，特别是 1979 年联合国大会第 34/36 号决议通过《关于发展权的决议》，1986 年 12 月 4 日以第 41/128 号决议通过《发展权利宣言》后，发展权作为第三代人权的核心，业已获得世界各国的广泛认可。国际学界对此也进行了一系列的深入研究，这种以"发展权"及其相关机制的构建作为核心范式来研究人权与发展的路径就是发展权方法。

客观地说，在发展权概念提出的初期，国际学界对此还谈不上什么深入性的研究（research），往往更多是一种"表态式"的评论（commentary），在法律和人权领域主要表现为对发展权宣言的论证和支持，少有理论结合实践的研究。真正改变这一状况的是 1998 年联合国人权委员会所建立的专门工作组和所任命的独立专家的大力倡导，独立专家每个阶段向专门工作组提交一些关于发展中国家发展权实施状况的研究报告作为讨论的中心议题，并向工作组给出有关思考和建议，来自印度的经济学家 Arjun Sengupta 就被任命为独立专家。在专门工作组和独立专家的倡导以及各国学者的理论努力下，当前发展权的研究路径已经突破传统研究的桎梏，并从扶贫、经济一体化、非政府组织以及公共卫生等角度为发展权的理论和实践搭建了沟通的桥梁，但是对于发展权的保护和实现，仍然缺乏完善的法律体系建构。

发展权方法将发展视为"发展中国家用发展来吸纳人权，发达国家为此提供更多的资源和帮助"，而一些国际组织如世界银行等，也对这样一种实施发展权的崭新路径表示了浓厚的兴趣。当前发展权方法正出现从政治修辞向发展实践的转向，而这其中存在的最大问题就是，该方法的立论依据很大程度上是建立在《发展权利宣言》这一文本基础上。但这个宣言本身恰恰是一个妥协的产

---

① Kéba M'Baye, Le droit au développement comme un droit de l'home, Human Rights Journal, V (2-3): 505-534. Cf Russel Lawrence Barsh, The Right to Development as a Human Right: Result of the Global Constitution. Human Right Quarterly, 1991: 322.

物，是居于发达地位的群体与不发达境地的群体相互讨价还价的结果，是经过表决而不是协商一致通过的，于是仍有少数国家和学者对发展权方法存在担忧和戒备，认为这是"穷国向富国要债的权利"①，阻碍了该方法的进一步推广与适用。

（六）责任的方法

人权在法律和国际关系领域不只是一种抽象的伦理原则，同时更是有待尊重、保护、促进和实施的国家义务，而这种责任和义务是否可能以及在何种程度上可能成为人权的代替物，有关于此的争论和学说便成为人权与发展研究的第六条路径。

责任的方法是在有关"亚洲价值"的讨论中兴起的。根据"亚洲价值"立论者的观点，亚洲那些富裕的、具有良好福利条件的社会是纪律规训和社区义务感所促育的，而这又是为西方的民主观念和人权价值所排斥的。在西方观念看来，对义务的过度主张将可能成为政府拒绝尊重公民人权的借口和掩饰。韩国前总统金大中曾表示过对"亚洲价值"的拒绝，认为这种观点是"无根据且极度自我的"，他认为"亚洲建立民主政制和强化人权保障的最大障碍并非来自文化基因，而是缺乏对专制统治者及其辩护者的反抗和拒斥"。② 在主张责任的方法的学者看来，亚洲价值的论点难以成立，除了因为它拒绝承认价值多元和社区在任何社会中都具有重要性外，还因为它忽视了义务和责任的观念原本就是人权话语的构成要件之一，而非其对立面。理解义务和责任在实现人权保障方面所扮演的法律角色是理解人权与发展之间关系的根本。③

用责任的方法来看，国际人权标准下有三种义务类型确立了国

---

① UNDP. Integrating Human Rights with Sustainable Human Development. UNDP policy document，Jan. 1998.

② Kim Dae Jung. Is Culture Destiny? The Myth of Asia's Anti-Democratic Values. Foreign Affairs，1994，73：190-194.

③ Stephen Marks. The Human Rights Framework for Development：Seven Approach. Harvard Human Rights Yearbook，2001.

际人权法上的直接责任和间接责任。① 其一是通常观念所理解的，每一权利都对应了相应的国家义务或其他义务主体的义务；其二是社会契约观念下，义务是个体为获得国家所保护的安全与自由而与国家进行互换的产物；其三是在某些特定情形下，为缓和绝对权利过于僵硬的侧面，而对其进行法律限制所产生的义务。② 但有学者否定了人权法领域中这种义务与责任的关联，Paul Streeten 在一篇评论文章中就质疑道："就实现人的发展自由而言，诉诸义务话语或者责任话语即可，而无需求助于权利的语式……在无权利的情况下，义务、职责与责任依然可能存在。"③ Amartya Sen 的观点则相对激进，对于权利而言，"每一个体都享有人权……这根源于他们作为人这样一个事实"；就义务和责任来看，"每个人所具有的责任——不论其公民身份、国籍、宗教派别为何——则是帮助他人获享自由，只要人有这种帮助的能力，它就负有与之俱生的责任"。④这样就将规范意义上的责任转变成了事实判断上的责任。

（七）人权教育方法

人权教育方法的理念实质是，认为拓展人的能力的最有效方法是通过参与到有关发展的决策当中来促进他们的社会转型。这种方法的形成可以追溯到《世界人权宣言》当中，"每一个体和社会组织都应时刻将本宣言铭记于心，应努力通过学习和教育的方式来促进对本宣言所载人权的尊重"。⑤ 联合国大会将此种方法界定为：

---

① International Council on Human Rights Policy. TakingDuties Seriously：Individual Duties in International Human Rights Law：A Commentary. New York：Academic Press，1999.

② Habermas. Remarks on Legitimation through Human Rights，in The Postnational Constellation：Political Essays，trans. Max Pensky，Polity Press，2001：113-29.

③ Paul Streeten. Freedom and Welfare：A Review Essay on Amartya Sen，Development as Freedom. Population and Development Review，2000，26（1）.

④ Amartya Sen. Consequential Evaluation and Practical Reason. The Journal of Philosophy，2000，xvii（9）.

⑤ Universal Declaration of Human Rights，Preamble.

"除了提供信息，还包括提供全面的终生学习机会，借此不论处于何种发展水平与社会阶层的人都将学习到尊重他人的尊严，并学习到确保对民主社会的尊重的方式与方法。"①

人权教育的方法最突出的特征就是其改革性的人权教育学的观念与实践，这使得将权力阶层置放于各种形式的管束和控制下成为可能。② Clarence Dias 列举了人权教育方法对发展问题的五种贡献：（1）有助于监控发展行动；（2）为受害者寻求回复原状、损害赔偿、恢复正义提供了支持；（3）促进了对发展基本原理的理解；（4）确保更有效率地参与到发展过程当中；（5）确保了对滥用公共资源的可归责性。③ 人权教育的方法具有某种程度上的"非正式性"，也就是说它对教育者的角色定位是一个"促进者"而非"教导者"，属于一种"以目标为导向的非正式教育"（goal-oriented non-formal education）。④ Richard Claude 将人权教育方法的目标归结为六点：（1）拓展知识；（2）发展批判性理解的能力；（3）明辨价值是非；（4）转变态度；（5）促进社会连带；（6）改变行为和实践方式。只有当上述六项目标全部实现之后，人类发展的最重要目标才可能达致——增强人类控制和掌握自我命运与自我决定的能力。⑤

---

① GA Res. 48/127, 48th Sess. Supp No. 49 at 246 UN Doc. A/48/49 (Vol. 1) (1993).

② George J. Andreopoulos and Richard Pierre Claude. Human Rights Education for the Twenty-First Century. University of Pennsylvania Press, 1997.

③ Clarence Dias. Human Rights Education as a Strategy for Development. In Andreopoulos and Claude, Human Rights Education for the Twenty-First Century, University of Pennsylvania Press, 1997: 52-53.

④ Frank Elbers. Human Rights Education Resourcebook. Human Rights Education Associates (eds), Cambridge, MA, 2000: 117.

⑤ Richard Claude. Popular Education for Human Rights: 24 Participatory Exercises for Facilitators and Teachers. Human Rights Education Associates, 2000: 6.

二、发展权的定义之争

定义（definition）不仅是一个对事物科学意涵的揭示过程，同时更是事物获得自身合法性的身份证成（identity），对于定义的勘定与争论在很大程度上就是为了赢取对事物的解释权以及附着在解释权背后隐含的话语权。当前以发展权为核心的第三代人权在话语实践层面的最大障碍之一就在于，"关于发展权的定义始终存在不可调和的分歧和似是而非的推论"①，至今仍还没有一个获得普遍认同并广泛接受的发展权定义。

（一）包容式定义

由于发展权一开始就是在联合国的支持和主导下推动的，因此，联合国正式通过的两个发展权国际法律文件对于理解发展权的定义具有重要指导作用。

1979年联大通过的《关于发展权的决议》将发展权初步界定为"发展权利是一项人权，平等的发展权利既是各个国家的特权，也是各国国内人民的特权"②。在1986年通过的《发展权利宣言》的序言和第一条中则进一步将发展权的概念内涵明晰化："发展权利是一项不可剥夺的人权，这种权利的本质在于，每个人和所有民族均有权参与、促进并享受经济、社会、文化和政治发展，在这种发展中，所有人权和基本自由都能获得充分实现。"这其中"发展是经济、社会、文化和政治的全面进程，其目的是在全体人民和所有个人积极、自由和有意义地参与发展及其带来的利益的公平分配的基础上，不断改善全体人民和所有个人的福利"。③

（二）动态式定义

与发展权国际法律文件上对发展权总括式的、本质主义的定义

---

① UNDP. Human Development Report 2003：Millennium Development Goals, A Compact Among Nations to End Human Poverty. supra n. 1, at Overview 5.

② General Assembly Resolution 34/46.

③ Declaration on the Right to Development，General Assembly Resolution 41/128.

不同，作为独立专家的 Arjun Senguputa 倾向于对发展权概念作一种动态式的理解。Senguputa 将自己对发展权的界定称为"基于权利的发展进程"（a right-based process of development）。在这种范式理解下的发展权包括五项基本原则：平等性、非歧视性、参与性、责任性和透明性。而当发展的进程能够被宣称为一项权利时，它就是发展权的目标，在这个意义上"发展权是对基于权利的发展进程的主张"①。发展权的动态式定义避免了对发展权内容及实质的过度纠缠，主张不仅"发展进程所导致的结果是人权，事实上发展进程本身就是一项人权"②，这在和平与发展成为时代主题的大背景下，旨在促使发展权概念获得国际社会——无论是发达国家还是不发达国家——的普遍接受。

（三）人类发展分析式定义

发展权和其他人权不同之处不在于其人权属性，而在于所包容的权利内涵。也就是说，对发展定义之争的焦点不在于"权利"而在于"发展"。最初，发展"至少在原则上被认为是所有人福利的改进"③，由于"所有人福利"在解释上显得过于模糊，后来发展被等同为"人均真实收入的增长"④，尽管如此，学者们发现收入增长还不足以满足人们的某些最低需求，于是又在福利函数中引入了一些能体现基本需求的指标，发展也就相应地被理解为"基

---

① Arjun Sengupta, Asbjorn Eide, Stephen Marks and Bard Anders Andreassen. The Right to Development and Human Right in Development, for the Nobel Symposium Organized in Oslo, Otc. 13-15, 2003.

② Arjun Sengupta, The Human Right to Development, in Bard A. Andreassen and Stephen P. Marks (eds): Development as a Human Right, Boston: Harvard School of Public Health Press, 2006.

③ Committee on Economic, Social and Cultural Rights, General Comment No. 3 (1990), UN Doc. E/1991/23, Annex III, para. 10.

④ Russell Barsh. The Right to Development as a Human Right: Results of the Global Consultation. Human Rights Quarterly, 1991.

本需求供给的增加以及人均真实收入的提高"①。而 Amartya.Sen 则用人类发展分析法进一步拓展基本需求分析视域，并用人类发展指标替代基本需求指标而给出了一个发展权的全新定义。

在 Amartya Sen 看来，人类发展绝不只是经济指标的考量，预期寿命、婴儿成活率、成人识字率等人类发展指标所反映的功能实现状况，更能弥补人均真实收入指标分析发展的不足。通过将人类发展指标量化，Amartya Sen 给出了一个人权发展的向量公式：

$$DR = d(WR) = (dR_1, dR_2, \cdots, dR_n, g*)$$

在这个公式中，假定有 n 种权利，它们都通过了正当性和一致性检验，而且经过了必要的国际或国内规则创制程序，如果 R_i 表示享有的第 i 种权利的水平，体现权利实现状况的福利 WR 就可以表示为 R_1 到 R_n，dR_i 是一段时期内权利 R_i 的增进，$g*$ 是同一时期旨在实现权利增长的过程，DR 则是体现权利增进状况的福利得以改善的发展进程。正是通过这样的理论推导，Amartya Sen 修正了发展权的包容式定义："发展权是享有权利进程的权利，此进程既包括循序渐进地实现所有公认的人权，如公民权、政治权、经济权、社会权、文化权及国际法所认可的其他权利，还包括符合人权标准的经济增长进程。"② 通过将人类发展指标纳入发展权的概念内涵中，Amartya Sen 扬弃了过往学者认为"发展的目标就是 GNP 增长"③ 的俗见，使得发展权呈现出"在不同生活方式之间选择的自由"④ 的意涵。

① Arjun Sengupta, Realizing the Right to Development. in Development and Change, June 2000; Arjun Sengupta, On the Theory and Practice of the Right to Development. Human Rights Quarterly, Vol. 35. 2002.

② Amartya Sen. Elements of a Theory of Human Right. in Philosophy and Public Affairs, 2004, 32 (4).

③ "发展的目标就是 GNP 的增长，因为这使得人们能更好地控制他的生存环境并因此增加了自由"，Arthur Lewis. The Theory of Economic Growth. London: Allen & Unwin, 1965: 401.

④ Amartya Sen. Development as Capability Expansion, Journal of Development Planning, Vol. 19: 41-58.

（四）二元式定义

也有的论者将发展权作二元论式的理解，即发展权包含两个层面：（1）已经得到正式确认的权利；（2）尚未被确认为权利的基本自由。由此发展权意味着"所有被确认的权利和（尚未被确认为权利的）基本自由逐步实现的进程"①。这一定义牢牢地把握住发展作为自由拓展的过程，其中部分发展事由被确认为权利（实证发展权），另外有部分发展要素则有待被确认为权利（发展自由）。但我们必须清楚，这些尚未被确认为权利的基本自由具有足够的重要性，因而构成了人类福利的实质要素。只有在正式的权利获得进一步实现，且基本自由没有减损的情况下，才能说发展权得到了真正促进。②

（五）主体式定义

即从发展权的权利主体归宿出发来说明发展权的内涵。由于人权价值观的差异，从人权主体出发，有的将发展权视为个人人权，否定国家和民族的集体发展权。有学者认为发展权只是"一项不可剥夺的国家的权利，不能将它视为是一项抽象的个人权利"③。有论者认为由于"发达国家的全体人民不得不向其自己的政府主张发展权，而发展中国家（以其人民的名义）向国际社会主张发展权。因此，发展权本质上是一项属于人民的权利，而不是属于国家"。但更多学者倾向认为发展权是一项不可分割的权利，不应仅仅解释为是一项个人权利，也是一项集体权利，"国家在政治、经济和社会方面的进步能促进个人的发展，而个人的发展反过来又能促进国家的发展"④；同时认为发展权有助于解释一整套的公民、

---

① see Maastricht Guidelines on Violations of Economic, Social and Cuture Right, Human Right Quarterly, Vol. 20, 1998: 690-727.

② Partha Dasgupta, Human Well-Being and the National Environment, Oxford: Oxford University Press, 2001.

③ Cf A/C. 3/40/SR, p9.

④ A/C. 3/40/SR: 3, 4. 这是大多数发展中国家学者普遍持有的观点，see Report of the United Nations High Commissioner for Human Right to the Economic and Social Council, UN Doc. E/2002/68/Add1. May 20, 2002.

政治、经济、社会和文化权利，在此背景下，全部人权的不可分性和相互依赖性才会显得更加突出。

（六）代际式定义

这是"二战"后随着民族解放运动的不断发展，而兴起的一种关于发展权概念内涵的强有力主张。该主张扬弃了公民权利/政治权利与经济、社会、文化权利的二元图式，认为发展权是不发达群体对国际社会所主张的保障自身发展的"第三代人权"。这又包含三层意思：第一，发展权是处于不发达地位或劣势群体的权利，其主体是一个集合体；第二，它必须依靠国际社会的相互关联与互惠才能实现，是国家和民族在国际关联中所主张的一项社会连带权；第三，它是与自由权、平等权等公民政治权和经济、社会、文化权等既有联系又相区别的人权的"第三代"（The Third Generation）。①

（七）结构分析式定义

随着美国社会学界帕森斯"结构—功能主义"的分析范式被广泛接受和应用，有人尝试用结构分析的方法来厘析发展权的科学含义。通过对发展权实施之国际政治经济背景的分析，论者认为发展权可以界定为"集体主体所享有的通过消除实现人权的结构障碍和建立国际经济新秩序来满足全人类，特别是发展中国家之发展需求的权利"②。在这个意义上，发展权的结构式定义有两个层面的含义：一是享有发展权意味着有权排除或要求义务主体排除发展的结构性障碍；二是享有通过自主行为或要求义务主体积极行为以建构国际社会新秩序的自由。国家民族之间发展的整体不均衡，导致了发展权概念及其主张的诞生，所以该观点"把发展权描述为

---

① Chris Maina Peter. Human Right in Africa. New York：Green Wood Press，1990：53. Stephen Marks, Emerging Human Right：A New Generation for the 1980s？in International Law：A Contemporary Perspective, edited by Richard Falk, West Press, 1985：501-513.

② Cf Tomas W. Pogge. World Poverty and Human Right. Cambridge：Polity Press, 2002：152.

在国际社会上开始使用一种人权结构分析方法的最重要的一点标志"①。

（八）内涵分析式定义

这一观点认为发展权是国家宏观经济发展和个人需要得以满足与发展的权利。由于发展模式选择权的行使，发展权的核心内容又分为市场发展模式取向的发展权、计划发展模式取向的发展权和自治发展模式取向的发展权。其中市场发展模式取向的发展权反映人们的选择自由；计划发展模式取向的发展权体现的是国家为克服"市场失灵"而进行的宏观调控；自治发展模式取向的发展权则体现了在信息得以充分交流的情况下，各方主体通过平等协商与公共对话而达致的自由发展的理想状态，② 这意味着"发展权可能要求不仅选择基于宏观经济的发展政策，而且还要充分考虑人权法的基本主体即个人的各种需要"③。

三、发展契约与发展权公约

建构发展权实现的法律机制一直是国际社会努力的重要目标之一。从私法层面，提出"发展契约"（Development Compact）的设想，即平等主体之间基于意思自治而签订发展方面的契约以实现发展权。从公法层面，设计出发展权公约（Convention on the Right to Development）制度，由联合国通过一个具有强行法效力的关于发展权的专门法律文件，使发展权走出"宣言"的疲软困境而迈入"硬法"领域从而得以强制实施。

（一）发展契约

发展契约的概念是独立专家 Arjun Sengupta 在向联合国人权委

---

① J. Crawford. The Right of People. Boston：Clarendon Press，1988：39-54.

② A. Sengupta. A. Negi，M. basu（eds.）. Reflections on the Right to Development. New Dehli：Sage Publications，2005：77-89.

③ J. Crawford. The Right of People. Boston：Clarendon Press，1988：67-73.

员会所作的发展权报告中提出来的。发展契约首先是一个实施发展权的国际合作实践机制，其次它还是对参与该合作中的国家的一个有效监控体系。发展契约本身是一个在具有相互性义务（mutuality of the obligation）的全体承担者中确保共同承认的机制，这样发展中国家执行那些以权利为基础的项目时所承担的义务，就与国际社会合作来确保项目执行的互惠义务是一致的。发展权契约的目的是为了确保，如果发展中国家按约履行了义务，那些意在实现发展权的项目将不会因为资金不足而中途停止。发展权契约的缔结包括一系列的步骤和程序①：

（1）通过符合人权规范的方式，在不损害其他权利的情况下，关注权利的实现或减少贫穷。

（2）通过国家间发展契约来设计一个国家发展项目。

（3）通过向民间社会咨询以进一步完善计划。

（4）通过立法将人权纳入国内法体系。

（5）凡没有专门的人权保障机构的国家建立国家人权委员会。

（6）明确国内权力机关和国际社会各自的义务。

（7）建立一个与发展中国家有关的扶助组织，它将仔细审查和评议有关的发展计划，审核其中的具体义务，并在与国际社会各成员分担的契约义务相适应的情况下，决定他们之间的负担分配。

（8）在双边或单边层面，以恰当的手段评价和实施发展计划。

（9）在运用了全部的发展合作手段，并虑及了多边和双边资助者可能的援助意愿后，决定特定发展契约的剩余财政需要。

（10）资助国将援助以"预付承诺"的形式建立相关的财政制度。

（11）在援助组织的帮助下，建立某种机制，以根据达成一致。

---

① Arjun Sengupta. The Human Right to Development, in Bard A. Andreassen and Stephen P. Marks （eds）: Development as a Human Right. Boston: Harvard School of Public Health Press, 2006: 34.

的负担分配原则援引"预付承诺"来为其余的需求提供资金。①

从制度理想来看，发展契约是国际公约之外监督发展权实施的有效补充机制。它旨在评估个体人权和集体人权的执行，并通过采用有效的财政手段促进发展权的实施。

（二）发展权公约

人权被置于和平与发展这两个世界的主题进行整体性考虑，成为人权法学界研究的亮点。2008 年初在日内瓦召开了小型高层发展权学术研讨会并得到了联合国人权理事会的高度重视。较之于以往，其研究旨趣正在经历着两个转变：一是从以往政策与道德层面提升到法律规范层面来对待发展权，二是从在私法上探索发展权契约转变到从公法上研究发展权公约的必要性。最新研究成果表现在，挖掘现有法律文本对发展权加以规范的相关经验、运用全球化的硬法规范来促进发展权的实现。围绕发展权公约的必要性与可行性展开了十分激烈的争论，形成了五派观点：

1. 激进论

持该种立场的学者认为发展权不仅仅是一种"道义上的权利，它同时具有法律上的规范性，以及必要的，可付诸执行的强制力"②。必须创制具有法律效力上的硬法制度，构建发展权公约机制。伦敦经济学院的人权法教授 Margot E. Salomon 主张从侵犯人权的国家法律责任角度来型构发展权公约，他认为由于现代生活和全球社会的变革是紧密镶嵌在一起的，这需要我们——不仅是发展中国家，更包括整个国际社会——转变观念，去建构实施发展权的

---

① 就可获得的文献来看，国际学界对发展契约研究还不够深入，有关论述除前引书外，还可参见 UNDP. Human Development Report 2003. A Compact Among Nations to End Human Poverty. London：Oxford University Press，2003. Samuel R. Staley，"Urban Sprawl" and the Michigan Landscape：A Market-Oriented Approach，Mackinac Center for Public Policy；2nd edition，1999.

② M. Scheinin. Advocating the Right to Development Through Complaint Procedures under Human Treaty, in B. A. Andreassen, S. Marks (eds), Development as a Human Right, Cabridge：Harvard University Press, 2006.

法律责任体系。通过对比并借鉴作为集体人权的自决权法理，Salomon 教授认为发展权同样具有对内和对外两个层面的含义，"发展权的对外层面注重国际政治经济格局的差异性，尤其是穷国与富国的差异，南北差异，发达国家与不发达国家的差异……发展权的对内层面注重确保各国的国内政策有助于实现全体国民的基本人权"①。针对发展权的对外层面，"在社会—经济权利的国际合作义务需要超越源自治外法权（extraterritorrial）的人权公约，这需要在保护普遍性权利而不仅是相对性权利方面进行主动的国际合作"，同时针对发展权的对内层面"（发展权）公约的实质权利—义务条款将构成国内政策在人权保护领域的某种内在规定性，并在很大程度上成为评价国内政策的合法性标准"。② 由此，Margot E. Salomon 得出结论："当我们寻求一种有意义的适用被清晰表述的人权规范以保护那些全球化背景下的发展需求时，我们需要考量对此一标准的意义、解释与执行。使发展权得以被激活的公平理念不同于传统的国际人权话语。和自决权一样，发展权在当下的人权研究路径中时常是容易引起争论并不符常规的，但在当前环境下它有必要被确认为一项有约束力的规范权利。不承认发展权的话，一系列的权利将难以得到整合。"③

2. 保守论

和激进论主张的观点比起来，更多学者对发展权公约所持的是一种更为审慎的态度，认为在对发展权的规范基础和实施条件尚未获得普遍性共识的条件下，贸然制定发展权公约显然是"过分超

---

① M. E. Salomon. International Economic Goernance and Human Right Accountability. in M. E. Salomon, A. Tostensen and W. Vandenhole (eds.). Casting the Net Wider: Human Right, Development and New Duty-Bearers, Intersentia 2007.

② M. E. Salomon. Legal Cosmopolitanism and the Normative Contribution of the Right to Development. in Stephon P. Marks (eds.), Implementing the Right to Development: the Role of International Law. Switzerland: Friedrich-Ebert-Stiftung, 2008.

③ M. E. Salomon. Legal Cosmopolitanism and the Normative Contribution of the Right to Development. in Stephon P. Marks (eds.). Implementing the Right to Development: the Role of International Law. Switzerland: Friedrich-Ebert-Stiftung, 2008.

前因而难以谓之得当的"（much speed-up but not appropriate）①。德国学者 Rudiger 指出："影响国际规范创制过程的因素有很多，既包括规范性规则方式，也包括非规范性的或者前规范性的规则与行动方式，后两者更多与政治发展进程相关。"② 当前形势下，与其致力于思考普遍性的发展权人权公约，不如制定或强化有关特定群体（如妇女儿童、残疾人）、特定事项的人权公约。

哈佛大学法学院残疾人事业发展项目（Harvard Project on Disability）的执行理事 Michael Stein 是这一立场的代表人物。Michael Stein 长期致力于对残疾人权利的保障研究，他认为残疾人权利保护机制的建构将为我们研究发展权提供可资参考的制度框架③。在与他的合作者 Janet E. Lord 共同撰写的论文中，Michael Stein 质疑了发展权公约的现实可行性，认为发展权公约的"规范特征是否其效力的必要决定因素是不能找到确定答案的"，在此基础上他指出："人权文件的实效最终可能更多地依赖于特定缔约国对这些文件背后的价值的执行程度，而非取决于这些人权保护措施本质上是硬法、软法还是惯例。"④

3. 折中论

持该种立场的学者在"应当创制发展权公约"这一点上分享

① Felix Kirchmeier. The Right to Development—Where do We Stand?. in Friedrich-Ebert-Stiftung, Occasional papers, Dialogue on Globalization, No. 23, July 2006.

② Rudiger Wolfrum. Introduction. in Rudiger Wolfrum and Volker Roben (eds.). Developments of International Law in Treaty Making. Berlin: Heidberg; New York: Springer, 2005.

③ Michael A. Stein, Disability Human Right, in California Law Review Vol. 95, 2007; Michael A. Stein, a Quick Overview of the UN Convention on the Rights of Persons with Disabilities and its Implications for American Disabilties, in Mental and Physical Disability Law Report, Vol. 31, 2007.

④ Michael A. Stein & Janet E. Lord, The Normative Value of a Treaty as Opposed to a Declaration: Reflections from the Convention on the Rights of Persons with Disabilties, in Stephon P. Marks (eds.). Implementing the Right to Development: the Role of International Law. Switzerland: Friedrich-Ebert-Stiftung, 2008.

了激进论主张者的观点，这使得他们与持保守论立场的学者区别开来，但在"如何创制发展权公约"上，折中论观点与激进派存在较大分歧。国际法学者 Sabine 在对比了有关联合国公约和《发展权利宣言》的结构性差异之后发现，"公约区别于（发展权）宣言，前者包含纠纷解决的程序……而宣言中不存在这样的条款，因为后者的适用和解释通常并不被认为是一个司法问题"。发展权宣言所起的作用在某种程度上更类似于平衡性的政治杠杆，要知道，"条约永远存在过度简化后续法律发展过程的风险，其对确定性追求的代价就是制度弹性（flexibility）和交互性（reactivity）的减少……而发展权就其性质而言是动态性的，在现阶段，将发展权公约固化（rigid）会导致难以将发展权的未来进化考虑进去"。因此，Sabine 教授建议采取渐进性方法，首先在特定领域缔结发展权公约，再逐步完善然后制定统一框架性的发展权公约。① 无独有偶，华威大学的 Upendra Baxi 教授在分析了促使发展权宣言向发展权公约转化的八个要素之后，进行了一项法律经济学意义上的成本—收益分析。在该分析的基础上，他也提出一项"框架性"而非如前述第一种观点那样系统的发展权公约的思路。框架性的发展权条约可以利用既有的发展权机制，后者亟待框架性发展权条约的更新甚至超越，这其中包括"a. 国际的、超民族国家的和地区的财政制度；b. 多国间合作和商业联合体；c. 基于国家责任的人权和高度全球化的政策框架与行动工具"，而在一系列竞争性的选择要素当中，框架性的发展权条约"把正在蒙受苦难、没有权利的人们以及抵抗行动中的团体的声音放在优先地位"②。

① Sabine von Schorlemer, Normative Concept of a Treaty as Opposed to a Declaration on the Right to Development: A Commentary, in Stephon P. Marks (eds.). Implementing the Right to Development: the Role of International Law. Switzerland: Friedrich-Ebert-Stiftung, 2008.

② Upendra Baxi, Normative Content of a Treaty as Opposed to a Declaration on the Right to Development: Marginal Observations, in Stephon P. Marks (eds.). Implementing the Right to Development: the Role of International Law. Switzerland: Friedrich-Ebert-Stiftung, 2008.

4. 替代论

如果说框架性的发展权公约仍是在传统国际法视野下进行的逻辑拓展，那么替代论者的观点则算得上一次重大的理论革新。替代论主张者认为，可以采用一个创新性的公约的替代方式——发展权多边参与者协议（a Multi-Stakeholder Agreement on the Right to Development）来探索发展权实施的新路径。安特卫普大学法律系的国际法讲座教授、法律与发展研究小组召集人 Koen De Feyter 是这一观点的有力主张者。他认为多边参与者协议不限于在国际关系领域适用，因为国家不是国际发展合作的唯一垄断者。在列举了一系列国家间和非国家组织间的多边参与者协议实践后，Koen 通过对维也纳国际公约第3条有关适用范围的解释，指出"在多边参与者协议的背景下，通过产生、鉴别最适宜的实践模式，运用成功领域的经验并借助参与者实践，该协议能为发展权实践提供更为普遍的政治支持"。发展权多边参与者协议包含如下要素:[1]

（1）关于发展权的约定。

（2）参与援助当地社区实施发展权的约定，这当中又具体包括：①发展权资金；②发展权伙伴关系协议。

（3）参与发展权政策讨论的论坛。

（4）参与调解与纠纷解决的约定。

而这一协议的目的则在于："将意欲建立能够证明发展权可以被有意义地实现的最佳做法的公共和私人主体联合起来。"

5. 修补论

如果说前述几种主张更多借助的是政治学或者法律政策学的视角来观照发展权及发展权公约的话，修补论的观点视角则显然更符合规范法学旨趣。修补论的主张者从法律技术类型学（a typology of legal techniques）视角，意图通过调整、补充和加强现有规范或者总结现有发展契约（development compacts）的指南、建议或评价

---

[1] Koen De Feyter, Towards a Multi-Stakeholder Agreement on the Right to Development. In Stephon P. Marks (eds.). Implementing the Right to Development: the Role of International Law. Switzerland: Friedrich-Ebert-Stiftung, 2008.

标准，以及将 1986 年的发展权利宣言在区域和区域间文件中明晰化的方式来实现发展权。

在持修补论的学者中，荷兰莱顿大学国际法教授、联合国高级别专家组成员 Nico Schrijver 的观点较有代表性。他认为联合国的发展权条约不是实现发展目标的唯一途径，各种国际法上的法律技术一样可以达致相同目标，具体而言包括：①

（1）强化、更新、提升 1986 年《发展权利宣言》的地位。

（2）在 2011 年，即《发展权利宣言》通过 25 周年之际，对《宣言》进行反思和评价，并在此基础上采用一份更富意义的后继性宣言。

（3）筹备新的发展权指导方针和建议。

（4）在联合国系统内部提升发展权的制度地位。

（5）达成发展权契约，这是实施发展权和提升其地位的补充办法。

（6）用发展权利宣言的原则和要求来主导形成地区及地区间的发展协议。

（7）起草新的有关发展权的人权条约。

作为结论，他提议："应优先考虑通过建立、改善和适用联合国人权委员会所要求的、高级别专家组正参与制定的指导方针来执行发展权，而不是匆忙地着手制定条约。"

四、发展权标准与指标体系

当前关于人权与发展研究的一个最显著的变化就是从以往形而上的宏大叙事正逐步向形而下的微观分析转变，归因于社会科学的强势话语影响，指标式的量化标准逐步出现在人权与发展的研究

---

① Nico Schrijver, Many Roads Lead to Rome: How to Arrive at a Legally Binding Instrument on the Right to Development? in Stephon P. Marks（eds.）. Implementing the Right to Development: the Role of International Law. Switzerland: Friedrich-Ebert-Stiftung, 2008.

当中。

Thomas Hammarberg 认为，从倡导性建议转变到一个普遍实现的人权执行框架，与确定和设计那些体现了相关人权规则、标准和原则的指标和监管方法有着不可分割的联系，而"这一认识的核心是，目标与结果之间的桥梁是用信息来一砖一瓦构筑的"①。正是基于这一考虑，有专家相信"在人权方面——尤其是理念和内容尚无定论的发展权——制定并适用恰当的指标体系也能够促进阐明其权利内涵，并进一步推动它的实施"②。

（一）高级别专家组的标准

在目前来看，最权威也是认可度最高的发展权评价标准和指标体系无疑是联合国发展权高级别专家组在 2008 年 1 月第 4 次会议上通过的评价标准。专家组将与发展伙伴有关的指标大致界定为三组：结构/制度框架、进程和结果。③

1. 结构/制度框架

（1）致力于创造环境的可持续发展和实现一切人权。

（2）利用一切与发展权相关的国际人权手段，以详尽阐释发展权的策略内容并监控和评价其实施状况。

（3）在国际和国内层面促进善治、民主、法治和有效的反腐。

（4）遵循基于人权的发展路径，在发展策略上整合平等、无歧视、参与、透明和负责任等诸项原则。

（5）建立迅速反映弱势群体和少数族群需要的优先机制，用

---

① Thomas Hammarberg, "Searching The Truth: The Need to Monitor Human Rights with Relevant and Reliable Means", Address at the Statistics, Development and Human Rights Conference organized by the International Association for Official Statistics in Montreux, Switzerland, September 4-8, 2000.

② Douglas N. Daft, Chief Executive Officer of Coca-Cola, United Nations Development Programme, Human Development Report 2000: Human Rights and Human Development (New York: UNDP and Oxford University Press, 2000), p. 126

③ Criteria for Periodic Evaluation of Global Development Partnerships from a Right to Development Perspective as revised by the task force at its fourth session, January 2008. see A/HRC/8/WG. 2/TF/2, 31 January 2008.

一切积极手段来实现他们的人权。

（6）在发展伙伴间建立相互责任和共同责任，认真考虑他们各自的能力和资源以及最不发达国家的特殊困境。

（7）通过和谐的政策，确保人权和有关义务在发展伙伴关系的任何方面得到尊重。

2. 进程

（1）确保免费获得的足够信息，以使得公众能迅速审查发展的有关政策、他们的工作条件和相关报酬。

（2）促进性别平等，保护妇女权利。

（3）提供有意义的咨询，保证受（相关政策）影响的利害关系人包括他们的代表以及有关的社会组织、独立专家能参与阐释、实施、评价有关发展政策、计划和项目之中。

（4）尊重每个政府在符合国际法原则基础上自由决定其发展政策和由其国内立法机关审查与批准这些政策的权利。

（5）采用相互问责与相互检讨的公平机制，借此所有合作方在执行他们的一致协议方面将得到监控和公开报导，划清行动责任和采取有效救济。

（6）根据合适的指标体系评价其政策和项目对人权造成的影响，从而监督和评估在实现发展战略方面的进展，并致力于加强及时收集数据的能力，在此基础上将这些数据充分分类，以监督对弱势群体和穷人的影响。

3. 结果

（1）确保发展中国家通过自身的努力、国际援助和合作而拥有人力及财力，从而能够根据这些标准成功落实发展战略。

（2）根据需要建立安全网络，以满足弱势群体在发生自然灾害、金融或其他危机时的需求。

（3）根据《发展权利宣言》第 2 条第 3 款的规定，在全体人民和所有个人积极、自由且切实参与发展及公平分配所带来利益的基础上，不断改善全体人民和所有个人的福利。

（4）有助于发展进程的可持续性和公平性，以确保所有人的机会不断增加，且资源得到公平分配。

（二）发展经济学的标准

日内瓦的发展经济学家 Rajeev Malhotra 在新近一篇出色的研究论文中也表示："为了促进实施普遍人权和发展权，制定合适的指标体系显得尤为必要。但当中也存在不少的困难，至少有三个问题需要加以解决：第一，为了能细致和有效地实现那些特定的目标，被制定的指标必须被置入一个充足的概念性框架之中，这个框架便是发展权的理念和它的实施方法。第二，需要有一套可以接受的方法论体系来获取阐明这些指标所需的信息。最后，被选择的指标必须与它们所应用的环境相关。"① 针对此，Rajeev Malhotra 认为发展权理念的形成有赖于全球磋商成果和独立专家的解释，其实施方法的基础为：（1）与国际人权文件有明确联系；（2）人权的普遍性和不可剥夺性；（3）人权的不可分割性、相互依赖性和共同实现性；（4）强调参与和包容；（5）赋予人民权利；（6）非歧视和一个促进平等的过程；（7）问责制和法治；（8）承认某些人权只能逐步实现，其他的可以直接得到保障的权利需要得到保护以免于否定、倒退和侵犯；（9）救济手段——法律的和行政的。在这个基础上，Rajeev Malhotra 将发展权指标类分为定量指标和定性指标，其中定量的指标可以通过检验某些事件的重要性来促进性质上的评价。相应地，定性的信息也可以补充对定量性指标的解释。此外，还包括客观指标和主观指标，客体、事实或者事件这些可以被直接观察和检验的东西（比如，儿童的体重，暴力死亡的人数，或者受害者的国籍）原则上被归入客观指标。建立在个人表达的观念、意见、评价或者判断之上的指标被归入主观指标。② 在对这些指标进行总结之后，我们就要为某个人权（例如妇女发展权）所识别出来的特征制定一个框架，把那些结构的、过程的和结果的

① Rajeev Malhotra. Towards Implementing The Right to Development：A Framework for Indicators and Monitoring Methods. in Bard A. Andreassen and Stephen P. Marks（eds）：Development as a Human Right，Boston：Harvard University Press，2006.

② Rajeev Malhotra and Nicolas Fasel. Quantitative Human Right Indications—A Survey of Major Initiatives，paper presented at a seminar in Turku，Finland，2007.

指标包括在内，构建这种指标框架的关键目的就是为评测发展权实施状况提供一个简单的、系统的和综合的方法，Rajeev Malhotra 将其称为 "以权利为基础的监控方法"（rights-based approach to monitoring），具体包括：（1）确定人权监管的相关人；（2）确定主要的弱势群体；（3）关注指标的非歧视性和获得能力；（4）报告周期，公布、获取信息及后续事宜。①

（三）专家个人标准

哈佛大学的 Stephen P. Marks 教授则探讨了联合国高级别专家组进行全球发展权实施状况评价时所运用的标准演化问题。Stephen P. Marks 首先检讨了过去适用的单纯从缔约方义务角度进行评价的标准的不完整性，"发展权利宣言仅仅是一份不完整的义务目录，人权法上的充分义务迄今为止还处于胚芽状态"②。有鉴于此，Stephen P. Marks 尝试使用结构标准、程序标准和结果标准来重新理解作为一项人权的发展权，并基于现有的高级别专家组标准提出了一些可能的改进性建议和作为将来条约磋商主题的五项核心标准③：

（1）发展环境必须有助于将人权体系性地整合进国内和国际层面的发展当中。

（2）当地的发展政策要限定在尊重基于人权的方法、利益的公平分配、无歧视、参与性、透明性、责任性和可持续性之内。

---

① Rajeev Malhotra. Towards Implementing The Right to Development: A Framework for Indicators and Monitoring Methods. in Bard A. Andreassen and Stephen P. Marks (eds.): Development as a Human Right, Boston: Harvard University Press, 2006.

② Martin Scheinin. Advocating the Right to Development Through Complaint Procedures Under Human Right Treaty. in Bard A. Andreassen and Stephen P. Marks (eds.): Development as a Human Right, Boston: Harvard University Press, 2006.

③ Stephen P. Marks. A Legal Perspective on the Evolving Criteria of the HLTF on the Right to Development, in Stephon P. Marks (eds.), Implementing the Right to Development: the Role of International Law, Switzerland: Friedrich-Ebert-Stiftung, 2008.

（3）受影响人群能动、自由、有意义的参与本身就是发展进程的必要组成部分。

（4）对性别平等以及弱势群体和少数群体的需要保持适当关注。

（5）发展进程建立在可靠的数据、有影响力的评价、公开的检查及共同责任的制度性审查机制之上。

（四）实证计量标准

除了在理论上进一步将发展权评价指标科学化和精致化的努力外，也有学者开始依托有关机构的力量将相关指标运用到具体国家的发展项目中来。德国学者 Felix Kirchmeier, Monika Lüke 和 Britt Kalla 在一个国际发展项目中，尝试把高级别专家组（HLTF）的标准运用于肯尼亚和德国的发展伙伴关系的试点项目。首先，三位德国学者通过将 HLTF 的指标标准归类为结构环境、进程和结果三项指标，从而确立了项目评估的初始标准（initial criteria）。随后他们建立了一个矩阵模型（Matrix）以使这些指标通过标准且易用的方式适用到发展伙伴上去。通过使用该矩阵对该发展合作伙伴关系进行测评，他们发现，高级别专家组所提供的评价发展权实施状况的 15 项标准和 17 项指标中，涉及文化/政治性（例如互惠性义务）的指标在评测过程中难以得到很好的控制，而生物性和经济性（男女工问题、工时标准）的指标则可以很好地体现正相关性。通过详尽的数据分析，他们给出改进这些标准和相关指标的新建议：

（1）国家应当在国内范围采用一切必要办法实现发展权，要确保人们在获得基本生活资源、教育、医疗服务、食物、住房等方面享有公平机会。应当采用有效措施确保妇女在发展进程中充当更为积极的角色。在根除社会不公的背景下，实施恰当的经济与社会改革方案。

（2）作为发展和充分实现人权的重要因素，国家应当鼓励人民广泛地参与社会的各个领域当中。

这两项新标准结合若干形式指标就可以开发成一个有效评测机制。尽管如此，三位学者还是承认该机制"隐含有内在的难题"，即该定量机制仍然只能定性判断发展权运作得"成功"还是"失败",而不能判断"在多大程度上是成功(失败)的",因此这种方法"只是为运用矩阵模型来评测发展问题提供了一种思路和观念"。①

五、发展权的法律实施机制与实施状况

尽管发展权作为第三代人权业已得到普遍承认,但"价值"层面获得承认是一回事,在"事实"层面发展权究竟在当今国际中处于何等状况则是另一回事。如何通过审慎的制度试错来探求发展权的法律实施机制并对其实施状况进行及时评价和调控是一个更为迫切的问题。

(一) 基于人权的发展实施机制

前面曾分析过,基于人权的发展是人权与发展在西方较为普遍的理论/实践形态,基于人权的发展方式是一种对发展基本价值的改变,其不同于其他发展理念的特殊之处在于结合了期待结果和实现这一结果的参与和过程;权利与责任相匹配,即国家承担责任来确保提升人权实现水平的个体正当参与发展的充分过程;个人自由与其他人自由的结合,即"人人对社会负有义务,因为只有在社会中人的个性才可能得到自由和充分的发展"②。

在基于人权的发展实施机制中,国家无疑扮演了更重要的角色。国家通过恰当的发展政策使个体实现权利变得容易,并为个人能力不足的个体提供充分的自由生活标准的保障。"国家有权利和义务制定适当的国家发展政策,其目的是在全体人民和所有个人积极、自由和有意义地参与发展及其带来的利益的公平分配的基础

---

① Felix Kirchmeier, Monika Lüke, Britt Kalla, Towards the Implementation of Right to Development Field-testing and Fine-tuning the UN-Criteria on the Right to Development in the Kenyan-German Partnership, in Stephon P. Marks (eds.), Implementing the Right to Development: the Role of International Law, Switzerland: Friedrich-Ebert-Stiftung, 2008.

② Universal Declaration of Human Rights, Article 29 (1).

上，不断改善全体人民和所有个人的福利。"①除此之外，联合国人权机构也试图发挥积极作用。在与国家的对话中，这些机构将讨论实现的方法对目标而言是否最理想，他们作出的包含针对国家特别建议的评论将与基于人权发展道路的进步直接相关。同时，在国际组织的推动下，国家将有意愿从事基于权利的发展工作，而这种意愿在很大程度上依赖于国际层面的态度与实践。国际社会有助于改善国际环境使基于人权的发展方法变得可行和积极。

（二）通过人权条约中的申诉程序来推进发展权

芬兰学者 Martin Scheinin 主张通过人权条约中的申诉程序来推进发展权。通过对《经济、社会、文化权利国际公约》和《公民权利和政治权利国际公约》两个公约第 1 条的"自决权"条款进行结构解释，Martin Scheinin 认为自决权当中包含了发展权的核心要素。与此同时，在 Awas Tingri Community vs. Nicaragua 案中，法院的意见是：基于土著族群生存的事实，他们拥有在其领土上自由生活的权利；土著人与土地的密切联系必须作为他们文化、精神生活、经济存在的基础而被承认和理解，在某种意义上就是对这一观点的回应。②而《非洲人权宪章》也能成为分析发展相关诉求的一个特殊案例，其原因在于宪章强调集体权利，以及个人人权的标准方法。第 19～24 条规定了一系列人民的集体权利：从人民的平等权（第 19 条），到他们的生存权和自决权，涉及"经济文化的发展"和"在外国统治下争取自由解放的获得缔约国帮助的权利"（第 20 条），一个关于经济资源方面自决权的特别条款（第 21 条），③ 一个更为普遍的发展权条款（第 22 条），和平和安全的权利（第 23 条），以及涉及发展的拥有良好环境的权利（第 24 条）。这些条款具有高度的重叠性，因此发展权不仅被抽象的第 22 条所

---

① Declaration on the Right to Development, Article 2 (3).

② Inter-American Court of Human Rights, The Case of theMayagna (Sumo) Awas Tingri Community vs. Nicaragua, Judgement of August 31, 2001. 149.

③ 本条的表述与联合国两个人权公约第一条第 2 款非常相似："所有人民得自由处置其天然财富和资源。"原文为：All peoples shall freely dispose of their wealth and natural resourse.

保护，也得到包括第 20、21、24 条在内的其他条款更加具体或全方位的实质保护。《欧洲人权公约》中关于发展权的潜在适用可以在三个涉及环境侵害和他们对第 8 条（私生活、家庭、住所的权利）看法的案件中得到体现。① 这些案件至少显示，潜在的求偿者愿意通过《欧洲人权公约》提出发展权综合方面的有道理的诉求。

通过对上述公约文本隐含条款的建构性解释，Martin Scheinin 认为可以得出结论：② （1）无论人权公约是否设置单独的发展权条款，人权公约至少提供了一个潜在的与发展权相关的诉求。（2）特别的权利条款适用于涉及发展相关问题的诉求，既取决于某一特定公约的权利分类，又取决于通过对该公约进行解释的制度化实践所产生的传统。（3）众多案例表明人权之间的高度相关性。（4）少数族群对土地和资源的诉求显示通过国际人权法院和条约来实现发展权的重要性。（5）由于经济社会权利国际申诉程序在不发达国家的被接受，发展权较之其他权利在现行机制下很少有机会获得进步。（6）现行机制的另一个缺陷在于仅仅是人权公约的缔约国才承担相应的国家责任。

（三）发展权背景下的国家制度设计

香港大学的 Yash Ghai 试图通过选择以《发展权利宣言》为背景来设计国家宪法。他认为发展权如此广泛并且需要对国家进行重新定位和结构化，因而为了它的完全实施，必须修改国家的宪法。仅仅修补或者强化权利法案是不够的。为了将发展权完全融入国家的结构之中，我们必须分析那些行使或保护人权的障碍（比如集权或者权力滥用，资源不合理分配，缺乏民主和责任），并设计出将人权放在首位的制度和程序。新的制度应该是完全实施发展权所必需的（比如，有助于人民参与国家事务），并且必须确立一些权

---

① G. and E. vs. Norway, European Commission of Human Right, Decision and Report, Vol. 35, 1984.

② Martin Scheinin, Advocating the Right to Development Through Complaint Procedure Under Human Treaties, in Bard A. Andreassen and Stephen P. Marks (eds.): Development as a Human Right, Boston: Harvard University Press, 2006.

衡各种不同利益的参数。个人权利与集体权利便是那些权衡之一。集体权利（在宣言中没有直接体现），在文化或参与方面可能与少数群体的权利联系在一起，最好在宪法中加以安排。一个新的宪法同样应该是完全行使自决权所必需的，自决权在宣言之中被看做是发展权的基础之一。宪法的制定也必须有人民的完全参与。① 与此同时，肯尼亚通过宪法实现发展权的制度努力——尽管并不是非常顺利——也使 Yash Ghai 对自己的观点抱有信心。② 问题是发展权背景下的国家制度建设始终存在一个二难悖论：第一是把通过和颁行宪法的程序的最终决定权交给一个代表机构会减损人民的参与。第二是如果人民感觉到他们被排斥或者更糟的是成为欺诈的牺牲品，那么参与并不能保证这个过程的合法性。而这是 Yash Ghai 始终没有正面回答的，或许答案还是要由时间试错来给出，但这是不是符合 Yash Ghai 制度设计的初衷呢？

六、评　　价

通过以上对人权与发展最新研究资料的一个综述，我们可以获得以下几点认识：

第一，在本体论上，对人权与发展关系的主要分歧，在类型学上可归结于"基于人权的发展"和"发展权利"两种基本的路径差异。联合国及广大发展中国家侧重于发展权利的保护，而其他国家、组织与学者更关注的是基于权利的发展问题。两者在本体论上存在明显不同。发展权利是一种彻底的、试图从根本上解决南北发展问题的理念和制度构思；而基于权利的发展则显得暧昧与妥协，更为接近传统人权观的立场，说得更透彻点它不过是西方传统人权

① Y. P. Ghai, Redesigning the State for "Right to Development", in Bard A. Andreassen and Stephen P. Marks（eds.）：Development as a Human Right, Boston：Harvard University Press, 2006.

② Y. P. Ghai and J. P. W. B. McAuslan, Public Law and Political Change in Kenya：A Study of the Legal Framework of Government from Colonial Times to the Present, Nairobi：Oxford University Press, 1970.

观在发展问题上的一种激进主义表述，对此应持一种审慎的态度。正如 Stephen P. Marks 评价的那样：直到 20 世纪 90 年代，基于人权的发展一直在对于发展的思考中被忽略，虽然当前已经备受关注，但更多的是在言辞的层面而非发展政策的落实层面。基于权利的发展区别于基于需求的发展；基于人权的发展也区别于简单的基于权利的发展；基于人权的发展方法既不同于以国家为中心的经济需求体系，也不同于新自由主义经济学的意识形态，人权既是受国家保护的，也是排除国家干涉的。基于人权的发展方法不是对传统发展政策的"价值增加"，而是要求一种价值变革，关注发展过程和结果。基于人权的发展是值得期待和可能的，但是否能够实现依然值得怀疑。① 本人认为，从本体论看，"基于人权的发展"观尽管已经裹上了一层发展的现代甚至是"后现代"的外衣，但它仍然不过是一件"皇帝的新装"。其法哲学根基依旧是古典自然法学派的个人主义人权观。必须实现从"基于权利的发展"（rights-based development）观到"发展的权利"（right to development）观的根本转变，以"发展的权利"（right to development）观而非"基于权利的发展"（rights-based development）观来建构发展权全球法治机制。②

而且，本人认为人权与发展的七种方法并未穷尽该领域问题的全部，实际上他们都存在一个共同的缺陷，即没有看到发展的"绿化"或者说"可持续发展"问题。在此，本人提出关于人权与发展问题的研究的一条崭新路径，即第八条路径——"可持续发展权的路径"（Right to Sustainable Development Approach）。在可持续发展权的理论视域下，发展的本质在于人以及人与其对象性存在的全面、自由、和谐的发展，其法哲学基础在于可持续发展蕴涵着人权的全部构成要素，意味着人类有资格自由地主张自身的正当利益，包括代内与代际利益、人际利益与"人"、"物"利益。现有

---

① Stephen P. Marks. The Human Right to Development：Between Rhetoric and Reality. in Harvard Human Right Journal, Vol. 17, 2004.

② 汪习根. 发展权全球法治机制构建的新思路. 新华文摘，2009（3）.

的发展权概念不含有可持续性，没能体现可持续发展的诉求，而可持续发展才真正意味着人的生存和发展能力的提升。坚实的法哲学基础使得可持续发展权方法成为克服当前人权与发展研究困境的出路，因此，人权与发展运动如欲走向深入，下一步努力的方向在于将可持续发展权实证化，使其成为刚性的法律规范。① 本人认为，重构发展权理念，创设可持续发展的法律原则，并在此基础上制定法律规则是发展权从软法走向硬法，从修辞走向现实的最佳途径。

　　第二，方法论的觉醒是一门学科自身学科意识或规范体系建立的前提。和以前单刀直入式地对发展权内涵的追问不同，现今人权与发展的学术前沿除了要求理论假设（hypothesis）和逻辑论证外，顶尖的学者开始自觉反思其理论主张背后的逻辑理路。各种研究人权与发展的路径背后，清晰地透现出学者们将发展权由"政治修辞"转化为"法律语式"的努力。中国是最大的发展中国家，这是中国学者进行人权与发展研究最好的现实背景，如何通过对中国社会发展进程的观察并从中提炼有解释力的理论假说，再用规范的方法论对其进行体系化整理，这是对每一个中国法律学术人的智识挑战。继西方的发展经济学和发展社会学之后，中国法学能不能也向世界法学贡献一个"发展法学"，这就要看中国学者的方法论努力了。

　　第三，从范畴论上分析，方法论上的区别导致发展权在概念内涵上歧义纷呈，然而发展权概念不是一个纯粹的智识创造，它的界定必须切合国际政治经济环境，以及更为重要的，要符合民族国家的总体利益。因此，关于发展权的概念，我们认为不存在"对与

---

　　① 更详尽的论述，参见本人的有关论述：Wang Xigen, On the Right to Sustainable Development: Foundation in Legal Philosophy and Legislative Proposals, in Stephon P. Marks（eds.），Implementing the Right to Development: the Role of International Law, Switzerland: Friedrich-Ebert-Stiftung, 2008; aslo in Wang Xigen, Greening the Right to Development, collected papers of IVR 24th World Congress, 2009: 62.

错"的区别，只有"合适与不合适"的区分，显然将发展权定义为"全体个人及其集合体有资格自由地向国内和国际社会主张参与、促进和享受经济、政治、文化和社会各方面全面发展所获利益的一项基本权利"是合适的。那些将发展权仅仅看做是一个过程、或一种结果、或一项制度安排的观点显然是片面的。

第四，发展契约和发展权公约是人们探索发展权理想实施机制的一项理论努力，应该说各派学者在此都作出了重要的理论贡献。然而，当前关于发展权契约/公约的研究似乎呈现两个极端：要么就是理论设计极尽完美而忽略了现实性和可操作性，要么就是纠缠在一些具体的条款细节上，而没有思考发展权契约/公约背后的理论意义。至少从已掌握的资料来看，几乎没有学者从"社会连带关系"或者"世界和谐"的角度来论证发展权契约/公约的合法性。而如果在发展权法律机制的正当性上难以达成共识，那么，任何谈判与设想永远只能是一个空中楼阁。所以，应当有两种进路值得关注：一是渐进道路。从具体的个案入手，在医疗、食物、教育等发展领域各个击破，正如联合国高级别专家组在目前所从事的在非、亚、欧开展的发展合作项目评审一样，此所谓"与其坐而论道不如起而行之"。但是这种方式缺乏在规范和空间双重维度上的智识根基。二是激进道路。在公法和私法上分别创设契约与公约机制无疑具有一定的合理性，但是似乎忽视了一个根本的前提，即这些法律机制赖以存在的价值交叉点究竟是什么。应当抛弃任何文化、地域、民族和意识形态诸方面上的对立与紧张，转而寻求对话与沟通，协商与合作的理论基础。此外，只是在国际层面谋求发展权法律保障机制显然是不够的，还应当在国内法意义上创设行之有效的法律实施机制，尤其是应当以宪法为核心来形成一套完善的国家法律制度。

第五，法律标准的创立是法律评价与法律实施的前提。当前关于人权与发展研究的一个亮点就是对发展权标准和指标体系的研究。受益于联合国发展权高级别专家组的多方努力，专家学者们正在研究发展权的参考标准。其合理性与必要性是不言而喻的。但必须指出的是，这些标准存在三个缺陷：一是十分抽象与初始、可操作性不够，尚待深入与细化；二是这些标准的提出是规定性的，很难说进行了广泛的协商和公共辩论，在这个意义上，专家组的标准只能是我们进一步思考的参考而不是准则。我们可以看到，当前关于发展权标准和指标体系的研究中，学者们普遍侧重在"评价标准"（criteria）的范畴，而关于指标体系（indicator）的思考还没有特别成型的研究成果。2009 年 1 月 27 日至 28 日两天，以联合国发展权高级别专家组成员为主，包括其他少数学者在内的一些专家在哈佛大学肯尼迪学院召开了一个小型的关于发展权定性和定量分析工具的方法论专家研讨会，除了对发展权评价标准进行进一步讨论外，开始有学者对指标体系进行更为系统的研究，但从已公布的资料来看，讨论似乎并未取得实质性的进展。① 三是这些研究主要停留在社会学、经济学意义上，而不是法律意义上的。在发展权法治机制的构建中，有必要将研究的重点转向促进发展权标准从社会学、经济学层面转变到法律层面，实现发展权的制度化、规范化。

总之，发展权的实施机制和实现状况是当前关于人权与发展研究中最薄弱的环节。一方面归因于发展权迄今没有得到国际社会全体国家广泛一致的合法性认同，另一方面则是随着国际政治经济竞争格局的隐蔽化和柔性化，以往硬性的殖民或武装占领转变成了货币战、金融战等"没有硝烟的战争"。例如当前关于铁矿石的定价问题、由于二氧化碳排放量而引起的"碳政治"问题、产业结构的国际布局严重倾斜问题，其背后潜藏着深刻的发展权利与义务关系的调节与定位问题。事实上，学术话语霸权是窒息学术生命的毒瘤，而在一个日益迈向法治的国际社会，谁掌握了游戏规则的制定权，谁就会在国际竞争中牢牢掌握主动权。因此，如何在总结国际学术前沿的基础上，运用科学的本体论与规范的方法论，求同存

① Cf. Expert meeting on Methodological Issues of Qualitative and Quantitative Tools for Measuring Compliance with the Right to Development. [2009-09-12]. http: //www. hks. harvard. edu/cchrp/mhr/projects/r2development/agenda. php.

异、积极参与全球对话，尤其是跻身于国际游戏规则的制定者之列，谋求中国法学的国际话语权利，这才是未来相当长一段时期内中国法学发展与人类发展协调并进所共同面临的最大问题之一。

外国宪法学研究综述[*]

江国华　谭义军　朱道坤[**]

（武汉大学法学院，武汉，430072）

进入 21 世纪以来，随着全球化影响的日益凸显和反恐怖主义斗争形势的日趋严峻，外国宪法学研究的热点也逐渐转移到新形势、新国际背景下的权利保障和权力秩序建构之上。

2007 年的外国宪法研究，其主要关注点在于少数人群的权利保障——这与美国在 2006 年爆发的移民大游行密切关联。2008 年的外国宪法研究一方面延展了 2007 年研究的重点，另一方面更加体现出一种开放性和批判性的特质。

一、人权——怅惘传统和因应时局

作为旁观者，我们看到西方学者研究取向的时候，只能感受到一种怅惘甚至迷茫，在面对不断出现的新问题之时，那些基于邮筒而非电子邮箱设置的通信自由、基于报纸而非网络设置的言论自由、基于普通犯罪而非恐怖主义犯罪设置的人身权利都显得如此苍白无力。法律的原理仍在，只是人们却已经开始迷失了实施法律的方向。法律的生命在于经验，这句箴言在出现新问题的时候尚能继续有效吗？

---

[*] 本文系武汉大学"海外人文社会科学研究前沿追踪计划"资助项目。

[**] 江国华，法学博士，武汉大学法学院教授，博士生导师；谭义军，武汉大学法学院 2009 级博士研究生；朱道坤，湖北省山河律师事务所。

人权保障问题上的诸多怅惘，却为宪法学研究提供了更多的新素材，对于学者来说，这也是一件幸事。2007—2008 年，在人权保障领域的研究主要关涉传统的自由主义人权理论所面临的挑战、传统公民权利的再解读以及人权的平等保护等三大基本问题，国外宪法学者进行了广泛而深入的探讨。一方面，一些理论上的艰深课题得到关注；另一方面，结合个案进行的理论探讨和生发也成为研究的基本路径。

（一）传统人权理论所面临的挑战

概括而言，学者们认为，传统人权理论所面临的挑战主要来自两个方面，一是反恐斗争带来的安全困扰，二是新技术发展所带来的伦理困境。

1. 反恐斗争带来的安全困扰

在传统的法律理论中，任何犯罪都不可能侵犯到国家，一个犯罪嫌疑人，他（她）应该被通缉、捉拿、逮捕、起诉、定罪、量刑，他（她）不是国家的敌人，无论怎样，这个犯罪嫌疑人都是在整个国家制度可以包容的限度之内。但恐怖分子却试图颠覆人们关于战争的看法——个人，因为犯罪行为的过分严重性而成为国家的敌人，也因为如此，他们并不仅仅是法律上的一方当事人而已。

恐怖分子颠覆了人们关于战争的看法，而反恐怖主义则颠覆了人们关于犯罪与刑罚的基本认识，刑罚成为战争的手段，也引发了人们对公民权利的怀疑——对于敌人，我们还需要讲人权吗？西方学者对此持一种非常谨慎的态度，他们怀念那个没有恐怖主义的时代，但又处于内心的矛盾之中，西方国家普遍面临的安全问题让这些西方学者无法追随贝卡利亚的足迹来探寻真理。新的研究路径也就在新的局势之下出现了，对于反恐怖主义背景之下的国家安全和人权保障问题，西方学者展开了孜孜不倦的探索。

Dershowitz 认为，在反恐背景之下，国家安全已然成为国家首要任务，故消解反恐措施与宪法第五修正案之冲突，当以服从国家安全为首要原则；国家刑罚的目的也有必要实现从"惩戒"到"预防危险"的转变。① Larocque 在对国际人权诉讼近些年的发展

① Alan M. Dershowitz. Is There a Right to Remain Silent：Coercive Interrogation and the Fifth Amendment After 9/11，Oxford University Press（USA），2008ed.

进行概览性描述时则强调，在反恐时代，包括反对酷刑在内的诸多人权问题，都必须置于国际社会的大背景下进行考量。① 此外，Schulz 主编的《人权的未来：美国新纪元的政策》一书值得关注，这本包含 13 篇论文的文集，对美国在后布什时代，如何重塑人权信仰，重建其在国际政治上的权威性和正当性等展开分析，"表现了一种适当的左派倾向和变革精神"②。

有学者对全球范围内的反恐战争下的人权问题进行分析，认为需要尽可能保留公民的自由。③ 还有学者则从"9·11"事件之后的人权观着眼，认为，"9·11"之后，两种人权观都蓬勃发展，一种将人权虚无化，另一种则过分夸大，作者则主张在人权问题上的正本清源。④ 同时，2007 年出版的一本文集对这个问题展开了多角度的论证，尤其对国家安全和人权保障之间的抵牾进行了分析说明。⑤

在具体权利的保障上，西方学者也有一系列的成果，其中关于公民个人隐私、知情权等关涉资讯的权利，更是得到了广泛讨论。

就具体权利而言，"9·11"之后，美国政府倾向于隐瞒信息以保障国家安全，而知情权是公民对政府的一项基本权利，这种情况下，不免出现抵牾。有学者对此也作出了分析。⑥ 有学者则针对美国政府在反恐中的一些措施与宪法第四修正案确定的公民隐私权之间的抵牾发表看法，认为立法机关应当有所作为，达到国家安全

---

① François Larocque. Recent Developments in Transnational Human Rights Litigation: A Postscript to Torture as Tort. Osgoode Hall Law Journal, 46 (2008): 605.

② William F. Schulz (ed.). The Future of Human Rights: U. S. Policy for a New Era, University of Pennsylvania Press, 2008ed.

③ A. N. Medushevsky. Terrorism and the State: Limits of Self-protection (the Parameters of Internet (Runet) Regulation). Cardozo Law Review, 29 (2007): 21.

④ David Kinley. Human Rights Fundamentalismst. Sydney Law Review, 29 (2007): 545.

⑤ Alison Brysk and Gershon Shafir, National Insecurity and Human Rights——Democracies Debate Counterterrorism, University of California Press, 2007ed.

⑥ Adam S. Davis. The Power of Information: the Clash between the Public's Right to Know and the Government's Security Concerns in a Post-September 11th World", William Mitchell Law Review, 33 (2007): 1741.

和个人隐私之间的平衡，并提出了一个建立均衡的管制制度的思路。①

就个案而言，西方学者对关塔那摩监狱虐囚案和 2006 年的哈姆丹诉拉姆斯菲尔德一案也有相关评述，有学者将第二次世界大战期间的饱受争议的日本在美侨民被驱逐入集中营的事件和爱国者法案进行比较分析，认为忘记历史就必将重蹈覆辙。②

2. 新技术发展造成的伦理难题

新技术的发展所带来的伦理难题比反恐怖主义来得温和一些，但从某种意义上来说，更为难解。反恐怖主义涉及的安全与人权的冲突在过去已然存在，而新技术带来的伦理问题则纯然是一系列的新问题。新技术，尤其是生物工程技术带来的伦理挑战远甚于恐怖主义带来的思维难题。

Mitchell 等认为新技术在当代的发展，特别是其中的生物技术所引发的一系列伦理问题，已在相当程度上影响了人们对于法律和人权的传统认知，为此他与 Burgess 等人合作，对人们所关心的克隆技术、人造器官及其所带来的法律上的伦理困境进行归纳分析，以图为生物科学家的研究提供法律上的参考意见。③

Mills 则分析了 IT 技术对隐私权的影响，认为技术进步让个人隐私完全暴露于电子邮件、手机之下；个人可能被人们在博客中讨论，可能被一个错误的信用记录损害，甚至在他们并不知情的情况

① Slobogin, Christopher, Privacy at Risk: The New Government Surveillance and the Fourth Amendment, The University of Chicago Press, 2007ed.

② Evelyn Gong. a Judicial "Green Light" for the expansion of Executive Power: the Violation of Constitutional Rights and the Writ of Habeas Corpus in the Japanese American Internment and the Post-9/11 Detention of Arab and Muslim Ameticans. Thurgood Marshall Law Review, 32 (2007): 275.

③ Robert Mitchell, Helen J. Burgess, and Phillip Thurtle, Biofutures: Owning Body Parts and Information, University of Pennsylvania Press, 2008ed.

下，电子邮件也可能被老板或政府部门肆意查阅。① 而几位荷兰学者编写的一本名为《宪法权利和技术发展》② 的专著从技术发展带来的挑战入手，着力于解决信息技术给隐私权和表达自由带来的新的问题。

（二）传统公民权利的再解读

在西方宪政语境中，公民权利的概念一直遭遇多重挑战与压力。传统的宪法学者似乎有意通过对传统公民权利的再解读，来探寻突围的路径——就通常情况而言，这种解读是一种扩充权利外延的解读。但是，对于那些素来有争议的权利内容而言，如持枪权等，在学界论述中也往往存在多种看法，并非一味地要求扩充其内容。

1. 基本人权外延的拓展

Epstein 通过政治解读和经济分析的方法，提出私有财产权是一种重要的社会习俗，而不单纯是自私和贪婪的借口；③ Shaman则强调美国州宪法对公民平等与自由的维护功能值得关注；④ Heller等人结合美国第五修正案和第十四修正案，对近年引发颇多争议的"区域地产团体"展开论证，强调"允许一定区域内的居民组织起来进行征地议价"的"区域地产团体"制度不仅是解决征收争议的有效途径，而且也是美国宪法所保障的基本人权。⑤

---

① Jon L. Mills, Privacy: The Lost Right, Oxford University Press (USA), 2008ed.

② Ronald E. Leenes, Bert-Jaap Koops, Paul De Hert, Constitutional Rights and New Technologies, Cambridge University Press, 2007ed.

③ Richard A. Epstein, Supreme Neglect: How to Revive Constitutional Protection For Private Property, Oxford University Press (USA), 2008ed.

④ Jeffrey M. Shaman, Equality and Liberty in the Golden Age of State Constitutional Law, Oxford University Press (USA), 2008ed.

⑤ Michael Heller, Rick Hills, "Land Assembly Districts", Harvard Law Review Forum, 121 (2008), p. 1465.

　　作为一个宗教信仰繁杂的国家，美国出现的宗教信仰问题也是比较普遍的，对于宗教平等，美国宪法采取一种放任的态度，而在2000年，美国出现了一个特殊的案例，新墨西哥州的一个小的宗教团体提出了一项动议申请法院的禁制令，挑战政府之前试图发布的禁令，该禁令禁止这一组织使用一种从巴西进口的有致幻效果的茶叶，一审法院基于1993年的《宗教自由恢复法案》（*Religious Freedom Restoration Act*，RFRA）批准了禁制令。最高法院也认可了这一禁制令，并认为当局未能说明有充分理由禁止这个组织在致幻药物上的使用。但同时，最高法院也认为，基于平等保护的原则，该组织并没有《管制物品条例》（*Controlled Substances Act*）的豁免权。对于这一案例的讨论持续到了2007年。

　　有学者对这个案件展开了不同角度的讨论，包括对宗教信仰传播自由的讨论①，对1993年的《宗教自由恢复法案》的分析②，对第九修正案和药物管制之间关系的考量③，等等。

　　在宗教问题上的讨论远不止于此，有学者结合2006年的移民大游行风潮，利用社会学的分析方法对宗教在同化移民方面的功能进行分析。④ 还有一些学者将性别、宗教等因素结合起来，分析劳

　　① John M. Kang. Deliberating the Divine: on Extending the Justification from Truth to Religious Expression. Brooklyn Law Review, 73 (2007), p. 1; David Garrett. Vine of the Dead: Reviving Equal Protection Rites for Religious Drug Use. American Indian Law Review, 31 (2007): 144.

　　② Rajdeep Singh Jolly. The Application of the Religious Freedom Restoration Act to Appearance Regulations That Presumptively Prohibit Observant Sikh Lawyers From Joining the U. S. Army Judge Advocate General Corps. Chapman Law Review, 11 (2007): 155.

　　③ Kevin S. Toll. The Ninth Amendment and America's Unconstitutional War on Drugs. University of Detroit Mercy Law Review, 84 (2007): 417.

　　④ R. Stephen Warner. The Role of Religion in the Process of Segmented Assimilation. The Annals of The American Academy of Political and Social Science, 621 (2007): 102.

动力市场上的歧视问题①，有学者则对美国的《爱国者法》和英国的《反恐怖法》对宗教自由的问题的影响进行分析②。

2007 年，著名学者 Robert A. Sedler 还撰写了一篇文章，名为"美国宪法下的宗教的保护"，对美国的宗教自由问题进行了一个概要性的介绍。③ 同时，还有专著对宗教自由和宪法之间的关系进行论述，认为宪法下的平等自由包含两项原则，其一，宪法的制定应当使得人们有机会参与；其二，所有人都应当享有广泛的权利如

---

① Vincent J. Roscigno, Lisette M. Garcia and Donna Bobbitt-Zeher. Social Closure and Processes of Race/Sex Employment Discrimination. The Annals of The American Academy of Political and Social Science, 609 (2007), p. 16; Donald Tomaskovic-Devey and Kevin Stainback. Discrimination and Desegregation: Equal Opportunity Progress in U. S. Private Sector Workplaces since the Civil Rights Act. The Annals of The American Academy of Political and Social Science, 609 (2007), p. 49; Devah Pager. The Use of Field Experiments for Studies of Employment Discrimination: Contributions, Critiques, and Directions for the Future. The Annals of The American Academy of Political and Social Science, 609 (2007), p. 104; Deirdre A. Royster. What Happens to Potential Discouraged? Masculinity Norms and the Contrasting Institutional and Labor Market Experiences of Less Affluent Black and White Men. The Annals of The American Academy of Political and Social Science, 609 (2007), p. 153; Philip N. Cohen and Matt L. Huffman. Black Under-representation in Management across U. S. Labor Markets. The Annals of The American Academy of Political and Social Science, 609 (2007), p. 181; Gregory D. Squires. Demobilization of the Individualistic Bias: Housing Market Discrimination as a Contributor to Labor Market and Economic Inequality. The Annals of The American Academy of Political and Social Science, 609 (2007), p. 200; George Wilson. Racialized Life-Chance Opportunities across the Class Structure: The Case of African Americans. The Annals of The American Academy of Political and Social Science, 609 (2007), p. 215.

② Christina C. Logan. Liberty or Safety: Implications of the USA Patriot Act and the U. K. 'S Anti-Terror Laws on Freedom of Expression and Free Exercise of Religion. Seton Hall Law Review, 37 (2007), p. 863.

③ Robert A. Sedler. the Proteciton of Religious Freedom Under the American Constitution. Wayne Law Review, 53 (2007), p. 817.

宗教自由、财产权等。① 关于宗教问题的研讨会有 "21 世纪宗教问题研讨会"，会议上也有相应的论文发表。②

在澳大利亚，有学者指出，需要对宗教和神学进行区分，并认为学界对 "法律与宗教较为重视" 而对 "神学与法律" 这一问题的研究不足，并提出了一些看法。这篇文章认为，显然不能单纯地从基本权利保障的问题上看宗教问题，而必须更多地进行法哲学的思考。③

2. 传统权利的新争议

言论自由作为美国宪法第一修正案中的权利，被认为是美国社会的基石之所在，但关于言论自由范围的界定，也素来是美国宪法学者孜孜探索的课题。

Netanel 在探讨表达自由和著作权之间的张力问题时指出，在美国法院，著作权经常被认为是表达自由的助推器，著作权也因此为表达自由承载了过多不合理的负担；④ Milo 意识到诽谤法和言论自由似乎包含着不可调和的悖谬之处，为此如何在二者中间寻求平衡，并让二者统一于法治国家的理念之下，当成为人权学者的不可忽视的课题；⑤ Pinaire 则以布什诉戈尔案为切入点，对竞选过程中

---

① Christopher L. Eisgruber, Lawrence G. Sager, Religious Freedom and the Constitution, Harvard University Press, 2007ed.

② Ira C. Lupu and Robert W. Tuttle. Instruments of Accommodation: the Military Chaplaincy and the Constitution. West Virginia Law Review, 110 (2007), p.89; Kent Greenawalt. Establishment Clause Limits on Free Exercise Accommodations. West Virginia Law Review, 110 (2007), p.343.

③ Paul Babie. Breaking the Silence: Law, Theology and Religion in Australia. Melbourne University Law Review, 31 (2007), p.296.

④ Neil Weinstock Netanel, Copyright's Paradox, Oxford University Press (USA), 2008ed.

⑤ Dario Milo, Defamation and Freedom of Speech, Oxford University Press (USA), 2008ed.

的言论自由及法院干预民主政治等问题作了探讨。①

还有学者将言论自由和政治沟通联系起来，2006 年，丹麦报纸侮辱伊斯兰教事件最终以报社道歉宣告结束，对于这个问题的讨论也同样在继续，有学者从比较法的角度对宪法保护公民感情的作用进行分析，并对美国和以色列的价值观进行分析。②

同为英联邦国家，加拿大和澳大利亚在政策上有很强的可比性，而在言论自由上，澳大利亚发表了一篇名为《开放正义和警察部门打压证据出版：加拿大和澳大利亚的立场》(*Open Justice and Suppressing Evidence of Police Methods*：*The Position in Canada and Australia*) 的文章，具体介绍了两国政府在这一问题上的态度。③

兰格诉澳大利亚广播公司 (Lange vs. Australian Broadcasting Corporation) 一案受到了广泛的关注。④ 法院在当时的判决中称，宪法要求"人民有权在有关影响联邦投票或者宪法上的普通投票以及在可能影响各邦大臣的行为和政府行政各部门的决策的问题上彼此联系。⑤ 而普通法上关于可拒绝公开信息的考量则没有达到这

① Brian K. Pinaire, The Constitution of Electoral Speech Law：The Supreme Court and Freedom of Expression in Campaigns and Elections, Stanford University Press, 2008ed.

② Amnon Reichman. The Passionate Expression of Hate：Constitutional Protections, Emotional Harm and Comparative Law. Fordham International Law Journal, 31 (2007), p. 76.

③ Sharon Rodrick. Open Justice and Suppressing Evidence of Police Methods：The Position in Canada and Australia. Melbourne University Law Review, 31 (2007), p. 443.

④ 原告兰格是新西兰总理，因诽谤而向澳大利亚最高法院起诉被告澳大利亚广播公司，寻求普通法上的救济，该案于 1997 年 7 月 8 日判决，而这一案件引发的有关政治沟通的问题仍然引起了澳大利亚学者长时间的关注。Lange vs. Australian Broadcasting Corporation (1997) 189 CLR 520.

⑤ 虽然判决书原文如此宣称，但实际上澳大利亚宪法和修正案都没有明确规定此项权利，这可能只是法理上的权利。本文作者按。

一要求"①。这一问题在澳大利亚学界已经引起了极为广泛的争议②，这一争议在 2007 年仍在继续。

而对于美国宪法第二修正案所规定的公民持有枪支的权利，学界历来存在分歧。Cornell 将其与美国传统的民兵制度联系起来，认为保有枪支乃是公民为了构建一个良好的民兵制度而武装自己的义务；③ Heliskoski 等学者则对欧洲委员会 2007 年 9 月通过了一揽子关于安全的计划④以及欧洲法院 2008 年 5 月 20 日以违反欧盟宪法为由对欧洲议会 2004 年通过的一项关涉轻武器管制政策所作出的"宣告该决议无效"之判决展开评论。⑤

此外，还有学者则对欧洲和美国的基本权利保障问题进行比较研究，发现基本权利保障过程中有很多宪政难题，譬如隐私权和言论自由之间的紧张关系、生命权的保护和安乐死的问题，等等。⑥这一层面的比较研究较为宽泛，但对于我们深刻理解西方法律传统更具价值。

（三）权利的平等保护

人权的平等保护是宪法学者恒久不易的关注点，但将少数人群之平等保护与反歧视公约之实效等主题联结起来考量，却是这两年研究的一个新气象。其中，尤其值得注意的是，由于 2006 年美国各地都爆发了上百万人的移民游行运动，在 2007 年的研究中，移

---

① Lange vs. Australian. Broadcasting Corporation (1997) 189 CLR 520.

② James Stellios. Using Federalism to Protect Political Communication: Implications from Federal Representative Government. Melbourne University Law Review, 31 (2007), p. 239.

③ Saul Cornell, A Well-Regulated Militia, The Founding Fathers and the Origins of Gun Control in America, Oxford University Press (USA), 2008ed.

④ "The Commission's 'Defence Package'" (ed.), European Law Review, 6 (2008), p. 912.

⑤ Joni Heliskoski, "Small Arms and Light Weapons Within the Union's Pillar Structure: an Analysis of Article 47 of the EU Treaty," European Law Review, 6 (2008), p. 898.

⑥ Lorenzo Zucca, Constitutional Dilemmas——Conflicts of Fundamental Legal Rights in Europe and the USA, Oxford University Press, 2007ed.

民问题更成为研究的重中之重，这也反映了西方学界在权利研究中的实践取向。

1. 性别平等

性别平等方面，国外学界在继续关注性别歧视中关涉女性歧视问题的同时，更对同性恋和双性人的平等保护问题表示了关切。

有学者在分析了 Baker vs. State of Vermont 一案和一些相关案例后认为，特殊人群权利的逐步发展除了认可一种正在继续的歧视之外并无其他作用，对于某一特殊人群特权的废止是对于这一人群的保护——Baker vs. State of Vermont 一案是 1999 年在佛蒙特州出现的有关同性恋婚姻的案件，引发的议论仍然在继续，该案由佛蒙特州最高法院审理，该院在判决中认为，被告佛蒙特州政府发布的禁止原告和另一个同性恋者结婚的规定违反了佛蒙特州宪法赋予公民的自由权利，但是，由于这一事件涉及道德评价，法院要求佛蒙特州或规定同性恋者可以结婚，或采取相应的补救措施，结果，2000 年，佛蒙特州政府规定了同性恋者可以结成"民事结合"（civil union），这是一种类似婚姻的替代措施。正是州政府这样一种对同性恋婚姻的变相认可，使得有学者认为可以通过国内法建立起同性恋者之间的"合伙关系"（Partnership），以促进同性恋婚姻的规范化，也使得社会在整体上更加易于接受这样一种关系。①

还有学者指出，由于医学、毒品、心理辅导的发展，使得法院出现了一些难题，即面对变性人和双性人，法院如何认定这个人的性别，是否可以同时认定一个人既为男性又是女性呢？这种认定上的困窘在 Von Hoffburg 的司法判决中出现，该判决认为一个从男性变成女性的人既是男性又是女性，而在澳大利亚的一个判决中，一

① Jeniffer Viscarra, "Langan vs. St. Vincent Hospital: a Fearful Court or a Properly Measured Response", Cardozo Journal of Law and Gender, 13 (2007), p. 464; Dara E. Purvis, "The Right to Contract: Use of Domestic Partnership as a Strategic Alternative to the Right to Marry Same-Sex Partners", Women's Rights Law Reporter, 145 (2007); Sylvia A. Law, "Who Gets to Interpret the Constitution? The Case of Mayors and Marriage Equality", Stanford Journal of Civil Rights & Civil Liberties, 3 (2007). p. 1.

个双性人既不是男性也不是女性。这样的一种困窘使得变性人的地位尴尬，该学者认为，立法上对同性恋者的宽容应当扩而广之，以保障变性人在宪法上所应享有的平等对待的权利。①

这些课题之外，还有一些更为具体的关涉歧视问题的案件也得到了学者们的关注。2006 年，美国联邦最高法院审理的 Jespersen vs. Harrah's 一案中，原告 Jespersen 是一位女性，作为被告 Harrah's 公司的雇员，被要求化妆工作，原告拒绝这种要求，于是遭到解雇，最高法院以 5：4 的微弱多数认定，被告的行为没有给原告造成任何不同于男性的负担。这一判决遭到了广泛的批评。

歧视案件的发生往往不会因为一个单独的因素，有学者将肥胖问题和性别歧视联系在一起，认为一个禁止肥胖歧视的法规会创造一个对肥胖女性而言的宽松环境。②

有澳大利亚学者分析了对性工作者的警察行政问题，并作出了分析论证，这一分析还结合了对性工作者居留权的关注。③

还有学者分析了法律承认同性恋者子女的有关法律问题，并从隐私权的角度对此进行了分析。④ 有学者则结合法院的做法，对歧视在司法中的概念以及相关发展进行介绍和评述。⑤ 还有学者将直

---

① Aleks Kajstura, "Sex Required: the Impact of Massachusetts' Same-sex Marriage Cases on Marriages with Intersex and Transsexual Partners", Cardozo Journal of Law and Gender, 14 (2007), p. 161.

② Alexandra W. Griffin, "Women and Weight-based Employment Discrimination", Cardozo Journal of Law and Gender, 13 (2007), p. 631; Siri Gloppen, Fidelis Edge Kanyongolo, "Courts and the Poor in Malawi: Economic Marginalization, Vulnerability, and the Law", International Journal of Constitutional Law, 5 (2007), p. 258.

③ Kristen Walker, "Damned Whores and the Border Police: Sex Workers and Refugee Status in Australia", Melbourne University Law Review, 31 (2007), p. 938.

④ A leardo Zanghellini, "Lesbian and Gay Identity, The Closet and Laws on Procreation and Parenting", Griffith Law Review, 16 (2007), p. 107.

⑤ Amelia Simpson, "The High Court's Conception of Discrimination. Origins, Applications and Implications", Sydney Law Review, 29 (2007), p. 263.

接歧视和间接歧视的基本问题与自治结合起来进行分析说明。①

在权利保障手段方面，有学者认为，基于联合国 2000 年千年发展报告对人权保障的要求，各国应当承担更多的保障人权的义务，甚至认为可以人权为由对他国进行干涉。② 还有学者结合国际条约中的规定，对堕胎权、家庭暴力、家庭奴役等提出了看法。③

同时，还有学者对尼日利亚的家庭暴力和性别歧视问题进行了阐释说明，并对尼日利亚在处理这些问题中的做法进行了介绍。④

还有学者就乌干达 1995 年宪法中确定的反性别歧视的原则进行了分析，并结合乌干达的宪法法院制度对此进行详解。⑤

由于在特殊情况下，女性权益更容易遭受侵犯，学界对监狱内的性别歧视问题也进行了分析。有学者指出，"在美国，女子监狱中的警卫（对囚犯）的性虐待是如此恶名昭彰而且普遍，以至于它被形容为'监狱院墙后面的制度化的惩罚'"。作者在文章中并没有提出明确具体的措施应对该问题，他认为，从 1970 年在监狱外开始的关于性虐待的讨论并没有将这种问题连根拔除，它关涉法律学说和社会对该问题的态度两方面，而在监狱内，这种过程要来得更迟。⑥

---

① Oran Doyle, "Direct Discrimination, Inderect Discrimination and Autonomy", Oxford Journal of Legal Studies, 27 (2007), p. 537.

② Christina T. Holder, " a Feminist Human Rights Law Approach for Engandering the Millennium Development Goals", Cardozo Journal of Law and Gender, 14 (2007), p. 125.

③ Beate Rudolf, Andrea Eriksson, "Women's Rights Under International Human Rights Treaties: Issues of Rape, Domestic Slavery, Abortion, and Domestic Violence", International Journal of Constitutional Law, 5 (2007), p. 507.

④ Itoro Eze-Anaba, "Domestic Violence and Legal Reforms in Nigeria: Prospects and Challenges", Cardozo Journal of Law and Gender, 14 (2007), p. 21.

⑤ Manisuli Ssenyonjo, "Family Legislation in Uganda and the Role of Uganda's Constitutional Court", International Journal of Law, Policy and the Family, (2007), 341

⑥ Kim Shayo Buchanan, "Sexual Abuse in Women's Prisons", Harvard Civil Rights-Civil Liberties Law Review, 42 (2007), 45.

在 2007 年初发布的另一份资料中，我们也可以看到在美国监狱内性侵犯的严重性。① 还有一些文章也以监狱内的性侵犯为主题。② 此外，在工作场所的歧视也有相关文章进行讨论。③ 还有学者就军队中的性侵犯案件进行分析，并结合一个在挪威提出的庇护申请进行讨论。④

有学者对巴西在 20 世纪 80 年代建立起来的全部由女性警察组成的警察局进行分析，对这一警察局的价值进行阐述，重点探讨了这一制度产生的影响。⑤

Alfredson 通过对 1990 年加拿大出现的针对女性的特殊难民政策进行分析，从移民问题和平权措施双重视角，论证了将强奸、家庭暴力、通奸的"石刑"、生殖器毁损等造成的针对女性的歧视纳入难民保护之范畴的必要性和正当性。⑥

2007 年在这个问题上还有一本由澳大利亚学者著作的名为《社会性别与宪法》(*Gender and Constitution*) 的书籍出版。⑦ 同时，

① Hope H. and Brenda L, "This is Happening in Our Country": Two Testimonials of Survivors of Prison Rape", Harvard Civil Rights-Civil Liberties Law Review, 42 (2007), p. 89.

② Kim White, "Women in Prisons: Article: Women in Federal Prison: Pathways in, Programs out", William and Mary Journal of Women and the Law, 14 (2007), p. 305.

③ Jacquelynne M. Jordan, "Little Red Reasonable Woman and the Big Bad Bully: Expansion of Title VII and the Larger Problem of Work Place Abuse", William and Mary Journal of Women and the Law, 13 (2007), p. 621.

④ Cecilia M. Bailliet, "Examining Sexual Violence in the Military within the Context of Eritrean Asylum Claims Presented in Norway", International Journal of Refugee Law, 19 (2007), p, 471.

⑤ Sarah J. Hautzinger, Violence in the City of Women——Police and Batterers in Bahia, Brazil, University of California Press, 2007ed.

⑥ Lisa S. Alfredson, Creating Human Rights: How Noncitizens Made Sex Persecution Matter to the World, University of Pennsylvania Press, 2008ed.

⑦ Helen Irving, Gender and the Constitution, Cambridge University Press, 2007ed.

社会学学者也跨学科、多角度地对涉及儿童和女性的暴力进行阐述。①

2. 移民权利

美国可能是世界上吸纳移民人数最多的国家，其中非法移民总计约 1200 万人。2006 年，美国各地爆发了有史以来最大规模的移民大游行，这也引起了法学界的强烈关注，在 2007 年，除了性别歧视之外，关于移民保护的题材是人权保护这一项目中最引人注目的内容。

有学者认为，这一运动可能会发展为新一轮的民权运动。② 但同时，这位作者也表示了前途的不可预测，并且主张安全（secure）的社会改革。③ 与这位作者比较类似的，很多学者也表示出类似的看法。④

有学者呼吁，为保护美国的国家安全，同时在全球化的背景下，美国需要一个更加适应当前社会和政治因素的移民政策，而不是现在这样一个"破败的移民体系"。⑤

还有学者从国际法的角度对移民问题进行分析，认为最高法院

---

① Laura L. Otoole, Jessica R. Schiffman, Margie L. Kiter Edwards, Gender Violence, New York University Press, 2007ed.

② Kevin R. Johnson and Bill Ong Hing, "The Immigrant Rights Marches of 2006 and the Prospects for a New Civil Rights Movement", Harvard Civil Rights-Civil Liberties Law Review, 42 (2007), p. 99

③ Kevin R. Johnson and Bill Ong Hing, "The Immigrant Rights Marches of 2006 and the Prospects for a New Civil Rights Movement", Harvard Civil Rights-Civil Liberties Law Review, 42 (2007), p. 99.

④ Lucas Guttentag, "Reform, February 10, 2007: Introduction: Immigration Reform: A Civil Rights Issue", Stanford Journal of Civil Rights & Civil Liberties. 3 (2007), p. 157; Shoba Sivaprasad Wadhi, "The Policy and Politics of Immigrant Rights", Temple Political & Civil Rights Law Review, 16 (2007), p. 387.

⑤ Kevin R. Johnson, "Protecting National Security through More Liberal Admission of Immigrants", The University of Chicago Legal Forum, (2007), p. 157.

应当采取一种较为均衡的策略，某些情况下应当考虑适用国际条约。① 有学者则从"避难所"（sanctuary）一词开始阐发有关移民政策的看法。②

还有学者从美国宪法第十四条修正案的角度来看移民问题，认为母语不是英语的移民如拉美裔人没有获得应有的平等对待的机会。③ 同时，还有学者就双语教学上的疏漏来讨论移民问题，认为移民接受双语教学的权利是一项重要的民主权利；④ 有学者则对移民问题上的司法审查权进行了分析，分析了 2005—2006 年美国议会在移民问题上和司法机关之间出现的龃龉。⑤

由于移民问题的关键在于与美国接壤的墨西哥移民，因此，也有相关论文专门对墨西哥移民进行分析。⑥ 有文章从种族脸谱化（Racial profiling）开始分析，并结合美国的移民政策、反恐策略对移民法进行分析。⑦ 此外，鉴于美国日益普遍的移民以婚姻方式获

---

① Beth Lyon, "Tipping the Balance: Why Courts Should Look to International and Foreign Law on Unauthorized Immigrant Worker Rights", University of Pennsylvania Journal of International Law, 29 (2007), p. 169.

② Rose Cuison Villazor, "What is a "Sanctuary"?" SMU Law Review, 61 (2008), p. 133.

③ Lupe S. Salinas, Linguaphobia, "Language Rights, and the Right of Privacy", Stanford Journal of Civil Rights & Civil Liberties, 3 (2007), p. 53.

④ Thomas Kleven, "Language: The Democratic Right to Full Bilingual Education", Nevada Law Journal, 7 (2007), p. 933.

⑤ Jill E. Family, "Stripping Judicial Review During Immigration Reform: The Certificate of Reviewability", Nevada Law Journal, 8 (2008), p. 499.

⑥ Devon Roepcke, "'Should I Stay or Should I Go?': Preventing Illegal Immigration by Creating Opportunity in Mexico Through Microcredit Lending", California Western International Law Journal, 38 (2007), p. 455; Ray Ybarra, "Thinking and Acting Beyond Borders: An Evaluation of Diverse Strategies to Challenge Vigilante Violence on the U. S. -Mexico Border", Stanford Journal of Civil Rights & Civil Liberties, 3 (2007), p. 377.

⑦ Carrie L. Arnold, "Racial Profiling in Immigration Enforcement: State and Local Agreements to Enforce Federal Immigration Law", Arizona Law Review, 49 (2007), p. 113.

得绿卡的情况，也有学者从宪法的角度进行分析。①

还有学者对萨尔瓦多的移民进行分析，着重谈到20世纪80年代到90年代初期的萨尔瓦多内战带来的移民问题，以此为个案分析美国的移民政策。②

由于移民问题在2006年过分凸显，美国国内不仅相关论文较多，而且还召开过专门的学术讨论会。2007年2月10日在一个名为"移民权利和移民制度改革的远景"的学术讨论会上，有大量文章发表，这些文章多主张采取更加宽松的移民政策。③ 丹佛法律评论也召开了一个讨论会，名为"迁徙：两面都是围栏"，会上也有相关论文发表。④ 内华达法律评论也刊载了一批文章对移民问题

① Marcel De Armas, "For Richer or Poorer or any Other Reason: Adjudicating Immigration Marriage Fraud Cases Within the Scope of the Constitution", American University Journal of Gender, Social Policy & the Law, 15 (2007), p. 743.

② Susan Bibler Coutin, Nations of Emigrants, Cornell University Press, 2007ed.

③ Ray Ybarra, "Thinking and Acting Beyond Borders: An Evaluation of Diverse Strategies to Challenge Vigilante Violence on the U. S. -Mexico Border", Stanford Journal of Civil Rights & Civil Liberties, 3 (2007), p. 377; Rebecca Smith, "Human Rights at Home: Human Rights as an Organizing and Legal Tool in Low-Wage Worker Communities", Stanford Journal of Civil Rights & Civil Liberties, 3 (2007), p. 285; Grace Chang and Kathleen Kim, "Reconceptualizing Approaches to Human Trafficking: New Directions and Perspectives from the Field (s)", Stanford Journal of Civil Rights & Civil Liberties, 3 (2007), p. 317; Ayelet Shachar, "The Shifting Border of Immigration Regulation ", Stanford Journal of Civil Rights & Civil Liberties, 3 (2007), p. 165; Daniel Kanstroom, "Post-Deportation Human Rights Law: Aspiration, Oxymoron, or Necessity? " Stanford Journal of Civil Rights & Civil Liberties, 3 (2007), p. 195; Bill Ong Hing, " The Case for Amnesty", Stanford Journal of Civil Rights & Civil Liberties, 3 (2007), p. 233; Adam Francoeur, "The Enemy Within: Constructions of U. S. Immigration Law and Policy and the Homoterrorist Threat", Stanford Journal of Civil Rights & Civil Liberties, 3 (2007), p. 345.

④ Brian G. Slocum, "The War On Terrorism and the Extraterritorial Application of the Constitution in Immigration Law", Denver University Law Review, 84 (2007), p. 1017.

进行分析。①

澳大利亚在 2006 年虽然没有像美国那样出现移民大游行，但也有学者就移民问题发表文章，指出，移民导致的不是移民国家，而是一个全球化国家。澳大利亚宪法的权力配置敦促政治家和部分法官关注那些事关人权保障并属于议会处理的事项。②

在难民问题上，有学者对乌干达③、白俄罗斯④、朝鲜⑤、印度⑥、莫桑比克⑦等国的难民问题和难民法进行了分析，还有学者对美国的难民法进行了深入分析，并认为现有法律可能会影响到美国的国家安全。⑧ 还有学者特别对移入澳大利亚和加拿大的未成年难民问题进行分析。⑨

---

① Sylvia R. Lazos Vargas, "IMMIGRATION: The Immigrant Rights Marches (Las Marchas): Did the "Gigante" (Giant) Wake Up or Does It Still Sleep Tonight?", Nevada Law Journal, 7 (2007), p. 780; Thomas Kleven, "Language: The Democratic Right to Full Bilingual Education", Nevada Law Journal, 7 (2007), p. 933.

② Mary Crock, "Defining Strangers: Human Rights, Immigrants and the Foundations for a Just Society", Melbourne University Law Review, 31 (2007), p. 1053.

③ Lucy Hovil, "Self-settled Refugees in Uganda: An Alternative Approach to Displacement?", Journal of Refugee Studies, 20 (2007), p. 599.

④ Ilija Todorovic, Yury Morgun, "The Formation and Development of the Legislation on Refugees in the Republic of Belarus", International Journal of Refugee Law, 19 (2007), p. 511.

⑤ Elim Chan, Andreas Schloenhardt, "North Korean Refugees and International Refugee Law", International Journal of Refugee Law, 19 (2007), p. 215.

⑥ Prabodh Saxena, "Creating Legal Space for Refugees in India: the Milestones Crossed and the Roadmap for the Future", International Journal of Refugee Law, 19 (2007), p. 246.

⑦ Tara Polzer, "Adapting to Changing Legal Frameworks: Mozambican Refugees in South Africa", International Journal of Refugee Law, 19 (2007), p. 22.

⑧ Alicia Triche Naumik, "International Law and Detention of US Asylum Seekers: Contrasting Matter of D-J-with the United Nations Refugee Convention", International Journal of Refugee Law, 20 (2007), p. 661.

⑨ Fiona Martin, Jennifer Curran, "Separated Children: a Comparison of the Treatment of Separated Child Refugees Entering Australia and Canada", International Journal of Refugee Law, 19 (2007), p. 440.

还有一些学者从不同的角度对难民问题进行分析，例如：从司法的角度对难民申请的真实性进行评述；① 对难民法研究的方法论进行讨论。②从迁徙自由的角度以及国际法对个人保护的角度进行讨论。③

3. 种族歧视

上文中的移民歧视包含了种族歧视的部分内容，但远远不是全部。有学者通过和法国种族歧视问题的比较，阐释了美国建立起反种族歧视问题的特殊路径。④ 有学者则通过分析校园内的反犹太倾向与权利法案之间的关系来阐述有关反犹太歧视的问题。⑤

对少数族裔的歧视问题也有专门的分析，如亚裔人群，⑥ 夏威夷群岛上的原住民，⑦ 等等。也有学者对美国之外国家的种族歧视

---

① Steve Norman, "Assessing the Credibility of Refugee Applicants: A Judicial Perspective", International Journal of Refugee Law, 19 (2007), p. 273.

② Eftihia Voutira, Giorgia Doná, "Refugee Research Methodologies: Consolidation and Transformation of a Field", Journal of Refugee Studies, 20 (2007), p. 163.

③ Colin Harvey, Robert P. Barnidge, Jr., "Human Rights, Free Movement, and the Right to Leave in International Law", International Journal of Refugee Law, 19 (2007), p. 1.

④ Julie Chi-Hye Suk, "Equal By Comparison: Unsettling Assumptions of Anti-discrimination Law", American Journal of Comparative Law, 55 (2007), p. 295.

⑤ Kenneth L. Marcus, "Anti-zionism as Racism: Campus Anti-semitism and the Civil Rights Act of 1964", William & Mary Bill of Rights Journal, 15 (2008), p. 837.

⑥ Nancy Chung Allred, "Asian Americans and Affirmative Action: From Yellow Peril to Model Minority and Back Again", Asian American Law Journal, 14 (2007), p. 57.

⑦ Susan K. Serrano, Eric K. Yamamoto, Melody Kapilialoha MacKenzie and David M. Forman, "Restorative Justice for Hawai'i's First People: Selected Amicus Curiae Briefs in Doe vs. Kamehameha Schools", Asian American Law Journal, 14 (2007), p. 205

问题进行阐述，如加拿大①。

2007 年是联邦最高法院对 McCleskey vs. Kemp 案②判决 20 周年，这一案件涉及一个有种族因素的法律的废除，关于这个案件的纪念活动也在美国展开，在学界的纪念活动中，也有一些学者对这个案件和案件造成的影响展开论述。③

Guliyeva 通过对拉脱维亚以俄语为母语的人群所遭遇的人权保障困境的分析，强调加强欧盟国家少数人权利保障的迫切性；④ Kocharov针对第三世界国家移民在欧盟成员国内部的劳动力转移问题指出，这项基本权利保障在欧盟尚处阙如。⑤ 此外，Choudhry 认为，由少数人权利保护衍生出的分裂社会等问题，关涉如何进行宪政设计，以因应那些由于种族、语言、宗教以及文化差异所造成的机遇与困境，如何促进民主、社会正义、和平和稳定等重大宪政议题，当成为社会分工过度时代之宪法学者所不可回避的课题。⑥

Shapiro 通过对为预防恐怖活动的安全认证本身所产生的歧视性效果展开分析，认为入境许可歧视了非本国人群，因为这一认证使得政府可以采用较于本国国民低得多的标准来对境外公民进行预

---

① Lolita Buckner Inniss, "Toward a Sui Generis View of Black Rights in Canada? Overcoming the Difference-Denial Model of Countering Anti-Black Racism", Journal of African-American Law & Policy, 9 (2007), p. 32.

② McCleskey vs. Kemp, 481 U. S. 279 (1987)

③ Miriam S. Gohara, "Sounding the Echoes of Racial Injustice Beyond the Death Chamber: Proposed Strategies for Moving Past Mccleskey", Columbia Human Rights Law Review, 39 (2007), p. 124; David Rudovsky, "Litigating Civil Rights Cases to Reform Racially Biased Criminal Justive Practices", Columbia Human Rights Law Review, 39 (2007), p. 97.

④ Gulara Guliyeva, "Lost in Transition: Russian-speaking Non-Citizens in Latvia and the Protection of Minority Rights in the European Union", European Law Review,6 (2008), p. 843.

⑤ Anna Kocharov, "What Intra-Community Mobility for Third-Country Workers", European Law Review, 6 (2008), p. 912.

⑥ Sujit Choudhry (ed.), Constitutional Design for Divided Societies: Integration or Accommodation? Oxford University Press (USA), 2008ed.

防性拘留。①

4. 人权的国际保障

受 Yatama vs. Nicaragua② 案以及 Awas Tingni vs. Nicaragua 案③的影响，有学者对人权的国际保障进行了论述。④ 这两个案件都是美洲人权法院审理的案件，尤其是 Awas Tingni vs. Nicaragua 一案，更是美洲人权法院审理的第一个承认当地人对本地共有的财产享有权利并指令一国对这些权利予以保障的案件。⑤

还有学者就国会对违反国际公法行为的惩戒权进行维护，认为这一权力是针对他国的权力，因此并未受到欣赏，但这一权力实际上可以发挥良好的作用。⑥

二、政制——追忆荣光与创建未来

政制，在很多情况下可以用以代指宪法，因为宪法的核心在于构建一国基本的政治架构，它必然体现为现实的制度。西方政制肇端之时的迅猛发展让人们误以为他们已然寻求到了一个人类发展的

---

① Jonathan Shapiro, "An Ounce of Cure for a Pound of Preventive Detention: Security Certificates and the Charter", Queen's Law Journal, 33 (2008), p. 519.

② Yatama vs. Nicaragua, Judgment of June23, 2005, Inter-Am. Ct. H. R., (Series C) No. 127 (2005)

③ Awas Tingni Community vs. Nicaragua, Judgment of August 31, 2001, Inter-Am. Ct. H. R., (Ser. C) No. 79 (2001).

④ Maia Sophia Campbell, "The Right of Indigenous Peoples to Political Participation and the Case of Yatama vs. Nicaragua", Arizona Journal of International & Compatative Law, 24 (2007), p. 499; Leonardo J. Alvarado, "Lessons from the Case of Awas Tingni vs. Nicaragua", Arizona Journal of International & Compatative Law, 24 (2007), p. 609.

⑤ Leonardo J. Alvarado, "Lessons from the Case of Awas Tingni vs. Nicaragua", Arizona Journal of International and Comparative Law, 24 (2007), p. 609.

⑥ J. Andrew Kent, "Congress's Under-Appreciated Power to Define and Punish Offenses Against the Law of Nations", Texas Law Review, 85 (2007), p. 843.

最终法门，事实恐非如此，自古就不可能有一成不变之法，也不可能有一成不变之政制。

在荣光中苏醒的人们开始追忆，但追忆不能解决现实的问题，他们不可能让这个有着恐怖主义、金融危机的时代回归到过往，唯有为未来立政制，方才是宪法学者所应有之态度。

（一）司法的失声与改革的呐喊

由于西方普遍采用三权分立体制，在中央国家机构之间的关系中，司法权与行政权的抵牾非常明显，国会和总统之间的关系也较为微妙，我们很难单独地说一个事件只关涉总统和法院，而无视作为代议机关的国会，也不能说一个事件只关涉总统和国会，而忽略在一旁虎视眈眈的最高法院。这种全面的认识是西方学者分析各国政制的一个重要前提。对于司法审查的分析也必须因循这样一个前提，抛开其他机关来讨论司法权问题，不能说不可以，但至少是不可取的。

1. 美国司法审查

美国司法审查问题的发展与美国当下的反恐局势密切相关，自"9·11"事件之后，美国的国家权力分工中行政权扩大的趋势更加明显，而国会和法院则显得较为弱势，这一点在法学界也引起了重视。对于法学家来说，恐怖主义的威胁显然比不上美国政制的非正常变动。"9·11"以来，美国政府当局多次强调，对于信息的监控，政府享有民事上的豁免权，并对一些行政行为，美国政府希望消除附加其上的司法审查，并认为这些问题应当进行政治上的考量，而不是由法院进行相应的决断。而这种态度在美国自然会招致激烈批评。① 在近几年的一个关涉恐怖主义的重要案件即哈姆丹诉拉姆斯菲尔德（Hamdan vs. Rumsfeld）一案则是一个政治实践中的

① Amanda Frost, The State Secrets Privilege and Separation of Powers, Fordham Law Review, 75 (2007), p. 1931.

"妙举"①，对于此案进行讨论的学者较多，一般对最高法院持同情态度。②

有学者对最高法院决定的过程进行讨论，构建了一种分析框架，将反对意见的作出和博弈联系起来进行分析。③ 有学者则对最高法院的功能进行了分析，针对一种流行的观点即最高法院不应当创制宪法权利，而应当使得宪法权利为人铭记，该书作者从种族歧视、死刑问题和性自由的角度来对这个问题展开论述，以反驳上述流行的观点。④ 相应地，还有学者为司法能动主义辩解，并将宪法发展的连续性和体

---

① 原告哈姆丹是被关押在关塔那摩美军监狱的"恐怖分子嫌疑人"，被告是美国前国防部长拉姆斯菲尔德所代表的美国军方。2004 年，美国军方为哈姆丹指定的军队律师查尔斯·斯维夫特少校代表哈姆丹，将时任国防部长拉姆斯菲尔德告上法庭，指控美国军方不经过法律程序就剥夺了原告的人身自由。2005 年底，此案被提交至美国联邦最高法院。2006 年 6 月 29 日，最高法院作出判决：政府在关塔那摩设立军事特别法庭的行为"违法"。最高法院在判决书中指出：行政当局无权在不经过国会首肯之前，设立审理战争罪行的军事特别法庭；该法庭的审判程序违反了美国的军事法律以及《日内瓦公约》。布什政府对此提出抗议，认为关塔那摩美军基地并非在国内，因此美国联邦最高法院没有对此案的管辖权，而参议院在 2006 年 11 月 10 日，以一个 49∶42 的票决认定拒绝任何法院、法庭或者法官审查一个来自关塔那摩监狱的未决犯的人身保护令申请。立法者同时强调了国会和法院应当对行政机构的行为进行审查，包括军事机关的行为，而基于上述理由，国会认为法院是在以拉姆丹为手段攫取权力。Hamdan vs. Rumsfeld, 548 U. S. 557 (2006); Neal Devins, "Congress, the Supreme Court, and Enemy Combatants: How Lawmakers Buoyed Judicial Supremacy by Placing Limits on Federal Court Jurisdiction", Minnesota Law Review, 91 (2007), p. 1562.

② Robert J. Pushaw, Jr., "The 'Enemy Combatant' Cases in Historical Context: the Inevitability of Pragmatic Judicial Review", Notre Dame Law Review, 82 (2007), p. 1005; R. Andrew Smith, the Judiciary's Constitutional Role in Disputes over the War Powers, Valparaiso University Law Review, 41 (2007), p. 1517.

③ Jeffrey R. Lax, Charles M. Cameron, "Bargaining and Opinion Assignment on the US Supreme Court", Journal of Law, Economics, & Organization, 23 (2007), p. 276.

④ Yackle, Larry, Regulatory Rights: Supreme Court Activism, the Public Interest, and the Making of Constitutional Law, The University of Chicago Press, 2007ed.

系性统一在一起，并依据案例确立一个对案件判决的正当性标准。①

可以看出，正是以美国总统为首的联邦政府逐渐扩大其权力，导致了学界的反弹，从各种角度论证司法能动的必要性——这种论证无异于在另一方面提出一种关于美国联邦最高法院权力范围的期许和愿景。

但是，对于美国联邦最高法院进行批判的也不乏其人，一般的观点认为，联邦最高法院是最能维护宪法和法律价值的中立组织，而 Collins 却在《最高法院的朋友们：利益集团和司法决断》一书中残酷地告诫我们：即便是联邦最高法院的判决也不能免于利益集团的影响。②

实际上，从各种迹象来看，反恐怖主义斗争为美国的政府和联邦最高法院之间的权力博弈提供了新的舞台。由于反恐怖主义的原因，美国政府越来越希望有一个"听话"的最高法院，这引起了各方的戒惧。对于很多学者来说，美国政制的嬗变甚至失衡，其危害远甚于恐怖主义所造成的破坏。

2. 英国司法改革

英国自 1997 年工党执政以来就开始展开其气势宏大的制度改革：1998 年《人权法》(Human Rights Act, 1998) 将《欧洲人权公约》纳入英国国内法体系中，并确认了法院在一定情况下适用《欧洲人权公约》并否认议会立法的权力；1999 年《上议院法》(House of Lords Act, 1999) 废除了世袭贵族制；2005 年《宪政改革法》(Constitutional Reform Act, 2005) 更是将设立英国最高法院作为其宪政改革的主要措施。

这一系列改革措施让诸多学者浮想联翩。Brazier 在《宪政改革：重组英国政治体制》一书中对这一改革进程，特别是对 2005 年《宪政

---

① Kermit Roosevelt III, The Myth of Judicial Activism, Yale University Press, 2007ed.

② Paul M. Collins, Friends of the Supreme Court: Interest Groups and Judicial Decision Making, Oxford University Press (USA), 2008ed.

改革法》出台以来的宪政改革作了系统研究;① Kavanagh 从人权法的地位、议会主权原则的影响、议会与法院的关系等方面对 1998 年英国《人权法》及其对英宪改革的影响作了详细论证;② Arden 将英国法院的改革模式分为代理人模式和动态模式两大类型，认为英国宪政改革的过程，实际上就是一个司法角色转变的过程，在这个过程中，欧洲议会、欧洲法院、英国下议院等机构都发挥着重要作用。③

但是，维护议会主权观点的学者在英国同样存在。在学界对司法审查普遍保持着赞扬的语调时，有学者还是对其"专制性"提出了批评，并认为问题应当由议会的民主程序加以解决。④ 虽然这一观点从目前来看有陈词滥调之嫌，但恰恰说明了英国司法体制的传统之所在。

3. 其他国家的司法审查

其他国家的司法审查问题也得到了关注，有学者将加拿大在司法审查上的态度和英国进行了比较，分析了法院和政府之间的关系，并主张审慎地处理这一关系。⑤

澳大利亚是承袭英国传统的普通法国家，对普通法的重视使得行政法难以发展，而有学者则指出，行政司法是保持政府廉洁性的重要内容，并从澳大利亚现有的行政法体系入手，分析澳大利亚应有的行政司法的概念，在此基础上提出见解。⑥ 还有澳大利亚学者就 2007 年之前发生的一系列案件进行分析，就其中出现的州法院

---

① Rodney Brazier, Constitutional Reform: Reshaping the British Political System, Oxford University Press (USA), 2008ed.

② Aileen Kavanagh, Constitutional Review under the UK Human Rights Act, Combridge University Press, 2008ed.

③ Mary Arden, "The Changing Judicial Role: Human Rights, Community Law and the Intention of Parliament", Cambridge Law Journal, (67) 2008, p. 487.

④ Richard Bellamy, Political Constitutionalism, Cambridge University Express, 2007ed.

⑤ Christine Sypnowich, "Ruling or Overruled? the People, Rights and Democracy", Oxford Journal of Legal Studies, 27 (2007), p. 757.

⑥ Robin Creyke, "Administrative Justice-Towards Integrity in Government31", Melbourne University Law Review, 31 (2007), p. 705.

和联邦法院之间的关系展开论述。①

　　澳大利亚学者对司法审查的分析主要集中于技术层面。有学者对司法判决中的引证问题进行统计分析，并有相当详细的数据，同时还将澳大利亚的司法引证和英国进行比较分析；② 有学者试图从哲学角度论证法院不应为公共利益损害个人权益，法院应该更多地保护个人权益而对公共利益少一些关注；③ 有学者对判例中的少数意见进行评析，认为少数意见在很多时候使得澳大利亚的高级法院（High Court of Australia）推翻宪法判例，少数意见在很多时候是法律发展的重要因素；④ 还有学者提出了对法院违宪审查内容和方式的看法，认为虽然从传统理论上来讲，法院进行司法审查，不能修改法律，也不能废止正当的法律，但这种方式存在两个问题：第一，这种方式在宪法没有规定该事项时无法发挥作用；第二，这种方式拒绝了任何形式的变革。⑤

　　有日本学者对日本最高法院对选举系统的调整和经济自由的问题进行讨论和说明。并据此论证日本最高法院已经适应了"民主政治禁区"（preservation of "pluralist democracy"）的地位。⑥ 还有学

---

① Hon Duncan Kerr, "State Tribunals and Chapter III of the Australian Constitution", Melbourne University Law Review, 31 (2007), p. 622.

② Dietrich Fausten, Ingrid Nielsen, Russell Smyth, "A Century of Citation Practice on the Supreme Court of Victoria", Melbourne University Law Review, 31 (2007), p. 733.

③ Denise Meyerson, "Why Courts Should Not Balance Rights Against the Public Interest", Melbourne University Law Review, 31 (2007), p. 873.

④ Andrew Lynch, "The Intelligence of a Future Day'. The Vindication of Constitutional Dissent in the High Court Australia from 1981-2003", Sydney Law Review, 29 (2007), p. 196.

⑤ Michael Stokes, "Contested Concepts, General Terms and Constitutional Evolution", Sydney Law Review, 29 (2007), 683.

⑥ Yasuo Hasebe, "The Supreme Court of Japan: Its Adjudication on Electoral Systems and Economic Freedoms", International Journal of Constitutional Law, 5 (2007), 296.

者对日本最高法院司法审查权的产生过程进行叙述。①

还有学者就俄罗斯共和国宪法法院的司法审查问题进行讨论，这是第一部介绍俄罗斯宪法法院的英文著作。该书对俄罗斯宪法法院的工作过程进行了介绍，并从政治、法律和公共行政的角度介绍了俄罗斯宪法法院如何调整俄罗斯的统治秩序。②

而有美国学者在对埃及最高法院进行了分析之后，对一个流行的观点也就是发展中国家可以通过司法改革促进政治、经济的全面进步进行了批判，作者认为这是最不可能实现的图景。而这本书也是对埃及最高法院进行分析的第一本英文著作。③

在德国，Vanberg 通过数据统计、案例分析和对法官、立法者采访等方式，对德国宪法法院的司法审查进行相应分析；④ Faigman 通过对安乐死、堕胎、言论自由及隐私权等问题的分析，对宪法诉讼中的事实查明问题作了深刻反省。⑤

在以色列，最高法院院长 William Martin 的《迷失的宪法》在2008年得以再版，该书对民主理念之下的法官是否仅仅以纠纷解决和争议问题的处理为其主要工作、法官在决断何谓正义之时应当采取何种理念和标准等主题展开论证，Martin 认为，法官的职能在解决纠纷之外，至少包含两项职能：连接法律与社会之间的鸿沟并保护宪政和民主。⑥

---

① Norikazu Kawagishi, "The Birth of Judicial Review in Japan", International Journal of Constitutional Law, 5 (2007), 308.

② Alexei Trochev, Judging Russia——The Role of the Constitutional Court in Russian Politics 1990-2006, Cambridge University Express, 2007ed.

③ Tamir Moustafa, The Struggle for Constitutional Power, Cambridge University Express, 2007ed.

④ Georg Vanberg, The Politics of Constitutional Review in Germany, Combridge University Press, 2008ed.

⑤ David L Faigman, Constitutional Fictions: A Unified Theory of Constitutional Facts, Oxford University Press (USA), 2008ed.

⑥ Aharon Barak, The Judge in a Democracy, Princeton University Press, 2008ed.

（二）民主的离去与政府的裸奔

一直以来，行政机关由于其高效率，必然成为应对突发事件的马前卒。及至 21 世纪，行政机关开始成为政治体制中最富恶名的篡权者。这一篡权一方面源自行政权天生的扩张性，但在更大的意义上缘于行政机关处理的突发事件的增多。

经历了"9·11"恐怖袭击之后，安全成为美国人首要考虑的问题，安全问题也已经成为当下政府的第一要务。一个更加强调安全的政府，一个更加强调效率的政府，这应该是反恐时代政府的必然样态。但是，如果民主抽身而去，裸奔的政府还能将人类导向宪政么？

Fosher 经过两年的田野调查之后，在她的力作中阐明了在职能部门缺位的情况下，民众如何采取相应的举措来保障其所居领域的安全，从而为有关安全的行政职能从政府和议会转移到社区提供了线索和潜在可能；① Calabresi 等人通过对美国建国以来的 43 位总统行政过程的分析指出，所有总统都信奉行政上的集权主义，因此，美国政府的演进史实际上就是总统逐渐集权的历史；② Levinson 对美国宪法中非民主等阴暗因素展开抨击，认为美国宪法已经成为世界上最难进行修改的宪法，希望人民能够发起一场持久的有关如何最好地修改这部已被神圣化的宪法的运动，以构建一部足以适应我们民主价值的宪法；③ Kirkpatrick 认为，西方宪政传统中的"非暴力不服从"正逐渐向"暴力不服从"转变，这显然不是一个好消息——当公民试图直接控制政府之时，民主将会产生巨大的

① Kerry B. Fosher, Under Construction: Making Homeland Security at the Local Level, Chicago University Press, 2008ed.

② Steven G. Calabresi, Christopher S. Yoo, The Unitary Executive: Presidential Power from Washington to Bush, Yale University Press, 2008ed.

③ Sanford Levinson, Our Undemocratic Constitution: Where the Constitution Goes Wrong (And How We the People Can Correct It), Oxford University Press (USA), 2008ed.

危险。①

著名学者 Robert A. Dahl 在 2007 年的新书《论政治平等》中对政治平等作为一个目标的可能性进行分析，并提出美国人民对政府的影响力正在减弱。他认为虽然绝对的政治平等无法达到，但是迈向理想的任何一步都是有意义的。该书也对当前美国的政治景观提出了看法，认为美国人民对政府的影响力越来越小，政治平等越来越难以实现。②

而直接针对总统权力扩张进行批驳的文章也不在少数。由于反恐战争的原因，作为三军总司令的美国总统的权力得到了扩张，许多文章从各个方面展开论述来讨论这种权力扩张的必要性和适当性。③ 而随着反恐战争而更显突出的武器出口管制问题也受到学者关注，有学者就对武器出口中的管制进行了批判，认为这个过程中

---

① Jennet Kirkpatrick, Uncivil Disobedience: Studies in Violence and Democratic Politics, Princeton University Press, 2008ed.

② Robert A. Dahl, On Political Equality, Yale University Press, 2007ed.

③ David Gray Adler, "George Bush and the Abuse of History: the Constitution and Presidential Power in Foreign Affairs", UCLA Journal of International Law and Foreign Affairs, 12 (2007), p. 75; Beryl A. Howell & Dana J. Lesemann, "FISA's Fruits in Criminal Cases: an Opportunity for Improved Accountabllity", UCLA Journal of International Law and Foreign Affairs, 12 (2007), p. 145; Jordan J. Paust, "Unlawful Executive Authorizations Regarding Detainee Treatment, Secret Renditions, Domestic Spying, and Claims to Unchecked Executive Power", Utah Law Review, (2007), p. 345; John Cary Sims, "How the Bush Administration's Warrantless Surveillange Program Took the Constitution on an Illegal, Unnecessary, and Unrepentant Joyride", UCLA Journal of International Law and Foreign Affairs, 12 (2007), p. 163; David A. O'Neil, "The Political Safeguards of Executive Privilege", Vand Law review, 60 (2007), p. 1079; R. Andrew Smith, "The Judiciary's Constitutional Role in Disputes over the War Powers", Valparaiso University Law Review, 41 (2007), p. 1517; Alexandra R. Harrington, "Presidential Powers Revisited: an Analysis of the Constitutional Powers of the Executive and Legislative Branches over the Reorganization and Conduct of the Executive Branch", Willamette Law Review, 44 (2007), p. 63.

政府部门之间缺乏制衡监督机制。①

还有学者主张，由于反恐战争的原因，美国的总统和国会之间关于战争权力的划分势必产生内在的矛盾。战争使得执行权力过大，该学者认为，如果美国公民自由协会诉国家安全局（ACLU vs. NSA）一案能够进入最高法院审理，最高法院应当采取措施使得公民自由不受到过分侵害。②

但并非所有学者对行政权的扩张都是一种明确的否定态度，有学者通过分析美国宪政，提出了一种宪政下的自治政府模式，这是一种非多数的民主理念，该文从美国联邦最高法院的司法审查权着手，提出这样一个问题：为什么美国联邦最高法院作为非民选组织具有如此之大的权力可以反对多数决定？并由此切入，进行进一步的分析，提出一个宪政下的自治政府观念。③

（三）纯粹的联邦主义，加强的联邦主义？

在美国建国伊始，著名的《联邦党人文集》就对州权和联邦政府的权限进行了非常经典的论述，但是，这样的一种论述并不可能反映现实中这样一种权力配置的变化。那种用以支撑传统的联邦国家理论的学说早已失去其生长的历史背景，至少他们不能在所有方面都和现实的需求合拍。

在加拿大，2008 年的《女王法律评论》刊载了一系列有关联邦政府对地方的财政控制与政策影响力之发挥的文章，这些文章或从联邦对地方的经济控制入手，或从利益分配入手，或从历史分析

① Charles L. Capito III, "Inadequate Checks and Balances: Critiquing the Imbalance of Power in Arms Export Regulation", Washington & Lee Law Review, 64 (2007), p. 297.

② R. Andrew Smith, "Breaking the Stalemate: the Judiciary's Constitutional Role in Disputes over the War Powers", Valparaiso University Law Review, 41 (2007), p. 1517.

③ Christopher L. Eisgruber, Constitutional Self-Government, Harvard University Express, 2007ed.

入手,对联邦政府进行经济调控的权力和价值进行分析阐述。① 其中,Whyte 的论文对联邦制度进行了一个断章式的描述——他选取了联邦制在加拿大发展的四个片段进行历史维度的分析,并最终认为,无论沿着何种路径发展,都不可能产生一种纯粹的联邦制,因为一个国家的基础并非分裂和分立,而是建立适当的组织以充分表达各方利益。②

在美国,Chemerinsky 提出了"加强的联邦主义"概念,强调加强联邦政府权力之必要性,并对联邦最高法院最近的保守倾向提出了激烈的抨击③——在联邦政体的基本原则指引之下,美国联邦最高法院逐渐呈现出一种更加保守的倾向,他们更多地利用这一原则限制联邦政府的权力行使。

有学者认为,从最近的有关商业条款、第十修正案和第十一修正案的案件可以看出,法院现在倾向于限制联邦政府的权力并扩张州政府的权力,联邦政府和州政府在很多领域内的立法上也有竞争关系。而且,很多情况下,联邦法院干预的州法院一审的案件中,联邦法院也会对州议会的立法进行解释,甚至总体上会对州法院的解释给予尊重。出现此种情形的原因在于,最高法院审理的案件一般是具有争议的案件或者权利处于危险中的案件。因此,联邦最高法院会遵从这种由州法院维持的平衡,并接受州法院在维持平衡的过程中作出的判决,除非这样一种判决可能违反联邦的重大利益。相反的,最重要的尊重州法的原因在于州法规定的事项可能与联邦

---

① Marc Chevrier, "Imperium in Imperio? Des Déséquilibres, du Pouvoir Fédéral de Dépenser et du Constitutionnalisme au Canada", Queen's Law Journal, 34 (2008), p. 29. Marc Antoine Adam, "The Spending Power, Co-operative Federalism and Section", Queen's Law Journal, 34 (2008), p. 175.

② John D. Whyte, "Federalism Dreams", Queen's Law Journal, 34 (2008), p. 1.

③ Erwin Chemerinsky, Enhancing Government: Federalism for the 21st Century, Stanford University Press, 2008ed.

事务毫无关系，这种情况下，联邦利益不会有任何危险。①

还有学者从历史学的视角对联邦主义进行批判，对广为人们认同的为美国建国者精心架构的国家模式和联邦结构进行分析批判。通过对美国联邦主义自产生之日起的历史分析，作者认为对联邦主义解释的出发点是美国的政治利益，而现在，这种解释已经没有市场了。②

三、理论——进路更易与视野漂移

相比于实际问题，宪法学的理论发展是一个更加困难的工作，而宪法在实际生活中的变迁则更是受到各种因素的制约。综合而言，近年来的外国宪法学研究所展示出来的进路有所更易，至少不再单纯满足于传统的格式，而是企图探寻一些新的进路，以期获得启发。而与此同时，全球化的背景也让全球化的研究成为可能，亚非拉国家的宪法成为西方研究的一个热点议题，而欧盟宪法更是作为宪法发展的可能进路之一得到了广泛而且热烈的讨论。

（一）思考进路的更易

Schweber 提出了两个反思性的宪法研究视角：一是在民主自治程度和价值观念存在普遍的、客观的差异条件下，合理的宪政选择何以达致？二是为保持宪法的合法性，宪法应当具有何种品格？③McCormick 试图通过对韦伯的合法性理论和哈贝马斯的协商民主理论及其与欧洲宪法之间的关联性解读，对现代宪法学的理论基石作

---

① Marcia L. McCormick, "When Worlds Collide: Federal Construction of State Institutional Competence", University of Pennsylvania Journal of Constitutional Law, 9 (2007), p. 1167.

② Edward A. Purcell, Jr., Originalism, Federalism, and the American Constitutional Enterprise, Yale University Press, 2007ed.

③ Howard Schweber, The Language of Liberal Constitutionalism, Combridge University Press, 2008ed.

出温和批判;① Sadurski 则通过对民主体系中法律的合法性问题和平等问题的分析，提出了合法性之三维结构说，主张从政治、立法与社会三个方面来解读合法性问题。②

Wiener 强调，在全球化背景下，规则理性体现为一种共同的宪政理念，因此，尽管各国宪法文本有所不同，但并不必然导致宪法理念的冲突——不同国家之间共同的宪政理念使得一种"看不见的宪法"得以型构;③ 规则理性的分析视角，使得宪政能够像政治经济学一样适于量化分析④——Brennan 认为，规则理性和交通规则一样，是一种将那些具有不同需求和思想的人群的行为进行调整，使得人们即便目标不同，也能有序行使。

法律原则和政治控制之间的关系是 2007 年美国宪法学研究的热点。有很多学者就此发表文章进行论证。有学者认为，法律原则是上级法院对下级法院进行政治控制的工具。⑤ 有学者对 16 位最高法院法官进行分析，发现他们中间 14 位都存在有一定的政策倾向。⑥ 有学者则在分析了 1905 年 Lochner vs. New York 一案之后指出，没有道德感的法官和同样没有道德感的立法者之间的互动反而

---

① John P. McCormick, Weber, Habermas and Transformations of the European State: Constitutional, Social, and Supranational Democracy, Combridge University Press, 2008ed.

② Wojciech Sadurski, Equality and Legitimacy, Oxford University Press (USA), 2008ed.

③ Antje Wiener, The Invisible Constitution of Politics: Contested Norms and International Encounters, Combridge University Press, 2008ed.

④ Geoffrey Brennan, James M. Buchanan, The Reason of Rules: Constitutional Political Economy, Combridge University Press, 2008ed.

⑤ Tonja Jacobi, Emerson H. Tiller, "Legal Doctrine and Political Control, Journal of Law", Economics, & Organization, 23 (2007), p. 326.

⑥ Andrew D. Martin, Kevin M. Quinn, "Assessing Preference Change on the US Supreme Court", Economics, & Organization, 23 (2007), p. 365.

会产生一种比他们所试图达到的目标更好的结果。①

有学者认为，在全球化背景下，需要利用类似宪法的规则对经济秩序进行整理，建立起新的投资规则，这一观点集中体现在一本名为《经济全球化的宪法调整》（*Constitutionalizing Economic Globalization*）的书中。②

有学者则对宪法思想的迁移（Imigration）进行了讨论，分析了澳大利亚、匈牙利、印度、南非、英国、美国和加拿大这几国的宪法思想的互相影响，从比较政治学、文化学的角度并借鉴相关案例进行分析。③

McCann 通过对 20 世纪文学作品的分析，分析了文学作品对总统地位提升的推动作用，认为行政权分支地位的提升与文学作品的渲染密切相关。④ Morrissey 通过对文本含义的探讨、对个人心理和社会效果的影响，以及它们在人群中的流转的分析，对 17、18 世纪有关文学和民主的看法提出了置疑。⑤

而在另一本著作中，有学者对德沃金将宪法和道德哲学混同的看法表示赞同，并进一步发展这种看法，对一些问题如政府权力的范围、终局的宪法解释权、宪法在日常语境下的含义等提出了看法。⑥ 这可以认为是作者在当下对自然法理念的致敬之作。

---

① James R. Rogers, Georg Vanberg, "Resurrecting Lochner: A Defense of Unprincipled Judicial Activism", Journal of Law, Economics, & Organization, 23 (2007), p. 442.

② David Schneiderman, Constitutionalizing Economic Globalization, Cambridge University Press, 2007ed.

③ Sujit Choudhry, The Migration of Constitutional Ideas, Cambridge University Press, 2007ed.

④ Sean McCann, A Pinnacle of Feeling: American Literature and Presidential Government, Princeton University Press, 2008ed.

⑤ Lee Morrissey, The Constitution of Literature: Literacy, Democracy, and Early English Literary Criticism, Stanford University Press, 2008ed.

⑥ Sotirios A. Barber and James E. Fleming, Constitutional Interpretation——The Basic Questions, Oxford University Express, 2007ed.

（二）研究视野的漂移

研究视野在全球化的语境下，自然而然地出现了漂移——西方学者不再只是关注英美，也不再限于对国内法的思考，他们开始关注亚非拉国家的宪政发展，也开始思索欧洲立法作为宪法未来发展趋向的可能性。

1. 亚非拉宪政

关于亚非拉国家宪政的讨论在这些年逐渐增多，一方面，这些地区的法学研究逐渐发展起来，有一批本土学者将英文写就的著作交付英美出版社出版；另一方面，面临诸多困境的西方学者也更加希望了解其他国家的宪政制度，以期获得启发。

有学者对非洲宪法的发展进行了分析，对非洲宪法的发展究竟是一种虚假的发展还是可能的"破晓"进行了讨论，也对如何避免有宪法无宪政的局面进行探讨。①

Hatchard 等人通过对东部非洲国家和南部非洲国家的比较，分析了在发展、加强和巩固国家职能并保障对人民有效管理过程中的宪政因素，如行政部门的控制、立法的有效性，等等；② Kende 则将南非和美国宪法中的宪法权利问题单独剥离出来，论证了二者在同样或类同的诸如死刑问题、性别平等、同性恋权利、平权措施、言论自由、宗教自由等宪法问题上所采取的不同态度和处理方式；③ Mutua 通过对东部非洲地区的人权运动进行解析，拷问其非政府组织的起源、挑战和在政治变革过程中出现的新课题，特别对全球化背景下东非 NGO 所面临的挑战与机遇进行了分析；④

---

① H. Kwasi Prempeh, "Africa's 'Constitutionalism Revival': False Start or New Dawn?", International Journal of Constitutional Law, 5 (2007), p. 469.

② John Hatchard, Muna Ndulo, Peter Slinn, Comparative Constitutionalism and Good Governance in the Commonwealth An Eastern and Southern African Perspective, Combridge University Press, 2008ed.

③ Mark S. Kende, Constitutional Rights in Two Worlds: South Africa and the United States, Combridge University Press, 2008ed.

④ Makau Mutua (ed.), Human Rights NGOs in East Africa: Political and Normative Tensions, University of Pennsylvania Press, 2008ed.

Chapman 则认为南非的真相调查和调解委员会在人权保障问题上发挥了重要作用，它超越了最初的真相调查职能，使得国家的凝聚力和认同感大为增强，使得大赦能够基于认定的确凿事实发生，使得受害者能够陈述他们所遭遇的一切，以恢复他们的尊严，保障他们的权利，这一委员会还给总统提出建议，以防止人权遭到进一步的破坏。①

Brewer-Carías 将拉丁美洲的公民权利保障问题纳入其研究的视野，强调在《美洲人权公约》指引之下，拉美公民权利保障呈现出一种有别于常规的保障模式，人身保护令状等保护方式得到更加突出的重视。②

有学者结合新加坡选举总统的问题对新加坡的宪法发展提出了看法。③ 有学者则全面分析了亚太地区的宪政发展，包括东亚国家、东南亚国家和太平洋岛链上的一些国家。④

2. 欧洲宪法

全球化一语，自诞生以来就备受关注。一个全球化的宪法究竟是何种模样？学界在想象中摸索路径，欧洲则在现实中探寻可能。对全球化的探讨很可能就是这个时代宪法学当有的风格与特性。

在传统意义上，宪法毫无疑问是国内法，然而在一个新的全球化时代，宪法开始呈现出一种全球化趋势，⑤ 这就注定了全球化时代的宪法学研究更具批判性色彩——宪法学和宪政主义本身存在的矛盾、全球化导致的欧洲宪法、美国宪法之间的矛盾，等等。针对

① Audrey R. Chapman, Hugo van der Merwe (ed.), Truth and Reconciliation in South Africa: Did the TRC Deliver? University of Pennsylvania Press, 2008ed.

② Allan R. Brewer-Carías, A Comparative Study of Amparo Proceedings, Combridge University Press, 2008ed.

③ Li-ann Thio, "Singapore: (S) electing the President—Diluting Democracy?" International Journal of Constitutional Law, 5 (2007), p.526.

④ Graham Hassall, Cheryl Saunders, Asia-Pacific Constitutional Systems, Cambridge University Express, 2007ed.

⑤ Vikram Amar and Mark Tushnet, Global Perspectives on Constitutional Law, Oxford University Press (USA), 2008ed.

这些问题，以《宪政主义的矛盾》①、《宪法的左右为难》等为代表的 2008 年新著作了有益的探讨。② 还有学者对欧盟宪法的理念进行介绍和阐述，认为将宪法学的概念直接代入欧盟宪法有所不妥，认为欧盟宪法体现的是康德的自由和平的国际思想。③

在 2008 年伊始，很多学者都认为，在《欧洲宪法公约》陷入困境之时而出台的《里斯本条约》不仅挽救了欧盟立宪的困局，④而且将促进欧盟权力秩序的整合——根据该条约，欧盟甚至存在着走向联邦制的可能。⑤

从欧盟的发展进程来看，《里斯本条约》的出台无疑加速了这一组织走向一体化的步伐，并加剧了社会对欧盟组织民主性问题的忧虑。但 Snell 认为这种忧虑过于消极，⑥ 因为文化价值、经济利益、政治体制本身的多元化与一体化之间张力足以消解欧盟一体化过程中的民主性诘难——多元化中的一体化，或者是欧盟发展的路径之所在。⑦

① Martin Loughlin, Neil Walker (ed.), The Paradox of Constitutionalism: Constituent Power and Constitutional Form, Oxford University Press (USA), 2008ed.

② Lorenzo Zucca, Constitutional Dilemmas: Conflicts of Fundamental Legal Rights in Europe and the USA, Oxford University Press (USA), 2008ed.

③ Pavlos Eleftheriadis, "The Idea of a European Constitution", Oxford Journal of Legal Studies, 27 (2007), p. 1.

④ Gavin Barrett, "'The King is Dead, Long Live the King': the Recasting by the Treaty of Lisbon of the Provisions of the Constitutional Treaty Concerning National Parliaments", European Law Review, 1 (2008), p. 66.

⑤ Robert Schutze, "Lisbon and the Federal Order of Competences: a Prospective Analysis", European Law Review, 5 (2008), p. 709.

⑥ Jukka Snell, "'European Constitutional Settlement', an ever Closer Union, and the Treaty of Lisbon: Democracy or Relevance", European Law Review, 5 (2008), p. 619.

⑦ Giandomenico Majone, "Unity in Diversity: European Integration and the Enlargement Process", European Law Review, 4 (2008), p. 457.

海外环境法前沿问题研究[*]

秦天宝　赵小波[**]

从整体上看，2008 年欧美环境法学界关注的热点问题依然得到了延续。在 2007 年的前沿问题追踪报告中，对欧美国家环境战略计划的特点与发展近况、美国气候变化政策演变与发展、美国环境公民诉讼的发展趋势、欧盟气候变化政策前沿发展动态、欧盟"第六个环境行动计划"以及欧盟《关于化学品注册、评估、许可和限制法规》的最新发展等欧美环境法律和政策中意义重大、影响深远的六个问题作过专题阐述。[①] 本研究基本延续了过去两年对欧美环境法学前沿问题研究的方法和策略，但是在研究的广度和深度上亦有所拓展。对于上述问题在 2008 年的进展情况，本研究仅以较少的篇幅加以介绍。对此前未曾涉及、但环境政策和法律发展较为典型的国家，则择取相关课题作详细的探讨。以气候变化选题为例，继 2007 年重点关注美国和欧盟气候变化研究之后，本研究重点关注 2008 年澳大利亚和英国在气候变化法律和政策研究方面的进展。

　　* 本文的研究受到武汉大学"海外人文社会科学研究前沿追踪计划"和教育部人文社会科学重点研究基地重大项目"国外环境法理论与实践的最新发展——兼论新时期中国环境法律的发展"的资助。

　　** 秦天宝，武汉大学环境法研究所，教授、博士生导师；赵小波，澳大利亚麦考瑞大学环境法研究中心博士研究生。

　　① 参见秦天宝，赵小波. 欧美环境法前沿问题研究. 海外人文社会科学发展年度报告：2006. 武汉：武汉大学出版社，2007：422－482.

一、海外环境法发展前沿概述

2008 年海外环境法学研究的热点问题主要集中在下列领域：

第一，气候变化相关法律与政策问题的研究依然是环境法学研究关注的重点。通过对 2008 年美国主要环境法学期刊发表论文情况的统计，在 500 余篇论文中，探讨气候变化问题的论文超过了 50 篇（仅指直接以"气候变化"为关键词的法学论文）①，其受关注的程度略见一斑。在此背景下，欧美环境法学研究领域中气候变化研究主要体现在国内和国际两个层面。在国内法的发展方面，环境法学界对气候变化研究的进展主要体现在与气候变化相关的司法实践的总结和探讨，与气候变化相关的案件丰富了判例法的理论和实践。② 国际层面，"巴厘路线图"之后国际社会的气候变化谈判机制和时间表问题，借助"清洁发展机制"、碳交易等国际市场机制推动减排等问题都是环境法学者们关注的重点。本研究着重关注澳大利亚和英国的气候变化法制问题。

第二，部分环境法基本理论的变迁和发展。可持续发展、环境公平与正义等环境法基本理念也是环境法学者们关注的热点问题。随着全球环境问题的日益凸显，尤其是以气候变化为主的全球性环境问题成为日本无法回避的重要问题。环境主义理论在当今是否仍然存在受到了学者的置疑。气候变化问题导致的二氧化碳减排、贫富人群环境权益的利用和分配、女性和儿童等弱势群体环境权益的保护、气候变化和传统环境保护立法的关系问题等都得到了不同程度的关注。

第三，美国固体废弃物立法中相关责任制度的变革。2002 年 1 月美国国会颁布了《小规模企业责任减轻和棕色地块振兴法》(*The*

---

① 论文资料来源于 LexisNexis 法律数据库。

② Lisa Heinzerling. Climate change in the supreme court. Environmental Law, 2008, 38 (3): 3.

Small Business Liability Relief and Brownfields Revitalization Act）①，对
《综合环境反应、补偿和责任法》（*The Comprehensive Environmental
Response，Compensation，and Liability Act/CERCLA*）进行了修正。
该法以振兴棕色地块为目的，对 CERCLA 长期受到病诟的土壤污
染净化严格责任进行了修改，是美国治理土壤污染立法的最新发
展。②《综合环境反应、补偿和责任法》颁行至今已将近 30 年时
间，它是美国固体废弃物立法中极为重要的一部立法，该法在美国
环境保护立法发展过程中产生的影响是空前的。《小规模企业责任
减轻和棕色地块振兴法》中责任制度的新发展及其在司法实践中
的具体表现也受到学者们的关注。

　　第四，欧洲部分重要的环境法研究领域的新进展。欧盟环境法
研究领域中受到普遍关注的问题主要包括以下内容：欧盟气候变化
和能源相关的新法案；今后核能源的发展问题；对欧盟《关于化
学品注册、评估、许可和限制法规》的指令（REACH 指令）的执
行情况的检讨；欧盟成员国面临如何适应和贯彻新的环境责任指
令③的问题。欧洲法学会（Academy of European Law /ERA）2008
年 4 月召开的题为"环境法的新发展"的会议正是以上述问题为

---

　　①　Pub. L. No. 107-118 Stat. 2356（2002）.

　　②　2001 年 1 月 2 日，美国联邦环保局官员 Whiteman 在布什总统签署该法
令时，对该法给予了极高的评价。他评价该法是"振兴棕色地块最重要的立法"。
而布什总统在签署该法的致词中也高度评价了这部法律。讲话全文参见：
Remarks of Governor Christine Todd Whitman，Administrator of the U. S. Environmental
Protection Agency，at the signing of H. R. 2869，The Small Business Liability Relief
and Brownfields Revitalization Act，Conshohocken，Pennsylvania，January 11，2002，
［2009-05-18］http：//epa. gov/brownfields/pdf/bflegsta. pdf.

　　③　根据欧盟新的环境责任指令的要求，2007 年底成员国的调整期届满。指
令全称为 DIRECTIVE 2003/87/EC OF THE EUROPEAN PARLIAMENT AND OF
THE COUNCIL of 13 October 2003 establishing a scheme for greenhouse gas emission
allowance trading within the Community and amending Council Directive 96/61/EC，指
令全文参见［2009-05-18］http：//eur-lex. europa. eu/LexUriServ/site/en/oj/2003/l_
275/l_27520031025en00320046. pdf.

主要议题的。①

二、澳大利亚气候变化政策、立法研究

(一) 霍华德政府时期澳大利亚气候变化政策

1. 政策背景

澳大利亚对化石燃料、农业和低能源价格十分依赖，澳大利亚有丰富的能源、矿藏和资源；澳大利亚是世界上主要的能源、矿藏和能源密集产品的出口国（是世界上最大的铝矿生产国和出口国，也是最大的煤炭出口国），能源消费品出口产值约合 380 亿澳元（约占全部出口总值的 28%）；农产品出口占出口总额的 16%；在继续维持主要的能源供应国的问题上澳大利亚具有重要的战略和经济利益。

2007 年 7 月，霍华德政府颁布了名为《澳大利亚气候变化政策：我们的经济、我们的环境与我们的未来》(以下简称《澳大利亚气候变化政策》) 的政策文件。这是 2007 年 11 月份陆克文政府上台执政之前澳大利亚在联邦层面阐述气候变化政策最重要的一份政策文件。文件指出，澳大利亚是世界上重要的能源供应国，澳大利亚经济在经济增长和能源供应方面，同其他高度发达的经济体相比，更加依赖于化石燃料。因此，澳大利亚选择了谨慎地处理这一转型，逐步调整经济朝限碳经济的方向发展。

2. 政策目标和政策基调

《澳大利亚气候变化政策》文件中，霍华德政府提出了气候变化政策的两项主要目标。第一项目标是为实现全球温室气体减排作出贡献，避免气候变化带来的危险；第二项目标是通过以下三方面的举措推动澳大利亚的经济：（1）要为商业用户和居民提供有竞争力的，清洁、低排放且能够负担得起的能源；（2）应当依然维

---

① 欧洲法学会环境法会议的内容参见［2009-05-18］http：//www.era.int/web/en/html/nodes_main/4_2127_474/Archives/conferences_2008/5_1796_3985.htm.

持澳大利亚全球主要能源供应商的角色；（3）采取措施应对无法回避的气候变化影响。①

实现上述目标的主要手段是对经济结构及其所依赖的科技结构作出调整，以更好地利用资源。但是霍华德政府也同时表明了政府气候变化政策的基调，即认为气候变化措施不应该对澳大利亚的比较优势带来任何的减损。其主要理由是，虽然气候变化是一个全球性的问题，但如果只有澳大利亚单独采取措施，并不会对全球减排产生显著的影响。

3. 气候变化政策的原则

为有效应对气候变化，霍华德政府确立了三项核心的、有效应对气候变化的原则：

第一，全面涵盖原则。即涵盖全部主要的排放者。以往限制发展中国家的二氧化碳排放曾是政府气候变化政策的核心组成部分，但澳大利亚政府希望到 2030 年，发展中国家的二氧化碳排放量能占到 OECD 国家的 53%。②

第二，国情原则。即立足本国国情的考虑。各国处在不同的发展阶段，有不同的经济增长率、统计口径和资源贡献率，而各国在制定本国同气候变化相关的框架政策时，都应该考虑这些利益因素和大背景，对本国适合的政策并不一定适用于彼国。③

第三，灵活性原则。澳大利亚政府支持双边、区域间和多边合

---

① Australian Government, Australia's climate change policy : our economy, our environment, our future, Commonwealth of Australia, Canberra, p. 4. 2007. [2009-05-18]. http://www.pmc.gov.au/publications/climate_policy/docs/climate_policy_2007.pdf.

② Australian Government, Australia's climate change policy : our economy, our environment, our future, Commonwealth of Australia, Canberra, p. 23. 2007. [2009-05-18]. http://www.pmc.gov.au/publications/climate_policy/docs/climate_policy_2007.pdf.

③ Australian Government, Australia's climate change policy : our economy, our environment, our future, Commonwealth of Australia, Canberra, p. 23. 2007. [2009-05-18]. http://www.pmc.gov.au/publications/climate_policy/docs/climate_policy_2007.pdf.

作，共同探寻应对气候变化技术和可行的措施。例如，亚太清洁发展与气候变化合作伙伴关系就是多边合作的实例。①

4. 主要的政策措施

（1）以最低的成本减少国内排放

霍华德政府未批准《京都议定书》，在上述政策文件中并未提及《京都议定书》的相关内容。即便如此，政府仍将努力实现议定书提出的 2008—2012 年减排目标。

霍华德政府认为，采取阶段性的措施并逐步加快减排的节奏，将有助于节约成本，并能给企业时间适应碳价格信号。政府计划在 2011—2020 年建立一系列短期的年度限额，始终坚持，以最终实现长期目标。另外，应该以排放贸易制度为主要机制实现澳大利亚长期减排目标。为了更好地实现长期减排的目标，霍华德政府还指定贸易排放工作组负责贸易排放机制的工作。但是至于如何实现这些目标，政府文件中并未作具体的阐述。

（2）投资低排放技术，提高能源效率

在通过排放贸易系统管领国内温室气体减排工作的同时，霍华德政府也认识到必须辅以其他必要的政策来实现减排目标。作为政府投资于低碳技术的一部分，政府建立了低排放技术示范基金（Low Emissions Technology Demonstration Fund）以支持"主导工业项目实行技术示范，以借助其潜力促进能源部门更大规模地减少温室气体排放。

（3）减排补偿与排放数据

减排补偿是指在排放贸易体系中，对履行了减排义务的企业给予相应的补偿。霍华德政府认为，补偿"将在排放贸易系统中扮演重要的角色……国内补偿可以限制任何强制性排放的成本"。因此澳大利亚政府计划开发出适用于本国排放贸易体系的补偿标准。

---

① Australian Government, Australia's climate change policy : our economy, our environment, our future, Commonwealth of Australia, Canberra, p. 24. 2007. [2009-05-18]. http: //www. pmc. gov. au/publications/climate_policy/docs/climate_policy_2007. pdf.

从维护环境和财政的完整性的角度看，监测、报告和确定企业的排放数据直接关系到排放贸易体系中补偿的实现能力。因此在现已生效的《2007年温室与能源报告法》（联邦）即是以"报告和发布同温室气体排放、温室气体工程、能源生产和消费等相关的信息"为立法目的的。

（二）陆克文政府气候变化政策

1. 加入《京都议定书》

如前所述，霍华德政府认为批准《京都议定书》不符合澳大利亚利益。陆克文政府上台执政后这一政策发生了重大的变化。2007年12月3日，陆克文总理签署了上台执政的第一份官方法律文件，批准澳大利亚加入《京都议定书》。① 除了履行《京都议定书》规定的义务，政府还设定了至2050年温室气体排放量比2000年减少60%的目标。为促成2012年后达成公平而富有成效的协议，将进行积极而且有建设性的谈判工作。新政府的立场是，要成功应对气候变化，任何有约束力的义务都应该同时涵盖发达国家和发展中国家。

陆克文政府重新定位了澳大利亚政府的气候变化政策。在2007年12月巴厘岛COP会议上，陆克文指出："（签署并批准澳大利亚加入《京都议定书》）是因为我们相信，气候变化是当今时代我们面临的一项有关经济和环境问题的最大的挑战。现在，澳大利亚已经为履行应对气候变化的义务作好了准备。既包括国内，也包括同其他国家之间启动复杂的谈判工作。……气候变化问题是本届政府最优先考虑的问题。我们已经拥有了一项综合的行动计划。政府已经承诺至2050年将澳大利亚气候的排放水平减少到2000年的60%。"② 2008年3月11日，澳大利亚正式成为《京都议定书》的成员国。当天公布了《澳大利亚政府京都议定书初始报告》，以

---

① Australian government, Department of Climate Change, "Kyoto Protocol", [2009-05-18]. http://www.climatechange.gov.au/international/kyoto/index.html.

② Australian government, Department of Climate Change, "Kyoto Protocol", [2009-05-18]. http://www.climatechange.gov.au/international/kyoto/index.html.

方便根据《京都议定书》第3条第7、8款的规定，公布指定排放量的计算。

2. 成立联邦气候变化部（CDCC），设定减排目标

早期的减排目标将依照 2050 年减至 2000 年水平 60% 的目标设定。澳大利亚将在 2010 年启动排放贸易机制以实现温室气体的削减目标。2008 年 2 月，气候变化大臣兼议员 Penny Wong 发表的一个讲话，是迄今有关澳大利亚排放贸易机制设计与执行最为详细的政策阐述。该讲话涵盖了澳大利亚的贸易排放机制、联邦执行 2010 年减排目标的时间表、排放贸易的原则以及世界上的贸易排放机制等系列问题。讲话明确，到 2020 年，澳大利亚的电力供应将实现 20% 的可再生能源。截至 2020 年，联邦强制性可再生能源目标（MRET）将从 9500GWh 增加到 45000GWh。但是到了 2020 年和 2030 年之间，将会扩展新的措施，因为排放贸易机制和价格足以保证新的可更新技术不再需要 MRET。

3. 确定联邦和州之间有关气候变化问题的合作协议

2007 年 12 月召开的澳大利亚政府间委员会（COAG）指出，联邦和州同意共同努力，最早将从 2008 年起至 2009 年，将 MRET 确定的目标分解为以各州为基础的单个目标。相关执行计划和中期报告将在 2008 年 3 月提交给政府间委员会，而最终报告也于 2008 年 12 月的会议上提交。同时，联邦政府也正在积极实施气候变化政策的评估工作，旨在确立一系列原则评估现有项目是否完善，以保证现有的气候变化政策充分、有效、完善地作为排放机制的补充。

4. 开展联邦气候变化相关项目

在联邦层面，为了应对气候变化启动了许多项目，涵盖能源、技术、温室气体排放等多个方面。如可替代燃料转换项目（AFCP）① 和澳大利亚气候变化科学项目（ACCSP）② 等。

---

① 关于项目详细信息参见澳大利亚可替代能源项目主页，[2009-05-18].
http://www.greenhouse.gov.au/transport/afcp/index.html.

② 关于项目详细信息参见澳大利亚气候变化科学项目主页，[2009-05-18].
http://www.climatechange.gov.au/science/accsp/index.html.

(三) 联邦气候变化立法

1. 2007 年《国家 (联邦) 温室气体与能源报告法》(*National Greenhouse Energy Reporting Act* 2007，简称 NGER 法)

(1) NGER 法的适用对象

NGER 对能源消耗、排放、能源、设施、温室气体等主要概念进行了界定。该法计划适用于 700 个左右的大中型企业，而其中 300 余家企业会是首次提交温室气体报告。报告体系是一个综合复杂的系统，由若干项目构成。这些项目基本涵盖了澳洲全境，主要涉及农业、电力、温室气体排放等方面。该法旨在建立全国范围内单一的温室气体排放报告框架体系。[1] 要求从 2008 年 1 月起，公司对温室气体排放、消除措施、能源消耗和生产实施报告。NGER 为澳大利亚排放贸易系统建设提供了法律基础，同时有利于促使及早削减排放量并在进入排放贸易体系之前抵消排放量。

(2) NGER 法的主要目标

NGER 的主要目标包括以下几个方面。第一，强化对澳大利亚排放贸易系统的普及推广。第二，向公众介绍澳大利亚政府的气候变化政策。第三，履行澳大利亚国际社会报告的义务。第四，帮助联邦、州和地方政府实施应对气候的项目和举措。第五，避免给州或地方提出重复报告的要求。[2]

(3) NGER 的主要内容

第一，登记制度。根据 NGER 法的规定，设立温室气体和能源数据办公室，主要负责国家温室气体和能源登记工作，登记主要包括下列信息：登记公司的名称；登记的属性 (强制性还是自愿性)；温室气体排放、能源生产和消耗的数据；企业是否遵守了 NGER 的规定等。

---

[1] The parliament of the Commonwealth of Australia, Senate, National Greenhouse and Energy Reporting Bill 2007-Revised Explanatory, Memorandum, 2007. [2009-05-18]. http: //www. aph. gov. au/library/Pubs/BD/2007-08/08bd043. pdf.

[2] NGER Act s 3.

登记被分成强制性登记①和自愿登记②两种。NGER 对企业和受管制的设施分别设定了登记的标准，对于排放温室气体超过一定限度或生产、消耗能源超出一定数量的主体，NGER 分别为其设置了不同的标准。③ 对于未履行登记义务的企业，该法规定了严厉的民事惩罚措施，最高罚金数额可达 22 万澳元（2000 个罚金单位）；未在规定期限内履行登记义务的可能受到每日 11000 澳元的额外民事处罚。处罚采取了按日计罚的方式。④

第二，报告制度。和登记制度相似，NGER 法同样规定了报告制度，并且也划分为强制报告和自愿报告两种。强制报告是指被要求强制登记的企业必须提交报告，报告的内容包括自愿受企业控制的操作设备以及企业集团成员，在财年内报告温室气体、能源生产和能源消耗情况。同时需要报告的事项还包括企业每一年超标排放的情况。同样，对于未履行或未正确履行报告义务的企业，可能面临最高 22 万澳元的高额罚金。对于作虚假报告或提供错误信息的企业可能触犯刑法，控股公司可能被按日处罚。⑤

第三，记录的保存。根据 NGER 的报告制度，企业必须对其报告的相关记录加以保存。相关记录的保存期限为 7 年，否则将处以 11 万澳元的罚款。⑥ 相关记录的保存形式和类型将以规则的形式具体加以规定。⑦

第四，排放数据的公开。NGER 法要求主管官员应将上一年度登记企业报告的温室气体排放以及能源生产和消耗信息在网站上予以公示。同时该法授权主管官员在网络上公开符合规则要求的、登记企业温室气体工程的实施情况。登记企业也可以向主管官员申请，请求对涉及商业秘密的信息或一经公布可能破坏或减损其商业

① NGER Act s 12.
② NGER Act s 14.
③ NGER Act s 18.
④ NGER Act s 12-13.
⑤ NGER Act s 19-21 (4).
⑥ NGER Act s 22 (3).
⑦ NGER Act s 22 (4).

价值的信息不予公开。① NGER 法也允许主管官员向总理和其他 NGER 法定主体如特定的州或辖区等公开温室气体和能源的相关信息。②

第五，公司首席执行官（CEO）的连带责任。NGER 法规定了首席执行官（CEO）的连带责任。当出现下列情形时，CEO 应该对企业的违法行为承担责任：其一，故意或因疏忽大意，或过失导致违法行为产生的；③ 其二，对与企业的违法行为相关活动的管理产生实质影响的；④ 其三，未能尽一切可能采取合理措施阻止该违法行为的。该法第 48 节规定了 CEO 应当承担责任的法定情形：⑤ 其一，企业对企业的执行情况安排了经常性的专业评估；其二，企业执行了基于上述评估的全部适当的建议；其三，企业的雇员、代理人和合同对 NGER 法有关上述人员的规定和要求有相应的了解和相关知识。⑥

2. 2000 年《可再生能源（电力）法》

2000 年《可再生能源（电力）法》（*The Renewable Energy (Electricity) Act 2000/ REE Act*）要求澳大利亚范围内的电力零售商统计其规定发电量所需要的可再生能源的增加量（简称强制的可再生能源目标/MRET）。2006 年《联邦可再生电力法》（修正案）授权政府对 2003 年起执行的 MRET 实行监督。⑦

《可再生能源（电力）法》的目标在于鼓励可更新能源的使用，减少温室气体排放。如果工业界仍然坚持"通常的商业模式"，温室气体浓度将在大气层内实质性地增加，而可再生能源在

---

① NGER Act s 25 （1）.

② NGER Act s 27.

③ NGER Act s 26.

④ NGER Act s 27.

⑤ NGER Act s 48 （1）（a）.

⑥ NGER Act s 47 （1）d.

⑦ Australian Chamber of Commerce Industry, Mandatory Renewable energy Target, ACCI Submission to the Australian Greenhouse Office, [2009-05-18]. http：// www. acci. asn. au/IssuesPapersMain. htm#2003。

纯粹由市场定价的背景下是无法与传统的能源竞争的，因此该法试图矫正市场失灵。《可再生能源（电力）法》的作用在于通过对电力批发商施加法定义务，以实现到 2010 年每年可再生能源发电量达 9500 兆的目标。① 该法同时规定了 2020 年的强制性目标及其时间表。

《可再生能源（电力）法》创立了可再生能源凭证（Renewable energy certificate/ REC）作为法定的扣税凭证。② 被颁发凭证的电力生产商有为每千瓦时的发电量获取相关扣税的权益。太阳能供热设施和小规模发电企业也能适用可再生能源凭证的规定。

三、英国气候变化政策与法律

（一）问题的背景——斯特恩报告

2006 年，受英国政府委托，尼古拉斯·斯特恩负责起草了名为《从经济学角度看气候变化》(*Stern Review of the Economics of Climate Change*) 的研究报告。③ 报告指出，气候变化是不争的事实，如果人类按照目前的模式继续发展下去，到 21 世纪末，全球温度可能会升高 2 ~ 3℃。这将会造成全球经济下挫 5% ~ 10% 的 GDP 比重，而贫穷国家则会超过 10%。如果要避免气候变化产生过大的损失，需要立即采取措施，以保证在 2050 年前大气中二氧化碳的浓度控制在 450 ~ 550ppm 的水平上，实现这一目标的减排成本大约仅占 GDP 的 1% 左右。为实现这一目标，全世界需要将所有的碳排放量在现在的水平上减少 50%。这就意味着工业化国家至少需要将温室气体的排放量在 1990 年的水平上减少 60%。斯特恩报告指出，仅确定一个到 2050 年的减排目标，可能不利于实现

① MRET Review Panel, Renewable opportunities：A Review of the Operation of the Renewable Energy（Electricity）Act 2000, the Australian Greenhouse Office, 2003［2009-05-18］. http：//www. mretreview. gov. au/report/pubs/mret-review. pdf.

② REE Act s 18.

③ Stern Review on the Economics of Climate Change，［2009-05-18］. http：// www. hm-treasury. gov. uk/stern_review_report. htm.

近一二十年的减排行动，也不利于完成更长远的目标。①

因此，英国政府建议通过立法将英国的减排目标以法律条文的形式确定下来，通过国内和国际行动，到 2020 年，将二氧化碳排放量在 1990 年的水平上减少 26% ~ 32%；到 2050 年，实现二氧化碳排放量在 1990 年的水平上削减至少 60%。与少数国家在气候变化问题上犹豫不决的态度不同，英国政府首次单方面地以法律的形式固定其 2020 年和 2050 年的温室气体减排目标，向世人展示了英国致力于寻求解决气候变化难题的决心，这一做法为世界上其他国家借助立法解决气候变化问题提供了蓝本。

（二）英国温室气体排放现状与减排目标

1. 英国温室气体排放现状

根据《联合国气候变化框架公约》中"1990 至 2005 年国家温室气体排放中期数据"（National greenhouse gas inventory data for the period 1990—2005）的资料显示，1990 到 2005 年间，《京都议定书》附件一国家温室气体排放总量降低 2.8%；但若排除经济转型国家的减排量，其余工业化国家排放量实际增加了 11%。《2008 年英国气候变化行动年度报告》（*UK Climate Change Programme, Annual Report to Parliament*）指出，2007 年英国总温室气体排放量约为 639.4 MtCO2e（百万吨二氧化碳当量），较之于 1990 年的排放基准降低了 18.0%。如果考虑 EU ETS，英国向其他欧盟国家购买排放许可后在欧盟境内所实现的温室气体减排效果，则 2007 年英国总温室气体排放约为 611.8 MtCO2e，较 1990 年排放基准减少

---

① 施恩特报告提出以后，在世界范围内产生了重要的反响。各国政要和学者对该报告给予了较高的评价。欧盟委员会发言人 Pia Hansen、英国智囊组织 IPPR 负责人 Simon Retallack、英国碳信托基金负责人、前英国首相 Tony Blair 等均对该报告的论点表示支持。但同时也有学者对斯特恩报告的结论提出了置疑。参见 Nordhaus, W. D., A Review of the Stern Review on the Economics of Climate, Journal of Economic Literature, 2007, 45 (3), p. 686-702; Tol and Yohe, A Review of the Stern Review, World Economics, 2006, 7 (4): 233-50; Stern, Sir Nicolas, Reaction to the Panelists, Yale Symposium on the Stern Review, 2007, pp. 117-130 等。

21.6%。英国 2006 年、2007 年温室气体排放量及减排情形如表 1 所示。

表 1　　　　欧盟排放贸易系统对英国温室气体排放的影响[①]

年份\n项目	1990 年	2006 年		2007 年	
	MtCO2e	MtCO2e	相比 1990 年	MtCO2e	相比 1990 年
二氧化碳（不含 EU ETS）	592.4	554.5	−6.4%	534.7	−8.2%
二氧化碳（含 EU ETS）	592.4	521.7	−12.0%	516.1	−12.9%
温室气体（不含 EU ETS）	779.9	652.3	−16.4%	639.4	−18.0%
温室气体（含 EU ETS）	779.9	619.0	−20.6%	611.8	−21.6%

从上述统计数据可知，英国温室气体排放有逐年稳定减少的趋势。近几年英国温室气体排放量均维持在低于《京都议定书》减排目标以下。但是单就二氧化碳排放而言，英国排放量仍居高不下；2007 年二氧化碳排放与 1990 年排放基准相较，仅减少 8.2%，距离 2010 年减少二氧化碳排放 20% 的目标尚有较大的差距。报告同时指出，受英国经济增长、全球能源价格持续升高等因素影响，二氧化碳减排效果不明显，二氧化碳减排目标届时可能无法实现。

2. 英国温室气体减排目标

除了《京都议定书》的减排目标，从 1997 年起，英国政府先后发布多项国家温室气体减排策略和减排目标，如表 2 所示。

---

① UK Climate Change Programme: Annual Report to Parliament, July 2008, Laid before Parliament by the Secretary of State for Environment, Food and Rural Affairs in accordance with Section 2 of the Climate Change and Sustainable Energy Act 2006. [2009-05-18]. http://www.defra.gov.uk/environment/climatechange/uk/ukccp/pdf/ukccp-ann-report-july08.pdf.

表2   英国温室气体减排目标

依国际公约或自行决定的 减排目标	目标内容
《京都议定书》	协议减排目标为 2008—2012 年温室气体排放较 1990 排放基准减少 8%。
《欧盟责任分配协议》 (*EU Burden Sharing Agreement*)	欧盟最初 15 个正式成员国依《京都议定书》条约的规定分配减排责任：英国 2008—2012 年温室气体排放需较 1990 年排放基准减少 12.5%。
2010 年减排目标	1997 年自行宣布 2010 年二氧化碳排放将较 1990 年排放基准减少 20%。
2020 年减排目标	《气候变化法》(Climate Change Bill) 中期目标，建议 2020 年二氧化碳排放将较 1990 年排放基准减排 26% ~ 32%。
2050 年减排目标	2003 年颁布的《英国能源白皮书》(*Energy White Paper*)[①] 规划的长期减排目标：2050 年二氧化碳排放将较 1990 年排放基准减少 60%。《气候变化法案》已建议将此长程减排目标纳入法案。

（三）英国气候变化政策

1. 英国气候变化政策概述

为应对气候变化，英国政府积极从政策层面努力构建减排策略。总体而言，英国的减排政策主要由三个方面的核心要素支撑：

（1）碳定价（Carbon pricing）。具体措施包括提供资金改善能

---

① Energy white paper 2003：our energy future—creating a low carbon economy，［2009-05-18］. http：//www. berr. gov. uk/files/file10719. pdf.

源效率及低碳技术、建立排放贸易机制、征收碳税①以及设立减排信托基金（Carbon Trust）② 等。

（2）技术政策（Technology policy）。相关措施包括支持低碳技术的研发及推广、以政府采购及设立目标支持低碳技术、建立碳捕捉及封存技术的法律规范以及执行能源技术发展计划等。

（3）消除行为改变的障碍（remove barriers to behavioral change）。相关行动方案包括，提升居民和企业对于环境有利的投资可能带来的收益、能源效率及其经济效益的认知，以及提升全民共识和环境责任意识等。

2. 英国气候变化政策发展沿革

近年来英国气候政策不断经历着变化发展。为实现《京都议定书》规定的减排目标，推动二氧化碳减排，英国政府 2006 年出台了《英国气候变化行动计划》，作为应对气候变化的纲领性政策文件。该计划规定了相关减排政策、措施以及实施步骤，以实现减排目标并延缓气候变化可能导致的影响。为推动低碳经济的发展，英国政府在 2007 年 5 月推出了新版的《能源白皮书》(Energy White Paper) 和《碳减排承诺》(Carbon Reduction Commitment/CRC)，针对欧盟排放交易（EU Emission Trading Scheme/EU ETS）管制范围以外的温室气体排放实施管理。2007 年 11 月 15 日，启动《气候变化法案》(Climate Change Bill) 的立法工作。2008 年，公布《碳排放减排目标》(CERT) 和《英国可再生能源战略》(UK Renewable Energy Strategy)。2008 年 11 月 16 日，《气候变化法》正式生效，英国成为世界上第一个以法律的形式应对气候变化问题的国家。关

---

① 英国从 2001 年开始征收"气候变化税"（Climate Change Levy），规定除住宅用电外，所有能源使用都需缴纳气候税。其中，征收企业能源税约 15%，能源密集企业如果能实现减碳或提升能源效率的目标，则可根据"气候变化协议"（Climate Change Agreements）减免 80% 的气候税。

② 碳信托基金旨在于向与财政部签订了减排协议的企业提供一定数量的贷款，用于技术改造或者设备更新。碳信托基金公司致力于降低碳排放量并开发具有商业可行性的低碳技术，以降低未来的碳排放量。碳信托基金的网址是 [2009-05-18]. http：//www. carbontrust. co. uk/default. ct.

于《气候变化法》的内容及其影响，将在下文中专节论述。

3. 主要气候变化政策文件概览

（1）《2006 年英国气候变化行动计划》（*Climate Change：The UK Programme* 2006）

英国政府于 2006 年 3 月发布新版《气候变化行动计划》，作为国家应对气候变化的政策指导。行动计划罗列了各项温室气体减排政策及优先行动方案，说明政府计划实施的调整策略，计划承诺每年向国会提出国家温室气体排放状况及减排行动方案年度报告。

英国环境食品及乡村事务部（DEFRA）估计，行动计划实施后，2010 年英国二氧化碳排放与 1990 年相比将减少 15% ~ 18%。2006 年气候变化行动计划提出了下列执行原则：第一，强化国际合作。积极参与欧盟排放交易机制，并协助开发中国家采用低碳技术；第二，推动能源部门减排。如推广气电共生、碳捕捉及封存技术研发、小型发电计划、再生能源使用等；第三，发展商业、运输、住宅、农业林业各部门的减排措施。

（2）《2007 年英国能源白皮书》（*Energy White Paper – Meeting the Energy Challenge*）

继 2003 年推出的能源白皮书后，英国政府依据 2006 年能源报告的建议，于 2007 年 5 月发布了新版《能源白皮书》，提出至 2020 年的国家及全球抗气候变化策略。《2007 年能源白皮书》规定了下列政策目标：第一，推动英国朝 2050 年二氧化碳减排 60% 的目标迈进，并于 2020 年前展现实际减排效果；第二，维持稳定的能源供应；第三，发展具有竞争力的能源市场；第四，确保所有家庭都能使用适当且可负担的暖气系统。白皮书提出通过建立应对气候变化的国际框架、以强制性规范减少碳排放以及发展生物质能战略（Biomass Strategy）等具体建议及措施，确保实现温室气体减排，节约能源。①

---

① Department for Environment, Food and Rural Affairs, UK Biomass Strategy, [2009-05-18]. http://www.defra.gov.uk/environment/climatechange/uk/energy/renewablefuel/pdf/ukbiomassstrategy-0507.pdf.

（3）碳减排承诺（CRC）

根据《2007 年能源白皮书》，英国政府于 2007 年 5 月公布了碳减排承诺提案，建议针对公共及私人大型非能源密集机构，强制执行以拍卖方式为基础的总量管制排放交易机制（cap and trade）。碳减排承诺机制预计将在 2010 年启动，预计至 2020 年时可减少至少 400 万吨二氧化碳的排放。

（4）碳排放减排目标（CERT）

自 2008 年 4 月起，英国政府开始实施"碳排放减排目标"，推动第三阶段"能源效率承诺"（EEC）的落实，要求电力和天然气公司针对住宅能源效率持续进行改善。第一阶段及第二阶段的能源效率承诺已经分别在 2002—2005 年、2005—2008 年执行完毕。能源效率承诺强制规定能源供货商必须履行减少住宅部门碳排放减排义务。因此，这项政策也是促使提高英国现有住宅能源使用效率的重要推动力。第三阶段的承诺，即碳排放减排目标的实施期限为 2008 年 4 月至 2011 年 3 月。预计至 2011 年，每年约减排 400 万吨二氧化碳。

（5）可再生能源战略（Renewable Energy Strategy）

为配合欧盟 2020 年 20% 能源供应应当来自可再生能源的目标，英国政府于 2009 年年初确定了可再生能源战略。① 根据欧盟责任分配，到 2020 年，可再生能源须占总能源供应（电力、热能和交通运输）的 15%，并且 30% ~ 35% 的电力将由可再生能源供给。

（四）英国《气候变化法》(Climate Change Act)

2007 年 11 月 19 日，英国议会宣布《气候变化法案》进入议会立法程序。2008 年 3 月至 6 月完成了参众两院审查，2008 年 11

---

① The Department for Business, Enterprise & Regulatory Reform, The UK Renewable Energy Strategy Consultation. ［2009-05-18］. http://www.decc.gov.uk/Media/viewfile. ashx? FilePath = Consultations \ Renewable% 20Energy% 20Strategy% 20Consultation \ 1_20090428142549_e_@ @ _condocres. pdf.

月 16 日起,《气候变化法》开始生效成为法律。① 英国成为世界上第一个拥有具有法律约束力的中长期减排目标的国家。该法除了将减排的中长期目标纳入法律体系,还成立了气候变化委员会、定期检讨并更新气候变化影响和政策调整、强化可再生运输燃料义务(Renewable Transport Fuels Obligation/RTFO)、强化制度架构等,并通过衍生法规(secondary regulations)规定实行新的排放交易机制。该法的主要内容包括以下方面:

1. 设定法定的二氧化碳减排目标(Legally binding targets)

《气候变化法》的签署使英国成为全球第一个通过立法手段强制限定温室气体排放并以法律形式确定减排目标的国家。《气候变化法》规定,到 2020 年,英国境内二氧化碳排放量在 1990 年的基础上必须削减 26%;到 2050 年,二氧化碳排放量必须削减至少80%。②

2. 创设碳预算系统(Carbon budgeting system)

该法要求英国政府以 5 年为周期,提前至少 15 年制定"二氧化碳减排预算",为二氧化碳排放量设置上限,以使企业明确强制减排的具体目标;2008—2012 年、2013—2017 年、2018—2022 年为三个连续的"碳预算周期"。③ 英国政府每年必须向议会提交一份控制二氧化碳排放的报告,不能完成法案目标的政府将受到司法审查。④

3. 成立气候变化委员会(Committee on Climate Change)

《气候变化法》规定英国政府应建立一个新的非部门的公共机构(non-departmental public body)——气候变化委员会,负责向政府提供独立的专家建议和指导,为英国 2050 年前的温室气体减排

---

① Climate Change Act, [2009-05-18]. http://www.opsi.gov.uk/acts/acts2008/pdf/ukpga_20080027_en.pdf.

② Climate Change Act, s 1 (1).

③ Climate Change Act, s 4 (2) a.

④ Climate Change Act, s 16.

计划提供咨询。① 气候变化委员会将成立一个由 5～8 人组成的理事会，由理事会成员任命主席，理事会下设常务秘书处，常务秘书处负责日常事务并做好对气候变化委员会的技术支持工作。气候变化委员会的主要职责包括：

（1）为政府开发新能源和加大使用可再生能源提出建议，便于政府能方便地执行节能减排政策；

（2）独立评估英国温室气体的减排进展（每个碳收支 5 年计划以及 2020 年碳减排目标和 2050 年碳减排目标）；

（3）为政府间进行的减排指标交易给出建议，并可能直接干涉排污交易过程；

（4）评价排放贸易体系覆盖的各经济部门和其他部门为实现碳收支计划所作的贡献等。

4. 完善温室气体排放贸易制度

《气候变化法》要求在已有的碳排放指标交易基础上设立全新的全英国碳排放交易体制，通过市场机制来控制碳排放总量。建立"碳信贷"的排放交易制度。"碳信贷"是指企业可以把自己的减排量拿到市场上在企业间进行出售，卖出减排量的一方可以获得巨大的经济利益，买入减排量的企业也可以避免因无法完成减排量而遭到处罚，充分体现了"谁环保谁受益"的原则。

5. 建立国内贸易排放系统（Domestic emissions trading schemes）等进一步减排措施

通过衍生法规（secondary regulations），尽快建立国内排放交易机制；发展生物质能；开展财政政策刺激生活垃圾处理试点；授权对一次性包装收费以及开展社区节能计划（Community Energy Savings Programme）等。

（五）英国气候变化政策、法律的特征及其评价

第一，气候变化政策连贯性强，体系健全。纵观英国 2001 年至 2008 年出台的各项节能减排政策可以看出，政策涵盖的范围广，将政府、企业、家庭乃至个人都纳入到节能减排的法律、政策体系

---

① Climate Change Act, s 32.

中。政策的制定阶段清晰，步骤明确，使节能减排从"软约束"逐步走向"硬约束"。

英国的经验告诉我们，建立完善的法律法规体系是促进节能减排、应对气候变化影响的根本举措。英国制定的《气候变化法案》是世界上第一部同类法案。英国也是第一个用法规形式引入"碳预算"，设置二氧化碳总量排放量上限的国家。英国关于节能减排的多部法律法规极大地提高了国家、企业、个人在节能减排方面的义务门槛，建立了对节能减排的法律"硬约束"。我国应当尽快建立健全以全面应对气候变化为主要内容的法律法规体系，积极推动气候变化相关法律法规的制定工作。

第二，综合运用环境政策、立法和经济手段，推动温室气体减排目标的实现。英国在推动温室气体减排方面，除了提供明确的政策导向，还充分发挥税收等金融手段的调节作用，集合诸多补贴政策加速各项减排政策的落实。价格、财税、信贷等经济手段的运用是英国气候变化政策和立法的一大特色。英国政府为促进节能减排，在财政、税收、金融服务等方面出台了一系列优惠措施，逐渐形成了一套推动以全民节能减排为主应对气候变化的政策体系。我国应当按照"政府引导，企业负责"的原则，逐步建立和完善鼓励企业、组织、个人节能减排的激励约束机制，真正实现节能减排者得实惠，高耗能者高成本①。

第三，科学设定量化体系，合理制定不同阶段应对气候变化的指标。英国有比较完备的能源监测管理系统和能源统计系统。政府据此针对具体情况，在不同阶段制定科学合理的温室气体减排指标，以最终实现整体的减排目标。制定科学合理的节能减排指标，狠抓落实，严格控制能源消耗和污染排放的增长是我国当前环境保护工作的重点所在，英国的科学量化、严格管理的做法无疑可以为我国相关制度的健全和完善提供有益的参考。

---

① 张通．英国政府推行节能减排的主要特点及其对我国的启示．经济研究参考，2008（7）：2-8.

四、欧盟环境权相关立法回顾及新近发展

（一）欧洲环境权发展概述

尽管环境权的思想萌芽可能早已产生，但环境权作为一种基本而迟来的法律权利，则主要是 20 世纪六七十年代世界性环境危机和环境保护运动的产物。从国际范围和历史角度看，环境权的观念和运动主要发端于美、日、欧等工业发达地区，并在 20 世纪 70 年代和 90 年代形成了两次理论研究和立法的高潮。20 世纪国际法的一项重要发展，就是对保护自然环境排除人类干扰权利所形成的共识之认可。而这一共识的发展的最终结果就是 21 世纪伊始人权法向国际环境法的渗透。虽然在外观上，人权法和国际环境法有着各自不同的目标，但是经过近二十年的发展，人权和环境保护之间的关联已经日益密切，这一趋势在当今欧洲环境法研究中已经形成了普遍共识。①

传统意义上环境保护领域中的环境权主要是从以下三个方面加以阐释的：第一，人类对环境的实质性权利；第二，允许参与或者获取信息的程序性权利和与救急相关的程序性权利；第三，以自然界本身内在的价值为基础、游离于其对人类有用性之外而享有的权利。②在环境法发展的历史上，有关环境权性质的争论从来就没有停止过。有人反对赋予自然界法律意义上的权利；③ 有人认为，应

---

① OLE W. PEDERSEN, European Environmental Human Rights and Environmental Rights: A Long Time Coming? Georgetown International Environmental Law Review, 2008 (21): 73-111.

② Dinah Shelton, Human Rights, Environmental Rights and the Right to Environment, STAN. J. INT'L L., 1991 (28): 103-105; Louis E. Rodriguez-Rivera, Is the Human Right to Environment Recognized Under International Law? It Depends on the Source, Cow. J. INT'L ENVTL. L. & POL'Y, 2001 (12): 9-19.

③ Holmes Rolston, III, Rights and Responsibilities on the Home Planet, YALE J. INT'L L., 1993 (18): 251.

该赋予人类之外的实体以道德上的权利；① 有人指出，出于对生态的考虑，应该对人类现有的权利加以限制。② 其中最著名的当属美国学者克里斯托弗·斯通（Christopher Stone）在 1972 年发表的一篇题为《树林应有诉讼资格：自然体的法律权利》的论文，文中提出了自然物或无生命体的法律权利和无生命体的诉讼资格的主张。③

同样，在欧洲范围内，也未能就环境权的定义和形态形成共识。但是这并未影响各级立法对人获取与环境相关的信息和参与环境管理权利的保护和完善。纵观欧盟环境权的立法保护沿革不难发现，欧洲范围内的环境权正从纯粹的程序性权利转化成实体性权利。随着欧盟成员国国内立法与欧盟法的进一步协调，这种趋势将越来越明显。

（二）欧盟保护公众参与获取环境信息权利立法沿革（1970—2000 年）

1972 年欧洲各国首脑会议巴黎峰会上，欧洲议会提出应该对环境问题加以关注并采取实质行动保护环境。④ 随后于 1973 年启动了第一个环境计划，计划持续期间为 1973—1976 年。迄今正在实施的是欧盟第六个环境计划（2002—2012 年）。⑤ 1973 年，在维也纳召开的欧洲环境部长会议制定的《欧洲自然资源人权草案》，

① P. S. Elder, Legal Rights for Nature—The Wrong Answer to the Right（s）Question, OSGOODE HALL L. J, 1984（22）：285；Cynthia Giagnocavo & Howard Goldstein, Law Reform or World Re-form：The Problem of Environmental Rights, MCGILL. L. J. , 1990（35）：345.

② Prudence E. Taylor, From Environmental to Ecological Human Rights：A New Dynamic in International Law?, GEO. INT'L. ENVTL. L. REV. , 1998（10）：309.

③ Christopher Stone, Should Trees Have Standing? —Toward Legal Rights for Natural Objects, S. CAL. L. REV. , 1972（45），450.

④ MARIA LEE, EU Environmental Law：Challenges, Change and Decision-Making. Oxford, Hart Publishing, 2005.

⑤ 秦天宝，赵小波. 欧美环境法前沿问题研究. 海外人文社会科学发展年度报告：2006. 武汉：武汉大学出版社，2007：422-482.

已经肯定环境权是一项新的人权。1974 年联合国大会通过的《各国经济权利和义务宪章》强调："为了当代和后世而保护、维护和改善环境，是所有国家的责任。……所有国家有责任保证，在其管辖和控制范围内的任何活动不对别国的环境或本国管辖范围以外的环境造成损害。"1987 年《单一欧洲法》(*The Single European Act/SEA*) 在欧盟条约中专门增加环境保护条款，授权欧盟委员会负责环境保护相关事宜。①

2000 年《欧盟基本权利宪章》在规定个人权利的同时也提到了相关环境的权利。宪章规定的权利涉及民事、政治和经济权利以及社会和文化权利。通过《里斯本公约》，这些权利更是具有了法律上的约束力。《欧盟基本权利宪章》第 37 条指出："欧盟政策中必须体现高度的环境保护与高质量环境的营造，并确保与可持续发展原则相适应。"但是第 37 条的措辞相对宏观，并未明确确认个人的权利。② 从 1996 年 1 月起，欧洲经济委员会的环境政策委员会成立专门工作组着手起草《关于获得环境信息和公众参与环境决策的公约》，并于 1998 年 6 月在丹麦奥胡斯通过了《关于在环境事务方面获得信息、公众参与决策和提起诉讼的 UNECE 公约》(《奥胡斯》公约)。

1985 年《环境影响评价指令》第 6 条指出，环境行为的相关信息应该向公众公开 (1985 *Directive on Environmental Impact Assessment* (EIA))。1987 年第四个环境计划中提出"公众对环境和环境质量改善的关注日渐提高"，因此"公众应该获得与洗浴用水质量相关的信息"。③ 同时，第四个环境计划指出，应该研究制

---

① Dirk Vandermeersch, The Single European Act and the Environmental Policy of the European Economic Community, EUR. L. REV, .1987 (12): 407.

② Lynda Collins, Are We There Yet? The Right to Environment in International and European Law, MCGILL INT'L J. OF SUST. DEV. L. & POL'Y2007 (3): 119-136.

③ Council Directive Concerning the Quality of Bathing Water 76/160, 1975 O. J. (L 31) 1 (EEC).

定《社区环境信息自由法案》的必要性和可行性。① 1990 年有关
环境信息的指令对上述问题作出了回应。② 指令要求，政府应该应
个人或法人的要求，公开任何同环境相关的信息。③ 1996 年《欧
盟综合污染预防和控制指令》（IPPC） 中，公众参与和信息公开扮
演了重要的角色。④

（三）欧盟环境权的新近发展（2001—2007 年）

《2001 年部分环境计划和项目环境影响评价指令》（2001
*Directive on the Assessment of the Effects of Certain Plans and Programs
on the Environment*） 进一步强化了公众参与的权利。⑤ 根据该指令
第 1 条规定，指令旨在确定和获取某些环境计划和项目产生的环境
后果以保护环境。第 6 条规定，项目被采纳之前，必须保证公众有
权对项目计划作出评议。同样 2001 年水框架指令也确定了在内陆
地表水、跨界河流、地下水保护中公众参与的权利。⑥ 该指令第 14
条鼓励成员国将全部利益相关体都纳入创设河湾管理计划的项目中
来。在欧盟环境立法框架中，十分强调保障和促进公众获取环境信
息的程序性权利。这一特点明确体现在《奥胡斯公约》中。⑦ 公约
要求对欧盟现有的保障公民获得环境信息和公众参与的环境立法加
以完善。

2003 年欧盟通过了《公众获取环境信息指令》（*Directive* 2003/
4/*EC*），进而撤销了 1990 年的《环境信息指令》（*Directive* 90/
313）。⑧ 2003 年的公众获取环境信息指令在一定程度上超越了
《奥胡斯公约》的规定。例如，2003/4/EC 指令在《奥胡斯公约》
"环境信息"定义的基础上增加了若干具体的信息条目，比如"食

---

① Fourth Programme of Action, 1987 O. J. （C 328）2.6.2.
② Council Directive 90/313, 1990 O. J. （L 158）56（EEC）.
③ Council Directive 90/313, 1990 O. J. （L 158）56（EEC）, art 6.
④ Council Directive 96/61, 1996 O. J. （L 271）26（EC）, art 15.
⑤ Council Directive 2001/42, 2001 O. J. （L 197）1, 30（EC）.
⑥ Council Directive 2000/60, 2000 O. J. （L 327）1（EC）.
⑦ Council Decision 2005/370, 2005（L 124）1（EC）.
⑧ Council Directive 2003/4 2003 O. J. （L 41）26（EC）.

物链的污染"信息。《奥胡斯公约》不仅要求改变同环境信息获取相关的立法，同时也要求改善现有的公众参与相关的立法。于是就有了《欧盟 2003/35 指令》。该指令规定了部分同环境相关的计划和项目中公众参与的问题。① 该指令改变了现有的《环境影响评价指令》(*EIA Directive*（85/337）) 和《欧盟综合污染与防治指令》(*IPPC Directive* 96/61/*EC*)，以及《奥胡斯公约》之前的其他六个相关指令。这些改变就包括将环境非政府组织（Environmental NGOs）纳入"公众"的范畴，以及公众参与环境决策的程序。

有关公众获取环境信息和参与环境决策的立法众多，但是欧盟成员国在国家层面贯彻落实《奥胡斯公约》的意愿并不强。欧盟委员会 2003 年提出的通过实现环境公平的指令，迄今仍处于起草阶段。② 欧盟指令与成员国国内立法衔接的问题十分突出。尽管欧盟成员国之间在实现环境公平正义问题上缺乏共识，但是欧洲通过前述程序性权利的立法体现公民环境权利保护的趋势已经十分明显。欧盟成员国仍不愿意在本国立法中贯彻公民的上述环境权利，比如对承认非政府组织和个人的起诉资格问题，欧洲公平法院（ECJ）和一审法庭的态度仍然十分模糊，除非个人可以举证"直接地与个人存在利害关系"。

欧盟委员会和欧洲议会最近通过了欧盟 1367 号规则（Regulation（EC）No 1367/2006)，规定贯彻《奥胡斯公约》有关个人和实体获取环境信息、公众参与和实现环境公平正义的要求。③ 该规则扩展了 2001 年有关公共获取环境信息、更改或评议环境项目或计划的规则（Regulation 1049/2001)。1367/2006 规则也扩展了欧洲公平法院（ECJ）和一审法庭认定的起诉资格的范围。规则允许非政府组织对公共机构的行政性法案实行内部评议。

---

① Council Directive 2003/35, 2003 O. J. （L 156) 17 （EC).

② Commission Proposal for a Directive of the European Parliament and of the Council on Access to Justice in Environmental Matters, COM （2003) 624 final （Oct. 24, 2003).

③ Commission Regulation 1367/2006, 2006 O. J. （L 264) 13 （EC).

当非政府组织开展内部评议的要求遭到拒绝时，必须以书面的形式进行沟通，并允许其向欧洲公平法院（ECJ）和一审法院起诉。①

通过对欧盟保障公民获取环境信息和公众参与权利立法发展的梳理可以看出，欧盟逐步将其关注重点从程序性环境权利保障转移到实质性权利的保障上来。欧盟试图接纳实质性的环境权，当然，目前主要还是借助政策陈述而非某一项具体的权利形态来实现这一转变。欧盟这一态度正得到越来越多的成员国的认可。

五、美国 CERCLA 上中介人责任的拓展

（一）问题的背景

在美国固体废弃物污染立法中，1980 年制定的《综合环境反应、补偿和责任法》（*The Comprehensive Environmental Response, Compensation and Liability Act/CERCLA*）是影响最深刻的一部法律。CERCLA 通过制定严格的污染物标准，形成了以严格责任为特点的土壤污染净化的责任制度。2002 年 1 月美国国会颁布了《小规模企业责任减轻和棕色地块振兴法》（*The Small Business Liability Relief and Brownfields Revitalization Act*），② 在《小规模企业责任减轻和棕色地块振兴法》中，明确中小企业在土壤污染方面承担的严格责任并在司法实践中对相关标准作出调整，是美国环境法的一个较新发展。

CERCLA 将应该承担责任的主体称为 "Potentially responsible parties"，即潜在的责任主体。③《综合环境反应、赔偿与责任法》第 107 条根据反应费用和自然资源损害赔偿的法规将责任主体分成了以下四类。分别是：（1）当前该船舶或设施的所有人或营运人；（2）在处置危险物质时拥有营运船舶或处置设施的人；（3）任何通过合同、协议或其他方式以他方拥有或营运的设施处理处置危险

---

① Teall Crossen & Veronique Niessen, NGO Standing in the European Court of Justice—Does the Aarhus Regulation Open the Door?, REV. EUR. COMMUNITY & INT'L ENVTL. L., 2007 (16): 332-337.

② Pub. L. No. 107-118 Stat. 2356 (2002)

③ 42 U. S. C Sec. 9607 (a) (1) - (4).

物质，或为处理、处置本人或其他主体拥有的危险物质安排运输的人；（4）任何为危险物质处理设施所接受并向处置处理设施运送危险物质的人。上述第（3）项规定的即是中介者的责任。联邦第九巡回法院通过对 United States vs. Burlington Northern & Santa Fe Railway Company （Burlington） 和 California Department of Toxic Substances Control vs. Alco Pacific，Inc. 两个案件的解释，拓宽了"中介者"的范围，并使这一趋势得到了美国大多数法院的认可。两个案件的判决都试图澄清确定中介者责任最为核心的理论——"有用产品理论"（Useful Product Doctrine/UPD）。

（二）中介人的责任理论现状

1. 中介人的责任理论概述

在司法实务中，中介人的行为样态繁多、不胜枚举。面对形式丰富的中介者行为，美国法院在区分判断其责任成立的同时，也在努力建立客观的、统一的判断标准。责任认定标准之"多因素判断法"（Multifactored Approach）、 "有用产品原则"（the Useful Product Doctrine）、"有害物质产生者原则"（Generators of Hazardous Substances）以及"有权控制原则"（Control the Hazardous Substance）是判断中介者责任的四项主要原则，其中以有用产品原则最为核心。

2. 中介人责任认定之标准

美国法院在联邦政府诉美国氨基氰公司一案的判决中创立了"多因素判断法（multifactored approach）"，该案对于如何分析个案的全面状态并确定中介者的责任极富指导意义。该案判决书中提出了九项标准。① 围绕这些标准，有学者从中抽象出了三项判断中介者责任是否成立的核心要件：即有用产品原则、有害物质产生者原

---

① 在该案判决中法官指出，判断中介者责任成立与否，应当综合考虑以下九项因素："1. 当事人是否了解该并能控制该有害物质的处置；2. 在有害物质被处置当时，谁拥有该废弃物；3. 当事人的主观意图；4. 交易的目的以及该交易不可避免的后果；5. 该产品是否具备市场价值；6. 该物质是否具备生产性用途或者应归类于废弃物；7. 该物质是否主要商品或副产品；8. 卖方是否曾经将该有害物质以丢弃之意思处理；9. 是否该产品在经过利用后，仍以原制品的用途出售。"

则与实际参与原则。法院在司法实践中通常是综合三项要素进行综合判断，三原则之间可以互相补充适用。

所谓"有用产品原则"是指当事人之间的买卖合同标的乃是有用产品，即便日后在污染场址中发现标的中的有害物质泄漏或被掩埋，也应当免除当事人的中介者责任。法院一般就该交易的交易目的、当事人意图、制品的再利用用途和交易客体是否属于市场流通中的商品等因素来判断是否应该适用"有用产品原则"。法院往往只需从交易的外观判断其是否符合有用产品原则，即可确定能否免除中介者的责任。

有害物质产生者原则是指将被告是否系有害物质的制造者或产生者作为判断责任成立因素。确立这一判断原则的基础在于立法目的，即应当由污染者承担污染治理责任，并对污染物造成的损害加以修复。

有权控制原则是指如果被告事实上无权控制有害物质的处置决策，则污染结果也不应归责于该被告。这一原则的伦理基础在于通过认定有害物质处置决策权的归属来判定责任的归属。在处理法人责任的问题时，法人的负责人（代表人）、职员应否承担连带责任？当法人承担有限责任或无限责任时，母公司应否就子公司非法处置或污染土壤的行为结果负责？法院在就这些问题作出判断时，均以行为人是否实际掌握有害物质，或者是否有权决定有害物质的处理作为判断标准。

3. 中介人责任之新发展

第九巡回法院将中介人划分为"直接中介人责任"（direct arranger liability）和"广义的中介人责任"（broader arranger liability）两种类型。对直接中介人适用 CERCLA 中第 107 条规定的"任何为危险物质处理设施所接受并向处置处理设施运送危险物质的人"①，因为当事人可能借助此类交易产生处理废弃物的次

---

① U. S. Nuclear Regulatory Commission, 2008-2009 Information Digest 98-112, 2009, available at http：//www. nrc. gov/reading-rm/doc-collections/nuregs/staff/sr1350/v20/sr1350v20. pdf. ［2009-05-18］.

级目的，因而违背了 CERCLA 向应对污染负责的主体分担治理费用的目标。第九巡回法院也认可了广义中介人的责任。简而言之，广义中介人责任包括试图将处置废弃物的行为作为交易的部分而非核心部分时应当承担的责任。① 在 Burlington 案中，法院认为化学农药的销售商应该就其化学制剂溢出并泄漏到购买者的土地上承担责任。② 在 Alco Pacific 一案中，法院驳回地方法院同意对被告的简易判决的决定，并将案件发回，以明确销售有商业价值的工业副产品是否构成一项中介处理行为。③ 这两个案件的判决体现了当前有害物质制造者和有害副产品生产者的中介人责任现状。所谓有用产品，即就有用产品的定义而言，是摒弃一般契约法上产品瑕疵担保责任中"符合该产品使用目的"的限缩解释，而只须产品仍可使用，或存在特定用途即可将产品认定为有用产品。

美国法院采取"有用产品原则"的理论基础在于，买卖的商品含有有害物质，不能等同于就废弃该物质所形成的合意，或安排该物质废弃的交易行为。如果不作此种理解，即便买卖汽车的行为也是 CERCLA 所禁止的行为，因为汽车中有蓄电池，蓄电池中含铅，而铅是法定的有毒物质。由是而观，肯定中介者责任的前提在于其从事的交易并非是在交易有用产品，而是以进行废弃物处置作为合同的主要内容。这一原则主要用于判断客观上具有买卖合同、参与交易活动并因此造成土壤污染的当事人的中介者责任是否成立。

通过对上述两案判决可知，在认定中介人责任时主要把握以下原则。在有用产品理论之外，销售次生产品的行为构成通过协议处置（有害物质）。由于 CERCLA 的目的之一是积极求偿、扩大责任主体，因此理论上讲，对于任何直接或间接造成有害废弃物非法处

---

① U. S. NRC, Status of License Renewal Applications and Industry Activities, http：//www. nrc. gov/reactors/operating/licensing/renewal/applications. html ［2009-05-18］.

② Energy Policy Act of 2005, art 641-645, Pub. L. No. 2005.

③ Ann MacLachlan. U. S. Ratification Boosts Plan for International Nuclear Liability. Nucleonics Week, 2008, (49)：6.

置的结果，都应承担该法的污染治理和损害赔偿责任。鉴于单一的"有用产品原则"无法体现上述立法目的，因此法院提出将产生者（或制造者）原则也作为"中介者"责任的检验标准。即使该交易的性质上并非非法处置，只要有证据显示其为非法处置污染物的来源，则应该由卖方行为人承担责任，被告不得援引"有用产品原则"进行抗辩。

参考文献

［1］Australian Chamber of Commerce Industry, Mandatory Renewable energy Target, ACCI.

［2］Submission to the Australian Greenhouse Office, ［2009-05-18］. http://www. acci. asn. au/IssuesPapersMain. htm#2003.

［3］Australian Government, Australia's climate change policy: our economy, our environment, our future, Commonwealth of Australia, Canberra, 2007, ［2009-05-18］. http://www. pmc. gov. au/ publications/climate_policy/docs/climate_policy_2007. pdf.

［4］Australian government, Department of Climate Change, "Kyoto Protocol", ［2009-05-18］. http://www. climatechange. gov. au/international/kyoto/index. html.

［5］Australian government, Department of Climate Change, "Kyoto Protocol", ［2009-05-18］. http://www. climatechange. gov. au/international/kyoto/index. html.

［6］Christopher Stone, Should Trees Have Standing? —Toward Legal Rights for Natural Objects, S.

［7］Department for Environment, Food and Rural Affairs, UK Biomass Strategy, ［2009-05-18］. http://www. defra. gov. uk/environment/climatechange/uk/energy/renewablefuel/pdf/ukbiomassstrategy-0507. pdf.

［8］Dinah Shelton. Human Rights, Environmental Rights and the Right to Environment. STAN. J. INT'L L. ,1991,(28):103-105.

[9] Louis E. , Rodriguez-Rivera. Is the Human Right to Environment Recognized Under International Law? It Depends on the Source. Cow. J. INT'L ENVTL. L. & POL'Y,2001,(12):9-19.

[10] Dirk Vandermeersch. The Single European Act and the Environmental Policy of the European Economic Community, EUR. L. REV,. 1987,(12):407.

[11] Energy white paper 2003:our energy future – creating a low carbon economy, [2009-05-18]. http://www. berr. gov. uk/files/file 10719. pdf.

[12] Fourth Programme of Action,1987 O. J. (C 328)2. 6. 2.

[13] Holmes Rolston III. Rights and Responsibilities on the Home Planet. YALE J. INT'L L. ,1993,(18):251

[14] http://www. era. int/web/en/html/nodes _ main/4 _ 2127 _ 474/ Archives/conferences_2008/5_1796_3985. htm[2009-05-18]

[15] Lisa Heinzerling. CLIMATE CHANGE IN THE SUPREME COURT. Environmental Law,2008,38(3):3.

[16] Lynda Collins. Are We There Yet? The Right to Environment in International and European Law. MCGILL INT'L J. OF SUST. DEV. L. & POL'Y,2007,(3):119-136.

[17] MARIA LEE. EU Environmental Law:Challenges, Change and Decision-Making. Oxford:Hart Publishing,2005.

[18] MRET Review Panel,Renewable opportunities:A Review of the Operation of the Renewable.

[19] Energy(Electricity) Act 2000,the Australian Greenhouse Office, 2003, [2009-05-18]. http://www. mretreview. gov. au/report/ pubs/mret-review. pdf.

[20] Nordhaus W. D. . A Review of the Stern Review on the Economics of Climate. Journal of Economic Literature,2007,45 (3):686-702.

[21] OLE W. PEDERSEN. European Environmental Human Rights and

Environmental Rights: A Long Time Coming?. Georgetown International Environmental Law Review,2008,(21):73-111.

[22] P. S. Elder. Legal Rights for Nature—The Wrong Answer to the Right Question. OSGOODE.

[23] HALL L. J,1984(22):285; Cynthia Giagnocavo & Howard Goldstein,Law Reform or World.

[24] Re-form:The Problem of Environmental Rights,MCGILL. L. J. , 1990,(35):345.

[25] Prudence E. Taylor. From Environmental to Ecological Human Rights: A New Dynamic in International Law?. GEO. INT'L. ENVTL. L. REV. ,1998,(10):309.

[26] Remarks of Governor Christine Todd Whitman,Administrator of the U. S. Environmental Protection Agency,at the signing of H. R. 2869,The Small Business Liability Relief and Brownfields Revitalization Act, Conshohocken, Pennsylvania, January 11, 2002, [2009-05-18]. http://epa. gov/brownfields/pdf/bflegsta. pdf.

[27] Reporting Bill 2007-Revised Explanatory, Memorandum, 2007, [2009-05-18]. http://www. aph. gov. au/library/Pubs/BD/2007-08/08bd043. pdf.

[28] Stern Review on the Economics of Climate Change,[2009-05-18]. http://www. hm-treasury. gov. uk/stern_review_report. htm.

[29] Stern,Sir Nicolas. Reaction to the Panelists. Yale Symposium on the Stern Review,2007:117-130.

[30] Teall Crossen,Veronique Niessen. NGO Standing in the European Court of Justice—Does the Aarhus Regulation Open the Door?. REV. EUR. COMMUNITY & INT'L ENVTL. L. ,2007,(16): 332-337.

[31] The Department for Business,Enterprise & Regulatory Reform,The UK Renewable Energy Strategy Consultation, [2009-05-18]. http://www. decc. gov. uk/Media/viewfile. ashx? FilePath = Consultations\Renewable% 20Energy% 20Strategy% 20Consultation\1

_20090428142549_e_@ @ _condocres. pdf.

[32] Tol,Yohe. A Review of the Stern Review. World Economics,2006, 7(4):233-250.

[33] UK Climate Change Programme:Annual Report to Parliament,July 2008,Laid before Parliament by the Secretary of State for Environment,Food and Rural Affairs in accordance with Section 2 of the Climate Change and Sustainable Energy Act 2006. [2009-05-18]. http://www. defra. gov. uk/environment/climatechange/uk/ukc-cp/pdf/ukccp-ann-report-july08. pdf.

[34] 澳大利亚可替代能源项目:[2009-05-18]. http://www. green-house. gov. au/transport/afcp/index. html.

[35] 澳大利亚气候变化科学项目:[2009-05-18]. http:// www. climatechange. gov. au/science/accsp/index. html.

[36] 秦天宝,赵小波. 欧美环境法前沿问题研究. 海外人文社会科学发展年度报告:2006. 武汉:武汉大学出版社,2007:422-482.

[37] 张通. 英国政府推行节能减排的主要特点及其对我国的启示. 经济研究参考,2008(7):2-8.

[38] 欧盟相关环境政策指令:Commission Proposal for a Directive of the European Parliament and of the Council on Access to Justice in Environmental Matters, COM(2003)624 final(Oct. 24,2003). Commission Regulation 1367/2006,2006 O. J. (L 264)13(EC). Council Decision 2005/370,2005(L 124)1(EC). Council Directive 2000/60, 2000 O. J. (L 327)1(EC). Council Directive 2001/42,2001 O. J. (L 197)1,30(EC). Council Directive 2003/ 35,2003 O. J. (L 156)17(EC). Council Directive 2003/4 2003 O. J. (L 41)26(EC). Council Directive 90/313,1990 O. J. (L 158)56(EEC). Council Directive 96/61/EC. Council Directive 2003/87/EC. Council Directive Concerning the Quality of Bathing Water 76/160,1975 O. J. (L 31)1(EEC).

[39] 部分国外单行立法:澳大利亚《国家(联邦)温室气体与能源报告法》:Australia NGER Act. 美国《小规模企业责任减轻和棕

色地块振兴法》：The small Business Liability Relief and Brown-
fields Revitalization Act. 美国《综合环境反应、补偿和责任法》：
The Comprehensive Environmental Response, Compensation, and
Liability Act/CERCLA. 欧盟《关于化学品注册、评估、许可和
限制法规》：REACH. 英国《气候变化法》：Climate Change Act
of UK.

欧美国际公法前沿问题研究[*]

——当代国际法面临的新挑战与时代使命

杨泽伟^{**}

（武汉大学法学院，武汉，430072）

一、2008 年欧美国际法学研究的主要特点

2008 年，欧美国际法学界在国际公法研究方面，主要呈现出以下三大特点：

（一）研究的范围比较广

欧美国际法学界的研究领域，涉及国际法基本理论问题①、国际法上的国家②、领土法③、外交和领事关系法④、国际人权

---

* 本文获教育部哲学社会科学研究 2008 年度后期资助项目"国际法的历史及其发展趋势研究"（项目批准号：08JHQ0003）和 2009 年度武汉大学"海外人文社会科学研究前沿追踪计划"的资助。

** 武汉大学珞珈特聘教授，法学博士，博士生导师。

① See Doris KÖnig, Peter-Tobias Stoll ect. , ed. , International Law Today: New Challenges and the Need for Reform? Springer 2008; Joel Trachtman ed. , International Law and Politics, Ashgate Publishing Company, 2008.

② See Dominik Zaum, The Sovereignty Paradox: The Norms and Politics of International Statebuilding, Oxford University Press, 2007.

③ See Bernhard Knoll, The Legal Status of Territories Subject to Administration by International Organizations, Cambridge University Press 2008; Jeremy I. Levitt, Africa: Mapping New Boundaries in International Law, Hart Publishing Ltd. , 2008.

④ See Eileen Denza, Diplomatic Law: Commentary on the Vienna Convention on Diplomatic Relations, Oxford University Press, 2008.

法①、国际组织法②、条约法③、国际争端的和平解决④、战争与武装冲突法⑤等国际法的许多方面。

（二）取得了较为丰硕的成果

欧美国际法学者出版了为数众多的著作和论文⑥。例如，英国莱斯特（Leicester）大学马尔科姆·肖（Malcolm N. Shaw）教授，在剑桥大学出版社修订出版了其名著《国际法》第六版。

（三）研究的重点较为突出

欧美国际法学者的研究主要集中在国际法基本理论，国际人权法，战争、武装冲突法以及当代国际法面临的挑战与时代使命等领域。

1. 国际法基本理论问题

在国际法基本理论方面，欧美国际法学界主要讨论了国际法的碎片化⑦、国际法上的民主问题⑧ 以及国际法的宪政功

---

① 2008 年《欧洲国际法杂志》第 19 卷第 1 期组织了"人权问题"专栏，刊载了一组人权方面的文章，如 Gerald L. Neuman, Import, Export, and Regional Consent in the Inter-American Court of Human Rights, 等等；同年该刊第 4 期和第 5 期又组织了"纪念《世界人权宣言》颁布 60 周年"专栏，刊登了诸如 Jochen von Bernstorff, The Changing Fortunes of the Universal Declaration of Human Rights: Genesis and Symbolic Dimensions of the Turn to Rights in International Law 等多篇相关文章。

② See Ofer Eldar, Vote-trading in International Institutions, European Journal of International Law, Vol. 19, No. 1, 2008.

③ See Curtis A. Bradley, Intent, Presumptions, and Non-Self-Executing Treaties, American Journal of International Law, Vol. 102, No. 3, 2008.

④ See Thomas M. Franck, On Proportionality of Countermeasures in International Law, American Journal of International Law, Vol. 102, No. 4, 2008.

⑤ See Dieter Fleck ed. , The Handbook of International Humanitarian Law, Oxford University Press, 2008.

⑥ 详见文后参考文献。

⑦ 值得注意的是，2008 年有欧美一些学者以国际投资法为视角就国有化的补偿问题，专门研究了国际法的碎片化，令人耳目一新。See Steven R. Ratner, Regulatory Taking in Institutional Context: Beyond the Fear of Fragmented International Law, American Journal of International Law, Vol. 102, No. 3, 2008: 475-528.

⑧ Cecile Vandewoude, Book Reviews: Democracy and International Law by Richard Burchill, European Journal of International Law, Vol. 19, 2008: 234.

能①等。这方面的具体内容，将在本文的第二、第三部分具体展开论述，在此不再赘述。

2. 国际人权法

在国际人权法领域，欧美国际法学者主要探讨了国际社会的法治要求②，以及人权与发展、安全一起能否成为国际法的价值目标③等问题。特别是美国总统奥巴马上台后，美国对外政策的调整和变化，从某种程度上反映了实力强大的国家都应考虑和顺从国际社会法治要求的时代潮流。④

3. 战争和武装冲突法

在战争与武装冲突法方面，欧美国际法学者着重讨论了"私人军事承包商与国际法"问题⑤，《欧洲国际法杂志》2008 年第 5 期为此还专门开辟了有关的专栏，内容包括"欧盟行动与私人军

---

① See Stephen Gardbaum, Human Rights as International Constitutional Rights, European Journal of International Law, Vol. 19, No. 4, 2008: 434

② See Mary Ann Glendon, Justice and Human Rights: Reflections on the Address of Pope Benedict to the UN, European Journal of International Law, Vol. 19, No. 5, 2008; Paolo G. Carozza, Human Dignity and Judicial Interpretation of Human Rights: A Reply, European Journal of International Law, Vol. 19, No. 5, 2008.

③ See Jochen von Bernstorff, The Changing Fortunes of the Universal Declaration of Human Rights: Genesis and Symbolic Dimensions of the Turn to Rights in International Law, European Journal of International Law, Vol. 19, No. 5, 2008; Robert Howse, Human Rights, International Economic Law and Constitutional Justice: A Reply, European Journal of International Law, Vol. 19, No. 5, 2008; Stephen Gardbaum, Human Rights as International Constitutional Rights, European Journal of International Law, Vol. 19, No. 4, 2008.

④ See Gabriella Blum, Bilateralism, Multilateralism, and the Architecture of International Law, Harvard International Law Journal, Vol. 49, No. 2, 2008: 332.

⑤ See Jeremy Scahill, Blackwater: The Rise of the Most Powerful Mercenary Army, New York: Nations Books, 2007/2008.

事承包商"①、"私人军事公司的国家责任"②、"私人军事人员基于国际刑法的个人责任"③ 等。此外，有学者还探讨了"武装冲突中平民的扣押问题"④、"人权法与人道法的交互影响"⑤ 以及"国际刑事法院"⑥ 等。

二、当代国际法面临的新挑战

当代国际法面临的新挑战，也是 2008 年欧美国际法学界讨论的热点问题之一。因为欧美学者认为，目前国际体系正处在转型时期，"随着权力结构的改变而引发体系变迁时，国际法也会更改"⑦。因此，目前国际体系的转型，必然会影响当代国际法的发展。

（一）"全球市民社会"的兴起、国际社会组织化趋势进一步增强

20 世纪 90 年代以来，随着科学技术的进步所导致的交通与通信手段的历史性突破、现代市场经济前所未有的全球扩张以及全球

① See Nigel D. White, Sorcha Macledo, EU Operations and Private Military Contracts: Issues of Corporate and Institutional Responsibility, European Journal of International Law, Vol. 19, No. 5, 2008.

② See Carsten Hoppe, Passing the Buck: State Responsibility for Private Military Companies, European Journal of International Law, Vol. 19, No. 5, 2008.

③ See Chia Lehnardt, Individual Liability of Private Military Personnel under International Criminal Law, European Journal of International Law, Vol. 19, No. 5, 2008.

④ See Ryan Goodman, The Detention of Civilians in Armed Conflict, American Journal of International Law, Vol. 103, No. 1, 2009: 48-74.

⑤ See Alexander Orakhelashvili, The Interaction between Human Rights and Humanitarian Law: Fragmentation, Conflict, Parallelism, or Convergence? European Journal of International Law, Vol. 19, No. 1, 2008: 161-182.

⑥ See William W. Burke-White, Proactive Complementarity: The International Criminal Court and National Courts in the Rome System of International Justice, Harvard International Law Journal, Vol. 49, No. 1, 2008: 53-108.

⑦ 熊玠. 无政府状态与世界秩序. 余逊达，张铁军译. 杭州：浙江人民出版社，2001: 24.

性问题的日益严重，在国际关系和国际政治领域逐渐出现了一个新的术语——"全球市民社会"（Global Civil Society）。"全球市民社会"主要是指"存在于家庭、国家和市场之间，在超越于国家的社会、政治和经济限制之外运作的思想、价值、制度、组织、网络和个人的领域"①。"全球市民社会"蕴涵了一种对人类规范价值的渴求，昭示了人们全球身份的认同感和全球意识。"全球市民社会"的兴起，对国际和平与安全、环境保护、气候变化、经济发展、社会进步、妇女权益、人权保障以及民族和宗教问题等均产生了重要影响。

与"全球市民社会"的兴起遥相呼应、交互影响的是国际社会组织化趋势进一步增强，它主要体现在以下几个方面：

1. 国际组织的数量呈爆炸性增长

国际联盟的设立是国际社会组织化（Institutionalization of the International Community）的最初尝试。第二次世界大战后建立的联合国，是国际社会组织化的决定性步骤。②联合国成立以后，随着殖民体系的瓦解和新兴独立国家的增多，科技、交通和通信的巨大进步，以及国家间交往的增强，各种全球性与区域性国际组织的发展非常迅猛。尤其是国际经济组织和各种各样的专门性机构，在数量上更是有了爆炸性增长。据统计，目前各种影响较大的国际组织已达 4000 多个，其中政府间的重要组织早已超过 500 个。它们90% 以上是在 20 世纪 50 年代之后发展起来的。③

2. 国际组织的活动范围不断扩大、职能日益膨胀

各种类型的国际组织活跃在国际社会的众多领域。无论是政治、经济、军事，还是教育、科技、文化、卫生等各个方面，都成了国际组织工作的对象。大到全球的气候变化、世界战争，小至人

---

① Helmut Anheier etc., Global Civil Society 2001, Oxford University Press, 2001：16-17.

② See Bruno Simma, From Bilateralism to Community Interest in International Law, Recueil des Cours, 1994, VI：257-258.

③ 参见梁西. 国际组织法（修订第 5 版）. 武汉：武汉大学出版社，2001：22.

类的生老病死和衣食住行，均与国际组织的活动密切相关。可以说，国际组织职能的扩张是与国际生活紧密相联的。"国际组织数量的增加与职能的扩大，使地球上彼此影响的各种国际组织，已经形成了一个巨大的国际组织网，出现了国际社会组织化的一种新趋势。"①

3. 国际社会的组织化使国家主权的保留范围相对缩小

进入 21 世纪以来，随着国际格局向多极化方向发展，国际组织的潜力很快被释放出来。国际组织的触角不断地深入国家主权的管辖范围，使国家军备、人权、贸易、关税、投资、环境保护、知识产权等诸多方面，都受到不同程度的影响。与此同时，有关国家还甘心让国际组织暂时行使主权权利，或将部分主权权利持久地转让给国际组织。欧洲联盟是主权权利持久地转让给国际组织的最突出的代表。特别值得注意的是，2004 年 10 月，欧洲领导人还在罗马签署了《欧盟宪法》。《欧盟宪法》有几项重大改革：（1）创立一个由欧洲理事会建议、欧洲议会民主选举产生的"欧盟主席"，任期为两年半，可连选连任一届，并具有欧盟法人地位。这样，欧盟将破天荒出现一个超越国家的领导人。（2）设立"欧盟外交部长"，其职责将是真正代表欧洲在世界上发言，这样就大大加强了欧洲的声音。

（二）国际法全球化与碎片化共存的现象明显

冷战结束以来，国际法的发展呈现出两种重要的趋势：一是国际法的适用范围不断扩大，国际法越来越全球化；二是各种规范之间的冲突和矛盾加剧，国际法的体系结构愈益碎片化。

1. 国际法的全球化

就国际法而言，国际法的全球化（Globalization of International Law）主要体现在以下三个方面：

（1）国际法适用于整个国际社会。依据传统的见解，国际法是所有文明国家间的行为规则，并普遍适用于全世界的国际关系领

---

① 梁西. 国际组织法（修订第 5 版）. 武汉：武汉大学出版社，2001：328.

域。然而，十月革命后社会主义国家苏联的出现，对这种看法提出了挑战。前苏联的法学家否认有共同的国际法存在。①特别是在第二次世界大战后，随着东欧社会主义国家的建立以及越南、朝鲜及中国革命的胜利，世界划分为两大阵营，国际关系的形态大为改变。因此，逐渐有所谓社会主义国际法体系出现的趋势，使原有国际法的单一体系发生了动摇。这种情况也使欧美国际法学界的一些学者对国际法是否仍有单一体系的问题，抱有悲观的看法，如英国法学家史密斯（H. A. Smith）②、美国法学家孔慈（J. Kunz）③与威尔克（Kurt Wilk）④等。此外，第二次世界大战后亚非拉地区大批新兴国家的出现，形成所谓的第三世界，它们对国际法的态度也使一部分学者忧虑国际法的普遍性。⑤这些国家对当时国际法的许多内容表示不满意，要求修正或采纳一些新的原则。

然而，由于国际社会结构的变化，两极对峙的冷战格局的结束，目前没有任何国家集团或意识形态再对国际法体系作有力挑战，使国际合作有可能加强。在当今和可预见的将来，世界各国将奉行一个国际法的体系⑥，但这个国际法体系由于许多新兴国家的参加，其内涵已不是原来以西欧基督教文化为主的国际法体系，而是包括世界各个不同文化国家所贡献的内涵。值得注意的是，詹宁斯和瓦茨在其修订的《奥本海国际法》第九版中也指出："国际法律秩序适用于整个由国家组成的国际社会，并在这个意义上具有普

---

① See M. Chaskste, Soviet Concepts of the State, International Law and Sovereignty, American Journal of International Law, Vol. 43, 1949, p. 27.

② See H. A. Smith, The Crisis in the Law of Nations, London, 1947: 1-32.

③ See Joseph L. Kunz, The Changing Law of Nations, American Journal of International Law, Vol. 51, 1957: 73-83.

④ See Kurt Wilk, International Law and Global Ideological Conflict, American Journal of International Law, Vol. 45, 1951: 648-670. 威尔克认为在主要国家间意识形态冲突的世界，已不可能有共同的国际法的存在。

⑤ See Oliver J. Lissitzyn, International Law in A Divided World, International Conciliation, No. 542, 1963: 37-62.

⑥ 参见丘宏达. 现代国际法. 台湾三民书局，1995: 32.

遍的性质。"①

（2）许多全球性问题更加需要国际法来调整。各国日益相互依存、相互联系，影响国际法的发展。当今，国际社会更加需要发展普遍性的国际法规范以应对全球性问题。特别是进入21世纪以来，无论是汇率、货币政策，还是军备控制、化学武器、地雷、气候变化、臭氧层、濒危物种、森林保护、少数民族权利、国际贸易或区域一体化、政策的选择权等，都日益受国际法的约束。②

在这些关系到全球性的问题中，最明显的是环境保护和气候变化。③许多环境破坏活动也许只对个别地区有损害，但是其他一些破坏活动则有超出国界的影响并能引起整个地球环境的变化。例如，一些物资排入大气能对全球气候或臭氧层有不良的影响。今天，学者们已广泛地讨论这些活动如何真正威胁人类以及国际社会应采取什么行为来对付它们。④ 在这方面，国际法应该能够建立一致的普遍性规范来处理这些威胁。此外，国际恐怖主义行为、国际犯罪行为（如灭绝种族罪和战争罪）和使用核武器都产生了同样的全球性问题，它们被提上国际议程已有一段时间，迫切需要用国际法来加以解决。

（3）国际法的调整范围不断向非传统安全领域延伸。由于科学技术的进步，人类的生存空间和活动天地极大地拓宽。人类的足迹上到外层空间，下至海床洋底。国际法的适用范围也随之扩大。今天国际法的范围已非常宽广："从外层空间探测的规则到大洋洋底划分的问题；从人权的保护到国际金融体系的管理；其所涉领域

① 詹宁斯，瓦茨修订. 奥本海国际法（第1卷，第1分册）. 王铁崖等译. 北京：中国大百科全书出版社，1995：50.

② See Philip Alston, The Myopia of the Handmaidens: International Lawyers and Globalization, European Journal of International Law, Vol. 8, No. 3, 1997: 435.

③ See Jonathan I. Charney, Universal International Law, American Journal of International Law, Vol. 87, 1993: 529.

④ See Christopher D. Stone, Beyond Rio: "Insuring" Against Global Warming, American Journal of International Law, Vol. 86, 1992: 445-447.

已从以维护和平为主扩大到包括当代国际生活的所有方面。"① 正如联合国前秘书长安南所言："今日之世界已完全不同于 1945年。"②我们现在和未来几十年所面临的最大的安全威胁已经绝不仅仅是国家发动的侵略战争了，这些威胁扩大到恐怖主义、毒品和武器交易、跨国有组织犯罪、生态和环境问题、民族和宗教冲突、邪教猖獗、金融动荡、信息网络攻击、基因与生物事故、非法移民、地下经济及洗钱、能源安全、武器扩散、传染病蔓延、海盗和贫穷等"非传统安全"领域。③ 况且，上述"非传统安全"领域的威胁还在不断加剧，并以前所未有的范围和强度对一国、地区乃至全球的发展、稳定和安全造成强烈的冲击。因此，当代国际法的调整范围逐步从过去的以和平与安全为主扩大到"非传统安全"领域。

2. 国际法的碎片化

国际法的碎片化（Fragmentation of International Law）④ 主要是指在人权法、环境法、海洋法、欧洲法、WTO 法、国际贸易法、国际投资法、国际难民法、国际能源法等国际法的一些领域或分支，出现了各种专门的和相对自治的规则或规则复合体、法律机构以及法律实践领域。由于这种专门法律的制定和机构建设，一般是在比较忽视邻近领域的立法和机构活动、比较忽视国际法的一般原

---

① Malcolm N. Shaw, International Law, fifth edition, Cambridge University Press, 2003. 北京大学出版社 2005 年影印版：43.

② Edward C. Luck, How Not to Reform the United Nations, Global Governance, Vol. 11, 2005：407.

③ See Mark Udall, Collective Security and the United Nations, Denver Journal of International Law and Policy, Vol. 33, No. 1, 2004-2005：4. 此外，"威胁、挑战和改革问题高级别小组"在其《一个更安全的世界：我们的共同责任》的报告中，将当今世界面临的各种威胁归纳成以下六组：即经济和社会威胁，包括贫穷、传染病及环境退化；国家间冲突；国内冲突，包括内战、种族灭绝和其他大规模暴行；核武器、放射性武器、化学和生物武器；恐怖主义；跨国有组织犯罪。2005 年 3 月，联合国秘书长安南在其《大自由：实现人人共享的发展、安全和人权》报告中采纳了上述高级别小组报告中的观点。

④ 有学者把它译为"国际法不成体系"。

则和惯例的情况下进行的，因而造成各种规则或规则体系之间的冲突。①

其实，早在 20 世纪 50 年底初，詹克斯（Wilfried Jenks）就注意到了国际法的碎片化问题，认为产生国际法碎片化的主要原因是国际社会缺乏一个总的立法机构。② 他还预言，需要一种类似于冲突法的法律来处理这类碎片化问题。2000 年，国际法委员会在第 52 届会议上决定将"国际法碎片化引起的危险"专题列入其长期的工作方案。2006 年 5 月至 8 月，在日内瓦召开的第 58 届国际法委员会会议上，以科斯肯涅米（Martti Koskenniemi）为首的研究小组提交了《国际法碎片化问题：国际法多样化和扩展引起的困难》（*Fragmentation of International Law*：*Difficulties Arising from the Diversification and Expansion of International Law*）的研究报告。该报告主要分七个部分，较为系统地阐述了国际法的碎片化问题及其解决办法。

应当指出的是，碎片化不是国际法的一个新现象，它是国际法体系固有的结构特征，只不过是在当代国际法多样化、全球化及其扩展的条件下才凸显出来，并成为影响国际法适用效力的严重问题。③ 国际法碎片化的确有产生各种相互冲突和不相容的原则、规则、规则体系和体制惯例的危险，但它也反映出国际法律活动迅速扩展到各种新的领域及其目标和手段的多样化。④

---

① See Report of the Study Group of the International Law Commission, Fragmentation of International Law：Difficulties Arising from the Diversification and Expansion of International Law, available at http：//daccessdds. un. org/doc/UNDOC/LTD/G06/634/39/PDF/G0663439. pdf? OpenElement, last visit on June 14, 2009.

② See Wilfried Jenks, The Conflict of Law-Making Treaties, British Yearbook of International Law, Vol. 30, 1953：403.

③ 参见古祖雪. 现代国际法的多样化、碎片化与有序化. 法学研究, 2007 (1)：140.

④ See Steven R. Ratner, Regulatory Takings in Institutional Context：Beyond the Fear of Fragmented of International Law, American Journal of International Law, Vol. 102, 2008：3.

（三）国际法的刑事化现象不断增多、国际法的约束力不断增强

1. 国际法的刑事化现象不断增多

国际法刑事化现象（Criminalization of International Law）的产生经历了一个渐进的过程，但在 20 世纪 90 年代以来的国际法的发展中尤为明显。

第二次世界大战后由战胜国设立的纽伦堡和东京国际军事法庭是这一过程的第一个步骤。①许多德、日法西斯战犯被指控以反人道罪和反和平罪，并受到了相应的惩罚。后来，国际法委员会还把两个军事法庭所阐明的国际法原则加以综合。

20 世纪 60 年代，弗雷德曼（Wolfgang Friedmann）出版了其名著《变动的国际法结构》（The Changing Structure of International Law）。他认为纽伦堡宪章的影响将扩大国际罪行。这种扩大，是通过正在确立的对某些国际承认的犯罪行为如屠杀、驱逐和计划、准备以及发动侵略战争等的个人责任来完成的。②因此，他预见这种个人责任将对国家和政府的法律责任产生重大影响。除了这些规范性的分析以外，弗雷德曼的著作还从制度方面作了探讨。他断言："国际法的扩展最终将会要求创建国际刑事法庭。"③他的这一预言现已通过联合国的努力实现了。自弗雷德曼的书出版后，除了一些对战争罪和反人道罪的国内起诉外，并没有太多的国际实践推动国际法的刑事化。然而，这一时期在法理上对纽伦堡原则的合法性的国际认同、对国际罪行的普遍管辖原则的适用性以及惩罚那些大规模违反国际人道法的行动的需要却加强了。

"前南斯拉夫和卢旺达国际刑事法庭的设立反映了国际法的日

① See Malcolm N. Shaw, International Law, fifth edition, Cambridge University Press，2003，北京大学出版社 2005 年影印版：45.

② See W. Friedmann, The Changing Structure of International Law, London 1964：168.

③ W. Friedmann, The Changing Structure of International Law, London 1964：168.

益刑事化现象。"①在前南斯拉夫境内的暴行震惊了全世界。在短时间内，这些事件引发安理会根据《联合国宪章》第七章颁布了《前南斯拉夫国际刑事法庭规约》②和《卢旺达国际刑事法庭规约》③，同时也推动了国际法委员会通过提议的《国际刑事法庭规约草案》。这两个特别法庭规约代表了纽伦堡宪章的一个重要发展。首先，关于严重违反《日内瓦公约》和灭绝种族罪的规定占据了规约的中心地位。其次，前南规约确认了非国际武装冲突（不限于国际战争）中的反人道罪。而卢旺达规约则承认即使在平时也能产生这种罪行。④海牙法庭在 Tadic 一案的上诉裁决中对这种违反人道罪的广泛性给予了司法上的确认。再次，强奸已被定性为一种反人道罪。⑤ 最后，也是最重要的是承认共同违反《日内瓦公约》第 3 条及其第二附加议定书是犯罪行为，卢旺达规约构成了一个涉及国内暴行的国际人道法的特别积极的声明。

前南斯拉夫法庭和卢旺达国际刑事法庭的设立，进一步引起了国际社会对建立一个常设刑事法院以起诉大规模屠杀和战争犯罪的更大关注。1998 年 7 月，160 个国家在罗马开会，讨论建立一个常设的国际刑事法院以审判那些严重违反灭绝种族罪、战争罪和反人道罪的人，并通过了《罗马公约》。2002 年 7 月，国际刑事法院在海牙正式成立，将对战争罪、反人道罪和灭绝种族罪等重大罪行进行审理并作出判决。

可见，在个人的刑事责任方面，国际法已经明显地走向更广泛

① Theodor Meron, Is International Law Moving Towards Criminalization? European Journal of International Law, Vol. 9, No. 1, 1998: 18.

② Report of the Secretary-General Pursuant Paragraph 2 of Security Council Resolution 808 (1993), UN Doc. S/25704 &Add. 1, 1993, Annex.

③ Statute of the Rwanda Tribunal, SC Res. 955, UN SCOR, 3453 rd Mtg, UN Doc. S/RES/955, 1994.

④ See Theodor Meron, International Criminalization of Internal Atrocities, American Journal of International Law, Vol. 89, 1995: 557.

⑤ Yugoslav Statute, Article 5.

的刑事化。①就国际范围而言，它体现在国际人道法和国际刑事法庭的设立②；而在国内方面，它扩大了法人的刑事责任。在国内法体系中，普遍性管辖和保护性管辖的概念已经增强。国际组织，特别是国际刑事法庭促进了国际刑法的发展。国际法刑事化的命运将主要取决于国际刑事法院的功效以及前南斯拉夫国际刑事法庭和卢旺达国际刑事法庭的成就。

2. 国际法的"硬"性因素呈逐渐增加之势③

由于国际法基本上是一种以主权者"平等、协作"为条件的法律体系，是一种国家之"间"的法律体系。因此，国际法常常被认为是一种"弱法"（Weak Law）或"软法"（Soft Law）。但是，国际社会的组织化趋势，使国际法的实质内容正处于变动之中，国际法的约束力不断增强。

（1）国际社会已公认有若干强制规范的存在。第二次世界大战后，国际社会出现了强行法（Jus Cogens）理论。尤其是，1969年的《维也纳条约法公约》第53条和第64条明确规定："条约在缔结时与一般国际法强制规律（强行法）抵触者无效。"当今，虽然国际法的主要规范仍为意志法，但国际社会已公认有若干强制规范的存在。这无疑增强了国际法的约束力。

（2）国际组织强制行动（Enforcement Action）的约束力也有明显加强。《联合国宪章》第七章以较大的篇幅对此作了详细规定。特别是在冷战结束以来变化的世界秩序中，复活的、积极的联合国安理会在某些领域具有了立法与行政作用。不仅在海湾战争（1990—1991年），而且在索马里（1992年）和前南斯拉夫（1991—1994年），安理会宽泛地解释了其依据《联合国宪章》第七章所行使的权力，以认定是否存在对和平的威胁、破坏和平或侵

---

① See Theodor Meron, Is International Law Moving Towards Criminalization? European Journal of International Law, Vol. 9, 1998：30.

② 除了前南国际刑事法庭和卢旺达国际刑事法庭外，联合国塞拉利昂特别法庭、东帝汶法庭及柬埔寨法庭都已经建立。

③ 参见梁西. 国际组织法（修订第5版）. 武汉：武汉大学出版社，2001：332.

略的行为。正如亨金（Louis Henkin）教授所指出的："安理会已宽泛地解释其权力为'决定'，即作出具有法律拘束力的决定——施加强制性的经济制裁，授权军事行为，建立前南国际刑事法庭。"①

（3）近年来，国际社会还出现了不少对国家领导人的公职行为进行刑事追诉的事例。例如，1998 年 10 月，应西班牙法官加尔松等人的要求，英国司法机关拘禁了智利前总统皮诺切特，启动了引渡的司法程序，开创了对前国家元首在职时的公职行为进行追诉的先例；1999 年 5 月，前南斯拉夫国际刑事法庭检察长阿尔伯尔决定起诉时任南联盟总统的米洛舍维奇及其他 4 位南联盟高级官员并发出了国际逮捕令，开创了对现任国家领导人的公职行为进行刑事追诉的先例；2001 年，柬埔寨特别法庭启动了审判原红色高棉领导人的司法程序；2003 年 6 月，联合国塞拉利昂特别法庭对时任利比里亚总统的泰勒发出国际通缉令等。此外，2009 年 3 月，国际刑事法院宣布以涉嫌在苏丹达尔富尔地区犯有战争罪和反人类罪为由，正式对苏丹总统巴希尔发出逮捕令。这是国际刑事法院成立以来，首次对一个国家的现任元首发出逮捕令。上述例子，都在一定程度和范围内，体现了国际法在执行方面的效力。

（四）国际法与国内法相互渗透、相互影响的趋势更加凸显

1. 国内法对国际法的影响

"作为一种后发的法律秩序，国际法在形成和发展过程中受到国内法的影响是很自然的。"② 影响国际法的首先是罗马法，"罗马法在国际法的发展史上占有非常重要的地位"③，国际法中有许多罗马法的遗迹。④ "万国法"这个词的运用就来源于罗马法。国际

---

① Louis Henkin, International Law: Politics and Values, Martinus Nijhoff Publishers 1995: 4.
② 蔡从燕. 国内公法对国际法的影响. 法学研究，2009（1）：178.
③ 杨泽伟. 国际法析论（修订第二版）. 北京：中国人民大学出版社，2007：321.
④ See Arthur Nussbaum, A Concise History of the Law of Nations, New York, 1954：12.

法中的先占（Occupation）是指占领他国领土或取得一块无主地，它来自罗马法中"Occupatio"，意思是占用某物，不管是动产或是不动产，但此物不属于任何人。国家地役（State Servitude）来源于罗马法的"Servitus"，它与奴隶制无关，而是指在他人土地上的通行权或类似的权利，它直接限制了一块土地的所有权。此外，添附曾出现在《查士丁尼法典》中。时效及其取得、消灭也来源于罗马法。当然，罗马法的一些术语在融入国际法的过程中，大部分在新的条件下已经完全被赋予了新的意义。总之，罗马法在某种程度上加快了国际法的形成过程。①

今天，欧美发达国家的国内法对国际法发展的影响同样巨大。就多边贸易体制而言，美国和欧共体即是推动多边贸易体制发展进程的核心力量。② 此外，"欧盟还被称为当今国际能源法律制度最为先进的实验室"③，它不但为其成员国、而且为世界上其他国家的能源立法提供了某种样板。

2. 国际法国内化④

现在许多国际法原则、规则都要求各国制定相应的国内法规范，以切实履行国际法上的义务。1995 年成立的世界贸易组织，其有关规定尤为典型。世界贸易组织规则具有双重的法律效果："不仅使通过规定的途径达到国家的法律体系，而且使国际一级的准则法律化。"⑤ 《建立世界贸易组织的马拉喀什协议》对此作了

---

① 杨泽伟．宏观国际法史．武汉：武汉大学出版社，2001：18.

② See Ernst—Ulrich Petersmann, Constitutionalism and WTO Law: From A State—Centered Approach Towards A Human Rights Approach In International Economic Law, in Daniel L. Kennedy & James D. Southwick eds., The Political Economy of International Trade Law, Cambridge University Press, 2002：32-33.

③ Thomas W. Wälde, International Energy Law: Concepts, Context and Players, available at http://www.dundee.ac.uk/cepmlp/journal/htm/vol9/vol9-21.html, last visit on July 29, 2009.

④ 参见苏珊·马克斯．宪政之谜：国际法、民主和意识形态批判．方志燕译．上海世纪出版集团，2005：145.

⑤ 潘抱存．论国际法的发展趋势．中国法学，2000（5）：155.

明确规定。例如，该协议第 2 条指出：“附件一、附件二和附件三中的各协议及其法律文件均是本协议的组成部分，并约束所有成员。”该协议第 16 条则进一步规定：“每一成员应当保证其法律、规则和行政程序，与所附各协议中的义务相一致。”因此，世界贸易组织确定了其有关规范优于成员方的国内法的宪法性原则。

世界贸易组织所确定的这种国际法效力优先的原则，不但得到大多数国家国内法的认可，而且也为其他的国际条约所证实。例如，《维也纳条约法公约》第 27 条规定：“一当事国不得援引其国内法规定为理由而不履行条约。”此外，在司法实践中，同样要求国内法院在国际法与国内法发生冲突的情况下，适用国际法，否则就构成国际不法行为。

总之，由于许多法律关系和法律问题仅仅依靠国内法或国际法的调整不足以解决问题，需要国内法与国际法的共同规范，因此国内法与国际法的交叉与融合越来越明显。例如，国际能源法和国内能源法虽然是两个不同的法律体系，但由于国内能源法的制定者和国际能源法的制定者都是国家，因此这两个体系之间有着密切的联系，彼此不是互相对立而是互相渗透和互相补充的。① 首先，国际能源法的部分内容来源于国内能源法，如一些国际能源公约的制定就参考了某些国家能源法的规定，国内能源法还是国际能源法的渊源之一。② 其次，国内能源法的制定一般也参照国际能源公约的有关规定，从而与该国承担的国际义务相一致。最后，国际能源法有助于各国国内能源法的趋同与完善。

---

① 参见杨泽伟. 国际能源法：国际法的一个新分支. 华冈法粹（台湾），2008（40）：202.

② 例如，国际石油合同的性质就是双重的，既含有国际公法的成分，也包括国际私法的因素。不过，一般都认为国际石油合同是投资合同或商业合同，不是国际条约，它应受缔约国国内法的调整。See Zhiguo Gao, International Petroleum Contracts: Current Trends and New Directions, Graham & Trotman Limited 1994: 209-210.

三、当代国际法价值与时代使命的新动向

国际法作为主要由民族国家组成的国际体系中的法律，反映了该体系中的政治主张、应有价值与时代使命，并服务于各种目标。因此，国际体系的转型带来了支配国际体系的政治力量及其政治主张的变化，必然会引起国际法价值观念的某些变动。① 由于国际法的价值问题很少在国际法律文件中提及，所以我们只能从国际法律体系的基本规范和长期的国际关系实践中推断出来。特别是进入21世纪以来，国际社会对国际法的需求比冷战期间更为紧迫，在许多方面，国际法所肩负的期望和使命也越来越大。②

（一）发展、安全、人权等价值目标与国际法的社会建构作用

1. 发展

发展涉及多层面的问题：从两性平等到公共卫生，从教育到环境，不一而足。关于发展问题的国际法律文件，最早可以追溯到《联合国宪章》和《世界人权宣言》，尽管这二者并没有明确提出发展的概念。1986年12月，联大通过了《发展权宣言》，正式确认了发展权。2000年，各国在《联合国千年宣言》中承诺："使每一个人拥有发展权，并使全人类免于匮乏。"今天，发展问题已成为当代国际法上的一项重要内容。

2. 安全③

在现代国际关系中，各个国家都把安全作为其战略目标的最高诉求。因此，"国际法的价值之一，就在于通过界定其主体间权利

---

① See Louis Henkin, International Law: Politics and Values, Martinus Nijhoff Publishers 1995: 1.

② 参见迈克尔·赖斯曼. 国际法：领悟与构建——迈克尔·赖斯曼论文集. 万鄂湘等译. 法律出版社, 2007: 142.

③ 有学者认为，"善意践行废除公然的侵略行为"具有核心价值的地位。See Thomas K. Plofchan Jr., A Concept of International Law: Protecting Systemic Values, Virginia Journal of International Law, Vol. 33, 1992-1993: 212.

义务和协助解决争端来维持和平、保障安全"①。进入 21 世纪以来，对和平与安全的威胁不仅包括国际战争和武装冲突，也包括国内暴力、有组织犯罪、恐怖主义、大规模毁灭性武器以及极端贫穷、致命传染病和环境退化等。在这种背景下，国际社会达成了新的安全共识，即各种威胁彼此关联，发展、安全和人权相互依存；任何国家都无法完全靠自己实现自我保护；所有国家都需要一个符合《联合国宪章》的宗旨和原则的有实效和效率的集体安全体系。②

3. 人权

第二次世界大战结束以来，"各国在人权意识和道德感悟程度上的提高，是至关重要的新的体系价值兴起的一个明显的标志"③。联合国成立后，一直决心为创建一个以对人权普遍尊重为基础的和平、公正的世界而奋斗。1946 年 6 月，联合国经社理事会通过决议设立了人权委员会。联合国人权委员会是经社理事会附属机构的职司委员会之一。2006 年 3 月，联大通过决议决定设立人权理事会，作为联大的下属机构并取代人权委员会。联合国人权理事会负责对联合国所有成员国作出阶段性人权状况回顾报告，理事会成员在任期内必须接受定期普遍审查机制的审查。

值得注意的是，近年来欧盟对外关系中呈现出愈来愈明显的"人权导向"：其他欧洲国家在申请加入欧盟时，必须满足一定的"人权条件"；在向第三国提供发展援助时，将尊重人权作为必要条件，并在第三国违反人权时取消相应的财政和技术援助；在共同外交与安全政策框架下坚持开展"人权外交"。特别是《中欧伙伴关系协定》也有可能纳入"人权条款"。④

---

① 高岚君. 国际法的价值论. 武汉：武汉大学出版社，2006：61.

② 大自由：实现人人共享的发展、安全和人权. [2009-06-15]. http：//www. un. org/chinese/largerfreedom/part4. htm.

③ 熊玠. 无政府状态与世界秩序. 余逊达，张铁军译. 杭州：浙江人民出版社，2001：155.

④ 参见张华. 欧洲联盟对外关系中的"人权条款"法律问题研究. 武汉：武汉大学博士学位论文，2009：237.

应当指出的是，2005 年 3 月，时任联合国秘书长的安南在其《大自由：实现人人共享的发展、安全和人权》(*In Larger Freedom, Towards Development, Security and Human Rights for All*) 的报告中指出，"我们处在一个技术突飞猛进、经济日益相互依存、全球化及地缘政治巨变的时代。在这一时代，发展、安全和人权不仅都有必要，而且互为推动"①。该报告不但明确指出了发展、安全和人权等价值目标，而且提出了实现这些价值的具体措施和步骤。2005 年 10 月，联合国世界首脑会议再次重申："和平与安全、发展和人权是联合国系统的支柱，也是集体安全和福祉的基石。我们认识到，发展、和平与安全、人权彼此关联、相互加强。"② 可见，发展、安全、人权等价值体系在某种程度上已经得到了国际社会的认可。总之，发展、安全和人权这三大价值目标密不可分。"没有发展，我们就无法享有安全；没有安全，我们就无法享有发展；不尊重人权，我们既不能享有安全，也不能享有发展。"③ 而国际法的社会建构作用不可或缺，它是实现和平、繁荣和有效的国际合作等所有价值目标的最重要的工具。④

（二）国际社会的组织化与国际法的宪政功能

冷战结束以来，国际宪政问题或国际法的宪法功能成为了欧美国际法学界的时髦话题。其实，早在 1926 年，奥地利国际法学家菲德罗斯（Alfred Verdross）就首次在国际法研究中使用了"宪法"一词。⑤菲德罗斯认为，普遍的国际社会的宪法是"以下列一些规范为基础的：这些规范，在各国形成国际法的时候被假定为有

① 大自由：实现人人共享的发展、安全和人权．[2009-06-15]．http://www.un.org/chinese/largerfreedom/part4.htm.

② 2005 年世界首脑会议成果．联合国大会决议 A/RES/60/1，2005-10-24.

③ 大自由：实现人人共享的发展、安全和人权．[2009-06-15]．http://www.un.org/chinese/largerfreedom/part4.htm.

④ See Gabriella Blum, Bilateralism, Multilateralism, and the Architecture of International Law, Harvard International Law Journal, Vol. 49, No. 2, 2008：332.

⑤ See Bruno Simma, From Bilateralism to Community Interest in International Law, Recueil des Cours, 1994, VI：21.

效，而且此后通过国际习惯法和一些个别的集体条约得到了发展"①。自从国际联盟成立后，国际社会就有了一个宪法性文件——《国际联盟盟约》。因为《国际联盟盟约》第 20 条规定盟约项下的义务具有优先性，有学者称之为"更高的法律"②。

《联合国宪章》作为联合国的组织法和现代国际法的重要内容之一，目前被当做一项宪法性文件，或者被看做是国际社会的"宪法"③。

首先，《联合国宪章》的有关规定，如禁止以武力相威胁或使用武力、和平解决国际争端等，都已具备了国际强行法的性质。

其次，《联合国宪章》第 103 条规定宪章项下的义务具有优先性。这正如有学者所指出的："有充分的理由假定，与第三方国家缔结的明显或至少表面上与《联合国宪章》相抵触的条约，不仅是不可强制执行的，而且对这些国家来说也是无效的……第三方国家在其条约关系和其他方面，必须尊重《联合国宪章》为联合国会员国规定的义务。"④

最后，根据《联合国宪章》的有关条款，安理会负有维护国际和平与安全的主要职责；大会有权审查安理会和联合国其他机构的工作报告，尤其是预算报告；国际法院充当类似于一个《联合国宪章》"合法性"的监护人，并被赋予一个潜在的、具有"保护

---

① 菲德罗斯等．国际法（上册）．李浩培译．北京：商务印书馆，1981：170.

② H. Lauterpacht, The Covenant as the Higher Law, British Yearbook of International Law, Vol. 17, 1936：54-56.

③ See Laurnce R. Helfer, Constitutional Analogies in the International Legal System, Loyola of Los Angels Law Review, Vol. 37, 2003：193；Leland M. Goodrich and Edvard Hambro, Charter of the United Nations：Commentary and Documents, Stevens & Sons Limited 1949：519.

④ Bardo Fassbender, The United Nations Charter as Constitution of the International Community, Columbia Journal of Transnational Law, Vol. 36, 1998：532.

性"色彩的角色。①

随着国际社会组织化趋势的进一步增强，虽然时下国际法学界对国际法是否正在"宪法化"或在何种程度上在"宪法化"存在较大争议，但是不可否认的是，国际宪政思潮已经成为国际法学界不能回避的课题。有学者甚至提出，国际宪法（International Constitutional Law）将成为国际法上新的次一级的学科。②

（三）国际社会的民主与法治要求

1. 民主

传统国际法是很少涉及民主话题的。然而，冷战结束以后，随着亨廷顿（Samuel Huntington）提出"民主第三波"(Third Wave of Democratization）理论；美国纽约大学弗兰克（Thomas Franck）教授也指出，"民主治理规范"或获得"民主治理的权利"(The Right to Democratic Governance）正在国际法上出现。③ 弗兰克认为，首先，所谓的民主治理规范意味着政府的合法性是由国际标准而不纯粹是由国内标准来决定的；其次，只有民主政府才会被接受为合法政府；最后，把获得民主治理确立为一项人权，这项权利应当通过恰当的监督和执行程序受到保护。④ 可见，"民主治理规范"将使获得民主治理成为一项普遍的权利，具有对抗所有国家的执行力，无论这些国家是否人权条约的成员。弗兰克的观点得到了不少欧美知名学者的赞同，如塞尔纳（Christina Cerna）、克劳福德（James Crawford）、福克斯（Geregory Fox）和诺尔特（George Nolte）等。哈佛大学斯劳特（Anne-Marie Slaughter）教授甚至指出："国际法

---

① 参见迈克尔·赖斯曼. 国际法：领悟与构建——迈克尔·赖斯曼论文集. 万鄂湘等译. 北京：法律出版社，2007：420.

② Bardo Fassbender, The Meaning of International Constitutional Law, in Ronald St. John Macdonald & Douglas M. Johnston eds., Towards World Constitutionalism, Martinus Nijhoff Publishers 2005：838.

③ Cecile Vandewoude, Book Reviews: Democracy and International Law by Richard Burchill, European Journal of International Law, Vol. 19, 2008：234.

④ See Thomas M. Franck, The Emerging Right to Democratic Governance, American Journal of International Law, Vol. 86, No. 1, 1992：46-91.

学说由于未能充分重视民主和平而有所缺陷。"①

"民主治理规范"理论正越来越引起国际社会的重视。例如，在 2000 年《联合国千年宣言》中，每个会员国都承诺要提高贯彻民主原则和推行民主体制的能力。同年，联大还通过了一项关于促进和巩固民主的决议，并有 100 多个国家签署了《民主共同体华沙宣言》②。此外，世界许多区域性国际组织也将促进民主视为一项核心工作，如 2001 年 6 月美洲国家组织第 28 次特别会议一致通过了《美洲民主宪章》。该宪章正式阐述了美洲国家组织的民主观，成为了该组织促进西半球民主的行动指南。2005 年，时任联合国秘书长的安南在其《大自由：实现人人共享的发展、安全和人权》报告中提出，"民主不属于任何国家或区域，而是一项普遍权利"；并建议"在联合国设立民主基金，以便向设法建立或加强民主体制的国家提供援助"③。2005 年联合国世界首脑会议也重申："民主是一种普遍价值观，基于人民决定自己的政治、经济、社会和文化制度的自由表达意志，基于人民对其生活所有方面的全面参与……民主、发展与尊重所有人权和基本自由是相互依存、相互加强的。"④

然而，一些学者对"民主治理规范"理论提出了质疑。例如，美国亚利桑那州立大学罗思（Brad R. Roth）教授认为："民主治理规范潜藏着使国际法沦为干涉主义强国之玩物的危险。"⑤ 芬兰赫尔辛基大学科斯肯涅米（Martti Koskenniemi）教授也断言："民主治理规范理论被怀疑为一种新殖民主义的策略，有可能带来帝国

① 苏珊·马克斯. 宪政之谜：国际法、民主和意识形态批判. 方志燕译. 上海：上海世纪出版集团，2005：49.

② See A/55/328，附件一.

③ 大自由：实现人人共享的发展、安全和人权. [2009-06-17]. http://www.un.org/chinese/largerfreedom/part4.htm.

④ 2005 年世界首脑会议成果. 联合国大会决议 A/RES/60/1，2005-10-24.

⑤ Brad R. Roth, Democratic Intolerance: Observations on Fox and Nolte, Harvard International Law Journal, Vol. 37，1996：236.

主义的重新抬头。"① 笔者看来，当代国际法将民主作为其一种新的价值取向，有助于提升全球善治的整体水平，但是"民主治理规范"应更多地着眼于国际组织自身的民主治理、国际决策的民主，从而达到进一步增强国际法民主化的目的。

2. 法治

法治是与民主密切相关的一个问题，它同样涉及国内和国际两个层面。每一个在国内宣称实行法治的国家，在国外也必须尊重法治。每一个坚持在国外实行法治的国家，在国内也必须实行法治。与19世纪的维也纳体制、20世纪初的国际联盟体制不同，建立在第二次世界大战废墟上的联合国体制，是以《联合国宪章》为基础，倾向于"规则之治"，从而有助于推进国际法治进程。

进入21世纪以来，国际社会要求加强法治的呼声不断高涨。例如，2000年，《联合国千年宣言》重申了所有国家对法治的承诺，并将法治视为促进人类安全和繁荣的一个积极重要的框架。2005年，时任联合国秘书长的安南在其《大自由：实现人人共享的发展、安全和人权》报告中呼吁，联合国所有会员国"必须通过普遍参与多边公约加强对法治的支持"，并建议"在拟议的建设和平支助厅内专门设立一个主要由联合国系统现有工作人员组成的法治援助股，负责协助各国努力在冲突中和冲突后的社会重建法治"②。同年，联合国世界首脑会议再次强调："需要在国家和国际两级全面遵守和实行法治，为此重申决意维护《联合国宪章》的宗旨和原则以及国际法，并维护以法治和国际法为基础的国际秩序，这是国家间和平共处及合作所不可或缺的。"③ 特别值得一提的是，近些年来诸如国际刑事法院等各类国际刑事司法机构相继设立。另外，针对达尔富尔、东帝汶和科特迪瓦等问题，还专门设立

---

① Martti Koskenniemi, Intolerant Democracies: a Reaction, Harvard International Law Journal, Vol. 37, 1996: 231.

② 大自由：实现人人共享的发展、安全和人权. [2009-06-17]. http://www.un.org/chinese/largerfreedom/part4.htm.

③ 2005年世界首脑会议成果. 联合国大会决议 A/RES/60/1, 2005-10-24.

了专家委员会和调查委员会。上述举措，都有利于推进国际社会的法治。

　　总之，在国际体系转型背景下，今后国际法的重要性会日益增大。特别是"随着世界各国之间实力差别的下降，国际法的相关性增加了……国际协议和国际法的管辖对于合理使用全球的公共地区以及由自我控制和集体实施共同商定的原则为指导的国际秩序，是很有必有的"①。奥巴马政府上台后，美国对外政策的调整和变化，从某种程度上反映了实力强大的国家都应考虑和顺从国际社会法治要求的时代潮流。

（四）国际社会共同利益与国际新秩序的建立

　　人类社会的发展，推动了人类认识的进步。早在 1968 年，哈丁（Garret Hardin）就最早提出了"公地悲剧"的隐喻，其精髓是"公地的自由使用为所有人带来了毁灭"②。为了避免"公地悲剧"在国际社会重演，在当代国际社会中，各个国家根据国家主权原则追求各自的利益，但也尊重相互的利益，这就是主权独立、平等互利的国际社会的发展，使人们越来越多地关注"国际社会共同利益"（The Common Interests of the International Community）。③一个国家的民族利益离不开全人类的共同利益。"共同体的利益高于共同体组成部分（国家）的利益，也作为现代国际关系的（新）前提得到了确立。"④

　　今天，"国际社会共同利益"的理念比以前更深刻地渗透到国际法中。⑤国际法已从传统的双边主义（Bilateralism）扩展到有组

---

① 卡尔·多伊奇．国际关系分析．周启朋等译．北京：世界知识出版社，1992：276.

② 熊玠．无政府状态与世界秩序．余逊达，张铁军译．杭州：浙江人民出版社，2001：189.

③ 参见潘抱存．中国国际法理论新探索．法律出版社，1999：93-95.

④ 熊玠．无政府状态与世界秩序．余逊达，张铁军译．杭州：浙江人民出版社，2001：196.

⑤ See Bruno Simma, From Bilateralism to Community Interest in International Law, Recueil des Cours 1994, VI：234.

织的国际合作，特别是经济、社会、文化、交通等方面的合作。此外，海洋资源的开采、外层空间的利用、国际环境的保护、防止核武器的扩散、国际新秩序的建立等都体现了"国际社会共同利益"。这种认识已使人们超越了过去那种国际关系的局限，逐渐懂得全人类的相互依存。尽管这种发展还受到民族利己主义的严重干扰，但人们对"国际社会共同利益"的关注这一因素越来越影响新的国际法规则的制定，体现着国际法进步发展的一个方向。诚如有学者所说，21世纪科学技术的高度发达造成的全人类相互依赖性的增强和全人类共同面临的客观困境提出了新的要求：所有的国际法规则均必须受到"国际社会共同利益"的制约，必须为"国际社会共同利益"服务；"国际社会共同利益"成为国际法的最终目的性价值。①

综上可见，随着国际体系的转型、国际社会基本结构的新变化，当代国际法的价值目标与时代使命不仅发生变化，也有所进步：从开始注重调整非传统安全领域到兼顾发展、安全和人权等多元价值；从国际社会组织化趋势的增强到国际法的"宪法化"问题；从国际社会的民主法治要求到全人类共同利益的关注等。

参考文献

[1] Antonio Cassesse. The Human Dimension of International Law: Selected Papers. Oxford University Press, 2008.

[2] Benjamin N. Schiff. Building the International Criminal Court. Cambridge University Press, 2008.

[3] Bernhard Knoll. The Legal Status of Territories Subject to Administration by International Organizations. Cambridge University Press, 2008.

[4] Chittaranjan Amerasinghe. Diplomatic Protection. Oxford University Press, 2008.

① 参见高岚君. 国际法的价值论. 武汉：武汉大学出版社，2006：138.

［5］Dieter Fleck ed. . The Handbook of International Humanitarian Law. Oxford University Press,2008.

［6］Dominik Zaum. The Sovereignty Paradox:The Norms and Politics of International Statebuilding. Oxford University Press,2007.

［7］Doris König, Peter-Tobias Stoll etc. . International Law Today:New Challenges and the Need for Reform? Springer,2008.

［8］Eileen Denza. Diplomatic Law: Commentary on the Vienna Convention on Diplomatic Relations. Oxford University Press, 2008.

［9］Ethan B. Kapstein etc. . The Fate of Young Democracies. Cambridge University Press,2008.

［10］Eve La Haye. War Crimes in Internal Armed Conflicts. Cambridge University Press,2008.

［11］Giuliana Ziccardi Capaldo. The Pillars of Global Law. Ashgate Publishing Limited,2008.

［12］Hazel Fox. The Law of State Immunity. Oxford University Press, 2008.

［13］Jeremy I. Levitt. Africa:Mapping New Boundaries in International Law. Hart Publishing Ltd,2008.

［14］Jeremy Scahill. Blackwater:The Rise of the Most Powerful Mercenary Army. New York:Nations Books,2007/2008.

［15］Joel Trachtman ed. . International Law and Politics. Ashgate Publishing Company,2008.

［16］Kenneth S. Gallant. The Principle of Legality in International and Comparative Criminal Law. Cambridge University Press,2008.

［17］Mary Ellen O'Connell. The Power & Purpose of International Law: Insights from the Theory & Practice of Enforcement. Oxford University Press,2008.

［18］Olivier Ribbelink ed. . Beyond the UN Charter:Peace. Security and the Role of Justice. Cambridge University Press,2008.

［19］Paul Meerts ed. . Culture and International Law. T. M. C. Asser

Press,2008.

[20] Philip Alston etc.. International Human Rights in Contexts:Law,
Politics,Morals. Oxford University Press,2008.

[21] Phil Shiner etc. ed.. The Iraq War and International Law. Hart
Publishing Ltd,2008.

[22] Robert P. Barnidge. Non-State Actors and Terrorism:Applying the
Law of State Responsibility and the Due Diligence Principle. T.
M. C. Asser Press,2008.

[23] Sven M. G. Koopmans. Diplomatic Dispute Settlement:The Use of
Inter-State Conciliation. T. M. C. Asser Press,2008.

[24] Thomas Franck etc.. Law & Practice of the United Nations:
Documents and Commentary. Oxford University Press,2008.

[25] Vaughan Lowe etc. ed.. The United Nations Security Council and
War:The Evolution of Thought and Practice Since 1945. Oxford
University Press,2008.

[26] Alexander Orakhelashvili. The Interaction between Human Rights
and Humanitarian Law:Fragmentation, Conflict, Parallelism, or
Convergence?. European Journal of International Law, 2008, 19
(1).

[27] Andrea Bianchi. Human Rights and the Magic of Jus Cogens.
European Journal of International Law,2008,19(3).

[28] Armin von Bogdandy. The European Union as Situation,
Executive, and Promoter of the International Law of Cultural
Diversity-Elements of a Beautiful Friendship. European Journal of
International Law,2008,19(2).

[29] Carsten Hoppe. Passing the Buck:State Responsibility for Private
Military Companies. European Journal of International Law ,2008,
19(5).

[30] Chia Lehnardt. Individual Liability of Private Military Personnel
under International Criminal Law. European Journal of
International Law,2008,19(5).

［31］Christopher McCrudden. Human Dignity and Judicial Interpretation of Human Rights. European Journal of International Law,2008,19(4).

［32］Curtis A. Bradley. Intent,Presumptions,and Non-Self-Executing Treaties. American Journal of International Law,2008,102(3).

［33］Detlev F. Vagts. Military Commissions:Constitutional Limits on Their Role in the War on Terror. American Journal of International Law,2008,102(3).

［34］Eyal Benvenisti. Reclaiming Democracy:The Strategic Uses of Foreign and International Law by National Courts. American Journal of International Law,2008,102(2).

［35］Gabriella Blum. Bilateralism,Multilateralism,and the Architecture of International Law. Harvard International Law Journal,2008,49(2).

［36］E. L. Gaston. Mercenarism 2. 0? The Rise of the Modern Private Security Industry and Its Implications for International Humanitarian Law Enforcement. Harvard International Law Journal,2008,49(1).

［37］Gerald L. Neuman. Import,Export,and Regional Consent in the Inter-American Court of Human Rights. European Journal of International Law,2008,19(1).

［38］Ian Johnstone. Legislation and Adjudication in the UN Security Council:Bringing Down the Deliberative Deficit. American Journal of International Law,2008,102(2).

［39］Ivana Radacic. Gender Equality Jurisprudence of the European Court of Human Rights. European Journal of International Law,2008,19(4).

［40］James L. Cavallaro etc.. Reevaluating Regional Human Rights Litigation in the Twenty-first Century:The Case of the Inter-American Court. American Journal of International Law,2008,102(4).

[41] Jochen von Bernstorff. The Changing Fortunes of the Universal Declaration of Human Rights：Genesis and Symbolic Dimensions of the Turn to Rights in International Law. European Journal of International Law,2008,19(4).

[42] John H. Knox. Horizontal Human Rights Law. American Journal of International Law,2008,102(1).

[43] Kjetil Mujezinovic Larsen. Attribution of Conduct in Peace Operations：The "Ultimate Authority and Control" Test. European Journal of International Law,2008,19(3).

[44] Lauri Mälksoo. The History of International Legal Theory in Russia：a Civilization Dialogue with Europe. European Journal of International Law,2008,19(1).

[45] Magdalena Lickova. European Exceptionalism in International Law. European Journal of International Law,2008,19(3).

[46] Marcello Di Filioppo. Terrorist Crimes and International Co-operation：Critical Remarks on the Definition and Inclusion of Terrorism in the Category of International Crimes. European Journal of International Law,2008,19(3).

[47] Mary Ann Glendon. Justice and Human Rights：Reflections on the Address of Pope Benedict to the UN. European Journal of International Law,2008,19(5).

[48] Nigel D. White, Sorcha Macledo. EU Operations and Private Military Contracts：Issues of Corporate and Institutional Responsibility. European Journal of International Law,2008,19(5).

[49] Noemi Gal-Or. The Concept of Appeal in International Dispute Settlement. European Journal of International Law,2008,19(1).

[50] Noab Weisbord. Prosecuting Aggression. Harvard International Law Journal,2008,49(1).

[51] Ofer Eldar. Vote-trading in International Institutions. European Journal of International Law,2008,19(1).

493

[52] Paolo G. Carozza. Human Dignity and Judicial Interpretation of Human Rights: A Reply. European Journal of International Law, 2008,19(5).

[53] Philip Alston etc.. The Competence of the UN Human Rights Council and its Special Procedures in relation to Armed Conflicts: Extrajudicial Executions in the "War on Terror". European Journal of International Law,2008,19(1).

[54] Robert Howse. Human Rights, International Economic Law and Constitutional Justice: A Reply. European Journal of International Law,2008,19(5).

[55] Ryan Goodman. The Detention of Civilians in Armed Conflict. American Journal of International Law,2009,103(1).

[56] Stephen Gardbaum. Human Rights as International Constitutional Rights. European Journal of International Law,2008,19(4).

[57] Steven R. Ratner. Regulatory Taking in Institutional Context: Beyond the Fear of Fragmented International Law. American Journal of International Law,2008,102(3).

[58] Thomas M. Franck. On Proportionality of Countermeasures in International Law. American Journal of International Law,2008, 102(4).

[59] Thomas Schultz. Carving up the Internet: Jurisdiction, Legal Orders, and the Private/Public International Law Interface. European Journal of International Law,2008,19(4).

[60] William W. Burke-White. Proactive Complementarity: The International Criminal Court and National Courts in the Rome System of International Justice. Harvard International Law Journal, 2008,49(1).

国际民事诉讼法学的热点与前沿 *

何其生　孙　慧**

（武汉大学国际法研究所，武汉，430072）

随着涉外民商事关系的发展，跨国的民商事争议越来越多，国际民事诉讼法在实践中的地位备受关注，国际民事诉讼法学也有可能成为一个非常重要的学科分支。国际民事诉讼程序不仅是当事人权利救济的主要路径，更是国内实体法国际公约和国际惯例实施的渠道。

国际民事诉讼制度内容广泛，程序众多，包括了国际民事诉讼管辖权、域外送达与取证、国际民事判决的承认与执行、国际司法协助等多个部分。这些制度在近年都受到了不同程度的关注，也在不断地发展。而国际民商事纠纷寻求诉讼解决机制过程中的第一步就是确定管辖的法院，这不仅是当事人关注的问题，也是法院首要确定的事项。因此，国际民事诉讼管辖权在国际民事诉讼法中占有十分重要的地位。现代社会发展的日新月异，使国际民事管辖领域不断有新的问题出现。这不仅为各国立法者和司法者所高度关注，也为当事人高度重视。本文限于篇幅，主要就目前欧美国家研究的热点问题——管辖权问题，特别是对人管辖、网络对人管辖及不方便法院原则的研究进行述评。

* 本文得到了司法部国家法治与法学理论研究项目（项目编号：07SFB3030）和武汉大学"海外人文社会科学研究前沿追踪计划"的资助，特此感谢。

** 何其生：武汉大学国际法研究所教授、博士生导师、法学博士；孙慧：武汉大学国际法研究所硕士研究生。

一、欧美普通管辖的发展

（一）欧洲普通管辖的发展

欧洲近年关于管辖的一般理论与实践都集中在欧盟理事会所颁布的管辖权规则上，主要是 1968 年《关于民商事案件管辖权及判决执行的公约》(*The Brussels Convention on Jurisdiction and the Enforcement of Judgments in Civil and Commercial Matters*, 1968，以下简称 1968 年《布鲁塞尔公约》)①、2000 年《关于民商事案件管辖权及判决承认与执行的规则》(*Council Regulation (EC) No 44/2001 on Jurisdiction and the Recognition and Enforcement of Judgments in Civil and Commercial Matters*，以下简称《44 号规则》)②、2000 年《关于婚姻案件和亲子关系监护案件管辖权及判决承认与执行的规则》(*Council Regulation (EC) No 1347/2000 on Jurisdiction and the Recognition and Enforcement of Judgments in Matrimonial Matters and in Matters of Parental Responsibility for Children of Both Spouses*，以下简称《1347 号规则》) 与 2003 年《关于婚姻事项及父母亲责任事项的管辖权及判决的承认与执行规则》(*Council Regulation (EC) No 2201/2003 Concerning Jurisdiction and the Recognition and Enforcement of Judgments in Matrimonial Matters and the Matters of Parental Responsibility*，以下简称《2201 号规则》)③。相对而言，欧洲学者对于国内管辖权的研究较少，对这一现象可能的解释是欧盟已经成为了欧洲大多数国家所关注的中心，欧盟规则已经在各国法律之中占据了重要的地位。不过，这些规则毕竟是一些对各国利益与制度的协调及折中。在国际民事诉讼发展过程中，人们对这些规则的解

---

① 公约的中文版本可参见黄进，何其生，肖凯编 · 国际私法：案例与资料 · 北京：法律出版社，2004：1395-1398.

② 44 号规则的中文版本可参见中国国际私法学会 · 中国国际私法与比较法年刊，2002 年第 5 卷 · 北京：法律出版社，2002：588-613.

③ 2201 号规则的中文版本可参见中国国际私法学会 · 中国国际私法与比较法年刊，2006 年第 9 卷 · 北京：北京大学出版社，2007：537-568.

释与适用方式提出了新的问题，有待理论界与司法界的解决。另外，即使是研究国内管辖问题的学者，都不可避免地将问题置于欧盟这个大社区的环境之下来探讨。

在 2007 年一篇有关苏格兰婚姻法的文章中，Gerry Maher 教授将 2006 年苏格兰对其国内宣告婚姻无效的境内管辖立法的修改与《1347 号规则》进行了比较。长期以来，苏格兰无效婚姻的宣告都是由苏格兰最高民事法院（Court of Session）管辖，因为其 1907 年的《苏格兰郡法院法》(*Sheriff Courts（Scotland）Act*) 明确排除了郡法院对这一事项的管辖权。然而，2006 年苏格兰修改了《家庭法》(*Family law（Scotland）Act*)，授予郡法院对无效婚姻宣告的管辖权。根据新法优于旧法的原则，郡法院可以管辖与个人地位有关的任何宣告诉讼。可惜这一修正的问题在于，虽然声明要赋予郡法院以管辖权，但却没有规定必要的管辖基础为何。对有关婚姻诉讼管辖基础的事项本来规定在 1973 年的《住所与婚姻诉讼法》(*Domicile and Matrimonial Proceedings Act*) 第 8 条，它主要适用于离婚、别居以及关于承认外国判决的宣告，2006 年的修正并没有将这一条纳入。但是若转而求助于《1347 号规则》，Gerry Maher 教授指出，同样是不可行的。适用《1347 号规则》至少存在两个方面的问题。一是所谓的"无效婚姻"，其定义仍有待于欧洲法院的解释；二是关于规则适用地理范围的问题，即其能否适用于一国内不同法律体系之间关于无效婚姻事项的管辖冲突，虽有学者对此持肯定观点，甚至认为其可适用于欧盟成员国与非成员国之间的管辖冲突，然而 Gerry Maher 认为，《1347 号规则》对国内事项的适用会与苏格兰的国内立法相冲突；况且住所作为管辖的连结因素，在规则中是用来连结当事人与一个国家，而非一个国家内或法域内的具体地点。因此，对于可适用《1347 号规则》的案件，决定哪一个郡法院有管辖权只有两种解决办法：一种是认定全部都有管辖权，另一种是认定全部都没有管辖权。对于规则不适用的案件也可能出现两种情形：一种是郡法院虽然有管辖权但却没有具体可以依据的法律；另一种则是将郡法院的管辖权建立在开放式管辖的基础上，也即诉讼可以在任何郡法院提起，而无须具体的连结因素。①

对英国婚姻管辖权的研究还涉及婚前协议对管辖的影响问题。目前，英国有越来越多的富人通过签订婚前协议，寻求在婚前及婚后管辖他们财产及相关事务的方法。因为《1347 号规则》与《2201 号规则》的存在，对于婚姻争议发生在两个欧盟成员国之间时，婚前协议没有什么影响力；但对于发生在英国与非欧盟成员国的争议，婚前协议在确定管辖方面的重要作用常被忽视。一般而言，婚前协议对英国法院没有什么约束力，但是近来它们却变得越来越有影响力。英国法官对此类协议在诉讼中重要性的衡量拥有广泛的自由裁量权，对于一个重要的婚前协议，法官常常要考虑如下因素：（1）婚前协议条款的公平性；（2）协议的签订须遵守以下原则：一是双方须独立地听取法律意见；二是双方当事人需提供自己有关财产的完整而真实的资料；三是协议在婚礼举行前完成，理想的时间是在婚礼三周之前；四是一方不得对另一方不正当地施加压力；（3）其他事项（优先考虑儿童的福利）。② Laura Brown 和 Nicola Fisher 还指出，即使婚前协议没有约束力，英国法院一般都会遵从协议选择的管辖。因为当非欧盟成员国是可选择的管辖地时，英国法院有依据具体案情决定最合适的管辖地的自由裁量权，且被选中的管辖地可能不是协议中规定的管辖地。从英国 2001 年至 2007 年有关的判例法可以看出，不论协议中明确的管辖地在不在欧盟境内，在何处起诉是决定胜诉与否的关键。③

除了《1347 号规则》与《2201 号规则》中的婚姻事项，规则中在父母亲责任事项上的规定也是英国学者所讨论的问题，尤其针对规则对纯国内事项的可适用性问题。因为英国国内最近有这样一

---

① Gerry Maher, Nullity of Marriage in the Sheriff Court: A Problem of Jurisdiction. Socts Law Times, 2007, 32: 237-239.

② Laura Brown, Nicola Fisher, The Scramble to Secure Jurisdiction on Divorce—Could A Pre-Nuptial Agreement Assist, Private Client Business, 2009, 222.

③ Laura Brown, Nicola Fisher, The Scramble to Secure Jurisdiction on Divorce—Could A Pre-Nuptial Agreement Assist, Private Client Business, 2009, 226-227.

种观点，即 2201 号规则也适用于英国各法域之间的管辖权分配，这个观点在 2007 年英国的 S vs. D 案①中有明确反映。审理案件的郡法院认为，《2201 号规则》不仅分配一个成员国所有法院的管辖权，还对该成员国不同法域内的法院管辖权进行分配。因为《2201 号规则》第 66 条（c）项中的"机关"（authority）包括法院（依据规则第 2 条）②，因此，它包含了一个特殊法域或领土单位的法院，而不是成员国有管辖权的法院。但是 Gerry Maher 在其另外一篇文章中指出，这一推理是不可靠的，因为更直接的理解是规则第 66 条③只适用于不同成员国间关于管辖的事项。这一条款适用的前提是在"规则适用的范围之内"，而法院在 S vs. D 案中没有考虑到这一点。Gerry Maher 提出了《2201 号规则》不适用于一成员国国内管辖冲突的一些理由，主要是在权限方面，欧共体条约并没有任何暗示说明可以适用于一成员国的国内事项；且一个分配某一特别法律体系或领土单位管辖基础的规则与一个直接适用国内管辖冲突的规则之间没有逻辑联系。《2201 号规则》第 66 条并没有提到作为连结因素的"实质联系"指的就是一成员国国内的领土单位。因此，英国的做法不可取，《2201 号规则》不能适用于纯国内事项，最多只能作为审理国内案件的参考。④

---

① 2006 SCLR 805；2007 SLT（Sh Ct）37.

② 《2201 号规则》第 2 条第 1 项规定："法院"系指根据第 1 条规定，属于本条例适用范围内之法律事项有管辖权的成员国所有机关。

③ 《2201 号规则》第 66 条"有两种或多种法律制度的成员国"规定：

就本规则所调整的事项而言，如某成员国境内的不同领土单位施行两种或多种法律制度，则适用下列规定：

（1）所指的该成员国境内的惯常居所系指某领土单位的惯常居所；

（2）所指的国籍系指该国法律规定的领土单位，对于联合王国，则指"住所"所在的领土单位；

（3）所指的成员国机关系指该国境内相关领土单位的主管机关；

（4）所指的被请求成员国的规则系指在其领域内主张管辖权或请求承认与执行的领土单位的规则。

④ Gerry Maher, Parental Responsibility Proceedings: Intra UK Jurisdiction and the European Regulation, Socts Law Times, 2007: 117-121.

Zheng Sophia Tang 在《欧洲法评论》上发表的一篇文章着重探讨了《44 号规则》第 6 条第 1 项规定的解释问题。① 这条调整多方被告诉讼合并管辖的规定，在实践运作中并没有达到便利司法的合理性、提高确定性与保证程序经济的预期目标，需要解决的问题包括防止滥用、保护弱方当事人、避免判决的冲突及与《44 号规则》的其他条款保持一致。② 第 6 条第 1 项所确立的管辖不是基于争议与法院的事实联系或法院是否合适的考虑之上，申请合并诉讼的当事人必须选择在欧盟境内有住所的被告所在地的法院，当然，如果所有的被告都在欧盟境内有住所，第 6 条第 1 项毫无疑问可以适用。如果"主要被告"(anchor denfendant) 的住所地被确定为针对所有其他被告的诉讼地，而该主要被告的住所虽在欧盟成员国内，但其他被告的住所都位于非成员国境内时，受理的法院就需要依其国内管辖规则或者《44 号规则》的第 22、23 条③决定是否可

---

① 《44 号规则》第 6 条规定：

在一个成员国有住所的人，也可按照不同情况在下列各法院被诉：

(1) 如果其为几个被告之一，在任何一个被告住所地的法院，只要有关请求存在密切联系，以致为避免因分别审理而导致相抵触判决的风险而适合合并审理；

(2) 在作为第三人参加的保证诉讼或任何第三人参加的诉讼程序中，在审理主诉讼的法院，但是，如果其诉讼纯系为了排除对被告原有管辖权法院的管辖者，不在此限；

(3) 由原诉讼所根据的同一合同或事实而发生的反诉，在提起原诉讼的法院；

(4) 有关合同案件，如果诉讼可以与对相同被告不动产的对物诉讼合并审理，在财产所在地的成员国法院。

② 主要是与第 15、16、17 条及第 22 条规定之间的协调问题。

③ 《44 号规则》的第 22 条主要是关于专属管辖权的规定，而第 23 条则是关于协议管辖权的规定，相关条文中文翻译可参见中国国际私法学会. 中国国际私法与比较法年刊，2002 年第 5 卷. 北京：法律出版社，2002：594-595.

以合并诉讼；若有一个被告居住在非成员国但依规则第 4 条①可以由某一成员国管辖时，其他被告即使在欧盟境内有住所也不能对他们的诉讼进行合并，除非规则基于另一管辖基础赋予了法院这么做的权力。以住所为连结点产生的缺陷至少有两个方面：一是在某些情形下会导致不合理的结果，有管辖权的法院不是合适的法院；二是会破坏被告的期望，因为所有被告都希望能在与争议最紧密联系的法院地诉讼，也即是各诉求之间具有紧密的联系。欧洲法院曾在 Kalfelis 案②中表明，联系的性质应具有独立的社会意义，且必须保证规则项下人们关注的权利义务的平等和统一。法院一般要考虑与事实及法律的联系，最明显的一种联系是诉求的事实与法律方面实质相同。这又涉及如下一些问题。

首先，这显然是一种最简单、最容易分析的联系，但在多数情况下，诉求之间的联系并不好确定。一种情形是，诉求在事实方面实质相同但法律方面却不同。1998 年欧洲法院曾在 Réunion européenne SA vs. Spliethoff's Brevrachtingskantoor BV 案③中暗示，基于侵权与基于合同的诉求不具有联系，这一指示引起了众多的争论。④ 2007 年，欧洲法院又在 Freeport Plc vs. Arnoldsson 案⑤中解释道：Réunion européenne SA 案关于联系的陈述没有错误，但却不

---

① 《44 号规则》第 4 条规定：

如果被告在任何一个成员国均无住所，则每一个成员国法院的管辖权，除应按照第 22 条和第 23 条的规定外，由各该成员国法律决定。

任何在成员国内有住所的人，不问其国籍，都可以同这个成员国的国民一样，在该成员国对被告援用该成员国现行的管辖规则，特别是附件一所列各项规则。

② Kalfelis [1988] E. C. R. 5565 at [10].

③ Réunion européenne SA vs. Spliethoff's Bevrachtingskantoor BV（C-51/97）[1998] E. C. R. I-6511.

④ See Briggs and Rees, Civil Jurisdiction and Judgments, Daly I. L. Pr. 38, 2003：208；Watson [2001] EWCA Civ 972；Andrew Weir Shipping Ltd vs. Wartsila UK Ltd [2004] EWHC 1284；Casio vs. Sayo [2001] I. L. Pr. 43；ET Plus SA vs. Welter [2005] EWHC 2115（Comm）；[2006] 1 Lloyd's Rep. 251.

⑤ Freeport Plc vs. Arnoldsson（C-98/06）[2007] E. C. R. I-3819.

具有普遍适用效力。这一决定说明，对不同被告的诉求不必基于相同的法律基础。另外一种可能的情形是，诉求实质相似但事实却不相关。欧洲法院在 2006 年的 Roche Nederland BV vs. Primus 案①中认为，只有诉求间有直接联系的主要事实起决定性的作用，而不管被告之间的次要事实可能存在的紧密联系。Zheng Sophia Tang 认为，诉求的事实相似但无关联可能不足以成为合并诉讼的理由，但次要事实间的其他联系也可能导致分别诉讼的判决不一致时，可以依据第 6 条第 1 项合并诉讼。

其次，在确定被告住所的时间上，会遇到两种困难的情形：（1）最初起诉主要被告时，其在法院地并没有住所，法院是基于其他的管辖基础对其行使的管辖；而当申请合并诉讼的当事人申请法院追加在其他成员国内有住所的被告时，主要被告在法院地获得了住所；（2）诉讼提起时，除了主要被告之外，其他被告在欧盟成员国内都没有住所，当他们将住所迁入欧盟境内时，申请人申请将其追加到诉讼之中。作者认为在这些情形下，只有当决定被告住所的时间不是诉讼最初提起的时间，而是追加其他被告的时间时，第 6 条第 1 项才予以适用。1999 年在英国审理的 Petrotrade Inc. vs. Smith 案②就属于第一种情形，而英国法院也采用了以追加其他被告的时间为判断被告住所的标准。

再次，确定主要被告的标准应是采用"真实诉求"的标准，即申请人与被告之间存在可被审理的真实问题。为防止当事人对第 6 条第 1 项的滥用，应采用"排除管辖权"标准（ousting of jurisdiction test）。为确定当事人的目的是否是为了排除其他法院的管辖，应客观地审查诉讼的效果。但是这一标准只能排除当事人恶意地滥用第 6 条第 1 项，而不能排除当事人依据此条善意地挑选法院。

最后，当被告中一人或一人以上为保护性管辖事项中的当事人时，欧洲法院在 2008 年 Glaxosmithkline and Laboratoires

① Roche Nederland BV vs. Primus（C-539/03）[2006] E. C. R. 6535.
② Petrotrade Inc. vs. Smith [1999] 1 W. L. R. 475.

Glaxosmithkline vs. Jean-Pierre Rouard 案①中主张，涉及对雇佣合同的特别管辖时，雇员对处于两个不同成员国的被告的诉讼不能适用第 6 条第 1 项的规定合并诉讼。然而作者认为，为了更好地保护弱方当事人，应将选择的权利给予当事人。②

（二）美国对人管辖的发展

在对人管辖权上，美国法院在 International Shoe Co. vs. Washington 案③中确立了最低限度联系原则，使其成为特别对人管辖的基础。所谓的最低限度联系，即非法院地居民的被告与法院地之间存在最低限度的联系，而诉讼的提起与这种联系相关。美国最高法院要求可能成为诉讼当事人的联系必须是有目的地针对法院地，这种最低的联系与后来的诉求必须联系在一起，以使被告可以合理地期待在法院地的诉讼。这一混合的先决条件经常被分为三部分，即有目的地利用（purposeful availment requirement）、相关性要求（the relatedness requirement）、合理性要求（the reasonableness）。最高法院用"connect"、"arise"、"substantial connection"、"relate"这四种术语来描述"contact"与诉求之间的联系程度。原告证明的最低限度联系越弱，被告需要证明不合理性的负担就越轻。在美国学者的评论中，美国司法中的特别对人管辖权常常备受批评。Braham Boyce Ketcham 就特别对对人管辖的相关性要求作了深入的研究。文章认为，作为决定最低限度联系标准的关键，美国最高法院并没有解决这样一个问题，即"由……而起"（arising out of）与"与……相关"是否意味着不同的联系；以及诉因与被告和法院地之间关系的哪一种联系表明以上两种联系都存在。文章分析总结了各个巡回法院所采用的三种标准：直接原因标准（proximate cause test）、"若还"标准（"but for" cause test）、实质联系标准

---

① Glaxosmithkline and Laboratoires Glaxosmithkline vs. Jean-Pierre Rouard（C-462/06），May 2008.

② See Zheng Sophia Tang, Multiple defendants in the European jurisdiction regulation, European Law Review, 2009：80-102.

③ International Shoe Co. vs. Washington, 326 U. S. 310（1945）.

（substantial connection test）①，或过于狭窄，或过于宽泛；或过分地保护原告，或过分地倾向于被告。Braham Boyce Ketcham 建议应把"因……而起"或"与……相关"分开，单独一种就已经符合正当程序的要求。"由……而起"，可以采用直接原因标准。"与……相关"，原告需要证明"与诉因直接相关的重要联系"。这两部分都有独立的重要性。仅"与诉因相关的"联系必须是重要的联系，这一点是区分这两部分的关键。相反，不管与法院地的联系有多么微小，只要是直接导致损害的，法院就能对被告行使特别对人管辖。作者认为这种方法实现了灵活性与可预见性的平衡。②

Jonathan P. Diffley 在一篇文章中指出，美国法院在行使对人管辖时存在两个错误。他以 2007 年的 O'Connor vs. Sandy Lane Hotel Co. 案③为切入点，重点评价了法院的错误做法。O'connor 案第一个实质性的错误在于，一开始，法院的方法过分强调了因果关系，使其成为相关性条件的最低要求。Jonathan P. Diffley 认为，评价原因与结果不应成为唯一的方法。第二个缺陷是过分强调了合同性质。作者纠正说，合同并不是最低限度联系本身。合同形式上可能会在双方当事人之间建立联系，但是相关性分析要求的是在诉求、合同与法院地之间的实质联系。如果合同与法院地之间缺少实质联系，那么合同就无法满足相关性要求。④

Tracy O. Appleton 分析了对外州/国官员的特别对人管辖问题。

---

① 直接原因标准是指与法院的联系直接导致了诉讼的产生；"若还"标准指，如果没有被告与法院地之间的联系，原告的请求是否还会发生，作者认为过分地保护了原告；实质联系标准则要求法院衡量所有的事实，看是偏向特别管辖还是一般管辖。

② Braham Boyce Ketcham, Related Contacts for Specific Personal Jurisdiction over Foreign Defendants: Adopting a Two-part Test, Transnational Law and Contemporary Problems, Spring, 2009: 477-498.

③ O'Connor vs. Sandy Lane Hotel Co., 496 F. 3d 312, 315 (3d Cir 2007).

④ Jonathan P. Diffley, Specific Jurisdiction: a Massage in Barbados Perpetuates Improper Analysis of Personal Jurisdiction in U. S. Courts, Catholic University Law Review, Fall, 2008: 305-331.

他认为，缺少一个表明何时及怎样考虑主权利益的原则是目前美国的对人管辖理论的缺陷。改进是必须的，但是不能激进，而且作者认为也没有必要反对目前的两分法方法（the two-prong approach）。① 在两分法中，最有可能并入主权考量因素的是合理性标准。美国最高法院也曾在 Ashahi Metal Indus. Co. vs. Superior Court 案②中暗示，在合理性标准中考虑主权利益是适当的。目前，美国巡回法院对第五修正案对涉及外州/国官员案件的对人管辖权规定了何种限制有不同意见。有的采用"国家联系标准"（national contacts test），认为与国家的最低限度联系是符合第五修正案中的正当程序的；有的则采用"实质公平标准"（basic fairness standard），认为，除了与国家间的联系，第五修正案还要求与法院地有最低限度联系，这样的管辖权行使才是合理的。作者指出，合理性标准是一个纯粹的宪法问题，所以它为构建一个所有法院可以直接适用的特别对人管辖权提供了一个路径。对外国官员对人管辖权的要求应以这样一个问题开头：如果存在主权利益，那么在这个特别的、具体的法院所发生的诉讼里包含的是哪一种主权利益。对国家官员行使对人管辖权的关键不在于确定原告的利益何时是最强的，而是决定主权利益何时是最弱的。③

Tracy O. Appleton 提出，理想的对人管辖结构应是两方面的。一是法院应要求原告提供一个明确的理由，证明原告所选择的法院优越于被告的住所地法院；二是当强迫被告在遥远的法院证明自己的行为与几个州的利益相冲突时，法院应谨慎地行使管辖权。至少两个因素与该条件相关：一是诉求本身与行为之间是否有紧密的联系，满足外州管辖的最低限度联系要求。二是被告州的行为是否有

---

① 所谓的两分法，即一是确定被告与争议是否有足够的联系，二是对被告行使管辖是否会有违传统概念上的公平与实质正义。

② Ashahi Metal Indus. Co. vs. Superior Court, 480 U. S. 102. 115. (1987).

③ Tracy O. Appleton, The Line Between Liberty and Union: Exercising Personal Jurisdiction over Officials from Other States, Columbia Law Review, December, 2007: 1944-2003.

目的，或者行为和直接后果是有害的，侵犯了其他州的利益。①

    Catherine Ross Dunham 教授提到，联邦法院有关对人管辖权的分析因网络案件的出现而被误导了。他认为，事物的新发展并不等于要求必须有对应新事物的出现。通过对 Zippo Mfg. Co. vs. Zippo Dot Com, Inc. 一案②的分析与评价，Catherine Ross Dunham 教授总结到，Zippo 案所确立的"滑动标准"(sliding scale test) 是幼稚的，因为它将网络归类成线性集合体（linear continuum）来评价其属性是否构成针对法院地的行为。这一案件提供了这样一个例子，即没有必要为了强调因科技导致的社会进步而替换已有的实用性标准。③

二、网络管辖权

    根据网络行为而对未出现在法院地的被告行使管辖权是一个目前广泛探讨的问题。网络自由主义者认为需要建立独立的网络管辖体制，这种单独的网络管辖足以能自我约束，并可回避某一特定国家或地域的传统观念或法律规则与程序的适用。④ 不过，这一观念并未被大多数学者接受，也未被司法实践所接受。一般认为，现有的制度与行为模式能够解决网络产生的争议，因为互联网只是个人与在远处的他人交流能力的扩展，"管辖是国家主权的体现"是没

---

    ① Tracy O. Appleton, The Line Between Liberty and Union: Exercising Personal Jurisdiction over Officials from Other States, Columbia Law Review, December, 2007: 1944-2003.

    ② Zippo Mfg. Co. vs. Zippo Dot Com, Inc. , 952 F. Supp. 1119, 1124 (W. D. Pa. 1997).

    ③ Catherine Ross Dunham, Zippo-ing the Wrong Way: How the Internet Has Misdirected the Federal Courts in the Personal Jurisdiction Analysis, University of San Francisco Law Review, Winter, 2009: 559-584.

    ④ 相关介绍可参见何其生. 电子商务的国际私法问题. 北京：法律出版社，2004：37-48.

有争议的。① 不管当事人在不同的管辖领域内如何与他人交流，国际私法规则必须决定由哪一管辖领域有权审理一件有关网络的跨境纠纷。虽然由于传统连结点在确立对跨境纠纷的管辖时，并不总能达到确定性与可预见性的效果。因此，目前对这方面问题的探讨主要集中在如何调整现有的规则，使其更好地解决纠纷并满足司法实践对确定性与可预见性的追求。欧洲对于网络管辖权问题探讨得不是很多，一般集中在欧盟规则中的管辖条款如何适用于网络纠纷，尤其是网络消费合同纠纷。② 而且，欧洲学者与司法界的观点还受到了美国理论与司法实践很大的影响。因此，虽然欧盟规则与美国的做法不完全一致，但为了避免重复，将欧美学者的观点结合在一起进行论述是可行且必要的。

首先，需要介绍一下美国 1997 年的 Zippo Mfg. Co. vs. Zippo Dot Com, Inc. 案③。它是对目前美国网络管辖司法实践影响最大的案件，而且该案确立的规则还影响到了欧洲，受到了欧洲学者的关注。Zippo Mfg. Co. vs. Zippo Dot Com, Inc. 案是一起商标侵权纠纷案件，在该案中，法院适用了最低限度联系标准，并创立了确立网络案件管辖基础的"滑动标准"。这一尺度的一端是被告在网络上明显地进行商业交易的情形。如果被告与外国原告签订合同涉及有意地、反复地传输网上文件时，对其行使对人管辖权是合适

---

① Lorna E. Gillies, Addressing the "Cyberspace Fallacy"；Targeting the Jurisdiction of an Electronic Consumer Contract, International Journal of Law and Information Technology, Autumn, 2008：261.

② 如下列文章：Lorna E. Gillies, Addressing the "Cyberspace Fallacy"：Targeting the Jurisdiction of an Electronic Consumer Contract, International Journal of Law and Information Technology, Autumn, 2008：261, 268-269；Peter Stone, The Treatment of Electronic Contracts and Torts in Private International Law under European Community Legislation, Information and Communications Technology Law, 2002, 11 (2)：121；Youseph Farah, Allocation of Jurisdiction and the Internet in EU Law, European Law Review, 2008：257-270；Gillies, Rules of Jurisdiction for Electronic Consumer Contracts—Scottish Perspectives, SPLQ, 2001, 6 (2)：132；等等。

③ Zippo Mfg. Co. vs. Zippo Dot Com, Inc. , 952 F. Supp. 1119, 1124 (W. D. Pa. 1997).

的。尺度的另一端则是被告只在外国原告可以访问的互联网上发布电子信息的情形。这种被动性的网站只是提供了可以从别处（尤指外国）获得的、其他人可能会感兴趣的信息，因此，不能作为管辖的基础。在这个尺度的中间，则是交互性的网站，即使用者可以与主机进行信息交换。这种情形下管辖权的行使取决于互动行为的程度以及在网上发生的信息交流的商业性质。法院认为，被告在互联网上从事商业活动加上交互性网站的条件就足以达到最低限度联系所要求的标准。"滑动标准"与 1983 年 Calder vs. Jones 案①中确立的"效果标准"是目前美国最高法院承认的、针对网络纠纷的两种管辖基础。在 2002 年，ALS Scan, Inc. vs. Wilkins 案②也成为了一个比较有影响力的案件。在这个案件中，尽管网站属商业性网站并可以向法院地传送电子信息，法院仍然认为它与法院地或其居民之间没有交互的联系。在该案中，法院采用了 Zippo Mfg. Co. vs. Zippo Dot Com, Inc. 案的滑动标准，并且将一种以"行为针对性"为形式的"效果标准"（effect test）混合在其中，该标准要求被告的商业行为明确针对某一个州或在该州进行商业活动。"行为针对性"标准（targeting test）由三部分组成：（1）指向某一州的网络行为；（2）在该州进行商业交易或其他互动行为的明显意图；（3）行为导致了可在该州审理的潜在诉因。有学者认为，ALS Scan, Inc. vs. Wilkins 案的决定十分重要，因为它阻止了到处都可以因网络行为而建立管辖的情形。③

其次，美国学者对于国内有关网络管辖司法实践的评价各有侧重点。Kyle D. Johnson 教授围绕着案例 Deutsche Bank Securities,

---

① Calder vs. Jones, 465 U. S. 783, 789 (1983).

② ASL Scan, Inc. vs. Digital Serv. Consultants, Inc., 293 F. 3d 707, 709 (4th Cir. 2002).

③ Uta Kohl, The Rule of Law, Jurisdiction and the Internet, Int J Law and Info Tech. 12 (3), 2004: 367.

Inc. vs. Montana Board of Investments①，主要讨论了法院在确定网络案件的对人管辖权时，基于联邦宪法的规定确立一个明确规则的重要性。他认为通过互联网订立合同并不足以使法院对合同的非法院地一方拥有对人管辖权。在衡量被告与法院地的联系因素时，首要的是确定被告是否该笔网络交易的谈判发起者，如果不是，那么就可以确定被告没有故意利用法院地州的法律；但是如果被告在事后改变了合同条款以至于对通过最初谈判达成的协议的效力产生了重大影响，那么被告的行为仍可认定为故意利用了法院地州的法律。这一具体的规则是具有可预见性的，而且符合正当程序的基本理念。②

有的学者主要对滑动标准作出了评价。Catherine Ross Dunham 认为 Zippo Manufacturing Co. vs. Zippo Dot Com, Inc. 一案中所确立的滑动标准在处理网络环境下对人管辖权问题时，是不成熟的、无效的、不稳定的，动摇了美国已有百余年发展历史的对人管辖权的法理基础。③ 文章指出，美国传统的属地主义原则以及在 20 世纪初面对新技术的挑战而发展出来的最低限度联系原则是一脉相承的，它们的实质都是分析被告与法院地的联系因素，可以说是在同一分析框架内解决对人管辖权的问题。20 世纪初，电报、电话等科学技术的发展已经表明这一分析框架是足以解决新问题的。互联网带来的挑战与电报电话等技术一样，并不能改变问题的实质，法

① Deutsche Bank Securities, Inc. vs. Montana Board of Investments, 850 N. E. 2d 1140 (N. Y. 2006). Geogios I. Zekos 在 State Cyberspace Jurisdiction and Personal Cyberspace Jurisdiction 一文中梳理了美国法院一些主要判决的观点，可作参考。详见 Geogios I. Zekos, State Cyberspace Jurisdiction and Personal Cyberspace Jurisdiction, Int'l J. L & Info. Tech. , 2007: 1-36.

② Kyle D. Johnson, Minimum Contacts over the Internet: How Courts Analyze Internet Communications to Acquire Personal Jurisdiction over the Out-of-state Person, Louisville Law Review, 2007: 313-333.

③ Catherine Ross Dunham, There is a There There: How the Zippo Sliding Scale Has Destabilized the Structural Foundation of Personal Jurisdiction Analysis, Elon University Law Legal Studies Research Paper, January, 2008: 1-40.

院最终还是必须回到分析被告与法院地的联系这一问题上来。

Roni G. Melamed 认为，根据美国宪法正当程序的要求，当被告的行为满足以下条件时，可以认定被告与法院地州具有最低限度联系：（1）被告故意利用了法院地州的法律；（2）原告受到的损害产生于被告与法院具有联系的行为；（3）法院对被告行使对人管辖权并不违反传统正义观念和实质正义的要求。然后 Roni G. Melamed 在上述传统规则下讨论了对网络骚扰者（Cyber-stalker）的对人管辖权问题。他认为，只要网络骚扰者故意在法院地州传播了其骚扰信息，受害人在法院地州也接收到了该信息，那么即可认定受害人所在地法院对被告拥有对人管辖权。①

此外，还有学者结合欧盟和美国不同的司法实践，对比分析了不同的解决路径。Richard Freer 指出，美国和欧盟处理网络环境下对人管辖权的问题具有相似性。通过回顾、分析美国联邦最高法院在管辖权问题上的态度，他指出，由于美国联邦最高法院在被告将其产品置于商业流（Stream of commerce）中，当该产品最终进入了某一州的市场，是否构成对该州法律制度的故意利用这一问题上缺乏明确的态度，联邦最高法院9名大法官之间分歧甚大，没有形成清晰的规则，造成了美国各级法院在处理涉及网络的对人管辖权问题时，处理结果不甚一致。Richard Freer 主要分析了美国和欧盟法院在审理以下三种类型的网络行为时，美国和欧盟现有的管辖权体制是否足以解决涉及互联网的问题：（1）通过电子邮件在不同州或国家之间传播侵权性的信息；（2）在某个网站上散播诸如诽谤性质的信息；（3）通过网站订立消费者合同。他还认为，欧盟管辖权规则更具有可预见性，可以比较好地解决这三类案件；而美国的对人管辖权规则恰恰缺乏这种可预见性，尤其是在处理第二种类型的纠纷时，法院的做法比较混乱，其原因在于就对人管辖权本

---

① Roni G. Melamed, Melamed (R. G.), Exercising Personal Jurisdiction Over Nonresident Cyber-stalkers, Colorado Lawyer, August, 2008: 75-79.

身这一问题，美国联邦最高法院缺乏明确的态度。①

另外，Thomas Schultz 对于网络条件下管辖权的确立原则也有所涉及。作者认为确立网络管辖权的原则标准主要可以分为三种：主观的领域管辖、效果原则、行为针对性原则（targeting）。效果原则在著名的 Yahoo! 拍卖案②中得到了直接的体现。作者指出主观的领域管辖和效果原则都是不公平的且缺乏合理性。在这两个原则的指导下，法院对于管辖权的认定要么过窄、要么过宽。③ 行为针对性原则则是一个折中性的指导原则。该原则的核心在于只有当行为针对性的意图在某一法域内产生影响时，该法域才能主张管辖权。该原则在著名的 Gutnick vs. DowJones 一案④中得到了体现。这一原则有如下几个优点：第一，相对于效果原则，它限制了法院管辖权的扩张；第二，它给当事人提供了一个具有可预见性的标准；第三，它可以给当事人提供一个更为公平合理的标准，因为这个标准提高了当事人与法院地联系的程度。作者的这一观点无疑可以为探讨网络对人管辖权提供一个更全面的视角。

欧洲学者方面，电子消费合同是其普遍关注的重心。借鉴美国法院在 Zippo Mfg. Co. vs. Zippo Dot Com, Inc. 案中将网站划分为主动性（active）、交互性（interactive）及被动性（passive）的做法，欧洲委员会（European Commission）也认为被动性网站不会引发对消费者的保护性管辖，并主张，如果一项商业活动通过互联网

---

① Richard Freer, American and European Approaches to Personal Jurisdiction Based Upon Internet Activity, Emory Public Law& Legal Theory Research Paper Series, http: //ssrn. com/abstract = 1004887 [2009/07/27].

② Yahoo! vs. LICRA, 145 F. Supp. 2d.

③ Thomas Schultz, Carving Up the Internet: Jurisdiction, Legal Orders, and the Private/Public International Law Interface, European Journal of International Law, 19, 2008: 799-839.

④ Gutnick vs. Dow Jones & Co. Inc. [2001] VSC 305.

针对消费者，合同就在《44 号规则》第 15 条的保护性管辖①之下。不过。有理事（the Directorate）强调，在消费者起诉之前，必须存在因先前行为而签订的合同。Lorna E. Gillies 认为，为保证国家主权在一项跨境纠纷上得以体现，国家必须保证当事人的住所或其商业行为地在其领土范围内，或通过一种足够的方式与其领土有联系。当事人及其所在的位置、行为地之间的联系将保证一国可主张管辖权并适用其法律，而消费者合同的重点是通过保证由消费者所在地审理争议以及适用其住所地法来保护消费者。尽管因主动性网站而行使保护消费者的管辖不会产生异议，但是委员会并没有对交互性网站的管辖问题作出声明，并且，其声明也未说明在决定一个商业网站是否构成指向外国消费者的行为时，网站的语言选择或支付货币种类是否可以成为考虑的因素。② 至少后一点在学者中引起了不少争论。③

从美国法院对 Hartoy Inc. vs. David Thompson d/b/a Truchin'

---

① 《44 号规则》第 15 条规定：

由能被视做为非为贸易或职业活动目的的人——消费者而缔结的合同之管辖权，应按照本节确定，但以不妨碍第 4 条和第 5 条第 5 款的规定为限，如果：

（1）它是分期贷款条件项下的货物销售合同；或

（2）它是分期偿还借款的合同，或任何其他形式的支付货物销售的贷款合同；或

（3）在所有其他的情况下，合同是与在消费者住所地成员国从事商业或职业活动的人签订，或合同是与通过各种途径向该成员国，或包括该成员国在内的数个成员国从事该种行为的人所订立，且合同属于该行为的范畴。

消费者与在成员国无住所，但在成员国之一有分支机构、代理或其他机构的当事人订立合同，就该分支机构、代理或其他机构的经营业务而发生争议时，该当事人应被视为在该成员国有住所。

本节不适用于运输合同，旅费和膳宿一并定价合同除外。

② European Commission, Justice and Home Affairs DG, Statement on Articles 15 and 73.

③ See Gillies, Rules of Jurisdiction for Electronic Consumer Contracts—Scottish Perspectives, SPLQ, 2001, 6 (2): 132; Bristows, Consumer Contracts and Jurisdiction—Changes to the Brussels Convention, 2001, IHL 66.

Little Company 案①的判决中可以看出，法院除了要求网站的性质是主动性或者交互性之外，还要求更多的东西（something more）以确立管辖权。而这点就集中在网络商业活动是否以法院地的消费者为交易对象（即 targeting）。Lorna E. Gillies 引用了美国历年来的多个案例，并着重分析了行为针对性标准，认为，欧盟《44 号规则》第 15 条（1）（c）必须将这一标准纳入，成为："在所有其他案件中，合同是与一个在消费者住所地的成员国从事商业或职业活动的人签订，或者通过其他方式，有意地将商业行为指向该成员国或包括该成员国在内的数个欧盟成员国，（通过主动性或交互性网站）并且合同在这些活动的范围内。"②

Youseph Farah 也探讨了欧盟《44 号规则》第 15 条和第 16 条在网络消费合同纠纷案件中的适用问题。他明确指出，网络的新颖性并不能使管辖权规则的重组正当化，而赋予传统规则适用于新工具的活力能更好地解决网络带来的新问题。Youseph Farah 还对欧洲权威机构的观点进行了总结。欧洲法院曾在 Benincasa vs. Dentalkit 案③中主张，在决定买方的地位是否为消费者时，法院必须考虑合同的目的及性质，而不是当事人的主观意图。欧洲法院又曾在其后的案例中解释，当交易既有个人消费目的又有商业目的时，不适用《44 号规则》第 15 条规定的保护性管辖规则；如果卖方由于缺少与买方的直接联系，无法确定合同的类型，但若能依表见代理善意地认为买方是为了商业目的，第 15 条也不适用。欧洲议会倾向于这样一种解决方法，即只有网络运营商有目的地将其行为实质性指向消费者住所地国时，才适用规则的第 15 条。欧洲委员会则认为，这一观点是美国法中决定管辖的一般连结因素"商

---

① Hartoy Inc. vs. Thompson d/b/a Truckin' Little Co. , S. D. Fla No. 02-80454-CIV-Middlebrooks 29/01/03.

② Lorna E. Gillies, Addressing the "Cyberspace Fallacy": Targeting the Jurisdiction of an Electronic Consumer Contract, International Journal of Law and Information Technology, Autumn, 2008, 261, 268-269.

③ Benincasa vs. Dentalkit (C-269/95) [1997] E. C. R. I-3767: 17-18.

业活动"的翻版，它与第 15 条的基本原则相违背。① 虽然欧洲委员会并未说明何为该条的基本原则，但可以认为这一基本原则与当事人之间的联系相关。②

　　Youseph Farah 指出，欧洲议会对"针对性标准"的解释有两处错误。其一，美国法院对最低限度联系的审查与《44 号规则》相反。最低限度联系通过审查网站与法院地之间的交互性质来比较案件的不同事实，以确定行使管辖是否违背了"公平审理与实质正义"。最低限度联系方法的重点明显在于"被告在境外进行商业交往的意图"，而不是双方当事人的资格。它要求考虑网站使用的语言、货币种类、具体国家的域名以及受地域限制的信用卡的使用，而这些都不是《44 号规则》必须考虑的因素。《44 号规则》第 15 条（1）(c) 是一条严格规则，它保护所有案件中订立了电子合同的消费者。其二，也是最重要的一点，美国管辖规则中没有任何确定性地同等保护电子交易中消费者的类似规则。因此，用"有目的地利用"规则（the doctrine of purposeful availment）来解释《44 号规则》的第 15 条是错误的，美国的方法在原则上与《44 号规则》的精神相悖。③

　　但是，Natalie Joubert 却持相反的观点，她赞成在欧盟规则中采纳由最低限度联系标准转化而来的"充分联系要求"，并简要地介绍了澳大利亚、法国、德国在网络管辖方面的做法。她认为，仅依网站可从法院地访问的事实便支持管辖是目前法国最高法院的做法，但这不会影响法国的其他法院要求争议与法院地之间有更多联

---

　　① Amended Proposal for a Council Regulation on Jurisdiction and the Recognition and Enforcement of Judgments in Civil and Commercial Matters［2001］OJ E 62：243-275.

　　② Youseph Farah, Allocation of Jurisdiction and the Internet in EU Law, European Law Review, 2008：257-270.

　　③ Youseph Farah, Allocation of Jurisdiction and the Internet in EU law, European Law Review, 2008：257-270.

系的实践。① 不过，法国最高法院并不会依据这种过度的管辖而作出原告实质胜诉的判决，因为其对侵权或不正当竞争行为的分析常常会导致驳回诉讼的后果，理由是网络并未将其行为指向法国。② 这种方法也为澳大利亚法院所采用，如果诉求与在一个完全被动的网站上实施的侵权行为有关，澳大利亚法院很可能认为其为不方便法院，也即管辖权虽被建立，却不一定会行使。③ 德国法院在某种程度上拥有确认或否认其管辖权的权力，因为法院不会去寻找最合适的法院，所以这与不方便法院不同，法院只需依据初步证据确定是否存在充分联系。虽然德国最高法院对是否仅依网站的可访问性就可以建立管辖权的问题没有明确表态，但是其在一系列案件的附带意见中提出了一些合理限制滥用管辖权的因素，如一些确定网站针对法院地的因素。④ 通过对不同国家网络管辖的回顾与总结，Natalie Joubert 认为，虽然美国方法与《44 号规则》第 15 条的方法不同，但是充分联系要求并不完全违背《44 号规则》的目的。⑤

---

① 如巴黎上诉法院要求在每个案件中，法官需要寻找事实或行为与声称的损害之间的足够的、实质的或重要的联系。

② Court of Cassation, 1st Civil Division, 9 December 2003, Cristal—a patent infringement case—Bull. I, No 245, D 2004, AJ 276, obs C Manara, RTD Com 2004. 281, comment by Pollaud-Dulian, Rev Crit DIP 2004.632, comment by Cachard, JDI 2004. 873, comment by Huet, JCP 2004. II. 10055, comment by Chabert; Court of Cassation, Commercial Division, 20 March 2007, —an unfair competition case where jurisdiction was exercised on the mere allegation that marketing was carried out in France-Bull. IV no 91, JCP 2007. II. 10088, comment by M-E Ancel, Rev Crit DIP 2008. 322, comment by Treppoz. The Cour de Cassation firmly reasserted its position in its annual report: Rapport annuel 2005 de la Cour de cassation, La documentation franç aise, 63 f; see also H Gaudemet-Tallon'Droit international privé de la contrefaçon' D 2008, Dossier 735.

③ See Dow Jones & Company, Inc vs. Gutnick [2002] HCA 56.

④ See BGH 13 October 2004, Hotel Maritime, IZR 163/02; BGH, 30 March 2006, I ZR 24/03; BGH 15 February 2007, I ZR 114/04; BGH, 17 September 2008, III ZR 71/08. （最后一个涉及《44 号规则》第 15 条的适用问题）

⑤ Natalie Joubert, Cyber-torts and Personal Jurisdiction: the Paris Court of Appeal Makes a Stand, International & Comparative Law Quarterly, 2009: 476-484.

三、不方便法院原则

在当代社会中，广泛的交流与发达的科技使诉讼的国际化和商业交往一样，成为不可逆转的潮流，一国法院比以前更容易对非本地居民行使管辖权，为避免在不适当的法院对不适当的当事人审理一件不适当的案件所造成的不适当结果，不方便法院原则在现代国际民事诉讼中尤为重要。不方便法院原则已由严格的"滥用程序"标准发展成宽泛的"更合适法院"的标准。该原则在现代各国的基本发展方向虽相同，但却各有侧重。不方便法院原则虽起源于大陆法系的苏格兰，但其真正的发展却是在普通法系国家，尤以英美为典型。因此，下文在阐述普通法系的不方便法院原则时，主要以英美为介绍的对象。另外，大陆法系以法国和德国的法律体系为典型，本文也仅选取了这两个国家的制度作为介绍的对象。

（一）不方便法院原则在普通法系的发展

1. 美国

美国的不方便法院原则是在 Gulf Oil Corp. vs. Gilbert 案①中确立的，美国联邦最高法院规定了不方便法院两个层面的考虑因素，即公共利益因素与私人利益因素。在分析不方便法院时，法院首先应确定替代法院的存在，其次则是平衡案件中涉及的公共利益因素与私人利益因素。其中私人因素包括：获取证据来源的相对便利；强制不愿出庭的证人到庭的可能性；愿意出庭的证人出庭所需的费用；进行现场勘验的可能性（如果诉讼中需要作现场勘验）；其他使案件审理简便、迅速、费用低廉的实际因素以及判决的可执行性问题。② 公共利益因素包括：管理上的困难，即所谓的案件积压情况；诉讼的准据法；在国内解决发生在当地的争议的本地利益；将陪审义务施加给当地居民的公正性（这一点主要取决于第三点考

---

① Gulf Oil Corp. vs. Gilbert, 330 U. S. 501 (1947).
② 湖北省高院民四庭. 涉外民事诉讼管辖权问题研究. 武汉：武汉大学出版社，2008：197.

虑因素的结果）。①需要注意的是，这些因素并没有被穷尽。这种利益平衡标准伴随着有利于原告的推定，法院也声明，"除非平衡利益的标准强烈地倾向于被告，原告（对法院）的选择不应被改变"②。

美国学者 Kimberly Hichks 指出，虽然美国法院处理平行诉讼的方法有节制论、礼让说、控制法院负担的内在权力等，但是美国法院的做法都有一个共同点，即都与不方便法院分析方法中的公共利益因素与私人利益因素相关。Kimberly Hichks 分析认为，明确地适用不方便法院原则的效果会更好，因为不方便法院原则比起国际礼让理论、节约司法资源的限制理论更具有可预见性、灵活性与可靠性，也更有利于当事人；况且这些理论所采用的方法与不方便法院原则分析方法十分相似，比如它们的目标都是寻求对当事人的公平及司法效率。③尽管对不方便法院原则有如此的偏爱，但总的来说，美国理论界与司法界对它的评价还是褒贬不一，贬多于褒。

虽然美国法院对于公共利益因素与私人利益因素分析的做法一直延续下来了，但是这一利益分析的方法因其不合理的倾向，备受现代学者的批评与指责。基于案件审理的种种压力，法院多倾向于依不方便法院原则驳回诉讼。法院的自由裁量权及对公共利益因素的考虑会加重法官"潜在的偏见"。在全球化的今天，法院查明外国法的能力已有了明显的提高，这些变化使得公共利益的很多考虑因素已不那么重要了，如收集证据的负担会因科技进步而减轻，因此不方便法院分析中的公共利益因素已经成为不合理与不相关的因素。Emily J. Derr 特别指出，法院诉讼负担的考虑存在问题，因为

---

① Finity E. Jernigan, Forum Non Conveniens: Whose Conveniens and Justice? Texas Law Review, April, 2008: 1079-1121.

② Gregoire Andrieux, Declining Jurisdiction in a Future International Convention on Jurisdiction and Judgments——How Can We Benefit from Past Experiences in Conciliation the Two Doctrines of Forum Non Conveniens and Lis Pendens? Loyola of Los Angeles International and Comparative Law Review, Summer, 2005: 340.

③ Kimberly Hicks, Parallel Litigation in Foreign and Federal Courts Is Forum Non Conveniens the Answer?, Review of Litigation, Spring, 2009: 659-705.

它不仅对区分一个争议是否不方便没有帮助，而且由于诉讼拥挤是一种普遍现象，它总会倾向于驳回诉讼。另外，很多其他类型的诉讼，如集团诉讼（class actions）和多方证券诉讼（multiparty securities claims）比普通的跨国诉讼更复杂，会更多地耗费时间。同样，Emily J. Derr 认为对陪审义务的考察也是站不住脚的。①

在近几年的产品责任跨国诉讼中，公共利益分析也获得了不少的关注。以现实主义的视角看待不方便法院分析的 Finity E. Jernigan 认为，最近几年，不方便法院原则主要被发展成忽视合适性的基础问题及将一些不具有决定性因素作为实质考量的原则，如礼让、法院负担过重。Finity E. Jernigan 指出，关注替代法院在现实中的适当性比仅仅判断替代法院适用的法律是否有利是一个更值得探索的问题。仅仅在广泛的意义上衡量替代法院的适当性，不方便法院原则实质则有利于被告。正因为法院没有现实地考虑在替代法院双方当事人是否被剥夺救济的权利、是否会被公正地对待，美国法院错误地适用了不方便法院原则。现实的考虑因素如效率低下、时间与资源的短缺、利益的冲突、无利益等都可能导致一个替代法院是不适当的。尤其是，在考虑法院诉讼负担的同时，也应同时考虑替代法院的诉讼负担。如若不这样，就没有现实意义。因此，在分析公共利益因素时，应区分理论上的救济与现实中的救济。现实主义者创新地借鉴了法律适用的发展路径，认为不方便法院原则应和法律选择一样，从一种只关注伤害发生地的方法转向同时考虑伤害行为发生地的利益。②

不方便法院原则产生之初倾向于原告，但当原告不再是内国人时，不方便法院原则的适用必然要发生变化。③ 直到 1981 年的

---

① Emily J. Den, Striking A Better Public-Private Balance in Forum Non Conveniens, Cornell Law Review, May, 2008, 819-848.

② Finity E. Jernigan, Forum Non Conveniens: Whose Conveniens and Justice?, Texas Law Review, April, 2008, 1079-1121.

③ See Sinochem Int'l Co. vs. Malaysia Int'l Shipping Corp., 127 S. Ct. 1184, 1190 (2007).

Piper Aircraft vs. Reyno 案①，不方便法院原则才成为处理国际民事诉讼的重要方法之一。美国联邦最高法院在该案中指出，不能因替代法院的实体法不利于原告就否认不方便法院。只有当替代法院提供的救济明显不合适或不令人满意时，法律上的不利变化才能被实质性地考虑。更加引起美国学者争议的是，在这个案件中，美国联邦最高法院表明了对待本国原告与外国原告的不同态度："原告选择他的本国法院时，其选择更值得尊重。在选择本国法院的情况下，有理由假定该法院是便利的。如果原告是外国人，这个假定就不那么合理了。由于进行不方便法院分析的主要目的是确保案件审理的便利，外国原告作出的法院选择不应得到同样的尊重。"② 这一解释改变了 Gulf 案③与 Koster 案④中一贯坚持的尊重原告法院选择的做法。

P. J. Kee 则通过比较 2005 年的 Adamu vs. Pfizer Inc.⑤ 与 Mujica vs. Occidental Petroleum Corp.⑥ 两个案件，介绍了美国下级联邦法院在适用《外国人侵权诉讼法案》(Alien Tort Claims Act，简称 ATS) 中适用不方便法院原则的做法。在 Adamu 案中，法院采用了 Gilbert 和 Piper 案的分析方法，即首先确定存在更合适的替代法院，其次分析公共利益与私人利益的相关因素。在后一个案件中，法院虽然使用了相同的分析方法，但给予了原告法院选择更多的尊重并使被告承担了相对多一些的证明责任。P. J. Kee 认为，特别是自 Sosa 案⑦之后，在针对原告为外国人的国际民事诉讼中，

---

① Piper Aircraft Co vs. Reyno, 454 US 235 (1981).

② 湖北省高院民四庭. 涉外民事诉讼管辖权问题研究. 武汉：武汉大学出版社，2008：204.

③ Gulf Oil Corp. vs. Gilbert, 330 U. S. 501, 502 (1947).

④ Koster vs. (American) Lumbermens Mutual Casualty Co. 330 U. S. 518 (1947).

⑤ Adamu vs. Pfizer, Inc. 399 F. Supp. 2d 495 (S. D. N. Y. 2005).

⑥ Mujica vs. Occidental Petroleum Corp. 381 F. Supp. 2d 1134 (C. D. Cal. 2005).

⑦ Sosa vs. Alvarez-Machain, 542 U. S. 692 (2004).

美国的不方便法院原则已变得伪善，它要求原告证明美国法院是更方便的或更合适的法院，几乎是承担了不可能的繁重任务。由于法院并没有给予外国原告同本国原告同样的保护，法院对外国原告在管辖方面的选择权不会同样尊重。相反，对于被告而言，可以通过一系列的弃权声明、保证等，轻松地找到利用不方便法院的三四个理由。因此，P. J. Kee 认为应适用 Mujica 案的方法，给予 ATS 原告选择更多的尊重，或至少要给予其与国内原告同等的对待。① 通过对 2007 年英国原告针对美国被告（药品生产商）药品质量案件的分析，Michael Mcparland 也总结到，美国法院对这类案件的大门不仅紧闭，还砌高了围墙。②

　　同样，并不是美国所有的法院都赞同最高法院的这种观点。华盛顿最高法院在 Myers vs. Boeing Co. 案③中就拒绝采用最高法院的分析方法。华盛顿最高法院在这个案件中指出："联邦最高法院的逻辑经不起推敲，它是在比较苹果与橘子。它的解释使外国人无法选择美国法院作为他们的家乡法院（home forum）。联邦最高法院表面上描述的是较少尊重外国原告对法院的选择，而事实上，它是仅仅根据外国人的地位较少地尊重外国原告。"在 2001 年审理的 Iragorri vs. United Techologies 案④中，第二巡回法院试图解释区别对待美国原告与外国原告的基础应是"便利"（convenience），同时减少对原告选择尊重的理由应是"挑选法院"。根据 Iragorri 案，证明原告选择法院是基于法律上正当理由的考虑因素有：从原告住所到其选择法院的便利；证人在被选择的地方法院出庭与收集证据可能性；被告是否服从地方法院的管辖；合适的法律援助；其他有关便利或开支的理由。证明原告选择法院实质上是挑选法院的考虑因

　　① P. I. Kee, Expanding the Dutes of the Vigilant Doorkeeper: ATS Litigation and the Inapplicabilly of the Act of State Doctrine and Forum Non Conveniens, Tulane Law Review, December, 2008, 495-525.

　　② Michael Mcparland, Forum Non Conveniens in the US: Are the Courtroom Doors Finally Shut, Journal of Personal Injury Law, 2008, 58-81.

　　③ Myers vs. Boeing Co., 794 F. 2d 1272, 1281 (Wash. 1990).

　　④ Iragorri vs. United Techologies, 274 F. 3d. 65 (2d. Cir. 2001).

素有：试图获得当地法律所带来有利于原告的策略上的优势；美国或法院地习惯性地对伤害慷慨赔偿；原告在该地区受欢迎的程度或者是被告不受欢迎的程度；在该地诉讼给被告带来的不便及开支。

2007 年，美国联邦最高法院在 Sinochem International Co. vs. Malaysia International Shipping Corp. 案①中重述了 Piper 案所确立的标准。Sinochem 是一家中国公司，它与一家美国公司 Triorient Trading, Inc. 签订了一项关于买卖镀锡卷板（coils）的合同。后者随后租用了 Malaysia International Shipping Corporation（美国公司）所有的一艘轮船将货物从费城运往中国。但是后来 Sinochem 公司在广州海事法院起诉 Malaysia 公司，认为其为了骗取信用证项上的给付而倒签了提单，同时 Sinochem 公司还申请法院扣留了装有货物的轮船。两周后，被告 Malaysia 公司在宾夕法尼亚州的东区地方法院提起诉讼，认为对方在法院的申请中有错误的陈述并寻求赔偿因扣押船只所造成的损失。宾夕法尼亚州东部地方法院认为中国法院更合适，因此，依不方便法院原则而驳回了 Malaysia 公司的起诉。美国联邦第三巡回法院推翻了地方法院的判决，而美国联邦最高法院则推翻了第三巡回法院的决定。联邦最高法院在案件中主张，不方便法院原则只是一个门槛，是一种不涉及实质问题而驳回诉讼的手段，因为它只关注案件是否可以在其他地方审理。因此，美国地方法院可以在决定其是否有对人管辖或对物管辖权之前，依不方便法院原则或其他的理由驳回诉讼。但是这样做的前提是法院管辖权难以确定，法院倾向于驳回起诉，而且不方便法院的分析因素也倾向于驳回。

J. Stanton Hill 建议，在确定管辖权之前驳回诉讼的条件可以放宽，理由一是方便、公正与司法经济的需要，不方便法院在理论上允许扩大这类决定的适用范围。他认为，这三种因素自从 Gulf 案之后，便广泛地存在于法院对公共利益与私人利益的分析之中；理由二是，不方便法院的司法实践也使这类决定的扩大适用成为可

---

① Sinochem Int'l Co. vs. Malaysia Int'l Shipping Corp. , 127 S. Ct. 1184, 1190 (2007).

行的方式。不仅如此，在确定管辖权之前驳回诉讼也有利于原告，使其减少律师费用的开支。另一方面也有利于发展中国家的自我保护，使其居民有一个审理诉讼的合适的国内法院。这一建议主要是防止外国原告挑选法院的情形。① 不过，也有学者持不同的看法。Michael Greenberg 认为，在确定管辖权之前就可以依不方便法院原则驳回起诉无疑是为被告提供了新的抗辩手段，而利用不方便法院则是最有利的。虽然不方便法院原则被看成是不涉及实质问题的原则，但在实际运用过程中却可能使法院考虑更多与实质相关的问题。他赞成第二巡回法院所采用的步骤，即（1）决定尊重原告法院选择权的程度；（2）被告建议的替代法院是否适合审理双方的争议；（3）私人利益与公共利益的平衡。其中由被告承担第一步与第三步的举证责任。在审理过程中，法院首先假定原告的选择权应被给予实质性的尊重，但前提是这种尊重只是一种可反驳的推定，在原告非基于便利而是因挑选法院而选择时，就没有尊重的必要。②

由于在美国的不方便法院的裁决中，被告能够容易地证明替代法院的合适性，而外国原告很难以外国替代法院不合适为由阻止美国法院驳回诉讼，因此，在以美国公司为被告的跨国侵权案件中，外国原告的损害往往得不到适当的救济。这一情形引发了一系列的连锁反应，即其他国家的报复性立法（retaliatory legislation）。有些国家在立法中采用限制本国管辖权的方法，明确排除审理本国居民在另一国提起的诉讼，目的是使本国法院不满足"合适的替代法院"的要求。另一种报复性立法则是授权本国法院适用与诉讼提起国类似的法律。即使其本国进行的诉讼与诉讼最先提起国一样对

---

① J. Stanton Hill, Towards Global Convenience, Fairness, and Judicial Economy: An Argument of Conditional Forum Non Conveniens Dismissals before Determining Jurisdiction in United States Federal District Courts, Vandwebilt Journal of Transnational Law, October, 2008, 1177-1210.

② Michael Greenberg, The Forum Non Conveniens Motion and the Death of the Moth: A Defense Perspective in the Post-Sinochem Era, Albany Law Review, 2009, 321-364.

被告不具有吸引力。同时，这种报复性立法还会对被告施加沉重的保证金、严格责任等负担。这种立法对被告是否决定以不方便法院原则作为抗辩手段有重要的影响。由于这类判决通常能够得到执行，一旦被告了解这一点，就会发现以不方便法院原则作为抗辩并不能为其带来任何利益。①

Walter W. Heiser 指出："虽然不方便法院原则的目的是保证诉讼在最合适的法院进行，然而被告依不方便法院原则取得驳回诉讼的结果实际上与是否便利并没有什么关系。真正的原因是强迫原告在另一个国家重新提起诉讼，这个国家的实体法、程序法及诉讼文化都对被告更为有利。而大多数法院并没有质疑这种变相挑选法院的合适性。"② 他指出美国法院在适用不方便法院原则时，犯了两个错误：一是从来不去审查替代法院的管辖权规则在其内国的解释，进而衡量其管辖是否有效，只是简单地阐释法院自身的管辖规则；二是没有去分析替代法院的管辖权规则，而是利用有条件的驳回作为一种假定。这两点都背离了不方便法院原则。他认为，应该深层地调查法院管辖权规则在替代法院国的解释，同时关注被告的举证责任才是同不方便法院原则一致的。

另外，他还详细地分析了拉丁美洲的报复性立法，即"优先管辖规则"（preemptive rules of jurisdiction），也称"阻碍性法规"（blocking statutes）。拉丁美洲的法律规定，一般情形下法院不能拒绝管辖，除非宪法或其他立法允许拒绝。并且，原告最初选择的管辖是优先的，这一选择具有排他性且此效力无法解除。这当然不是绝对的。拉美居民最初并不是在其本国提起诉讼时，有的拉美国家

---

① Walter W. Heiser, Forum Non Conveniens and Retaliatory Legislation：The Impact of the Available Alternative Forum Inquiry and on the Desirability of Forum Non Conveniens as A Defense Tactic, University of Kansas Law Review, April, 2008：609-662.

② Walter W. Heiser, Forum Non Conveniens and Retaliatory Legislation：The Impact of the Available Alternative Forum Inquiry and on the Desirability of Forum Non Conveniens as A Defense Tactic, University of Kansas Law Review, April, 2008：613.

也会允许原告恢复国内法院的管辖权，但前提是原告的行为是自由自愿的。因此，当原告选择本国法院是因为外国法院以不方便法院原则驳回诉讼时，则不符合此条件。

关于不方便法院驳回裁定的排他性问题，2008 年《哈佛法学评论》上发表的一篇文章 "Cross-Jurisdictional forum non conveniens preclusion" 专门探讨了这个问题。文章中分析了不同巡回法院的做法并加以总结。如联邦第三巡回法院审理 Pastewka vs. Texaco, Inc. 案①，该案认为，一管辖区的不方便法院原则对另一管辖区具有排他性，除非原告能指出在准据法或有关事实等方面存在重要的差别。联邦第八、第九巡回法院也都采用了此标准。而在第五巡回法院审理 Choo vs. Exxon Corp 案②中确立的标准是原告需要找出足以在实质上改变前一决定的主要事实。联邦第二、第七巡回法院采用了此种方法。联邦第八巡回法院在 Mizokami Bros. of Ariz., Inc. vs. Baychem Corp. 案③认为，不方便法院原则不具有排他性，但法院认为这一原则不应只在字面上理解，要从案件的特定事实出发，由原告证明第二个法院（原告又重新起诉的法院）与第一个法院（作出驳回决定的原始法院）判断不方便法院原则的问题上有充分的、实质上的差异。文章总结到，虽然美国法院没有发展出有关驳回判决的排他性理论，但是在实践中明确了不方便法院排他性要求的三个考虑的因素：一是与不方便法院相关的主要事实是否与第一个法院相同；二是不方便法院原则的主要评判标准是否在两个管辖区内都相同；三是不方便法院原则所涉及的形式问题事项在先后两个法院是否相同。不过，实践中不同的法院可能只考虑其中的一到两个。文章认为不同事实的例外会给予原告重新提起诉讼的机会，这将导致被告对不方便法院原则没有安全感，而美国联邦最高法院

① Pastewka vs. Texaco, Inc., 420 F. Supp. 641, 642-643 (D. Del. 1976).
② Choo vs. Exxon Corp., 486 U.S. 140, 142 (1988).
③ Mizokami Bros. of Ariz., Inc. vs. Baychem Corp., 556 F.2d 975, 978 (9th Cir. 1977).

在 Choo 案中的判决更是削弱了不方便法院决定的终局性。①

2. 英国

如前所述，英国判例法向来既有方便法院也有不方便法院的概念。这两者在裁量权行使的裁量因素、内容，甚至判例上基本相似，但仍有相异之处。前者被认为是过度管辖，而不方便法院原则是在法院有管辖权之后再去裁量是否停止管辖；前者的举证责任在原告，并且在请求阶段无须通知他方，而后者的举证责任在被告。②

早先英国法院对适用不方便法院原则的态度是在 Mostyn vs. Fabrigas 一案③中确立的。Lord Mansfield 认为，外国人有在英国诉讼的自然权利。后来在 St. Pierre 案④中，法院认定，中止英国的诉讼必须满足两个条件：（1）被告须使法院确信：继续诉讼会产生不公正且构成程序滥用的情形，对被告不公平且令人困扰；（2）中止诉讼不会导致对原告的不公。两者的举证责任都在被告。⑤ 数十年后，The Atlantic Star 案⑥削弱了这种困扰性及压迫性理论，随后的 Macshannon vs. Rochware Glass Ltd. 案⑦重组了以上标准。审理该案的 Diplock 法官认为，中止诉讼的条件应为：（1）被告须使法院确信存在一个可以管辖该案的合适的替代法院，并可因实质性地减少不便及花费使双方当事人者获得公正；（2）中止诉讼不会剥夺原告在英国诉讼可得到的合法的个人或司法优势。这两个案件

---

① Cross-jurisdictional Forum Non Conveniens Preclusion，Harvard Law Review，June，2008，2178-2199.

② 陈隆修，许兆庆，林恩玮，李瑞生. 国际私法管辖与选法理论之交错. 台北：五南图书出版股份有限公司，2009：203-204.

③ Mostyn vs. Fabrigas，98 Eng. Rep. 1021，1027（K. B. 1775）.

④ St Pierre vs. S. Am. Stores（Gath and Chaves），Ltd.，1936 1 K. B. 382，398（Eng. C. A.）.

⑤ St Pierre vs. S. Am. Stores（Gath and Chaves），Ltd.，1936 1 K. B. 382，398（Eng. C. A.）.

⑥ The Atlantic Star，1973 Q. B.

⑦ MacShannon vs. Rockware Glass，Ltd.，1978 A. C. 795.

的共同点是，都指出了更多地考虑"合适性"因素的必要性。于是，英国的不方便法院原则便从严格的"程序滥用"标准发展到宽泛的"更合适法院"的标准。在 Abidin Daver 案①中，法院认可了 Diplock 法官确立的标准对不方便法院原则的革新，认为司法大国沙文主义在英国已被司法礼让所取代，而目前也正是坦白承认不方便法院原则的时机。

在 Spiliada Maritime Corp. vs. Cansulex Ltd. 案②中，Goff 法官总结了英国适用不方便法院的原则：（1）核心标准是，只有当法院确信存在有能够行使管辖权的合适替代法院，而且其更适合审理当事人之间的争议时，即案件的审理有利于所有当事人的利益及结果的公正时，法院才会以不方便法院原则为由中止诉讼；（2）一般而言，说服法院行使自由裁量允许中止诉讼的举证责任由被告负担；（3）由被告承担以上责任并不仅是为了证明英国法院不是自然的或合适的审理法院，也是为了说明存在着另一个明显比英国法院更合适的替代法院。若被告与英国的联系只是一小部分，那么被告应能更加容易地证明存在一个明显更合适的外国法院；（4）法院首先要审查那些指向另一外国法院的连结因素，不仅包括影响便利与开支的因素，还包括如相关交易的准据法、当事人的住所及交易的进行地等其他因素；（5）若法院认为不存在其他明显更合适的审理法院，则应拒绝中止诉讼；（6）若表面证据证明存在更合适的替代法院，那么英国法院一般情况下应准许中止诉讼，除非因正义的原因不允许中止时，法院才会拒绝中止诉讼。

由此，在适用不方便法院原则方面，条件演变为：（1）是否存在明显更合适的替代法院；（2）中止诉讼是否符合正义的要求。这一方法在 Lubbe vs. Cape PLC. 案③中得到了确认。另外，在这个案件中，Bingham 法官还指出，英国对不方便法院原则的分析与美国方法不同，公共利益分析对法院的决定没有影响。

---

① The Abidin Daver ［1984］1 A. C. 398, 411.
② Spiliada Maritime Corp. , ［1987］1 A. C.
③ Lubbe vs. Cape PLC. , ［2000］1 W. L. R. 1545, 1561.

在欧盟关于管辖规则的立法颁布之后，英国法院对于不方便法院的自由裁量权受到了限制。即当合适的替代法院在另一欧盟的成员国时，法院没有依不方便法院原则拒绝管辖的裁量权，不过，当合适的替代法院在一非欧盟成员国时，英国法院依然会根据不方便法院原则拒绝管辖。因此，不方便法院原则在英国依旧适用，只是其适用范围被限制在替代法院不在欧盟境内的情形。①

对英国不方便法院原则的发展，有学者认为，英国先前确立的"困扰性与压迫性"标准不应被简单地抛弃，在当今社会下还应有许多发挥的空间，英国法院可能只是一时沉溺于不方便法院的新浪潮，在浪潮过后，英国法院或许应该对这个很早就已确立的原则重新加以重视。②

（二）不方便法院原则在大陆法系国家的发展

大陆法系以给予法官极少的自由裁量权为特色，主张演绎推理。只要推理指向法院有管辖权的结论，法院必须主张管辖权。确切地说，大陆法系国家没有所谓的"Forum non conveniens"，只是存在一种类似于不方便法院原则、避免平行诉讼的拒绝管辖制度，即未决诉讼（Lis pendens）。

以法国为例，其法律体系与诸多民法法系的国家一样是基于这样一种假定，即立法权在立法者手中，而法官只是它的工具，相应地，一旦法律赋予法院以管辖权力，法院就不能以不方便为由拒绝管辖。③ 法国的新《民事诉讼法典》第 92 条规定，如果案件无法

---

① Gregoire Andrieux, Declining Jurisdiction in a Future International Convention on Jurisdiction and Judgments—How Can We Benefit from Past Experiences in Conciliation the Two Doctrines of Forum Non Conveniens and Lis Pendens? Loyola of Los Angeles International and Comparative Law Review, Summer, 2005, 344-348.

② 陈隆修，许兆庆，林恩玮，李瑞生. 国际私法管辖与选法理论之交错. 台北：五南图书出版股份有限公司，2009：206-207.

③ Gregoire Andrieux, Declining Jurisdiction in a Future International Convention on Jurisdiction and Judgments—How Can We Benefit from Past Experiences in Conciliation the Two Doctrines of Forum Non Conveniens and Lis Pendens? Loyola of Los Angeles International and Comparative Law Review, Summer, 2005, 330.

由法国法院审理的话，法官可以宣布自己是无管辖权法院。但这实际上并不说明法国也存在不方便法院原则。因为根据这一条，法官不是因为在外国存在另一更合适的法院而宣布自己是无管辖权的法院，而是根据法国的管辖原则认为自己没有管辖权。同时他也不能中止诉讼，这与不方便法院原则有着很大的区别。法国新《民事诉讼法典》规定，当同一争议在两个拥有同种程度管辖的法院进行时就是未决诉讼。然而，虽然法律条文上只要求同一争议，但这一条件被理解为相同当事人、相同标的及相同的诉因。法国最高法院（Cour de Cassation）在 1974 年以前都不愿承认未决诉讼在国际私法中的可适用性，直到 Miniera di Fragne 案①的出现，最高法院才承认存在国际平行诉讼（International lis pendens），其适用的条件是外国判决必须在法国境内是可执行的。至此，法国法院对于符合国内法条件的未决诉讼必须拒绝管辖。但对于国际民事诉讼事项，法官有决定是否维持诉讼的一定程度的裁量权，即使满足了条件，法官也可能决定继续诉讼。而法国的理论界则支持废除强制拒绝管辖，鼓励扩大欧盟规则的适用范围，认为未决诉讼的后果是延迟诉讼而非驳回诉讼。②

德国与法国的实践模式很接近，不过，德国法对于不方便法院原则的回绝并不是绝对的，其有类似英美法系中不方便法院原则的制度，但只存在于某些被严格限定的、无争议的国际民事诉讼领域。如德国无争议程序法典（German Code of Non-Contentious Proceedings）第 47 条第（I）项规定，若被监护人利益在替代法院能更好地实现，德国法院无须为其指定一个不称职的监护人。该条第（II）项则允许法院将其对监护关系的控制权转向最有利于被监护人最大利益的替代法院。对于未决诉讼德国《民事诉讼法典》

① Miniera di Fragne, Cass. 1e. civ., Nov. 26, 1974, Rev. crit. dr. int. pr. 1975.

② Gregoire Andrieux, Declining Jurisdiction in a Future International Convention on Jurisdiction and Judgments—How Can We Benefit from Past Experiences in Conciliation the Two Doctrines of Forum Non Conveniens and Lis Pendens? Loyola of Los Angeles International and Comparative Law Review, Summer, 2005, 330-335.

规定，在相同当事人及相同诉因的情形下，法官可驳回诉讼。因此，在德国，未决诉讼适用的条件有以下几项：（1）相同当事人之间的相同诉因；（2）外国诉讼先于德国诉讼；（3）外国判决可在德国承认与执行。不过，在欧盟相关规则中，并没有要求最后一项条件。因此，若先前的诉讼是在1968年《布鲁塞尔公约》的成员国内进行，德国法院只需要审查前两项条件就足够了。目前德国倾向于修改未决诉讼的法律后果，即由驳回诉讼改为延迟诉讼。这一方面是为了避免剥夺当事人时间方面的权利，另一方面也是因为有学者认为，法官应考虑其不可控制的关于可执行性条件的相关因素。①

四、结　语

从以上的述要中可以看出，欧美学者与实践者对于以上三个方面管辖权问题的观点与做法越来越务实。如果说早先的判例代表了对新问题的试探或大胆回应，现在的观点便是如何在实践中进一步地解释、明确那些模糊的规则，以达到确定性和可预见性。这是欧洲与美国学者一致追求的目标。正所谓实践是检验真理的唯一标准，以前的判例之所以会受到现代学者的诸多抨击，主要是因为规则在适用中导致了不确定性，或需要与社会发展的大环境同步调整与更新。不过，对于大多数学者来说，目前出现的新问题都只是"新瓶装旧酒"，他们都赞同保持原有规则的基本框架，改进虽是必需的，但替代却是不必要的。创设一种新的方法或规则只会产生更多有待解决的不确定与不合理现象，这种对新规则的拒绝在网络管辖中体现得最为明显。事实上，司法实践也默契地支持了学术界的主张，即使法院认为旧规则存在一定程度的不合理性，但他们或

---

① Gregoire Andrieux, Declining Jurisdiction in a Future International Convention on Jurisdiction and Judgments—How Can We Benefit from Past Experiences in Conciliation the Two Doctrines of Forum Non Conveniens and Lis Pendens? Loyola of Los Angeles International and Comparative Law Review, Summer, 2005, 331-333.

通过新的解释方法、混合两种或以上的规则而取长补短；或对已有的规则进行一定程度的改造，都努力在原有规则的框架之内寻求问题的解决方法。而且，从以上的论述中还可以看出欧美理论与实践的互相影响，尤其在网络管辖领域更是如此。

另一方面，基于社会环境的不同需要，欧美学者在管辖权方面的评论点也各有侧重，如欧洲学者多关注欧盟规则的适用问题，而美国学者则着重讨论本国判例规则的更新问题。在网络管辖方面，欧洲学者比较关心消费者保护的问题，而美国学者却并没有将这一点纳入考虑范围之内。美国学者虽对欧洲学者在电子商务管辖权问题上采取的消费者住所地管辖原则多持批判态度，但近来欧洲学者对于行为针对性的主张正在试图尽量减少一些不合理的因素。

从内容上讲，欧洲不论是在普通管辖权方面还是在网络管辖权方面，都十分重视对人权的保护。如在普通管辖权上，学者们大多探讨的是婚姻与父母亲责任领域的问题，可见对家庭制度的关心。只是这方面争论的重点不在于权利的保护，而在于欧盟的一系列管辖规则能否适用于纯国内纠纷。尽管存在持肯定态度的学者以及国内法院的判例，但是多数学者都不认可这类规则对国内事项的可适用性，因为这样适用会与欧共体条约或国内某些立法相冲突。在网络管辖权上，学者们则主张在重视对消费者保护的前提下，减少由消费者住所地管辖所带来的不确定性与不合理的现象，将"针对性"融入到网络管辖分析之中。尽管有学者认为美国确定网络管辖的方法有悖于欧盟规则的精神，但事实上从他们所主张的新的分析方法中，明显可以看出美国网络管辖分析方法的影子。

不同的是，美国学者对对人管辖与网络管辖关注的焦点都在"联系"的确定上。在对人管辖权方面，美国学者普遍认为目前法院对最低限度联系的分析存在偏差。如 Braham Boyce Ketcham 认为应将相关性要求中的"因……而起"和"与……相关"分离为两个独立的条件；Jonathan P. Differley 认为相关性分析不应过于强调因果关系；Tracy O. Appleton 则主张在合理性标准中并入主权考量因素；Catherine Ross Dunham 则认为应避免网络管辖对最低限度联系分析方法的误导。在网络管辖权方面，虽然美国联邦最高法院仍然认可"滑动标准"与"效果标准",但美国其他法院及学术界都不再满足于这两个单纯的标准,为了追求更高的确定性与可预见性,他们发展出了"行为针对性"标准,或主张其作为单独的管辖权确定标准,或将其融入已有的标准之中。

对不方便法院原则而言,由严格的"滥用程序"标准发展成宽泛的"更合适法院"的标准是其在欧美各国的基本发展方向,只是侧重点稍有不同。大陆法系的拒绝管辖权制度依然独立发展,未决诉讼与不方便法院原则之间的可融合性有待进一步研究。对欧盟境内的普通法系国家而言,欧盟规则的实施统一了欧盟各成员国法院管辖权的行使,不过涉及成员国与非成员国之间的纠纷时,不方便法院原则依旧适用。法院对不方便法院的态度变得更加开明,该原则的适用条件比以往更关注"替代法院的合适性"问题。相比之下,美国学者对国内法院的不方便法院分析颇有异议。比如不尊重外国原告的选择权,对公共利益因素的分析没有现实意义等。法院可以在确定是否有管辖权之前依不方便法院原则驳回诉讼虽然是不方便法院原则在美国的一大发展,但这一发展的可持续性与合理性尚在争论之中。

综上所述,目前国际民事诉讼管辖权制度的发展处于实践推动理论发展的阶段,实践中凸显的不足暗示着理论更新的潜力,而如何把握这一更新与现实的契合程度便是关键的一步。需要指出的是,关于管辖权的前沿分析并不限于文章所选的三个方面,事实上,在百花齐放的法学学术界中,还有很多值得我们关注的观点和评论。

参考文献

[1] Catherine Ross Dunham. Zippo-ing the wrong way:how the internet has misdirected the federal courts in the personal jurisdiction analysis. University of San Francisco Law Review, Winter, 2009: 559-584.

[2] Laura Brown, Nicola Fisher. The scramble to secure jurisdiction on

divorce—could a pre-nuptial agreement assist. Private Client Business,2009:226-227.

[3] Zheng Sophia Tang. Multiple defendants in the European jurisdiction regulation. European Law Review,2009:80-102.

[4] Gregory J. Lensing. Personal jurisdiction doctrine in Texas. Texas Bar Journal,May,2009:348-351.

[5] Jay C. Carlisle. Recent jurisdiction developments in the New York Court of Appeals. Pace Law Review,Spring,2009:417-428.

[6] Braham Boyce Ketcham. Related contacts for specific personal jurisdiction over foreign defendants: adopting a two-part test. Transnational Law and Contemporary Problems,Spring,2009:477-498.

[7] Anthony J. Centone,Esq.. Forum non conveniens and the need for availability of an alternative forum under CPLR 327:is the Islamic Republic case an anomaly?. Pace Law Review,Spring,2009:429-440.

[8] Kimberly Hicks. Parallel litigation in foreign and federal courts:is forum non conveniens the answer?. Review of Litigation,Spring,2009:659-705.

[9] Michael Greenberg. The forum non conveniens motion and the death of the moth:a defense perspective in the post-Sinochem era. Albany Law Review,2009:321-365.

[10] Natalie Joubert. Cyber-torts and personal jurisdiction:the Paris Court of Appeal makes a stand. International & Comparative Law Quarterly,2009:476-484.

[11] Richard Freer. American and European Approaches to Personal Jurisdiction Based Upon Internet Activity. Emory Public Law& Legal Theory Research Paper Series. http://ssrn. com/abstract = 1004887.

[12] 陈隆修,许兆庆,林恩玮,李瑞生. 国际私法管辖与选法理论之交错. 台北:五南图书出版股份有限公司,2009.

[13] Daniel E. Wanat. Copyright infringement litigation and the exercise of personal jurisdiction whithin due process limits:judicial application of purposeful availment, purposeful direction, or purposeful effects requirements to finding that a plaintiff has established a defendant's minimum contacts within the forum state. Mercer Law Review, Winter, 2008:553-593.

[14] P. J. Kee. Expanding the duties of the vigilant doorkeeper: ATS litigation and the inapplicability of the act of state doctrine and forum non conveniens. Tulane Law Review, December, 2008:495-525.

[15] Rajeev Muttreja. How to fix the inconsistent application of forum non conveniens to Latin American jurisdiction—and why consistency may not be enough. New York University Law Review, November, 2008:1607-1642.

[16] Allan I. Mendelsohn. International litigation:the U. S. jurisdiction to prescribe and the doctrine of forum non conveniens. Federal Lawyer, October, 2008:32-38.

[17] J. Stanton Hill. Towards global convenience, fairness, and judicial economy: an argument in support of conditional forum non conveniens dismissals before determining jurisdiction in the United States federal district courts. Vanderbilt Journal of Transnational Law, October, 2008:1177-1210.

[18] Peter N. Downing. Parallel proceedings in the post-Enron era:the duty to warn and the case for abolishing the government misconduct test. Catholic University Law Review, Fall, 2008:199-231.

[19] Lorna E. Gillies. Addressing the "cyberspace fallacy":Targeting the jurisdiction of an electronic consumer contract. International Journal of Law and Information Technology, Autumn, 2008:261.

[20] Cross-jurisdictional forum non conveniens preclusion. Harvard Law Review, June, 2008:2178-2199.

[21] Christina M. Manfredi. Waiving goodbye to personal jurisdiction

defenses: why United States courts should maintain a rebuttable presumption of preclusion and waiver within the context of international litigation. Catholic University Law Review, Fall, 2008:233-262.

[22] Jonathan P. Diffley. Spa-cific jurisdiction: a massage in Barbados perpetuates improper analysis of personal jurisdiction in U. S. courts. Catholic University Law Review, Fall, 2008:305-331.

[23] Roni G. Melamed, Melamed (R. G.). Exercising Personal Jurisdiction Over Nonresident Cyber-stalkers, Colorado Lawyer, August, 2008:75-79.

[24] Emily J. Derr. Striking a better public-private balance in forum non conveniens. Cornell Law Review, May, 2008:819-848.

[25] Finity E. Jernigan. Forum non conveniens: whose conveniens and justice?. Texas Law Review, April, 2008:1079-1121.

[26] Richard L. Holcomb, David B. Smith. Challenging pretrial lis pendens on substitute property. Champion, April, 2008:36-38.

[27] Walter W. Heiser. Forum non conveniens and retaliatory legislation: the impact on the available alternative forum inquiry and on the desirability of forum non conveniens ad a defense tactic. University of Kansas Law Review, April, 2008:609-662.

[28] Kevin A. Meehan. The continuing conundrum of international internet jurisdiction. Boston College International and Comparative Law Review, Spring, 2008:345-369.

[29] Jackie Gardina. The bankruptcy of due process: nationwide service of process, personal jurisdiction and the bankruptcy code. American Bankruptcy Institute Law Review, Spring, 2008:37-68.

[30] John Fellas. Strategy in international litigation. ILSA Journal of International and Comparative Law, Spring, 2008:317-378.

[31] Nathan Viavant. Sinochem International Co. vs. Malasysia International Shipping Corp. : the United States supreme court puts forum non conveniens first. Tulane Journal of International and

Comparative Law, Spring, 2008:557-573.

[32] Catherine Ross Dunham. There is a There There: How the Zippo Sliding Scale Has Destabilized the Structural Foundation of Personal Jurisdiction Analysis. Elon University Law Legal Studies Research Paper, January, 2008:1-40.

[33] Michael McParland. Forum non conveniens in the US: are the courtroom doors finally shut. Journal of Personal Injury Law, 2008: 58-81.

[34] Florrie Young Roberts. The property of a lis pendens in constructive trust cases. Seton Hall Law Review, 2008:213-252.

[35] Youseph Farah. Allocation of jurisdiction and the internet in EU law. European Law Review, 2008:257-270.

[36] Thomas Schultz. Carving up the Internet: jurisdiction, Legal Orders, and the Private/Public International Law Interface. European Journal of International Law, 2008, 19:799-839.

[37] 湖北省高院民四庭. 涉外民事诉讼管辖权问题研究. 武汉:武汉大学出版社,2008.

[38] Tracy O. Appleton. The line between liberty and union: exercising personal jurisdiction over officials from other states. Columbia Law Review, December, 2007:1944-2003.

[39] Rafael Leal-Arcas. Choice of jurisdiction in international trade disputes: going regional or global?. Minnesota Journal of International Law, Winter, 2007:1-59.

[40] Richard P. Goldenhersh. Survey of Illinois law: forum non conveniens. Southern Illinois University Law Journal, Summer, 2007:929-940.

[41] Robert G. Spector. Jurisdiction over children in interstate placement: the UCCJEA, not the ICPC, is the answer. Family Law Quarterly, Spring, 2007:145-163.

[42] Richard K, Greenstein. The action bias in American law: internet jurisdiction and the triumph of Zippo Dot Com, Temple Law

Review,Spring,2007:21-51.

[43] Matthew Chivvis. Reexaming the Yahoo! Litigations: toward an effects test for determining international cyberspace jurisdiction. University of San Francisco Law Review,Spring,2007:699-725.

[44] Dr. Georgios I. Zekos. State cyberspace jurisdiction and personal cyberspace jurisdciton. International Journal of Law and Information Technology,Spring,2007:1-37.

[45] Gerry Maher. Nullity of marriage in the sheriff court:a problem of jurisdiction. Socts Law Times,2007,32:237-239.

[46] Kyle D. Johnson. Minimum Contacts over the internet:How courts analyze internet communications to acquire personal jurisdiction over the out-of-state person. Louisville Law Review,2007.

[47] Jeffrey A. Parness. American general jurisdiction trial courts:new visions, new guidelines. University of Kansas Law Review, October,2006:189-222.

[48] Gregoire Andrieux. Declinign jurisdiction in a future international convention on jurisdiction and judgments—how can we benefit from past experiences in conciliationg the two doctrines of forum non conveniens and lis pendens?. Loyola of Los Angeles International and Comparative Law Review, Summer, 2005:323-369.

[49] Briggs and Rees. Civil Jurisdiction and Judgments,Daly I. L. Pr. 38,2003:208.

[50] Peter Stone. The Treatment of Electronic Contracts and Torts in Private International Law under European Community Legislation. Information and Communications Technology Law,2002,11(2):121.

[51] Gillies, Rules of Jurisdiction for Electronic Consumer Contracts. Scottish Perspectives,SPLQ,2001,6(2):132.

相关案例:

[52] Mostyn vs. Fabrigas,98 Eng. Rep. 1021,1027(K. B. 1775).

[53] St Pierre vs. S. Am. Stores (Gath and Chaves), Ltd., 1936 1 K. B. 382,398 (Eng. C. A.).

[54] International Shoe Co. vs. Washington,326 U. S. 310 (1945).

[55] Koster vs. (American) Lumbermens Mutual Casualty Co. 330 U. S. 518 (1947).

[56] Gulf Oil Corp. vs. Gilbert,330 U. S. 501 (1947).

[57] The Atlantic Star,1973 Q. B.

[58] Miniera di Fragne,Cass. 1e. civ. ,Nov. 26,1974,Rev. crit. dr. int. pr. 1975.

[59] MacShannon vs. Rockware Glass,Ltd. ,1978 A. C. 795.

[60] Piper Aircraft Co. vs. Reyno,454 US 235 (1981).

[61] Calder vs. Jones,465 U. S. 783,789 (1983).

[62] The Abidin Daver [1984] 1 A. C. 398,411.

[63] Spiliada Maritime Corp. ,[1987] 1 A. C.

[64] Ashahi Metal Indus. Co. vs. Superior Court,480 U. S. 102. 115. (1987).

[65] Kalfelis [1988] E. C. R. 5565.

[66] Zippo Mfg. Co. vs. Zippo Dot Com,Inc. ,952 F. Supp. 1119, 1124 (W. D. Pa. 1997).

[67] Réunion européenne SA vs. Spliethoff's Bevrachtingskantoor BV (C-51/97) [1998] E. C. R. I-6511.

[68] Petrotrade Inc. vs. Smith [1999] 1 W. L. R. 475.

[69] Watson [2001] EWCA Civ 972.

[70] Gutnick vs. Dow Jones & Co. Inc. [2001] VSC 305.

[71] Casio vs. Sayo [2001] I. L. Pr. 43.

[72] Lubbe vs. Cape PLC. ,[2000] 1 W. L. R. 1545,1561.

[73] ASL Scan,Inc. vs. Digital Serv. Consultants,Inc. ,293 F. 3d 707,709 (4th Cir. 2002).

[74] Dow Jones & Company,Inc vs. Gutnick [2002] HCA 56.

[75] Hartoy Inc. vs. Thompson d/b/a Truckin' Little Co. ,S. D. Fla No. 02-80454-CIV-Middlebrooks 29/01/03.

[76] Andrew Weir Shipping Ltd vs. Wartsila UK Ltd [2004] EWHC 1284.

[77] ET Plus SA vs. Welter [2005] EWHC 2115(Comm).

[78] Deutsche Bank Securities, Inc. vs. Montana Board of Investments, 850 N. E. 2d 1140(N. Y. 2006).

[79] Roche Nederland BV vs. Primus(C-539/03)[2006] E. C. R. 6535.

[80] S vs. D, 2006 SCLR 805; 2007 SLT(Sh Ct)37.

[81] Freeport Plc vs. Arnoldsson(C-98/06)[2007] E. C. R. I-3819.

[82] O'Connor vs. Sandy Lane Hotel Co. ,496 F. 3d 312,315(3d Cir 2007).

[83] Sinochem Int'l Co. vs. Malaysia Int'l Shipping Corp. ,127 S. Ct. 1184,1190(2007).

[84] Glaxosmithkline and Laboratoires Glaxosmithkline vs. Jean-Pierre Rouard(C-462/06) Not yet reported May 2008.

[85] Adamu vs. Pfizer, Inc. 399 F. Supp. 2d 495(S. D. N. Y. 2005).

[86] Mujica vs. Occidental Petroleum Corp. 381 F. Supp. 2d 1134 (C. D. Cal. 2005).

[87] Sosa vs. Alvarez-Machain, 542 U. S. 692(2004).

[88] Myers vs. Boeing Co. ,794 F. 2d 1272,1281(Wash. 1990).

[89] Iragorri vs. United Techologies, 274 F. 3d. 65(2d. Cir. 2001).

[90] Pastewka vs. Texaco, Inc. ,420 F. Supp. 641,642-643(D. Del. 1976).

[91] Choo vs. Exxon Corp. ,486 U. S. 140,142(1988).

[92] Mizokami Bros. of Ariz. , Inc. vs. Baychem Corp. ,556 F. 2d 975, 978(9th Cir. 1977).

西方武装冲突法研究前沿追踪[*]

黄德明　朱　路　郝发辉[**]

（武汉大学国际法研究所，武汉，430072）

　　武装冲突法，顾名思义，是战争和武装冲突的产物，如同整个国际法一样，仍处于待发展、待完善的阶段。随着战争形态和武装冲突性质的演变，老问题有了新情况，而新情况几乎没有多少规则可遵循，其含糊而笼统的规定的执行与适用不仅不尽如人意，甚至可能因任意解释而完全被规避。这些新旧交织的问题与挑战，经过媒体的报道与放大，不仅为世人所关注，更成为学界研究的热点领域，而美国，作为当今世界最有影响力的国家，在"9·11"事件后进行的引发全球广泛争议的"反恐战争"几乎是每一位武装冲突法学者不能也不会回避的研究对象。在广泛搜集西方武装冲突法研究最新资料的基础上，经过筛选与消化，本文拟从七个方面对其最新进展进行梳理，并作出评论和预测。

一、宏观问题

　　"9·11"事件发生几个小时后，布什总统就宣布进行一场

---

　　* 本文获得教育部人文社科重点基地重大项目"国家军事需求下的国际人道法"（项目批准号：07JJD820164）和武汉大学 2009 年度"海外人文社会科学前沿追踪计划"的资助。

　　** 黄德明，武汉大学国际法研究所教授、博士生导师；朱路，武汉大学国际法研究所博士研究生；郝发辉，武汉大学国际法研究所博士研究生。

"全球反恐战争"，当时世界各地专家普遍认为这仅仅是一种政治上的考量，或一种修辞手段，以此来促使美国民众意识到形势的严重性。然而后来越来越多的证据显示布什总统正下令进行无预警的杀戮、不审判而无限期扣押、未经同意在公海上进行搜捕等行为，这些行为只有当发生影响全球、"法律上的"（de jure）武装冲突时才是合法的，但是根据国际法却又难以质疑这些行动，因为国际法没有形成一个能广为接受的"武装冲突"的定义。2005 年 5 月，国际法协会（International Law Association）认为急需一份关于国际法上武装冲突定义的报告并委托其使用武力委员会（The Use of Force Committee）对此进行研究。2008 年 8 月，在里约热内卢举行的国际法协会会议上，使用武力委员会提交了关于国际法上武装冲突含义的初步报告。报告认为，所有武装冲突至少包括两个必要特征，一是存在有组织的团体，二是这些团体参与了激烈的战斗。报告指出，自"9·11"事件后美国虽一直处于与阿富汗及伊拉克的武装冲突中，但并没有处于全球性武装冲突中，因此，美国的行为缺乏国际法的支持。初步报告将在进一步扩展后提交 2010 年国际法协会海牙会议，增加的部分主要包括：人权与武装冲突、武装冲突的起止时间、"激烈"的标准、"组织"的标准、武装冲突的地域范围等。①

Balendra 认为，国际法上关于"武装冲突"的要件尚无定论，而近年来非国家行为体作为对国际和平与安全的主要挑战者以及美国声称"反恐战争"是国际法下的武装冲突成为争论的焦点。国际人道法并非独自适用，而是与其他法律特别是国际人权法协同适用，虽然二者有时互有冲突，但如果根据"特别法"（lex specialis）原则将国际人道法视为国际人权法的例外加以适用，则可妥善解决二者之间的关系，其前提是将适用原因即"武装冲突"作狭义解释，同时尽可能缩小国际人道法对国际人权法的背离。在国家打击跨国恐怖分子特别是美国的"反恐战争"是否构成国际法上的武

① Mary Ellen O'Connell, Defining Armed Conflict, Journal of Conflict & Security Law, 2008, 13：393-400.

装冲突这个问题上，作者持肯定态度并倾向对"武装冲突"做扩大化解释以便包括国家对国际恐怖主义的不同反应，其前提是可适用的有关国际人道法规定也作相应的修改。①

Marsh 以红十字国际委员会 2005 年出版的《习惯国际人道法（研究）》第 45 条为切入点，探讨红十字国际委员会在编写此书时的方法论错误。习惯国际法的要件包括国家实践和法律确信，在研究第 45 条时，《习惯国际人道法（研究）》一方面承认一些国家如美国、英国和法国对此条款的全部或部分表示持续反对，一方面根据对国家实践和法律确信的研究，认为该条款不仅已经成为习惯国际法，适用于国际性武装冲突，甚至也适用于非国际性武装冲突。《习惯国际人道法（研究）》对于文字上的"国家实践"诸如军事手册和联合国决议等的分量看得过重，认为如果像军事手册之类的材料提及法条足够多，那么形成习惯国际法所需的"法律确信"也已满足，而且对于形成习惯国际法的另外两个重要原则即特别受影响的国家和持续反对考虑不充分，这就使得所谓的习惯国际法只是一厢情愿的"应然法"（lex ferenda），而不是"实然法"（lex lata），导致书中详细阐述的法条实际上并不代表实然法，这样不仅对其习惯国际法地位带来不确定性，而且也危及整本书的可信度。②

Stahn 认为，关于武力的法律除包括诉诸战争的权利（jus ad bellum）和战时法（jus in bello）外，从历史的角度看，还应有战后法（jus post bellum），它曾是正义战争理论的重要组成部分，在圣奥古斯丁、格劳秀斯、康德的著作中屡有提及，然而在 19、20 世纪，当战时法和诉诸战争的权利被逐渐被提及的时候，战后法却被人遗忘。究其原因，一是普遍忽略了战后法的法律性，二是当今

---

① Natasha Balendra, Defining Armed Conflict, Cardozo Law Review, 2008, 29: 2462-2516.

② Major J. Jeremy Marsh, Lex Lata or Lex Ferenda? Rule 45 of the ICRC Study on Customary International Humanitarian Law, Military Law Review, 2008, 198: 116-164.

学界存在将法律和道德混同或曲解的倾向。①

　　Gottesman 以战俘待遇为视角讨论《日内瓦公约》义务的履行与互惠问题。《日内瓦公约》规定条约的遵守不以互惠为条件，但美国长期以来认为互惠确有作用，而且声称适用狭义的互惠对于公约的遵守来说最为合适。通过统计分析 20 世纪的冲突及相关国家对《关于战俘待遇的日内瓦公约》的履行，作者认为各个国家如美国实际上是以一报还一报的方式来履行《日内瓦公约》义务，强调互惠而忽视非直接当事方的反应。这种只盯着直接敌对方的反应的做法已非常不合时宜，因此应对互惠作扩大化解释而不是废除互惠，并履行日内瓦条约义务，这样做不仅仅是因为日内瓦公约如此规定，最根本的原因是符合国家利益。②

　　Akhavan 以前南国际刑事法庭在 Gotovina 一案所作的判决为切入点，研究反人类罪与战争法的调和问题。第二次世界大战后，反人类罪在国际人权法中逐渐发展并形成独立概念，但在武装冲突中所犯下的反人类罪仍由战争法管辖。国际人权法和战争法虽有根本区别，但二者在某些方面却有重合。前南国际刑事法庭在 Gotovina 一案中认为，当驱逐出境构成反人类罪时，战争法将不再适用。这种观点认为，即使是遵守海牙公约体系的区分原则和相称性原则进行的合法进攻，如果指挥官明知会导致平民流离失所，仍会构成具有反人类罪性质的驱逐出境。这种将反人类罪扩大解释的做法看起来是个进步，但没有考虑到在可预见的将来战争或冲突不会消失这个现实，不仅缺乏可行性，而且将危及战争法，应受到批评和反对。③

---

　　① Carsten Stahn, Jus Post Bellum: Mapping The Discipline (s), American University International Law Review, 2008, 23: 311-346.

　　② Michael D. Gottesman, Reciprocity and War: A New Understanding of Reciprocity's Role in Geneva Convention Obligations, U. C. Davis Journal of International Law and Policy, 2008, 14: 147-176.

　　③ Payam Akhavan, Reconciling Crimes against Humanity with the Laws of War: Human Rights, Armed Conflict, and the Limits of Progressive Jurisprudence, Journal of International Criminal Justice, 2008, 6: 21-36.

Sloane 从历史和实践的角度进行研究，认为诉诸战争的权利和战时法不应融合，而应保持为两个独立的体系。国际法院在核武器案的意见典型地反映了融合所付出的代价，即两个体系的效力和规范力都被减损，使得无法恰当地适用二者，甚至完全不能适用，致使世界秩序更加地暴力，徒增不必要的苦难和对人权的践踏，而如果能够严格分别适用这二者，则可以避免这些。这种二元观点在21 世纪无疑会而且已经遭到批评和质疑，但根据历史经验以及战争的政治和道德现实，战争法确有必要坚持二元观，严格区分发动战争的权利和进行战争的权利。①

Sayapin 研究了红十字国际委员会与国际人权法的关系，认为由于国际人权法的政治色彩，红十字国际委员会在历史上很长一段时间里尽量避免对其进行援引，但在过去十年间，红十字国际委员会却以前所未有的方式和频率明确援引国际人权法，究其原因，是因为武装冲突的性质在不断变化，这使得红十字国际委员会必须根据新情况加强其所提供的保护与援助。这种做法一方面可能对于红十字国际委员会实现其宗旨确有帮助，另一方面红十字国际委员会要把握援引国际人权法的限度，避免因此而模糊其独特身份，混同为反复无常的国际人权组织的一员。②

二、执行与适用

Sutter 认为战争法的执行长期以来是个难题，虽然可以通过法庭和调停等方式来解决，但现在越来越多的战斗方采取非法手段来实现目的使得情况更加棘手，因为一旦违法行为发生，很有可能在战斗中会持续发生，而且必须要将违法人员抓获才可能通过法庭来

① Robert D. Sloane, The Cost of Conflation: Preserving the Dualism of Jus Ad Bellum and Jus In Bello in the Contemporary Law of War, Yale Journal of International Law, 2009, 34: 48-108.

② Sergey Sayapin, The International Committee of the Red Cross and International Human Rights Law, Human Rights Law Review, 2009, 9: 95-123.

解决，这实际上对于守法一方来说不太公平。作者认为，报复才是解决这一问题的最终手段，其原则是以同样的方式回应非法行为，迫使违法者停止。虽然很多人认为报复已不再是一个有效的手段而且很快将完全非法，但是，让违反同样法律的敌对方逍遥法外更加令人无法接受。作者认为，虽然根据《日内瓦公约》体系及其第一附加议定书，报复的适用范围受到较多限制，但是对于保证战争法的执行，仍最为有效。①

Olson 以非国际性武装冲突中的扣押程序为切入点研究国际人道法和国际人权法在执行中的互补问题。扣押作为一种不经刑事指控而剥夺自由的预防性安全手段，常发生于武装冲突中，这种做法由于剥夺了人的基本权利即自由，因此必须遵守某些程序和实质上的规定。然而，国际人道法的有关条约中并没有适用于非国际性武装冲突中扣押的有关规则，因此只能着眼于国际人权法，为了能提供给被扣押人员最大限度的法律保护，必须先要厘清国际人道法和国际人权法的关系。作者提出，为解决国际人道法和国际人权法在执行中的互补问题，可以采取两种方法：一是制定一个反映国际人权法的国际人道法公约和一个反映国际人道法的适用于战时的国际人权法公约，二是分析国际人道法和国际人权法各项规定间的相互关系并起草一份文件重述分析的结果。②

Mendez 认为，国际人道法的执行问题并非一家独有，是国际法不成体系的产物。要解决这个问题，必须废除免责权，建立问责制，让国内法庭和国际法庭从两个层面互为补充来实现正义，保障和平，避免将来可能发生更多违反国际人道法的行为，但也必须明

① Philip Sutter, The Continuing Role for Belligerent Reprisals, Journal of Conflict & Security Law, 2008, 13: 93-119.

② Laura M. Olson, Practical Challenges of Implementing the Complementarity between International Humanitarian and Human Rights Law-Demonstrated by the Procedural Regulation of Internment in Non-International Armed Conflict, Case Western Reserve Journal of International Law, 2007-2009, 40: 437-461.

白这样只能减少而不可能根除这类行为。①

Cohen 从法经济学的角度来研究国际人道法的适用问题。近年来，国际人道法的适用出现两个趋势，一是法庭，无论是国内法庭还是国际法庭，在执行国际人道法中占据更为主要的地位；二是武装冲突法的内容从未如此详细，如此影响深远过。这两个趋势实际上互为因果，但却反映出另一个不太为人所知的趋势，即国际人道法的适用，正在从"规则类"取向往"标准类"取向转换，国际人道法在被占领领土的适用即是典型例证。"规则"和"标准"代表的是一系列法律规范，其区别在于精确性的不同，"规则"比"标准"精确很多，但二者之间又无明确界限。从"规则类"转换为"标准类"有四个好处：一是法庭获得了更多的自由裁量权，二是在不同国家适用同样规范时能更适应形势，三是可根据情况变化加以适用而无须修改现存法律文件，四是使得法院能够解决出现在类似规则的法律规范中的纰漏。但这种转换也有如下几个不足：一是国内法庭在适用国际人道法时可能会有所偏袒，二是国际人道法案例影响深远，法庭是否能够充分认识到其判决的各种后果尚不明确，三是以标准为基础作出判决所需时间较长，四是由于法庭是创造规范的机构，其形式与实质合法性成为一个非常重要且棘手的问题，五是军队律师法律意见的可信度问题。作者认为，传统国际人道法之所以采取规则，正是因为适用规则的成本较低。现在，成本已经转移到第二阶段和第三阶段特别是法律意见和法院判决上去，这样做可能会带来问题。对于国际人道法来说，核心问题不是规范的改变或条约的增加，而是法律得到执行。②

Perrin 从国际刑法的角度来研究国际人道法的执行问题。国际刑法处于国际公法、国际人道法、国际人权法和各国国内刑法的交汇处，在处理复杂案件的时候，国际刑法并不如一般所说的那样借

---

① Juan E. Mendez, Preventing, Implementing and Enforcing International Humanitarian Law, Studies In Transnational Legal Policy, 2008, 39: 89-99.

② Amichai Cohen, Rules and Standards in the Application of International Humanitarian Law, Israel Law Review, 2008, 41: 41-67.

助于公认的国际公法原则来调和不同的法律渊源，而是通过法院的自由裁量。通过分析前南国际刑事法庭和卢旺达国际刑事法庭的判决，发现援引传统国际法渊源及其解释规则来回答以前未解决的问题已经遇到了程序和实质上的双重困难，而问题的核心在于，国际刑事法院必须在国际人权法和国际人道法各自的宗旨上，即在最大限度地保证被告人得到公平和公正的审判与最大限度地给予武装冲突受害者人道主义保护之间，作出选择或者作出平衡。作者认为，国际刑法要担当起公正和有效地维持国际正义的大任，关键是使国际人道法的义务得到有效履行，同时吸收和借鉴国内法和国际人权法。①

Dennis 研究了《公民权利和政治权利国际公约》在武装冲突和军事占领时期的适用问题。2004 年国际法院在巴勒斯坦被占领领土修建隔离墙案咨询意见中指出，以色列根据《公民权利和政治权利国际公约》、《经济、社会和文化权利国际公约》、《儿童权利公约》承担的义务适用于其所占领的领土，其修建隔离墙的行为构成对上述义务的违反。在 2005 年刚果领土武装活动案的判决中，国际法院认为乌干达军队在占领刚果领土期间多次违反了国际人道法和国际人权法，包括《公民权利和政治权利国际公约》、《儿童权利公约》及其任择议定书，即国际法院认为，《公民权利和政治权利国际公约》的义务不仅域外适用，而且在武装冲突和军事占领期间也适用。在实践中，国家似乎可以接受在武装冲突和军事占领时在国内适用有关国际人权公约，也似乎可以接受这些国际人权条约的某些与实际归于国际人道法的事项重叠的规定，如在武装冲突中禁止使用儿童兵，既能在国内适用也能在域外适用。但是，国家一般不能接受国际人权公约如《公民权利和政治权利国际公约》域外适用。作者通过对比研究《公民权利和政治权利国际公约》和《欧洲人权公约》，认为《公民权利和政治权利国际公

① Benjamin Perrin, Searching for Law while Seeking Justice: The Difficulties of Enforcing International Humanitarian Law in International Criminal Trials, Ottawa Law Review, 2007-2008, 39: 367-403.

约》的设计者从未想过要让公约的义务在武装冲突时域外适用，这样做不仅与《公民和政治权利国际公约》本身相违背，而且与1907年《陆战法规惯例公约》第43条不符，在实践中也会对维持和保护联合国或其他国际组织进行军事行动所在的领土上的人权不利，因此，国际法院的此种态度值得质疑。①

Hansen 从法律激励（legal incentives）的角度研究美国遵守战争法的问题。在巨大的压力下，即使是受过最好训练、装备最为精良、最有组织纪律的武力力量，也不能避免出现严重违反战争法的行为，美军阿布格莱布监狱虐囚事件即为典型例证，而战争法要得到切实遵守，指挥官是关键。事实证明，现存的法律激励机制没能很好地促使指挥官将遵守战争法作为最优先考虑的事项并在实践中尽量实现，其原因如下：首先，美国《军事审判统一法典》（Uniform Code of Military Justice）第92条没有明确规定指挥官的法律义务，而且对渎职的犯罪意图规定也不清晰。其次，第92条没有明确规定在遵守战争法的事项上，指挥官应采取哪些措施来预防、禁止和处罚违反战争法的行为。最后，第92条也没有规定指挥官问责机制，而且现实中也极少追究指挥官的法律责任，多是处以行政处罚如停职、降级等。因此，必须确立指挥官责任原则作为激励遵守战争法的核心，并对《军事审判统一法典》有关条款加以修改。②

Bloom 研究了黎巴嫩真主党的国际法地位问题，其地位决定了真主党与以色列间冲突是国际性武装冲突还是非国际性武装冲突，也决定了国际人道法将如何适用的问题。真主党实际上代表了黎巴嫩行事，原因有四：一是真主党在黎巴嫩国内的政治经济生活中占据重要地位；二是当以军对黎巴嫩全境包括真主党控制的黎巴嫩南

① Michael J. Dennis, Andre M. Surena, Application of the International Covenant on Civil and Political Rights in Times of Armed Conflict and Military Occupation: The Gap between Legal Theory and State Practice, European Human Rights Law Review, 2008, 6: 714-731.

② Victor Hansen, Creating and Improving Legal Incentives for Law of War Compliance, New England Law Review, 2008, 42: 247-267.

部发起进攻时，只有真主党予以反击，而黎巴嫩官方部队没有作出任何回应；三是黎巴嫩官方既没有调查也没有阻止真主党的行动；四是真主党也经常暗示自己代表了黎巴嫩。因此，真主党与以色列间未来的冲突很可能在本质上属于国际性武装冲突。如果真主党再次明示或暗示自己代表了黎巴嫩行事，不仅所有《日内瓦公约》都将适用其与以色列间的冲突，而且由于黎巴嫩是《第一附加议定书》和《第二附加议定书》的签署国，这两个议定书也将适用，以色列虽不是签署国，但也要遵守从两个议定书发展起来的习惯国际法。在今后的冲突中，真主党成员应被视为"战斗员"，而不是"游击队"或"雇佣兵"，如果能满足某些要求，如将自己与平民明确区别开来，第一附加议定书等将能给予被俘真主党成员以战俘地位并提供国际人道法上的保护。①

Petty 认为，伊朗支持并利用真主党、哈马斯、伊拉克反叛组织等非国家行为体来实现多个目标，如增加伊朗在中东地区的影响、遏制沙特阿拉伯、打击以色列、限制或消除美国在中东地区的影响等。由于伊朗给予这些组织直接且实质的支持，其利用真主党、哈马斯攻击以色列的行为符合联大《第3314号决议》关于侵略的定义，真主党、哈马斯的其他行为还构成对所在国或邻国领土完整或政治独立的威胁，伊朗的这种行为严重危害了该地区的和平与安全，鉴于此，美国不能过于迅速地撤离伊拉克，联合国应当继续对伊朗的经济制裁，国际社会应当对伊朗及真主党、哈马斯等组织施压。②

自2003年进行"反恐战争"以来，美国一直声称联合国人权委员会和其继任联合国人权理事会以及其特别报告程序全都缺乏对武装冲突中的违法行为的管辖权，对武装冲突中的违法行为的管辖

① Catherine Bloom, The Classification of Hezbollah in Both International and Non-International Armed Conflicts, Annual Survey of International and Comparative Law, 2008, 14: 61-89.

② Keith A. Petty, Veiled Impunity: Iran's Use of Non-State Armed Groups, Denver Journal of International Law and Policy, 2008, 36: 191-219.

及问责应当交由红十字国际委员会和其他非政府间国际组织处理，同时美国坚持在武装冲突中国际人权法不应适用，如果国际性武装冲突的一方是国家，另一方是非国家行为体，国际人道法也不能适用。如果同意美国的这些说法，将产生两个负面结果：一是由于联合国机构"缺乏管辖权"，而"拥有管辖权"的红十字国际委员会又无法系统和有效地行使管辖权和追究当事国的责任，导致出现法律责任的真空状态，使得美国得以以最大限度的灵活性去进行其"反恐战争"，同时承担最小限度甚至不承担相应责任；二是美国的此种行为一旦被允许，其他国家则会纷纷效仿，势必构成对国际法特别是其责任制度的严重冲击，因此，必须要反对美国的此种观点。①

三、对特定人和物的保护

（一）对平民的保护

1. 对平民的保护和处置

Dinstein 认为，区分原则关键的分歧在于对战斗员和平民的区分，而采取红十字国际委员会的二分法是不正确的。虽然对平民的保护是武装冲突法最基本的原则，但平民也不是理所当然地在任何情况下都受到保护。很多情况下平民不会受到实际保护，而且，如果平民直接参与战斗，将因此而失去保护并成为攻击的目标，这种情况下对平民的杀害不是背信弃义，而是合法的。②

美国在"反恐战争"中扣押平民引起很大争议，在阐明这个问题的过程中，立法者、诉讼人和法官都在不同程度地曲解和误用

① Philip Alston, Jason Morgan-Foster, William Abresch, The Competence of the UN Human Rights Council and Its Special Procedures in Relation to Armed Conflicts: Extrajudicial Executions in the 'War on Terror', European Journal of International Law, 2008, 19: 183-208.

② Yoram Dinstein, Distinction and Loss of Civilian Protection in International Armed Conflicts, International Law Study Series, US Naval War College, 2008, 84: 183-198.

国际人道法，而问题的关键在于国际人道法是否允许对平民的预防性扣押或扣押特定平民。Goodman 认为，国际人道法没有实质性禁止对于构成安全威胁的平民的预防性扣押，国际人道法应将平民分为四类并以三种强制手段来加以限制。①

2. 对平民财产的保护

平民财产在战时应受到保护，对于战时平民财产的不法损害，是否应该和何时予以恢复，越来越具有现实意义。损害不仅仅反映在交换价值和市场价值上，也不只是人道价值，而是民用价值。食品、药物和衣服必须用比珠宝等更高的标准来补偿，例如对粮仓和医院，相对所有者，国际人道法给予使用者更多的特权。② Ronen 探讨了无过错责任原则在建立武装冲突损害赔偿责任制度中的可行性问题，认为虽然目前看来非常困难，但不是不可能，而有关研究将在老问题上有新的突破，促进国际法的发展。③

（二）对特定物的保护

1. 对环境的保护

2006 年 7 月 13 日，以色列空军在吉耶攻击了储油设备，第一次爆炸导致了接近 12000 吨原油进入大海。此次事件是关于武装冲突中环境保护的典型案例。Ling-Yee Huang 认为由于武装冲突可能导致环境的长期损害，在军事行动中应严格考虑对环境造成的影响，并综合适用人道需求、区分原则和相称性原则来保护环境。④

---

① Ryan Goodman, The Detention of Civilians in Armed Conflict, The Journal of International Law, 2009, 103: 48-75.

② Lea Brilmayer, Geoffrey Chepiga, Ownership or Use? Civilian Property Interests in International Humanitarian Law, Harvard International Law Journal, 2008, 49: 413-446.

③ Yaël Ronen, Avoid or Compensate? Liability for Incidental Injury to Civilians Inflicted During Armed Conflict, Vanderbilt Journal of Transnational Law, 2009, 42: 181-215.

④ Ling-Yee Huang, The 2006 Israeli-Lebanese Conflict: A Case Study for Protection of the Environment in Times of Armed Conflict, Florida Journal of International Law, 2008, 20: 103-112.

2. 对学校的保护

当代武装冲突法给予学校的保护不及对医院和宗教建筑的保护，对学校的保护就是禁止在武装冲突中将学校作为攻击目标，但未能妨碍和阻止将校舍转换为具有军事用途的设施。因此，在武装冲突中，屡有将校舍作为军事设施的不当行为，导致那些未被转化的学校受到军事攻击的可能性不断增加。为解决这个问题，必须澄清三点：一是确定哪些设施有资格得到保护，二是维护这种被保护的特殊权利，三是确保战场识别。战争法中对于医院和宗教建筑的保护由攻击者承担所有的责任发展到由攻击者和捍卫者承担同样责任，对学校的保护同样可以促进重新关注攻击者和捍卫者根据战争法应承担的负担，使他们减少在战争中对平民和平民建筑的损害。①

四、对特定行为的限制

（一）强奸

对武装冲突中性暴力犯罪问题的研究，在近几年取得了巨大的进步。许多女权主义者参与了前南国际刑事法庭和卢旺达国际刑事法庭的工作以及《罗马规约》的制定过程。Peterson 从国际法和美国国内法的角度研究了该问题，通过分析前南国际刑事法庭和卢旺达国际刑事法庭的典型案例，认为在特设国际刑事法庭中，强奸案起诉过程虽有成功的方面，但仍存在问题，指出在国际法和美国难民法中对强奸案受害者的保护和公平对待都存在不足，需要在这两个领域进行改进，以确保受害者得到应有的保护和正义。② Haskell 对前南国际刑事法庭、卢旺达国际刑事法庭和国际刑事法院的相关

---

① Gregory Raymond Bart, The Ambiguous Protection of Schools Under the Law of War Time for Parity with Hospitals and Religious Buildings, Georgetown Journal of International Law, 2009, 40: 405-431.

② Lindsay Peterson, Shared Dilemmas: Justice for Rape Victims under International Law and Protection for Rape Victims Seeking Asylum, Hastings International and Comparative Law Review, 2008, 31: 509-525.

案例进行了研究，认为第二次世界大战后，在武装冲突中，关于强奸妇女罪的法令出现得愈加频繁，类型也愈加复杂。国际法正努力保护武装冲突中遭到强奸的妇女的权益，不论这种强奸为何种形式①。

（二）扣押

武装冲突中的行政扣押是指参与武装冲突的国家把交战人员不经刑事审判而予以扣押的做法。日内瓦第三公约从总体上对扣押作出规定，第四公约中适用国际性武装冲突中的行政扣押程序规定比较详尽，但关于非国际性武装冲突中的行政扣押的规定相当缺乏。非国际性武装冲突中的扣押因此基本上完全由一国国内法所调整。由于规制国家在实施此种扣押时所应采取的程序的国际法规定非常有限，Deeks 分析并阐述了在武装冲突中，国家应何时、怎样进行行政扣押及其持续时间，认为国家应把日内瓦第四公约关于行政扣押的四个核心原则运用到武装冲突，包括非国际性武装冲突中。②

自"9·11"事件以来，对恐怖主义犯罪嫌疑人的扣押问题上有两种主要观点。一种观点认为在对付像基地组织一样的跨国恐怖组织时，国家是处于战争状态中的，因此战争法应适用并允许对恐怖主义犯罪嫌疑人进行扣押，而且扣押可以一直持续到"敌对状态"结束。第二种观点拒绝适用战争法并坚称应适用国际人权法，认为除非通过刑事程序，否则不得进行扣押。Hakimi 认为，以安全为由进行的扣押是否合法最终取决于斗争的性质和对安全构成的威胁，针对如基地组织一样的跨国恐怖组织时，扣押对于国家来说是可行的选择，关键是必须规范此种扣押，避免滥用。③ 预防性扣押同样受到了学者的关注。Cassel 认为，如果出于安全目的允许对

---

① John D. Haskell, The Complicity and Limits of International Law in Armed Conflict Rape, Boston College Third World Law Journal, 2009, 29: 35-74.

② Ashley S. Deeks, Administrative Detention in Armed Conflict, Case Western Reserve Journal of International Law, 2007-2009, 40: 403-436.

③ Monica Hakimi, International Standards for Detaining Terrorism Suspects: Moving beyond the Armed Conflict-Criminal Divide, Case Western Reserve Journal of International Law, 2007-2009, 40: 594-650.

疑似恐怖分子进行预防性扣押，必须重视此种做法固有的对于自由的损害，其适用也一定要保持在一个绝对小的限度内，而且遵循欧洲模式，即此种扣押应仅限于国家处于紧急状态时且应在严格控制的限度及时间内进行。①

五、对作战人员和武器的限制

（一）私营军事安保公司

现代私营军事安保公司（以下简称"安保公司"）、军事安保产业是近年来武装冲突法研究的热点之一，美国作为一家独大的军事安保服务的提供者和消费者，其相应法规、实践、态度等，也是研究的热点。

Gaston 研究了安保公司对实施国际人道法的影响。安保公司对于在所参与的联合行动中犯下的侵犯人权行为和刑事犯罪以及其他攻击行为均能免责，这使得很多人视之为"新型雇佣军"，而根据国际法应当予以禁止。确实，安保公司所掌控的资源以及遍布全球的军事安保行动构成对世界和平与安全独特的，甚至是棘手的挑战，尤其是公司的形式使其有能力解除来自国内法和国际法的限制，从而弱化了作为雇主的国家要求公司对在其进行的军事和安保行动中违反国际人道法和国际人权法的行为负责。也有人认为，有充分的法律上的、政策上的、实践上的理由不支持将安保公司视为雇佣军，因为市场的力量已经使得安保公司比历史上的雇佣军更为遵守国际法和国内法，而且作为雇主的国家也注重其国际声誉，因此对其进行国际协调管理比简单封禁更为可行。具体来说，国际社会应在国际人道法中发展或形成一个新的原则，即外包一国的军事与安全事务给安保公司构成国际法上的使用武力，国家应以该原则

---

① Douglass Cassel, Pretrial and Preventive Detention of Suspected Terrorists: Options and Constraints under International Law, Journal of Criminal Law and Criminology, 2008, 98: 811-847.

为基础建立确保其所雇用的安保公司在进行军事和安保行动时遵守其国内法和国际法的机制，同时在国际间加强集体协作和监督。①

Salzman 认为，国家对安保公司日益增长的依赖性，不仅损害了发动战争或使用武力的民主程序，危害了国家对合法使用武力的垄断，而且安保公司优先考虑的是自己的利益，而非国家利益，这很可能导致世界越来越军事化，构成对世界和平与安全的挑战。无论从国际法的字面含义还是其精神来看，安保公司都应被归为雇佣军而为国际法禁止，现存的关于雇佣军问题的国际法尤其是《日内瓦公约第一附加议定书》第47条至少应对一部分安保公司适用，但是，《第一附加议定书》有不少纰漏，而且批准的国家有限，因此，如果想使国际法有效地约束和管理安保公司，应对现存有关条款加以修改。②

Scheimer 认为，虽然《日内瓦公约第一附加议定书》第47条和1989年《联合国雇佣军公约》都已尝试给"雇佣军"下定义，然而能否根据这些规定将安保公司视为雇佣军，尚不明确，而且，由于《第一附加议定书》和《联合国雇佣军公约》未被广泛接受，因此甚至不能称之为有效的国际法，习惯国际法此时应当适用。根据习惯国际法，安保公司如果根据与雇佣国的合法合同代表雇佣国利益行事时，则属于合法的向雇佣国提供支持的组织。实际上，目前是国内法而不是国际法正在约束和管理安保公司。国际社会已经广泛接受和使用安保公司，而安保公司的全球化特征也内在地要求统一的、全球性的标准，因此有必要发起并缔结一个关于安保产业的国际公约，同时建立一个对安保公司行使准入、监管等权力的国

① E. L. Gaston, Mercenarism 2.0? The Rise of the Modern Private Security Industry and Its Implications for International Humanitarian Law Enforcement, Harvard International Law Journal, 2008, 49: 221-248.

② Zoe Salzman, Private Military Contractors and the Taint of a Mercenary Reputation, New York University Journal of International Law and Politics, 2008, 40: 853-881.

际机构以解决其可能带来的问题与挑战①。Govern 和 Bales 持类似
观点，认为关于雇佣军的国际法规定不仅相当不严谨，而且缺乏广
泛支持，在现实中国家的实践往往与之相左并逐渐发展成习惯国际
法，但必须承认国际社会是支持禁止雇佣军的。根据现有的国际法
定义与标准，不能视安保公司为雇佣军，甚至也很难找到所谓的
"雇佣军"，对安保公司在武装冲突中违反国际人道法和国际人权
法的行为，利用国内法追究刑事责任较为可行。②

　　Ridlon 研究了美国雇佣的在伊拉克的安保公司的法律地位问
题。由于安保公司直接参与了在伊拉克的战斗，其雇员有可能被视
为非法的战斗员，这不仅会影响雇员个人，也会影响公司，还会影
响雇佣国。理论上讲，任何安保公司参与非法战斗的雇员都可能要
负刑事责任，公司也因此行为要负刑事责任，而雇佣该公司的国家
即美国，则不仅会因此行为导致形象受损，而且也给其他国家或非
国家行为体违反战争法以理由。解决这个问题的关键在于使安保公
司雇员摆脱非法战斗员的身份，可以要求佩戴可识别身份的标识，
也可以对其进行战争法规的培训并确保在军事行动或武装冲突中遵
守战争法。③ Jordan 持类似观点，认为安保公司既然已经成为并将
继续构成美国军事行动不可或缺的一部分，就应当对其进行约束并
追究其违法行为的法律责任，防止破坏美国国际形象，恶化美国与
东道国的关系。为此，美国应制定相应法律，明确规定安保公司的
行为规则、管辖权的法理基础、刑事犯罪调查的正当程序、既处罚

---

① Michael Scheimer, Separating Private Military Companies from Illegal
Mercenaries in International Law: Proposing an International Convention for Legitimate
Military and Security Support That Reflects Customary International Law, American
University International Law Review, 2009, 24: 609-636.

② Kevin H. Govern, Eric C. Bales, Taking Shots at Private Military Firms:
International Law Misses Its Mark (again), Fordham International Law Journal, 2008,
32: 55-88.

③ Captain Daniel P. Ridlon, Contractors or Illegal Combatants? The Status of
Armed Contractors in Iraq, Air Force Law Review, 2008, 62: 199-239.

当事人也处罚当事公司的救济手段等。①

Morgan 认为，根据《日内瓦第三公约》和《第一附加议定书》，将安保公司视为隶属于冲突一方的战斗员最为合适，美国应支持这个观点，原因有二：一是美国《军事审判统一法典》已将管辖权扩展至参与武装应急行动的安保公司，因此对安保公司的行为将负有国际法上的责任，正因如此，美国应明确安保公司的责任和权利，避免军事指挥官和安保公司领导者违反战争法；二是由于美国作为安保行业占据垄断地位的服务提供者和消费者，应充分利用其市场霸主地位建立关于安保公司的国际法责任规范体系，并借助其国际影响力将该规范体系或形成条约或形成习惯国际法，唯有这样才能最大限度地维护美国的国家利益。②

White 和 MacLeod 研究了国际组织特别是欧盟和联合国在维和行动中雇佣安保公司可能产生的责任问题。随着军队的精简，欧盟不可避免地要步美国、英国和联合国的后尘将其部分维和行动外包给安保公司，由于缺乏独立的法律人格，根据现有的国际法很难要求参与欧盟或联合国维和行动的安保公司直接承担其违反国际人道法或国际人权法的责任，而新兴的国际软法或欧盟软法中的公司社会责任论收效甚微。在国际法有新的进展之前，责任由对安保公司行使权威、进行完全控制的国际组织来承担比较公平、比较可行，也符合国际法。③

Ryngaert 认为，可以采用"社会化"方式，即在国内法庭提起诉讼的方式来解决私人安保公司因违反国际人道法或国际人权法而产生的责任问题。诉讼分为刑事诉讼和民事诉讼，在解决责任问题

① Craig S. Jordan, Who Will Guard the Guards? The Accountability of Private Military Contractors in Areas of Armed Conflict, New England Journal on Criminal and Civil Confinement, 2009, 35: 309-334.

② Richard Morgan, Professional Military Firms under International Law, Chicago Journal of International Law, 2008, 9: 213-239.

③ Nigel D. White, Sorcha MacLeod, EU Operationsand Private Military Contractors: Issues of Corporate and Institutional Responsibility, European Journal of International Law, 2008, 19: 965-987.

上，各有利弊，如提起刑事诉讼时担心侵犯别国主权、民事诉讼由于程序繁琐受害人胜诉几率非常小等。但是总地来看，刑事诉讼相对简捷，而且判决结果远比民事诉讼的物质赔偿富有威慑力，因此，以国内刑事诉讼的方式解决私人安保公司因违反国际人道法或国际人权法而产生的责任问题是较好选择。①

正是因为提供国内和国际服务的安保公司数量不断增长，而且缺乏合适的监管以及问责措施，这些公司的雇员已经犯下和正在犯下严重侵犯人权的行为，而其本身的权利也受到其公司的侵犯。鉴于此，作为联合国人权理事会特别程序之一的雇佣军工作组，已被委托监控安保公司的活动对人权事务的影响以及负责起草促使这些公司尊重人权的国际法基本原则。工作组认为，联合国会员国应确认军事和安全职能只能是由国家行使的特权，而不能私有化、外包或承包，为使安保公司彻底走出法律的灰色地带，需要制定一部新的联合国公约和一部示范法。②

2008年9月17日，包括美国、英国、法国、德国、瑞士、中国在内的17个国家在瑞士小城蒙特勒召开的会议上重申了各国在战区私营军事安全公司方面的责任，并一致通过了《蒙特勒文件》（*Montreux Document*）。文件回顾了各国与私营军事安保服务公司及其人员之间现有的法律义务，并向各国提供了武装冲突期间促进遵守国际人道法和国际人权法的良好惯例，但文件不具有法律约束力，其要点一是把任务委托给公司并不能解除国家应负的责任，二是政府不得让承担任务的公司参与作战行动。Cockayne认为，《蒙特勒文件》有三个不足，一是对于安保公司来说，《蒙特勒文件》不仅难于操作，而且空白很多；二是应当充实国家和公司的"尽职调查义务"（due diligence obligations）；三是救济手段与措施比较

---

① Cedric Ryngaert, Litigating Abuses Committed by Private Military Companies, European Journal of International Law, 2008, 19: 1035-1054.

② José L. Gómez del Prado, Private Military and Security Companies and the UN Working Group on the Use of Mercenaries, Journal of Conflict & Security Law, 2008, 13: 429-446.

凌乱，应进一步予以系统化，但《蒙特勒文件》至少在这个非常模糊的领域提供了一套高度可靠的标准作为参考。①

（二）战斗人员

儿童兵问题也是近年来武装冲突法研究的热点之一。Freeland 认为儿童兵在武装冲突中是武器，是工具，只有根除武装冲突，才能消除使用儿童兵，但以目前的国际法这是一个不可能完成的任务。② Tiefenbrun 从奴隶制和贩卖人口的角度对儿童兵问题进行了研究，认为使用儿童兵的根源在于争夺当地经济资源，反过来由于利用儿童兵走私毒品和武器以及贩卖人口而获得的巨大利润又刺激了继续使用儿童兵，如此一来便形成了恶性循环。因此，要想抑制或消除儿童兵现象，绝不能忽略使用经济手段，唯有如此才能有效解决问题。③ Happold 以奥马·卡德尔（Omar Khadr）案和联合国塞拉利昂特别法庭为例，研究儿童兵是否对其在武装冲突中的犯罪行为负有责任，而关键是如何划分年龄界限。根据国际法，国家有义务确定最低刑事责任年龄，应设立一个固定的年龄而不应根据个案有所不同，但是，国际法并没有明确最低年龄是多少，而只是规定了一些大的原则，例如年龄不应设立过低、应大概在少年阶段、即使超过了最低年龄的儿童也要和成人区别对待等。作者认为，由于儿童兵自身的权利受到严重侵犯，而且心智发育尚未达到明辨其行为后果的阶段，因此更应被视为受害者，视为其上级的工具，不应追究其法律责任。④ Jamison 同样以奥马·卡德尔案为例研究了美国在对待儿童兵问题上的态度与做法，认为奥马·卡德尔是儿童

---

① James Cockayne, Regulating Private Military and Security Companies: The Content, Negotiation, Weaknesses and Promise of the Montreux Document, Journal of Conflict & Security Law, 2008, 13: 401-425.

② Steven Freeland, Mere Children or Weapons of War: Child Soldiers and International Law, University of La Verne Law Review, 2008, 29: 19-49.

③ Susan Tiefenbrun, Child Soldiers, Slavery and the Trafficking of Children, Fordham International Law Journal, 2008, 31: 415-466.

④ Matthew Happold, Child Soldiers: Victims or Perpetrators?, University of La Verne Law Review, 2008, 29: 56-81.

兵，美国不应以战争罪对奥马进行审判，而应根据国际人道法和国际人权法结束对其无限期关押，终止将其与成人一起关押并改善关押条件，让其与家庭团聚。只有遵守国际法，尊重和保障人权特别是儿童权利，美国才能在"反恐战争"中取得胜利。①

Jacobson 研究了伊拉克的战争中出现的儿童兵问题，认为儿童之所以变成儿童兵，是由于被绑架或被强迫以及寻求安全感，特别是出于饥饿和贫困等经济原因。作者认为，关于保护儿童权利的国际法不可谓不完备，甚至连伊拉克的伊斯兰法都对此有所规定，问题在于执行不力，而深层次原因在于伊拉克政府的无能。②

Quenivet 研究了武装冲突中女儿童兵的行为是否构成直接或间接参与战斗的问题。武装冲突中女儿童兵确有可能犯下暴行，但更可能只是洗衣做饭整理军营，以及被当做性奴和被强迫结婚，有时这些又交织在一起。在认定儿童兵为战斗人员时，应排除大部分女儿童兵，因为她们从事的是非战斗性活动，不必然对敌方的人员或装备造成损害。但由于"直接"的含义尚未形成统一意见，实践中存在将其扩大解释的可能，导致女儿童兵的行为也被纳入直接参与战斗的范围，使得问题更加复杂。③ Fujio 研究了武装冲突后女儿童兵的处境问题。武装冲突中，女儿童兵精神和肉体上的创伤丝毫不亚于男儿童兵，而且还经常遭受男儿童兵所不曾遭受的性暴力侵犯。武装冲突结束后，女儿童兵不仅面临怀孕、流产、艾滋病等健康问题，而且要承受被家庭、社会排斥所带来的巨大心理压力，同样由于其在武装冲突中的独特身份，战后重建计划又往往较少考虑这些女儿童兵的特殊情况，甚至将其完全排除在外。凡此种种，致使女儿童兵由于缺乏经济来源而很难在武装冲突后生存下去。虽有

① Melissa A. Jamison, The Sins of the Father: Punishing Children in the War on Terror, University of La Verne Law Review, 2008, 29: 88-144.

② Anna-Liisa Jacobson, Lambs into Lions: The Utilization of Child Soldiers in the War in Iraq and Why International and Iraqi Laws Are Failing to Protect the Innocent, Richmond Journal of Global Law and Business, 2008, 8: 161-190.

③ Noelle Quenivet, Girl Soldiers and Participation in Hostilities, African Journal of International and Comparative Law, 2008, 16 (2): 219-235.

许多国际公约、条约和议定书规定了对妇女和儿童权利的保护，然而现实中却并非如此，问题的关键在于法律规定仅仅停留在纸面，而没有得到切实执行。①

自"9·11"事件以来，美国"反恐战争"的囚犯问题也成为武装冲突法研究的热点。美国为使其"反恐战争"不受阻碍地进行，对国际人道法下的"敌方战斗人员"概念作扩大解释和使用，在世界各地包括和平地区未经审判扣押人员和进行无预警的杀戮。当发生武装冲突时，在战斗区域内，未经审判扣押战斗人员及进行无预警的攻击是合法的，但如果没有发生武装冲突，此种行为即为非法。当战斗人员离开了战斗区域后，只有当其构成即刻的致命威胁并拒绝投降时，才可对其进行扣押和攻击，而且必须根据有关证据迅速进行审判。因此，美国的此种做法是值得质疑的。② Bogar 从美国国内法的角度研究了美军关塔那摩监狱的囚犯是属于敌方战斗人员还是平民的问题，认为战斗人员身份审查特别法庭（Combatant Status Review Tribunals）认定标准过于宽泛，而且采用不可靠的证据，使得几乎所有被该法庭审判的囚犯都被认定为战斗人员，这种不公正的做法需要根据武装冲突法作出调整。③ Tung Yin 研究了美国对关押的基地组织成员的讯问手段问题。《日内瓦公约》应被理解为禁止使用正诱因手段（positive inducements）讯问隶属一国武装力量的被俘战斗人员，因为这样将诱使被俘战斗人员叛国，但如果被俘战斗人员属于非国家行为者，用正诱因手段来讯问则是允许的，因为这种对非国家行为者的忠诚与对国家的忠诚

① Christy C. Fujio, Invisible Soldiers: How and Why Post-Conflict Processes Ignore the Needs of Ex-Combatant Girls, Journal of Law & Social Challenges, 2008, 10: 1-17.

② Mary Ellen O'Connell, Combatants and the Combat Zone, University of Richmond Law Review, 2009, 43: 845-860.

③ Thomas J. Bogar, Unlawful Combatant or Innocent Civilian? A Call to Change the Current Means for Determining Status of Prisoners in the Global War on Terror, Florida Journal of International Law, 2009, 21: 29-78.

在法律上不可相提并论。① Franklin 从两个案例着手，以美国国内法的角度研究了如何确定"敌方战斗人员"身份问题。查明敌方战斗人员身份，应以"管辖事实原则"（jurisdictional fact doctrine）为根据，即军事法庭对于非战斗人员没有管辖权，军事部门也无权无限期关押非战斗人员。被关押人员是敌方战斗人员还是平民，应当由美国最高法院以及国会下令设立的低级法院负责查明。② Venzke 从政治学的角度分析了"敌方战斗人员"的概念问题，认为这实际上是一个法律解释与竞相适用的问题。法律争论的背后隐藏的是政治决定和权力角逐，当强国如美国无法令人信服地将自己的利益融入当前普遍的法律概念中时，它便推动改变这些概念。③

（三）武器

2008 年 12 月 4 日，已于同年 5 月达成的《集束弹药公约》在挪威首都奥斯陆举行的签署大会上开放以供各国签署，当批准公约的国家数目达到 30 个时，公约将在 6 个月后生效。迄今为止，已经有 98 个国家签署了公约，14 个国家批准了公约，公约彻底禁止了技术弹药的生产、储存、使用和转移。Corsi 认为《集束弹药公约》根据现实作出了法律上的创新，实现了国际人道法和国际人权法的发展并加强了二者之间的关联，推进了作为国际人道法基石的区别原则和相称性原则的发展，通过加重使用集束弹药国家的义务强化了国际人道法，其有效的谈判机制也为今后提供了一个可以

① Tung Yin, Distinguishing Soldiers and Non-State Actors: Clarifying the Geneva Convention's Regulation of Interrogation of Captured Combatants through Positive Inducements, Boston University International Law Journal, 2008, 26: 227-266.

② David L. Franklin, Enemy Combatants and the Jurisdictional Fact Doctrine, Cardozo Law Review, 2008, 29: 1001-1032.

③ Ingo Venzke, Legal Contestation about 'Enemy Combatants' on the Exercise of Power in Legal Interpretation, Journal of International Law and International Relations, 2009, 5: 155-178.

借鉴的模型。① 2004 年埃塞俄比亚诉厄立特里亚案和 2007 年前南国际刑事法庭的判决均认为被告对使用集束弹药造成平民死亡负有责任，Wiebe 通过研究，认为这两个案例结果虽然相同，过程却不一样。前者没有公开质问为何要在靠近平民居住区使用集束弹药，后者则进行了质问；前者驳回了对故意瞄准平民的指控，后者则将集束弹药的非区别性和不相称性作为故意瞄准平民的证据，而且认为使用集束武器的一方应对其未爆的集束武器对另一方清理人员造成的伤亡负责。②

DiPerna 对小武器和轻武器问题进行了研究。小武器和轻武器如果使用不当，会成为恐怖主义和武装冲突的工具，造成违反国际人道法和国际人权法。当前对小武器和轻武器贸易的国际管理和执行机制相当薄弱，主要是因为小武器和轻武器的主要生产国如美国一直对建立此种机制持反对态度，而如果没有这些主要生产国的加入和支持，任何企图对小武器和轻武器贸易进行约束和管理的国际条约将只能是纸上谈兵。如果出口国或转移国知道或应当知道终端用户很可能使用其所提供的小武器和轻武器进行违反强行法的行为但仍然提供小武器和轻武器，该国家应被视为同谋并承担经济上的责任，用这种方法来摆脱目前的困境及解决以后的问题是最可行最有效的，同时需要去除联合国国际法委员会对其起草的国家责任条款第 16 条的评注中所规定的"意图要求"。③ Yihdego 研究了欧盟作为仅次于美国的世界第二大小武器和轻武器供应商，在打击不负责任的常规武器贸易中所采取的措施。1998 年通过、2002 年修订

---

① Jessica Corsi, Towards Peace through Legal Innovation: The Process and the Promise of the 2008 Cluster Munitions Convention, Harvard Human Rights Journal, 2009, 22: 145-156.

② Virgil Wiebe, For Whom the Little Bells Toll: Recent Judgments by International Tribunals on the Legality of Cluster Munitions, Pepperdine Law Review, 2008, 35: 895-953.

③ Theresa A. DiPerna, Small Arms and Light Weapons: Complicity 'With a View' toward Extended State Responsibility, Florida Journal of International Law, 2008, 20: 25-65.

的《欧盟理事会打击导致不稳定的小武器和轻武器的聚集和传播的文件》和 2002 年《欧盟武器出口法案》作为具有法律效力的文件，构建了欧盟在控制武器贸易方面的法律框架，意义和作用都十分重大。欧盟在全球层面，特别是联合国控制常规武器的活动中，例如在 2001 年《枪支议定书》和 2006 年开始的联合国武器贸易公约计划中，不仅积极参与，而且小有贡献。欧盟要继续发挥自己的影响力，同时注意和其他同样有影响力的国家如美国、中国、俄罗斯密切联系，这样才能推动武器只能出于合法和负责的目的而进行交易的共识的形成。①

六、新 式 战 争

（一）网络战

现代互联网的发展给网络战争提供了前所未有的机会，如对敌人防御网络的攻击、打击空军防御系统等。国际社会对网络战适用国际人道法还没有协商达成一致，很多人还在讨论国际人道法既存的框架是否能够应对网络战这种新的范式，并呼吁制定新的国际条约来规制网络战。网络战比常规战争更容易违反区分原则，由于互联网的结构，网络战也不可避免地影响中立原则对网络战的规制。因为网络战具有非致命性的特点，国际人道法应规范此类攻击，鼓励以此来代替传统战争手段，确保平民在网络战中受到保护。现在对于区分原则和中立原则的界定过于狭窄，应不断改进以适应网络战，并在某些情境下鼓励采用网络战。② Shackelford 认为，应对网络战的最好方法就是用新的国际条约来规范国家在国际法下发起网络战，包括建立常设应急机构。没有这样的组织，国际社会将忙于

① Zeray Yihdego, The EU's Role in Restraining the Unrestrained Trade in Conventional Weapons, German Law Journal, 2009, 10: 281-298.

② Jeffrey T. G. Kelsey, Hacking into International Humanitarian Law: The Principles of Distinction and Neutrality in the Age of Cyber Warfare, Michigan Law Review, 2007-2008, 106: 1427-1452.

处理一个又一个事件，而当信息战扩散开来而缺乏新的国际法制度，将不仅导致社会瘫痪，还会动摇信息时代的基础。①

（二）神经武器

过去的几年里，美国致力于研发直接进行神经控制的武器。虽然国际法本身并没有禁止使用这样的武器，不过一旦滥用，将会对传统的追究刑事责任的方式提出挑战。尽管国际法院已经声明，国际法有效限制了使用不分青红皂白的武器，但事实并非如此。同样，尽管多边条约取缔了少数类别的武器，但随着军事技术的发展，这些武器已过时了。Whitet 认为，神经武器之类的新式武器在战争法的历史上将会是一种推进，需要新的法律规定它的使用和发展，如建立更加广义的指挥责任原则，以使其不会破坏战争法中追究刑事责任等基础法律原则。②

（三）空间战

2001 年 12 月 14 日，美国总统布什以条约过时为由宣布退出反弹道导弹条约，从此各大国在空间领域都进行着激烈的竞争。表面上适用人类共同遗产原则和不可挪用原则等国际法原则的外层空间领域，近来被视为"第四领土"。虽然已有的战时国际法原则适用外层空间，而且提供一些可行的标准来规制以武装冲突为目的的对外层空间的使用，但是，外层空间特有的性质决定仍需加强和专门化对空间环境的适用规则，很有必要发展有针对性和明确的对外层空间部署武器进行制裁的规则，包括对该空间的多种形式的冲突的管理。外层空间条约和其他的空间条约及联大决议一样，目前没有严格的规则和激励措施来阻止外层空间的军备竞赛，这就需要发展新的国际法来规定并直接适用有关外层空间的武装冲突，在发展这些规则的同时，要严格遵守战时法和平时国际法中关于外层空间的

① Scott J. Shackelford, From Nuclear War to Net War: Analogizing Cyber Attacks in International Law, Berkeley Journal of International Law, 2009, 27: 192-243.

② Stephen E. Whitet, Brave New World: Neurowarfare and the Limits of International Humanitarian Law, Cornell International Law Journal, 2008, 41: 177-210.

"人类集体"原则。①

（四）"不对称"战争

近十年来，"不对称"战争成为热点。但是，"不对称"很难有一个具体的范式，因为它依据战争的形式在战术、战略、武器上寻找自己的优势和敌人的弱势。国际人道法和战争具有共生关系，不同形式的"不对称"影响着国际人道法在21世纪武装冲突中的适用。多种形式的不对称使冲突各方能够主动遵守国际人道法的规定，但问题在于如果一方违反国际人道法，其他各方也会跟着违反，因此会产生恶性循环。各国是否会主动遵守国际人道法主要依靠互惠的信念，冲突各方同意限制他们的行为是因为他们对手作出同样的限制将会使他们获益。国际人道法假设了在战场上的利益交换，当"不对称"打破了这种假设，一方违反了约定，其他各方遵守的动机也就消失了，同时国际人道法的适用将会有利于敌方的利益，因此，这种情况一旦发生，遵守法律就不可能了。真正的危险不是多种形式的"不对称"将会导致对国际人道法的违反，而是"不对称"将会削弱国际人道法的根基。②

七、人权问题

（一）人盾

国际人道法明确禁止使用人盾，并且被作为习惯国际法而得到普遍接受。Schmitt认为，应将强制和自愿作为人盾的平民分开，被迫作为人盾的平民应该被给予武装冲突中对平民的所有保护。自愿作为人盾的平民应被视为直接参加战斗活动，因此，在此期间丧失国际人道法所提供的保护。当难以区分是否是自愿作为人盾时，

---

① Jackson Maogoto, Steven Freeland, The Final Frontier: The Laws of Armed Conflict and Space Warfare, Connecticut Journal of International Law, 2007-2008, 23: 165-195.

② Michael N. Schmitt, Asymmetrical Warfare and International Humanitarian Law, Air Force Law Review, 2008, 62: 1-42.

应将其看做非自愿的行动来对待。虽然对自愿充当人盾的平民的打击是合法的，但这种攻击不仅会产生国内和国际负面影响，还会增加敌方士气，这都不能达到预期的军事优势。① Lyall 认为，如果平民明知自己处于危险中而继续充当人盾，敌方指挥官因进攻而对其所遭受的伤害承担的国际人道法上的责任将会减轻，即防护行为的性质决定责任的大小。如果自愿防护者明确不支持冲突中的任何一方，仅仅是反对冲突本身，那么国际人道法提供的所有保护都应对其有效。② 人盾战术使现代武装冲突对平民的威胁变得更大，国际人道法没有明确规范人盾问题，国家和学界对此也缺乏了解。与其用过时的法律为基础来分析人盾问题，不如使国际人道法借鉴国内法归属罪责的方法来应对人盾问题，并更新传统法律中的相称性、区分对待和自卫原则。③

（二）战时人权法

Verdirame 分析了国际人权法在战时适用的概念和原则以及在武装冲突中增加的适用性，认为不同于国际人道法，国际人权法从未包含战争，如果战争因国际人权法扩大其内容而出现在其中将颇具讽刺意味。必须牢记国际人权法和国际人道法的差异，也要明白实践中不可能存在真正充分尊重人权的战争，但战时尊重人权的不可能性不能使国际社会放弃对遵守国际人权法的监督。④ McCarthy 从类似角度展开论述，认为国际人权法和战争法关系还很紧张，有时会出现矛盾，并且实质性的矛盾也会在人权法院间出现。深入地

---

① Michael N. Schmitt, Human Shields in International Humanitarian Law, Columbia Journal of Transnational Law, 2009, 47: 292-325.

② Rewi Lyall, Voluntary Human Shields, Direct Participation in Hostilities and the International Humanitarian Law Obligations of States, Melbourne Journal of International Law, 2008, 9: 313-333.

③ Douglas H. Fischer, Human Shields, Homicides, and House Fires: How a Domestic Law Analogy can Guide International Law Regarding Human Shield Tactics in Armed Conflict, American University Law Review, 2007-2008, 57: 479-522.

④ Guglielmo Verdirame, Human Rights in Wartime: A Framework for Analysis, European Human Rights Law Review, 2008, 6: 689-705.

比较国际人权法和国际人道法对武装冲突中不同问题的做法，将会发现国际人权法所提供的保护程度不一定大于国际人道法。举例来说，《日内瓦第三公约》、《日内瓦第四公约》和《第一附加议定书》中有关医学实验的规定更加完善。实践中，国际人道法在美洲人权委员会的直接适用性也通过案例得到了认可。①

八、结　语

通过以上分析可见，近年来，西方武装冲突法研究的范围非常广泛，既包括具有根本性质的问题如"武装冲突"的概念、战争法的组成部分及相互关系等，又包括武装冲突法的执行与适用、武装冲突法与国际人道法的关系及新型战争等宏观问题，还有对特定人和物的限制与保护等具体问题。但整体看来，研究的焦点多集中在与美国"反恐战争"相关的问题上，如"反恐战争"是否属于国际性武装冲突、武装冲突法如何适用、囚犯如何定性和处置、私营军事安保公司地位如何等。一般来说，当有关武装冲突法问题存在模糊或不确定性时，美国学者倾向于从实用主义的角度作出有利于美国政府的解释，力图让武装冲突法服务于美国的国家利益，当无法获得较多支持时，则谋求改变现有规则，试图重占话语权，欧洲学者对此则持审慎或批判态度。在未来两年，关于私营军事安保公司、平民保护、儿童兵等问题仍将会是热点。

参考文献

[1] Payam Akhavan. Reconciling Crimes against Humanity with the Laws of War: Human Rights, Armed Conflict, and the Limits of Progressive Jurisprudence. Journal of International Criminal

---

① Conor McCarthy, Human Rights and the Laws of War Under the American Convention on Human Rights, European Human Rights Law Review, 2008, 6: 762-780.

Justice,2008,6.

[2] Philip Alston, Jason Morgan-Foster, William Abresch. The Competence of the UN Human Rights Council and Its Special Procedures in Relation to Armed Conflicts: Extrajudicial Executions in the "War on Terror". European Journal of International Law, 2008,19.

[3] Natasha Balendra. Defining Armed Conflict. Cardozo Law Review, 2008,29.

[4] Gregory Raymond Bart. The Ambiguous Protection of Schools under the Law of War Time for Parity with Hospitals and Religious Buildings. Georgetown Journal of International Law,2009,40.

[5] Catherine Bloom. The Classification of Hezbollah in Both International and Non-International Armed Conflicts. Annual Survey of International and Comparative Law,2008,14.

[6] Thomas J. Bogar. Unlawful Combatant or Innocent Civilian? A Call to Change the Current Means for Determining Status of Prisoners in the Global War on Terror. Florida Journal of International Law, 2009,21.

[7] Lea Brilmayer, Geoffrey Chepiga. Ownership or Use? Civilian Property Interests in International Humanitarian Law. Harvard International Law Journal,2008,49.

[8] Douglass Cassel. Pretrial and Preventive Detention of Suspected Terrorists: Options and Constraints under International Law. Journal of Criminal Law and Criminology,2008,98.

[9] Simon Chesterman, Chia Lehnardt. From Mercenaries to Market: The Rise and Regulation of Private Military Companies. Oxford, New York: Oxford University Press,2007.

[10] James Cockayne. Regulating Private Military and Security Companies: The Content, Negotiation, Weaknesses and Promise of the Montreux Document. Journal of Conflict & Security Law, 2008,13.

[11] Amichai Cohen. Rules and Standards in the Application of International Humanitarian Law. Israel Law Review, 2008, 41.

[12] Jessica Corsi. Towards Peace through Legal Innovation: The Process and the Promise of the 2008 Cluster Munitions Convention. Harvard Human Rights Journal, 2009, 22.

[13] Ashley S. Deeks. Administrative Detention in Armed Conflict. Case Western Reserve Journal of International Law, 2007-2009, 40.

[14] Sarah R. Denne. Re-thinking Humanitarian Law and in the Post-Gulf War: The International Committee of the Red Cross Takes the Lead. Case Western Reserve Journal of International Law, 2007-2008, 39.

[15] Michael J. Denne, Andre M. Surena. Application of the International Covenant on Civil and Political Rights in Times of Armed Conflict and Military Occupation: The Gap between Legal Theory and State Practice. European Human Rights Law Review, 2008, 6.

[16] Yoram Dinstein. Distinction and Loss of Civilian Protection in International Armed Conflicts. International Law Study Series, US Naval War College, 2008, 84.

[17] Theresa A. DiPerna. Small Arms and Light Weapons: Complicity "with a View" toward Extended State Responsibility. Florida Journal of International Law, 2008, 20.

[18] Robert Dufresne. Reflections and Extrapolation on the ICJ's Approach to Illegal Resource Exploitation in the Armed Activities Case. New York University Journal of International Law and Politics, 2008, 40.

[19] Chile Eboe-Osuji. Crimes against Humanity: Directing Attacks against a Civilian Population. African Journal of Legal Studies, 2008, 2.

[20] Douglas H. Fischer. Human Shields, Homicides, and House Fires:

How a Domestic Law Analogy Can Guide International Law Regarding Human Shield Tactics in Armed Conflict. American University Law Review,2007-2008,57.

[21] David L. Franckkin. Enemy Combatants and the Jurisdictional Fact Doctrine. Cardozo Law Review,2008,29.

[22] Steven Freeland. Mere Children or Weapons of War:Child Soldiers and International Law. University of La Verne Law Review,2008, 29.

[23] Christy C. Fujio. Invisible Soldiers:How and Why Post-Conflict Processes Ignore the Needs of Ex-Combatant Girls. Journal of Law & Social Challenges,2008,10.

[24] E. L. Gaston. Mercenarism 2. 0? The Rise of the Modern Private Security Industry and Its Implications for International Humanitarian Law Enforcement. Harvard International Law Journal,2008,49.

[25] Ryan Goodman. The Detention of Civilians in Armed Conflict. The Journal of International Law,2009,103.

[26] Michael D. Gottesman. Reciprocity and War: A New Understanding of Reciprocity's Role in Geneva Convention Obligations. U. C. Davis Journal of International Law and Policy, 2008,14.

[27] Kevin H. Govern, Eric C. Bales. Taking Shots at Private Military Firms:International Law Misses Its Mark (again). Fordham International Law Journal,2008,32.

[28] Monica Hakimi. International Standards for Detaining Terrorism Suspects:Moving beyond the Armed Conflict-Criminal Divide. Case Western Reserve Journal of International Law, 2007-2009, 40.

[29] Janet Halley. Rape in Berlin:Reconsidering the Criminalization of Rape in the International Law of Armed Conflict. Melbourne Journal of International Law,2008,9.

570

[30] Victor Hansen. Creating and Improving Legal Incentives for Law of War Compliance. New England Law Review,2008,42.

[31] Matthew Happold. Child Soldiers: Victims or Perpetrators?. University of La Verne Law Review,2008,29.

[32] John D. Haskell. The Complicity and Limits of International Law in Armed Conflict Rape. Boston College Third World Law Journal, 2009,29.

[33] Ling-Yee Huang. The 2006 Israeli-Lebanese Conflict: A Case Study for Protection of the Environment in Times of Armed Conflict. Florida Journal of International Law,2008,20.

[34] Dick Jackson. Cultural Property Protection in Stability Operations. Army Lawyer,2008.

[35] Anna-Liisa Jacobson. Lambs Into Lions: The Utilization Of Child Soldiers in the War in Iraq and Why International and Iraqi Laws Are Failing to Protect the Innocent. Richmond Journal of Global Law and Business,2008,8.

[36] Melissa A. Jamison. The Sins of the Father:Punishing Children in the War on Terror. University of La Verne Law Review,2008,29.

[37] Craig S. Jordan. Who Will Guard the Guards? The Accountability of Private Military Contractors in Areas of Armed Conflict. New England Journal on Criminal and Civil Confinement,2009,35.

[38] Jeffrey T. G.. Kelsey. Hacking into International Humanitarian Law:The Principles of Distinction and Neutrality in the Age of Cyber Warfare. Michigan Law Review,2007-2008,106.

[39] Won Kidane. Civil Liability For Violations of International Humanitarian Law: The Jurisprudence of the Eritrea-Ethiopla Claims Commission in the Hague. Wisconsin International Law Journal,2007-2008,25(1).

[40] Andrej Lang. "Modus Operandi" and the ICJ's Appraisal of the Lusaka Ceasefire Agreement in the Armed Activities Case:The Role of Peace Agreements in International Conflict Resolution.

International Law and Politics,2008,40.

[41] Michael A. Lundberg. The Plunder of Natural Resources during War:A War Crime?. Georgetown Journal of International Law, 2008,39.

[42] Rewi Lyall. Voluntary Human Shields, Direct Participation in Hostilities and the International Humanitarian Law Obligations of States. Melbourne Journal of International Law,2008,9.

[43] Jackson Maogoto, Steven Freeland. The Final Frontier:The Laws of Armed Conflict and Space Warfare. Connecticut Journal of International Law,2007-2008,23.

[44] J. Jeremy Marsh. Lex Lata or Lex Ferenda? Rule 45 of the ICRC Study on Customary International Humanitarian Law. Military Law Review,2008,198.

[45] Conor McCarthy. Human Rights and the Laws of War under the American Convention on Human Rights. European Human Rights Law Review,2008,6.

[46] Juan E. Mendez. Preventing, Implementing and Enforcing International Humanitarian Law. Studies In Transnational Legal Policy,2008,39.

[47] Richard Morgan. Professional Military Firms under International Law. Chicago Journal of International Law,2008,9.

[48] Mary Ellen O'Connell. Combatants and the Combat Zone. University of Richmond Law Review,2009,43.

[49] Mary Ellen O'Connell. Defining Armed Conflict. Journal of Conflict & Security Law,2008,13.

[50] Laura M. Olson. Practical Challenges of Implementing the Complementarity between International Humanitarian and Human Rights Law-Demonstrated by the Procedural Regulation of Internment in Non-International Armed Conflict. Case Western Reserve Journal of International Law,2007-2009,40.

[51] Benjamin Perrin. Searching for Law while Seeking Justice:The

Difficulties of Enforcing International Humanitarian Law in International Criminal Trials. Ottawa Law Review, 2007-2008, 39.

[52] Lindsay Peterson. Shared Dilemmas: Justice for Rape Victims under International Law and Protection for Rape Victims Seeking Asylum. Hastings International and Comparative Law Review, 2008, 31.

[53] Keith A. Petty. Veiled Impunity: Iran's Use of Non-State Armed Groups. Denver Journal of International Law and Policy, 2008, 36.

[54] José L. Gómez del Prado. Private Military and Security Companies and the UN Working Group on the Use of Mercenaries. Journal of Conflict & Security Law, 2008, 13.

[55] Noelle Quenivet. Girl Soldiers and Participation in Hostilities. African Journal of International and Comparative Law, 2008, 16 (2).

[56] Daniel P. Ridlon. Contractors or Illegal Combatants? The Status of Armed Contractors in Iraq. Air Force Law Review, 2008, 62.

[57] Naomi Roht-Arriaza. Making the State Do Justice: Transnational Prosecutions and International Support for Criminal Investigations in Post-Armed Conflict Guatemala. Chicago Journal of International Law, 2008-2009, 9(1).

[58] Yaël Ronen. Avoid or Compensate? Liability for Incidental Injury to Civilians Inflicted during Armed Conflict. Vanderbilt Journal of Transnational Law, 2009, 42.

[59] Peter Rowe. Military Misconduct during International Armed Operations: "Bad Apples" or Systemic Failure?. Journal of Conflict & Security Law, 2008, 13.

[60] Cedric Ryngaert. Litigating Abuses Committed by Private Military Companies. European Journal of International Law, 2008, 19.

[61] Zoe Salzman. Private Military Contractors and the Taint of a Mercenary Reputation. New York University Journal of International Law and Politics, 2008, 40.

[62] Sergey Sayapin. The International Committee of the Red Cross and International Human Rights Law. Human Rights Law Review, 2009, 9.

[63] Jeremy Scahill. Blackwater: The Rise of the Most Powerful Mercenary Army. New York: Nation Books, 2007/2008.

[64] Michael Scheimer. Separating Private Military Companies from Illegal Mercenaries in International Law: Proposing an International Convention for Legitimate Military and Security Support That Reflects Customary International Law. American University International Law Review, 2009, 24.

[65] Michael N. Schmitt. Asymmetrical Warfare and International Humanitarian Law. Air Force Law Review, 2008, 62.

[66] Michael N. Schmitt. Human Shields in International Humanitarian Law. Columbia Journal of Transnational Law, 2009, 47.

[67] Scott J. Shackelford. From Nuclear War to Net War: Analogizing Cyber Attacks in International Law. Berkeley Journal of International Law, 2009, 27.

[68] Robert D. Sloane. The Cost of Conflation: Preserving The Dualism of Jus Ad Bellum and Jus In Bello in the Contemporary Law of War. Yale Journal of International Law, 2009, 34.

[69] Carsten Stahn. Jus Post Bellum: Mapping the Discipline (s), American University International Law Review. 2008, 23.

[70] Philip Sutter. The Continuing Role for Belligerent Reprisals. Journal of Conflict & Security Law, 2008, 13.

[71] Susan Tiefenbrun. Child Soldiers, Slavery and the Trafficking of Children. Fordham International Law Journal, 2008, 31.

[72] Ingo Venzke. Legal Contestation about "Enemy Combatants" on the Exercise of Power in Legal Interpretation. Journal of International Law and International Relations, 2009, 5.

[73] Guglielmo Verdirame. Human Rights in Wartime: A Framework for Analysis. European Human Rights Law Review, 2008, 6.

[74] Nigel D. White, Sorcha MacLeod. EU Operations and Private Military Contractors: Issues of Corporate and Institutional Responsibility. European Journal of International Law, 2008, 19.

[75] Stephen E. Whitet. Brave New World: Neurowarfare and the Limits of International Humanitarian Law. Cornell International Law Journal, 2008, 41.

[76] Virgil Wiebe. For Whom the Little Bells Toll: Recent Judgments by International Tribunals on the Legality of Cluster Munitions. Pepperdine Law Review, 2008, 35.

[77] Zeray Yihdego. The EU's Role in Restraining the Unrestrained Trade in Conventional Weapons. German Law Journal, 2009, 10.

[78] Tung Yin. Distinguishing Soldiers and Non-State Actors: Clarifying the Geneva Convention's Regulation of Interrogation of Captured Combatants through Positive Inducements. Boston University International Law Journal, 2008, 26.

欧美国际税法研究前沿问题追踪[*]

熊 伟^{**}

（武汉大学税法研究中心，武汉，430072）

本文所涉的"国际税法"是个广义的概念，任何可能引发跨境税收管辖权争议的问题，都在本文的探讨范围之内，其范围不仅仅包括所得税，还包括增值税、消费税等。文章梳理了美国、相关国际组织和欧洲部分国家国际税法研究的文献，分专题对其提出的问题和解决思路做了系统整理，最后对中国国际税法提出了一些借鉴意见。

一、美国学者关于国际税法前沿问题的研究

（一）国际税收管辖权

针对目前在美国和其他发达国家出现的弱化居民管辖权而加强来源地管辖权的现象，密歇根大学法学院教授 Reuven S. Avi-Yonah 分析了该现象存在的原因、产生的影响以及发展趋势，主张解决问题的出路在于加强国际合作，而非进行更为激烈的税收竞争。① 与

　＊ 本项目得到武汉大学海外人文社会科学研究前沿追踪计划的资助，特此表示感谢。武汉大学税法研究中心硕士研究生胡盼娣、陈静、付江峰参与了资料收集整理工作和部分编写工作。
　＊＊ 熊伟，法学博士，武汉大学法学院教授、武汉大学税法研究中心主任。
　① Reuven S. Avi-Yonah. United States：Back to the Future? The potential revival of territoriality. ［2008-07-19］. http：//papers. ssrn. com/sol3/papers. cfm? abstract_id = 1185423.

此同时，在全球化背景中，对于跨境金融交易，发展中国家也面临着采用来源地规则还是居民规则征税的抉择。国际税法学者 Yoram Keinan 将选择来源地规则还是居民规则与发展中国家的实际情况相结合，分析可能产生的优劣势，认为采用来源地规则能使发展中国家增加财政收入，且居民规则将使收入从发展中国家转移到发达国家，但同时认为若在金融交易中采用居民规则能使发展中国家获得相对较多的外国投资，而且收入从发展中国家流向发达国家的现象只是暂时的。由此建议发展中国家采用居民规则，该规则带给发展中国家的不仅仅是以上利益，而且会避免陷入税收恶性竞争。①

（二）所得及扣除的来源地

1. 补偿性合伙利益转移的税收待遇

对于补偿性的合伙利益②应该怎样课税，密歇根大学法学院教授 Douglas A. Kahn 将合伙利益分类为合伙资本利益和合伙利润所得，分别分析了他们的课税问题，最终认为不应向补偿性合伙利益的接受者课税。该结论引发了一个问题，也即合伙资本的转移取得的资本利得要课税，但对于补偿性合伙利益的利益接受者却不课税，这样是否会引发避税问题呢？对此，作者进行了有建设意义的分析。③

2. 借入资金是否作为所得

借入资金的性质应当如何界定？佛罗里达大学法学院教授 Joseph Dodge 认为借入资金在所得税体系下应作为所得，现金借给借用人时算做所得，在归还借款时进行扣除。西北大学法学院教授 Charlotte Crane 认为 Joseph Dodge 教授的分析很有洞察力，他准确地说明了当前借款的待遇依赖于债务人还债或支付利息义务的履行（当前对借款行为的课税根据主要是所涉的利息或债权人偿还的金

---

① Yoram Keinan. The Case for Residency-based Taxation of Financial Transactions in Developing Countries. Florida Tax Review, 2008.

② 通过过去或将来向合伙提供服务的方式偿付的合伙利益，有时被称为补偿性合伙利益。

③ Douglas A. Kahn. The Proper Tax Treatment of the Transfer of a Compensatory Partnership Interest. Tax Lawyer, 2008, Fall.

额）。然而，他进一步认为，在所得税下，将利息作为借贷资金扣除，不仅对以现金为支付基础的纳税人而言，对所有的纳税人而言都是不成熟的，即使是在直接的银行贷款背景下，也是如此。此外，如果借款是产生所得的活动，那么在借出时，利息就应该作为成本进行扣除。Joseph Dodge 教授将这种方法称为现金流方法。Charlotte Crane 认为，创造了新价值的借入资金与未创造新价值的借入资金的税收待遇是不同的，而这种现金流方法并不能对此加以解释。当新价值创造出来时，为避免财富的重复计算，应该准确评价借款人和贷款人的地位，而该方法也无法做到这一点。因此，在所得税规范下，这个方法并不能算是对现行规定的改进。①

3. 金融所得课税——国际所得分配阶段

西北大学法学院客座助理教授 Ilan Benshalom 认为，公平交易原则中难以对金融收入课税的两个核心因素就是移动性和可替代性。对于金融收入课税，当前的发展趋势是立法者、税务机构以及 OECD 越来越倾向于背离公平交易标准，而偏向于公式方法。Ilan Benshalom 也建议金融跨国企业的收入应该通过公式来确定来源，该公式依赖于他们的有形资产和无形资产在各个有征税权的国家的价值，强调跨国企业的金融收入应根据他们的有形资产以及劳动力雇佣地来确定来源，而不是根据交易的合同因素来确定。此外，Ilan Benshalom 还打算进一步发展该观点，探索如何对跨国企业的金融收入实施公式法。②

4. 利息所得课税——国际所得税发展阶段

利息所得的来源地问题既让人迷惑又很重要，随着所得税课税方法的使用以及国际交易收益的分配，这个问题被扩大了。而在收入方面，由于跨国企业可能通过相关的操作选择税收管辖权，这就使得这些未解决问题承担的风险进一步提升。据此，Ilan

---

① Charlotte Crane. Loan Proceeds as Income: a Response to Professor Dodge. Virginia Tax Review, 2008, Winter: 564-581.

② Ilan Benshalom. The Quest to Tax Financial Income in a Global Economy: Emerging to an Allocation Phase. Virginia Tax Review, 2008, Summer: 166-220.

Benshalom 认为对发展属地管辖权来说，为金融投资达成一系列理论充足的来源地协议是非常必要的。此外，在金融投资所得的来源地课税待遇上，政策制定者和学者面临着两个任务：一是在概念层次上，应该建立一种理论成熟的征收所得税的来源地先例理念和关于什么构成债务投资的公平收益的咨询机制。二是在实践层面，设立一种机制，即通过研究管辖权的选择，回避来源地课税，并对跨国企业课税。①

5. 外国直接投资课税

在联邦所得税改革中，维吉尼亚大学法学院教授 George K. Yin 教授提出，美国应该永久地将就美国跨国母公司全球所得课税转向一个修正的属地体系，在该体系下，来源自积极所得的股息应免除美国税。长远来看，George K. Yin 的观点走不远，因为关键问题在于，母公司设在美国的跨国公司与外国跨国公司的不同，不足以证明就前者的全球所得课税比后者理由充足。即使采用股息免除法，我们仍然对以美国为基础的跨国公司的征税会有不同。Reuven S. Avi-Yonah 认为，公司没有有意义的居民身份，因此应该纯粹按照来源地课税。此外，在跨国集团内部的分配是没有意义的，不管是以股息、利息还是转让定价的方式，这种分配应该被忽视，美国税法典 F 分部的规定应给予废除。他进一步认为，全球公式分配是 21 世纪唯一合适的制度。幸运的是，由于欧盟就共同统一企业所得税税基取得的进展，OECD 将就公式达成一致的设想并没有最初看起来的那样不可企及。从长远来看，对跨国公司实行纯粹的来源地规则是一个解决方法。②

6. 财产赔付额是否会发生资本利得？

美国法律规定，只有在存在销售或交易的情况下，才能享受资

---

① Ilan Benshalom. The Quest to Tax Interest Income in a Global Economy: Stages in the Development of International Income Taxation. Virginia Tax Review, 2008, Winter: 632-707.

② Reuven S. Avi-Yonah. Comment on Yin, Reforming the Taxation of Foreign Direct Investment By U. S. Taxpayers. Virginia Tax Review, 2008, Fall.

本利得待遇。奇怪的是，大部分判例法对损害财产的赔付额适用资本利得待遇，即使纳税人仍然享有财产的所有权。更奇怪的是，联邦税务局在起诉、稽查和各种非公开规则中经常同意这种适用，税务法院也默许，法院和联邦税务局却并不认为他们忽视了联邦税法典的规定。佩斯大学法学院教授 Ronald H. Jensen 认为，法典规定"买卖或交易"是长期适用资本利得待遇的前提，但法院和联邦税务局经常将此待遇适用于纳税人财产损害的赔付额，甚至是在纳税人仍然拥有财产的情况下。这种做法并不具有政策或公正理由来否定法律规定的正确性。对赔付额适用资本利得待遇的做法并没有促进任何一项税收优惠政策：刺激投资和鼓励资本流动。此外，在仅是善意损失的案例中，赔付费常常代表的是通常收入的增加，在这些交易未促进任何一项税收优惠政策时，没有理由将通常收入的事实或潜在形式转化为资本利得。因此联邦税务局应明确说明，没有买卖或交易就不应适用资本利得待遇，应废止所有相反的裁定和默认。在没有买卖或交易时，法院也应拒绝适用资本利得的案例。这些行动将增加法律的透明性和一致性，实现好的政策，严格遵行CODE 范本。①

7. 信托份额应得的可分配所得和扣除

分散份额规则不允许一份额为另一份额支付后者本应支付的所得税，这为如何计算具有分散份额的信托的所得税提供了两种方法。西加州大学法学院副教授 Michael T. Yu 分析指出，这两种方法会导致潜在的不公平，尤其是在计算具有两个分散份额的信托的所得税，而两个分散份额中又有一份至少在一项收入上存在净损失时，这个缺陷尤其明显。Michael T. Yu 提议按照信托的分散份额分配可分配利润，该提议将现有的分散份额规则提供的两种方法加以糅合，其核心在于，将产生份额分散信托的可分配利润的所得分

---

① Ronald H. Jensen. Can You Have Your Cake and Eat It too?: Achieving Capital Gain Treatment While Keeping the Property. Pittsburgh Tax Review, 2008, Spring.

项，以及扣减的忽略处理。①

8. 预付款的税收待遇

为执行对所得课税，税法有必要作一些简单化的假设，使其普遍地起作用，以确保合适的一方在合适的时间和合适的税基上被征税。诸如预付款和分期付款的安排违反了这些假设。密歇根大学法学院副教授 David Hasen 认为，预付费的服务安排并不是财富的创造物，而仅是创造财富的合同。税收体系的问题就在于，在预付费的服务安排中财富也能移动，税收体系常将这种移动视为所得产生的信号。然而，只有在财富真的被创造出来的时候，我们才能说产生了真正的收入。如果不这样，待履行合同对应的期待利益将会成倍地增加收入的数量，却不考虑合同是否完成。换句话说，收到行为仅意味着在法律上取得所得，而不是真正发生了所得，而在预付款背景下，收到行为并不代表取得所得。类似地，控制某项收入意味着取得收入。然而预付款违反了这种假设，因为控制预付款意味着资源的转移而非创造。纯所得税中所有权并不跟随控制，这意味着这项收入不是所得。联邦税务局、法院和相关注解将焦点放在诸如控制使用之类的事实上，实际上放错了位置，因为他们将财富或消费作为所得的代理而非所得本身。在一个简单的世界，所有的财富都被他的制造者持有直到被同一个人消费或根据公平交易原则转让。与所得相联系的任何一种代理都能作为向所得课税的方式而运行良好。在一个复杂的世界，所得被制造者之外的人所有或消费，消费可能在所有权发生之前发生，其他税基作为所得的代理使用可能导致不合适的课税。自然、行政、分配或其他原因可能倾向于适用这些代理。应批判性理解的是，在使用代理时，可能会对真实的所得课税，那么问题是，背离所得课税是否正当?②

① Michael T. Yu. Deductions in a Proposed Calculation and Allocation of Distributable Net Income to the Separate Shares of a Trust or Estate. Pittsburgh Tax Review, 2008, Spring.

② David Hasen. The Tax Treatment of Advance Receipts. Tax Law Review, 2008, Summer: 396-455.

（三）关于离岸基金的税法适用问题

关于离岸基金有几个与税收相关的问题，其中一个涉及捐款和抚恤金基金等免税实体将大量资金投资到离岸基金，这使得这些免税投资者能够逃避国内纳税义务，若相同的资金投在国内，这些免税投资者将针对他们投资所得的一部分适用 35% 的税率。相同的经济实质在税法上产生了不同的税收结果，迈阿密执业律师 Summer A. LePree 将离岸基金等所得的税收待遇与卖空、期货合同和其他高杠杆率衍生品等投资所得的待遇进行比较，针对他们之间的不一致，认为国会应重新审视这些规则，并在保持一致性和保证公平的程度上进行修改或废除。①

（四）转让定价

针对纳税人转让定价的行为，尽管理论上几乎所有的税务机关都有权根据公平交易原则调整转让定价，但这在现实世界中是非常困难的。此外，由于决定所得的来源地规则本身的缺陷，使得即使能够准确定价，有时也不能解决外国企业无税负带来的问题。公式分配法——以单个实体为基础的课税体系，逐渐进入学界和实务界的视野。这些公式利用建立在真实经济因素基础上的数学公式在有管辖权的国家之间划分收入。在美国，各州采用纳税人的销售额、薪水册、财产的混合体作为有关的经济因素。公式分配法允许每个州对纳税人一定比例的所得课税，该比例与被选定的因素在本州与纳税人所有所选因素之比相一致。此外，一些州要求联合申报经济上具有关联性的企业集团的成员。这些方法在本质上忽视了关联企业单个实体的存在，相反，按照各个州对企业集团确定的经济因素的贡献，将他们的集体所得在受影响的各州之间分配。此后的公式课税支持者想利用这种征税体系的教训在国内发展一种新版本的公式课税，使得国际所得课税在国家层面或国际层面得以实现。公式

---

① Summer A. LePree. Taxation of United States Tax-exempt Entities' Offshore Hedge Fund Investments: Application of the Section 514 Debt-financed Rules to Leveraged Hedge Funds and Derivatives and the Case for Requalization. Tax Lawyer, 2008, Spring.

分配法也有它自身的缺陷，比如，制度成本问题；另外，要使这种体系发挥最大的效用，需要法律达成和维持一定程度的一致性，而这需要很高的成本。此外，许多在当前体系下的避税技巧在单一的公式课税法下也是有效的。许多真实的经济因素不再真实，相比较在当前体系下被用于确定所得来源的因素，变得很容易被控制。因此，一些潜在的税收收入可能仍然逃脱精心设计并广泛使用的公式课税体系。芝加哥大学法学院教授 Julie Roin 最终认为，或许没有方法能解决国际交易的课税问题，政府和其国民只能继续在有缺陷的现行税收体系或公式分配体系之间选择。①

佛罗里达大学法学院教授 Yariv Brauner 认为，无形资产不同于一般的财产，且不同的无形资产本身也存在着差异，那么无形资产的特质以及它与跨国企业的亲密关系决定了关联交易中无形资产评估的特殊性与复杂性。而就现今的转移定价来看，它具有普遍适用及与收入相称的特点，对无形资产的转让并无特别规定。转让定价规则的核心是公平交易原则，该原则的实施具体而言，有几种不同的方法，比如市值法、成本法、收入法等。公平交易原则在实践中的应用，具体到无形资产估价这一块，主要有可比非受控价格法、可比利润法、利润分割法等。在此，理论与实践都表明了公平交易原则所面临的挑战，而解决办法主要在于公式体系的构建。该体系不仅在实践中是可行的，而且在理论上也优于当前的公平交易体系。②

（五）税收竞争与税收套利

1. 一般反避税规则

在经济学文献中，避税概念是一个广泛的概念，包括各种纳税调整行为——交易决定的调整和行为的调整③。而法律上的避税概

---

① Julie Roin. Can the Income Tax Be Saved? The Promise and Pitfalls of Adopting Worldwide Formulary Apportionment. Tax Law Review, 2008, Spring.

② Yariv Brauner. Value in the Eye of the Beholder: The Valuation of Intangibles for Transfer Pricing Purposes. Virginia Tax Review, 2008, Summer: 81-159.

③ 行为的调整，也即交易替代，用承担低税负的交易形式代替承担高税负的交易形式。

念范围较窄，仅指行为的调整。尽管概念的外延不同，但所有的避税都有相似的因果因素，这些因素包括收入、有效性和所得或分配。因素的相似性使得立法的回应具有正当性，而且具有可能性。加拿大西安大略大学法学院教授 Tim Edgar 在分析前人观点的基础上，以消灭引起避税的因果因素的方法从起草法律条文的角度涉及具体的回应措施。①

2. 抵免法能走多远

针对消除双重征税的不同措施，税收抵免、免除和扣减存在着不同。华盛顿税务律师 Brian H. Jenn 从传统的横向公平和纵向公平的税收政策的角度，探讨了与扣除和抵免相关的税收平等问题，以及适用不同的方法所带来的不同效率，引发了对抵免法能走多远的思考。②

3. 公司合并与企业所得税避税

关于公司合并的现有文献概括了合并模型的显著特征，在合并中公司申报的所得适用投资者的税率。德克萨斯大学法学院教授 Mark P. Gergen 认为，这可能在不同的投资者之间产生矛盾，也即不同的投资者的税率不同，公司税额不同，而投资者因其投资额的不同在公司税后利润中可分得的股息也是不同的。如果最大限度地增加税后可分配利润，从而增加投资者的投资所得，就会在不同的投资者之间产生矛盾。如果强迫将申报和规避的收入分给税收价值最大化的客户，那么有理由相信，合并将促使大部分公司放弃使用成本昂贵的避税措施。合并的最终影响依赖于许多未知因素，特别是公司避税成本的曲线图、公司开发避税措施的倾向，以及纳税投资者对公司递延收入否认弹性需求。有一件事是能够预测的，合并以一些意想不到的方式动摇企业税的实施和金融市场。这将是一场

① Tim Edgar. Building a Better GAAR. Virginia Tax Review, 2008, Spring.

② Brian H. Jenn. The Case for Tax Credits. Tax Lawyer, 2008, Winter: 549-596.

大规模的人类工程实验。①

4. 股权置换

在 20 世纪 90 年代和 21 世纪，几个大的美国公司在境外实施了合并。公司的去国籍化有许多形式，其中之一就是股权置换（stock inversion），也就是以美国为基础的跨国企业集团在国外设立一个子公司，子公司所在国不征公司所得税或征税很少。继而，该跨国企业集团实施重组，使得外国子公司成为集团的母公司，现存的美国母公司转变成子公司。这种股权置换应该说涉及的仅是跨国企业集团的法律结构，对集团的经营运作基本上不产生影响，企业集团也不需要转移总部或其他经营管理地，却实现了避税。毕业于波士顿大学法学院的纽约税务律师 Steven H. Goldman 以 2001 年 Ingersoll-Rand 重组为例，结合 2004 年 American Jobs Creation Act 深入分析了股权置换给美国税收带来的损失，并就如何降低损失提出了建议。他认为该法案阻止了置换，但却没有修复美国国际税法体系的现有缺点。②

二、OECD 关于国际税法前沿问题的研究

（一）常设机构的认定与非居民营业利润的归属

OECD 是经济合作与发展组织的英文简称。2008 年新修订的《OECD 税收协定范本》③ 第 5 条"常设机构"和第七条"营业利润"一起，共同规定了非居民营业利润的税收归属。一般而言，常设机构是指非居民企业在一国境内进行全部或部分经营活动的固定场所。在传统的判断常设机构的标准中，一看是否构成全部或部分的经营活动，二看是否有固定场所。

---

① Mark P. Gergen. How Corporate Integration Could Kill the Market for Corporate Tax Shelters. Tax Law Review, 2008, Winter.

② Steven H. Goldman. Corporate Expatriation: A Case Analysis. Florida Tax Review, 2008: 72-116.

③ Centre for Tax policy and administration. the 2008 Update to the Model Tax Convention. Paris: OECD, 2008: 9-35.

2008 年 6 月 17 日，OECD 发布了题为《常设机构的利润分配》的研究报告①，该报告除对传统的经营活动外，还对金融机构（包括银行、证券、保险等）通过常设机构进行的交易活动进行了研究，其提出的核心思想是，如何更好地将在《OECD 转让定价指南》中得到普遍接受的"公平交易原则"运用到常设机构的认定和营业利润的归属中，该观点在新范本中得到了一定的体现。

原范本对营业利润的协调规范主要有四条基本原则：常设机构原则、利润归属原则、独立企业原则、合理计算原则。2008 年修订的《OECD 税收协定范本》第 7 条又引入了功能分析、使用资产和承担风险等公平交易原则，作为对独立企业判断的方法②。

2008 年 OECD 范本更新对第五条"常设机构"的另一项重大变动是提出了对服务的征税问题，将企业提供服务的收入纳入到常设机构归属的范畴，并提出了涉及服务活动中判定常设机构的替代条款，即鼓励协定双方对服务活动中常设机构的认定采用新的标准。新标准跳出了固定场所的框架，改为采用时间、收入比重和服务对象等指标。这些变化有利于适应新的经济形式中固定场所变得越发次要的现实，也使得常设机构的判定具有更加量化的标准。但新标准也使得来源国的征税变得更加困难。一方面，原有的标准中除了对建筑工地外都没有时间的限制，而新标准规定的活动时间超过 183 天的纳税人在很多国家的国内税法中已经构成了居民纳税人，也就是说新标准把非居民纳税人基本都排除在征税范围之外；另一方面，要计算营业收入的比重需要该机构、场所建立规范的账簿，而很多"常设机构"在财务上较为简单，不具备记账的要求。可见，由发达国家所主导的国际税收规则可能缩小了来源国的征税范围。

（二）外国直接投资（FDI）税收效应

2008 年 1 月 21 日，OECD 发布的《外国直接投资的税收效应：

---

① Centre for Tax policy and administration. Report on the attribution of profits to permanent establishments. Paris：OECD，2008：10-12.

② Centre for Tax policy and administration. the 2008 Update to the Model Tax Convention. Paris：OECD，2008：6-14.

实证与政策分析》报告①提供了四个模型，以考量税收对外国直接投资的影响因素。此外，报告还分析了所得税对对外直接投资的预期效应，其他税种例如环境税对外国直接投资的影响。报告陈述了境内、境外的政策及前景对 FDI 的影响，评估了税收改革和税收筹划对 FDI 的影响。

（三）税收协定争端的解决机制

目前，各国一般通过相互协商程序解决国际税收争议。在相互协商程序之外，还有一种补充性争议解决方式（SDR）。国际税收争议解决程序中的 SDR 包括调解、咨询意见和仲裁，其中又以仲裁最具发展潜力②。

1. 仲裁的强制性与非强制性问题

2007 年 1 月 30 日，OECD 财政事务委员会批准了《改进税收协定争议解决方法》的报告③，该报告最重要的特点是对 OECD 范本的条款进行了修改，引入了仲裁解决方法。同时《关于对所得和财产征税的协定范本》④ 在 2008 年 7 月通过的修订案中，也增加了税收争议仲裁条款，而且两者并未对仲裁的强制性与非强制性问题作出规定。在 2008 年修订的《OECD 税收协定范本》在第 25 条 "协商程序" 前四款的基础上又增加了第五款：如果双方税收部门两年之内仍没有达成协议，纳税人可以就该未决的事项提请仲裁，该版本修订首次将强制性仲裁列入了税收协定范本⑤。

2. 裁决的效力问题

目前绝大多数国家和欧盟、OECD 等国际组织都只是将仲裁作

---

① OECD Tax policy studies. Tax effects on Foreign Direct Investment. Paris：OECD, 2008：52-110.

② 曹阳波，黄文旭. 论国家税收争议解决程序中的 SDR. ［2009-06-06］. http：//www. bloglegal. com/blog/cac/1000003211. htm#.

③ Jeffrey Owens. Improving the Resolution of Tax Treaty Disputes. European Taxatio, 2007：15-17.

④ Centre for Tax policy and administration. Model Tax Convention on Income and on Capital. Paris：OECD, 2008：15-16.

⑤ Centre for Tax policy and administration. The 2008 Update to the Model Tax Convention. Paris：OECD, 2008：91-94.

为"相互协商程序"(MAP) 的组成部分，主张裁决不具有终局效力，主要是担心第三方仲裁会冲击本国的税收主权。我们应看到，现在的这种主流做法只是税收争议仲裁发展过程中的一个阶段性现象，随着国际税收实践和仲裁制度本身的进一步发展，税收争议仲裁必将同投资争议仲裁一样，成为一种独立的争端解决方式，仲裁裁决因而也具有终局效力。

(四) 税收中介机构

OECD 于 2008 年 4 月 8 日公布一份报告《税收中介机构地位研究》①，该报告是对自 2006 年 9 月之后的税收征管第三次会议的一个总结。报告首先认识到了税收中介机构在税收体系中的作用，目的主要是为了加强税收中介结构（如律师事务所，会计师事务所等机构）与征税主体以及征税主体与大型企业纳税人之间的互动关系。报告主要介绍了风险管理，信息披露以及税收合作等内容，从而使得税收中介机构在风险管理，资源有效分配以及税收筹划等方面大有作为。

(五) 税收征管及税收合作

2008 年 1 月 11 日，OECD 税收征管第四次论坛召开，OECD 和非 OECD 国家的税务专员举行会议，讨论如何加强税收机构、纳税人和税务中介机构之间的关系。同年 10 月 29 日到 12 月 31 日，OECD 邀请利害关系人士就高收入个人相关资料的上报进行探讨，希望能够建立一个框架以鼓励高收入者及其顾问自愿上报个人相关资料。这些举措为税收征管质量的提高提供了便利，加强了税收法律关系主体之间的互动，更加有利于税收的实现。

2008 年 8 月 29 日，OECD 发布了一份《税务合作：建立一个公平的竞争环境》的报告，该报告目的在于提高税收的透明度以

---

① Centre for Tax policy and administration. Study into the Role of Tax Intermediaries. Paris：OECD，2008：40-50.

及建立有效的信息交换机制。① 报告列出了一系列表格，提出信息交换的机制及其范围，同时对银行信息的保密规则，遭到拒绝后的救济，以及个人信息，公司、信托机构、合伙人和基金会的会计信息的识别和保密事项作出规定。

（六）反避税

2008 年 10 月 21 日，OECD 的 17 个国家召开会议，探讨如何进一步全面实施 OECD 的透明度和信息交换标准，这使得政治动力成为打击骗税和逃税行为的新推动力。OECD 税收政策和行政管理中心认为，解决包括避税地的有害税收做法，在于通过提高透明度和建立有效的信息交流。这其中包括税务披露。

三、欧盟关于国际税法前沿问题研究

（一）欧盟增值税欺诈问题

国际增值税协会（International VAT Association）在 2008 年 2 月 22 日发布的一份报告中称，黑色经济骗局、蓄意破产和利用跨境交易免征增值税进行的所谓"不明交易（missing trader）"② 欺诈，正造成欧洲增值税收入"大出血"。报告指出，要打击这种日益猖獗的犯罪行为，欧盟委员会应成立一支泛欧洲执法者团队，监控跨境欺诈。只有这样，才能"消除国内行政机构在处理其他成员国增值税损失时普遍存在的惰性"。欧盟在 2008 年 12 月 1 日发布了名为《为更好地打击增值税欺诈，欧洲委员会提出行动计划》

---

① Centre for Tax policy and administration. Tax Co-operation：Towards a Level Playing Field-2008 Assessment by the Global Forum on Taxation. Paris：OECD，2008：10-30.

② 不明交易是指商人先设立公司，从无增值税的欧盟地区进口如手机等商品，再将货品在有增值税的国家售出，以避免支付进口时的税额，从中获取利益。

的报告①，该报告提供的建议有三点：首先，防止滥用增值税制度的潜在欺诈行为，包括：欧盟国家增值税纳税者在登记及取消登记过程中的一般方法；在网上确认交易提供了有效的增值税税号的客户；简化，协调现行发票规则。其次，加强对增值税欺诈行为的检测，特别是通过建立一个欧洲网络，使得成员国之间有更密切的业务合作。最后，加强税务机关对跨境案件增值税损失的弥补（包括为追回税款提高税务机关的相互协助能力等）。

（二）欧盟对旅客携带商品入境的免税规定

欧盟通过一项新规则②，规定非欧盟旅游者入境时携带商品的相关免税规定，该规则于 2008 年 12 月 1 日生效。这意味着，对于乘坐飞机或海上交通工具进入欧盟成员国的非欧盟旅游者，最多可以携带 430 欧元的免税商品。对于从通过包括内陆水路等陆上交通进入欧盟的旅游者来说，最多可以携带 300 欧元的免税商品。该规则详细规定了诸如烟草产品、酒精饮料、燃料以及包括香水、咖啡、茶等在内的其他产品的货币限额。按此前规定，进入欧盟国家的旅客不论乘坐何种交通工具，可以携带的免税商品的总价值上限均为 175 欧元。

（三）欧盟消费税建设逃税追踪系统

欧盟委员会于 2008 年通过了一项提案③，旨在加强打击骗税和消除某些不必要的税收障碍。该提案将通过提供一个法律框架，

---

① The European Commission. VAT fraud：The European Commission presents an action plan to better combat VAT fraud. ［2009-04-20］. http：//europa. eu/rapid/pressReleasesAction. do? reference = IP/08/1814&format = HTML&aged = 0&language = en&guiLanguage = en.

② The European Commission. Duty-free imports：New rules for travellers' allowances into the European Union from 1 December 2008. ［2009-04-15］. http：//europa. eu/rapid/pressReleasesAction. do? reference = IP/08/1845&format = HTML& aged = 0&language = en&guiLanguage = en.

③ European Communities. Excise duties：Commission proposes measures to strengthen the fight against fraud and simplify certain rules for private and commercial cross-border purchases. ［2009-06-09］. http：//europa. eu/rapid/pressReleases Action. do? reference = IP/08/241&format = HTML&aged = 0&language = en&guiLanguage = en.

使用电脑化系统，以监测未付消费税货物的流动情况。这个消费税流动控制系统（EMCS）① 从 2009 年 4 月开始运行，将有助于更好地解决消费税欺诈并创造一个更快更有效的海关当局之间的消息交流手段。2008 年的该项提案是对 2003 年提案②的修订，并且设定了实施的时间表，分为三个阶段，争取在 2010 年使得该项系统在欧盟国家全面实施运行。新的系统为简化程序、消费税货物的实时追踪情况以及各国相关部门的信息共享和交流提供了便利。

（四）欧盟烟草税

目前，欧盟各成员国由于对香烟征税标准不同，助长了欧盟范围内的香烟走私行为。加上邮购服务和网上销售的日益发达，一些为减少吸烟而征收重税的成员国反而得不偿失。欧盟委员会 2008 年 7 月 16 日建议③，在 6 年内逐步提高欧盟市场上销售的香烟消费税最低标准。根据欧盟委员会的立法建议，到 2014 年，欧盟各成员国征收的香烟消费税将不得低于市面上销售的各类香烟加权平均价的 63%，并且每 1000 支香烟的税负至少为 90 欧元，而目前的最低税率为流行品牌价格的 57%，且每千支香烟至少征税 64 欧元。欧盟委员会负责税务和关税联盟的委员科瓦奇·拉斯洛说，提高香烟消费税旨在减少香烟消费，同时缩小各成员国之间的价格差异，杜绝欧盟内部的香烟走私行为。据欧盟委员会估计，其提高香烟消费税的做法将会在 5 年内使得香烟消费降低 10%。此外，欧

---

① Dundalk. Excise Movement and Control System（EMCS）-Overview. ［2009-06-22］. http：//www. revenue. ie/en/tax/excise/emcs/excise-movement- control-system-emcs-overview. html.

② 2003 年 6 月 16 日，欧洲议会和欧盟理事会通过建立消费税建设逃税追踪系统提案，即通过新的计算机跟踪系统将与各国的税务机关和欧盟内几万家公司及个人相连接，用计算机数据管理代替目前的纸质记录，实现对应纳消费税货物运输的全程监控，从而实时记录烟、酒等消费品存货、发货的信息，并向海关部门提供这些信息，使他们能预先有计划地进行跟踪检查，防止恶意欺骗者逃避消费税。

③ European Communities. Tobacco taxation：Commission proposes increasing excise duties. ［2009-06-29］. http：//europa. eu/rapid/pressReleasesAction. do? reference = IP/08/1149&format = HTML&aged = 0&language = en&guiLanguage = en.

盟委员会的建议还进一步明确了雪茄和烟斗丝的定义，以区别香烟。

（五）欧盟储蓄税

欧盟现行的储蓄税指令①要求各成员国相互交换跨国账户的个人利息支付资料或对非居民储蓄存款征收预提所得税。欧盟在与列支敦士登等国的双边协定中也都包含了这一安排。由于现行指令只适用于"个人"在其他国家开设的账户，且不涉及股息收入和资本收益，这就方便了一些人通过设立基金等方式继续向设在列支敦士登等"避税天堂"的银行账户非法转移资金以逃避税款。2008年2月，一场"查税风暴"席卷欧盟，多个成员国发现大批本国公民利用现有规则的漏洞，向设在列支敦士登的银行账户非法转移巨额资金以逃避税款。在德国的极力推动下，欧盟成员国2008年3月要求欧盟委员会尽快对2005年生效的现行欧盟储蓄税指令提出修改意见，堵住通过"避税天堂"逃税的漏洞。随后，欧盟委员会在2008年11月13日出台立法建议②，拟修改欧盟现行的储蓄税指令，以打击欧盟一些公民通过在列支敦士登等"避税天堂"设立海外账户的逃税行为。根据欧盟委员会的立法建议，欧盟境内的金融机构今后在向境外基金或信托机构支付利息时，必须像对待个人账户一样上报交易资料或代收预提所得税。新储蓄税指令的适用范围将扩大至一些创新型金融产品和寿险类产品的投资收益，将它们视同利息。

（六）直接税

当企业考虑在一个国家开展业务或者进行投资时，低税率对于他们而言是主要的诱惑之一，政府不能忽视这一点。因此全球化使降低税率，尤其是降低高收入税和公司税成为必然。欧盟在2008

① 欧盟储蓄税指令于1997年开始起草，经过5年多艰苦谈判，此项指令于2003年正式出笼，但延至2005年才正式执行。

② European Communities. Taxation of savings：The European Commission proposes changes to eliminate tax evasion. 〔2009-05-14〕. http：//europa. eu/rapid/pressReleasesAction. do? reference = IP/08/1697&format = HTML&aged = 0&language = en&guiLanguage = en.

年发布的《欧盟税法发展趋势》①中提出：欧盟直接税税负较低，主要表现为公司所得税和个人所得税税率的下降，在过去的二十多年中，大多数 OECD 国家降低了个人所得税和公司税的最高税率。然而，企业收入以及税收并未因税率的降低而下降，两者间似乎存在一种矛盾。

2006 年一个系统性研究认为，在 1979—2002 年影响 OECD 国家企业所得税占 GDP 的比重的因素有：法定税率、税基的变化、企业的盈利能力，个人所得税与企业所得税之间的转换②。企业所得、营业收入是企业所得占 GDP 比重的重要考量因素。在欧盟 2008 年 2 月发布的《公司税率与收入的矛盾：欧盟实证分析》报告③中，陈述的主要观点在于：公司税率在不断下降，然而公司税收收入在国内生产总值的比重并未下降，报告通过对相关文献的概述，分解各类复杂数据，并利用所收集资料，对有效税率负担以及公司化发展进行研究，结果表明：企业化是企业税收发展趋势的驱动因素。纵观欧洲，企业所得税相对 GDP 保持在一个比较稳定的程度，法定税率的下降并不必然造成企业收入以及企业税收占 GDP 的比重降低。

（七）环境税费

开征环保税是英国经济学家庇古最先提出的，他主张应根据环境污染所造成的损害对污染者征税，以税收弥补因污染造成的资源损失和治理环境污染。这种观点为西欧国家普遍接受，曾先后掀起了推进环保税收的"两次浪潮"④。欧盟现在所实行的绿化税制既

---

① Taxation and Customs Union. Taxation trends in the European Union—Main results. Luxembourg：European Communities，2008：7-10.

② European Commission Directorate-General for Economic and Financial Affairs. Taxation policy in EMU. Belgium：European Communities，2008：20-26.

③ Joanna Piotrowska，Werner Vanborren. The corporate income tax rate-revenue paradox：Evidence in the EU. Luxembourg：European Communities，2008：32-55.

④ 杨全照．突出保护环镜功能完善环保税收制度．[2009-05-17]．http：//www.100paper.com/100paper/jingjixue/caizhengshuishou/caishuifagui/200706181317.html.

将环境考核整合于税制体系的设计中，又考量市场结构以及贸易平衡等因素。欧洲环境局在 2008 年第二期报告《对特定的欧盟国家管理砂、砾石、岩石的环境税与费的效力分析》① 中对国家基础设施建设所需的基本原料，同时对环境产生重大影响的聚合物砂、砾石、岩石的税费进行了分析，提出：对上述聚合物收取税费是以成本费用方式来实现的，作用在于实现监测和实施环境体制的成本。报告认为，环境税费是作为一揽子政策干预的一部分，但它在调节市场结构、优化资源配置、促进创新以及研究与开发等方面也发挥重要的作用。当然，过度滥用此类措施，易导致较低税率或无税率国家过度开采资源。同时报告认为：面对在自然资源管理领域存在着潜在的扩大税费使用这一趋势，应当设计更多的监测系统，以评估各种变化对环境的影响。何时征收税费以及征收数量都需要考量，以此判断税费适用的积极或者消极作用，从而使得环境税费在环境和资源保护方面发挥重要作用。

（八）国际税收竞争和对资本征税

近年来，在国际税收竞争的作用下，世界资本税制改革呈现出一些共同的特征和趋势。② 2008 年欧盟经济与货币联盟发布《欧盟经济与货币联盟税收政策》报告③，报告从欧元区现行税收体制状况——劳务税以及消费税占税收总收入的比重在不断加大，而个人所得税以及企业所得税则在下降——入手，从五个方面分析了欧盟经济与货币联盟与税收政策的联系，即资本的流动性；金融市场的发展；外国直接投资；战略性税收环境；以及税收政策与汇率调整、贸易平衡的关系。报告重点论述了资本的流动性对税制的影响。

---

① European Environment Agency. Effectiveness of environmental taxes and charges for managing sand, gravel and rock extraction in selected EU countries. Luxembourg：European Communities，2008：47-49.

② 黄焱. 国际税收竞争与最优资本课税研究. 中国税务出版社，2009：10-12。

③ European Commission Directorate-General for Economic and Financial Affairs. Taxation policy in EMU. Belgium：European Communities，2008：14-42.

最近的两项发展变化已经使得个人和公司获取境外所得而免于缴纳所得税的能力大大增强：一是预提征税被发达国家有效终止，二是发展中国家的产品避税地增多。这使得资本所得逃避所得税网。如果是这样，那么税收实际上变成对劳动力所征的税收。结果，过去依赖所得税获取财政收入的国家被迫增加相对具有累退性的税收收入。欧盟 2008 年发布的《欧盟税法发展趋势》①中指出：资本所得税有下降趋势。而且，有证据表明，随着 OECD 成员国经济开放程度的加大，资本税收有下降的趋势而劳动力税收则有上升的趋势（所得税的征税对象包括资本和劳动力，因此所得税的稳定性有可能掩盖了这种变化趋势）。

国际税收竞争通过与跨国公司行为的互动影响着世界投资区位选择和资源配置，同时，在宏观层面上会促使竞争参与国所得税税率的下降并导致税负要素分布发生转移。各国间由于拥有资源禀赋的不同，在现实中进行的是不对称税收竞争，国家规模、生产集中度以及对再分配的偏好程度等因素都会对一国在国际税收竞争中的位置和得失产生影响②。因此税收竞争对于单个国家的实际经济效应还取决于该国的实际情况及其税收竞争战略选择。

四、总结与借鉴

通过上述内容可以得知，在 2008 年的国际税法研究领域，并没有太多的新问题，而主要是对传统问题的进一步探讨，比如税收管辖权问题、所得及扣除的来源地、对非居民或居民的课税以及反避税等。其中，美国国际税法研究的亮点如下：

（1）对税收管辖权的探讨。针这一传统问题在新时期的新表现，密歇根大学法学院教授 Reuven S. Avi-Yonah 和国际税法学者

---

① Taxation and Customs Union. Taxation trends in the European Union. Luxembourg：European Communities，2008：8-12.

② European Commission Directorate-General for Economic and Financial Affairs. Taxation policy in EMU. Belgium：European Communities，2008：20-25.

Yoram Keinan 分别从发达国家和发展中国家的角度进行了探讨，并从不同角度提出了建议，Reuven S. Avi-Yonah 认为加强国际间合作是解决之道，Yoram Keinan 认为发展中国家应采取来源地管辖权。维吉尼亚大学法学院 George K. Yin 教授的《美国纳税人外国直接投资的税收改革》一文，则是对外国直接投资所得的税收管辖权的具体研究。

（2）有关资金的税收定性问题。借入资金在税收上作为所得，那么由此产生的利息呢？财产的赔付额是否应视为所得？预付款又该如何定性？针对这些税收征收中的具体问题，佛罗里达大学法学院教授 Joseph Dodge 的《借入资金视为所得：回应道奇教授》，佩斯大学法学院教授 Ronald H. Jensen 的《鱼与熊掌能兼得吗：在拥有财产的同时适用资本利得待遇》，以及密歇根大学法学院副教授 David Hasen 的《预付款的税收待遇》进行了一一解读。

（3）公平交易原则与公式分配法的博弈。对此问题，西北大学法学院客座助理教授 Ilan Benshalom 在《全球经济一体化下在分配阶段对金融所得课税的质疑》一文中专以金融收入为研究对象，论证了公平交易原则的不合理。佛罗里达大学法学院教授 Yariv Brauner 的《以转移定价为目的的无形资产估价——股东眼中的价值》则以无形资产的特性及其与跨国企业的关系为切入点进行了分析，殊途同归，均认为在当前的情势下，公平交易这一传统原则已不适用，应该采用公式法将所得在各国间进行分配。

与此同时，2008 年国际组织 OECD 以及欧盟税法呈现出全面性、多样性发展。其中，OECD 组织侧重于从税收主体角度进行研究。从 OECD 官方网站发布的相关报告可以看出，除了对常规主体例如国内常设机构利润分配以及国外的外国直接投资的分析外，更加侧重于非常规主体的研究，例如，税收中介以及税收征管机构间的信息交换与税收合作，从而全面修复税收政策漏洞。另外，OECD 还针对各种反避税措施设计新的税收政策，并提出解决税收争议的强制性仲裁条款。

欧盟则侧重于流转税的监管。如针对增值税欺诈建议设立泛欧洲执法者团队，监控跨境欺诈，同时建立消费税流动控制系统，以加强打击骗税与消除不必要的税收障碍，等等。此外，欧盟对资本征税的研究进一步深入。

笔者以为，随着中国经济在全球率先复苏，不仅中国市场对外国投资者的吸引力会不断增强，中国投资者也会越来越关注国际市场，积极主动地进行海外投资。无论是外国企业来中国投资、贸易，还是中国企业去外国投资、贸易，都会面临国际税法问题。其中，本文所提到的税收管辖权问题、所得来源地规则、反税收规避、国际税收合作等，都对中国立法机关具有借鉴意义。

虽然中国 2008 年 1 月 1 日起实施了新的《企业所得税法》，对居民企业的外国来源所得，以及非居民企业的中国来源所得，都设计了比较先进的课税制度，但是，规则的运用是一个复杂的领域，实务中各种各样的新问题会呈现出来。因此，借鉴欧美的国际税法研究成果，完善中国的税收法律制度，具有重要的现实意义。

参考文献

[1] 张泽平. 论国际税收协定争议仲裁的法律特征. [2009-05-15]. http://www. 4oa. com/bggw/sort02910/sort03087/sort03141/260679_2. html.

[2] 曹阳波，黄文旭. 论国家税收争议解决程序中的 SDR. [2009-06-06]. http://www. bloglegal. com/blog/cac/1000003211. htm.

[3] 邵朱励. 税收协定争议解决方法的最新进展——OECD 改进税收协定争议解决方法评述. [2009-07-15]. http：www. cftl. cn/show. asp? cid = 4&a id = 7194.

[4] 何杨，嵇绍军. 2008 年 OECD 税收协定范本新规解析. 涉外税务，2008.

[5] 王政，郑建群. 欧盟各国税收制度竞争与协调现状分析. [2008-11-18]. http：//kinsun. cskuaiji. gov. cn/new/287_292_/2008_11_18_xu85811218241811180026300. shtml.

[6] 黄焱. 国际税收竞争与最优资本课税研究. 北京：中国税务出版社，2009.

[7] 张文春. 税收对跨国投资效应的理论分析. 吉林工商学院学报, 2008.

[8] 杨全照. 突出保护环镜功能完善环保税收制度. http：//www.100paper. com/100paper/jingjixue/caizhengshuishou/caishuifagui/200706181317. html.

[9] Reuven S. Avi-Yonah. United States：Back to the Future? The potential revival of territoriality. [2008-07-19]. http：//papers. ssrn. com/sol3/papers. cfm? abstract_id = 1185423.

[10] Yoram Keinan. The Case for Residency-based Taxation of Financial Transactions in Developing Countries. Florida Tax Review, 2008.

[11] Douglas A. Kahn. The Proper Tax Treatment of the Transfer of a Compensatory Partnership Interest. Tax Lawyer, 2008.

[12] Charlotte Crane. Loan Proceeds as Income：a Response to Professor Dodge. Virginia Tax Review, 2008.

[13] Ilan Benshalom. The Quest to Tax Financial Income in a Global Economy：Emerging to an Allocation Phase. Virginia Tax Review,2008.

[14] Ilan Benshalom. The Quest to Tax Interest Income in a Global Economy：Stages in the Development of International Income Taxation. Virginia Tax Review, 2008.

[15] Reuven S. Avi-Yonah. Comment on Yin, Reforming the Taxation of Foreign Direct Investment By U. S. Taxpayers. Virginia tax review, 2008.

[16] Ronald H. Jensen. Can You Have Your Cake and Eat It too?：Achieving Capital Gain Treatment While Keeping the Property. Pittsburgh Tax Review, 2008.

[17] Ronald H. Jensen. Can You Have Your Cake and Eat It too?：Achieving Capital Gain Treatment While Keeping the Property. Pittsburgh Tax Review, 2008.

[18] Michael T. Yu. Deductions in a Proposed Calculation and Alloca-

tion of Distributable Net Income to the Separate Shares of a Trust or Estate. Pittsburgh Tax Review, 2008.

[19] David Hasen. The Tax Treatment of Advance Receipts. Tax Law Review, 2008.

[20] Taxing Private Equity Carried Interest Using an Incentive Stock Option Analogy. Harvard Law Review, 2008.

[21] Summer A. LePree. Taxation of United States Tax-exempt Entities' Offshore Hedge Fund Investments: Application of the Section 514 Debt-financed Rules to Leveraged Hedge Funds and Derivatives and the Case for Requalization. Tax Lawyer, 2008.

[22] Julie Roin. Can the Income Tax Be Saved? The Promise and Pitfalls of Adopting Worldwide Formulary Apportionment. Tax Law Review, 2008.

[23] Yariv Brauner. Value in the Eye of the Beholder: The Valuation of Intangibles for Transfer Pricing Purposes. Virginia Tax Review, 2008.

[24] Tim Edgar. Building a Better GAAR. Virginia Tax Review, 2008.

[25] Menahem Pasternak, Christophe Rico. Tax Interpretation, Planning, and Avoidance: Some Linguistic Analysis. Akron Tax Journal, 2008.

[26] Brian H. Jenn. The Case for Tax Credits. Tax Lawyer, 2008.

[27] Mark P. Gergen. How Corporate Integration Could Kill the Market for Corporate Tax Shelters. Tax Law Review, 2008.

[28] Steven H. Goldman. Corporate Expatriation: A Case Analysis. Florida Tax Review, 2008.

[29] Dundalk. Excise Movement and Control System (EMCS) -Overview. [2009-06-22]. http://www.revenue.ie/en/tax/excise/emcs/excise-movement-control-system-emcs-overview.html.

[30] European Commission Directorate-General for Economic and Financial Affairs. Taxation policy in EMU. Belgium: European

Communities, 2008.

[31] European Environment Agency. Effectiveness of environmental taxes and charges for managing sand, gravel and rock extraction in selected EU countries. Luxembourg: European Communities, 2008.

[32] Taxation and Customs Union. Taxation trends in the European Unio. Luxembourg: European Communities, 2008.

[33] Joanna Piotrowska and Werner Vanborren. The corporate income tax rate-revenue paradox: Evidence in the EU. Luxembourg: European Communities, 2008.

[34] Centre for Tax policy and administration. Consumption Tax Trends-2008 Edition. Paris: OECD, 2008.

[35] Centre for Tax policy and administration. Model Tax Convention on Income and on Capital-Condensed Version. Paris: OECD, 2008.

[36] OECD Tax policy studies. Tax effects on Foreign Direct Investment. Paris: OECD, 2008.

[37] Centre for Tax policy and administration. Tax Co-operation: Towards a Level Playing Field-2008 Assessment by the Global Forum on Taxation. Paris: OECD, 2008.

[38] Centre for Tax policy and administration. Study into the Role of Tax Intermediaries. Paris: OECD, 2008.

[39] Centre for Tax policy and administration. Revenue Statistics 1965-2007, 2008 Edition. Paris: OECD, 2008.

[40] Centre for Tax policy and administration. Taxing Wages 2007/2008: 2008 Edition. Paris: OECD, 2008.

[41] Julian Alworth and Giampaolo Arachi. Taxation policy in EMU. Luxembourg: European Communities, 2008.

[42] Kogels, Han. Proposed new EU rules on reduced VAT rates. EC Tax Review, 2008, 17 (5): 194-196.

[43] Rickey, Anthony. Loving Couples, Split Interests: Tax Planning in the Fight to Recognize Same-Sex Marriage. Berkeley Journal of

Gender, Law & Justice. 2008, 23: 145-180.

[44] Weber, Dennis; Fortuin, Alexander. Dutch dividend tax on dividend distribution not in line with free movement of capital. EC Tax Review. 2008, 17 (2): 95.

[45] Rosenzweig, Adam H. Harnessing the costs of international tax arbitrage. Virginia Tax Review. Wntr, 2007.

[46] Mintz. Corporate Tax Harmonization in Europe: It's All About Compliance. International Tax and Public Finance, 2004, 11 (2): 221-234.

[47] The European Commission. VAT fraud: The European Commission presents an action plan to better combat VAT fraud. [2009-04-20]. http://europa. eu/rapid/pressReleasesAction. do? reference = IP/08/1814&format = HTML&aged = 0&language = en&guiLanguage = en.

[48] The European Commission. Duty-free imports: New rules for travellers' allowances into the European Union from 1 December 2008. [2009-04-15]. http://europa. eu/rapid/pressReleasesAction. do? reference = IP/08/1845&format = HTML&aged = 0&language = en&guiLanguage = en.

[49] European Communities. Taxation of savings: The European Commission proposes changes to eliminate tax evasion. [2009-05-14]. http://europa. eu/rapid/pressReleasesAction. do? reference = IP/08/1697&format = HTML&aged =0&language = en&guiLanguage = en.

国际海洋法海外研究热点综述[*]
——以联合国海洋法公约为中心

孔令杰[**]

（武汉大学国际问题研究院，武汉，430072）

一、导　言

伴随着发展中国家与发达国家、海洋强国与弱国、沿海国与内陆国之间错综复杂的斗争和妥协，在第三届联合国海洋法会议（1973—1982 年）上，117 个国家最终于 1982 年签署了《联合国海洋法公约》（以下简称《海洋法公约》）。[①] 在海洋法会议的闭幕式上，时任会议主席 Tommy Koh 将该包括 320 条和 9 个附件的《海洋法公约》称为"海洋的新宪章"。[②] 应该说，鉴于《海洋法公

＊　本文得到武汉大学 2009 年度"海外人文社会科学研究前沿追踪计划"资助。

＊＊　孔令杰，武汉大学国际问题研究院、中国边界研究院讲师，法学博士。

①　联合国新闻部．联合国海洋法公约评介．高之国，译．北京：海洋出版社，1986：1.

②　United Nations. The Law of the Sea: Official Text of the United Nations Convention on the Law of the Sea. New York: United Nations, 1983: xxxiiii. 也有学者认为首次将海洋法公约称为"海洋大宪章"者并非许美通，而是博志斯（E. M. Borgese）。P. B. Payoyo. Cries of the Sea: World Inequality, Sustainable Development and the Common Heritage of Humanity. The Hague: Martinus Nijhoff Publishers, 1997: 49. 联合国新闻部使用该词后，"海洋大宪章"为立法、司法、理论和实务界广泛使用，如美国海洋政策委员会于 2004 年通过的《21 世纪的海洋蓝图：最终报告》。US Commission on Ocean Policy. An Ocean Blueprint for the 21st Century. Washington DC: 2004.

约》的海洋宪章地位及其制定过程中平衡各国政治利益和法律权益的特性，自公约通过后，《海洋法公约》的完善已经成为学界讨论海洋法的主线。在论及 20 世纪 60 年代末至 1982 年期间海洋法的发展时，马英九先生曾感叹："《海洋法公约》把旧有的国际海洋秩序做了剧烈之调整，幅度之大、牵涉之广、影响之深，称之为革命亦不为过。国家海域管辖之大幅扩张，人类共同遗产之国际共管，海洋环境保护之受到重视，等等，都是三十年前的学者不可想象的新猷。"① 如今，自公约通过之日起已 27 年，《海洋法公约》未涉及的问题、公约中悬而未决的问题、公约执行中存在的问题、社会发展给海洋法带来的新挑战等，致使海外学者重新检视公约的得失，在公约的框架内与国际社会和国际法的大环境下，探讨公约的修正、执行和发展问题。② 有鉴于此，本文将以《海洋法公约》为中心来梳理和评介海洋法的海外研究热点和难点问题。③

学界充分肯定了《海洋法公约》的宪章地位和作用，因为它确立了专属经济区、群岛国和深海海底区域等新制度，规定了海洋环境保护等新义务，赋予了粮农组织（FAO）、国际海事组织（IMO）等已有的国际和区域组织新的职责，同时还设立了国际海底管理局（ISA）、大陆架界限委员会（CLCS）和国际海洋法庭（ITLOS）等新的机构。当然，公约的起草者一方面期望《海洋法公约》能给海洋的利用、管理和养护构建一个稳定的法律框架，

---

① 马英九. 从新海洋法论钓鱼台列屿与东海划界问题. 台北：台湾正中书局印行，1986：157.

② Shigeru Oda. Fifty Years of the Law of the Sea: with a Special Section on the International Court of Justice. The Hague: Kluwer Law International, 2003.

③ 主要的研究成果可参见：David Freestone, Richard Barnes and David M. Ong（eds.）. The Law of the Sea: Progress and Prospect. New York: Oxford University Press, 2006；Alex G. Oude Elferink（ed.）. Stability and Change in the Law of the Sea: The Role of the LOS Convention. Leiden/Boston: Martinus Nijhoff Publishers, 2005；Anastasia Strati, Marla Gavouneli, and Nikolaos Skourtos（eds.）. Unresolved Issues and New Challenges to the Law of the Sea. Leiden/Boston: Martinus Nijhoff Publishers, 2006.

同时更希望公约能够跟上政治、经济和科技的发展步伐，满足各种新兴的需求。①

应该说，《海洋法公约》绝非万能灵药，自其通过之日起，它就面临着众多新的挑战，这些挑战也成为学界讨论的热点问题。譬如，全球可捕鱼类的数量急剧下降，人们也由此更加关注各国管辖海域及公海内生物的管理和养护。② 人类活动对海洋环境和生物多样性，特别是对包括珊瑚在内的脆弱的海洋生态系统造成了严重的破坏，海洋生态系统保护与海洋生态保护区的创建等被提上议事日程。1999 年的埃里卡（Erika）和 2002 年的威望号（Prestige）油污事件再次激发人们对船舶管理与油污防控和治理的重视，国际和区域性的应对行动与日俱增。③ "9·11" 事件后，尤其是索马里等海域海盗活动在近期的猖獗，迫使人们反思《海洋法公约》的范围，并思考构建海上安全与打击恐怖主义的国际和区域法律框架。这些问题都属于《海洋法公约》未能合理解决的实体法律问题。④ 此外，公约未明确规定军舰在他国领海的通行权以及危险货物的运送等问题。同样，对沿海国在专属经济区内的剩余权利，公约也未作出明确的界定，这致使他国在沿海国专属经济区内的军事或准军事活动的合法性问题伴随着海洋强国的挑衅变得日益突出。尤其

① David Freestone, Richard Barnes and David M. Ong (eds.). The Law of the Sea: Progress and Prospect. Oxford: Oxford University Press, 2006: 1.

② FAO. State of the World Fisheries and Aquaculture. Rome: 2004; Francisco Orrego Vicuna. The Changing International Law of High Seas Fisheries. Cambridge: Cambridge University Press, 1999; E. Hey. Developments in International Fisheries Law. The Hague: Kluwer Law International, 1999; Robin R. Churchill. The Management of Shared Fish Stocks: The Neglected "Other" Paragraph of Article 63 of the UN Convention on the Law of the Sea, in Anastasia Strati, Marla Gavouneli, and Nikolaos Skourtos (eds.). Unresolved Issues and New Challenges to the Law of the Sea. Leiden/Boston: Martinus Nijhoff Publishers, 2006.

③ V. Frank. Consequences of the Prestige Sinking for European and International Law. IJMCL, 2005, 20: 1.

④ David Freestone, Richard Barnes and David M. Ong (eds.). The Law of the Sea: Progress and Prospect. New York: Oxford University Press, 2006: 2.

是，继 2001 年发生在中国南海的中美撞机事件后，中美又因美国于 2009 年 4 月在该海域使用超声波雷达探测器进行"测量活动"而发生"无暇号"摩擦。

《海洋法公约》改革和完善的动因、方式和机制也成为学界关注的重点问题。Robin Churchill 指出："法律，不论国际法还是国内法，都不能在真空中生长，它受到政治、经济和科技等因素的影响，并由适用它们的'现实世界'所塑造。"① 同样，海洋法发展的动力也绝不仅限于海洋和海洋法自身，它还受到国际社会和国际法的驱动。自《海洋法公约》通过后，国际社会经历了一系列的变革，国际法也出现了重要的突破和发展，不但法律的实体法内容推陈出新，立法模式也发生了深刻的变化。例如，世界环境和发展委员会在其 1987 年的报告中将可持续发展提上了人类社会发展的议事日程。② 可持续发展与资源的利用密切相关，它要求将环境保护纳入经济和社会发展的全过程。③ 可持续发展在实际应用中形成了生态系统保护与代际公平等原则和方法，这些原则和方法同样应适用于海洋资源的开发。④ 1992 年的联合国环境与发展大会后，新通过的众多海洋法条约都采纳了海洋资源可持续利用与海洋可持续发展的理念，如联合国粮农组织 1993 年通过的《促进公海渔船遵守国际养护与管理措施协定》⑤、1994 年达成的《关于执行 1982

① R. R. Churchill and A. V. Lowe. The Law of the Sea. Manchester: Manchester University Press, 1999: 2.

② World Commission on Environment and Development. Our Common Future, Oxford: Oxford University Press, 1987.

③ A. Boyle and D. Freestone. International Law and Sustainable Development: Past Achievements and Future Challenges. Oxford: Oxford University Press, 1999.

④ 可持续发展在其他资源的利用上也形成了类似的原则和规则，如在国际水道的非航行利用方面也形成了河道系统的综合利用和养护原则。Stephen C. McCaffrey. The Law of International Watercourses. Oxford: Oxford University Press, 2007.

⑤ FAO. Agreement to Promote Compliance with International Conservation and Management Measures by Fishing Vessels on the High Seas. 1997, ILM: 969.

年 12 月 10 日〈联合国海洋法公约〉第十一部分的协定》① 与 1995 的《联合国跨界和高度洄游鱼类资料保护和管理协定》②。这些协定对海洋法体系与《海洋法公约》的执行模式都产生了不可忽视的影响。此外，在《海洋法公约》未规定、规定不明或无法实施的某些领域，国际社会也达成了相应的协定，如联合国教科文组织 2001 年通过的《水下文化遗产保护公约》将于今年的 9 月 1 日正式生效。③ 此类条约与《海洋法公约》之间的关系值得探讨，而且它们还对当前的海洋管理体制带来了一定的冲击。

总之，学界认为，稳定性和灵活性是包括《海洋法公约》在内的国际法和国内法所追求的两大并行不悖的基本目标。《海洋法公约》一方面在协调各国利益的基础上为海洋的开发、利用、管辖、管理和治理构建了一个相对稳定的法律框架，另一方面它作为宏观的海洋大宪章不可能面面俱到，而且科技、经济和国际法的发展要求其具备一定的灵活性，以便它能够面对新的挑战，实现法治化的海洋的全面、综合与可持续的开发和利用。因此，《海洋法公约》的宪法地位、面临的挑战、完善途径及未来的发展自然就成了学界讨论的热点问题。

二、《海洋法公约》与海洋秩序大宪章

《海洋法公约》的宪法地位及其制定过程中对各国政治利益与法律权益的平衡特性，成为备受学界关注的首要问题。应该说，要完善海洋法并预测其发展趋势，应当首先把握《海洋法公约》的

---

① Agreement Relating to the Implementation of Part XI of the United Nations Convention on the Law of the Sea of December 10, 1982, 28 July 1994.

② The United Nations Agreement for the Implementation of the Provisions of the United Nations Convention on the Law of the Sea of 10 December 1982 relating to the Conservation and Management of Straddling Fish Stocks and Highly Migratory Fish Stocks, 8 September 1995.

③ UNESCO. Convention on the Protection of the Underwater Culture Heritage, 2001.

整体海洋观，因为这决定了公约的性质，影响着公约与国际法及其他条约之间的关系，并将影响公约能否以及如何应对挑战，在 21 世纪实现长足的发展。如 Howard S. Schiffman 就指出，海洋是一个完整的生态系统，《海洋法公约》也是一个不可分割的整体。① 《海洋法公约》的"序言"也强调："各海洋区域的种种问题都是彼此密切相关的，有必要作为一个整体来加以考虑。"这不仅说明我们要用整体观看待海洋问题，更表明了成员国希望通过公约一揽子式地解决全部的海洋法问题，来给"海洋建立一种法律秩序，以便利国际交通和促进海洋的和平用途，实现海洋资源的有效利用，海洋生物资源的养护以及研究、保护和保全海洋环境"②。

Churchill 认为，《海洋法公约》革新了传统海洋法主要针对航行和捕鱼所确立的自由放任体制（Laissez-Faire Regime），并将海洋划分为各种管辖海域，即领海、毗连区、群岛国、大陆架、专属经济区和公海。③ 在 12 海里的领海内，沿海国享有完全的主权，但他国船舶享有无害通过权。④ 沿海国在毗连区内有权防范和惩治在其领土或领海内违反其海关、财政、移民或卫生的法律和规章之行为。⑤ 公约第四部分确立了群岛国的概念，承认了特定群岛国家对其四周海域的法定权利。专属经济区制度是《海洋法公约》的一大创新，它确立了沿海国在专属经济区域内以勘探和开发、养护和管理海床上覆水域和海床及其底土的自然资源为目的的主权权利，以及对人工岛屿、设施和结构的建造和使用及海洋科学研究与

---

① Howard S. Schiffman. Marine Conservation Agreements: The Law and Policy of Reservations and Vetoes. Leiden/Boston: Martinus Nijhoff Publishers, 2008; Peter Bautista Payoyo. Cries of the Sea: World Inequality, Sustainable Development and the Common Heritage of Humanity. The Hague: Kluwer Law International, 1997.

② 详见 1982 年《联合国海洋法公约》序言部分。

③ R. R. Churchill and A. V. Lowe. The Law of the Sea. Manchester: Manchester University Press, 1999: 2.

④ 详见 1982 年《联合国海洋法公约》第二部分。

⑤ 见 1982 年《联合国海洋法公约》第 33 条。

海洋环境的保护和保全的管辖权。① 已经为 1958 年的《大陆架公约》和国际习惯法所承认的大陆架法律制度被纳入了《海洋法公约》的第六部分。这样，传统的公海为沿海国和群岛国等大面积地"蚕食"，公约第七部分将《公海公约》及相关的国际习惯法纳入其中。最具争议的非公约第十一部分的"国际海底区域"和"人类共同遗产"莫属。作为一个完整的体系，在对实体法律问题作出规定后，公约第十五部分确立起一套独具特色的争端解决机制。

　　M. H. Nordquist 等学者认为，第三届联合国海洋法会议所谈论的问题纷繁复杂，公约的众多条款也是不同国家和国家团体之间讨价还价的结果，这种借助协商一致程序一揽子解决所有海洋法问题的立法模式使得《海洋法公约》独具特色。② 因此，公约能取得成功的一个关键因素就在于它同时兼顾了有关问题的政治和法律属性，精心地权衡了各国的政治利益和法律权益。但是，这同时意味着，通过这种方式耗时近十年才通过的《海洋法公约》作为一个整体很难被修正，而且海洋法的各项具体制度也不得无视海洋法的整体盲目发展。为此，David Freestone 等人认为这是海洋法发展所面临的首要难题。③

---

① 详见 1982 年《联合国海洋法公约》第五部分。Symaa. Ebbin, Alf Hankon Hoel, and Arek. Sydnes (eds.). A Sea Change: The Exclusive Economic Zone and Governance Institutions for Living Marine Resources. Springer, 2005; Francisco Orrego Vicuna. The Exclusive Economic Zone: Regime and Legal Nature Under International Law. Cambridge: Cambridge University Press, 1989; David Joseph Attard. The Exclusive Economic Zone in International Law. Oxford: Clarendon Press, 1987.

② M. H. Nordquist (ed.). United Nations Convention on the Law of the Sea 1982: A Commentary. Dordrecht: Martinus Nijhoff Publishers, 1985-2002.

③ David Freestone and Alex G. Oude Elferink. Flexibility and Innovation in the Law of the Sea—Will the LOS Convention Amendment Procedures Ever Be Used?. in Alex G. Oude Elferink (ed.). Stability and Change in the Law of the Sea: The Role of the LOS Convention. Leiden/Boston: Martinus Nijhoff Publishers, 2005: 169-221.

　　Shirley V. Scott 借用国际关系中的机制理论（Regime Theory）考察了《海洋法公约》是否构成以及构成一个什么样的体制。她认为，对第三届海洋法会议的参加者而言，会议的目的是制定海洋的宪法，与此紧密相关的另外一个目标是给海洋法律秩序创建一个全面的法律体系。根据 1973 年的联合国大会《第 3076 号决议》，第三届海洋法会议旨在讨论与海洋法相关的所有问题，制定和通过一个全面的《海洋法公约》，给海洋确立法律秩序。① 由此，Rudiger Wolfrum 认为，《海洋法公约》的序言已经表明公约自身已经成为海洋法的宪法。该法律秩序旨在促进海洋的和平利用，并通过协调缔约国不同的权利和利益平衡达到对海洋各种形式的利用。② 同样，P. Allot 也强调了海洋法公约的全面性："它对任何事项都作了规定。它既规定了权利，也规定了义务。它还可能不明确界定权利和义务来赋予有关国家明确的自由或给其保留性的自由。但在世界任何海域漫游的荷兰人，只要他拿着海洋法公约的文本，他就能够根据法律回答下列问题：我是谁？那边是谁？我在哪里？我可以做什么？我必须做什么？公约在任何时候都能给他答案。"③ 全面性并非能够将《海洋法公约》确立为海洋宪法的唯一标准，而且公约并非旨在全面到无需创造新的法律。④ 宪法的目的不在于解决所有的实体法律问题，而在于提供一个管理框架。因此，公约在某些有争议的问题上使用了"含糊、不明或不作规定"的用语。此外，为了给海洋提供一个宪法性的管理框架，《海洋法公约》中

---

① Doc. A/Res/3067（XXVIII），note 42.

② R. Wolfrum. The Legal Order for the Seas and Oceans. in M. H. Nordquist and J. Norton（eds.）. Entry into Force of the Law of the Sea Convention. The Hague：Martinus Nijhoff Publishers, 1995：161.

③ P. Allot. Power Sharing in the Law of the Sea. AJIL, 1983, 77：8.

④ J. R. Stevenson and B. H. Oxman. The Future of the United Convention on the Law of the Sea. AJIL, 1994, 88：492.

的 70 多个条款规定可借助双边或多边的国际协定来解决有关问题，① 多个条款还专门规定了公约的自我完善程序。②

三、海洋法发展的动因与《海洋法公约》的完善机制

《海洋法公约》的宪法属性使它成为海洋法律秩序的基石。它在适用范围上具有普遍性，将来制定的海洋法律规则是否有效也要以之为出发点和落脚点。③ 同时，《海洋法公约》也必须在保持其自身完整性和最高权威性的基础上，发挥其在促进海洋法前进上的积极作用。如前所述，法律，不论国际法还是国内法，都不能在真空中生长；海洋法也不例外，其发展的动力有赖于更宏观的国际法律环境。因此，《海洋法公约》的国际法律环境，包括理论和实践中的国际法、海洋法的历史演进以及塑造海洋法的科技、经济和政治因素等，也成为学界关注的热点。

学界从海洋法与国际法之间的互动关系入手讨论了《海洋法公约》的完善问题。应该说，自古至今，海洋法都是国际法的一个重要组成部分，国际法发展的一般原则和程序也应适用于海洋

---

① R. Wolfrum. The Legal Order for the Seas and Oceans, in M. H. Nordquist and J. Norton （eds.）. Entry into Force of the Law of the Sea Convention. The Hague: Martinus Nijhoff Publishers, 1995: 190.

② 《海洋法公约》可通过三种方式得以完善和发展，即公约自身的修正、以援引的方式并入与采纳区域和全球性的其他的协定。关于公约修正的条款包括第 311 ~ 316 条；涉及以援引的方式并入其他规定的条款有第 22 条 (3) (a)、第 39 条 (2)、第 41 条 (3)、第 53 条 (8)、第 60 条 (3)、(5) 和 (6)、第 61 条 (3)、第 94 条 (5)、第 119 条 (1) (a)、第 201 条、第 211 条 (2)、(5) 与 (6) (a) 和 (c)、第 226 条、第 262 条与第 271 条；涉及采纳区域和全球性其他协定的条款有第 69 条 (2)、(3)、第 98 条 (2)、第 125 条 (2)、第 197 条、第 207 条 (4)、第 208 (5)、第 210 条 (4)、第 211 条 (3) 和第 243 条。

③ Shirley V. Scott. The LOS Convention as a Constitutional Regime for the Oceans. in Alex G. Oude Elferink （ed.）. Stability and Change in the Law of the Sea: The Role of the LOS Convention. Leiden/Boston: Martinus Nijhoff Publishers, 2005: 9.

法。例如，Alan Boyle 指出，《海洋法公约》不是一个自给自足、自我封闭的体系，其解释和发展均必须置于更广的国际法律体系的框架内来考量。当然，《海洋法公约》自身的宪法性质使得它相对于一般性的法律而言更难得以修正，而且它也具有较高的法律位阶和效力。在总结海洋法获得突破的具体领域的基础上，他认为达成海洋法发展的最有效的方式莫过于协商一致，而协商一致之所以如此有效要得益于它保持了在第三届海洋法会议期间协调各种利益冲突的优势。然而，利益和各国的立场绝非静态的，这就要求我们在革新《海洋法公约》过程中慎重考虑公约的条款、宪法性质、目的和宗旨及其历史。① 而且，合理把握海洋法与一般国际法之间的互动关系也是我们理解海洋法过去和当前变革的重要工具。

《海洋法公约》与一般国际法之间在具体运作机构层面的互动成为学界审视公约完善的另一视角。为应对新出现的问题，公约要求成员国通过适当的国际组织、地区组织或专业机构行事，从而协调并利用这些组织和机构的力量来发展海洋法。② 在《海洋法公约》中，虽然若干条款允许并鼓励缔约国采取这种方式解决有关问题，但公约并未给任何特定问题指定任何特定的组织和机构，这也使得《海洋法公约》可以灵活地利用国际法上的各种组织。正如法耶特（Louise de la Fayette）所言，随着科技的发展及人们对环境保护及资源和能源问题的日益关切，海洋国际治理变得越来越重要，而联合国大会在协调致力于国际海洋法律创设和决策的分散的组织和机构上发挥着不可替代的核心作用。法耶特从海洋国际治理的制度、法律和政策框架、联合国对海洋问题的讨论和决策程序、联合国大会在跨组织协调上的作用及近年来联合国已经或正在致力推进的海洋法领域等几个方面，详细地论述了联合国大会的地

---

① Alan Boyle. Further Development of the 1982 Convention on the Law of the Sea: Mechanism for Change. in David Freestone, Richard Barnes and David M. Ong (eds.). The Law of the Sea: Progress and Prospect. New York: Oxford University Press, 2006: 43.

② P. Allot. Power Sharing in the Law of the Sea. AJIL, 1983, 77: 1.

位。在他看来，联合国大会在国际海洋法的发展上之所以如此重要应归因于其广泛的代表性及其对国际海洋热点问题的定期性和机制化的讨论。同时，联合国大会还具有前瞻性，它将海洋法未来发展的重点列入议程，并由此给海洋法律秩序增添了不可或缺的稳定性。①

由于公约不要求成立缔约国大会，联合国大会评价公约执行情况及预测公约未来发展的职责成为备受学界争议的完善公约的另一途径。并非所有的联合国成员国均是公约的缔约国，但大会每年都对海洋法的重点问题作出决议。② 此外，公约要求联合国秘书长根据公约召开必要的缔约国会议，但缔约国会议（Meeting of State Parties）却仅担负起特定的行政和管理具体职责，如国际海洋法庭法官的推荐和任命的具体操作等。③ 缔约国会议权限过小也引起了一定的争议，但在目前联合国大会仍是负责公约执行评估和发展的主要机构。尤其是，随着联合国海洋事务及海洋法非正式磋商进程的开展，联合国大会的上述权限得到了进一步的提升。

除了各种分散的国际和区域组织外，《海洋法公约》还特设了专门的机构，来解决特定领域的问题，按部就班地推进海洋法。这些组织主要包括本文开篇所提及的国际海底管理局、大陆架界限委员会和国际海洋法庭。对这三个组织的设立、功能和运作，目前学

---

① Louis de la Fayette. The Role of the United Nations in International Ocean Governance. in David Freestone, Richard Barnes and David M. Ong（eds.）. The Law of the Sea: Progress and Prospect. New York: Oxford University Press, 2006: 63-74.

② Tullio Treves. The General Assembly and the Meeting of State Parties in the Implementation of the LOS Convention. in Alex G. Oude Elferink（ed.）. Stability and Change in the Law of the Sea: The Role of the LOS Convention. Leiden/Boston: Martinus Nijhoff Publishers, 2005: 55.

③ A. G. Oude Elferink. Reviewing the Implementation of the LOS Convention: the Role of the United Nations General Assembly and the Meeting of State Parties. in A. G. Oude Elferink（ed.）. Stability and Change in the Law of the Sea: The Role of the LOS Convention. Leiden/Boston: Martinus Nijhoff Publishers, 2005: 75.

界不乏全面和深入的论述。① 应该说，人类共同遗产原则是国际海底管理局的法律基石。为了在国际海底区域贯彻和执行这一原则，《海洋法公约》设立了该独立的专门机构，由它负责国际海底区域资源的开发，保护海底环境，平衡开发机构与国际社会之间的利益分配。② 然而，将人类共同遗产原则适用于国际海底区域并非毫无争议，它在很大程度上致使海洋资源勘探和开发强国迟迟不愿加入《海洋法公约》。为了扩大公约的适用范围，尤其是为了使公约第十一部分更具可行性，国际社会才于 1994 年达成了执行协定，该协定解决了 1982 年公约中存在的严重缺陷与一些新问题。③ 从效果上说，协定是对《海洋法公约》第十一部分的修正，它也为多数国家所接受。国际海底管理局的运作程序和权限深受各国在区域开发上的经济和政治等利益的影响，而在这些利益的持续交互作用中，管理局可以而且必须适应新的情况。譬如，自《海洋法公约》通过后，环境保护日益受到人们的重视，执行协定要求管理局对开发活动进行环境影响评价。目前，受科技等因素的影响，深海海底的商业开发尚不现实，管理局仍以促进该领域的科研活动为工作重点。

此外，根据《联合国宪章》第 57 条，联合国大会有权向其专门机构提出建议，而该专门机构须将该建议转达给其有关机构。在这些机构中，粮农组织（FAO）和国际海事组织（IMO）在海洋法

---

① P. B. Payoyo. Cries of the Sea: World Inequality, Sustainable Development and the Common Heritage of Humanity. The Hague: Martinus Nijhoff Publishers, 1997; Suzette V. Suarez. The Outer Limits of the Continental Shelf: Legal Aspects of their Establishment. Heidelberg: Springer, 2008; Chandrasekhara Rao, P., K. Rahmatullah (ed.). The International Tribunal for the Law of the Sea: Law and Practice. The Hague: Kluwer Law International, 2001.

② 该机构于 1994 年在公约生效后依公约规定设立。详见 1982 年《联合国海洋法公约》第十一部分。

③ Satya Nandan. Administering the Mineral Resources of the Deep Seabed. in David Freestone, Richard Barnes and David M. Ong (eds.). The Law of the Sea: Progress and Prospect. New York: Oxford University Press, 2006: 77.

的发展上发挥着极其重要的作用。它们成为海洋法通过有关国际组织的协定或行为准则等硬法和软法两种方式得以不断发展的典型代表，也是学界讨论的热点。

学界充分肯定了国际海事组织在《海洋法公约》生效前后对海洋法的发展发挥了至关重要的作用。离开海事组织通过的一系列协定，《海洋法公约》中关于航运、污染、海上安全和生态系统保全等事项的规定将成为一纸空文。① 《海洋法公约》并未直接指定国际海事组织来管辖上述事项，且国家仍有权自主决定是否加入国际海事组织制定的条约，但国际海事组织在海运和海洋环境保护领域卓有成效的活动已经确立了它在上述领域的主导地位。对此，国际海事组织强调，虽然《海洋法公约》界定了船旗国、港口国及沿海国的管辖权，国际海事组织的法律文件旨在进一步明确这些国家如何行使管辖权，以确保船舶遵守安全与避免和治理航运污染的规定。② 除第 197 条规定了有关海洋污染的实体法律规范外，《海洋法公约》并无关于航行的实质规定，这也使国际海事组织与《海洋法公约》之间的互动显得尤为重要。实际上，国际海事组织采取了法律修正程序，来加快通过新的航行管理规则。这样，国家

---

① 国际海事组织通过的与海洋法相关的主要协定包括：the International Convention for Safety of Life at Sea 1974, 1184 UNTS 2; Convention on the International Regulations for Preventing Collisions at Sea 1972, 1977 UKTS 77; the International Convention on Maritime Search and Rescue 1979, 1986 UNTS 59; International Convention for he Prevention of Pollution from Ships, 1973, as modified by the Protocol of 1978 relating thereto (MARPOL 73/78), 1340 UNTS 61; International Convention Relating to Intervention on the High Seas in Cases of Oil Pollution Casualties 1969, 1975 UKTS 77; Convention on the Prevention of Marine Pollution by Pollution Preparedness, Response and Cooperation 1990 (1991) 37 Law of the Sea Bulletin 355; Convention for the Suppression of Unlawful Acts Against the Safety of Maritime Navigation 1988, 1678 UNTS 221; International Convention on Salvage 1989, 1996 UKTS 93.

② Implications of the Entry into Force of the United Nations Convention on the Law of the Sea for the International Maritime Organization, 7 IMO Doc LEG/MISC/2, 1996.

就有责任反对而不是同意国际海事组织对航运管理规则的变革，国际海事组织所谓的"准立法管辖权"（Quasi-Prescriptive Jurisdiction）也因此得以强化。①

实际上，虽然在海上安全、污染防治、污染责任与海事贸易等方面，国际海事组织享有广泛的立法权限，但它仍到受《海洋法公约》的限制。譬如，《海洋法公约》第 311 条（2）款和第 237 条（2）款均要求国际海事组织所采取的措施与公约相符。国际海事组织通过的法律文件中有些还明确指出其规则与《海洋法公约》相符，如 1973 年《国际防止船舶污染的公约》第 5 条。此外，国际海事组织通过的法律文件也为众多国家所接受。这些事实都进一步强化了国际海事组织的功能，也体现了国际海事组织在不违反《海洋法公约》的前提下进一步细化和实施公约的作用。很明显，如果一个条约为众多国家所接受，那么它是否与《海洋法公约》一致就不是一个问题；相反，对一个参加国数量不多的细化《海洋法公约》条款的技术性或专门的协定，其是否适用于非公约的缔约国就成为一个问题。例如，国际海事组织有关船舶航行标准的众多法律文件能否作为普遍接受的国际法律规则和标准适用于所有船舶，不论该船舶的船旗国是否为《海洋法公约》的缔约国？沃尔夫主张，被普遍接受的国际海事组织规则应适用于《海洋法公约》的所有缔约国，不论它们是否加入了国际海事组织的相关法律文件。② 虽然这一观点强调了《海洋法公约》赋予国际海事组织的权限，并且能够在航行和海洋环境保护方面促进人类社会共同体的利益，但是它确实有违条约法的基本原则，如条约不给第三方创设义务。为此，不少学者主张国际海事组织规则和标准的效力不得

---

① R. Wolfrüm. IMO Interface with the Law of the Sea Convention. in M. H. Nordquist and J. Norton Moore（eds.）. Current Maritime Issues and the International Maritime Organization. The Hague：Martinus Nijhoff Publishers，1999：225.

② R. Wolfrüm. IMO Interface with the Law of the Sea Convention. in M. H. Nordquist and J. Norton Moore（eds.）. Current Maritime Issues and the International Maritime Organization. The Hague：Martinus Nijhoff Publishers，1999：232.

超越条约法，毕竟它们仍属于条约法的规制范畴。①

　　另一个备受学界关注的组织是联合国粮农组织，它通过其区域性的渔业委员会在渔业的保护和管理方面对《海洋法公约》的发展发挥着不可替代的作用。粮农组织通过的一系列在全球范围内适用的硬性条约与软性的行为准则得到了深入的探讨。② 实际上，《海洋法公约》并未授权粮农组织制定有关生物资源养护规则和标准，粮农组织就通过制定不具有强制法律效力的行为准则积极介入渔业保护。这也表明《海洋法公约》在生物资源保护上以主权国家为主导的理念，因为除了有关高度洄游性鱼类的条款外，沿海国对其专属经济区内的生物资源具有主权和管辖权。③ 鉴于非法、未报告及未经管理的捕鱼活动（Illegal, Unreported and Unregulated Fishing）泛滥，不少学者主张对专属经济区和公海海域内的鱼类制定更有效的养护和管理规则。由于《海洋法公约》以沿海国和船旗国管理渔业为主，国际组织和多边模式就变得举步维艰，借助不

① A. Blanco-Bazán. IMO Interface with the Law of the Sea Convention. in M. H. Nordquist and J. Norton Moore（eds.）. Current Maritime Issues and the International Maritime Organization. The Hague: Martinus Nijhoff Publishers, 1999: 278-279.

② The Agreement to Promote Compliance with International Conservation and Management Measures by Fishing Vessels on the High Seas 1993（1994）33 ILM 968; FAO Code of Conduct for Responsible Fisheries; International Plan of Action for the Conservation and Management of Sharks; International Plan of Action for the Management of Fishing Capability 1999; International Plan of Action to Prevent, Deter and Eliminate Illegal, Unreported and Unregulated Fishing 2001.

③ Robin R. Churchill. The Management of Shared Fish Stocks: The Neglected "Other" Paragraph of Article 63 of the UN Convention on the Law of the Sea. in Anastasia Strati, Marla Gavouneli, and Nikolaos Skourtos（eds.）. Unresolved Issues and New Challenges to the Law of the Sea. Leiden/Boston: Martinus Nijhoff Publishers, 2006.

具强制效力的法律文件也就不可避免了。①

普遍接受的规则和标准是另一个备受学界关注的完善公约的途径。例如，公约第21条（4）款就鼓励国际组织制定关于防止海上碰撞的一般接受的国际规章，而国际海事组织就担当起了这一角色。此外，由于可持续发展日益受到国际社会的重视，国际金融领域的机构，如世界银行已经将《海洋法公约》视为扶持发展中国家致力于可持续发展的必要法律框架。世界银行和全球环境基金（Global Environment Facility）通过设立基金来支持和赞助海洋的环保活动，如大海洋生态系统计划（Large Marine Ecosystem Projects）。当然，全球环境基金主要为国际环境保护条约（如《联合国气候变化框架公约》和《生物多样性公约》）的实施提供资金支持，而世界银行则更关注可持续发展。因此，海洋法的发展不可避免地要受到这些职能更为宽泛的国际组织在某相关领域活动的影响。② 类似地，国际捕鲸委员会的工作也深受环境保护活动的影响。③

除了通过上述国际和区域组织细化、实施和发展公约的某些具体规定外，学界还从国际法尤其是海洋法的历史沿革中，透视了海

① Kristina M. Gjerde. High Sea Fisheries Management under the Convention on the Law of the Sea. in David Freestone, Richard Barnes and David M. Ong (eds.). The Law of the Sea: Progress and Prospect. New York: Oxford University Press, 2006: 280-307.

② David Freestone. The Role of World Bank and the Global Environment Facility in the Implementation of the Regime of the Convention on the Law of the Sea. in David Freestone, Richard Barnes and David M. Ong (eds.). The Law of the Sea: Progress and Prospect. New York: Oxford University Press, 2006: 308-326.

③ Patricia W. Birnie. Marine Mammals: Exploiting the Ambiguities of Article 65 of the Convention on the Law of the Sea and Related Provisions: Practice under the International Convention for the Regulation of Whaling. in David Freestone, Richard Barnes and David M. Ong (eds.). The Law of the Sea: Progress and Prospect. New York: Oxford University Press, 2006: 261-280.

洋法未来的发展趋势以及宏观的国际法环境对海洋法前进方向的影响。应该说，作为一个历史悠久的学科，法学界从来不乏海洋法的历史述评著作，① 而总结历史的目的在于着眼未来。纵观海洋法的发展历程，主权国家的利益冲突之协调是一条主线。格劳秀斯与塞尔顿的海洋自由论和海洋闭锁之争，归根结底是荷兰和英国海上势力对抗的体现。② 19 世纪随着主权国家的兴起，实证法学派也将国家的实践列为海洋法的基础，由此公海自由与沿海国对近海的控制便成为欧洲强国关注的核心问题。③ 如今，实证法学方法在国际法上仍占据主导地位，但已经改变的国际社会结构及其成员之间的利益互动，加上海洋作为一个生态系统的综合开发和养护，使得个别主权国家利益在海洋法发展上的主导地位衰落。因此，国际合作催生出了一些新的法律概念，如人类共同遗产等。海洋法在 21 世纪的发展也不会再回到原来过分强调主权利益的老路上去，它会更加注重利益的协调，而非片面强调某国对某海域的优先权利。④

与此同时，学界还讨论了国际法的结构对海洋法和《海洋法公约》的影响。如 Dolliver M. Nelson 指出，截至 20 世纪初，海洋

---

① R. P. Anand. Origin and Development of the Law of the Sea: History of International Law Revisited. The Hague: Martinus Nijhoff Publishers, 1983; D. P. O'Connell. The International Law of the Sea. Oxford: Clarendon Press, 1982-1984; Shigeru Oda. Fifty years of the law of the sea: with a Special Section on the International Court of Justice. The Hague: Kluwer Law International 2003; David Anderson. Modern Law of the Sea. The Hague: Martinus Nijhoff Publishers, 2008.

② Hugo Grotius. The Free Sea. translated by Richard Hakluyt, Liberty Fund, 2004; Thomas Wemyss Fulton. The Sovereignty of the Sea. London: William Blackwood, 1911: 5.

③ P. T. Fenn. Origins of the Theory of Territorial Waters. AJIL, 1926, 20: 465; H. S. K. Kent. Historical Origins of the Three-Mile Limit, AJIL, 1954, 48: 537.

④ David Freestone, Richard Barnes and David M. Ong (eds.). The Law of the Sea: Progress and Prospect. New York: Oxford University Press, 2006: 13.

法几乎全是国际习惯法。随着条约成为国际法的主要渊源，海洋法也经历了一个突破性的法典化发展。在 20 世纪，海洋法的发展深受一系列海洋法会议的影响。① 1945 年起，在 1930 年海牙海洋法会议的基础上，国际法律委员会开始起草《海洋法公约》。第一届海洋法会议在 1958 年最终通过四项公约。由于参加国数量较少且某些基本问题未得以解决，四项公约并未达到制定统一的海洋法的目的，但它们的很多规则都为后来的联合国《海洋法公约》所采纳。② 如今，随着 1982 年《海洋法公约》、1994 年执行协定与 1995 年《捕鱼协定》的生效，条约仍继续主导着海洋法的发展，但国际习惯、国际司法机构的判例及国家实践也是推进海洋法发展的重要形式。

宏观的国际法对海洋法中海洋划界原则和规则的影响最大。在专属经济区和大陆架的划界问题上，《海洋法公约》第 74 条和第 83 条要求沿岸相向或相邻的沿海国在《国际法院规约》第 38 条所指的国际法的基础上通过协议加以划定，公平解决划界争议或争端。然而，就连公约第 15 条规定的等距离线/特殊情况划界方法最终也要靠公平原则来查漏补缺。离开具有普遍适用性的具体划界规则、标准和方法，《海洋法公约》也不得不将该领域的发展更多地置于国际司法机构和国家之手。迄今为止，国际法院所受理的案件中，涉及海洋划界的占了大多数。Yoshifumi Tanaka 认为，在较长的一段时期内，国际法尚很难突破目前原则性的海洋划界立法，国际法院和国家也努力地在规则的可预见性与灵活性之间找到一个平衡点，尽量以个案结合一般原则的方法，以衡平的方式解决具体的

---

① Dolliver M. Nelson. Reflections on the 1982 Convention on the Law of the Sea. in David Freestone, Richard Barnes and David M. Ong (eds.). The Law of the Sea: Progress and Prospect. New York: Oxford University Press, 2006: 28.

② David Anderson. Modern Law of the Sea. The Hague: Martinus Nijhoff Publishers, 2008: 1-19.

海洋划界问题。①

四、海洋法的发展与《海洋法公约》的完善

《海洋法公约》的完善方式是另一个备受学界关注的热点问题。《海洋法公约》并不旨在另起炉灶以全新的方式解决所有的海洋问题；② 它要利用现有的规则和组织，在必要的情况下改造它们，在适当的情况下发展它们。《海洋法公约》可通过多种方式得以完善，如修正、纳入一般接受的国际标准及采纳与其相符的国际或区域协定等。③ 然而，修正程序牵涉目前仍难以逾越的表决程序等困难，我们在当前或将来很难利用该程序修正《海洋法公约》。④ 因此，外交协商和国际组织通过制定新的协定或统一国家实践将继续主导海洋法的发展。

当然，海洋法的某些实体问题可能更适合通过某一种特定的方

---

① Rainer Lagoni and Daniel Vignes（eds.）. Maritime Delimitation. Leiden/Boston：Martinus Nijhoff Publishers，2006；Yoshifumi Tanaka. Predictability and Flexibility in the Law of Maritime Delimitation. Oxford：Hart Publishing，2006；Jonathan I. Charney and Lewis M. Alexander，International Maritime Boundaries. The Hague：Kluwer Law International，1998-2004；Gerard J. Tanja. The Legal Determination of International Maritime Boundaries，Denver/Boston：Kluwer Law and Taxation Publishers，1990；Prosper Weil. The Law of Maritime Delimitation：Reflections. Cambridge：Grotius Publications Limited，1989.

② David Freestone and Alex G. Oude Elferink. Flexibility and Innovation in the Law of the Sea—Will the LOS Convention Amendment Procedures Ever Be Used?. in Alex G. Oude Elferink（ed.）. Stability and Change in the Law of the Sea：The Role of the LOS Convention. Leiden/Boston：Martinus Nijhoff Publishers，2005：204.

③ B. Oxman. Tools for Change：the Amendment Procedure in Proceedings of the Twentieth Anniversary Commemoration of the Opening for Signature of the United Nations Convention on the Law of the Sea. New York：United Nations，2003：195.

④ David Freestone and Alex G. Oude Elferink. Flexibility and Innovation in the Law of the Sea—Will the LOS Convention Amendment Procedures Ever Be Used?. in Alex G. Oude Elferink（ed.）. Stability and Change in the Law of the Sea：The Role of the LOS Convention. Leiden/Boston：Martinus Nijhoff Publishers，2005：173-183.

式加以解决，我们也有必要对《海洋法公约》中有待改进的条款进行相应的分类。David Freestone，Richard Barnes 和 David M. Ong 根据这一标准将公约中的条款分成了如下五类。第一，如上文所述，《海洋法公约》中的某些条款已经明确要求制定具体的技术标准来实施抽象的规定。第二，《海洋法公约》中的某些条款已经预见到可能出现的争议，并为争议的解决提供了一定的标准。例如，根据《海洋法公约》第 59 条，"公约未将在专属经济区内的权利或管辖权归属于沿海国或其他国家而沿海国和任何其他一国或数国的利益发生冲突的情形下，这种冲突应在公平的基础上参照一切有关情况，考虑到所涉利益分别对有关各方和整个国际社会的重要性，加以解决"。他国在沿海国的专属经济区内是否有权进行军事或准军事活动，就应根据本条加以解决。① 第三，《海洋法公约》中的某些条款在调和不同国家利益的基础上，有意对某些具有争议的问题作出了模糊性的规定。例如，《海洋法公约》第 17 条对军舰在沿海国领海内的无害通过权问题采取了折中立场，规定不明。第四，《海洋法公约》中的某些条款随着国际法的发展或科技的变革已经丧失生命力。第五，《海洋法公约》中的某些条款存在一定的缺陷。例如，对高度洄游性鱼类的保护，公约的规定并不全面，而粮农组织 1995 年的协定则对此进行了完善；同样，《海洋法公约》对水下文化遗产的保护不力，而联合国教科文组织 2002 年的公约则弥补了公约的缺陷。随着时间的推移，公约中的条款会面临

① Kaiyan Homi Kaikobad. Non Consensual Military Surveillance in the Exclusive Economic Zone. 2009；George V. Galdorisi and Alan G. Kaufman. Military Activities in the Exclusive Economic Zone：Preventing Uncertainty and Defusing Conflict. Cal. W. Int'l L. J. , 2002, 32：253；John C. Meyer. The Impact of the Exclusive Economic Zone on Naval Operations, Naval L. Rev. , 1992, 40：241；Stephen Rose. Naval Activity in the EEZ—Troubled Waters Ahead?. Naval L. Rev. , 1990, 39：67；Boleslaw A. Boczek. Peacetime Military Activities in the Exclusive Economic Zone of Third Countries. Ocean Dev. & Int'l. L. , 1988, 9：1；Alan V. Lowe. Some Legal Problems Arising from the Use of the Seas for Military Purposes. Marine Policy, 1986, 10：171.

越来越多的挑战，这也意味着更多的此类条款将因现实需要而得以不断完善。①

《海洋法公约》中条款的缺陷、不明或不全面等可能影响到公约的整体效力，毕竟对这些条款不足的弥补可能改变现有的公约体系，但上述变革给公约完整性造成的风险大小并不相同。譬如，对有些条款所涉及的事项，与会国在联合国海洋法会议上并未达成一致，而有些条款则仅是由于与会国对具体的执行标准或程序存在争议。对前者的修改可能触动缔约国对在该问题的政治利益协调，而对后者的修改可能并不破坏公约的完整性，毕竟公约对该修改往往设定了限制。国际海事组织在航行管理和船舶污染防治方面对公约相关规定的完善就是最好的例证。由此，学界认为，上述后三种条款的修正将面临更大的挑战。

可持续发展原则、水下文化遗产保护以及渔业的管理等也被学者们拿来说明《海洋法公约》如何借助内在和外部的工具而得以不断完善。作为国际法的一个新兴原则，可持续发展原则已经渗透到人类对地球开发的各个层面，这当然也包括海洋资源的开发和利用。例如，《海洋法公约》第56条赋予了沿海国在专属经济区内养护上覆水域和海床及其底土的自然资源（不论为生物或非生物资源）为目的的主权权利，同时沿海国还对专属经济区内的环境保护和保全具有管辖权。公约第六部分和第七部分却仅将应保全和可持续利用的大陆架和公海资源限于生物资源。由此，David Ong提出了一个问题，即可持续发展原则是否应适用于大陆架的非生物资源。事实上，公约第六部分强调沿海国对大陆架的生物资源具有永久性的主权权利，我们也很难主张沿海国有义务保全非生物资源。但是，随着国际法的发展，可持续发展原则的某些方面在将来可能也应被置入非生物资源的保全和利用。例如，资源的开发应符合海洋环境保护及预先防范原则。对大陆架的非生物资源而言，我们似乎可以主张其开发和利用应以合理及高效的方式进行，毕竟此

---

① David Freestone, Richard Barnes and David M. Ong (eds.). The Law of the Sea: Progress and Prospect. New York: Oxford University Press, 2006: 15-16.

类资源具有不可再生性。① 可持续发展原则还涉及海洋的另外一个领域，即海洋生态系统的保全。海洋内的生物组成一个与人类生存的陆地并存且交互影响的生态系统，海洋生态系统的破坏不仅会影响到海洋生物物种的多样性，更可能波及陆地和大气生态系统，进而影响人类的可持续发展。为此，旨在保全海洋生态系统的双边条约和多边条约也日益增多。②

水下文化遗产的保护是《海洋法公约》未合理解决的问题之一。③ 实际上，水下文化遗产保护并非第三届海洋法会议讨论的主要议题之一。在讨论各海域的法律制度过程中，人们主要考虑的是在各海域尤其是国际海底区域和公海发现的历史文物。所以，《海洋法公约》第149条和第303条仅对国际海底区域和公海内发现的历史文物的保护作了原则性的规定。斯考瓦兹（Tullio Scovazzi）认为《海洋法公约》确立的水下文化遗产保护体系存在严重的不足，第303条可能导致水下文化遗产在沿海国管辖范围之外遭到毁坏。同时，由于该条不影响可辨认物主的权利、打捞法或其他海事法规，这实质上是对非法打捞水下文化遗产活动的纵容。他认为造

---

① David Ong. Towards an International Law for the Conservation of Offshore Hydrocarbon Resources within the Continental Shelf. in David Freestone, Richard Barnes and David M. Ong（eds.）. The Law of the Sea: Progress and Prospect. New York: Oxford University Press, 2006: 93-119.

② Howard S. Schiffman. Marine Conservation Agreements: The Law and Policy of Reservation and Vetoes. Leiden/Boston: Martinus Nijhoff Publishers, 2008.

③ Sarah Dromgoole（ed.）. The Protection of the Underwater Cultural Heritage: National Perspectives in Light of the UNESCO Convention 2001. Leiden/Boston: Martinus Nijhoff Publishers, 2006; Anastasia Strati. Protection of the Underwater Culture Heritage: From the Shortcomings of UN Convention on the Law of the Sea to the Compromises of the UNESCO Commission. in Anastasia Strati, Marla Gavouneli, and Nikolaos Skourtos（eds.）. Unresolved Issues and New Challenges to the Law of the Sea. Leiden/Boston: Martinus Nijhoff Publishers, 2006: 21-63; Roberta Garabello and Tullio Scovazzi（eds.）. The Protection of the Underwater Cultural Heritage: Before and After the 2001 UNESCO Convention. Leiden/Boston: Martinus Nijhoff Publishers, 2004.

成这些不足的原因是公约未在沿海国管辖海域外赋予其管辖权，同时立法者也未充分重视水下文化遗产的价值。国际社会对水下文化遗产保护问题并未局限于海洋法的规定，而是通过专门针对水下文化遗产保护的法律文件、关于文化遗产保护的一般性条约以及环境保护和海事条约等逐步完善水下文化遗产的法律保护。① 当然，迄今为止最为重要的条约当属联合国教科文组织于 2001 年年底通过的《水下文化遗产保护公约》。② 该公约排除了打捞法的适用，对大陆架上的文化遗产不再适用先发现原则，并强调了区域合作的重要性，可以说它在细化和丰富《海洋法公约》规定的基础上又对其进行了补充和完善。无疑，这些发展有利于水下文化遗产的保护，但《水下文化遗产保护公约》在适用上与《海洋法公约》也可能产生一定的冲突。③

---

① Council of Europe, Ad Hoc Committee of Experts on the Underwater Cultural Heritage, Final Activity Report, Doc. CAHAQ (85) 5, 1985; Council of Europe, Recommendation 1846 on Maritime and Fluvial Cultural Heritage, 2000. 针对具体的水下文化遗产，不少国家达成了双边条约。Agreement between the Netherlands and Australia concerning Old Dutch Shipwrecks, 1972; the Exchange of Note between South Africa and the United Kingdom Concerning the Regulation of the Terms of Settlement of the Salvaging of the Wreck of HMS Birkenhead, 1989; the Agreement between the Government of the United States of America and the Government of the French Republic concerning the Wreck of CSS Alabama, 1989; the Agreement between the Government of the United States of America and the Government of the French Republic regarding the Wreck of La Belle, 2003. 涉及水下文化遗产保护的环保条约有：1982 Protocol concerning Mediterranean Specially Protected Areas; 1995 Protocol concerning Specially Protected Areas and Biological Diversity in Mediterranean; the 1990 Protocol Concerning Specially Protected Areas and Wildlife; 2001 IMO Guidelines for the Identification and Designation of Particularly Sensitive Sea Area; 1989 International Convention on Salvage。

② UNESCO, Convention on the Protection of Underwater Cultural Heritage, 2001.

③ Tullio Scovazzi. The Protection of Underwater Cultural Heritage: Article 303 and the UNESCO Convention. in David Freestone, Richard Barnes and David M. Ong (eds.). The Law of the Sea: Progress and Prospect. New York: Oxford University Press, 2006: 120-136.

《海洋法公约》对捕鱼和鱼类养护问题的规定更为系统，但公约中仍存在一些结构和实质性的缺陷。例如，《海洋法公约》第五部分对国内渔业的管理就存在明显的不足。虽然沿海国管辖海域内的可补鱼类的数量和质量在明显下降且存在严重的过量捕鱼现象，很多沿海国仍无视非法捕鱼活动的泛滥。造成这种现象的一个重要原因在于《海洋法公约》未给沿海国设定强制性的义务来养护和管理鱼类，同时公约也未构建起有效的执行机制来确保沿海国对国内捕鱼活动进行合理和有效的管制。联合国粮农组织 2008 年的《负责任捕鱼行为准则》及 1995 年的《联合国跨界和高度洄游鱼类资料保护和管理协定》在调和有关国家利益的基础上，对《海洋法公约》中一般性的鱼类养护责任进行了细化和发展。虽然行为准则不具有法律约束力且管理协定仅适用于特定类型的高度洄游性鱼类，但它们仍通过进一步明确有关国家的鱼类养护责任发展了《海洋法公约》。巴纳斯（Richard Barnes）就指出这种变革模式存在一定的缺陷，我们不可视《海洋法公约》自身的制度缺陷于不顾，而仅将重心集中在制定一般性的捕鱼和鱼类养护规则上。① 由于主权国家受经济利益的驱动往往对捕鱼疏于管理，如何协调各国的利益，构建一套有效的鱼类养护和捕鱼管制执行体制就成为一大难题。

其次，《海洋法公约》第 63 条规定了"共享鱼类种群"的养护问题。相对于高度洄游性鱼类，共享鱼类的养护并未受到国际社会的广泛关注。车希尔在对共享鱼类进行分类的基础上，考察了共享鱼类管理涉及的主要问题，论证了《海洋法公约》第 63 条（1）款的不足，并从国家实践和国际社会的角度探讨了共享鱼类养护和

---

① Richard Barnes. The Convention on the Law of the Sea: An Effective Framework for Domestic Fisheries Conservation. in David Freestone, Richard Barnes and David M. Ong（eds.）. The Law of the Sea: Progress and Prospect. New York: Oxford University Press, 2006: 233-260.

管理的未来发展模式。① "共享"意味着鱼群在两国的专属经济区内移徙和出现，其管理和养护至少涉及两个国家，牵涉鱼群的确定、科研、管理合作、鱼群的分配、执行措施及第三国的利益等一系列复杂的问题。《海洋法公约》第 63 条第（1）款要求有关国家直接或通过适当的区域组织进行善意的协商，但这些国家并无义务就采取协调措施达成协议。必须指出的是，第 63 条要求有关国家在管理共享鱼群时，仍须遵守《海洋法公约》第 61 条和第 62 条规定的鱼类养护义务。这些义务包括鱼群的最适度利用，防范过度捕捞，将鱼种的数量维持在或恢复到其繁殖不会受严重威胁的水平以上，以及确定渔获量的限额等。在现实中，离开有关国家的通力合作，沿海国在其专属经济区内几乎不可能对共享鱼群履行上述种种义务。② 目前，学界和实务界已经对共享鱼类的双边和区域管理合作协议进行了实证研究，且在协议的数量及其执行效果等问题上尚存在一定的争议，但共享鱼类缺乏有效的共同管理已成为共识。当前，共享鱼类很难借助高度洄游性鱼类的保护模式，由相关国际组织直接针对其养护制定国际条约；共享鱼类的养护更有赖于《负责任捕鱼行为准则》等所谓的软法及国际、区域组织和有关国家的通力合作。

除了国内和共享鱼类之外，公海的鱼类养护也面临着严峻的挑战。过度和不当捕捞加之有效养护措施的缺乏已经使得可补鱼类的数量和质量严重下降。③ 此外，非法、未报告及未经管理之捕鱼活动还对海洋生态系统造成了不容低估的破坏。学界认为，虽然粮农组织的有关公约、协定和行为准则发了一定的作用，但公海的鱼类

---

① Robin R. Churchill. The Management of Shared Fish Stocks: The Neglected "Other" Paragraph of Article 63 of the UN Convention on the Law of the Sea. in Anastasia Strati, Marla Gavouneli, and Nikolaos Skourtos (eds.). Unresolved Issues and New Challenges to the Law of the Sea. Leiden/Boston: Martinus Nijhoff Publishers, 2006: 3-21.

② M. Hayashi. The Management of Transboundary Fish Stocks under the LOS Convention. TIJMCL, 1993, 8: 250.

③ FAO. State of the World Fisheries and Aquaculture. Rome: 2000.

养护相对于国内和共享鱼类而言在管辖和执行等方面存在更大的困难。①

五、海洋法与《海洋法公约》面临的挑战

海洋法未来发展的重心已经从实体法律权利和义务的创设转向海洋的综合治理问题。如 David Anderson 所言，对海洋法来说，积极地确立标准阶段已经慢慢地过渡到监督缔约国执行已经确立的标准阶段。② 然而，海洋治理问题的范围非常广，它涉及一系列法律和政策文件的交互影响和适用，并牵涉众多国际、区域组织和其他相关机构的协调和运作。③ 海洋治理问题的复杂性反映了海洋事务的历史沿革及其与其他领域密切相连的关系，这也是海洋法未来发展的一大障碍。当然，面对海洋环境保护、海洋生态系统保全、海上安全保障等挑战，海洋法的发展还需要制定新的实体法律规范，但它更需要增强缔约国的参与程度，通过国际和区域的双重机制来监督海洋法的实施。④

如何监督和保障国际法在国内得以有效地执行和实施是国际法学界的一个永恒话题。对海洋法而言，缔约国的参与和执行也是保障其得以实施的最重要的一环。应该说，《海洋法公约》在各国执行情况的实证调研是我们讨论加强公约执行机制的一个前提性问

---

① Kristina M. Gjerde. High Seas Fisheries Management under the Convention on the Law of the Sea. in David Freestone, Richard Barnes and David M. Ong (eds.). The Law of the Sea: Progress and Prospect. New York: Oxford University Press, 2006: 261-307; Francisco Orrego Vicuna. The Changing International Law of High Seas Fisheries. Cambridge: Cambridge University Press, 1999.

② David Anderson. Freedom of the High Seas in the Modern Law of the Sea. in David Freestone, Richard Barnes and David M. Ong (eds.). The Law of the Sea: Progress and Prospect. New York: Oxford University Press, 2006: 345.

③ Louis de la Fayette. The Role of the United Nations in International Ocean Governance. in David Freestone, Richard Barnes and David M. Ong (eds.). The Law of the Sea: Progress and Prospect. New York: Oxford University Press, 2006: 63.

④ Yoshifumi Tanaka. A Dual Approach to Ocean Governance. Ashgate, 2008.

题。对此，海外不少学者已经进行了非常细致的考察和比较研究。例如，Churchill 首先界定了所考察的国家实践，分析国家实践对《海洋法公约》的作用和影响，然后在此基础上对公约各部分在缔约国和非缔约国内的执行情况进行了细致的考证，并最终得出以下结论：虽然各国对《海洋法公约》的解释和执行并不完全一致，但国家实践并不构成对公约的重新解释，也未形成与公约规定不一致的国际习惯法。①

与各国海洋法具体实践不统一紧密相关的一个问题是《海洋法公约》的批准国数量能否进一步增加。至今，已经有 159 个国家批准了联合国《海洋法公约》，137 个国家批准了 1994 年的关于第十一部分的执行协定，75 个国家批准了 1995 年的跨界和高度洄游鱼类资源保护和管理协定。②《海洋法公约》的批准国已经占了世界上国家的大多数，但人们仍期望公约能适用于所有国家，以便给海洋的和平开发和治理提供更加明确和稳定的法律制度。③ 当然，由于《海洋法公约》中的多数制度和条款已经转化为国际习惯法，即便一国未批准公约，也不影响公约的适用。如 Churchill 所指出的，《海洋法公约》在各国的执行仍不统一，鼓励更多的国家批准《海洋法公约》仍是联合国的一项任务。对 1994 年的执行协定和 1995 年的鱼类资源保护和管理协定而言，如何让更多的国家加入其中也至关重要。两协定均是《海洋法公约》的执行协定，也对

① Robin R. Churchill. The Impact of State Practice on the Jurisdictional Framework Contained in the LOS Convention. in Alex G. Oude Elferink（ed.）. Stability and Change in the Law of the Sea：The Role of the LOS Convention. Leiden/Boston：Martinus Nijhoff Publishers，2005：91-145；R. R. Churchill and A. V. Lowe. The Law of the Sea. Manchester：Manchester University Press，1999；姜皇池. 国际海洋法（上下册）. 台北：学林文化事业有限公司，2004.

② http：//www. un. org/Depts/los/convention ＿ agreements/convention ＿ agreements. htm. ［2009/08/18］

③ Bernard H. Oxman. The Rule of Law and the United Nations Convention on the Law of the Sea. EJIL，1996，6：353.

公约作出了重大的修正。①当然，如果根据《海洋法公约》的修正程序来推进两协定规定的事项，缔约国至今可能尚未达成一致。1994 年协定的第 4 条和第 5 条创新性地推定《海洋法公约》的缔约国同意该协定，这也是它的批准国远远多于 1995 年的协定的重要原因之一。

为了强化缔约国对《海洋法公约》的遵守及公约的统一适用性，应对公约执行的全球机制、多边方法和单边方法进行协调，根据特定领域的具体需要，利用适当的立法、执法和司法监督，提升公约在全球范围内的有效执行。例如，国际海事组织借鉴 WTO 等国际组织的做法，将全面和彻底执行《海员培训、发证和值班标准国际公约》的国家列入白色名单。② David Anderson 呼吁将这一监督缔约国遵守公约的方法加以推广。实际上，"IMO 成员国自愿审核机制"在某种程度上就采纳这种做法。③当然它并非强制性的监督措施，而是以成员国的自愿为基础，以审核国际海事组织条约在国内的遵守和执行情况。这些监督措施都要求《海洋法公约》的相关执行机构在将来发挥更大的作用，当然全球性、地区性和单边的执行措施之间可能因利益冲突而无法协调运作。

一般而言，由于海洋问题牵涉各国错综复杂的利害纠葛，联合国自然就成了最适合解决海洋综合治理问题的国际组织。联合国大会成为各会员国讨论《海洋法公约》及海洋法热点问题的一个平台，利害国家可通过这一平台表达和切磋观点，从而保障海洋法不

① Tore Henriksen, Geir Honneland, and Are Sydnes (eds.). Law and Politics in Ocean Governance: The UN Fish Stocks Agreement and Regional Fisheries Management Regimes. Leiden/Boston: Martinus Nijhoff Publishers, 2006.

② International Convention on Standards of Training, Certification and Watchkeeping for Fishing Vessel Personnel, 1995.

③ Voluntary IMO Member State Audit Scheme, adopted in November 1993. IMO Doc A 946 (23); Framework and Procedures for the Voluntary IMO Member State Audit Scheme, IMO Doc A 974 (24); Code for the Implementation of Mandatory IMO Instrument, IMO Doc A 973 (24). http://www.imo.org/Safety/mainframe.asp?topic_id=841 [2009/08/18]

为少数利害国家所左右，也保障了海洋法的普遍性和全球性。联合国大会自《海洋法公约》于1994年生效以来每年均针对公约及其执行协定发布决议，列出急需解决的重要事项。例如，2009年的大会决议强调必须加强主管国际组织的能力，在全球、区域、次区域和双边各级，通过与各国政府的合作方案，协助发展在海洋科学以及可持续管理海洋及海洋资源方面的国家能力；再次关切人类活动对海洋环境和生物多样性和海洋生态系统造成的有害影响；关切地注意到继续存在海上跨国有组织犯罪问题威胁海上安全和安保，包括海盗、海上持械抢劫、走私以及针对航运、海上设施和其他海事权益的恐怖主义行为；指出划定200海里以外的大陆架的外部界限非常重要，拥有200海里以外大陆架的沿海国向大陆架界限委员会提交有关200海里以外大陆架的划界案更符合国际社会的利益。①

虽然协调各国利益的全球和多边执行体制更能促进人类的共同利益，也推进了海洋法的发展，但它也受到各国主权利益的挑战，毕竟《海洋法公约》确立的海洋法体系是以沿海国捍卫各自海洋权益为基础的。这也表明在某些领域应通过多边体制促进《海洋法公约》的执行只是例外而非原则，海洋法的最终有效实施还有赖各个主权国家的配合。应该说，这是当前以主权国家为核心的国际体系及横向的国际法实施体系在海洋法领域的具体表现。例如对船舶的管理，《海洋法公约》确立了以船旗国和沿海国为主导的管辖体系。Churchill指出，船旗国管辖体系长期以来遭到了广泛的批判，因为船旗国可能缺少有效管理船舶的诱因或能力，尤其是公开登记和方便船旗国制度使得船舶与船旗国之间的有效关联弱化。②彻底摒弃船旗国制度并不现实，它可能使船舶的管理落入法律真空。联合国粮农组织的《促进公海渔船遵守国际养护管理措施协定》在加强船旗国对渔船的管理上作出了有益的尝试，并给国际

---

① UN，GA/RES/63/111, 12 February 2009.

② R. R. Churchill and A. V. Lowe. The Law of the Sea. Manchester: Manchester University Press，1999：255-276.

社会提供了一个更有效的解决该问题的方法。它要求船旗国通过在重要领域制定与国际法相符的国内法，加强该国对其船舶的管辖。① 加强船舶管理的另外一条途径是借助其他有关国家的力量，特别是港口国监管（Port State Control）。一般而言，港口国有权审查到港船舶是否符合有关国内和国际标准，而且若船舶在港口国、他国海域或公海从事了某种特定的违法活动，港口国也有权进行管辖。因此，港口国对到港船舶实施管辖不仅可以保障该国的国内利益，也可以促进国际社会的利益，特别是港口国管辖可提升海上安全，打击海上犯罪和恐怖活动。随着渔业协定和打击海上恐怖活动力度的增强，扩大港口国的管辖权限和范围也成为当前和未来的一大发展趋势，不少地区也对港口国监管达成了备忘录，如《关于港口国监管的巴黎备忘录》、《东京备忘录》、《加勒比海备忘录》、《拉美备忘录》、《印度洋备忘录》、《地中海备忘录》和《黑海备忘录》等。② Erik Jaap Molenaar 认为，港口国权限的扩张体现了海洋法上内在利益平衡的变化，而且港口国实施更强有力的管辖不仅要实现本国的利益，更要促进人类的整体利益。③

---

① Agreement to Promote Compliance with International Conservation and Management Measures by Fishing Vessels on the High Seas, 1993.

② Paris Memorandum of Understanding on Port State Control, http://www. parismou. org; Tokyo Memorandum of Understanding on Port State Control, http://tokyo-mou. org; Caribbean Memorandum of Understanding on Port State Control, http://www. caribbeanmou. org; Latin American Memorandum of Understanding on Port State Control, http://200. 45. 69. 62/index _ i. htm; Indian Ocean Memorandum of Understanding on Port State Control, http://www. iomou. org; Mediterranean Memorandum of Understanding on Port State Control, http://www. medmou. org; Black Sea Memorandum of Understanding on Port State Control, http://www. bsmou. org. [2009/08/18]

③ Erik Jaap Molenaar. Port State Jurisdiction: Towards Mandatory and Comprehensive Use. in David Freestone, Richard Barnes and David M. Ong (eds.). The Law of the Sea: Progress and Prospect. New York: Oxford University Press, 2006: 192-209.

上文提及，联合国大会 2009 年 2 月的决议指出，包括海盗、海上持械抢劫、走私以及针对航运、海上设施和其他海事权益的恐怖主义行为等海上跨国有组织犯罪活动威胁海上安全和安保，造成了令人痛惜的生命损失，对国际贸易、能源安全和全球经济造成不利影响。应该说，近期索马里海盗猖獗活动及国际社会共同打击海盗活动，使得海上安全保障再次成为一个热点话题。① 实际上，《海洋法公约》并未直接涉及海上安全问题，它主要通过与航行和特定海域有关国家的利害关系条款间接地处理该问题，如无害通过权和专属经济区内的剩余权利等。海洋安全的保障不仅需要强化多边协作体制，更需要强化沿海国、船旗国和沿海国的合法监督和执行权。当然，海洋安全保障还触及众多传统的权利，如公海航行自由、登临权和紧追权等。②

2001 年的中美撞机事件、2009 年的"无暇号"事件等使得他国在沿海国专属经济区内的军事活动合法性再次成为一个热点问题，它也涉及沿海国在专属经济区的管辖权问题。应该说，对这一复杂问题，我们应当从专属经济区制度诞生的历史着手，明确界定沿海国在专属经济区主权权利和管辖权的内涵和外延，从而探讨他国是否有权在未经沿海国同意的情况下在其专属经济区内进行军事或准军事活动。应该说，《海洋法公约》对该问题的规定相当模糊，它是海洋强国与沿海国之间利益的折中，而且沿海国和从事军事和准军事活动的国家均可从公约中找到一定的法律依据。为了弥合分歧，美国、印尼和日本的学术机构自 2002 年至 2005 年连续召开了五次会议专门讨论该问题，并达成了 "21 世纪 EEZ 小组"

---

① Myron H. Norduist, Rudiger Wolfrum, John Norton Moore and Rona Long (eds.). Legal Challenges in Maritime Security. Leiden/Boston：Martinus Nijhoff Publishers，2008.

② Henrik Ringbom. The EU Maritime Safety Policy and International Law. Leiden/Boston：Martinus Nijhoff Publishers，2008；Natalino Ronzith（ed.）. Maritime Terrorism and International Law. Dordrecht：Martinus Nijhoff Publishers，1990.

《专属经济区内航行与飞越指针》。① 在公约规定不明，沿海国和海洋强国各不相让的情况下，如何协调沿海国的安全利益与国际社会的自由航行权是困扰该争议的核心难题。

除了加强全球、多边和单边执行机制的协作外，《海洋法公约》的强制性争议解决机制也是备受学界关注的增强公约有效实施的一大途径。《海洋法公约》第十五部分第一节要求缔约国以和平的方式，通过协商和调节等途径解决争议和争端。如果穷尽这些方式尚未达成协议，公约则要求有关各方适用第二节所规定的导致有约束力裁判的强制程序。当然，自公约生效至今，强制程序并不为缔约国所青睐，只有少数案件被提交至国际海洋法庭。② 但是，《海洋法公约》确立的强制性争议解决模式已经成为澄清和解决公约中不少重大问题的有效途径，而且该模式也为不少海洋法协定所采纳，如联合国粮农组织的《促进公海渔船遵守国际养护管理措施协定》、《联合国跨界和高度洄游鱼类资源保护和管理协定》、《伦敦倾废协定》③、《东南大西洋鱼类资源养护和管理公约》④、

---

① EEZ Group 21. Guidelines for Navigation and Overflight in the Exclusive Economic Zone. 2005.

② 国际海洋法庭受理的主要案件包括：St Vincent and the Grenadines vs. Guinea, Australia and New Zealand vs. Japan, Chile vs. European Community, Ireland vs. United Kingdom, Malaysia vs. Singapore, Panama vs. Yemen, Panama vs. France, Seychelles vs. France, Belize vs. France, and Russian Federation vs. Australia. See Robin Churchill. Some Reflections on the Operation of the Dispute Settlement System of the UN Convention on the Law of the Sea During its First Decade. in David Freestone, Richard Barnes and David M. Ong (eds.). The Law of the Sea: Progress and Prospect. New York: Oxford University Press, 2006: 388-416.

③ The 1996 Protocol to the 1972 Convention on the Prevention of Marine Pollution by Dumping of Wastes and other Matters, 1992, adopted in London on 7 November 1996.

④ The Convention on the Conservation and Management of Fishery Resources in the South-East Atlantic Ocean, done at Windhoeck on 20 April 2001.

《太平洋西部和中部高度洄游鱼群养护和管理公约》①、《东南太平洋公海海洋生物资源养护框架协定》② 及联合国教科文组织的《水下文化遗产保护公约》。这些法律文件允许当事国通过临时协议或经一方要求适用《海洋法公约》的强制争议解决程序，从而扩大了该机制的适用范围。③ 此外，国际法院自成立之日起就一直在海洋划界和岛屿归属等海洋法领域的发展上扮演着不可替代的角色。④

　　总之，自《海洋法公约》通过以来，海洋法与海洋法学都获得了长足的发展。鉴于公约自身的宪法属性与协调各国政治利益与法律权益的特性，尤其是它所面临的政治、经济和科技的挑战，《海洋法公约》的完善问题也成为学界关注的焦点。其中，《海洋法公约》的宪法地位及其整体性、公约未涉及的问题、公约中悬而未决的问题、公约执行中存在的问题、社会发展给海洋法带来的新挑战、公约的自我修正及其他完善途径、海洋法的发展方向和方式等，得到了海外学者广泛和深入的探讨。对我国而言，东海尤其是南海权益的捍卫及争议和争端的解决在当前和未来较长的时期内仍面临着严峻的挑战。对此，一些学者尤其是台湾学界从法律、外交和政策的角度进行了考察，讨论的问题也涵盖了岛屿的归属、海洋划界、海洋资源共同开发、海洋环境的保护、海洋生态系统的保

①　The Convention on the Conservation and management of Highly Migratory Fish Stocks in the Western and Central Pacific Ocean, done at Honolulu on 5 September 2000.

②　The Framework Agreement for the Conservation of the Living Marine Resources on the High Seas of the South-Eastern Pacific, signed at Santiago de Chile on 14 August 2000.

③　Tullio Treves. A System for the Law of the Sea Dispute Settlement. in David Freestone, Richard Barnes and David M. Ong (eds.). The Law of the Sea: Progress and Prospect. New York: Oxford University Press, 2006: 417-432.

④　Barbara Kwiatkowska. The Contribution of the World Court to the Development of the Law of the Sea. Den Bosch: Book World Publications, 2002.

全、渔业养护和管理、海洋科研、海上安全及军事安全等方面。①

参考文献

[1]蔡政文．南海情势发展对我国国家安全及外交关系影响．台北：台湾行政院发展考核委员会,2004.

[2]陈荔彤．台湾参与东海大陆礁层与专属经济区的法制与共同开发制度研究．台北："台湾内政部",2008.

[3]高之国．国际海洋法发展趋势研究．北京：海洋出版社,2007.

[4]黄异．海洋秩序与国际法．台北：学林文化出版社,2003.

[5]姜皇池．国际海洋法（上下册）．台北：学林文化事业有限公司,2004.

[6]林正义．南海情势与我国应有的外交国际战略．台北："台湾行政院"研究发展考核委员会,1996.

[7]马英九．从新海洋法论钓鱼台列屿与东海划界问题．台北：台

---

① 陈荔彤．台湾参与东海大陆礁层与专属经济区的法制与共同开发制度研究．台北：台湾内政部，2008；蔡政文．南海情势发展对我国国家安全及外交关系影响．台北："台湾行政院"发展考核委员会，2004；黄异．海洋秩序与国际法．台北：学林文化出版社，2003；林正义．南海情势与我国应有的外交国际战略．台北："台湾行政院"研究发展考核委员会，1996；马英九．从新海洋法论钓鱼台列屿与东海划界问题．台北：台湾正中书局印行，1986；Zou Keyuan. Law of the Sea in East Asia：Issues and Prospects. London：Routledge，2005；Zou Keyuan. China's Marine Legal System and the Law of the Sea, Leiden/Boston：Martinus Nijhoff Publishers，2005；Lee Lai To. China and the South China Sea Dialogues. London：Praeger，1999；Epsey Cooke Farrell. The Socialist Republic of Vietnam and the Law of the Sea. The Hague：Martinus Nijhoff Publishers，1998；Jeanette Greenfield. China's Practice in the Law of the Sea. New York：Oxford University Press，1992；Liselotte Odgaard, Maritime Security between China and Southeast Asia：Conflict and Cooperation in the Making of Regional Order. Ashgate，1988；Kriangsak Kittichaisaree. The Law of the Sea and Maritime Boundary Delimitation in South-East Asia. New York：Oxford University Press，1987；Choon-ho Park. East Asia and the Law of the Sea. Seoul：Seoul National University Press，1983.

湾正中书局印行,1986.

[8] R. P. Anand. Origin and Development of the Law of the Sea: History of International Law Revisited. The Hague: Martinus Nijhoff Publishers,1983.

[9] David Anderson. Modern Law of the Sea. The Hague: Martinus Nijhoff Publishers,2008.

[10] David Joseph Attard. The Exclusive Economic Zone in International Law. Oxford: Clarendon Press,1987.

[11] A. Boyle and D. Freestone. International Law and Sustainable Development: Past Achievements and Future Challenges. Oxford: Oxford University Press,1999.

[12] Jonathan I. Charney, Lewis M. Alexander, International Maritime Boundaries. The Hague: Kluwer Law International,1998-2004.

[13] R. R. Churchill, A. V. Lowe. The Law of the Sea. Manchester: Manchester University Press,1999.

[14] D. P. O'Connell. The International Law of the Sea. Oxford: Clarendon Press,1982-1984.

[15] Sarah Dromgoole(ed.). The Protection of the Underwater Cultural Heritage: National Perspectives in Light of the UNESCO Convention 2001. Leiden/Boston: Martinus Nijhoff Publishers,2006.

[16] Symaa. Ebbin, Alf Hankon Hoel, and Arek. Sydnes(eds.). A Sea Change: The Exclusive Economic Zone and Governance Institutions for Living Marine Resources. Springer,2005.

[17] Alex G. Oude Elferink(ed.). Stability and Change in the Law of the Sea: The Role of the LOS Convention. Leiden/Boston: Martinus Nijhoff Publishers,2005.

[18] Epsey Cooke Farrell. The Socialist Republic of Vietnam and the Law of the Sea. The Hague: Martinus Nijhoff Publishers,1998.

[19] David Freestone, Richard Barnes and David M. Ong(eds.). The Law of the Sea: Progress and Prospect. Oxford: Oxford University Press,2006.

[20] Roberta Garabello, Tullio Scovazzi (eds.). The Protection of the Underwater Cultural Heritage: Before and After the 2001 UNESCO Convention. Leiden/Boston: Martinus Nijhoff Publishers, 2004.

[21] Jeanette Greenfield. China's Practice in the Law of the Sea. New York: Oxford University Press, 1992.

[22] Tore Henriksen, Geir Honneland, and Are Sydnes(eds.). Law and Politics in Ocean Governance: The UN Fish Stocks Agreement and Regional Fisheries Management Regimes. Leiden/Boston: Martinus Nijhoff Publishers, 2006.

[23] E. Hey. Developments in International Fisheries Law. The Hague: Kluwer Law International, 1999.

[24] Kriangsak Kittichaisaree. The Law of the Sea and Maritime Boundary Delimitation in South-East Asia. New York: Oxford University Press, 1987.

[25] Barbara Kwiatkowska. The Contribution of the World Court to the Development of the Law of the Sea. Den Bosch: Book World Publications, 2002.

[26] Rainer Lagoni, Daniel Vignes (eds.). Maritime Delimitation. Leiden/Boston: Martinus Nijhoff Publishers, 2006.

[27] Lee Lai To. China and the South China Sea Dialogues. London: Praeger, 1999.

[28] Stephen C. McCaffrey. The Law of International Watercourses. Oxford: Oxford University Press, 2007.

[29] Myron H. Norduist, Rudiger Wolfrum, John Norton Moore and Rona Long (eds.). Legal Challenges in Maritime Security. Leiden/Boston: Martinus Nijhoff Publishers, 2008.

[30] M. H. Nordquist(ed.). United Nations Convention on the Law of the Sea 1982: A Commentary. Dordrecht: Martinus Nijhoff Publishers, 1985-2002.

[31] Shigeru Oda. Fifty Years of the Law of the Sea: with a Special Section on the International Court of Justice. The Hague: Kluwer

Law International, 2003.

[32] Liselotte Odgaard. Maritime Security between China and Southeast Asia: Conflict and Cooperation in the Making of Regional Order. Ashgate, 1988.

[33] Choon-ho Park. East Asia and the Law of the Sea. Seoul: Seoul National University Press, 1983.

[34] P. B. Payoyo. Cries of the Sea: World Inequality, Sustainable Development and the Common Heritage of Humanity. The Hague: Martinus Nijhoff Publishers, 1997.

[35] Chandrasekhara Rao, P., K. Rahmatullah(ed.). The International Tribunal for the Law of the Sea: Law and Practice. The Hague: Kluwer Law International, 2001.

[36] Henrik Ringbom. The EU Maritime Safety Policy and International Law. Leiden/Boston: Martinus Nijhoff Publishers, 2008.

[37] Natalino Ronzith(ed.). Maritime Terrorism and International Law. Dordrecht: Martinus Nijhoff Publishers, 1990.

[38] Howard S. Schiffman. Marine Conservation Agreements: The Law and Policy of Reservation and Vetoes. Leiden/Boston: Martinus Nijhoff Publishers, 2008.

[39] Anastasia Strati, Marla Gavouneli, and Nikolaos Skourtos(eds.). Unresolved Issues and New Challenges to the Law of the Sea. Leiden/Boston: Martinus Nijhoff Publishers, 2006.

[40] Suzette V. Suarez. The Outer Limits of the Continental Shelf: Legal Aspects of their Establishment. Heidelberg: Springer, 2008.

[41] Yoshifumi Tanaka. A Dual Approach to Ocean Governance. Ashgate, 2008.

[42] Yoshifumi Tanaka. Predictability and Flexibility in the Law of Maritime Delimitation. Oxford: Hart Publishing, 2006.

[43] Gerard J. Tanja. The Legal Determination of International Maritime Boundaries, Denver/Boston: Kluwer Law and Taxation Publishers, 1990.

[44] Francisco Orrego Vicuna. The Exclusive Economic Zone: Regime and Legal Nature Under International Law. Cambridge: Cambridge University Press, 1989.

[45] Prosper Weil. The Law of Maritime Delimitation: Reflections. Cambridge: Grotius Publications Limited, 1989.

[46] Zou Keyuan. China's Marine Legal System and the Law of the Sea, Leiden/Boston: Martinus Nijhoff Publishers, 2005.

[47] Zou Keyuan. Law of the Sea in East Asia: Issues and Prospects. London: Routledge, 2005.

[48] David Anderson. Freedom of the High Seas in the Modern Law of the Sea. in David Freestone, Richard Barnes and David M. Ong (eds.). The Law of the Sea: Progress and Prospect. Oxford: Oxford University Press, 2006.

[49] Richard Barnes. The Convention on the Law of the Sea: An Effective Framework for Domestic Fisheries Conservation.

[50] Patricia W. Birnie. Marine Mammals: Exploiting the Ambiguities of Article 65 of the Convention on the Law of the Sea and Related Provisions: Practice under the International Convention for the Regulation of Whaling.

[51] Ian Boyle. Further Development of the 1982 Convention on the Law of the Sea: Mechanism for Change.

[52] Robin R. Churchill. The Management of Shared Fish Stocks: The Neglected "Other" Paragraph of Article 63 of the UN Convention on the Law of the Sea.

[53] David Freestone. The Role of World Bank and the Global Environment Facility in the Implementation of the Regime of the Convention on the Law of the Sea.

[54] Kristina M. Gjerde. High Sea Fisheries Management under the Convention on the Law of the Sea.

[55] Louis de la Fayette. The Role of the United Nations in International Ocean Governance.

[56] Erik Jaap Molenaar. Port State Jurisdiction: Towards Mandatory and Comprehensive Use.

[57] Satya Nandan. Administering the Mineral Resources of the Deep Seabed.

[58] Dolliver M. Nelson. Reflections on the 1982 Convention on the Law of the Sea.

[59] David Ong. Towards an International Law for the Conservation of Offshore Hydrocarbon Resources within the Continental Shelf.

[60] Tullio Scovazzi. The Protection of Underwater Cultural Heritage: Article 303 and the UNESCO Convention.

[61] Tullio Treves. A System for the Law of the Sea Dispute Settlement. in David Freestone, Richard Barnes and David M. Ong (eds.). The Law of the Sea: Progress and Prospect. Oxford: Oxford University Press, 2006.

[62] Robin R. Churchill. The Impact of State Practice on the Jurisdictional Framework Contained in the LOS Convention. in Alex G. Oude Elferink (ed.). Stability and Change in the Law of the Sea: The Role of the LOS Convention. Leiden/Boston: Martinus Nijhoff Publishers, 2005.

[63] David Freestone and Alex G. Oude Elferink. Flexibility and Innovation in the Law of the Sea—Will the LOS Convention Amendment Procedures Ever Be Used?

[64] Shirley V. Scott. The LOS Convention as a Constitutional Regime for the Oceans.

[65] Tullio Treves. The General Assembly and the Meeting of State Parties in the Implementation of the LOS Convention. in Alex G. Oude Elferink (ed.). Stability and Change in the Law of the Sea: The Role of the LOS Convention. Leiden/Boston: Martinus Nijhoff Publishers, 2005.

[66] P. Allot. Power Sharing in the Law of the Sea. AJIL, 1983, 77.

[67] A. Blanco-Bazán. IMO Interface with the Law of the Sea

Convention. in M. H. Nordquist and J. Norton Moore (eds.). Current Maritime Issues and the International Maritime Organization. The Hague: Martinus Nijhoff Publishers, 1999.

[68] Boleslaw A. Boczek. Peacetime Military Activities in the Exclusive Economic Zone of Third Countries. Ocean Dev. & Int'l. L., 1988, 9.

[69] V. Frank. Consequences of the Prestige Sinking for European and International Law. IJMCL, 2005, 20.

[70] George V. Galdorisi and Alan G. Kaufman. Military Activities in the Exclusive Economic Zone: Preventing Uncertainty and Defusing Conflict. Cal. W. Int'l L. J., 2002, 32.

[71] M. Hayashi. The Management of Transboundary Fish Stocks under the LOS Convention. TIJMCL, 1993, 8.

[72] Kaiyan Homi Kaikobad. Non Consensual Military Surveillance in the Exclusive Economic Zone. 2009.

[73] Alan V. Lowe. Some Legal Problems Arising from the Use of the Seas for Military Purposes. Marine Policy, 1986, 10.

[74] John C. Meyer. The Impact of the Exclusive Economic Zone on Naval Operations, Naval L. Rev., 1992, 40.

[75] T. Scovazzi. Mining, Protection of the Environment, Scientific Research and Bioprospecting: Some Considerations on the Role of the International Sea-Bed Authority. IJMCL, 2004, 19.

[76] B. Oxman. Tools for Change: the Amendment Procedure in Proceedings of the Twentieth Anniversary Commemoration of the Opening for Signature of the United Nations Convention on the Law of the Sea. New York: United Nations, 2003.

[77] B. H. Oxman. The Rule of Law and the United Nations Convention on the Law of the Sea. EJIL, 1996, 6.

[78] Stephen Rose. Naval Activity in the EEZ—Troubled Waters Ahead?. Naval L. Rev., 1990, 39.

[79] J. R. Stevenson and B. H. Oxman. The Future of the United

Convention on the Law of the Sea. AJIL,1994,88.

[80] Anastasia Strati. Protection of the Underwater Culture Heritage: From the Shortcomings of UN Convention on the Law of the Sea to the Compromises of the UNESCO Commission. in Anastasia Strati, Marla Gavouneli,and Nikolaos Skourtos(eds.). Unresolved Issues and New Challenges to the Law of the Sea. Leiden/Boston: Martinus Nijhoff Publishers,2006.

[81] R. Wolfrüm. IMO Interface with the Law of the Sea Convention. in M. H. Nordquist and J. Norton Moore(eds.). Current Maritime Issues and the International Maritime Organization. The Hague: Martinus Nijhoff Publishers,1999.

[82] R. Wolfrum. The Legal Order for the Seas and Oceans. in M. H. Nordquist and J. Norton(eds.). Entry into Force of the Law of the Sea Convention. The Hague:Martinus Nijhoff Publishers,1995.

[83] FAO. State of the World Fisheries and Aquaculture. Rome:2004.

[84] US Commission on Ocean Policy. An Ocean Blueprint for the 21st Century. Washington DC:2004.

[85] EEZ Group 21. Guidelines for Navigation and Overflight in the Exclusive Economic Zone. 2005.